정치광고홍보
-이론과 실제

정치광고홍보
-이론과 실제

2012년 8월 25일 초판 인쇄
2012년 8월 30일 초판 발행

지은이 | 김만기
펴낸이 | 공정자
펴낸곳 | 남서울대학교 출판국
주소 | 충남 천안시 서북구 성환읍 매주리 21번지
전화 | 041) 580-2000
팩스 | 041) 580-2303
홈페이지 | www.nsu.ac.kr
ISBN | 978-89-6324-221-7 (93320)

값 29,000원

정치광고홍보
-이론과 실제

김만기 지음

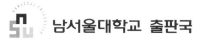 남서울대학교 출판국

머리말

정치란 현실(reality)이고 재현(representation)이며, 커뮤니케이션의 종합적 행위이다. "우리는 커뮤니케이션을 하지 않을 수 없다(We cannot not communicate)."라는 사회심리학자 쿠르트 레빈(Kurt Lewin)의 주장처럼, 인간의 삶 자체가 커뮤니케이션을 주고받으며 만들어가는 정치 행위인지도 모른다. 정치(政治, politics, government)의 사전적 정의는 '국가의 주권자가 그 영토와 국민을 다스리는 일'이다. 정치는 국가권력을 획득하고 유지하며 행사(行使)하기 위하여 벌이는 가능성의 예술인데, 광고홍보 또한 가능성의 예술이다. 정치와 광고홍보의 공통적인 대상은 국민이기 때문에, 설득과 이해를 모색하는 소통(communication)이 필수적이라고 하겠다.

정치광고홍보(政治廣告弘報, political advertising and public relations)의 영역은 정치와 광고·홍보로 나누어볼 수 있다. 따라서 정치광고홍보는 PR영역(광고, 퍼블리시티, 선전, 여론, 로비, 정치, 이미지, 명성, 위기관리)에서뿐만 아니라 선거, 토론, 심리학, 사회학, 마케팅, 경영학, 언어학, 수사학, 법, 기호학, 미디어 트레이닝, 스피치 클리닉, 소비자행동, 디자인, 카피, 이벤트, 대중문화 등을 모두 아우르는 광의적 영역이다.

이 책에서는 정치광고홍보의 이론과 실제를 포괄적으로 설명하였다. 따라서 『정치광고홍보 : 이론과 실제』는 정치에 광고홍보의 기능과 역할을 접목시켜 유권자나 대중으로부터 성공적으로 지지를 획득할 수 있는 이론과 실무의 지침서이다. 이 책을 출판하면서 정치인, 정책자, 학자, 경영자, 조직원들이 정치, 광고·홍보, 경영과 마케팅을 이해하고 현장에서 활용함으로써 국민에게 행복을 주는 국가를 만들어가는 데 이바지하기를 바란다.

이 책은 총 13장으로 구성되었다.

제1장은 정치커뮤니케이션으로 정치커뮤니케이션에 대한 정의, 형태, 분야 등을 다뤄 정치커뮤니케이션의 기본을 이해할 수 있도록 했다.

제2장은 정치홍보로 정치조직, 정치홍보의 개념과 목적, 방법, 그리고 효과를 다뤄 정치활동에서 홍보영역의 기능과 역할을 활용하도록 했다.

제3장은 정치광고로 개념과 정의, 기능, 중요성, 특성, 역할, 유형과 종류, 사례, 정치PR

과 정치마케팅의 전략을 다뤄 실무에 접목하도록 했다.

제4장은 정치광고홍보의 변천사로 한국의 정치광고와 홍보의 역사를 짚어보면서 정치가들이 차별화된 정치광고홍보의 전략을 수립하는 데 도움을 줄 수 있도록 했다.

제5장은 정치광고홍보물로 각종 선거공보물 등에서의 디자인과 트렌드 등을 다뤄 정치, 광고, 홍보의 현장에서 정치가는 물론 정치전문가와 실무자들이 응용할 수 있도록 했다.

제6장은 정치광고와 이미지를 다룬 영역으로 정치가, 경영자들의 이미지 창출과 이미지 메이킹 전술과 전략을 실어 미래 정치가들이 좋은 이미지와 명성(reputation)으로 유권자들의 지지를 얻을 수 있는 지침을 제공하고 있다.

제7장은 선거와 정치광고홍보로 유권자들의 후보선택 과정과 시기, 투표대상의 결정요인, 정치광고홍보의 메시지, 그리고 한국의 정치문화의 특성에서 미래의 바람직한 정치풍토를 제시하였다.

제8장은 선거캠페인과 정치광고홍보로 선거캠페인의 역할과 기능, 투표행동의 모델, 정치광고홍보의 기획 영역을 다뤄 정치인이나 정당, 캠프 등의 조직운동원들이 실무에 적용할 수 있도록 했다.

제9장은 정치광고홍보의 메시지 특성을 다루었다. 이 장에서는 정치광고의 표현기법인 언어적·비언어적 요소 등을 실어 정치광고홍보물 제작에 참고하도록 했다.

제10장은 TV토론을 다룬 장으로 매체별 인터뷰 및 토론전략, TV토론 효과 모델, 각국의 TV토론 종류와 방식, 미디어 활용, 토론 시 의상과 이미지, 그리고 사례들을 실었다.

제11장은 뉴미디어와 정치광고홍보 분야로 모바일 정치광고의 메시지 유형, 사이버 정치, SNS가 정치에 활용된 영향을 다뤄 미래 정치광고홍보의 방향과 트렌드를 제시하였다.

제12장은 외국 정치광고홍보로 미국의 정치광고발달사 등 세계 각국의 정치광고와 그 사례 등을 실어 정치인이나 정치전문가들이 좋은 정치광고홍보를 하는 데 참고할 수 있도록 했다.

제13장은 정치광고홍보와 기호학을 다루었다. 본 장에서는 문화와 정치광고의 언어적·비언어적 역할과 기능을 세부적으로 제시하였다. 텔레비전 정치광고의 비디오 스타일, 기호학과 텍스트, 정치광고의 이미지와 시뮬라크르(simulacra)·하이퍼리얼리티(hyperreality) 등 정치광고홍보가 담고 있는 철학적·문화적·심층적 내포의미(connotation)를 분석하고 실행하는 데 적용할 수 있도록 했다.

마지막으로, 부록에서는 정치인들이나 경영자들이 정치적 리더십을 갖추기 위해 언론에 대한 이해와 위기관리, 대변인의 역할과 자격, 프레젠테이션 기법 등의 가이드가 될 수 있는 미디어 트레이닝과 스피치 클리닉을 다루어 실무에 적용할 수 있게끔 했다. 또한 선거홍보물을 기호학적으로 분석할 수 있는 틀도 제공하였다. 그리고 한국과 미국의 역대 대통령들의 성공적인 정치적 슬로건과 업적들을 게재하여 본 책을 공부하고 활용하는 모든 분들이 정치적 리더십과 경영 능력을 배양하는 데 도움을 주어 장차 큰 꿈을 이룰 수 있도록 하였다.

끝으로 책을 출간하는 데 큰 도움을 주신 남서울대학교 교수님, 서원대학교 광고홍보학과 김병희 교수님, 그리고 강단에서 같이 배우고 연구하는 남서울대학교 학생들에게도 감사드린다. 또한 항상 자세를 낮추고 최선을 다하라는 가족에게 고마움을 표한다. 두껍지 않은 책을 쓸 수도 있었지만 두꺼워지는 것을 그대로 두었다. "나에게는 길을 안내해주는 등불이 하나 있는데, 그것은 경험이라는 등불이다(I have but one lamp by which my feet are guided and that is the lamp of experience)."라고 말했던 미국 정치가 패트릭 헨리(Patrick Henry)처럼, 필자에게도 경험이란 길을 안내해주는 유일한 등불이었다. 필자의 현장 경험이 속속들이 녹아있는 이 두꺼운 책의 한 두 페이지만이라도 독자들에게 정치 현장에서 빛나는 통찰력(insight)을 줄 수 있다면, 필자로서 더 없이 행복할 것 같다.

2012년 8월
저자 김만기

차　례

| 제3장 | 정치광고 |

| 제4장 | 정치광고홍보의 변천사 |

| 제5장 | 정치광고홍보물 |

| 제6장 | 정치광고홍보와 이미지 |

| 제7장 | 선거와 정치광고홍보 |

제8장 선거캠페인과 정치광고홍보

제9장 정치광고홍보의 메시지 특성

politics

Advertising

제 1 장

정치커뮤니케이션

1. 정치커뮤니케이션 연구영역

정치는 가능성의 예술이다. 광고 또한 가능성의 예술이다. 이 대표적인 두 가지 가능성의 예술이 만나는 것이 바로 정치광고이다(조병량, 1993). 인간은 사회적 동물이다. 사회적 동물은 정치적 동물로 규정된다. 그렇기에 인간은 삶에 있어서 커뮤니케이션을 하지 않을 수 없다. 이 세상의 존재는 '그 무엇이든 커뮤니케이션할 수밖에 없다(We cannot not communicate)'. 단 1초라도 커뮤니케이션하지 않을 수 없다. 커뮤니케이션은 정치현상이며 PR전략이어야 하는 가장 근본적이고 대표적인 이유이다(권혁남, 2004; 김경해, 2002). 정치커뮤니케이션의 연구는 고대 그리스 시대 플라톤의『고르기아스(Gorgias, 선전의 연구)』, 아리스토텔레스의『수사학(Rhetoric)』을 최초의 정치커뮤니케이션 연구 저술로 볼 수 있다. 중세에 이르러서는 밀(J. S. Mill)의『언론의 구조: 설득논리의 구조 분석』, 밀턴(J. Milton)의『아레오파지티카(areopagitica), 언론의 자유 쟁취하기 위한 항의서』등의 저술들이 정치커뮤니케이션의 연구영역에 포함될 수 있다. 현대에 와서는 1922년 월터 리프만의 저서인『여론(Public Opinion)』, 유권자의 투표행위 연구인 콜럼비아학파의 '인민의 선택(People's Choice)' 연구, 미시간대학의 SRC(Survey Research Center) 등이 있다. 전통적 효과연구들은 정치메시지 연구들로 선유경향(long-term predisposition)을 자극시켜 행위의 선택을 이끌기 때문에 정치커뮤니케이션은 유권자의 투표 결정에 매우 작은 효과를 일으킨다는 소효과이론, 또는 제한효과이론을 창안하게 되었다. 1960년 말부터 전통적 효과이론이 정치커뮤니이션을 설명하는 데 적합하지 않게 되었다는 이론을 들어, 유권자의 인지행위에 대한 연구들이 진행되었다. 따라서 1970년 이후 유권자의 정치메시지 이해과정에 관심을 갖고, 의제설정연구(agenda-setting study), 상징적 상호작용주의 연구(symbolic interactionist study), 이용과 충족연구(uses and gratifications study), 인지구성주의접근법(constructivist approach) 등 대표적 이론이 나왔다. 정치커뮤니케이션 현상은 언론학 범위에서뿐만 아니라 정치학, 심리학, 사회학, 마케팅, 경영학, 언어학, 수사학 등 다양한 학문분야에 연구되고 있다(이동신 외, 2004).

2. 정치커뮤니케이션 정의

정치커뮤니케이션의 정의는 '정치'라는 말과 '커뮤니케이션'이란 말이 동시에 정의해야 한다. 우선 '커뮤니케이션'이란 말, 그림, 도표 등의 기호를 사용해서 정보, 아이디어, 감정, 기술 등을 전달하는 과정이다(Blake, Reed H. & Haroldsen, 1975). 이에 비해서 '정치'라는 말은 인간 사이의 관계를 지배하는 규칙에 영향을 미치는 의도적인 변화의 과정이라고 볼 수 있다(Pool, Ithiel de Sola, 1968). 이러한 정의를 볼 때 정치커뮤니케이션이란 정부가 하는 일에 대한 정보, 아이디어 또는 태도 등을 보급하기 위해서 설립된 기관의 활동을 의미한다. 이러한 의미에서 볼 때 정치커뮤니케이션은 심리전에서의 대적방송이나 전단 살포, 선거 시에 사용되는 TV, 포스터 및 연설, 국회에서의 여러 가지 활동, 행정적인 의미의 서신 등을 포함하게 된다. 특정한 단체들의 메시지 교환이나 보급, 즉 홍보와 선전을 기본적인 기능으로 하고 있으며 그러한 단체들은 독특한 커뮤니케이션이며 정치커뮤니케이션의 직접적인 현장이 될 수 있다. 이러한 좁은 의미에서의 정치커뮤니케이션은 주로 정보의 일방향 흐름(one-way communication)을 상정한다. 즉, 전통적인 정치 주체들이 미디어, 또는 대인간 커뮤니케이션(personal communication)을 통해서, 그들의 정책과 이념을 공중에게 알리는 과정들을 정치 커뮤니케이션으로 볼 수 있다(이동신 외, 2004). 하지만 스마트폰 같은 1인 1대의 매체의 발달로 이제는 상호 이해하는 양방향 커뮤니케이션(two-way symmetrical)이 이뤄져야 한다. 그리고 그 방법과 수단은 선전 → 공보 → 홍보 → PR로 전개되어야 한다.

3. 정치커뮤니케이션의 요소

케이드(Kaid, 1981)는 정치광고를 발신자(보통 후보나 정당)가 수신자의 정치적 행동, 신념 또는 행동에 영향을 주고자하는 의도를 가지고 대중매체를 통해 수신자를 정치메시지에 노출시키기 위한 기회를 구매하는 커뮤니케이션의 과정으로 정의했다(Kaid, 1981, 이동신 외 2004). 정치커뮤니케이션은 기본적으로 커뮤니케이션의 일부이다. 커뮤니케이션의 일반적인 요소로 송신자(sender), 메시지(message), 채널(channel), 수신자(receiver) 및 반응(feedback) 등이 있다(이동신 외, 2004).

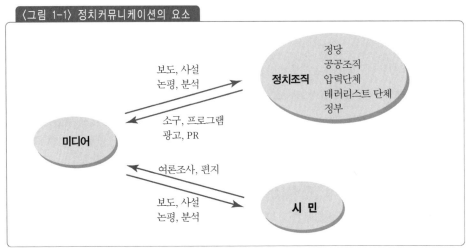

〈그림 1-1〉 정치커뮤니케이션의 요소

출처 : Brian McNair(1999), *An Introduction to Political Communication*, 김무곤 외 옮김(2001), 『정치커뮤
니케이션의 이해』, 한울아카데미

　좁은 의미에서의 정치행위자들이 있는데 그들은 조직이나 공공기구와 같은 수단을 통해 의사결정 과정에 영향을 미치기 바라는 개인들이다(〈그림1-1〉). 우선 정치커뮤니케이션 요소는 크게 셋으로 나뉜다. 미디어, 시민, 그리고 정치조직이다. 정치행위자 범주에는 제도권 정당들이 포함된다(Brian McNair, 1999). 그리고 정당이란 공동의 목적을 추구하기 위해 합의된 조직구조와 이데올로기 구조 안에서 함께 일하는 어느 정도 동지적(like-minded) 개인들의 집합을 말한다. 공공조직은 노동조합, 소비단체, 전문가 연합과 같은 조직들을 공공조직으로 포함할 수 있다. 압력단체는 단일이슈집단(single-issue groups)이라고 불리기도 한다. 그들은 환경보호, 반핵운동, 동물보호 등의 이슈에 관심을 가지고 친환경정책을 내세우도록 정치의제 설정에 주요한 영향력을 발휘한다. 압력단체는 정치가나 정당, 공공조직들처럼 다양한 광고와 유용한 PR기술들을 사용하는 커뮤니케이션 활동을 행한다. 테러리스트 조직은 자신들의 목적을 이루기 위해 폭탄 테러, 비행기 납치, 암살, 유괴 등의 테러전술을 사용하는 단체들이다(Brian McNair, 1999).

　설득의 목표인 수용자는 정치적 메시지와 관련되는 한에 있어서 정치커뮤니케이션 과정의 핵심요소이다. 그러나 청중의 크기와 특성에 상관없이 모든 정치커뮤니케이션은 메시지 수신자에게 어떤 효과를 주려는 의도를 가지고 있다. 정치커뮤니케이션에는 찬반 증거, 정치인의 시각적 이미지의 중요성, 이슈들과 편향된(biased) 미디어 보도가 선거 결과에 미치는 내용이 포함될 것이다. 그리고 여론의 의제설정을 위한 정치인과 미디어조직의 시도들 사이의 관계에 대해서도 언급할 것이다(Brian McNair, 1999). 민주주의 정치제도에서 미디어는 미디어 조직 그 자체의 외부에서 기원한 정치커뮤니케이션의 전달자 역할과 저널리스트에 의해 구성된 정치메시지의 송신자 역할을 한다. 〈그림 1-1〉은 두 관점에서 미디어 역할이 중요하다는 것을 보여준다. 미디어의 정치적 산출(output)의 엄밀한 효율성에 대한 논란은 계속되는 반면에, 정치 영역에서 객관적인 사건들을 중계하고 해석하며 좀 더 넓은 공공영역에서 객관적 사건들의 주관적 인지를 용이하게 하는 정치과정상의 미디어의 중추적인 역할에 대해서는 반대가 없다. 미디어는 시민들로부터 정치지도자에게로 메시지(또는 여론)를 전달하는 전달자로서 정치과정에서 중요한 역할을 담당한다(Brian McNair, 1999). 정치커뮤니케이션에서 미디어의 정치커뮤니케이션은 크게 세 가지로 나누어 볼 수 있다. 첫째, 다수의 수신자를 대상으로 미디어를 이용하는 매스커뮤니케이션이다. 여기에는 신문, 방송, 영화, 잡지, 책, 팸플릿, 포스터 등이 있다. 둘째, 소수의 수신자를 대상으로 하는 대인 간 커뮤니케이션이다. 셋째, 최근 부상하고 있는 뉴미디어를 통한 정치커뮤니케이션이다(이동신 외, 2004). 국제여론과 정책에 영향을 미치기 위한 시도 명백한 정치커뮤니케이션 활동이다. 미디어는 시공간(time & space)을 초월하고 있다. 특히 현재 뉴미디어의 소셜미디어가 얼마나 큰 영향을 미치는지는 우리가 몸소 느끼고 있다. 여기에는 국제외교, 자유를 위한 투쟁, 현대의 전쟁, 영토분쟁, 국제여론, 국제문화교류(K-POP) 등에 대한 국제 컨퍼런스나 이벤트, 캠페인 등에 영향을 미치고 있다. 오늘날 정부나 정치인들은 세계 여론이 그들의 이익에 중요하다는 사실을 이해하고 있다(Bernays, 1923).

4. 정치커뮤니케이션 효과

커뮤니케이션의 효과는 쌍방향성의 상호이해를 전제로 한다. 서로의 상호작용 속에서 정치커뮤니케이션 효과가 일어난다. 첫째 커뮤니케이션에 대한 환경의 영향이다. 둘째 정치적인 행위와 태도에 대한 커뮤니케이션 효과이다. 우선 커뮤니케이션은 환경을 주고받는다. 정치커뮤니케이션은 사회와 정치에 영향을 미치고, 그 사회와 정치는 역으로 매스커뮤니케이션과 대인 간 커뮤니케이션에 영향을 미친다. 예를 들어 언론사의 기자나 프로듀서가 콘텐츠를 만들 때, 자기의 철학을 담아 만들어 내지만, 소속사의 작업환경과 직업적인 전통, 그리고 그 언론가가 처해 있는 사회의 사회·경제적인 환경과 상호작용의 결과로 형성된다. 이를 윌리엄스(Williams, 1976)는 'routine art and thinking or formula'라고 언급하면서 사람들이 정치적이거나 사회적인 이슈들을 이해하는 데 있어서 저널리스트들이 가지는 인식의 틀에 영향이 크다는 것을 강조했다. 또한 커뮤니케이션에 영향을 미치는 외부요인 중에서는 중요한 것 중의 하나는 수신자이다. 그런데 이 수신자는 무조건 전해주는 메시지를 그대로 받는 것이 아니라 그들의 가치관과 사물에 대한 태도에 따라 좋은 것과 싫은 것을 선택한다. 만일 미디어의 내용이 마음에 들지 않으면 그들은 외면하게 된다. 이러한 이유 때문에 미디어는 기본적으로 수신자가 원하는 것을 제공하여야 한다. 어떤 의미에서는 당과 그 사회가 언론을 주도하는 그 내용이 수신자의 기호를 고려하여 만들어진다고 보아야 한다(이동신 외, 2004). 현대 사회에서 광고와 홍보, 선전이 중요하다. 그러나 커뮤니케이션의 효과가 절대적인 것은 아니다. 커뮤니케이션 미디어, 이슈, 수신자, 조건(독점 상황) 등에 따라 커뮤니케이션 효과는 영향을 받는다(Ranney, 1971). 그리고 정치커뮤니케이션의 일반적 효과론이다. 효과론은 대효과론과 소효과론으로 나눌 수 있다(장을병, 1978). 대효과론을 주장한 학자는 마샬 맥루한(Marshall McLuhan)과 해롤드 이니스(Harold Innis) 등이 있다. 맥루한은 커뮤니케이션 미디어가 인간관계나 행동의 형태를 규정짓는다고 봄으로써 이른바 기술결정론에 바탕을 두고 있다. 예컨대 TV가 정치인의 이미지를 조작함으로써 미국 국민들의 정치행위 자체를 변화시켰다고 말하고 있다. 경제사적인 입장에서 접근했던 이니스는 커뮤니케이션 미디어와 기술은 문화와 제도에 영향을 주고 사회의 조직을 결정한다고 보았다. 그 예로 그는 인쇄술의 도입이 관료와 제국주의 그리고 과학과 권위의 성장을 촉진한 반면 국어의 전통을 파괴함으로써 윤리, 가치, 형이상학 등을 사회에서 몰아냈다고 결론지었다. 이런 논리는 부르디외(Bourdieu, 1996)의 아비투스적 성향(Habitus)과 베블렌(Veblen, 1899)의 베블렌 과시적 효과 성향(Veblen Effect)에서 관찰될 수 있는 부분이다. 즉, 외견상 남보다 우월하다는 아비투스적 구별 짓기 성향(Habitus)으로 의미를 부여할 수 있는 기표(signifier)적 표상(representation)적 이론으로 엿볼 수 있는 부분이다(김만기, 2008). 이런 논리에서 볼 때, 현대적 뉴미디어(SNS 등)는 편리함도 있지만 불편함도 있다. 그 예로, 과시적이고 차별화된 스마트라이프는 젊은 층에서 나타난 '경로(敬老)패러다임 붕괴현상', 하위집단에 대한 탈권위 등 세대격차는 이 사회에서 풀어야 할 과제이다. 이에 비해 소효과론을 주장한 학자로는 폴(Pool), 카츠(Katz), 캠벨(Campbell) 등이 있다. 폴은 선거에서 정치커뮤니케이션의 주된 효과는 유권자들의 결정에 있는 것이 아니라 그들의 관심을 끄는 데 있다고 주장했다. 실제로 투표자의 결정에 영향을 주는 것은 매스미디어가 아니라

가족이나 친구를 통한 대인 간의 토론을 통한, 개인적 영향이라는 것이다. 카츠는 사람들의 대부분은 커뮤니케이션에 상관없이 일정한 정당을 지지하는 성향을 가지고 있으며 커뮤니케이션 효과를 발휘하는 사람들의 수는 20%에 머문다고 분석하였다. 캠벨은 TV가 투표 참가에 미친 효과를 중점적으로 연구했다. 그는 TV가 미국인들의 정치참여 의식을 높이는데 크게 기여하지 못했으며 라디오 이후 커뮤니케이션의 흐름에 새로운 차원으로 작용했다기보다는 라디오의 역할을 보완·인수하는 데 그쳤다고 단정했다(이동신 외, 2004). 이처럼 미디어는 기존 태도를 강화시키는 데 효과가 있다. 예를 들면 특정 후보자를 지지해온 경우 커뮤니케이션을 통해서 그 지지를 확인하고 그 후보자를 위한 캠페인에 적극 참여하게 되는 것 등이다(이동신 외, 2004).

5. 정치커뮤니케이션의 형태

정치커뮤니케이션은 그 형태에 따라 민주적 형태, 권위적 형태, 발전적 형태로 나눌 수 있다. 민주적 정치커뮤니케이션은 자유로운 언론활동과 의사소통의 자유가 보장받는다. 즉, 말할 자유, 인쇄·배포 의사 등 수평적이며 쌍방향적 형태를 갖는다. 민주주의 국가에서 일방적인 발표나 선전 및 설득으로서 '여론의 공개'라는 의미가 있으며, 이에 대한 비판과 토론도 권장된다. 또한 대중은 사회의 건전한 도덕과 국가의 안위를 해치지 않는 범위에서 언론의 자유를 누릴 권리를 보장받는다. 이에 비해 권위적 정치커뮤니케이션은 언로(言路)가 수직적이며 일방적이다. 정부는 일방적으로 정책을 발표하며 국민들은 비판할 권리도 갖지 못한다. 독재가가 지배하는 국가 등이 이에 해당된다. 그리고 발전적 정치커뮤니케이션은 주로 개발도상국가에 있는 국가들이 이용하는 정치커뮤니케이션 형태로 사회를 개발하기 위한 목적이다. 맥퀘일(McQuail, 1983)은 발전적 정치커뮤니케이션의 특징을 여섯 가지로 집약하였다. 첫째, 미디어는 국가적 개발목표에 부응하는 과업을 수행한다. 둘째, 언론의 자유는 경제우선 원칙과 사회개발 필요성에 의하여 일단 제한한다. 셋째, 미디어가 취급하는 내용은 국내의 문화와 언어에 우선권을 주어야 한다. 넷째, 미디어는 지리적·문화적·정치적으로 인접한 국가의 뉴스와 정보를 우선 취급한다. 다섯째, 언론 종사자들은 정보를 수집하고 보급할 자유와 함께 그에 대한 책임을 진다. 여섯째, 국가는 개발목표를 위해서 미디어의 운영을 간섭하고 통제할 권리를 갖는다(이동신 외,

2004). 따라서 정치커뮤니케이션은 쌍방향적·수평적 커뮤니케이션이 행해지면 개발분야
에서만은 일방적, 수직적 커뮤니케이션이 이뤄진다. 국가는 개발목표를 정하고 국민에게
발표하고 선전하며 국민은 이에 따를 의무를 지고 개발에 관련되지 않은 분야에 대해서는
자유로운 커뮤니케이션을 보장받을 수 있다(이동신, 2004).

6. 정치커뮤니케이션의 분야

정치커뮤니케이션 분야는 수사분석(rhetorical analysis), 선전분석(propaganda anal-
ysis), 태도변화(attitude change), 투표연구(voting), 정부와 언론관계, 기능 및 시스템분
석, 그리고 기술변화 연구 등으로 나누어진다(Nimmo & Keith, 1981). 인류학과 사회학,
언어학 등이 정치언어학의 기초가 된다. 심리학과 사회심리학은 커뮤니케이션, 태도변화
및 학습 분야에 도입되어 정치대화, 정치적 호소, 정치사회화 연구를 촉진시켰다. 스피치
커뮤니케이션학은 메시지의 역사적·비판적·양적 분석, 정치학은 선거캠페인, 신문방송
학은 커뮤니케이션 기술발달과 정치체계 변화과정에서의 미디어 역할 연구에 기여했다.
사이버네틱(cybernetic) 및 시스템 분석은 정치사회의 학습과 규제 등을 분석 가능하게
했다. 현재 이런 분야는 학문간 융합되어 그 시너지 효과를 얻고 있다.

politics

Advertising

제 2 장

정치홍보

1. 정치홍보란?

　　인간만이 언어를 사용하여 의사소통할 수 있다. 의사소통은 커뮤니케이션의 한 수단이다. 이 커뮤니케이션 수단은 인간의 커뮤니티(공동체)가 형성·유지되기 위해서 필수적인 요건이다. 커뮤니케이션의 필요성과 중요성은 정치의 세계에서도 예외는 아니다(홍두표, 1998; 이동신 외, 2004). 달튼(Dalton)은 "정치는 언어(Politics=language)", "모든 정치는 말(all politics is talk)", "정치는 말 시합(Politics is largely word game)"이라고 주장할 정도로 정치에 있어서 커뮤니케이션은 국민과 정치지도자 간 상호작용의 매개 수단이라고 볼 수 있다. 정치인들의 말 한마디가 유권자(국민)에게 큰 영향을 미친다는 것을 우리는 봐 왔다. 제17대 대통령 후보인 정동영의 노인폄하 발언이나, 2011년 9월 8일 인천 고용센터를 찾은 한나라당 박근혜 전 대표가 "안철수 씨의 지지율 상승을 어떻게 생각하십니까?"라는 질문을 받았다. 박 전 대표는 이 기자에게 "병 걸리셨어요?"라고 한 말 한마디가 일파만파 국민에게 영향을 끼친 것을 보았다. 미국 레이건 대통령은 언론의 거친 질문을 유머로 넘기는 데 탁월했다. 한 기자가 "대통령이 B1 장거리 폭격기에 예산을 많이 쓰고 있습니다."라며 추궁했다. 레이건은 보좌관을 보며 "비타민(B1) 사는 데 돈을 그렇게 많이 쓰나. 그러면 안 돼"라고 너스레를 떨었다. 기자회견장은 웃음바다가 됐고 그 사이 레이건은 다음 질문을 해달라며 위기를 벗어났다. 2003년 7월 한국과 영국 정상이 청와대에서 기자회견 시 한 기자가 노무현 대통령에게 대선자금을 묻자 노무현 대통령은 "야구할 때는 야구 얘기만 합시다."라고 했다. 또한 미국 클린턴 대통령이 폴란드 총리와 백악관에서 정상회담을 갖고 기자회견을 했을 때도 미국 기자들은 그의 불륜 스캔들만 캐물었다. 기자들은 국민의 알 권리를 충족시킨다는 명목 아래 국민이 가장 궁금해 하는 것을 물을 수밖에 없는 현실을 인정해야 한다. 통 큰 정치인은 각본에 있는 말 한마디, 기자들의 질문에 재치있는 인터뷰 기법이 필요하다. 정치홍보란 바로 정치체제가 국민의 지지와 동의를 획득하기 위한 설득적 커뮤니케이션의 한 유형이라고 이해할 수 있을 것이다. 정치홍보는 정치체제가 일방적으로 행하는 정치광고나 정치선전과는 달리 국민과의 관계개선을 통하여 국민의 지지와 동의를 얻기 위한 설득적 쌍방향 커뮤니케이션으로서 그 중요성이 강조되고 있다(홍두표, 1998; 이동신, 2004). 이 장에서는 정치조직과 정치홍보의 개념, 정치홍보의 목적, 정치홍보의 방법, 정치홍보의 효과, 정치이미지, 정치마케팅 등을 살펴보고자 한다.

2. 정치조직

　민주주의 사회에서 국민은 누구나 각자의 정치적 입장을 피력하고 정치적 요구를 제기(political demand making)하기 위해, 집단행동을 도모하거나 정치 이익집단(interest group)을 결성한다. 정치활동(political activities)은 정치권력 획득을 주목적으로 한다. 정치조직은 정책결정권 획득을 주목적으로 하거나 또는 이들을 지원하는 집단으로 이해하고자 한다. 대표적인 정치조직은 정당과, 특정 정치인이나 세력을 지원할 목적으로 결성된 정치후원집단을 들 수 있다.

3. 정치홍보의 개념

　정치홍보(政治弘報, political pubic relations)는 정치(政治)와 홍보(弘報)가 합쳐진 행위이다. 한자로 홍(弘)은 클 '홍', 보(報)는 알릴 '보'이다. 즉, 대중에게 많은 것을 크게 알린다는 의미이다.

　정치커뮤니케이션(political communication)이란 특정 인물이나 집단 또는 기구가 표적(target)으로 삼는 수용자의 태도 또는 행위를 특정 목적에 부합하는 방향으로 변화시키기 위해 특정한 정치메시지나 상징을 전달·유포하는 활동이라고 정의할 수 있다. 정치커뮤니케이션의 한 유형인 정치홍보는 정치와 홍보의 합성어로서 정치체계와 홍보체계 간의 관계와 관련된다. 홍보체계란 1차적으로 관계 개선을 의도하는 설득적 커뮤니케이션 체계를 의미한다(서정우, 1996). 홍보란 개방체계(open system)로서의 조직이 생존하기 위한 기본적인 활동이다. 조직을 자체완결적(self-contained)인 폐쇄체제가 아니라 환경과 상호작용을 통하여 생존을 유지한다는 개방체제로 인식했을 때 홍보의 중요성이 존재한다(김용호·이황호, 1997). 홍보(弘報)란 널리 알린다는 의미로 설득적 커뮤니케이션(persuasive communication)의 한 유형으로서 관계 개선을 일차적으로 의도한다. 정치홍보는 정치조직이 변화무쌍한 정치 환경 속에서 생존을 위한 국민과의 상호작용의 한 방법이라고 이해할 수 있다. 상호작용의 주목적은 정치조직이 국민과의 관계 개선, 즉 국민의 지지와 동의 획득에 있으며 이를 위해서 국민을 설득하는 커뮤니케이션이라고 정의할

수 있다. 예컨대 대표적 정치조직인 정당이 국민과 관계를 개선하여 국민의 지지와 동의
를 획득하기 위해서 후보나 정당정책을 알리고 반대자를 설득하는 커뮤니케이션을 정치
홍보라고 이해할 수 있을 것이다. 설득적 커뮤니케이션 유형에는 정치홍보 이외에 정치광
고(political advertising), 정치선전(political propaganda), 정치 PR(political public re-
lations), 정치교육(political education) 등이 있다. 이들은 전달자가 수용자의 정치적 태
도나 행위를 특정한 방향으로 변화시키려는 설득적 커뮤니케이션이라는 점에서 동일하다
(김기도, 1987). 하지만 정치광고는 1차적인 목적이 수용자로 하여금 자신들에게 호의적
인 이미지를 갖고 그에 따라서 자신들에게 유리한 선택행위를 실행토록 하는 데 있다. 정
치광고는 정치현상에 관련된 전달자 중심의 설득적 커뮤니케이션이면서도 그 결과는 수
용자의 결정에 전적으로 의존한다. 이는 상품광고나 기업광고와 유사성을 지니고 있다(김
기도, 1987). 정치광고는 대중매체를 통한 정치상품에 대한 정치선전이라고 볼 수 있다.
정치광고의 기본은 정치의 상품화와 정치의 마케팅에서 찾을 수 있다. 민주주의 국가에서
정치선전은 국민의 정당한 여론을 조성하고 국가 운영의 참모습을 국민에게 홍보하여 국
민의 지지와 동의를 유도하기 위해서 필요한 것이다. 정치광고는 바로 이러한 목적을 달
성하기 위한 정치커뮤니케이션의 유형이라고 볼 수 있다(홍득표, 1998). 하지만 정치광고
는 논란이 가장 심한 두려운 형태(feared form)로 히틀러 치하의 제3제국, 비누 판매와
같은 방법의 후보 선전, 현실과 무관한 후보의 이미지 형성, 쟁점보다 의인화를 강조하는
정치체제의 파괴 등 많은 악이 있다고 비난받고 있다(Kaid, 1981). 부정적인 정치광고는
중상모략이나 진흙탕 싸움(mudslinging)과 같기 때문이다. 정치선전은 수용자보다는 전
달자의 목적이 중시되기 때문에 조작적인 냄새가 농후하며 경쟁자를 비방할 개연성이 있
다. 선전은 주로 감정에 호소하며, 일방적인 커뮤니케이션으로 선전자가 의도하는 대로
여론을 형성하고자 하는 특성이 있으며, 긍정적 심벌과 부정적 심벌을 모두 사용한다. 또
한 사상이나 이념에 대한 행위변화를 일차적 목적으로 한다(서정우, 1996; 정영우, 1996).
PR은 약 500여 개의 정의가 있지만 공중과의 모든 관계를 원활히 하기 위한 활동의 동적
인 개념으로 이해하는 것이 바람직하다. PR은 여론의 지지를 획득하기 위해서 행하는 행
위이며, 그 때문에 자기와 관계있는 사람들, 즉 공중으로부터 호의(goodwill)를 얻기 위
한 활동이다(장을병, 1979). 주로 이성에 호소하며, 사실에 입각한 정보를 제공하고, 쌍방
적 커뮤니케이션을 강조한다. 좋은 의미에서 여론에 영향을 주기 위한 커뮤니케이션으로
주로 긍정적인 심벌만 사용한다(정영우, 1996). 정치 PR은 공중으로부터 호의를 얻어 정
치적 지지(political support)로 연결시키기 위해서 행하는 활동이라고 이해할 수 있다.

정치 PR은 전달자와 수용자의 호혜적 관계를 중시한 정치커뮤니케이션이다. 정치교육은 정치선전과 달리 전달자보다는 수용자의 처지, 입장, 요구, 기대가 다른 것보다 더 고려된 다는 차이가 있다. 정치커뮤니케이션 유형의 개념은 전달자의 필요와 목적, 관심, 이익에 따라 수용자의 그것 중 누구를 중시하느냐에 따라서 달라진다. 광고는 일종의 경제적 커 뮤니케이션이고, 선전은 정치적 커뮤니케이션인 데 반하여 홍보는 사회·문화적 커뮤니케 이션이라고 말할 수 있다(서정우, 1996).

4. 정치홍보의 목적

정치시장(political market)에서 정치인, 정당, 정책 등도 하나의 상품처럼 소비자(국 민)에게 팔린다. 그 정치상품을 국민이 구매하도록 경쟁적으로 국민에게 호소(appeal)하 고 국민을 설득한다. 정치시장에서는 정치상품에 대한 국민의 지지(supports)와 동의 (consents)를 받기 위한 마케팅 유통이 이뤄진다. 국민의 지지와 동의는 국민의 여론과 선택을 통해 가시화된다. 민주주의에 있어서 선거가 국민에게 선택 기회를 제공하여 국민 이 선택한 후보가 당선되고, 정당이 선택된다. 정치홍보(political publicity)는 정치조직 과 국민 간 상호작용의 한 방법이라고 볼 수 있다. 정치홍보는 정치조직이 국민의 지지와 동의를 얻기 위해서 동원되는 많은 정치자원(political resources)이나 정치전략(political strategy) 가운데 빼놓을 수 없는 수단이라고 볼 수 있다. 정치홍보는 대중을 설득(mass persuasion)하여 정치조직이 원하는 방향으로 국민의 태도 변화(attitude change)를 유 도하는 것이다. 정치홍보의 목적(objective of publicity)은 지금껏 특정후보나 정당에 대 해 잘못 이해(misunderstanding)했던 것을 이해(understanding)로 전환시키는 것이다. 즉 중립적 입장이나 반대 입장(antagonistic)을 지지적(sympathetic)으로, 편견(prejudice) 은 수용(acceptance)으로, 무관심(indifference)은 관심(concern)으로, 무지(ignorance) 는 지식(knowledge)으로 지지자를 확고한 고정표로 변화시키기 위하여 실시한다. 사회 를 위하여 희소한 가치를 권위적으로 배분할 수 있는 정치권력을 획득하기 위해서 경합하 는 정치조직에 있어 대중 설득은 대표적인 생존 전략의 하나라고 볼 수 있다. 국민의 지지 와 동의를 얻어야 정치조직이 추구하는 정치권력의 획득, 유지, 확대가 가능하기 때문이 다. 다음은 정치홍보의 방법, 정치홍보의 효과 등에 관하여 살펴보고자 한다.

5. 정치홍보의 방법

정치조직은 정당이든 정치후원 집단이든 다양한 방법으로 정치홍보를 한다. 정당은 선거 때는 두말할 나위 없이 평상시에도 치열한 정치홍보를 하고 있다. 정치홍보는 국민의 지지와 동의를 얻기 위해서 정치조직이 동원할 수 있는 가장 효과적인 전략의 하나라고 볼 수 있다. 정치홍보의 방법은 다양하다. 원내외 활동을 통한 정치홍보, 전파매체를 통한 정치홍보, 정치교육을 통한 정치홍보, 대국민 접촉을 통한 정치홍보, 인터넷을 통한 정치홍보 등이다.

6. 정치홍보의 효과

1) 정치홍보의 효과이론

인간은 환경으로부터 쉴 새 없이 쏟아지는 수많은 자극(상징적 혹은 물리적 자극)을 받는다. 그러나 인간은 이러한 모든 자극을 수용할 능력도 없거니와 수용할 필요도 없다(권혁남, 1997). 정치홍보도 일종의 국민에 대한 자극이다. 그 자극에 대하여 정치조직이 의도하는 방향으로 정치 태도나 행동에 변화가 일어났을 때 정치홍보의 효과가 있다고 볼 수 있다. 정치메시지의 자극(stimulus)을 통하여 정치 정향이 변화되는 반응(responsive)이 나타났을 때 정치홍보의 효과가 입증되는 것이다. 생리적·심리적 인지활동을 통하여 정치 정향에 변화가 나타나는 정치사회화가 이루어질 때 정치홍보는 효과가 있는 것이다.

정치사회화는 다음과 같은 세 가지 기준으로 평가할 수 있다. 정치 쟁점이나 사건에 대한 지식(knowledge)과 앎(awareness)과 관련된 인지적 효과(cognitive effects), 정치행위자, 정치기구, 공공문제(public affairs) 등의 평가 점수와 관련된 감정적 효과(affective effects), 선거운동 참여, 투표율, 정치문제(political matter)에 대한 개인 간 커뮤니케이션(interpersonal communication)과 같은 행태적 효과(behavioral effects) 등으로 나눌 수 있다(Alkin, 1981). 하지만 정치홍보가 얼마나 효율적으로 이루어졌는가를 세 가지 기준으로 평가하는 것은 용이한 일이 아니다. 일반적으로 설문조사를 통하여 효과를 측정하는 방법, 여론의 변화 추이를 관찰하는 방법, 선거에서 당선되어 정치홍보의 효과를 입증하는 방법 등이 있다. 하지만 선거에서 승리한 것을 전적으로 정치홍보 때문이라고 평가하는 것은 무리가 있다. 당락에 작용하는 변수는 너무 다양하기 때문이다. 앞서 정치홍보에 대한 개념을 편의상 정의했지만 정치광고, 정치선전, 정치교육, 정치 PR 등의 개념과 확실하게 구분하기 어려운 점이 있다. 따라서 정치홍보의 효과를 이해하려면 매스 커뮤니케이션의 효과이론이나 정치광고의 효과이론을 활용하는 것이 좋을 것이다. 매스 커뮤니케이션의 효과이론은 크게 직접효과이론(direct effect theory), 제한효과이론(limited effect theory), 중효과이론(moderate effect theory), 강효과이론(powerful effect theory) 등이 있다(Kaid, 1981; 김기도, 1987; 이동신·박기순, 1996). 직접효과이론은 메시지 자극이 피하주사바늘(hypodermic needle)이나 탄환(bullet)과 같이 전달자가 원하는 방향으로 수용자의 행동이 바로 변화될 수 있다는 것이다. 매스 커뮤니케이션의 효과가 막강한 영향력을 발휘할 수 있다고 보는 것이다. 제한효과이론은 매스 커뮤니케이션의 영향력이 보잘 것 없다는 입장이며, 여론지도층의 역할을 오히려 강조하는 이론이라고 볼 수 있다. 주요 내용은 전달되는 메시지의 효과는 수용자의 선택적 노출·주의력·기억력·지각과 같은 성향 때문에 그 영향에 관계가 있다는 것이다. 메시지를 수용하는 사람들의 선택성에 따라서 효과가 다르게 나타나기 때문에 '최소 영향의 법칙(law of minimal consequences)'이라고도 한다. 중효과이론은 매스 커뮤니케이션의 효과를 어느 정도 인정하는 이론이라고 볼 수 있는데 매스 커뮤니케이션은 상황에 따라서 영향력이 다르게 나타나기도 하며, 수용자의 태도나 의견에 미치는 영향 외에 다른 변인들에게 영향을 미칠 수 있고, 효과는 단기적인 측면도 있지만 장기적인 시각에서 평가해야 한다는 입장이다. 강효과이론은 매스 커뮤니케이션을 면밀하게 준비한 프로그램이나 선거운동 등에 제대로 활용한다면 그 효과가 대단히 폭발적이라는 것이다. 노엘 노이만(Noelle-Neumann, 1973)에 의하면 매스 커뮤니케이션은 누적성(accumulation), 유일성(uniquity), 일치성(consonance)의 특징을 갖는다고 한다. 그리고 어떤 사건이나 쟁점에 대한 보도가 세 가지 특성을 동시에 갖추고 있다면 그 메시지의 효과는 대단히 강력하다는 것이다. 특정 쟁점에 대한 누적된 보도, 한 곳으로 집중된 보도, 다양한 매스미디어에 의한 일치된 보도 등의 현상이 나타난다면 효과가 크다는 것이다. 하지만 정치홍보의 효과를 측정하는 것은 쉬운 일이 아니다. 그 이유는 첫째, 성별, 나이, 학력, 소득, 거주 지역, 종교, 가치관, 경험 등 개인의 특성에 따른 자극 편차(stimulus variations)가 있기 때문이다. 개인에 따라서 정치홍보 내용의 선택(selection)이나 활용과 만족감(uses and gratification)은 다르게 나타난다. 둘째, 매체의 유형에 따라서 정치홍보의 효과가 다르게 나타나기 때문이다. 인쇄매체, 전파 미디어, 인터넷 등에 따라서 그 효과는 다르다. 일반적으로 인쇄 미디어보다는 전파 미디어의 효과가 크다고 보지만 꼭 그렇다고 할 수 없다. 그래서 인쇄 미디어와 전자 미디어 자극 등 모든 미디어의 연합 영향(combined impact)이라는 시각에서 완성품 효과(end products effects)라는 개념을 제시하기도 한다(Graber, 1980). 정치홍보의 효과는 개인의 특성, 지각과정, 매체의 유형, 시의성(timing), 상대성, 홍보 방법, 콘텐츠, 정치문화 등에 따라서 다르게 나타난다고 볼 수 있다.

2) 정치홍보의 역기능과 순기능

정치홍보의 효과는 순기능과 역기능이 있다. 정치홍보의 순기능을 정치언어(political language)의 기능과 같은 맥락에서 이해하고자 한다(Graber, 1981; Corcoran, 1990). 왜냐하면 정치홍보는 정치언어를 통하여 전달되기 때문이다. 첫째, 정치홍보는 정보의 전파기능(information dissemination)을 수행한다. 정치홍보는 정치적 사건이나 정치 쟁점에 대한 정보를 국민에게 제공한다. 국민은 정치홍보를 통하여 정치적 판단과 선택에 필요한 정보를 얻게 된다. 둘째, 정치홍보는 의제 설정(agenda setting) 기능을 수행한다. 정치홍보가 의도했든 아니든 정치조직이 국민에게 던지는 정치적 화두나 정치담론(political discourse)은 국민적 관심을 끌 수밖에 없다. 특히 정치의 영향력이 큰 사회, 정치적 관심이 높은 사회, 정치논리가 다른 논리를 제압하는 정치화된 사회에서는 정치조직이 제공하는 정치홍보의 키워드가 정치적 의제로 부각된다. 셋째, 정치홍보는 해석과 연계(interpretation and linkage) 기능을 수행한다. 정치홍보를 통하여 제공되는 정보는 특정 정치 상황에 대한 이해 · 해석 · 평가, 원인과 결과의 규명, 다른 쟁점과의 연관성 등에 대한 이해를 돕는다. 넷째, 정치홍보는 미래와 과거의 투사(projection to future and past) 기능을 수행한다. 정치홍보의 내용은 과거의 정치상황과 미래에 펼쳐질 정치현상에 대한 예측을 가능하게 한다. 특히 정치조직은 정치홍보를 통하여 미래의 청사진을 제시하면서 국민에게 희망과 꿈을 안겨주는 경우도 있다. 반면, 현실성이 없는 막연한 미래상의 제시로 국민을 현혹하거나 관심을 호도하는 정치 목적으로 활용되기도 한다. 다섯째, 정치홍보는 행동자극(action stimulation) 기능을 수행한다. 정치홍보는 결국 국민의 태도를 정치조직이 원하는 방향으로 변화시키는 데 목적이 있기 때문에 효율적인 정치홍보를 통하여 국민 행동의 변화를 유인하고 변화의 동기를 부여하는 기능을 수행한다. 정치홍보는 단순하게 정치 정보를 전달하는 것이라기보다는 국민의 태도 변화를 꾀하는 설득적인 커뮤니케이션이다. 정치홍보의 순기능 못지않게 역기능도 많다. 첫째, 정치홍보에는 일방성이란 역기능이 있다. 정치홍보의 주내용이 국민이 요구하고 기대하는 정치정보를 제공하기보다는 정치조직이 원하는, 정파나 정당을 위한, 정치인을 위한 일방적인 정치광고나 선전에 그치는 경우가 많다. 정치도 상품이기 때문에 정치조직이 제공하는 인물이나 정책을 국민이 선택할 수 있도록 올바른 정보를 제공해야 한다. 정치상품의 수요자와 소비자는 국민이다. 수요자와 소비자가 원하는 정치홍보가 아니라 공급자인 정치조직 중심의 정치홍보가 이루어진다는 역기능이 있다. 둘째, 정치홍보는 정치상품에 대한 충동구매를 부추기는 역기능이 있다. 정치시장에서 행해지고 있는 경쟁은 상대적이며, 또한 인적·물적 자원과 정보 등 모든 정치자원이 최대한 동원되는 이전투구의 현장이기 때문에 국민의 판단을 흐리게 하는 경우가 많다. 감정적인 정치홍보에 현혹되어 정치상품인 후보나 정당에 대한 일시적인 충동구매 현상이 나타나 임기 내내 후회하는 경우가 발생한다. 이는 정치조직만의 책임은 아니다. 국민은 정치홍보의 내용에 대한 올바른 취사선택의 능력을 가져야 할 것이다. 국민에게도 불량 정당, 불량 후보, 불량 정책이 무엇인지 식별하고 판단할 수 있는 능력이 요구된다. 셋째, 부정적인 정치홍보는 오히려 정치에 대한 혐오, 불신, 냉소주의를 키우는 역기능이 있다. 정치홍보가 왜곡되고 조작된 정보나 허위사실을 유포하면 그 피해가 국민 전체에 돌아간다. '한 사람을 속이면 사기꾼이지만 국민을 속이면 정치인'이라는 말이 현실성이 없는 말로 만들기 위해서는 우선적으로 정치홍보의 내용이 사실에 입각해야 할 것이다. 부정적인 정치광고는 쟁점 중심이 아닌 이미지 손상과 관련된 것으로 중상모략 등이라고 볼 수 있다. 그 결과에 대하여 부메랑효과(boomerang effect), 희생자증후군(victim syndrome) 즉, 피해자를 응원하는 심리, 이중손상 효과(double impairment effect) 즉, 이중 피해 등 세 가지로 나눈다(Johnson-Cartee & Copeland, 1991). 부메랑효과는 부정적인 정치광고의 피해가 진흙을 먼저 던진 사람에게 돌아간다는 것이며, 희생자증후군은 지목한 대상에 대한 동정과 불공정 게임에 대한 반발심이 작용하여 그에게 이익이 돌아간다는 것이다. 이중손상 효과는 진흙에 손을 먼저 댄 당사자나 진흙을 덮어 쓴 대상자 모두에게 피해가 돌아간다는 이론이다. 정치조직의 강점을 부각시키기보다 경쟁자의 약점을 집중적으로 공략하거나 헐뜯는 부정적인 정치홍보는 건전한 경쟁을 저해할 뿐만 아니라 정치권 전체에 대한 질적 수준을 떨어뜨리고 정치 불신을 초래하기 때문에 자제되어야 할 것이다. 부정적인 정치홍보, 특히 허위 사실을 날조하거나 유포하여 국민의 판단을 헷갈리게 한 정치홍보에 대하여는 그 책임자나 조직에 대한 엄격한 사법적 제재가 가해져야 할 것이다.

7. 정치홍보의 나아갈 방향

정치홍보란 정치조직이 정치환경에 적응하고 생존하기 위해서 정치체제 구성원인 국민과 상호작용을 하는 하나의 방법이다. 정치홍보는 정치조직이 국민의 지지와 동의를 받기위한 설득적 커뮤니케이션이라고 볼 수 있다. 오늘날 전자통신기술(ICT)의 발달로 SNS 등이 가져온 정보화 혁명은 정치와 정치홍보의 변화를 가져오고 있다. 국민의 지지와 동의를 획득하는 방법과 국민 정치참여의 방식이 변하게 된 것이다. 정보화 혁명이 가져온 정치의 가장 커다란 변화를 간접민주주의가 직접민주주의(direct democracy)로 바뀌는 데서 찾을 수 있을 것이다. 이런 현상을 신정치의 등장이라고 하면서 전자민주주의(teledemocracy), 텔레비전민주주의(televisiondemocracy), 인터넷정치(internet politics), 사이버민주주의(cyber-democracy), 사이버크라시(cybercracy), e-정치(electronicpolitics), 푸시버튼민주주의(push-buttondemocracy), 모뎀민주주의(modemdemocracy), 디지털민주주의(digital democracy), 즉시민주주의(instant democracy), 민주경제화 등 학자마다 다양하게 표현하고 있다. 대표적인 정치조직인 정당도 SNS기술을 활용하여 국민이 직접 국가의 정책 결정에 참여하게 되면 그 기능이나 역할이 대폭 축소될 것이라고 전망하기도 한다. 아직 직접민주주의와 사이버정당에 대한 실험이 성공적이지는 않지만 전자민주주의 시대가 등장하면서 정치홍보도 변하고 있다. 국민의 여론이 정책 결정에 수시로 직접 전달될 수 있는 가능성이 높아지면서 이제는 국민 중심의 국민 참여 정치가 활성화될 수밖에 없게 되었다. 따라서 정치조직이 국민과 직접 접촉할 수 있게 되면서 정치홍보의 중요성이 날로 커지고 있다. 이에 따라 정치조직에 의한 정치홍보의 방법과 콘텐츠도 변할 수밖에 없다. 정치홍보는 종래의 '피할 것은 피하고 알릴 것만 알리는 일방통행식'에서 '듣고 알리는 쌍방통행식' 상호작용으로 바뀌어야 하고, 정치조직은 '일방적으로 알리고 국민은 수동적으로 수용하는 방식'이 아닌 정치조직과 국민이 '함께 주고받는 쌍방통행식' 정치홍보가 요구된다. 국민의 지지 획득과 동의를 얻기 위해서는 정치인들의 일거일동, 언행일치, 정치적 경쟁자에 대한 조작된 정보, 왜곡된 정보, 허위정보, 부정적 홍보보다는 사실을 사실대로 밝히고 잘못된 부분에 대하여 국민에게 사과하고 국민의 양해를 구하는 설득적 방식으로 바뀌어야 할 것이다. 특히 말장난을 하거나, 임기응변으로 위기를 모면하기 위한 기회주의적 홍보 태도를 보이거나, 말로만 하는 립 서비스(lip service)식 정치홍보는 국민의 동의와 신뢰를 얻지 못할 것이다(이동신·박기순 편, 1996; 탁진영, 1999).

politics

Advertising

제 3 장

정치광고

1. 정치광고의 개념과 정의

정치광고란? 정치(政治 : 政 정사 정, 治 다스릴 치, politics; government)는 사전적으로 ① 국가의 주권자가 그 영토와 국민을 다스리는 일, ② 국가 권력을 획득·유지하며 행사(行使)하기 위하여 벌이는 여러 가지 활동으로 정의된다. 즉 정당이나 정치인이 정권을 획득하거나 그것을 유지하기 위해서 벌이는 모든 활동이라고 한다. 광고(廣告 : 廣 넓을 광, 告 고할 고)는 사전적으로 ① 세상에 널리 알림(notice), ② 영업체 또는 상품의 존재·효능을 널리 알리는 것(advertisement, advertising, 略(ad, ads))이다. 1948년 미국 마케팅협회에서 "명시된 광고주가 유료로 행하는 조직, 제품, 서비스 또는 아이디어에 대한 비대인적 커뮤니케이션 형태"로 정의한 바 있다. 이러한 두 개념의 정의를 종합해 보면 정치광고란 '국가 권력을 획득하고 유지하며 행사하기 위한 여러 가지 활동을 하기 위해 정당이나 정치인이 유료로 행하는 비대인적 커뮤니케이션 활동'이라고 할 수 있다. 정치란 인간 사이의 관계를 지배하는 규칙에 영향을 미치는 의도적인 변화과정이라고 볼 수 있다(Pool, Ithiel de Sola, 1968). 정치광고(political advertising)란 정치(political)와 광고(advertising)라는 단어가 결합된 복합명사이다. 일반적으로 광고는 경제적인 영역에서 작용하는 개념으로 인식되어 왔으나, 정치적 활동 속에서 광고적 성격을 지닌 현상들이 등장함에 따라 정치광고라는 개념이 구체화되었다. 따라서 정치광고의 등장은 마케팅의 개념이 정치영역으로 확대되어 단순한 제품뿐만 아니라, 아이디어, 이슈, 선거후보자들도 마케팅의 대상이 되었음을 의미한다(조경섭, 1998). 따라서 정치광고란 정치후보자가 유권자들의 지지를 호소하고자 하는 광고행위라 할 수 있다. 그러나 정치광고는 정치와 광고를 모두 포함하는 개념으로서, 정치적 측면에서 보는 광고와 광고적 측면에서 보는 정치개념에는 개념적 차이가 있을 수 있기 때문에 정치광고라는 개념에 대한 명확한 정의를 내리기는 쉽지 않다(박종렬, 1992). 그러나 정치와 광고가 마케팅의 대상과 그 목표 시장에 있어서는 차이가 있다 할지라도 수용자를 설득하여 지지를 얻으려고 한다는 점에서는 동일한 목표를 갖는다. 이러한 정치광고의 성격, 형태 및 범위는 사회적·시대적 변천에 따라 지속적으로 변화해왔는데 그에 대한 정의 역시 다양하다. 케이드(Kaid, 1981)는 정치광고를 '정당이나 정치적 후보자들이 유료로 대중매체를 통해 유권자들에게 접촉하여 유권자들이 정치적 태도, 신념, 행동 등에 영향을 미치려는 의도를 가지고 자기들의 철저한 관리하에 정치적 메시지를 직접 전달하는 커뮤니케이션 과정'이라고 정의하였다.

　　오늘날 정치커뮤니케이션에 있어서 정치광고는 점차 중요한 위치를 차지해가고 있다. 현재 미국에서는 정치광고비를 많이 집행한 후보가 투표에 우세한 경우가 많아서 '정치광고=당선'이라는 등식이 성립될 정도이고, 텔레비전 정치광고비가 전체 선거캠페인 예산의 90%를 상회하는 후보자들이 속출하는 등 정치광고의 효과는 매우 큰 것으로 나타났다(이시훈, 2004). 이러한 정치광고의 기원은 17세기 초 종교적 목적으로 시작된 선전(propaganda) 이후 프랑스 대혁명, 레닌의 공산주의의 혁명, 히틀러 등에서 찾을 수 있다. 정치커뮤니케이션은 사회에서 이루어지는 활동의 많은 부분을 포함하게 된다. 예를 들어 외교상의 통고, 입후보자의 연설, 정부의 고지나 독촉, 정보제공, 국민의 태도, 변화 등을 보급하기 위해 설립된 기관의 활동, 심리전, 대북방송, 전단 살포, 선거TV, 포스터 및 연설, 국회활동, 서신 등 행정적 활동이 포함된다(이동신 외, 2004). 정치홍보는 정치조직이 변화무쌍한 정치 환경 속에서 생존을 위한 국민과의 상호작용의 한 방법이다. 상호작용의 주목적은 국민과의 관계 개선, 즉 국민의 지지와 동의 획득에 있으며 이를 위해서 국민을 설득하는 커뮤니케이션을 한다고 할 수 있다. 설득적 커뮤니케이션 유형에는 정치홍보(political publicity) 외에 정치광고(political advertising), 정치선전(political propaganda), 정치PR(political public relations), 정치교육(political education), 정치공보(political public information)가 있다. 이들은 전달자가 수용자의 정치적 태도나 행위를 특정한 방향으로 변화시키려는 설득적 커뮤니케이션이라는 점에서 동일하다. 하지만 정치광고는 1차적인 목적이 수용자로 하여금 자신들에게 호의적인 이미지를 갖게 하고 그에 따라서 자신들에게 유리한 선택행위를 실행토록 하는 데 있다. 정치선전은 전달자의 목적이 중시되기 때문에 사상이나 이념에 대한 행위변화를 일차적 목적으로 한다. PR은 여론의 지지를 획득하기 위해서 행하는 행위이며, 공중으로부터 호의를 얻기 위한 활동이다. 정치교육은 정치선전과 달리 전달자보다는 수용자의 처지, 입장, 요구, 기대가 다른 것보다 더 고려된다는 차이가 있다. 정치광고의 정의는 다양하다. 정치광고란 후보 또는 정당이 유권자의 정치태도, 신념, 행동 등에 영향을 미치기 위하여 대중매체를 통해 유권자와 접촉할 수 있는 기회를 돈을 주고 사서 정치적 메시지를 스스로 관리하여 전달하는 커뮤니케이션 과정이다(Kaid, 1982). 정치광고의 정의는 케이드(Kaid, 1981)의 정의를 기본으로 한다. "정치광고란 정당이나 정치적 후보자들이 돈을 지불하여 대중매체를 통해 유권자를 직접 접촉할 수 있는 기회를 획득해서 유권자들의 정치적 태도, 신념, 행동 등에 영향을 미칠 의도를 가지고 자기들의 철저한 관리하에 정치적 메시지를 직접 전달하는 커뮤니케이션이다." 따라서 그 목적은 지지적 또는 공격적 메시지를 통해 유권자의 긍정적 또는 부정적 감정을 유발시켜 자신의 후보나 정당을 효과적으로 알리는 것이라 할 수 있다. 이런 영역은 정치, 소비자행동, 심리, 태도, 경영, 커뮤니케이션, 광고, 홍보, PR, 마케팅 영역을 총망라한다. 이런 개념에서 정치광고란 정치커뮤니케이션의 한 가지 형태이다. 정치광고(政治廣告, political Advertising)의 목적은 유권자들에게 영향력을 행사하기 위한 것이다. 영리추구, 방송매체, DM, 옥외매체 등을 이용해 광고를 하는 것과 마찬가지로 정치 입후보자들도 그들의 의정활동, 정치관, 정치적 비전 등을 유권자들에게 알리기 위해 광고매체를 이용할 수 있다. 혹은 그들은 상대후보를 비판하기 위해 광고를 하기도 한다. 광고에 수백만 달러를 투자하는 대통령후보나 기타 정치인들은 여론을 움직이기 위해 주로 TV광고를 이용한다. 또한 광고캠페인을 전달하기 위해 유명 탤런트를 이용하기도 한다. 정치 입후보자들은 대개 초기에는 유권자들에게 긍정적인 이미지를 형성시켜 줄 수 있는 광고 메시지를 이용하여 신뢰감을 주고 난 후 선거운동 후반에는 상대후보를 비방하는 광고를 내보내는 전략을 이용한다. 정치광고의 기능은 1) 태도 보강기능(Reinforcement Function), 2) 의제 설정기능(Agenda- Setting Function), 3) 정통성 부여기능(Legitimization Function), 4) 이미지 구축/변화기능(Image-Building/Image-Shifting Function), 5) 선거자금 모금기능(Fund- Raising Function), 6) 선거운동원 사기 고양기능(Morale-Bolstering Function) 등이 있다. 이런 정치광고홍보란 국가 권력을 획득하고 유지하며 행사하기 위한 여러 가지 활동을 하기 위해 정당이나 정치인이 유료로 행하는 비대인적인 커뮤니케이션 활동이다. 정치광고의 기능중 유권자의 측면에서 보면, 첫째, 쟁점을 정의하는 기능을 갖는다. 둘째, 정보 제공의 기능이다. 셋째, 정치사회화 기능이다. 후보자의 측면에서는 첫째, 지명도 향상 기능을 갖는다. 둘째, 이미지 창출 기능이다. 셋째, 지지 강화 기능이다. 넷째, 체계적인 선거전략 수집의 기능을 갖는다. 이런 정치광고의 특성은 첫째, 비교적 짧은 기간 동안에 광고가 이루어진다. 둘째, 타깃이 광범위하다. 셋째, 일반 15초 광고보다 길게 제작된다. 이밖에 광고비용이 상대적으로 많이 투여된다는 점, 광고주체가 정당이나 후보자 등으로 제한된다는 점도 정치광고의 특성이라고 할 수 있겠다. 정치광고는 상품에서와 마찬가지로 다음의 세 가지 특징으로 상품을 분류할 수 있다. 첫째, 공감을 불러일으키기를 원하는 조직 혹은 멤버를 획득할 수 있는 조직 상품인 경우, 둘째, 관심을 끌기 위해 지지를 획득할 만한 정책 혹은 논의가 있는 상품이라고 할 수 있는 경우, 셋째, 입후보자 그 자체가 상품이 되는 경우이다(박종렬, 1987).

2. 정치광고의 기능

미국광고회사협회(America Advertising Agency of Association; 4A)가 지적한 정치광고의 역기능은 다음과 같다(박종렬, 1994). 첫째, 정치적 캠페인은 정상적인 광고회사 운영을 마비시킬 위험성을 갖고 있다. 즉, 집중적인 단기간 활동 때문에 그때까지의 정상적인 일들을 놓쳐 버릴 위험이 있다는 것이다. 둘째, 정치캠페인은 광고인들 간에 논쟁을 불러일으킨다든지 내부의 이견, 불화, 충돌, 불만을 발생시킨다든지 광고주의 다툼까지 일으킬 수 있다. 셋째, 광고회사는 정치 후보자들의 논쟁에 말려들지도 모르며 정치캠페인 후에 지게 될 부채를 사전에 예측할 수도 없다. 넷째, 후보자 또는 정치적 견해를 강매하기 때문에 광고를 사용해서는 안 된다고 생각하는 사람들이 있다. 화려한 광고 표현으로 인해 유능하지 않은 후보자들까지 포장되어 당선으로까지 이끌게 될 가능성이 있기 때문이다. 다섯째, 정치문제의 광고는 필요치 않다고 생각하는 커뮤니케이터들이 있다. 요컨대, 정치는 그 자체가 기술이고 아마추어가 끼어들 필요가 없다는 것이다.

한편 전문광고인 오길비(ogilvy)는 정치광고의 역기능을 다음과 같이 정의하고 있다(박종렬, 1994). 첫째, 정치광고는 대부분이 부정직하다. 둘째, 캠페인을 이끄는 사람이 품고 있는 개인적인 정치 이념이 일반 시민들의 정치선호의 기준을 정하는 데 방해가 된다. 또 이것은 정치인들에게도 결과적으로 악영향을 끼치게 된다(예; 간디, 링컨, 아이젠하워 장군). 오길비는 1983년 출간한 그의 저서 'Ogilvy on Advertising'에서 근래 정치광고란 모두가 정치적 책략이나 술수에 지나지 않으며 '대중을 기만하는 것'이라고 비판했다. 오길비는 정치광고를 의뢰 받으면 거절하는 이유로, 첫째, 광고를 정치에 이용한다는 것은 비속한 일이고, 둘째, 광고회사 직원들 간 지지하는 정당이 다를 수 있어 불법화를 초래할 우려가 있기 때문이라고 지적했다. 그러나 '광고인 개인 자격으로 전문기술, 미디어믹스, 디자인 기술 등을 활용하여 정치캠페인에 참여하는 것은 사회인으로 자신의 의무를 다하는 것이다'라고 했다.

그러면 정치광고의 사회적 의미는 무엇일까? 민주주의 사회에서 선거캠페인의 결정적인 방법론이다. 한국사회에서도 제15대 대통령 선거를 전환점으로 정치광고는 일반적 사회현상으로 시기를 잡았다. 정치광고는 무엇을 해야 하는가? 후보자와 정당을 위한 선전 수단으로서뿐만 아니라 시민, 유권자를 위한 정치커뮤니케이션 도구로 기능해야 한다. 이를 위해 무분별한 광고를 규제할 수 있는 방안이 필요하다. 비용의 일부나 전부를 국가가 미리 부담해 공평성과 기회의 균등을 보장하는 공영제적 정치가 필요하다(탁진영, 1999). 정치광고는 마치 비누를 판매하는 것과 같은 후보자의 판매, 실제와는 관계없는 이미지 창조, 그리고 이슈보다는 이미지에 중점을 두어 후보자와 이슈를 판단하는 유권자의 능력에 악영향을 미친다는 비판의 목소리가 높다. 그러나 이러한 비판에 대해서는 이슈범위에 대해 객관적으로 측정한 데이터 제시 없이 이루어졌다는 반론이 제기되기도 하지만 오늘날에는 마케팅 전략의 가미로 정치광고는 정치를 본질적으로 변모시키는 중요한 정치 현상으로 제도화되었다.

정치광고를 이해하려면 우선 선거를 이해해야 한다. 선거는 한 국가의 장래 시험이다. 민주국가에서 국민 참여 수단이 바로 선거이다. 선거는 합법적 개선을 위한 보편화 수단이다. 선거제도는 민주국가와 불가분의 관계이다. 민주 정치·여론정치는 국민의 이해와 지지, 국민의 동의를 얻는다. 선거는 유권자와 후보자를 연결해주는 수단이다. 또한 선거기간 동안 후보자는 대중매체를 이용하여 유권자가 토표에 참여하도록 한다. 후보자의 호의적인 이미지가 유권자의 투표를 결정한다. 선거캠페인은 질서와 의미들의 제공으로 후보자 개인의 성향, 정치적 경력, 정책방향 등에 대한 정확한 이해와 판단을 할 필요가 없어진다. 그러나 TV 등은 후보자를 포장된 조작하는 염려가 항시 도사리고 있다(탁진영, 1999). 정치적 광고를 통해 유권자 - 후보자 간 정치적 신념과 지도력을 공유한다. 또한 정치광고를 통해 이익과 개인적 성향을 보여준다. 근대적 기술발전과 미디어 전문가 증가는 선거기능의 변화를 보여 준다. 예를 들어, 여론조사기술, 광고기법, 전문 인력, PR전략 등의 활용이다. 광고는 경제적 영역에서 작용하는 개념으로 인식되어 왔으나, 정치현상 속에서 광고적 성격을 지닌 국면들이 발견됨에 따라 정치광고 개념이 구체화되었다. '정치후보자도 하나의 상품'이다(Kotle, 1982). 정치인이나 정치집단도 유권자의 관심 대상이며 호의적인 인지도가 자신의 홍보로 이용된다. 그래서 후보자와 전문인은 호의적인 포장광고에 심혈을 기울인다. 정치홍보 방법과 유형에는 원내 활동으로서 대국민 홍보활동, 대정부 질의, 정부 고위인사 비리 처리 등이다. 원외활동은 정치후원집단의 활동, 가두에서의 평화적인 시위, 정당의 간부들이 민생현장을 찾는 생활정치 등이다. 예를 들어 추석명절 정치인들이 가락시장을 방문하여 물가를 점검하고 고속터미널을 찾아 귀성객과 인사나눔 등을 한다. 또한 노사모가 대선 때 희망돼지 저금통을 활용한 정치자금 모금, 깨끗한 후보의 이미지 제고, 지지세 확산, 투표 동원하는 등이 예로 말할 수 있다. 전파매체를 통한 정치홍보는 정치현안에 대한 현황 설명, 기자회견, 성명서 발표, 공개 질의, 대변인 성명 등과, TV의 정치토론 프로그램 활용이다. 정당이나 정치후원조직의 정치홍보는 강연회, 좌담회, 정치토론, 정책세미나, 교육 및 연수, 견학, 전당대회, 창당대회, 당직자 및 공직후보의 선출, 국민경선 등 정치교육 등이다. 인쇄매체를 활용한 정치홍보는 일간지에 보도자료 배포, 자체 신문이나 소식지 발간, 홍보책자 발간, 전단 제작 및 배부, 정당이 발행하는 당보 등 다양하다. 전시매체를 활용한 정치홍보는 캐치프레이즈, 슬로건 등을 정치캠페인 과정을 통해 엔터테인먼트화 하여 흥행성 이벤트를 개최하는 것 등이다. 대국민 접촉을 통한 정치홍보는 DM(Direct Mail, 직접우편), 이메일, 음성 및 문자메시지, 동영상, 전화 접촉 등 다양하다. 이들의 장점으로는 선택성과 경제성, 타이밍, 융통성과 항구성, 임팩트, 결과 측정 가능 등이 있으며, 단점으로는 주소인 명부 관리의 어려움, 쓰레기 우편 가능성 등이 지적된다. TV토론에서 방청객들과의 대화도 대국민 접촉을 통한 정치홍보라고 할 수 있다. 모든 정치조직은 인터넷을 정치홍보에 활용하기 위해서 특별 사이버 홍보 전담기구를 설치하고 경쟁적으로 홈페이지를 개설하여 운영하고 있다. 이를 통해 실시간 홍보를 하고 있으며, 네티즌과 직접적으로 부단한 상호작용을 꾀하고 있다. 선거 전략 승패는 정치광고 전략의 승패에 의존하게 된다고 할 수 있다. 정치광고를 '비누 만들기'에 비유되곤 한다. 세련되게 포장하면 소비자의 관심을 끌게 된다. 이와 같이 후보자들은 이미지를 창출하고 포장한다. 정치광고의 부정적 측면에도 불구하고 선진국에서는 그 활용이 증가되고 있다. 정치광고의 목적은 자신이 전달하는 메시지의 자율적 통제를 통해 긍정적·부정적 정보를 모두 전달하고 시청자와 장래의 유권자들에게 긍정적·부정적 감정 모두를 유발시키기 위해 자신의 후보자와 상대 후보자를 효과적으로 어필하는 것이다(Delvin, 1989). 정치광고는 초기에는 자신을 긍정적으로 표현하였으나 60년대 이후부터는 상대후보를 부정적으로 활용하고 있다. 정치광고의 소구 대상은 정당과 후보자로 이는 상품광고에서 상품 서비스와 다를 바 없다. 정치광고는 커뮤니케이션 측면에서 볼 때 유권자를 설득하여 투표한다. 이는 마치 상품광고에서 소비자를 설득해서 상품을 판매하는 것과 같다. 상업광고에서 1%는 대수롭지 않지만 정치광고에서는 후보자의 당락을 좌우한다. 정치광고는 정치, 경제, 경영, 사회, 문화, 마케팅, 심리, 철학, 광고, 홍보, 선전, PR 등 종합적인 학문이 망라된 종합적인 승리의 예술이다. 미국에서는 정치광고에 대한 규제가 유연하다. 상업광고와 정치광고의 기간은 차이가 존재한다. 상업광고는 시장점유율이 장기간이지만 정치광고는 길어야 1~2달에 그 효과를 창출해내야 한다. 공직선거법 33조에 의하면 대통령 선거기간 내 광고기간은 23일이며, 국회의원과 지방자치단체 의원 및 장은 광고기간이 14일이다. 하지만 현실적으로는 그렇지 않다. 정치광고 유형은 그 기준에 따라 다양하게 분류되고 있다. 메시지 강조점에 따라 후보자 정책이나 공약을 강조하는 이슈광고, 후보자의 개인적 특성을 강조하는 이미지광고로 나누어진다. 목적에 따라 상대방을 공격하는 부정광고, 후보자를 지지하는 긍정광고, 재정적 후원자에 따라 정당광고, 후보자 광고, 독립적 광고로 구분된다. 우리 사회에 새롭게 등장한 분야가 바로 정치광고이다. 정치광고는 정치, 경제, 경영, 사회, 문화, 마케팅, 심리, 철학, 광고, 홍보, 선전, PR 등 종합적인 학문이 포함되어있다. 남미에서는 선거를 정치적 축제로 간주하고 있다. 정치광고는 이성적이고 합리적인 장치가 요구된다. 유권자의 무관심, 정치난동, 정치광고의 저질성과 퇴폐성 등이 문제점으로, 개선해야 할 부분이다. 유권자가 후보자를 인물됨됨이, 능력, 역할 등에 보다 객관적이고, 이성적인 판단으로 평가해야 한다. 최근에는 대부분의 매체가 정치광고에 개방하여 정치광고에 다양한 매체가 활용되고 있다. 정치광고의 수단에는 신문, 텔레비전, 유선방송, 영화, 라디오, 잡지, 뉴미디어, 디렉터 메일, 벽보, 스티커, 옷, 열쇠고리, 단추, 연필, 풍선, 신발 등이 활용된다. 하지만 유권자들이나 후보자들은 파급효과가 큰 대중매체에 정치광고 관심이 집중된다. 정치광고는 대중매체를 통한 후보자 정보관리에도 관심이 있다. 한국의 정치광고는 80년대 민주화항쟁, 헌정 사상 최초의 평화적 정권교체, 21세기 새롭게 등장한 전문적인 정치광고가 부각되고 있다. 정치광고는 경제적 광고산업 전문화에 기여하고 민주주의 정치풍토를 여는 여론 창출의 한 수단이다. 미국을 중심으로 선진국에서는 정치광고가 확고하게 뿌리를 내리고 있다. 한국의 정치광고는 정치적 무관심 속에서 제15대 대선을 기점으로 정치적 민주주의화, 매스미디어의 발달, 도시화 진전 등에 힘입은 선거가 긍정적인 성격으로 변화되고 경험되었다. 그리고 정치광고는 대중매체의 접근이 자연스럽게 되었다. 80년대 이후, 여당 vs 야당 등 정당 선호도 뚜렷하게 나타났다. 하지만 유권자의 정치적 무관심과 시간적 제약 등이 후보자를 파악하는 데 그릇된 판단의 가능성이 높아졌다. 특히 전후세대 유권자의 비율이 점점 커짐에 따라 후보자 인물됨됨이, 능력, 역할 등 평가가 보다 객관적으로 반영될 것이 예상된다. 이제는 합리적이고 과학적인 선거운동과 정치광고의 진가가 발휘될 수 있을 것으로 전망된다. 민주국가에서는 선거에 국민들에게 합법적으로 참여토록 하고 있다. 선거제도는 민주정치와 불가분의 관계이다. 민주정치는 여론정치이며 그 정책은 국민의 이해와 지지를 묻는다. 정치권력의 정당성은 국민의 동의여부에 의해 좌우된다. 선거 시 대중매체는 유권자와 후보자를 연결해 주는 수단이다. 후보자는 대중매체를 통해 일반대중에게 전달된다. 유권자는 정당소속감이나 연대감을 가진 후보자 본위로 투표하는 경향이 점차 늘고 있다. 후보자의 호의적인 이미지 전달수단이 매체이고 그 이미지를 만드는 방법이 바로 정치광고이다. 이미지가 유권자의 투표결정 과정에서 상당히 중요한 임무를 수행한다.

후보자들은 정치광고를 통하여 그들의 정치적 신념과 지도력을 통하여 자신들의 이익을 위해 그들의 개인적 성향을 보여준다. 엡스타인(Epstein, 1967)은 근대적 기술의 발전과 미디어 전문가의 증가는 정당의 선거기능을 급격하게 바꾸어 놓았다고 주장한다. 여기에 정치적 캠페인은 여론조사, 광고기법, 전문인력, 홍보, PR전략, 선전기법을 기초로 한다. 광고는 경제적 영역이었다. 정치현상 속에서도 광고적·마케팅적 성격을 지니고 있다. 즉, 정치인이나 정치집단도 유권자들의 주목을 받고 그들의 관심대상이 되며 그들의 호의적인 지지를 획득하기 위해 자신들을 널리 알리는 데 심혈을 기울이는 것이다. 정치광고를 제작하는 전문가는 정치광고의 호의적인 핵심적 속성 개발과 포장, 광고를 만드는 것에 신중해야한다. 미국은 1952년 이후 4년마다 행해지는 대통령 선거 및 여타 선거에서 여론조사, 정치캠페인, 정치광고가 후보자 당락을 결정하는 중요한 관건이 되고 있다. 오늘날 미국에서는 주요 선거를 '30초짜리 TV 스폿광고의 선거'라며 정치광고의 중요성을 부각시키고 있다. 상업광고는 상품과 서비스가 중점이다. 하지만 정치광고는 정당이나 후보자가 소구대상이다. 정치광고를 일반광고의 논리로 대입해 보면 다음과 같은 등식이 성립된다. 즉, 소비자는 유권자(소비자 = 유권자), 상품은 후보자(상품 = 후보자)란 등식이 성립된다.

세계적인 마케팅 교수인 필립 코틀러(Philip Kotler)는 "정치후보도 하나의 상품이다."라고 했다. 볼랜드(Bolland)는 광고란, "미디어 내에서 조직적인 메시지의 유료 배치"라고 했다. 엄격한 개념에서 정치광고는 정치메시지를 미디어 시청자에게 전달하기 위해 상업적인 비율로 지불된 광고 공간의 구매와 사용을 하며 이런 목적으로 사용되는 미디어는 영화 간판, 신문, 라디오, 텔레비전이 있다(Brian McNari). 케이드(Lynda Lee Kaid)는 정치후보자나 정당이 대중매체를 통하여 수용자의 정치적 태도(attitude), 신념(belief), 행동 등에 영향을 미칠 수 있는 정치적 메시지를 수용자에게 전달하는 기회를 유료로 구입하는 커뮤니케이션 과정이다."라고 정의하였다. 즉, 정치인 ⇒ 미디어(유료) ⇒ 수용자(태도, 신념 등의 변화)로 파악하고 이에 최종적인 목표는 대중들로부터 후보에 대한 지지를 획득하는 것이다. 볼렌(William H. Bolen)은 '후보자 또는 이 양자를 호의적인 방향으로 제시하기 위한 것이다.'라고 정의하였다. 즉, 볼렌의 정의에서 정치광고는 지극히 정치적인 것이며, 상업적 측면보다는 정치의 미래 지향을 위한 수단으로 정의하고 있는 것이다. 박진서는 '정치광고는 주로 유권자의 지지확보를 목표로 TV, 신문, 라디오, 인터넷 등의 대중매체에 유료로 정교하게 고안된 상징(symbol)을 전파하거나 독자적으로 매체를 고안하여 전파하는 과정'이라고 했다. 즉, 그는 정치인이 유권자로부터 정치적 지지(최종 목

표는 투표)를 위하여 매체를 유료로 이용하여 후보자 자신을 대중들에게 알릴 수 있는 상
징(이미지 작업)을 전파하는 과정으로 본 것이다. 결국, 정치광고는 유권자들을 향한 정치
적 설득(persuasion)을 위한 정치커뮤니케이션의 하나이다. 각종 선거기간에 미디어를
유료로 이용하며, 동시에 다양한 수단과 방법을 동원하여 후보자 자신을 유권자들에게 최
대한 인지시키고, 이러한 인지가 지지 그리고 최종적으로는 투표행위를 유발하도록 하는
것이다. 이러한 개념의 측면에서 보면 정치광고는 다음과 같은 목표를 내포하고 있다고
할 수 있다. 첫째, 유권자들인 대중들로부터 지지를 획득하는 것이며, 둘째, 이를 위하여
후보자 자신만의 독특한 이미지를 형성하거나 다른 후보자들과 차별화되는 이미지를 구
축하는 것이며, 셋째, 유권자들의 지지가 최종적으로 투표로 연결되도록 하는 것이다. 한
편 박종렬(1994)는 〈표 3-1〉과 같이 정치광고의 순기능과 역기능을 나타내고 있다.

〈표 3-1〉 정치광고의 순기능과 역기능

순기능	역기능
1. 강화기능(reinforcement function) 2. 의제설정기능(agenda-setting function) 3. 합법화기능(legitimization function) 4. 사기강화기능(morale-bolstering function) 5. 정치자금 모금기능(fund-raising function) 6. 이미지구축(image building) 7. 조절기능(conditioning function)	1. 후보자들의 개인적인 성격, 가정생활, 배경 등 조작 가능한 시각적 상징 2. 경제적 능력과 후원능력자만 정치광고가 가능하므로 형평의 원칙에 위배됨 3. 비방 메시지로 점철된다(정견, 기록, 사생활 등 왜곡으로 허위비방).

출처 : 박종렬(1994). '한국정치커뮤니케이션의 메시지 특성에 관한 연구', 중앙대학교대학원, 박사학위논문.

3. 정치광고의 중요성

시장경제 이전의 사회에서는 교환의 필요성이 없었고 자급자족이었기 때문에 광고가
없었다(Vincent, 1980)는 견해도 있지만 넓은 의미의 광고는 고대로부터 시작한다고 볼
수 있고, 현대적 의미의 광고는 18세기 산업혁명의 산물이라고 볼 수 있다(한선민, 1994). 활
자의 발명은 인쇄술의 혁명으로 이어져 인쇄광고의 발전을 가져왔으며, 20세기에 들어와
TV와 라디오의 발명으로 획기적인 광고의 발전을 이루게 되었다. TV의 가장 큰 장점 중
하나는 접근범위 및 속도와 시청각 복수 소구에 있다고 볼 수 있다(이우용 · 정구현, 1995).

지금은 SNS를 활용한 참여(participation), 공개 및 개방(openness), 대화(onversation), 커뮤니티(community), 연결(connectedness) 등의 특징으로 평판(reputation), 관계(relationships), 정체성(identity), 집단(groups), 공유(sharing), 존재(presence) 등의 속성을 지닌 일종의 개인 미디어로 누구나 자신의 경험과 정보를 외부에 전달하고 소통할 수 있는 큰 위력을 갖게 되었다(김중태, 2010). 정치인들은 누구나 관심을 가질 수밖에 없다. 특히 1952년 이후의 미국대통령 선거에서는 TV가 대규모로 이용되어 왔고, 신문, 잡지, 팸플릿과 라디오는 퇴색되어 선거캠페인의 일대 전환을 가져오게 되었다. 최근 들어 TV정치광고에 이어 온라인, 즉 인터넷, SNS 등을 통한 정치광고가 나타나기 시작했다. 결국 이러한 변화는 유권자들의 후보자 선택기준으로 TV, 인터넷을 통한 퍼스낼리티 이미지의 중요성을 부각시키게 되고, 유권자들의 중요한 판단으로 후보자 이미지를 부각시키게 되었다. 정치커뮤니케이션 수단은 크게 인적 커뮤니케이션과 매스미디어를 통한 커뮤니케이션으로 분류할 수 있다. 다중화되고 복잡화되어있는 현대 사회에서 보다 효율적으로 넓은 지역에 산재해 있는 유권자에게 후보자 자신의 정치적 메시지를 전달하고, 나아가 보다 효과적이고 설득적인 이미지를 만들기 위해서는 매스미디어를 이용하는 것이 타당하다. 특히 TV와 온라인, 즉 인터넷, SNS 등을 통한 정치광고는 전달범위의 확장에 기여할 뿐만 아니라 전달속도는 물론 시청각에 호소하는 특성으로 인해 대면적 커뮤니케이션의 특성을 일부 반영시킴으로써 정치적 메시지의 전달자와 수신자를 대면하는 효과를 보이고 있다. 비록 그것이 일방적인 대면의 성격이나 쌍방향을 지니는 것이긴 하였으나, 메시지 전달의 시간적·공간적 제약을 완전히 붕괴시키는 결과를 초래하였다(김기도, 1987). 이와 같이 TV와 온라인, 인터넷, SNS 매체를 이용한 정치광고의 설득효과는 현대 사회에서 보다 효율적으로 이용될 수 있다는 것을 알 수 있으며, 정치커뮤니케이션의 새로운 국면이 전개되었다고 해석할 수 있다.

4. 정치광고의 특성

정치광고의 특성으로 다른 광고와의 차이점은 정치광고는 정권 획득을 목적을 지닌다. 그리고 일반광고와 달리 한 인물(후보자)의 특징(인간성)을 소개한다. 일반광고는 대중스타라는 브랜드를 이용해서 자사의 제품이나 서비스를 소개한다면, 정치광고는 후보자를 대중스타로 만드는 특성을 가지고 있다. 정치광고는 비교적 짧은 기간 동안 방영된다. 법정선거기간은(대통령 23일, 국회의원과 지방자치단체장 14일)동안 이루어지며 일반 광고보다 길다. 일반광고는 15초, 20초, 30초, 60초로 비교적 짧다. 비방광고(Negative Type)가 많이 쓰인다. 주로 외국인(미국은 최근 들어 외국인 활용) 모델을 쓰지 않는 편이다. 한편 정치적·문화적·시장제도적 특성이 정치광고에 미치는 영향으로는 소구내용, 소구방향, 소구유형으로 구분하고 있다(김춘식, 1998).

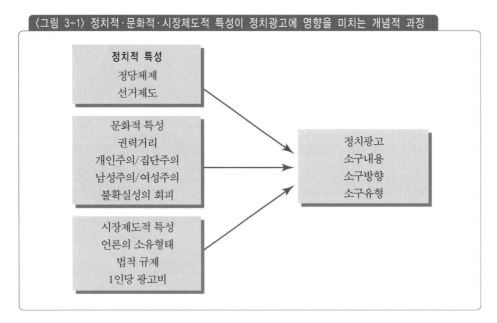

〈그림 3-1〉 정치적·문화적·시장제도적 특성이 정치광고에 영향을 미치는 개념적 과정

출처 : 김춘식(1998). '정치광고에 영향을 미치는 요인에 관한 비교문화연구', 한국외국어대학교 박사학위 논문

5. 정치광고의 역할과 유형

1) 정치광고의 역할

커런(Kern)은 정치광고의 역할에 대해, 첫째는 오락성(entertainment device)을 언급했다. 이는 유권자의 관심을 불러 일으키고 붙들기 위함이다. 둘째는 후보와 선거쟁점에 대한 메시지의 전달, 즉 정보를 전달하는 것이다. 셋째는 놀라움, 흥분, 인정(recognition), 감정

혹은 행동메시지 등 이용 유권자의 반향을 불러일으키려고 한 것이다(박종렬, 1994). 데블린(Devlin, 1986)은 10가지 정치광고의 역할을 주장하였다. 첫째는 정치광고가 알려지지 않은 인사를 잘 알려진 후보자로 만들 수 있다는 것이다. 예를 들어, 1972년의 맥거번이나 76년의 카터, 80년의 부시, 84년의 게리하트(Gary hart) 등이 TV광고를 통해 예비선거기간 동안 더 잘 알려진 인사가 되었다는 주장이다. 둘째는 정치광고가 투표결정을 늦게 하는 유권자나 무관심한 유권자들에게 효과가 있다는 것이다. 케이드(Kaid, 1981)도 정치광고가 유권자들의 관심(관여도)이 낮을 때 더 효과적이라는 결론을 내리고 있다. 이들 후기 결정자(late-deciding) 또는 비관여자(uninvolved voters)는 선거에서 중요한 10% 내지 20%에 달하며, 이들은 선거 마지막 단계에서 TV를 통해 메시지를 접하게 된다는 것이다. 셋째 이유는 정치광고가 지지자들과 자기 정당원들을 강화시키는 데 이용된다는 것이다. 그 결과 정당원들의 후보에 대한 감정은 강화되고 이들 광고를 통해 더 많은 돈을 기부하게 할 수 있게 된다고 한다. 넷째는 정치광고가 상대방을 공격하는 데 이용될 수 있다는 점이다. 빈센트 브레길로(Vncent Breglio, 1983)는 로드아일랜드대에서 "오늘날 선거 캠페인에서는 유권자가 왜 자기에게 투표해야 하는가 하는 이유뿐만 아니라 왜 상대 후보에게 투표해서는 안 되는가 하는 이유를 알리는 것이 점점 중요한 부분이 되고 있다. 그래서 부정적 광고 또는 공격광고 전략이 모든 선거작전에서 필수적인 부분이 되고 있다."라고 주장했다. 따라서 긍정적 광고와 부정적 광고를 혼합하는 전략이 유권자들에게 왜 자기 후보에게 투표해야 하고 상대 후보에게 투표해서는 안 되는지를 확신시키기 위해 점점 증가하고 있다는 것이다. 다섯째는 정치광고가 선거쟁점(issue)을 개발하고 설명한다는 점이다. 그리고 광고는 반복을 통해 그 쟁점에 대해 누적적 효과를 발휘한다는 이점이 있다. 여섯째는 정치광고가 후보자의 이미지를 부드럽게 하고 재조정할 수 있다는 이유이다. 이는 정치광고를 통해 특정 쟁점에 대한 후보자의 입장이나 이미지를 창출하거나 보다 손쉽게 바꿀 수 있기 때문이다. 일곱째는 정치광고가 특정 집단을 목표(target)로 하는 데 이용될 수 있다는 이점을 들 수 있다. 이는 여론조사와 결합되어 잠재적 유권자의 집단을 찾아내고 이들을 목표로 한 메시지와 매체전략을 통해 효과적으로 선거 캠페인을 전개할 수 있다는 점이다. 여덟째는 정치광고가 돈을 쓰기도 하지만 돈을 모금하는 데도 효과적으로 이용될 수 있다는 이유이다. 즉 모금소구(money appeal)를 통해 선거자금을 끌어들이는 데 정치광고가 이용될 수 있다는 것이다. 예를 들어, 1972년의 맥거번이나 80년의 앤더슨, 84년 몬데일이 이러한 방법을 이용한 대표적 사례이다. 아홉째는 광고가 지닌 융통성이다. 광고는 쉽게 제작하고 쉽게 수정할 수 있으며, 또 캠페인을 변경할 때에는 광고 자체를 버릴 수도 있다. 마지막 열 번째 이유는 '경쟁자가 이용하기 때문'이다. 즉 선거는 경쟁자와의 싸움이며 이 싸움에서 경쟁자가 정치광고를 이용하는 한 정치광고를 이용하지 않을 수 없다는 것이 또한 중요한 이유가 되는 것이다. 이와 같은 이유들로 해서 정치광고는 오늘날 전세계 대부분의 선거에서 점점 더 활용빈도가 증가하고 있으며, 그 영향력 또한 증대되고 있다고 하겠다. 물론 일부 연구들은 정치광고에 의해 유권자들이 태도를 바꾸는 사례가 많지 않다는 결론을 내리고 있으나, 그 연구자들도 정치광고가 기존의 정치적 태도와 행동패턴을 강화(reinforce)시키고 후보자의 이미지와 개성을 형성하는 효과가 있다는 점에는 다 같이 동의하고 있다. 정치마케팅과 광고 측면에서 현대 선거 정치의 또 하나의 특징은 '상업적 시장'에서 적용되고 발전되며 온 현대적인 마케팅 기법들이 '정치적 시장'(political marketplace)에서도 성공적으로 적용되고 있다는 점이다. 1992년 미국 대선에서 광범하게 이용된 포커스 그룹, 여론조사, 인포머셜, 텔레마케팅, 다이렉트 마케팅 등은 정치의 마케팅화를 단적으로 보여준 것이며, 앞으로의 경향을 엿볼 수 있게 하는 사례였다. 물론 마케팅과 정치 사이에는 철학의 문제, 승리와 패배의 차이가 어느 정도인가의 문제(정치는 마케팅만큼 차이가 크지 않다), 전략의 근거를 어디에 두는가의 문제 등 많은 차이점이 있지만 적어도 전략의 수립과 실행에는 강력한 유사성이 있는 것이 사실이다. 이 두 분야는 마케팅조사, 시장 세분화, 타기팅, 포지셔닝, 전략개발, 실행 등 일반화된 마케팅 전략과 단계에 크게 의존한다는 점에서 유사성을 지니고 있다. 뉴먼(B. Newman, 1994)은 이와 관련하여 「정치마케팅 모델」을 제시하고 있다. 이외에도 최근 많이 논의되고 있는 각종 마케팅 전략과 통합 커뮤니케이션 전략 등이 정치마케팅 분야에 도입되어 정치와 마케팅이 결합하는 양상을 보이고 있는 것이 미국을 비롯한 선거 선진국들의 실태이다. 따라서 정치광고는 단순히 전술로서의 광고 차원이 아니라 종합적인 선거 캠페인의 정치마케팅 차원에서 활용되어야 한다는 것이다. 이와 같은 정치광고의 현황과 특성을 고려하여 최근 빈번하게 제기되고 있는 정치광고의 유형과 주요 단계별 전략, 메시지 특성, 정치이미지, 정치마케팅 등에서 많이 논의되고 있다.

2) 정치광고의 유형과 종류

　정치광고의 유형분류는 학자들에 따라 다양하게 이루어지고 있으며, 그중 몇 가지를 인용하면 다음과 같다. ① 스탭핸 샐모와 바라바라 샐모(Stephen Salmore & Barbara Salmore, 1985)의 분류는 자기 자신에 관한 긍정적 메시지(positive messages), 상대 후보자에 대한 부정적 메시지(negative messages), 후보들간의 비교(comparisons), 상대방의 공격이나 비난에 대한 반응(responses to charges) 메시지이다. ② 다이아몬드와 베이츠(E. Diamond & S. Bates, 1988)는 ID(후보자 식별)광고, 주장광고(argument spot), 공격광고(attack spot), 비전제시 광고(visionary spot) 등으로 분류한다. ③ 샤이레스(Shyles, 1984)의 분류는 쟁점 이미지 광고(쟁점중심, 직설적 접근방법), 이미지광고(교묘한 포장의 접근방법)으로 분류한다. ④ 데블린(L.P. Devlin, 1986)의 분류는 원시광고(primitive ads.), 부정적 광고(negative type ads.), 제작 아이디어 광고(production ads or concept ads.), 증언광고(testimonial ads.), 시네마버르티(cinema- verite ads.) 광고, 행인광고(man-in-the-street), 중립적 보도자광고(neutral reporter ads) 등으로 분류한다(〈표 3-16〉 참조). 그 밖에 다큐멘터리 광고(documentary ads), 독립 광고(independent ads), 예비 광고(just-in-case ads), 신속대응광고(quick-on-the-feet ads), 시각적 광고(visual ads) 등이 있다. 예를 들어 2002년 대선에서 노무현 후보, '통일 대통령의 적임자'라는 취지로 이참(한국관광공사, 2009)의 TV찬조연설에서 "독일 통일로 비춰보면 형의 입장에서 동생을 달래듯이 베푸는 정책이 필요하다."라고 지지한 것이 있다. 그러나 이 광고는 방영이 되지 않았다. 일종의 예비광고 제작이었다. 그러면 이런 광고 유형중에서 대표적인 데블린(Devlin, 1986)의 분류에 대하여 자세히 살펴보겠다.

• 원시광고(primitive ads)

1948년에서 1956년의 광고형태, 제작기법과 아이디어 면에서 단순하여 매체 장점을 충분히 활용하지 못하는 형태로 아나운서가 질문하고 후보자가 대답하는 형태의 광고. 1952년 'Eisenhower Answers America'와 같은 후보 등장 광고이다. 이 광고는 아이젠하워가 미국인에게 답한다(Eisenhower Answers America)의 스폿(약 30초)광고로 원시적이었지만 정치광고확립에 기여할 수 있었다. 1952년 이후 '스폿' 정치광고는 세련도와 생산성이 높아졌다.

• 후보자 등장 광고(talking head spot)

후보자가 등장하여 유권자들에게 자신을 직접 이야기하는 형식으로 지신을 소개하거나 선거 쟁점에 대한 입장을 제시하는 광고로 주로 상반신 혹은 얼굴만을 화면에 노출한다. 현직자나 신뢰성이 높은 후보자가 사용하는 전략이다. 특히 투표일이 며칠 남지 않은 상황에서 많이 사용된다. 1960년 선거에서 케네디와 닉슨(Kennedy & Nixon), 1952년 아이젠하워(Eisenhower)에서 1996년 클린턴에 이르기까지 모든 후보자가 사용했다. 광고는 쟁점이나 본질에 초점을 맞추지만 가장 중요한 것은 후보자 이미지 또는 감정을 만드는 데 도움이 된다. 광고의 목적은 후보자가 특정 쟁점에 전념하고 대통령 직무를 감당할 수 있다는 인상을 심어주기 위함이다.

• 부정적 광고(negative type ads)

상대방에 대한 비판을 위주로 하는 광고가 부정적 광고이다. 부정광고에는 상대후보를 정면으로 공격하는 '직접공격광고'와 비교를 통해 자신의 우월함을 주장하는 '비교광고', 직접적 공격 없이 풍자로 되어있는 광고인 '내포광고'가 있다. 상대후보자의 부정광고에 대해 대응하는 광고를 '반응광고'라고 한다. 반응광고에는 3가지가 있다. 상대의 부정광고를 즉각적으로 맞받아치는 반박전략, 상대의 약점을 발견하여 다시 역으로 부정광고를 하는 역공전략, 상대의 부정광고를 무시하는 무시전략이 있다. 부정광고의 분류는 〈표 3-2〉와 같다.

• 후보자 등장광고는 태도와 투표의도에서 모두 신뢰감(Credibility), 각성/환기(Arousal), 즐거움(Pleasure), 부정적임(Negativeness) 요인 모두에서 유의적 차이를 보였다. 증언식 광고는 투표의도에서 각성/환기(Arousal) 요인에서 유의하지 않았다. 이러한 연구결과는 광고 유형에 따라 소구하는 방법을 각기 달리함으로써 유권자의 긍정적 감정을 높일 수 있어야 함을 시사하고 있다(이형재 · 최미정, 2003).

〈표 3-2〉 부정광고의 분류

> 1. 상대편의 개인적 특성에 대한 공격 : 인격에 대한 공격, 상대편의 흠을 나타내는 부정적 단어의 사용 등
> 2. 상대편의 이슈/정책에 대한 공격
> 3. 상대편의 당과 관계에 대한 공격 : 상대편의 합종연횡에 대한 고역 부정적 발언이나 견해
> 4. 상대편의 자격 및 배경에 대한 공격
> 5. 상대편의 과거 경력에 대한 공격

• 제작 아이디어 광고(production idea ads)

후보자에 관한 빅 아이디어를 개발 · 전달하는 광고이다. 가장 큰 특징은 기억하기 쉬운 하나의 강력한 아이디어를 다양한 형식을 빌려 제시하는 것이다. 정치광고에서 가장 강력한 효과를 거둘 수 있는 것이 바로 상대방에 대한 부정적 이미지를 형성시키려는 목적을 지닌 광고이다. 1964년 선거에서 린덴 존슨(Lyndon Johnson)이 단 한차례만 사용하고도 자신마저 놀랄 정도로 엄청난 효과를 거둔 데이지(Dasiy Girl)광고 등을 들 수 있다. 이는 일종의 공격광고 형태인 암시적 비교광고이다.

〈그림 3-2〉는 곰을 활용한 군비감축에 대한 암시적 비교광고(Bear Ad)는 군비감축이 논의되던 시기 소련의 상징인 곰을 이용하여 소련의 위험성을 암시한 비교 정치광고(1984, Reagan 후보)이다.

〈그림 3-2〉 군비감축 관련 암시적 비교광고

• 시네마 베르티 광고(cinema-verite ads)

후보자가 유권자와 어울리는 모습 등 일상적인 실제 상황에서의 후보자를 묘사한다. 일종의 후자 행동광고(candidate-in-action)라고 칭하기도 한다. 유권자와 직접 접촉하는 모습을 보여 준다(이회창 대통령 후보가 가락시장에서 상인들과 아침을 같이하는 장면 연출). 즉흥적이고 친밀감을 생성한다. 선거중반에 많이 사용된다. 특정 유권자에게 적합한 이슈전달에 효과적이다. 후보자가 서민과

〈그림 3-3〉 조순 시장 가락시장 방문 장면

함께 호흡하는 모습을 보여준다. 1976년 지미카터(Jimmy Carter) 1972년 조지 맥리번(George McGovern)이 활용한 광고 기법이다. 〈그림 3-3〉은 조순 서울특별시장이 가락시장을 방문하여 상인들과 대화하고 있는 장면으로 일종의 시네마 베르티 광고(cinema-verite ads) 기법이다.

• 행인광고(man-in-the-street ads)

실제 유권자 중 후보자를 지지하는 평범한 길거리 행인이 후보자에 대해 긍정적으로 말하거나 상대후보에 대해 부정적으로 묘사하는 광고이다. 선거 중반에 많이 사용된다. 태도의 변화보다는 기존 태도의 보강효과가 강하다. 특히 미국의 지미카터가 주로 사용했다. 이는 실제 사람들이 사실적 이야기를 전달하는 형식을 취하므로 유권자에게 믿음을 줄 것이라는 기대를 가지고 사용하는 것이다.

•다큐멘터리 광고(documentary ads)

후보자의 업적과 경험을 다큐멘터리 식으로 연출한다. 1분 이상의 긴 광고로 현직자가 즐겨 사용한다. 1980년 레이건이 자신의 배우로서 이미지를 희석시키고 능력있는 정치지도자의 이미지에 40% 이상 투자했다. 레이건은 대통령 수행 시, 연설, 자리참석, 손짓 등 모든 제스처를 각본에 의해 제작했다(〈그림 3-4〉).

〈그림 3-4〉 레이건 대통령 수행 시 연설 장면

•증언광고(testimonial ads)

후보자를 지지하는 유명인사나 존경 받는 인물의 증언으로 특정후보를 지지하는 광고이다. 초반부에 후보자의 지명도와 신뢰성을 향상시켜주는 역할을 수행한다. 최근에는 저명인사보다 연예인이나 운동선수들이 이에 자주 등장한다. 2002년 노무현 후보를 지지했던 연예인 문성근, 명계남, 신해철 등이 출연한 감성적인 텔레비전 광고 등이다. 2011년 박근혜 전 대표가 자신의 트위터에 '조카 지원이와 함께 한 컷'이라며 올린 글과 사진이나 한나라당 나경원 서울시장 후보가 마라톤대회에 현빈과 참가한 장면 등도 증언기법을 동원한 전략이다.

•중립적 보도 광고(neutral reporter ads)

중립적인 보도형태를 띤 광고이다.

•독립 광고(independent ads)

후보와는 직접 관련이 없는 별도의 조직에서 하는 광고이다.

기타 정치광고로는 예비광고(just-in-case ads)가 있는데 실제 방송에 나갈 계획이 없더라도 돌발적인 사건이나 이슈에 대비하는 광고전략이다. 방영을 하지 않을 수도 있다. 선거막바지 상황의 예기치 않은 문제 발생 시 위기에 대응할 수 있다.

•신속대응 광고(quick-on-the-feet ads)

선거말미 문제 발생 시 준비된 예비광고도 없을 시 그날 제작해서 방영하는 광고이다. 제작이 용이한 '후보자 등장광고' 형식을 취한다. 미국에서는 예비광고나 신속대응 광고는 주로 상대방의 공격을 반박하거나 상대방을 공격하는 부정광고가 주를 이룬다.

•시각적 광고(visual ads)

후보자가 전혀 등장하지 않고 오로지 한 편의 영화를 감상하는 듯한 착각에 빠져들게 하는 것으로 어떤 이슈를 주장하는 것이 아니라 유권자에게 감성적으로 호의적인 반응을 유발하기 위한 광고인데 선거 막바지에 많이 사용된다. 호의적인 이미지를 형성하기 위해 광고 'Good Morning America'가 대표적인 것으로 매번 선거에서 약간의 내용만 수정된 채 되풀이되고 있다. 주로 현직자들이 즐겨 사용한 것으로 급변한 변화없이 안정을 택하는 편이 행복에 도움이 될 것이라는 반응을 유도한다.

(2) 부정적 정치광고의 유형

부정적 정치광고는 소구방식, 소구내용, 부정의 강도 등에 따라 다양하게 분류할 수 있지만, 일반적으로 부정적 광고(negative advertising), 공격광고(attack advertising), 그리고 비교광고(comparative advertising)로 분류된다. 부정적 정치광고의 하위개념으로서 부정적 광고는 표적 후보자의 약속 위반, 공익적 이슈에 대한 허위진술 등에 관하여 직접적으로 공격하는 것이다. 이와 같은 광고는 종종 진흙탕 싸움(mudslinging)으로 간주된다. 부정적 광고는 다시 부정적 이슈 광고와 부정적 이미지 광고의 두 가지로 분류된다. 두 번째 하위개념인 공격광고는 상대후보의 개인적 특성이나 이슈 포지션의 약점에 유권자들의 주목을 이끌어 내기 위한 것으로 과격하고 일방적인 공격을 포함한다. '공격적' 광고와 '부정적' 광고는 종종 상호 교환적으로 사용되기도 하지만 공격광고는 가장 악의적인 부정적 광고의 형태로 인식된다. 세 번째 하위개념인 비교광고는 표적 후보자에 대한 유권자의 인식을 저하시키거나 상대적인 열세를 이끌어 낼 목적으로 광고를 스폰서 하는 광고주 후보자와 표적 후보자를 비교하는 것이다. 일반적으로 비교 메시지는 유권자들에게 표적 후보자에 관한 부정적 정보를 전달하기 위해서 후보자의 약력, 경력, 이슈에 대한 견해가 이용된다. 다음은 부정적 광고의 학자별 분류이다(〈표 3-3〉).

〈표 3-3〉 부정적 광고의 학자별 분류

성 명	Cronbeck	Jameison	Kern	Johnson-Cartee and Copeland
유형	암시광고 비교광고 공격광고	개념광고 개인증언광고 중립적 보도자광고	강력한 표현광고 부드러운 표현광고	직접공격형 비교공격형 암시공격형

출처 : 김무곤·조재수(2002). "정치광고의 기억효과와 그 규정요인에 관한 연구: 부정긍정소구와 수용자의 선유경향을 중심으로", 『광고학연구』, 제13권 3호

(3) 부정적 정치광고의 기능

부정적 정치광고가 선거캠페인에서 차지하는 비중이 점차 증가함에 따라 이의 순기능과 역기능에 관한 연구도 많이 수행되었다. 이러한 순기능과 역기능은 부정적 정치광고 뿐만 아니라 정치광고의 전반적인 기능과도 일치한다. 부정적 정치광고의 순기능은 다음과 같다. 부정적 정치광고는 유권자에게 후보 및 정당에 대한 다양한 정보를 제공하며 정치커뮤니케이션을 활성화시킨다. 또한 광고주가 의도한 대로 경쟁후보와 그 후보가 소속된 정당에게 치명적인 상처를 입힌다. 이것은 유권자들이 상대 후보에게 불편한 감정을 가지도록 유발하는 것으로 도덕적 관점에서는 정당화될 수 없지만 정치적 목표 달성이라는 측면에서는 매우 유용하다. 존슨카르티와 코펠랜드(Johnson-Cartee & Copeland, 1991)는 공격적 정치광고가 유권자의 지식수준을 향상시키고, 정치적 논의를 유발하며, 선거캠페인 관련이슈들을 명확히 해준다고 지적하고 있다. 부정적 정치광고의 강력한 정보 제공력은 유권자들이 후보자에 대한 이미지를 개발하는 데 유용하게 사용되고, 후보자들 간에 이미지를 분리 혹은 차별화할 수 있도록 도와준다. 또한 명확하고 실질적인 정보를 제공함으로써 다른 유형의 정치 정보보다 후보자의 능력, 견해 그리고 업적을 더욱 효율적으로 구별할 수 있게 한다. 후보자에 대한 명확한 차별화를 가능케 함으로써 유권자들이 선호하고 있는 후보를 더욱 선호하도록 유도한다. 또한 후보자 이미지의 차별화와 태도의 편향을 촉진시켜 유권자들의 의사결정에 대한 확신을 강화한다. 이와 반대로 역기능은 부메랑효과와 같이 설득메시지가 의도한 목적과는 달리 유권자들이 상대 후보를 공격하는 부정적 정치광고를 사용한 광고주 후보자의 도덕성이나 윤리성을 의심하여 그 후보에 대한 태도를 부정적 방향으로 변화시키는 역효과(backlash effect)를 초래할 수 있으며, 나아가 유권자들의 정치에 대한 무관심을 조장할 수 있다. 즉 경쟁후보의 지지율이나 선호도를 저해할 목적으로 입증되지 않은 경쟁 후보의 자질, 정책, 경력 등을 비방하는 기회를 제공함으로써 정치커뮤니케이션 과정을 타락시키고 유권자들의 정치적 냉소주의를 유발한다. 또한 유권자의 편견과 감정에 대한 소구를 통해 정치적 목적을 이루려는 선동정치가 가능하고, 정치적 진실을 왜곡할 여지가 충분하기 때문에 윤리적 측면에서 많은 문제점을 안고 있다. 또한 부정적 정치광고를 사용하기 위해서는 여러 요인을 고려해야 한다. 이 중 무엇보다 중요한 것이 바로 유권자의 정치에 대한 관여도이다. 관여도가 높은 유권자들의 경우는 정치일반이나 당면한 선거캠페인에 대한 관심이 매우 높기 때문에, 정치광고 메시지에 대한 깊은 사고를 하게 되고 메시지에 대한 반박주장의 가능성도 높

다. 따라서 상대후보를 공격하는 부정적 광고는 역효과를 유발시킬 가능성이 크다. 그러
나 정치에 관심이 적은 저관여 유권자들은 후보자가 누구인지, 또는 후보자를 설명하는
메시지 자체에 대한 관심도 낮다. 이럴 경우 상대후보를 공격하는 부정적 광고를 사용함
으로써 광고에 대한 관심을 증가시킬 수 있고, 긍정적인 반응을 이끌어 낼 수 있다(이명
천, 2000). 김무곤(2003)은 공격적 정치광고가 후보자의 이미지에 미치는 영향에 대한 연
구를 하였다. 김춘식(2003)은 부정적 캠페인보다 긍정적 이미지 홍보가 유권자로부터 더
공감을 얻는다고 밝혔다. 그리고 민주화 추세에 따라 긍정적 이슈광고가 증가한다고 연구
하였다(김춘식, 2003). 많은 학자들은 긍정적 광고와 부정적 광고의 장단점을 연구하였
다. 따라서 어떤 형태가 유리한가는 선거와 유권자의 정치 환경에 따라 달라질 수 있다.
또한 여러 학자들은 부정적 정치광고의 유형을 분류하였다(〈표 3-4〉, 〈표 3-5〉, 〈표
3-6〉).

〈표 3-4〉 Gronbeck(1985)의 부정적 정치광고 유형 분류

유 형	내 용
내포 광고 (implicative ad)	직접적 공격 없이 풍자로 되어 있는 광고
비교 광고 (comparative ad)	상대후보의 선거쟁점에 대한 기록이나 입장을 후보자의 그것과 함께 나열하여 비교하는 광고
공격 광고 (assaultive ad)	상대후보의 동기 행동 그리고 어떤 개인 혹은 조직과의 연계를 직접적이고도 개인적인 차원에서 비난하는 광고

〈표 3-5〉 Jamieson(1986)의 부정적 정치광고 유형 분류

유 형	내 용
개념 광고 (concept ad)	유권자들로 하여금 그릇된 추론을 하도록 관계없는 시각이미지를 나열
개인증언 광고 (personal witness ad)	실제 유권자가 등장하여 대본 없이 상대 후보에 대한 부정적 의견을 전개하는 광고
중립적 보도자 광고 (neutral reporter ad)	일련의 정보를 제공한 뒤, 유권자로 하여금 상대후보에 대한 판단을 내리거나, 결론을 유도케 하는 광고

〈표 3-6〉 Kern(1989)의 부정적 정치광고 유형 분류

유 형	내 용
적극적 부정 광고 (hard-dell negative ad)	어두운 색깔과 위협적인 목소리를 사용하여 험난한 현실을 표현한다. 가능한 한 가장 강력한 시각적·청각적 효과를 사용하여, 상대후보가 순진한 유권자들과는 전혀 다른 사람이며, 그렇기 때문에 신뢰할 수 없는 사람이라는 점을 강조한다. 가벼운 오락성을 지닌 소구방법은 거의 사용되지 아니하며, 이 광고의 핵심은 유권자들에게 심각한 위기감을 느끼도록 하려는 것이다.
소극적 혹은 우회적 부정 광고 (soft-dell negative ad)	가벼운 오락적 요소, 유머, 자기비하, 동화 구연 혹은 예기치 못한 사건들의 반전 등을 이용한다. 이 광고들은 유권자들이 자신의 투표의사 결정이 제대로 안된 것이 아닌가 하는 의구심을 지니게 만들거나, 어떤 선거쟁점에 대해 상대후보가 취하고 있는 입장에 상당히 위협적인 요소가 있다든지, 또는 상대후보에 대한 의심을 불러일으켜서 유권자들로 하여금 상대후보에 대해 부정적인 감정을 지니도록 하고자 하는 간접적 혹은 우회적 소구방법을 쓰고 있다.

다음 〈사례〉는 공격적이고 부정적인 암시적 비교광고의 제작아이디어 광고 사례들이다.

사례 3-1 우리나라의 부정적 정치광고(이상돈, 2003)

선거시기	부정적 정치광고
제14대 대통령 선거 (1992년)	•돈이라면 대통령도 살 수 있다는 망상, 국민의 힘으로 뿌리뽑아 버립시다 •목적을 위해서라면 수단과 방법을 가리기 않는 사람에게 나라를 맡길 수 있습니까? •재야 과격세력의 힘을 업고 바꿔보겠다는 사람에게 나라의 운명을 맡길 수 있습니까?
지방자치 단체선거 (1994년)	•지방자치단체를 하자는 것입니까? 지역공화국을 만들자는 것입니까? •사고정권 대청소의 날 •눈만 뜨면 대형 사고, 눈만 뜨면 대형 비리 •무소속은 무책임, 야당은 혼란
제15대 대통령선거 (1997년)	•혼란속의 침몰이냐, 안전속의 재기냐 •상투적인 말 바꾸기 수법, 온 국민의 이름으로 심판합니다 •정경유착으로 경제를 망친 사람들이 경제를 살리겠다면 누가 믿을까요? •국가를 부도낸 사람에게 또 다시 나라를 맡길 수는 없습니다. •나라가 부도 났습니다. 누가 책임져야 하나요?

출처 : 이상돈, "정치광고가 유권자에게 미치는 영향" 영남대학교, 2003, 정황욱, "부정적 정치광고가 유권자의 투표의사결정에 미치는 영향, 중앙대학교대학원, 2004. p.3에서 재구성

사례 3-2 데이지 암시적 비교 광고(Daisy Girl, 1964)

〈그림 3-5〉데이지 광고(Daisy Girl, 1964)

좌측 〈그림 3-5〉은 1964년 대통령 선거 시 존슨 후보 측이 방영한 사악한 정치광고(Daisy Girl Ad)로 천진난만한 소녀를 등장시켜 핵전쟁의 위협을 암시한 가장 유명한 암시적 비교정치광고(1964, Johnson 대통령 후보)이다. TV에 출연하여 질문에 답하고 있는 듀이〈좌측 그림〉. 미국 정치광고의 혁명은 1964년에 일어났다. 당시 재선을 노리는 존슨 대통령 진영은 일반 국민들이 보수적인 공화당의 배리 골드워터(Barry Goldwater) 상원의원의 호전적인 행동에 대해 의심하고 있는 점을 노렸다. 정치광고 역사상 가장 유명한 광고가 돼버린 '데이지(Daisy)'는 골드워터에 대한 의심을 강조하고 이를 증폭시킬 목적으로 만들어졌다. 이 광고는 어린 소녀가 데이지의 꽃잎(데이지 꽃은 천진난만의 상징임)을 따는 장면으로 시작된다. 소녀가 꽃잎을 보며 숫자를 세다가는 갑자기 놀란다. 그때 매우 권위 있는 남성의 목소리가 "열, 아홉, 여덟……", 카운트다운을 시작하고, 굉장한 폭발음과 함께 원자폭탄의 구름을 보여준다. 이 광고는 존슨 대통령의 "신의 모든 아이들이 살 수 있는 세계를 만드느냐, 아니면 어둠의 세계로 들어가느냐, 이것은 매우 긴급하고도 중요한 문제입니다."라는 말과 함께 끝을 맺는다. 이 60초짜리 광고는 9월에 딱 한 번 방송되었는데 너무나도 큰 반향을 일으켰다. 이를 두고서 공화당에서는 광고가 불공정하고 지나치게 공포를 조장했다고 항의하였다. 그러나 광고가 나간 다음날 세 방송사가 모두 저녁뉴스에서 이 광고를 그대로 재방송 할 만큼 반응이 좋았다. 저녁뉴스에서 이 정치광고를 다시 방송함으로써 이 광고가 갖고 있는 메시지와 이미지를 크게 증폭시키는 효과를 불러 일으켰다. 이 광고는 상징적 이미지를 사용한 의도적이고 감정적인 암시적 공격광고의 원조가 되었다.

출처 : Alger, 1996 : pp.356~357, 박종렬, 『정치광고와 선거전략』, 청림출판, 1987, p.82

 사례 3-3 회전문 암시적 비교 광고(Revolving Door Ad)

중범죄자가 회전문을 통해 들어오자마자 바로 출소한다는 내용으로 상대후보자(Dukakis)의 범죄자에 대한 관대한 정책을 비판적으로 암시하고 있는 암시적 비교광고(Bush 후보, 1988)이다. 미국 정치광고 역사에서 또 하나의 걸작은 1988년 대통령 선거에서 부시 진영이 만든 광고다(〈그림 3-6〉). 부시 진영이 만든 TV광고는 일명 '죄수휴가(furlough)' 광고인데, 이 광고는 민주당이 후보인 듀카키스 주지사의 죄수휴가 프로그램과 윌리 호튼(Willie Horton)에 대한 공격이다. 윌리 호튼은 죄수인데, 듀카키스의 죄수휴가 프로그램에 따라 휴가를 나왔다가 도망쳐 흉악범죄를 저지른 범죄자다. 결국 이 광고의 의도는 듀카키스 후보를 범죄에 약한 사람으로 묘사하고자 하였던 것이다. 이 선거에서 부시 광고의 대부분은 죄수휴가에 초점을 맞추었다. 미디어

〈그림 3-6〉회전문 광고(Revolving Door Ad)

역시 죄수휴가 이슈와 범죄 이슈를 많이 거론함으로써 결국 부시는 점화효과와 의제 설정의 효과를 보았다. 다이애나 오웬(Diana Owen, 1991 : pp.87~88)의 여론조사에 의하면 당시 선거에서 유권자들이 가장 많이 거론한 이슈가 범죄였는데, 이는 부시 진영이 정치광고를 통해 죄수휴가 반대를 강조하였기 때문이라는 것이다. 당시 선거를 앞두고 듀카키스가 당연히 당선되리라고 모두들 예상하고 있었다. 당시의 지지율은 엄청난 차이로 듀카키스가 앞서가고 있었으며 듀카키스의 업적 또한 대통령이 될 만하였다. 그러나, 듀카키스가 주지사로 있던 곳의 메사추세츠 감옥에서 유예휴가제도의 혜택으로 가석방된 윌리 호튼에 의해 전세가 역전되었다. 윌리 호튼이 가석방 중에 한여자를 강간하고 잔인하게 살해한 것이다. 그것도 그 여자의 애인을 의자에 묶어 둔 채 그 앞에서…… 더구나 윌리 호튼은 흑인이었고 그 살해된 여자는 백인이었다. 부시는 범죄자들이 감옥을 회전문을 통해 자유롭게 들락거리는 광고를 내보냈다. 그리고 범죄자들과 함께 살고 싶나는 멘트를 함께 곁들였다. 철저한 감성에의 호소였다. 그런데 듀카키스는 이에 대해 논리적인 호소로 대응했다. 즉 다른 여러 주에서 이 제도를 실시하고 있으며 실제 사건 발생률은 얼마 되지 않다면서 통계적 수치를 들고 나온 것이다. 그러나 사람들의 심리는 공포 앞에서 이성이 마비된다. 이 중요한 심리학적 사실을 알지 못했던 것이다. 즉 부시의 감정에 대한 호소에 대항하려면 같은 감정으로 맞서야지 시청자의 이성에 호소해서는 안 된다는 것이다. 결국 선거를 얼마 남겨 두지 않고 발생한 윌리 호튼의 사건을 부시는 TV광고를 통해 적절하게 이용한 것이다. 그리고 대통령이 되었다.

사례 3-4 인간의 잠재의식을 이용한 광고(subliminal advertising)로 RATS 암시적 비교 광고

〈그림 3-7〉RATS 암시적 비교 광고

1957년에 있었던 연구결과에 의하면 1/3000초라는 사람 눈이 의식하지 못하는 시간에 'Hungry? Eat popcorn.'이라는 문구를 영화가 끝나기까지 60번을 보여줬는데 팝콘의 매출이 57.8% 증가했다고 한다. 2000년 미국 공화당이 내세운 TV광고에서 민주당을 비방하는 광고를 내보일 때 쥐가 나오는 장면을 하나 삽입해서 시청자에게 Democrats=RATS! 같은 잔상효과+메시지를 남기려고 한 기법으로 볼 수 있다〈(그림 3-7)〉. 실제로 이러한 잠재의식을 이용한 광고들은 소비자(유권자)가 선택할 수 있는 영역을 벗어나게 되기 때문에 금지되어 있다고 한다. 2000년 미국 대통령 선거에서 부시 후보는 현정권의 관료주의(BUREAUCRATS) 하는 표현으로 민주당 앨 고어 후보를 공격하기 위해 부시측 정치광고에 30초의 1초동안 RATS(경멸조의 속어)를 가득 내 보내기도 하여 문제가 된 적이 있는데 이 광고 또한 일종의 공격 암시적 비교광고이다. 예를 들어, 2000년 미국 대통령 선거에서 부시(Bush)진영에서 사용한 무의식기법을 이용한 'RATS'라는 광고는 심각성이 제기되었

다(Berke, 2000). 이러한 특수효과 기술은 부정광고의 사용이 유권자의 후보자 차별화에 긍정적으로 작용하는 효과를 보여 주고 있다(Kaid, Lin & Noggle, 1990; Kaid & Noggle, 1998). 인간의 잠재의식을 이용한 광고(subliminal advertising) 같은 것들이 실제로 효과가 있음은 오래전에 입증됐다. 미대선 흑백선전 광고 시작(2000.09.13). 공화당 조지 W. 부시 후보 진영이 민주당 앨 고어 후보의 정책을 비판하는 TV광고에 '쥐새끼들(Rats)'이라는 자막을 끼워넣어 두 진영간에 설전이 벌어졌다. 문제의 정치광고는 부시 후보측이 노약자들을 위한 의료보험인 메디케어(Medicare)에 처방의약품 포함 여부를 놓고 고어 후보의 정책을 비난하는 내용으로 광고 끝부분에 30분의 1초라는 극히 짧은 순간에 이 단어가 나타났다가 사라진다. 이 광고는 지난 2주일 전부터 여러 주에서 방영됐음에도 불구하고 얼른 눈에 띄지 않아 민주당 관계자들도 모르고 지나쳤다. 관찰력이 뛰어난 시애틀의 한 시민의 신고로 뒤늦게 드러나 방송매체들이 정지화면으로 이를 보도하면서 문제가 됐다. 민주당 부통령 후보인 조지프 리버맨 상원의원은 "워싱턴 정가에 명예와 위엄을 되찾게 하겠다던 부시가 이런 저질광고를 내보낸 것에 실망을 금할 수 없다."라며 부시측을 맹비난했다. 이에 대해 플로리다주 올랜도에서 캠페인을 벌이던 부시 후보는 "그 단어가 이상야릇하고 기묘하다."라고 인정하면서도 "그러나 고의적으로 삽입한 것은 아니라고 확신한다."라고 변명했다. 부시 진영은 이 광고가 논란을 일으키자 방영을 중단하고 교체계획의 일환으로 다른 광고를 내보낼 것이라고 밝혔으나 이를 계기로 비난성 정치광고의 품위문제가 계속 논란을 빚을 것으로 보인다고 보도했다(워싱턴, 윤승용 특파원).

사례 3-5 美 대선과 언론의 이미지 조작 광고(특파원리포트, 2000.09.26)

〈워싱턴 = 손현덕 특파원〉 미국 대통령 선거의 향방이 미궁으로 빠져들고 있다. 민주당 전당대회 이후 상승세를 탄 앨 고어 후보가 부시에게 다시 뒷덜미를 잡힐지도 모를 상황이 연출되고 있다. 사실 전당대회 직후만 하더라도 대권은 고어에게 넘어가는 듯한 인상을 주었다. 무엇보다도 주요 언론들이 고어에게 스포트라이트를 비춰댔다. 언론은 확실히 그의 편이었다. 부시의 실수는 대서특필된 반면 고어는 쉽게 넘어갔다. 이른바 '쥐(RATS)와 개(DOG)'의 사건이 이를 극명하게 보여준다. 공화당은 민주당을 관료들의 집단으로 폄하하는 30초짜리 광고를 내보냈다. 이 광고가 문제가 된 것은 마지막 부분에 관료를 뜻하는 'Bureaucrats'의 끝 네글자인 'Rats'가 부각됐기 때문이다. 불과 30분의 1초밖에 안되는 시간이지만 의도가 있지 않느냐고 몰아붙였다. 뉴욕타임스는 이를 1면 머리기사로 내보냈다. 고어 측도 실수를 했다. 처방약 문제를 다루면서 자신의 장모와 그 장모가 기르는 개를 예로 들었다. 장모와 개 모두 관절염을 앓고 있고 똑같은 약을 쓰는데 약값이 차이가 난나며 석설한 가격 수준까지 제시했다. 그러나 나중에 밝혀진 바로는 실제 자신의 장모의 사례가 아니었다. 하원의원 선거 공약집에 나오는 얘기였다. 이를 마치 자신의 가족 일처럼 과장했다. 진실성의 문제가 제기됐으며 '조작'이라는 비판도 나왔다. 또 고어는 노동조합 측과의 만남에서 노조에서 자주 부르는 운동가를 자장가로 듣고 자랐다고 말했다. 친 노동계라는 사실을 부각시킬 의도였으나 실제 이 노래는 그의 나이 27세 때 만들어졌다는 게 사실로 밝혀졌다. 그러나 언론들은 이 문제를 부시 경우처럼 심각하게 다루지 않았다. '진실'을 중시하는 언론으로서는 분명 '탈선'이었다. 급기야는 이 같은 미국 언론의 대선 보도 태도를 언론에서까지 문제삼을 정도였다. 사실 전당대회에서의 고어의 극적인 반전도 언론이 만든 것이나 다름없다. 전당대회가 끝난 후 한 저명 앵커는 "내 생전 유머가 한마디도 없는 대통령 수락연설은 고어가 처음이다."라고 혹평을 했다. 그런데도 언론은 하루 사이에 고어 편으로 돌아섰다. 별 것도 아닌 것 같은 부인과의 11초간의 키스신이 대서특필 되면서 여성 유권자들에게 호감을 주었다고 야단법석을 떨었다. '슈어 허니(Sure Honey;남편들이 부인의 뜻에 따라 투표를 한다)'라는 말이 나올 정도로 여성 유권자는 대통령 당락에 결정적인 역할을 하는 게 이 곳 미국이다. 이런 언론의 일방적 고어 지지에도 불구하고 부시는 여론의 지지를 회복하기 시작했다. 한 달 간의 악몽 끝에 처음으로 지지도 면에서 고어를 따돌리기 시작했다. 대세를 판가름하기에는 부족한 수치이지만 1~3% 표차로 재역전에 성공했다. 미국 대선은 이제 마지막 관문인 TV토론을 1주일 앞두고 있다. 공은 어디로 튈지 모른다.(Copyright ⓒ 매일경제)

한국정치광고에서 이미지 조작과 암시적·내포적 의미는 슬로건과 캐치프레이즈 등에서도 많이 찾을 수 있다. 예를 들어 '노무현 눈물', '이승만 거만과 자만', '못살겠다 갈아보자(신익희)', '가려봤자 더 못산다(이승만)(〈그림 13-12 참고)', '새사람 뽑아 새살림하자(장면)', '진실·충직·정의 정치인(이기붕)', '새 일꾼 바로 뽑아 황소같이 부려보자(민주공화당)', '농민과 항소', '새바람', '구세대', '보통사람', '착한사람', '평범한 사람', '색깔론', '40대 기수론' 등은 장 보드리야르가 말한 진짜보다 더 진짜 같은 가짜 이미지이다(the more real than real, hyperreality/implosion/simulacra-Jean Baudrillard). 정치적·도덕적 논란이 끊이지 않고 있음에도 불구하고 비방광고가 많이 쓰이는 이유는 그 효과가 미디어의 관심을 끄는 매우 효율적 수단이기 때문이다. 많은 선거캠페인 연구들은 심리학적 접근을 통해서 부정적 정보는 긍정적 정보보다 정보를 전달하는 데 있어서 더욱 효율적이고 오래 기억되며 더 설득적이라는 연구결과를 밝히고 있다. 그러나 역효과(backlash effect)를 주의해야 한다. 예를 들어 2000년 광고 「Rats」광고였다. 공화당이 만든 이 광고는 고어의 보건정책을 비난하는 내용이었는데, 「Bureaucrats Decide」(관료주의자가 결정한다)라는 마지막 문구에서 「Rats」라는 글자가 순간적으로 확대, 강조되면서 사람들로부터 수용자들의 무의식에 호소하는 잠재광고 기법을 쓴 것이 아니냐는 의문을 사기도 했다.

한편 조병량(1998)과 이성헌(1998)의 연구를 종합하여 정치광고의 종류를 다음 〈표 3-7〉과 같이 나타낼 수 있다.

〈표 3-7〉 정치광고 종류

분류기준	광고목적	광고주체	메시지 강조점	소구방법	광고단계
광고유형	긍정적 광고 부정적 광고	정당광고 후보자광고 지원광고	쟁점광고 이미지광고	이성적 소구광고 감성적 소구광고	알리기광고 주장광고 공격광고 설득광고

출처 : 조병량(1998)과 이성헌, "한국식 선거보도와 정치광고의 특성에 관한연구". 16대 대통령 선거를 중심으로, 성균관대학교 박사학위 논문

또한 이기홍은 광고주, 선거기간, 내용과 목적에 따라 〈표 3-8〉과 같이 광고를 분류하고 있다.

〈표 3-8〉 이기홍의 정치광고 분류

광고주		정부광고, 정당광고, 개인(정치적 입후보자)광고
선거기간	선거기간 중	정당, 정강광고, 선거공략, 정책, 후보자의 이미지 및 정견광고, 개인 또는 단체의 이슈에 대항 의견광고
	선거기간 외	정당집회, 회원모집, 행사고지 등의 광고, 국민을 대상으로 하는 정당 이미지 광고, 개인 또는 단체의 이슈에 대한 의견광고.
내용		선거공략광고, 정책광고, 의견광고
목적		선거광고, 의견광고, 정당이미지광고

이와 같이 학자들의 정치광고 분류 유형을 살펴보면 다음과 같다. 스탭 샐모와 바바라 샐모(Stephen Salmore & Barbara Salmore, 1985)의 분류, 다이아몬드와 베이츠(Diamond & Bates, 1988), 샤이렌스(Shyles, 1984) 등의 분류가 일반적으로 널리 이용되고 있다. 또 광고 기법의 분류로는 Devlin(1986)의 광고기법 분류가 분석의 기준으로 자주 이용되고 있다. 스탭 샐모와 바바라 샐모(Stephen Salmore & Barbara Salrnore, 1985)는 정치광고를 자기 자신에 관한 긍정적 메시지(positive messages), 상대 후보자에 대한 부정적 메시지(negative messages), 후보들간의 비교(comparisons), 상대방의 공격이나 비난에 대한 반응 메시지(responses to charges)로 나누고 있다. 다이아몬드와 베이츠(E. Diamond와 Bates, 1988)는 ID(후보자 식별) 광고, 주장광고(argument spot), 공격광고(attack spot), 비전제시광고(visionary spot)로 각각 분류하고 있다. 샤이렌스(Shyles, 1984)는 직설적 접근방법인 쟁점 또는 쟁점이 제시된 이미지광고(쟁점중심)와 교묘한 포

장의 접근방법인 이미지광고로 분류하고 있다. 정치광고의 유형에서 (1) 분류기준에 따른 유형은 광고목적에 따라 긍정적 광고, 즉 자기 후보자 지지목적의 광고와 부정적 공고로 상대후보자 공격목적의 광고가 있다. 광고주체에 따라서는 정당광고, 후보자광고, 지원광고가 있다. 메시지 강조점에 따라서는 정책이나 공약을 강조하는 쟁점광고와 후보자의 개인적 특성을 강조하는 이미지광고가 있다. 또한 소구 방법에 따라서는 이성적 소구와 감성적 소구로 각각 구분하고 있다. (2) 광고 메시지의 유형(선거의 단계)에 따라서 긍정적 메시지는 선거전의 1단계나 2단계에 가장 자주 이용되며, 특히 1단계에서는 이름 알리기에 초점을 맞춘 광고가, 2단계에서는 선거의 주요 쟁점에 관한 후보자의 입장을 확립하는 광고가 많은 것으로 알려지고 있다. 한편 다이아몬드와 베이츠(Diamond & Bates, 1988)는 선거캠페인의 각 단계에 흔히 나타나는 정치광고의 수사학적 유형(rhetorical mode)은 1단계 : 알리기광고(고지단계), 2단계 : 주장광고(중요문제에 대한후보자의 입장 전달 단계로 '특별한 주장'과 '일반적 주장'이 있다). 3단계 : 공격광고(경쟁자의 약점에 초점을 맞추는 단계, 대리인을 이용하기도 한다). 데불린(Devlin)의 분류는 호소형광고로 후보자가 직접 등장하여 유권자들에게 자신을 소개하거나 선거 쟁점에 대한 입장을 제시하는 광고로 주로 상반신, 또는 얼굴만 화면에 노출한 광고이다. 공격형 광고는 상대방에 대한 비판을 위주로 하는 광고이다. 시민 추천 광고는 후보자를 지지하는 평범한 유권자가 후보자에 대해 긍정적으로 말하거나 상대 후보에 대해 부정적으로 묘사한 광고이다. 다큐멘터리 광고는 후보자의 업적을 다큐멘터리 형식으로 연출한 광고이다. 증언광고는 후보자를 지지하는 유명인사나 존경받는 인사를 내세워 광고하는 기법이다. 국민으로부터 신뢰와 존경을 받거나 대중적으로 인기 있는 인물로 하여금 특정 후보나 정치인을 지지 또는 지원 연설하여 유권자의 지지와 호감을 획득시키는 선전기법이다. 선전자 자신이 갖지 못하는 장점을 다른 사람의 '범하기 어려운 위엄'을 빌려 자신에게 호의적인 지지를 보내도록 유도하는 기법이다. 한마디로 존경이나 증오의 대상이 되는 사람이 어떤 생각, 계획, 상품, 또는 사람을 좋다거나 나쁘다고 말하게 하는 방법이라 할 수 있다. 예를 들어 '문성근의 인간 노무현에 대한 지지연설'은 노무현 후보 측의 대통령을 만드는 데 일등공신으로 문성근을 뽑는다. 문성근의 국민배우라는 칭호가 따라다니듯이 대중에게 영향력 있는 인물로 알려져 있다. 영향력 있는 문성근의 노무현 후보의 지지연설은 많은 국민들에게 설득력 있는 연설로 작용했으며 노무현 지지층으로 끌어들이는 데 결정적인 역할을 했다. 특히 문성근의 연설 도중 소신 있는 인간 노무현의 묘사는 국민들에게 잔잔한 감동을 주었다. 문성근뿐만 아니라 정치, 경제, 사회문화의 각층의 다양한 영향력 있는 인사들의 노무현 후보의 지지는 대통령으로 당선시키는 데 결정적인 역할을 했다. '단일 후보를 통한 정몽준의 지지' 16대 대통령 선거에서 노무현 후보가 이회창 후보를 여론조사에서 앞서기 시작한 것은 정몽준 후보와의 후보단일화 이후부터다. 이것은 정몽준 후보가 패배를 인정하고 노무현 후보를 공개적으로 지지하면서 정몽준 후보의 지지자들이 노무현 후보를 지지하는 결과를 낳게 했다. 물론 막판에 가서 정몽준의 지지 철회가 있긴 했지만 노무현 후보가 정몽준 지지자들을 잘 묶어뒀기에 당선이 가능했다. 그외, 연예인인 조카 은지원과 함께한 박근혜 전 대표(그림 3-8, 좌측), 현빈과 마라톤대회에 참가한 한나라당 나경원 서울시장 후보(그림 3-8, 중앙), 지상욱 서울시장 후보가 부인이자 배우인 심은하와 함께한 장면(그림 3-8, 우측) 등이다.

〈그림 3-8〉 정치인과 지지광고

그리고 정치광고 사용전략 유형에서 다이아몬드와 베이츠(Diamond & Bates, 1988)는 정치광고를 4단계 유형으로 분류하였다. 첫째, 인지도 향상광고(Identification spots)로 후보자 지명도를 향상시키는 전략광고이다. 둘째는 논쟁적 광고(Argument spots)로 후보자의 정책적 이슈에 대한 견해를 밝히기 위한 정치광고 유형이다. 셋째는 공격광고(Attack spots)로 상대 후보자의 약점이나 자신의 상대적 우월성을 강조하기 위한 정치광고 유형 전략이다. 마지막으로 호의적 이미지향상 광고로 주로 긍정적이고 감성적인 광고를 많이 사용한다. 미국의 대통령 후보자 구호인 "I see America spots" 같은 유형이다. 이 전략은 유권자에게 정치적 비전을 제시하고 캠페인을 긍정적으로 마무리하기 위한 감성적 정치광고이다. 노무현 대통령의 광고에 많이 사용되었다. 그리고 결심의 광고(Resolution spots) 등도 있다. 존슨카르티와 코펠랜드(Johnson-Cartee & Copeland, 1991)는 부정적 정치광고의 사용빈도에 따라 정치광고 사용전략을 3가지(Johnson-Cartee & Copeland, 1991)로 분류하였다. 첫째는 고전적 게임계획(classic game plan)으로 70년대 초반에 성행하였다. 이는 긍정적 위주로 부정광고가 20~30% 정도이다. 선거초반에 자신의 긍정적 이미지를 구축한다. 부정광고로 상대방을 공격을 시행한다. 그리고 마지막 1~2주부터는 자신의 이미지를 향상시키는 전략을 구상한다. 그리고 상대방 반박과 미디어 보도 유발 도전자 합법화시킨 전략으로 주로 현직자가 즐겨 사용하는 전략이다. 예를 들어 노무현 후보의 정치광고 전략은 정보의 전달보다는 감성에 호소하는 전략에 주력하여, 인간 노무현의 떳떳함과 서민적인 이미지를 제고하여 '새로운 대한민국'을 만들겠다는 일관성 있는 메시지 전략으로 노무현만의 고유한 이미지를 심는 데 어느 정도는 성공하였다. 예를 들어 노무현 후보의 '기타 치는 대통령', '편지', '동서화합연설'편 등은 부드러움과 카리스마를 넘나드는 노무현 후보의 매력을 담고 있다. 애니메이션 코믹기법까지도 이전의 것과는 한 수준 높은 기법으로 시청자들의 관심을 끌었다. 감성적인 광고의 사용에 있어서는 이명박 후보는 감성적 광고와 이성적 광고를 균형있게 사용한 데 비해, 노무현 후보는 감성적 접근 광고가 절대적이었다. 일종의 노 후보의 선거전략은 감성마케팅이었다. 선거기간 동안 따뜻한 인간미와 감성적인 인물이라는 점을 적극 강조하여 광고하였다. 노 후보가 눈물을 흘리고, 땀 흘리는 모습으로 감성적 이미지로 높여 부동층의 선택을 호소하는 전략이었다. 여중생 참사사건에 대한 국민들의 관심과 호응에 대해 민주당은 '촛불' 편 광고로 답하였다. 백지 광고처럼 보이는 여백이지만 자세히 들여다보면 촛불의 연기 모양이 그대로 드러나 있다. 이 '촛불' 편은 우리 정치광고의 새로운 스타일을 제기한 보기 드문 수작이라 거론된다고 한다. 민주당은 특히 민주화를 경험했던 30~40대의 감성을 자극하는 감성적 광고로 효과를 봤다고 생각된다. 노 후보의 네거티브광고는 간접적인 방법으로 상대후보를 비방하는 전략을 사용했다. 그러나 정보의 전달보다는 감성에 호소하는 전략에 주력하여, 인간 노무현의 떳떳함과 서민적인 이미지를 제고하여 '새로운 대한민국'을 만들겠다는 일관성 있는 메시지 전략으로 노무현만의 고유한 이미지를 심는 데 어느 정도는 성공하였다. 그 결과가 당선과 연결된 것이 아닌가 생각된다. 노무현의 이미지광고는 '눈물', '겨울서정', '상록수', '어머니', '동서화합' 등이다. 정치광고를 통한 정치적 이미지 제공과 확산이 선거의 승패도 좌우할 수 있다. 그것은 긍정 또는 부정적 감성을 유발하는 두 가지 방식으로 나타난다. 정치광고가 긍정적 감성을 유발하기 위해서 유권자에게 희망, 애국심, 안정감을 느낄 수 있게 만든다. 정치광고의 또 다른 형태인 부정적인 정치광고는 비판적 감성을 유발하기 위한 것으로 유권자들에게 분노, 불만족, 좌절감을 부추겨 득표하는 것이 목적이다. 긍정적인 정치광고는 정치 현실보다 미래상에 초점을 맞춰 제작된다. 대다수가 희망하거나 지향하는 이상적인 사회상 또는 참신한 정치인상을 강조한다. 이런 내용을 담기 위해 정치인 본인이나 유명 연예인, 대학생이나 상인과 같은 일반 유권자를 등장시킨다. 그리고 정치인 자신의 광고 내용은 밝고 미소를 자아내게 만든다. 그러나 부정적인 정치광고에서는 정적에 대해 매우 부정적인 메시지를 강조하는 형식을 취한다. 정치광고의 두 가지 방식은 현실 정치에서 흔히 등장한다. 어떤 방법이 선거에 주효하느냐 하는 것은 선거 때마다 다르다. 정치·경제·사회적 상황에 따라 변화무쌍한 결과가 나타난다. 정치광고 전문가가 머리를 싸매고 고민하는 부분이다. 지난 2002년 대통령 선거에서의 TV와 신문정치광고를 보면, 당시 민주당은 한나라당에 비해 긍정적 광고 전략을 구사했다. 민주당은 선거 초반부터 TV 광고전에서 기선을 제압했다. 민주당 TV 광고 1탄은 노무현 후보가 눈물 흘리는 모습을 클로즈업해 시청자들의 감성을 자극했다. 노 후보의 두 번째 광고인 유쾌한 정치개혁 편도 기본적으로는 긍정적 정치광고이다. 당초 과격하다는 평가가 많았던 노 후보는 각종 홍보물에서 미소를 짓고 부드러운 단어를 사용하는 후보의 모습으로 부각되었다.

〈그림 3-9〉 노무현 후보 '눈물' 편 광고와 이명박 후보 '욕쟁이 할머니 국밥광고' 감성광고

트렌트와 프라이던버그(Trent & Friedenberg, 1991)에 의하면 텔레비전과 라디오 방송시간을 사는 형태에 의거해 4가지 광고 전략을 연구하였다. 첫째, 스퍼트 전략(spurt strategy)이다. 이는 지명도가 낮은 새로운 후보자들이 사용하는 전략이다. 주로 2~3주간 집중적으로 실시(투표일 4~5개월 전에 실시하고, 다시 투표일 1~2주 전 집중한다)한다. 즉 캠페인 시작과 끝을 강력하게 진행한다는 전략이다. 둘째는 막판 스퍼트(fast finish strategy)이다. 이 전략은 초반은 서서히 치밀하고 철저하게 매듭짓는다. 이는 우세한 후보자가 주로 사용한다. 모든 광고시간 확보로 광고빈도가 증가한다. 유권자에게 접촉강도를 증가시켜 효과를 극대화하는 전략이다. 셋째로 대형쇼(really big shoe strategy)이다. 이 전략은 비용이 들지 않는 뉴스보도를 이용하는 전략이다. 큰 행사, 즉 기자회견, 후보자토론 등을 활용하여 그와 관련된 광고로 효과를 극대화하고, 뉴스보도와 광고를 합쳐 상승효과를 얻는 전략으로 주로 선거막판에 사용하는 전략이다. 넷째는 순항장치 전략(cruise control strategy)이다. 이 전략은 다른 후보보다 앞선다고 한 후보가 사용함으로써 자신의 우위를 유지하는 데 목적이 있다. 광고비용은 일정수준 지속적으로 사용한다.

투표일 1~2주전까지 일정 빈도로 광고를 집행하다가 막판에 강렬한 인상을 심어주기 위해 광고를 집중적으로 집행하는 전략이다(탁진영, 1999). 잠메이션(Jamieson)에 의한 부정적 광고의 유형전략이다. 첫째는 콘셉트광고이다. 이는 유권자들이 그릇된 추론을 하도록 시각이미지를 나열하는 광고이다. 둘째는 개인 증언 광고이다. 이는 실제 유권자가 등장하여 대본 없이 상대 후보에 대한 부정적인 의견을 개진하는 광고이다. 셋째는 중립적 보도자 광고이다. 즉, 일련의 정보를 제공한 뒤, 유권자로 하여금 후보에 대한 판단을 내리거나 결론을 유도하게 하는 광고이다.

또한 정치광고 사용전략의 유형에는 ① 탈당광고로 우리나라 역대 대통령 선거의 정치광고를 살펴보면 특이한 현상을 발견 할 수 있는데 '그동안 몸 담아왔던 정당을 탈당한다'는 광고이다.

이는 정치적으로 가장 민감한 시기인 선거기간 동안 집중적으로 나타나고 있다. ② 지지광고는 특히 후보자가 알려지지 않은 인물인 경우에 좋은 성과를 거두고 있다. 그 지역의 덕망있는 지명인사가 특정 후보자를 지지하는 성명을 발표하면 큰 도움이 될 수 있다. 대부분의 유권자들은 후보자의 인상을 성명 발표자의 인상으로부터 분리시키지 못할 뿐만 아니라, 분류시키려 하지도 않기 때문이다. ③ 정견 및 지지광고이다. 이는 여·야당의 정치광고 중 공통적인 요소로는 정감, 정책 광고가 타 당에 대한 비난 광고를 겸하고 있으며 여·야의 비판 광고는 상호 대응, 반목의 형태로 나타나 있다. ④ 후보자 정견 광고이다. 야당 후보의 정견광고는 정책의 대안, 정부와 여·야의 실정을 비판, 성토하는 내용이 주류를 이루고 쌍방 성명전이 치열한 것이 보통이다. ⑤ 공명선거캠페인 광고이다. 각종 금권, 부정, 타락선거를 예방하고 계몽하기 위한 광고이다. 다음 〈그림 3-10〉은 정치인들의 이미지광고와 이슈광고의 비교이다. 김대중 후보의 인간적 매력을 강조한 이미지 광고(1997.12)와 IMF극복을 위한 비상경제대책에 대한 구체적인 입장을 밝힌 한나라당 이회창 후보의 이슈광고(1997.12)이다.

〈그림 3-10〉 정치인의 이미지광고와 이슈광고

다음의 〈그림 3-11〉은 구체적 증거를 제시하는 논리적 기법을 사용하여 집권여당을 공격한 야당의 부정광고(1997.12)이다.

〈그림 3-11〉 정치인의 공격적 부정광고

다음은 정치광고의 분류를 메시지전달(표 3-9), 소구방식 및 내용(표 3-10), 표현기법 (표 3-11), 소구 요인에 의한(표 3-11) 형태로 분류하고 있다.

〈표 3-9〉 메시지를 전달하는 매체에 따른 분류

대중매체 광고	인쇄매체 - 이성적이고 논리적 설득에 유용 전파매체 - 감성적이고 감각적인 사고 유도에 유용
인터넷 광고	인터넷 홈페이지(쌍방향 커뮤니케이션) 인터넷 배너광고
전화광고	ARS 전화인터뷰
우편광고	DM(Direct Mail)
출판물광고	자서전, 수필, 서적출간, 출판기념회 등 이벤트 사회유명인사 초청 유권자 조직화

출처 : 권혁남, '국회의원 선거운동 수단으로서의 정치광고 활성화 방안', pp.172~173

〈표 3-10〉 소구방식 및 내용에 따른 분류

소구방식에 따른 분류	긍정광고	긍정적 이슈광고, 긍정적 이미지광고
	부정광고	개념광고, 개인증언광고, 공격에 대한 반박광고, 상대방 지칭광고, 명시적 공격광고, 부정적 이슈광고, 부정적 이미지광고
	비교광고	중립식 보도광고, 암시적 공격광고, 직접비교광고, 간접비교광고
소구내용에 따른 분류	이슈1)광고	의견광고, 주장광고, 긍정적 이슈광고, 부정적 이슈광고, 비교광고
	이미지광고	일치광고, 긍정적 이미지 광고, 부정적 이미지광고

출처 : 한은경(1995), 『6.27 선거의 정당광고에 관한 연구』, 광고연구, 제23호, p.100, 조경섭, 박사학위논문, p.13~14에서 재인용

〈표 3-11〉 표현기법에 따른 분류

언어적 요소	이슈광고 (issue)	표현내용이 정당이나 후보자들의 기존 활동을 평가하거나 이들이 가진 쟁점에 대한 태도와 입장을 밝히는 광고
	이미지광고 (image)	선거에 출마한 후보자가 정보원으로서 지니는 신뢰도와 퍼스낼리티 등 개인적 속성을 강조하여 자신이 공직에 적합한 존재임을 강조하는 광고
	긍정광고 (positive)	명백하게 후보자에게 초점을 맞춘 광고로, 후보자의 선한 인간적 특징, 업적, 이슈에 대한 긍정적인 입장을 강조
	부정광고 (negative)	상대 후보를 비판하기 위해 직접적인 공격을 하거나 상대 후보의 과거정책 또는 이미지를 단순한 어구의 표현으로 비판하는 광고
유권자 호소하는 표현 기법	논리적 호소 (logical)	특정한 입장에 호의를 가질 수 있게끔 유권자들을 설득하기 위해 광고에 구체적인 증거(통계수치, 논리적 예증, 구체적 증거 등)를 제시하는 방법
	감성적 호소 (emotional)	행복감, 자부심, 애국심, 분노, 희망 등 유권자의 감성에 주로 호소하는 광고로, 현재 감성광고에 많이 사용
	윤리적 호소 (ethical)	후보자의 능력과 경험을 강조하거나, 사회 저명인사 및 평범한 사람을 이용함으로써 신뢰성과 믿음직함 등 후보자의 자질을 강조하는 표현기법

출처 : 권소현(2008), 『뉴미디어시대의 정치광고 매체 특성과 표현분석에 관한 연구』, 숙명여자대학교 석사논문, pp.43-47.

---

1) 이슈의 분류

구 분	국내 이슈	국외 이슈
정 의	국가 내에서 적용되는 문제들	국가의 범위를 벗어난 문제들
구체적인 예	경제, 예산, 세금, 실업, 행정공해, 사회복지, 인플레이션법, 질서, 환경, 에너지 등	전쟁, 외교정책, 이데올로기 등

〈표 3-12〉 소구 요인에 의한 분류

소구 내용	이슈광고	Bower, 1973 & Pomper, 1968, 9가지(외교정책, 국방, 경제정책, 노동, 농업, 환경 자원, 사회복지, 정부, 시민질서) Shyles, 1984(공적, 국내문제, 경제, 에너지, 연방주의, 외교정책, 국정수행, 국가안 보, 국가안녕)
	이미지광고	Rosenberg & McCafferty, 1987 4가지(능력, 호감도, 신뢰도, 공직 적격성) Shyles, 1984, 8가지(자비로움, 능력, 경험, 정직성, 리더십, 개인적 특성, 강인함, 중요한 사항-카리스마, 신선함)
소구 방향	긍정광고	후보자의 선한 인간적 특징, 이슈에 대한 입장
	부정광고	이슈입장에 대한 공격, 이미지에 대한 공격, 단체가입 및 정치적 연합에 대한 공격, 도전자가 더 선호, 특정이슈에 대한 상대방의 입장 및 이미지에 대한 부정적 요소가 직접 상대방 비판에 초점
소구 기법	논리적 소구	유권자 설득을 위한 광고에 구체적 증거(통계수치, 논리적 예증) 제시
	감정적 소구	특별한 감정이나 정서(행복, 자부심, 애국심, 분노, 희망 등)
	윤리적 소구	정보원의 공신력(후보자의 능력과 경력 강조로 신뢰성과 믿음직함 등)

• 정책(이슈광고)

정책은 샤이레스(Shyles, 1980)의 이슈내용에 대한 연구를 근거로 하여 외교 및 국가 안보(대미, 대북관계, 기존의 외교정책), 경제정책(경제성장, 고용문제, 실업대란, 생활수 준 향상), 정부의 국내정치(부정부패/고위공직자(정치인)의 도덕성, 개혁(인사정책, 재벌 개혁), 전직 대통령 등에 대한 과거청산, 정부의 과거정책), 사회문제(교육문제, 주택문제, 사회복지, 범죄, 여성문제, 지역감정 해소)의 크게 5가지로 나누었다.

• 인간적 특성(이미지 광고)

인간적 특성은 대체적으로 후보자가 지니는 신뢰도와 퍼스낼리티 등에 관한 속성을 말 하는 것으로 정책과 마찬가지로 Shyles(1980)의 인간적 특성에 나타나는 이미지 내용을 분석하기 위해 인간적 특성(신의, 충실함, 휴머니티 등), 능력(능숙함, 경영능력, 경제능력 등), 경험(과거의 경험이나 업적 등), 정직성(성실함, 신뢰성, 공정성 등), 리더십(지휘, 관 리, 전향적인 자세 등), 강인함(강한 의지, 확신, 활력 등), 이타주의(타인에 대한 애정, 보 살핌, 자비, 자선 등), 기타 등으로 나누어 총 8가지 유목으로 분류하였다.

• 정치광고의 소구 유형

정치광고의 형식은 크게 긍정과 부정으로 나뉜다고 앞서 언급하였듯이 긍정광고는 후보자의 인간적인 특성과 업적, 이슈에 대한 후보자의 입장을 강조하는 내용이며, 부정 광고는 상대후보자의 이슈에 대한 관점이나 정치적인 입장 등에서 부정적인 측면을 강조한 광고를 말한다. 부정 광고의 하위 유목으로는 부정 광고의 전략을 들을 수 있다. 하위 유목의 부정 광고는 직접공격 광고, 직접비교 광고, 암시적 비교 광고로 총 3가지 분류이다. 공격의 주된 내용으로는 이슈의 입장에 대한 공격, 이미지에 대한 공격, 과거 정책에 대한 공격으로 나뉜다.

• 정치광고의 표현기법

정치광고의 표현기법은 논리적 표현기법과 감성적 표현기법, 윤리적 표현기법, 위협적 표현기법으로 나뉜다. 논리적 표현기법은 이슈에 관련된 통계수치를 사용하거나 구체적인 내용을 삽입하는 것을 말하며, 삼단논법으로 자신의 논지를 논리적으로 전개해가는 방법이고, 감성적 표현기법은 유권자의 감성에 초점을 맞춘 것으로 행복, 자부심, 분노 등의 감정을 일으키는 방법이다. 윤리적 표현기법은 후보자의 능력과 경력을 강조하는 것으로 사회적 유명인사나 평범한 사람들의 구전효과를 이용하는 방법이다. 위협적인 표현기법은 유권자에게 불안감을 조성하여 후보자를 지지하게 만드는 표현기법을 말한다.

• 정치광고의 비언어적인 메시지 표현요소

Kaid(2001)의 비디오 스타일 분석을 바탕으로 후보자의 등장형태와 후보자의 몸짓, 후보자의 복장, 후보자의 무대배경, 후보자의 시선방향, 음악, 광고의 지배적인 색상, 정당 로고, 광고타이틀, 광고제작기법 등으로 나뉜다.

〈표 3-13〉 3 정당 정치광고 전략

구 분	민자당	새정치국민회의	국민당
문제점	3당 합당 후보자질론	지역색 색깔론	노령 재벌정치
기본 콘셉트	변화와 개혁	정권교체	경제회복
캠페인 테마	신한국 창조	대화합과 변화의 시대	경제 대통령
슬로건	1. 다시 뛰는 한국인 앞장서는 김영삼 2. 신한국 창조	1. 이번에는 바꿉시다. 2. 금요일엔 바꿉시다	1. 나라정치 깨끗하게 국민경제 풍요롭게 2. 경제 대통령 통일 대통령
심벌	곰	토끼와 거북이	호랑이

정치광고 사용전략에 따라 부정광고가 있다. 부정광고의 종류는 첫째 상대편의 개인적인 특성에 대한 공격, 즉 인격에 대한 공격으로 상대편의 흠을 나타내는 부정적 단어를 사용한다. 둘째는 상대편의 이슈/정책에 대한 공격한 광고이다. 셋째는 상대편의 당파에 관계에 대한 공격으로 상대편의 합종연횡에 대한 공격이다. 넷째는 상대편의 자격 및 배경에 대한 공격이다. 다섯째는 상대편의 과거 경력에 대한 공격 등이다(강형구·탁진영, 2006; 권소현, 2008).

이런 부정광고의 전략은 다음 〈표 3-14〉와 같다.

〈표 3-14〉 부정광고의 전략

직접공격 (direct attack)	상대방을 거론하지만 비교의 방법을 사용하지 않은 채 경쟁후보를 공격
직접비교 (direct comparison)	경쟁후보를 거명하며 그와의 직접적인 비교를 통해 자신의 우위를 주장
암시적 비교 (implied comparison)	캠페인 메시지 내용은 부정적이지 않지만, 유권자들이 광고를 해석할 때 경쟁자에게 부정적인 성격을 부여하게 만듦

출처 : Johnson-Cartee, Copeland, 1997, 권소현(2008). '뉴미디어 시대의 정치광고 매체특성과 표현분석에 관한 연구', 숙명여자대학교 석사학위논문.

정치광고의 유형에는 TV를 통한 정치광고 유형과 감정적반응이 있다.

•TV정치광고의 유형

일반적으로 광고는 목적, 주체, 객체, 대상, 상품의 속성, 반응, 소구동기, 도달계층, 성격 등에 따라 다양하게 분류하고 있다(이경탁, 1999). 이러한 맥락에서 정치광고에 TV를 이용하게 된 이후 아주 다양한 형태와 유형의 광고들이 등장하게 되었고, 정치광고의 유형 분류기준은 학자들에 따라서 다양하게 이루어지고 있다. 광고유형에 관한 연구는 1988년 선거 때의 정치광고를 대상으로 한 실험연구에서 부정적 광고가 긍정적 광고보다 유권자에게 잘 기억된다고 밝히고 있고, 이미지광고가 쟁점광고보다 기억의 재생속도와 정확성에서 더 효과적이라고 밝히고 있다(Geiger & Reeves, 1991). 또한 조병량(1996)의 연구에서는 TV정치광고 유형을 연구자별로 〈표 3-15〉과 같이 분류하여 요약하였다. 본 연구는 데블린(Devlin, 1986)의 광고유형 중 후보자 등장 광고와 증언식 광고에 초점을 맞추어 유권자의 감정적 유형을 파악해 보았다. 이 두 가지 유형은 한국적 상황에 가장 잘 맞는 것으로 보이기 때문이다. 그 이유는 데블린(Devlin, 1986)의 정치광고의 긍정적 측면 즉 순기능에서 찾아 볼 수 있다. 첫째, 정치광고는 후보자의 지명도를 향상시킨다. 둘째, 부동층이나 선거에 무관심한 유권자가 선거에 관심을 가지도록 유발하는 효과가 있다. 셋째, 정치광고를 통하여 고정표 이탈을 막아줌으로써 자기 정당원 혹은 지지자들의 사기를 강화할 수 있다. 넷째, TV정치광고를 통한 부정적 공격광고를 통해 상대방을 공격하여 상대후보의 신뢰도를 떨어뜨릴 수 있다. 다섯째, 후보자 자신의 베스트 컨디션을 보여줌으로써 후보자의 이미지를 변화시키고 재조정할 수 있다는 이점이 있다. 여섯째, 정치자금의 모금에 유용하게 이용할 수 있다는 것이다. 정치광고는 선거운동 과정에 필요한 정치자금을 모금하는 데 효과적인데 유권자의 마음에 직접 호소함으로써 후보자를 위해 선거비용을 기부하도록 유도한다. 이러한 정치광고의 순기능은 1952년 TV정치광고가 처음으로 등장하였는데 대부분의 TV정치광고는 쟁점의 토론과 정책의 제시보다는 후보자들의 외모, 성격, 가정생활, 성장배경 등 이미지 위주의 시각적 상징 위주의 광고를 하였다. 이는 그만큼 후보자가 직접 출연함으로써 이미지와 이슈를 전달하여 신뢰성 및 우호적인 이미지를 높여줄 수 있어 그 의미를 갖는다고 할 수 있다. 또한 최근의 상황을 보면 유권자에게 정기적으로 정보를 전달하는 어떤 매체도 정치광고에 그 문을 활짝 열어놓고 있다. 왜냐하면, 유일하게 정치광고만이 후보자가 직접적이고 철저한 정보관리를 할 수 있기 때문에 가장 확실하고 설득적인 모습으로 유권자들에게 전달되기 때문이다(탁진영, 1999). 예를 들어 15대 대통령 선거에서의 후보가 직접 출연한 광고는 '준비된 대통령', 'DJ와 함께' 등과 16대 대통령 선거에서 TV정치광고는 후보자가 직접 등장하여 '노무현의 눈물', '기타 치는 대통령' 등을 만들어 미디어 선거전에서 압승했다는 평가를 받고 있다는 사실에서 이 후보자 등장광고 유형은 한국적 상황에서 유용하게 쓰이고 있음을 보여준다(파이낸셜뉴스, 2003). 이처럼 위의 서론에서 언급하였듯이 16대 대통령 선거에서 후보자가 직접 출연하여 눈물 흘리는 모습으로 유권자의 감정에 호소를 하여 그 성과를 얻었을 뿐만 아니라 이러한 후보가 나와 비슷하다는 것을 제3자를 통해 알려줌으로서 유권자 감정에 호소하였고, 또한 그 효과를 거두었기 때문이다. 데블린(Devlin, 1986)의 TV정치광고 유형 중 대표적인 것은 1960년 선거에서 케네디와 닉슨(Kennedy & Nixon) 모두 즐겨 사용한 '후보자 등장광고(Talking Head)'이다. 이는 후보자가 시청자들에게 직접 이야기하는 형식으로서 중요한 이슈와 이미지를 전달할 수 있는 장점을 지니고 있기 때문에 현직자나 신뢰성이 높은 후보자가 즐겨 사용하고 있다.

　한편 패터슨과 맥클러(Patterson & McClure, 1976)는 후보자 등장 광고에 관한 연구에서 쟁점 지향적 스폿광고를 통해 우호적인 이미지를 전개할 수 있음을 입증하였다. 즉,

후보자가 직접 등장함으로써 대통령이 어려운 문제들에 직면하였을 때 처리할 수 있는 능력이 충분히 있다는 것을 보여줌으로써 유권자들에게 후보자에 관한 믿음을 줄 수 있다고 언급하였다. 또한 데블린(Devlin, 1993)은 그의 연구를 통해 후보자의 얼굴이 등장하는 광고에서는 후보자 자체가 주된 메시지임을 강조하였다. 예를 들어 클린턴의 '계획(Plan)' 광고에서 클린턴 자체가 우호적인 메시지를 전달하고 있음을 보여준 것이다. 이것은 투표일이 며칠 남지 않은 상황에서 많이 사용된다. 이 유형의 광고는 쟁점이나 본질에 초점을 맞추지만 가장 중요한 것은 이것이 후보자에 대한 이미지 또는 감정을 만들어 내도록 도와준다는 것이다. 즉, 이 광고의 목적은 후보자가 특정의 쟁점에 전념하고 있으며, 대통령 직무를 감당할 수 있다는 인상을 심어주기 위해서 사용하게 된다. 이러한 선행적 경험에 비치어 후보자 등장광고는 최근 우리나라 대통령 선거에서도 많이 활용되고 있다. 한편 본 연구의 또 다른 관심사인 증언식 광고(Testimonial ads)는 제품이 갖는 사실적 결과 즉 제품이 갖는 품질, 이미지, 장점 등 유·무형의 특성에 대하여 생산자의 입장이 아닌 소비자의 편에서 등장인물을 통해 대중에게 전달하는 소구방식을 의미한다. 카츠와 라자스펠드(Katz & Lazarsfeld, 1995)는 오피니언 리더를 통해 일반 대중에게 메시지를 전달하는 방법이 증언식 광고라고 정의하고 있다. 이러한 증언식 광고는 소비자의 입장에서 볼 때 제품에 대해 호의적으로 설명하거나 권장·추천하는 인기인이나 여론층(Opinion leader)에 의해 전달되므로 주의를 환기시키는 이점이 있다(이화자, 1997). 많은 연구자들이 증언식 광고의 효과에 관해 언급하고 있다. 예를 들면 이화자(1997)는 식용유 광고에 전문성이 높은 외식업체 점주를 등장시켜 메시지를 전달할 경우에 광고효과가 높아지고 있다는 것을 입증하였다. 또한 태양초 고추장 광고에 평범한 가정주부, 유명음식점 요리사 등 고추장을 직접 소비하는 인물들을 등장시켜 태양초 고추장의 품질을 증언하는 형식으로 전개하였는데, 이런 구전커뮤니케이션이 높은 광고 효과를 보여주고 있다고 언급하였다. 반면 증언식 광고에 대한 TV정치광고 15대 대통령 선거에서 당시 국민회의 부총재였던 노무현이 출연하여 준비된 지도자에 대하여 증언하였고, 국회의원 추미애, 김민석 등 여러 유명인들이 출연하여 후보자의 능력, 세계에서 알아주는 대통령임을 강조하는 등의 증언을 함으로써 광고의 효과를 보았다. 이는 증언식 광고가 한국상황에 있어서 매우 중요하다는 측면에서 이처럼 선거에서 사용되어지고 있는 것으로 판단된다. TV정치광고에서의 증언식 광고(Testimonial ads) 역시 널리 알려진 유명인사가 특정 후보자를 지지하는 광고로서 선거 초반부터 후보자의 지명도와 신뢰성을 향상시켜 주는 역할을 수행한다. 증언식 광고는 구전커뮤니케이션을 모방하기 때문에 일반 모델의 신뢰성이 높은 경우 소비자들은 그들이 제공하는 정보를 신뢰하는 경향이 높아지게 된다(Assael, 1984). 이러한 점에서 볼 때 증언식 광고에서는 모델의 유사성, 친밀감, 호의를 높여주는 것이 중요하다고 볼 수 있다(TAN, 1985). 최근에는 연예인이나 운동선수들까지 정치광고 모델로 자주 활용되고 있다. 또한 증언식 광고는 후보자에 대한 신뢰감을 부여하거나 좋은 이미지를 형성하여 기존 이미지에 대한 태도를 변화시킬 수 있기 때문에 폭넓게 활용되고 있다. 한편 후보자가 직접 출연한 TV정치광고는 유권자에게 쟁점에 대한 정보를 직접 제공해줄 수 있고, 시청자의 후보자에 대한 이미지 창출에 도움이 된다는 점에서 매우 중요하다 할 수 있겠다. 시청자에게 후보자의 개인적 특성, 지도력, 전문성, 신뢰성 등과 같은 특성을 후보자가 직접 전달함으로써 후보자에 대한 이미지를 형성하게 된다(Devlin, 1986).

• 감정적 반응

광고에 대한 감정적 반응의 연구는 80년대 초반부터 활발하게 이루어졌다. Mitchell(1981)은 감정에 호소하는 광고물의 효과를 설명해 줄 수 있는 새로운 모델이 필요하다고 주장하였는데, 이후 감정적인 호소에 의존하는 광고 또는 광고물 접촉에 의해 생겨난 감정의 역할에 관한 관심이 고조되어 왔다. 감정(affect)이란 의식을 경험하며 주관적으로 느끼는 상태로서 정서(emotion), 느낌(feeling), 기분(mood) 등의 용어를 포함하는 포괄적인 의미로 사용된다(Batra & Ray, 1986). 즉, 느낌(feeling)은 광고물에 의해서 촉발된 후 소비자가 느낀 구체적인 감정상태로 규정하였고(Stayman & Aaker, 1988) 정서는 일반적으로 외부환경에 의해 자극되어 나타나게 되는 일련의 반응으로 생리적인 변수를 수반(Peterson, Hoyer, & Wilson, 1986)하며 분위기는 그 강도가 낮으며 분명한 선행원인 없이 비교적 지속적인 감정상태로서 정서보다 약하고 일시적인 것으로 정의하고 있다(Gardener, 1985). 감정적 반응의 초기연구자는 바르트라와 레이(Batra & Ray, 1986)로서 소비자의 사고와 관련된 인지적 반응보다는 광고로 인해 야기될 수 있는 소비자의 느낌(feeling)일 것으로 보고, 이를 감정적 반응(affective responses)이라고 여겼다.

〈표 3-15〉 학자들에 따른 일반적인 TV정치광고 유형의 분류

연구자	광고유형
1. Shyles(1984, p.418)	쟁점 또는 쟁점이 제시된 이미지광고(쟁점중심)(직설적 접근 방법)
	이미지 광고(교묘한 포장의 접근방법)
2. Stephen Salmore와 Barbara Salmore(1985, p.150)	자기자신에 관한 긍정적 메시지(Positive Messages)
	상대후보자에 대한 부정적 메시지(Negative Messages)

연구자	광고유형
	후보자들 간의 비교(Comparisons)
	상대방의 공격이나 비난에 대한 반응(Responses to Charges)
3. L.P.Devlin(1986)	원시광고(Primitive, 1952년 'Eisenhower Answers America' 등 후보등장 광고)
	부정적 광고(Negative Type)
	제작 아이디어 광고(Production ads or Concept ads, 후보자에 관한 빅 아이디어 개발, 전달)
	Cinema-Verite(일상적인 실제상황에서의 후보자 묘사)
	행인광고(man-in-the-street(sic), 후보자를 지지하는 평범한 길거리 유권자 증언광고)
	증언광고(Testimonials, 유명인사 또는 존경받는 인물의 증언광고)
	중립적 보도자 광고(Neutral Reporter)
	후보자 등장광고(talking head spot, 쟁점중심, 그 쟁점을 다룰 수 있는 후보이미지 연결)
4. E.Diamond와 S. Bates(1988)	ID(후보자 식별)광고
	주장광고(Argument spot)
	공격광고(Attack spot)
	비전제시 광고(Visionary Spot)
5. Jamieson	개념광고(Concept ad)
	개인증언광고(Personal witness ad)
	중립적 보도자 광고(Neutral reporter ad)
6. Kern(1989)	적극적 부정광고(Hard-sell negative ads)
	소극적 우회적 부정광고(Soft-sell negative ads)
7. Gronbeck(1985)	내포광고(Implicative ad)
	비교광고(Comparative ad)
	공격광고(Assaultive ad)

이처럼 학자들마다 감정적 반응을 다양하게 정의 내리고 있다. 즉, 감정적 반응을 느낌 (feeling), 정서(emotion), 분위기(mood) 등으로 구분하기도 하는데(Burke & Edell, 1989; Gardner, 1985; Batra & Ray, 1986), 이는 광고노출에 의해 소비자들이 갖는 감정 상태에 대한 감정적 반응을 통일하여 보고 있다(권혁재, 1984). 또한 감정적 차원에 대해 서는 수많은 연구가 그 목적에 따라 수행되었다. 이러한 다양한 감정의 차원 가운데 특히 소비자들에 대한 분석에 빈번하게 사용되는 척도 중 하나는 와트슨, 클락, 텔레전(Watson,

Clark & Tellegen, 1988)이 개발한 긍정적 감정과 부정적 감정 각각 10개씩 총 20개의 항목으로 구성된 PANAS(positive affect negative affect scale) 척도이다. 또한 소비자의 감정적 반응을 차원별로 분석한 연구 중 많은 관심을 받은 것이 PAD(Pleasure, Arousals, Domination) 모형이다. 이 모형은 감정을 즐거움(pleasure)과 각성(arousals), 그리고 통제(domination)의 세 차원으로 나누고 있다. 이러한 분류는 연구결과 경험적 지지를 받고 있으며 확장되어 연구되고 있다. 예를 들어 홀브르크와 바트라(Holbrook & Batra, 1987)는 광고를 통하여 소비자가 경험하는 감정적 반응을 우선 유형별로 측정한 다음, 이들 감정 유형들을 요인분석하여 PAD의 세 가지 차원으로 나누었다. 이 PAD모형이 제안하는 차원 중 즐거움(pleasure)과 각성(arousal) 차원은 이미 여러 연구들에 의하여 확인되어 왔다. 그러나 통제(domination)는 연구에 따라 발견되지 않은 경우도 있었고, 발견되더라도 그 영향력이 거의 없는 결과가 나타나곤 한다(권익현·유창조, 1997에서 재인용). PAD 모형의 측정방식에는 몇몇 비판이 존재하지만 많은 연구자들이 사용하고 있으며, 비교적 긍정적 연구결과를 얻고 있다(Richins, 1997). 이후 감정적 반응에 관한 연구를 살펴보면 인지적 반응에 대한 연구 이후에 소비자의 감정에 대한 관심이 높아지면서 광고효과를 매개하는 변수로서의 감정적 반응이 태도형성에 영향을 미칠 수 있다고 보고 있다(Yi, 1990). 이러한 감정적 반응에 관한 연구를 정리하여 보면, 광고 노출로 인해 발생하는 감정적 반응은 다양한 유형을 지니고 있는 것으로 나타났다. 즉, 동일광고에서 긍정적 감정과 부정적 감정이 동시에 발생될 수 있다. 최근의 연구결과들은 인지적 요소와는 별도로 광고에 대한 감정적 반응이 광고효과에 상당한 영향을 끼친다고 결과를 보고하고 있다. 예를 들어 이학식(1991)은 소비자가 광고에 노출되었을 때 광고효과의 단계에서 정서적 반응을 포함한 연구단위 간의 인간관계의 정도가 소비경험이 있는 집단 및 소비경험이 없는 집단과 높은 관여도와 낮은 관여도에 따라 다르다는 것을 입증하였다. 그 결과 정서적 반응의 항목들 즐거움, 매력적임, 차분함, 부정적에 대하여 두 개의 긍정적 요인과 한 개의 부정적 요인에 매우 유사하게 나타났다. 한편, 정치광고의 효과연구에 대해서는 주로 광고내용에 따른 설득효과에 치중하고 있는 것(Thorson, Christ, & Caywood, 1991; Chanslor, 1996)과, 정치광고에 대해 유권자의 다양한 감정적 반응 등을 밝히는 연구(Marcus, 1988)로 구분할 수 있다. 감정적 반응에 대한 연구는 주로 후보자 평가형태로 분석되었다(Patterson & McClure, 1976; Hofstetter, Zukin, & Buss, 1978). 결국, 감정에 대한 경영학 분야의 연구에서는 그 개념이 혼용이 되고 있는 실정이지만 감정요소는 광고 접촉 시 경험하는 다양한 감정들에 기초하고 있을 것으로 보고 있다(Edell & Burke,

1987; Burke & Edell, 1989). 이러한 구별은 사람들이 광고를 즐거운 것으로 판단하더라도 광고에 의해 즐거운 감정을 느끼지 않을 수 있다는 점에서 중요하다.

6. 정치광고의 표현요소에 따른 분류방법

1) 소구 내용에 따른 분류

(1) 정책(이슈광고)

국가적 이익과 연관된 최근의 화제나 사람들의 관심사를 강조하는 광고인데, 이는 후보자가 정치적 이슈에 대한 입장을 밝힘으로써 일반 대중들의 지지를 얻는 데 목적이 있다. 정책은 샤이레스(Shyles, 1980)의 이슈내용에 대한 연구를 근거로 하여 외교 및 국가안보(대미, 대북관계, 기존의 외교정책), 경제정책(경제성장, 고용문제, 실업대란, 생활수준 향상), 정부의 국내정치(부정부패/고위공직자(정치인)의 도덕성, 개혁(인사정책, 재벌개혁), 전직 대통령 등에 대한 과거청산, 정부의 과거정책), 사회문제(교육문제, 주택문제, 사회복지, 범죄, 여성문제, 지역감정 해소)의 크게 5가지로 나누었다.

(2) 인간적 특성(이미지 광고)

후보자의 역할, 특성, 성격속성 등을 강조하는 광고로, 이는 후보자 개성과 용모를 일반 대중에게 노출시켜 그들의 호감을 사는 데 목적이 있다. 즉, 인간적 특성은 대체적으로 후보자가 지니는 신뢰도와 퍼스낼리티 등에 관한 속성을 말하는 것으로 정책과 마찬가지로 Shyles(1980)의 인간적 특성에 나타나는 이미지 내용을 분석하기 위해 인간적 특성(신의, 충실함, 휴머니티 등), 능력(능숙함, 경영능력, 경제능력 등), 경험(과기의 경험이나 업적 등), 정직성(성실함, 신뢰성, 공정성 등), 리더십(지휘, 관리, 전향적인 자세 등), 강인함(강한 의지, 확신, 활력 등), 이타주의(타인에 대한 애정, 보살핌, 자비, 자선 등), 기타 등으로 나누어 총 8가지 유목으로 분류하였다. 유권자가 알고 있는 것은 '후보자의 이미지'이다. 현대 캠페인의 특징은 정치적 이미지 창조이다. 많은 사람들은 영화배우 같은 후보자가 성공을 가져왔다고 걱정하고 있다(예, 로널드 레이건, 아놀드 슈워제네거). 이슈광고는 후보자 평가에 긍정적으로 영향을 미치는 반면에, 이미지 광고는 유권자 정보를 회상하는 데 효과적이라고 주장한다(Kaid & Sanders, 1978). 후보자 특성은 약속, 시시비비, 경륜, 지식, 정책능력, 지도력, 자질, 능력, 출신성분, 이념적 성향, 자격 등이다. 선거기간 동안 이슈는 국민들에게 평가되고 정책과 연결된다(이명박, 재산 331억 원, 대운하). 정치 광고 메시지가 이슈나 정책내용을 담고 있다. 정치광고는 정책적 이슈에 대한 정보 전달 이다. 매스미디어는 개인의 이미지 대결로 몰고 간다. 정치광고는 이슈나 정책들을 담고 있으며, 캠페인 기간 동안 많은 정책내용과 정책적 이슈를 전달한다. 정당의 소속감보다 후보자나 이슈가 더 중요하게 강조되고 있음도 발견하였다(Humke, et al., 1975). 투표 율과 사용된 정치광고의 숫자는 상호연관성을 가진다고 주장한다. 이슈가 정치광고의 내 용 중에서 높은 비율이다(Bowers, 1972). 광고의 크기에 따라 이슈의 숫자도 증가 (Elebash & Rosene, 1982)한다. 대부분의 정치광고에서는 이슈나 정책들에 대한 각 후 보자의 정확한 입장을 표명하지는 않는다. 공직위치가 높으면 정치광고는 스타일을 강조 한다. 비록 텔레비전 정치광고가 절대적 영향을 미치지만 신문 정치광고도 역시 후보자와 유권자 사이의 커뮤니케이션에 대한 '통시적 분석'을 체계적으로 만들어 준다(Latimer, 1985; Mintz, 1986). 신문이 많은 수의 유권자에게 전달될 수 있기 때문에 후보자는 신문 정치광고를 무시할 수 없다(Parkinson, 1970). 후보자는 텔레비전과 신문광고를 이용할 때 메시지들이 일관되고 유사하다(Latimer, 1989). 즉, 후보자들은 매체에 상관없이 그들 의 핵심적 주장을 사전에 마련된 계획에 의거하여 동일하게 전달한다.

(3) 이슈광고와 이미지광고의 비교

과거에 시행된 정치광고 소구내용 중에서 가장 높은 빈도를 차지하는 것은 후보자 개인 에 대한 이미지 정보라고 할 수 있다. 이러한 개인의 이미지 정보는 선거 초반부터 후보자 에 대한 긍정적 정보를 유권자들에게 전달하기 때문에, 후보자의 인지율을 더욱 높이기 위한 메시지전략을 구사하게 되는 것이다(Dimond and Bates, 1988). 이런 이유로 정치 광고에서는 이슈광고보다 이미지광고의 빈도가 보다 높아지게 된다(조경섭, 2006). 홈케, 슈미트, 그루피(Humke, Schmitt & Grupp)의 연구에서는 조사대상 정치광고에서 후보 자 개인에 대한 이미지 강조가 가장 높은 비중을 차지하고, 다음으로 정책과 관련된 이슈 정보가 중요한 요인으로 작용하고 있음을 발견하였다. 특히 후보자 개인의 신상에 관련된 광고가 전체의 78%를 차지하고 있었으며, 이슈만을 내용으로한 광고는 15%, 정당을 내용 으로 하는 광고는 7%에 불과하는 것으로 나타났다(Humke, Schmitt & Grupp, 1975).

그러나 정치광고의 이슈 요인과 이미지 요인의 효과 구분에 대한 문제가 발생하기도 한다. 두 요인은 불과분의 관계로서 상호작용 효과를 발생시킬 수도 있다는 것이다. 정치광고를 이슈 요인과 이미지 요인으로 명확하게 구분하는 것은 정치광고 분야에서 깊은 관심을 보여 왔고, 이러한 관심은 유권자들이 이미지에 현혹되기보다는 이성적으로 정책과 같은 이슈평가에 의해 투표를 해야 한다는 가정을 전제하고 있다. 이슈 요인과 이미지 요인의 구분에 대한 문제에서 보이는 특징은 특히 TV 정치광고가 후보자의 이미지 요인에 치중한다는 비판이다. 그러나 지금까지의 연구결과들은 TV정치광고가 모두 후보자의 이미지에만 치중되어 있지는 않다는 결과를 보여주고 있다. 우리나라 제14대 대통령 선거에서 나타난 TV정치광고를 중심으로 소구내용별로 분류해 보면 〈표 3-16〉과 같이 나타난다. 표에서 볼 수 있는 것처럼 야당의 경우에는 오히려 이슈광고를 더 비중있게 다루고 있음을 볼 수 있다.

〈표 3-16〉 제14대 대통령 선거 TV 정치광고의 중심 소구내용별 분류

후보자	광고의 중심주제	중심 소구내용
김영삼	유권자의 희망사항 새벽을 여는 사람 소년과 자전거 소녀의 바람	이 슈 이미지 이미지 이미지
김대중	정권교체(1) 정권교체(2) 경제 대통령	이 슈 이 슈 이미지
정주영	촛 불	이미지
박찬종	5가지 약속	이 슈

출처 : 조경섭(2006). 『TV정치광고의 소구내용이 투표 의도에 미치는 영향』, 한국학술정보.

이와 같이 TV매체의 경우에 이미지광고가 상대적으로 많다는 비판에 대해 조슬렌(Joslyn)의 연구에서는 조사대상 광고의 57.7%가 이슈적인 내용을 포함하고 있다는 사실을 제시함으로써 이슈광고의 사용비중이 높음을 보여 주었다(Joslyn, 1980). 또 맥기레와 패터슨(McClure & Patterson)도 1972년의 미국 대통령 선거에서 사용되었던 모든 TV정치광고 중에서 42%가 이슈에 치중되어 있었으며, 다른 28%의 광고도 실제로는 이슈적인 정보를 제공하고 있는 것으로 보고 있다(Communication Research, Vol.1). 반면에 평균적인 유권자들은 이슈를 식별할 능력이 없고(Carley, 1989), 심지어 교육을 많이 받은 사람도 교육을 덜 받는 사람과 마찬가지로 후보자의 개인적 특성 즉 후보자의 성격, 개성,

외모 등을 기준으로 투표한다(Newman, 1986). 이와 같은 연구결과들이 암시하는 것은 이미지 요인과 이슈 요인을 후보자들이 구분하기 힘든 상황에서는 이미지 요인이 더욱 중요한 변수로 작용한다는 것을 인식해야 한다는 것이다. 결과적으로 이슈광고와 이미지광고는 어느 광고가 더욱 효과적인가를 제시하기보다는 어느 상황에서 어느 광고가 더욱 효과적으로 사용될 수 있는가에 초점을 맞추는 상황론적 이해가 필요할 것으로 본다. 나아가 광고의 소구내용과 유권자 개인의 특성이 연계되는 광고효과에 관한 연구가 더욱 필요할 것으로 판단된다(조경섭, 2006).

2) 정치광고의 소구 유형

정치광고의 형식은 크게 긍정과 부정으로 나뉜다고 앞서 언급하였듯이 긍정광고는 후보자의 인간적인 특성과 업적, 이슈에 대한 후보자의 입장에 대해 강조하는 내용이며, 부정 광고는 상대후보자의 이슈에 대한 관점이나 정치적인 입장 등을 부정적인 측면을 강조한 광고를 말한다. 부정 광고의 하위 유목으로는 부정 광고의 전략을 들 수 있다. 하위 유목의 부정 광고는 직접 공격 광고, 직접 비교 광고, 암시적 비교 광고로 총 3가지 분류이다. 공격의 주된 내용으로는 이슈의 입장에 대한 공격, 이미지에 대한 공격, 과거 정책에 대한 공격으로 나뉜다. 부정적 정치광고 캠페인은 미국에서 최초 정당간 대결이었던 1800년 선거부터 명백히 나타났다. 최초 텔레비전이 사용된 1948년 선거부터 부정광고가 출현, 1952년 대통령 선거부터 직접적인 공격을 사용한 TV광고를 실시했다. 긍정광고(positive ads)는 자기 후보자에 초점을 맞추어 긍정적 내용을 강조한다. 부정광고(negative ads) 경쟁관계에 있는 후보자에게 중점을 두는 광고로 부정적인 내용을 강조하는 광고이다. 1980년대 기업 및 노조가 설립한 독립적 정치활동위원회(PAC, Political Action Committee)의 성공적인 부정적 광고 사용이 만연하였다. 부정광고가 효과적이기 때문이다(Taylor, 1989). 즉, 부정광고가 긍정광고에 비해 유권자의 감성에 소구하기가 쉬우며 메시지 내용을 극히 단순화시켜 주기 때문에 유권자가 기억하기 용이하다는 것이다. 부정광고의 사용증가와 획기적인 성공사례들의 영향으로 이에 대한 연구의 관심은 점차 고조되고 있다. 즉, 새로운 기술의 발달은 후보자로 하여금 경쟁자나 상황에 보다 민감하고 신속하게 대응할 수 있도록 만들어주었기 때문에, 선거 자체가 더욱 반사적이고 부정적인 형태로 변화하게 되었다. 하지만 부정광고를 집행하는 후보자나 선거 전략가들은 여전히 부정광고가 초래할지도 모르는 악영향을 우려하여 부정광고의 사용에 신중을 기하고 있다(탁진영, 1999). 연구자들은 후보자가 의도하지 않은 부정광고의 가능한 악영향 3가지(Sabato, 1981). 역효과(backlash effect, boomerang effect), 피해자를 응원하는 심리(victim syndrome), 이중피해(double impairment)이다. 부정적 정치광고가 광고주에게 '역효과'를 나타낸다고 주장한다. 그러나 반박광고는 광고주에게 아무런 영향을 끼치지 않는다고 보고한다(Garramone, 1985). 후보자가 아닌 제3자가 경쟁 후보자에게 불리한 부정광고를 사용했을 때 자신의 후보자에게 불리한 나쁜 영향을 미치지 않는다고 했다 (Kaid & Boydston, 1987). 학자들은 제한된 효과 주장, 정치전략가는 광범위한 효과를 믿고 있다. 정치전략가들의 부정적 정치광고 사용은 '인지심리학 분야'(Sabato, 1981)이다. 인지심리학자들은 '부정성(negativity)'의 강력한 효과를 입증해왔다. 3가지 형태 부정적 정치광고를 제시한다(연역적, 귀납적 방법). 즉, 직접적 공격, 직접적 비교, 암시적(간접적) 비교광고이다. 즉, 직접적 공격 광고는 경쟁자를 직접적으로 공격하는 것이다. 직접적 비교광고는 후보자와 경쟁자를 사실적으로 비교하며, 후보자는 항상 비교에서 우위를 점한다. 암시적 비교광고는 광고자체가 부정적인 것이 아니라, 유권자가 광고를 접해서 해석하는 과정에서 스스로가 부정적인 성격을 부여하는 것이다, 즉 유권자를 현혹해서 후보자들을 비교하게 만드는 것이다. 예를 들어, 1964년 데이지 걸 광고(Daisy Girl Ad), 1984년 곰 광고(Bear Ad), 1988년 회전문 광고(Revolving Door Ad)등은 미국 정치광고 역사상 가장 강력한 영향력을 행사한 광고이다. 부정적 소구를 혐오하지만 부정적 광고는 그 역할을 훌륭하게 수행한다. 사람들은 부정적 광고를 싫어하는 동시에 그것을 잘 기억하는 것이다. 머리로 투표하는 것이 아니라 가슴으로 투표한다. 정치광고는 종종 여론조사에서 후보자 점수를 조금 떨어뜨리지만 이런 수치는 수일 내에 만회가 된다(탁진영, 1999). 부정적 광고목표가 된 경쟁 후보는 여론에서 상당한 점수를 잃게 되고 이런 현상은 상당기간 지속된다(New Campaign Techniques, 1986). 부정적 광고는 사람들이 긍정적인 정보보다 부정적인 정보를 더욱 심각하게 처리하고 보유하기 때문에 효과적으로 다수의 유권자들의 마음을 움직인다. 긍정적 소구는 지지자를 확인시키고 부정적 소구는 미결정자를 전향시켜 주는 역할을 한다. 부정적 광고는 뉴스가치 창출, 부정적 광고는 무료뉴스보도를 신문과 텔레비전에서 이끌어낼 수 있다. 후보자에 대한 이미지 차별화와 태도 양극화에 기여한다. 선거캠페인 전략상 경쟁후보자에 대해 부정적 광고를 사용 시 자기후보 유권자들이 긍정적으로 공감할 수 있도록 해야 한다(Delvin, 1989). 긍정적 이미지의 조기형성이 선거 승패를 좌우하는 열쇠이다. 부정적인 광고 선거캠페인 기능은 ① 후보자와 그가 주장하는 정책적 중요한 이슈에 대중 인지도가 높다. ② 유권자로 하여금 정치적으로 중요한 이슈에 대해 우선순위에 도움을 준다. ③ 공공적인 토론과 미디어의 보드를 자극함으로써 유권자의 캠페인에 대한 관심이 높다. ④ 후보자에 대한 호의적·긍정적 평가와 상대 후보자에 대한 부정적 평가가 증가한다. ⑤ 후보자에 대한 유권자의 평가를 양극화해 줌으로써 그들의 투표의사결정을 단순화시켜 준다. 부정적 정치광고는 상대방 후보자의 '공직에 대한 적합성 여부(fitness for office)'를 직접적으로 문제 삼는 후보자 검증의 가장 중요한 요소이다. 검증은 후보자 이미지↔유권자 이미지 비교를 통해 이루어진다. 캠페인을 통해 상호가 이상적인 이미지를 발견하고 선거전략을 수립해야 한다. 부정적 광고의 역효과방지를 위해 '감성적 소구(이미지 공격)'보다 '이성적 소구(이슈공격)'를 사용해야 한다. 이슈공격 광고는 부정적 광고의 목적이 경쟁후보의 정책이나 이슈를 이성적 소구를 통해 논리적으로 공격하는 것이다. 이미지 공격광고는 부정광고의 목적이 경쟁후보의 개인적인 성형이나 이미지를 감성소구의 기법을 통해 공격하는 것이다. 유권자들은 광고에서 주장한 것을 확인 차 의견광고 지도자나 뉴스미디어에 의존한다. 특정 광고가 오랫동안 광고 시 싫증을 느끼므로 삼가야 한다. 새로운 광고 인지적 학습단계가 지나면, 비슷한 주제로 특수한 극적 묘사를 하는 다른 광고로 교체해야 한다. 특히 하나의 광고형태가 모든 캠페인 상황에서 효과적으로 작용되지 않을 뿐만 아니라 하나의 성공적인 광고보다는 앞뒤의 연관성이 있는 시리즈광고가 효과적이기 때문에, 후보자는 시리즈광고를 이용해야 한다(Delvin, 1989; 탁진영, 1999). 정치캠페인 진행에 있어서 지역적·문화적인 가변성을 참작해야 한다. 부정적 정치광고는 위협소구에 많이 의존하고 있다. 유권자 정서에 영향을 주어야 한다. 부정적 광고 내용과 형식은 정서적 감정을 유발하도록 제작하는 것이 유리하다. 교육수준과 사회적·경제적 위치가 높은 유권자는 부정적 광고를 비윤리적이라고 한다(Surlin & Gordon, 1977). 여자, 교육수준과 소득이 낮은 계층이나 노인층은 텔레비전 정치광고를 많이 접한다(Patterson & McClure, 1976). 따라서 고관여 매체이고 이용자 소득과 교육수준이 높은 인쇄매체가 전파매체보다 부정적 정치광고의 비율이 낮은 것이다. 젊고 소득과 교육수준이 높은 계층은 직접적 공격광고를 가장 혐오하지만 직접적 비교광고에 많은 영향을 받는 소지가 크다(Trent & Friedenberg, 1991). 부정적 광고는 관여도가 낮은 수준의 선거에서 보다 큰 효과를 발휘한다. 관여도가 높은 선거에서 유권자는 광고의 정보를 심각하게 처리하여 정치광고 메시지에 대해 의문을 제기하고 반박할 가능성이 증가하기 때문이다. 부정적 광고에 상대 후보자를 등장시키는 것이 유권자의 관심과 흥미를 유발하기 때문에 효과가 증대한다고 보고 있다(Johnson-Cartee & Copeland, 1989).

3) 정치광고의 표현기법

정치광고의 표현기법은 논리적 표현기법과 감성적 표현기법, 윤리적 표현기법, 위협적 표현기법으로 나뉜다. 논리적 표현기법은 이슈에 관련된 통계수치를 사용하거나 구체적인 내용을 삽입하는 것을 말하며, 삼단논법으로 자신의 논지를 논리적으로 전개해가는 방법이고, 감성적 표현기법은 유권자의 감성에 초점을 맞춘 것으로 행복, 자부심, 분노 등을 일으키는 방법이다. 윤리적 표현기법은 후보자의 능력과 경력을 강조하는 것으로 사회 저명인사나 평범한 사람들의 구전효과를 이용하는 방법이다. 위협적인 표현기법은 유권자에게 불안감을 조성하여 후보자를 지지하게 만드는 표현기법을 말한다.

지금까지 많은 학자들의 정치광고의 유형을 종합해 보면 〈표 3-17〉과 같다. 분류 기준 중 선행 연구자들이 광고 목적이라고 칭한 것은 메시지 방향으로 이해하는 것이 바람직하고 오히려 광고의 기능상 주장 광고, 공격 광고, 방어 광고로 분류하는 것이 더 바람직해 보인다(김춘식, 2003). 결론적으로 메시지 강조점, 광고 주체, 메시지 방향, 광고 단계, 소구 방법, 광고 매체, 부정적 정치광고, 광고의 기능, 광고 주제 등 9개 분류 기준에 따라서 정치광고는 다양하게 그 유형을 분류할 수 있다(이동신 외, 2004).

〈표 3-17〉 분류기준에 따른 정치광고의 유형

▸메시지 강조점			
(1) 쟁점(이슈)광고	(2) 이미지 광고		
▸광고주체			
(1) 정당광고	(2) 후보자 광고	(3) 지원 광고	(4) 독립광고
▸메시지 방향			
(1) 긍정적 광고	(2) 부정적 광고		
▸소구 방법			
(1) 이성적 소구 광고	(2) 감성적 소구 광고	(3) 윤리적 소구 광고	
▸광고단계			
(1) 알리기 광고	(2) 주장광고	(3)공격광고	(4) 비전제시 광고
▸부정적 정치광고			
(1) 직접 공격광고	(2) 직접 비교광고	(3) 암시적 비교 광고(내포광고)	
▸광고 주제			
(1) 정책광고	(2) 인간적 특성		
▸광고의 기능			
(1) 주장광고	(2) 공격광고	(3) 방어광고	

4) 현직자와 도전자의 정치광고 전략 비교

현직자(incumbent)는 도전자(challenger)에 비해 여러 가지 측면에서 유리한 입장에서 선거를 치르게 마련이다(Trent & Friedenberg, 1983).

현직자의 장점은 ① 상징적 극대 ② 위상제고 ③ 합법성 부여 ④ 능력과시 ⑤ 정당성 부여 ⑥ 매체접근 용이 ⑦ 언론의 선거보도에서 편파적인 이익 ⑧ 선심성 공약 ⑨ 재정적 지원 ⑩ 지역의 현안들 의사대로 조종가능 ⑪ 여론의 유리한 방향 ⑫ 지역유지 및 저명한 인사 지지확보 유리 ⑬ 지명도가 높다 ⑭ 선거비용확보 용이하여 유리한 고지 선점하고 캠페인 수행 등이 있다. 예를 들어 한나라당 박희태 대표가 2009년 10월 28일 치러진 경남 양산 국회의원 재선거 출마에 박 대표측은 가능하면 대표직을 선거 임박 때까지 유지하고 싶어했다. 주변에서는 대표직을 유지한 채 출마하라는 의견도 있었다(조선일보, 2009.8.8). 그러나 현직자(incumbent)의 단점도 있다. ① 행동제약 ② 언행일치 정당화 ③ 유권자 약자편 ④ 강한 기대감과 엄격한 기준 적용이다. 따라서 현직자를 대상으로 캠페인을 전개할 때는 도전가가 매우 공격적인 자세를 겸비하여 현직자의 모든 말과 행동에 의문을 제기하고 공격을 해야 한다(Denton & Woodward, 1990). 세밀하고 구체적인 공격은 상대방의 반격을 초래한다. 가능하면 추상적으로 의문을 제기하고 공격하라고 충고한다. 도전자는 정책방향이나 지도력의 수정이나 개혁을 추상적으로 제기하면 된다. 예를 들어 Kennedy는 New Frontier정신을 언급 안 했으며, Nixon은 베트남전쟁 종식에 대해 자세히 안 밝혔다. 도전자는 주장하는 핵심 이념과 정책을 전통적인 가치(예, 정직성, 도덕성, 성실성 등) 측면에서 비판하는 것이 유리하다. 도전자는 소외계층, 중산계층을 대변한다는 인상을 주어야 한다. 부정적 광고는 도전자들이 현직자의 이미지 손상을 입히기 위해 많이 사용한다. 현직자들이 개인적인 이미지에 더 많은 관심을 갖는다. 현직자는 ① 긴 광고 ② 증언광고 ③ 긍정광고 ④ 화면정지 그림 ⑤ 그래프 ⑥ 공식적 의상 ⑦ 능력강조 ⑧ 아나운서 목소리를 이용한다. 이에 비해 도전자는 ① 부정적 ② 후보자 등장광고 ③ 시네마버르티 ④ 시선을 유권자에게 직접적으로 고정 ⑤ 캐주얼한 의상과 자신의 목소리를 사용한다. 부정적 광고는 시간적 방향성에서 부정적 소구 이용, 미래에 대한 공격, 과거에 대한 공격으로 구별한다. 과거에 대한 공격은 현직자나 과거 공직자인 후보에 대해 사용한다. 과거에 대한 공격의 대표적인 경우는 1980년대 미국에서 민주당 현직 의원들의 낙선에 큰 기여를 한 NCPAC 광고를 들 수 있다. 미래에 대한 공격은 도전자 위치에 있는 후보자 이용이다.

5) 정치광고에 나타난 소구(appeal)의 유형별 비교

낮은 위협소구가 설득에 효과적이다(Janis & Feshback). 높은 위협소구는 심각하고 중요하게 여기는 집단에 효과적이다(Colburn, 1967). 예를 들어, 상대후보 봉급생활자의 봉급인상 암시는 매우 효과적이다. 유권자 감성을 흔들어 놓는 메시지가 효과적이다. 유권자 합리성소구보다 마음속에 깊이 새겨질 수 있는 감성적 메시지이다. 소구의 형태는 아리스토텔레스 생각인 로고스, 파토스, 에토스(logos, pathos, ethos)에 기초한 설득을 위한 메시지의 구성에 초점을 주는 것이 좋다. 이미지광고와 이슈광고, 긍정광고, 부정광고 모두 이성적 소구나 감성적 소구 형태이다. 이성적 소구는 단편적 사실이나 증거제시, 통계수치, 논리적 주장, 실례 등이다. 감성적 소구는 특별한 정서나 감정을 유발할 수 있는 광고로 행복, 자신감, 애국심, 분노, 만족, 희망 등이다. 윤리적 소구는 후보자 자격으로 능력과 경력, 신뢰성, 믿음성을 강조한다. 케이드와 존스톤(Kaid & Johnston, 1991)은 1952년부터 1988년까지 10차례의 대통령선거 캠페인에 사용된 텔레비전 정치광고 878편의 내용분석에서 1991년 90%의 부정광고에 감성적 소구를 사용했고, 87%의 긍정광고도 감성적 소구 사용했다. 즉, 대부분의 광고는 이성적 소구보다 감성적 소구를 사용한다. 부정광고가 이성적 소구를 많이 사용하며, 긍정광고는 윤리적 소구를 많이 사용한다.

6) 정치광고의 내용과 유의미한 상징(signification symbols)

① 선거에서 중요한 것은 유권자에게 자신과 상대방을 적절하게 규정짓는 것이다.
② 선거 초반부에 미리 자신을 유권자에게 긍정적으로 규정지어야 한다.

그리고 상대후보를 부정적으로 규정하는 색깔론, 자질시비에 비중을 둔다.

1988년 미국의 대통령 선거에서의 부시(Bush)와 듀카키스(Dukakis)의 광고를 이러한 차원에서 분석한 델빈(Delvin)의 연구를 살펴보겠다. 그에 의하면, 부시의 정치광고는 크게 두 가지 형태로 이루어진다. 즉, 부시를 긍정적으로 규정하는 광고와 듀카키스를 부정적으로 규정하는 광고이다. 부시의 긍정적인 광고는 그의 따뜻하고 인간적인 면을 부각하기 위한 가족을 강조하는 광고, 경험을 강조하는 백악관 광고, 인상적인 면을 강조하는 전당대회 장면 광고, 그리고 상대방에 대한 부정적인 광고는 범죄, 환경, 국방, 세금이라는 네 가지 이슈에 대하여 이루어져 성공적으로 듀카키스를 부정적으로 재규정하였다. 하

지만 상대적으로 듀카키스는 자신을 긍정적으로 규정하는 데 실패했을 뿐만 아니라, 상대
방을 효과적으로 규정하는 부정광고도 사용하지 못하였다(탁진영, 1999).

7) 여성후보자의 정치광고

여성들의 강점은 여성다움, 섬세함, 전문성, 따뜻함 등이다. 그러나 너무 공격적이면 거
부감을 불러온다. 여성들은 남성보다 부정광고를 많이 사용하는 경향을 보인다(탁진영,
1999). 여성후보가 너무 매력적이면 역효과(backlash effect)를 초래한다. 여성후보자에
게 지나친 부정광고 사용은 동정심이 약자편(victim syndrome) 유발에 신경써야 한다.
여성후보자는 정치광고를 많이 사용한다. 텔레비전 광고 사용을 선호한다(Declercq et.
al., 1983). 남성후보자는 강인함을 강조한 부정광고 사용이 효과적이다. 여성후보자는 부
정광고 사용을 자제하는 편이 좋다. 유권자들이 일반적으로 여성에게 가지고 있는 사회적
기대감에 위배되기 때문에 여성후보자에 대한 부정적 평가를 초래하는 불행한 일이 발생
할 가능성이 높기 때문이다. 예를 들어, 여성후보자에 대한 평가를 여성들이 더 폄하한
편견을 가지고 있다. 나도 여자이지만 여자가 무슨 정치를 하냐는 좋지 않은 편견 등이다.
실험실 연구에서 kaid와 그녀의 동료들(1985)은 광고내용의 배경의 차이에 따른 유권자의
반응을 비교하였는데, 여성후보자도 남성과 마찬가지로 정치광고를 통해 효과적인 메시지
전달을 할 수 있으며 남성적 배경의 광고에서 가장 성공적이었다고 결론지었다. 구체적으
로 표현하면, 인위적으로 여성적인 배경으로, 시장보기, 학교방문, 노인정 방문 및 의료행
사 등이다. 2010년 서울시장 한명숙 후보 선거 홍보물 급식배급 장면이나, 광진구 구의원
후보인 유성희 구의원 후보 '당당한 아줌마 봉사자' 서울특별시 교육감 후보 '엄마표 교육
감' 등의 캐치프레이즈 등은 여성후보자에 좋은 사례들이다. 이에 비해 남성후보자는 남성
적인 배경광고가 좋다. 즉, 농사일, 건설현장, 군부대 방문 등이다. 남녀 후보자 모두 사용
할 수 있는 중립적인 배경광고는 이미지광고, 가두광고이다. 여성후보자에 대해 여성보다
남성 유권자가 더욱 호의적인 반응을 보여 높은 투표의향을 나타낸다. 여성후보자가 전통
적인 남성적 전략, 즉, 공격적·야심찬·경력 중시를 사용하는 것이 여성적 전략(비공격적·
협조적)보다 효과적이다(Wadsworth, 1987). 결과적으로 여성후보자도 공격적이고 경력
을 중시하는 메시지를 전달하는 편이 효과적이다. 특히 자신의 경력을 강조하고 전문성을
내세우는 전략도 효과적이다. 종합적으로 야망이 있고 협조적이고, 경력을 중시하고, 공격
적인 전략이 가장 효과적인 것이라는 것이다. 공직에 나서는 여성후보자는 여성은 연약하

다는 고정관념을 탈피하여야만 성공할 수 있다. 여성후보자에 대한 전통적인 가치나 사회의 규범적 기대감에 역행하는 것이다. 급격한 사회변화와 꾸준히 늘어난 여성후보자들에 대한 사회의 기대감이나 가치관도 변화고 있다. 인쇄광고의 경우 남성은 얼굴을 강조할 때 유리하고, 여성은 몸매가 보일 때 유권자들이 선호한다(Archer, 1983; Adams, 1980). 1984년 선거에서 민주당 부통령후보는 유권자에게 철저히 외면당한 Geraldine Ferraro는 다른 남성후보자와 똑같은 형태의 사진을 사용했다고 말한다(탁진영, 1999).

7. 정치광고의 긍정적 측면과 부정적 측면

정치광고의 부당성은 첫째, 광고 캠페인을 통한 이미지에 의한 현혹이다. 둘째, 후보자 간 경제적 원칙에서 형평성의 원칙 위배된다. 또한 정치광고의 사회적 역기능 측면은 여섯 가지로 요약할 수 있다. ① 정치 후보자를 비누같이 판매 ② 선거캠페인을 드라마처럼 만듦 ③ 새로운 선동정치 출현 가능성 ④ 경제적 측면에서 과소비(금권 정치) ⑤ 윤리적 문제점 발생(진실과 현실 왜곡) ⑥ 부정적 광고 폐해 심각성(정치 무관심과 냉담함 고취) 등이다(탁진영, 1999). 정치광고가 지닌 장점 및 순기능은 17가지가 있다. ① 선거쟁점(issue) 개발 ② 정치사회의 긍정적 작용 ③ 의제설정 기능 ④ 정보획득이 경제적이다(합리적 투표이론 Economic Theory of Voting) ⑤ 후보자의 긍정적 평가에 영향(이미지 재조정, 낮은 수준 선거에서 현상이 큼) ⑥ 선거에 대한 관심과 흥미 유발로 더 많은 정보 추구 ⑦ 국민투표율 향상에 기여 ⑧ 부동표 향방에 영향 ⑨ 유권자 양극화로 후보자 선택 단순화 ⑩ 유권자 후보자간 쌍방향 커뮤니케이션으로 성숙한 정치문화 형성기여 ⑪ 과학적이고 체계적 선거전략 수립 ⑫ 정당선호도에 선택적 노출 극복 ⑬ 후보자간에 동등한 경쟁심 고취 ⑭ 기부금 독려와 선거운동 적극적 참여 유도 ⑮ 특정집단 목표로 한 메시지와 매체전략 효과적 선거캠페인 전개 ⑯ 광고가 지닌 융통성 발휘(상황변화에 민감한 대처) ⑰ 경쟁자간 광고를 이용한 선의의 경쟁 유도이다. 실제 정치광고 활용은 유권자 관여도(involvement)가 높은 선거(대통령 선거)보다 낮은 선거(국회의원, 지방자치단체장, 시·군 의원)에서 효과가 증대된다.

8. 정치광고의 단계별 전략

광고 메시지의 유형은 정치캠페인의 시기적 단계에 따라 그 활용도가 각각 다르게 나타나고 있으며, 효과도 다르다는 연구결과들이 나오고 있다. 먼저 긍정적 메시지는 선거전의 1단계나 2단계에 가장 자주 이용되며, 특히 1단계에서는 이름 알리기에 초점을 맞춘 광고가, 2단계에서는 선거의 주요쟁점에 관한 후보자의 입장을 확립하는 광고가 많은 것으로 알려지고 있다.

다이아몬드와 베이츠(Diamond와 Bates, 1988)는 선거캠페인의 각 단계에 흔히 나타나는 정치광고의 수사학적 유형(rhetorical mode)을 다음 4가지로 설명하고 있다.

　1단계 : 알리기 광고(고지단계)
　2단계 : 주장광고(중요문제에 대한 후보자의 입장 전달단계로「특별한 주장」과「일반
　　　　　적 주장」이 있다)
　3단계 : 공격광고(경쟁자의 약점에 초점을 맞추는 단계, 대리인을 이용하기도 한다)
　4단계 : 설득광고(자기를 찍어야 하는 이유/상대를 찍지 않아야 하는 이유 강조)

9. 정치광고의 메시지(내용) 전략

선거캠페인에서 강조되는 선거주제란 '한 후보가 당선되어야만 하는 근본적 이유를 기술해놓은 것'으로서 '내가 왜 이번에 당선되어야 하는가?'에 대한 논리적 설명이며, 동시에 '왜 다른 후보자가 당선되어서는 안 되는가?'에 대한 논리를 포함하는 것이다. 그리고 각 선거 메시지는 선거주제에 통합되어야 하며 또 선거주제를 충실하고 일관되게 반영하여야 한다. 선거주제의 효용성은 첫째, 상대후보와 자신을 구분함으로써 유권자들의 선택을 돕고 둘째, 메시지의 단일집약적 통일성을 유지하게 함으로써 일관성과 전체적 맥락을 유지하고 셋째, 후보자의 통일된 이미지를 심어 줄 수 있다는 데 있다. 이를 위해서는 강력하면서도 소구력 있는 주제의 개발, 후보자 이미지와 연결, 매체 및 시기의 적절성 등이 중요한 전략적 결정사항으로 대두된다. 선거주제 또는 정치광고의 내용과 관련하여 최근 강조되고 있는 몇 가지 쟁점을 보면 다음과 같은 특징이 나타난다.

① 이미지의 강조

최근까지 많은 학자들은 정치캠페인에서의 이미지 변인을 흥미있는 커뮤니케이션 현상으로 봤지만, 선거에서의 정치적 이미지가 가지는 본질적 중요성을 잘 알지는 못했다. 그러나 현재는 이 변인의 중요성이 많은 학자들에 의해 재평가되고 있으며 그 중요성이 점점 더 강조되고 있다. 샐모(Salmore, 1985)는 이와 관련하여 종전의 정당중심(party-centered), 선거쟁점중심(issue-centered)전략에 더하여 지금은 캠페인에 의해 이용되는 '이미지 전략'(image strategy)이 명백하게 존재한다고 주장하고 있다. 그리고 긍정적이든 부정적이든 후보자의 이미지에 관한 중요한 효과를 가져오는 것이 바로 정치광고라고 한다. 물론 이에 반해서 대부분의 정치광고가 이미지 정보와 마찬가지로 쟁점(issue)을 포함하고 있다는 주장을 지지하는 최근의 연구결과들도 계속적인 주목을 받고 있다. 그래서 많은 정치광고들의 경우 쟁점과 이미지는 더 이상 두 개의 분리된 내용이나 상호 배타적인 것이 아니라 하나의 연속선상에 있는 것으로 보고 있기도 하다. 즉 특별한 쟁점에 초점을 맞춘 정치광고는 이미 특별한 이미지를 구축하기 위한 것이고 그 결과 쟁점 자체가 후보자의 이미지 형성을 돕는다는 것이다. 그러나 많은 연구결과들이 유권자들은 후보자의 정책 등에 대한 이성적 판단보다는 이미지에 의한 감성적 판단을 한다는 조사결과를 내놓고 있어, 이미지가 선거의 가장 중요한 무기가 되고 있다는 점이 현재 선거광고와 관련된 보다 우세한 입장이라고 할 수 있다.

② 공격광고(부정적 광고)

정치광고의 내용이나 주제와 관련하여 최근에 주목을 받고 있는 또 다른 연구주제로는 공격광고의 현상과 효과에 관한 논의를 들 수 있다. 정치광고의 역사가 깊고 정치광고 활동이 활발한 미국에서, 최근 가장 주목할 만한 현상의 하나는 바로 부정적 또는 공격적인 메시지(negative or attack messages)의 증가이기 때문이다. 공격광고는 상대방 후보를 비판하는 광고를 뜻하는 것으로, 일반적으로 부정적 광고(negative advertising), 공격광고(attack advertising), 상대방 지칭광고(direct reference advertising) 등의 용어로 사용되고 있으며, 이 공격광고는 자기 후보자의 호감도를 높이기보다는 상대 후보의 호감도를 낮추는 데 일차적인 목적을 두고 있다. 선거 캠페인에서 이와 같은 공격광고가 증가되고 있는 이유는, 아직까지 여러 가지 이견이 있음에도 불구하고 공격 메시지가 보다 더 강력하고, 더 오래 기억되며, 역효과의 위험이 그리 크지 않다는 견해가 우세하기 때문이다. 공격광고의 종류로는 공격 대상자의 지칭 여부에 따라 '명시적 공격광고'와 '암시적 공격

광고'로, 공격의 방법에 따라 상대를 공격하는 데 집중하는 '직접적 공격광고'와 자기 후보
와 상대후보를 비교하면서 자기의 우위성을 강조하는 '간접적 공격광고(비교)'로, 또 공격
의 내용에 따라 '쟁점(논쟁) 공격광고'와 '이미지 공격광고'로 구분된다.

10. 정치마케팅과 광고

　현대 선거정치의 또 하나의 특징은 '상업적 시장'에서 적용되고 발전돼온 현대적인 마케
팅 기법들이 '정치적 시장'(political marketplace)에서도 성공적으로 적용되고 있다는 점
이다. 1992년 미국 대선에서 광범위하게 이용된 포커스 그룹, 여론조사, 인포머셜, 텔레마
케팅, 다이렉트 마케팅 등은 정치의 마케팅화를 단적으로 보여준 것이며, 앞으로의 경향
을 엿볼 수 있게 하는 사례였다. 물론 마케팅과 정치 사이에는 철학의 문제, 승리와 패배
의 차이가 어느 정도인가의 문제(정치는 마케팅만큼 차이가 크지 않다), 전략의 근거를 어
디에 두는가의 문제 등 많은 차이점이 있지만 적어도 전략의 수립과 실행에는 강력한 유
사성이 있는 것이 사실이다. 이 두 분야는 마케팅조사, 시장 세분화, 타기팅, 포지셔닝, 전
략개발, 실행 등 일반화된 마케팅 전략과 단계에 크게 의존한다는 점에서 유사성을 지니
고 있다. 브루스 뉴맨(B. Newman, 1994)은 마케팅과 정치를 결합하여 정치마케팅 모델
을 제시하였다(〈그림 3-11〉 참조).
　이 모델은 '마케팅 캠페인'과 '정치 캠페인'을 하나의 단일한 틀로 나타낸다. '마케팅 캠
페인'은 후보자들이 정치캠페인의 각 단계들을 성공적으로 수행하기 사용하는 마케팅 도
구들을 포함하고 있다. 마케팅 캠페인은 유권자 세분화, 후보자 포지셔닝, 전략 수립과 집
행의 세 부분으로 구성되어 있다. 또한 '정치캠페인'은 예비선거 전단계(preliminary), 예
비선거(primary), 전당대회(convention), 총선거(election)의 4단계로 구성되어 있는데
우리나라의 경우에는 당내경선, 전당대회, 총선에 해당된다. 이러한 정치 캠페인의 각 단
계에서 마케팅인이 후보자의 각 단계를 성공적으로 이끌 수 있도록 도와준다(최용주,
2005). 그리고 마케팅 캠페인과 정치캠페인은 후보자 초점과 환경적 세력이라는 두 요인
에 의하여 영향을 받는다. '후보자 초점'은 후보자의 캠페인 목표와 방향을 지향한다. 즉
지향하는 것이 무엇인가를 말하는 것이다. 이는 정치에서 마케팅이 발전 과정, 곧 정당개
념에서 마케팅 개념으로 발전됨에 따라 함께 변해왔다. 이러한 논의는 마케팅과 정치 간

〈표 3-18〉 정치마케팅 모델

후보자초점	마케팅 캠페인			환경적 영향
	유권자세분화	후보자 포지셔닝	전략수립과 진행	
A. 정당 개념 B. 상품 개념 C. 판매 개념 D. 마케팅 개념	A. 유권자 욕구 평가 B. 유권자 행동 모델 C. 유권자 세분화 전략	A. 후보자의 강점 과 약점 평가 B. 경쟁자 평가 C. 타깃 세분화 D. 이미지 부각	A. 4Ps 1. 상품 (캠페인 정책) 2. 푸시마케팅 (대중적 노력) 3. 풀 마케팅 (매 스 미디어) 4. 여론조사(리서 치) B. 조직개발과 통 제	A. 기술 1. 컴퓨터 2. 텔레비전 3. 직접우편 B. 구조적 이동 1. 예비선거와 전당 대회 규칙 2. 재정적 규제 3. 토론 C. 권력 중개인의 변화 1. 후보자 2. 컨설턴트 3. 여론조사가 4. 미디어 5. 정당 6. 정치위원회와 이익집단 7. 유권자

정치 캠페인
예비선거 예비선거 전당대회 총선거 전단계 → 단계 → 단계 → 단계

출처 : 브루스 뉴맨, 김충현·이수범 역(2000). 『대통령선거 마케팅』, 나남, p. 32
　　　최용주(2005). 정치마케팅 관점에서의 정치광고에 관한 연구, 『광고홍보학연구』, 한국광고홍보학회, p.233.

의 이론적 연결을 밝혀주는 것이다. 한편 '환경적 영향'은 정치 캠페인 과정에 영향을 미치는 외부 환경적 요인을 말한다. 여기에는 기술, 구조적 이동, 권력 중개인의 변화가 있다. 이것은 정치 캠페인에서 마케팅의 역할이 중요하게 된 환경의 변화를 의미한다(최용주, 2005). 이 모델에서 가장 핵심적인 부분은 '마케팅 캠페인'이며 이것은 〈표 3-18〉에서와 같이 유권자 세분화, 후보자 포지셔닝, 전략수립과 집행이 세 단계로 구성되어 있다. '유권자 세분화'는 모든 유권자들을 층으로 분화하여 여러 개의 부분이나 그룹으로 나누는 과정이다. 즉, 유권자 성향 파악, 후보자 및 지역별 득표율들, 유권자 지지성향 등을 분석을 실시한다. 다음은 '후보자 포지셔닝'에서는 유권자의 마음속에 후보자의 이미지, 즉 하나의 상(象)을 확립하는 것이다. 포지셔닝을 위해 두 가지 전략이 필요하다(최용주,

2005). 하나는 후보자의 정책과 공약이며, 다른 하나는 자신을 창조해 내는 이미지와 신뢰성이다. 후보자의 포지셔닝을 위해서는 몇 단계 과정이 필요하다. 첫째, 자신의 강점과 약점을 평가하고 둘째, 상대 후보의 강점과 약점을 분석한다. 셋째, 이러한 결과를 정리하여 소위 SWOT분석한다. 결과적으로 캠페인 콘셉트 추출을 위한 전략적 대안을 발견하는 것이다. 마지막으로 이를 바탕으로 후보자의 이미지를 부각시킬 수 있게 된다. 일단 후보자의 포지션이 확립되면 이어서 '마케팅 전략의 수립 및 집행'을 실시하게 된다. 이것은 포지셔닝을 실현하기 위한 마케팅 믹스(Marketing Mix)라고 할 수 있다(최용주, 2005). 여기에는 마케팅 '4Ps'전략과 정치마케팅 전략을 설명할 수 있다. 첫째, 정치에서 상품(Product)은 후보자의 지도력과 그가 주장하는 이유, 곧 정책 및 공약을 말한다. 정책 및 공약이 개발되면 후보자가 자신을 홍보할 수 있는 두 가지 커뮤니케이션 채널이 있는데 하나는 푸시 마케팅(Push Marketing)이고 다른 하나는 풀 마케팅(Pull Marketing)이라고 불리는 채널이다(최용주, 2005). 둘째, 푸시 마케팅은 일반 마케팅에서 유통 채널과 비슷한 것으로 정보전달에 중점을 둔다. 선거운동에서 캠페인 활동을 수행할 자원봉사자 조직의 구축을 위해 필요한 대중적 노력을 말한다. 이렇게 구축된 대중적 노력은 후보자들의 메시지를 그의 조직으로부터 유권자에게로 전달하는 하나의 정보채널이 된다. 셋째, 풀 마케팅(Pull Marketing)은 일반 마케팅에서 촉진(Promotion)과 유사한 것으로 후보자들이 메시지를 유권자에게 전달하기 위해서 매스미디어를 사용하는 것이다. 텔레비전에 광고된 상품을 보고 소비자들이 관심을 갖게 되고 후에 상품을 구입할 때 영향을 미치는 것 처럼 이러한 풀 마케팅의 수단을 통해서 유권자들은 후보자에 대한 정보를 얻고 의견을 결정하게 된다. 우리의 관심영역인 정치광고는 여기에 속한다(최용주, 2005). 브루스 뉴맨(Bruce Newman)의 모델에서 가장 핵심적인 부분인 마케팅 캠페인 과정으로 유권자 세분화 후보자 포지셔닝, 전략수립과 집행의 세 단계로 구성되어 있다. 여기서 앞의 두 단계는 대표적인 마케팅 전략인 시장세분화(Segmetation), 표적시장의 선택(Targeting), 그리고 포지셔닝(Positioning)에 해당된. 이것은 광고캠페인 과정에 적용하면 광고홍보 상황분석 과정에 해당된다(최용주, 2005). 이 전략을 브루스 뉴맨(Bruce Newman)은 마케팅의 4Ps(Product, Price, Place, Promotion)를 상품(Product, 캠페인플랫폼), 푸시 마케팅(Push Marketing, gross-roots efforts; 대중적 노력), 풀 마케팅(Pull Marketing, 대중매체, 광고), 여론조사(Polling, 리서치)의 머리글자를 따서 '4P'라는 네 가지 프로그램의 정치마케팅 전략으로 수정하여 〈그림 3-12〉와 같이 각각 전략을 설명하고 있다.

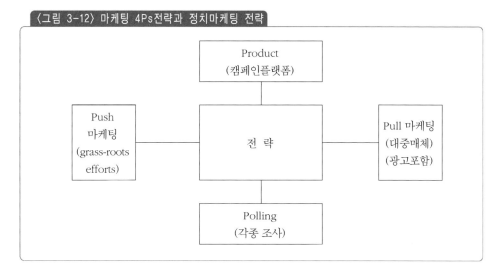

〈그림 3-12〉 마케팅 4Ps전략과 정치마케팅 전략

한편 정치광고와 상품, 그리고 소비자와 유권자의 관계에서 살펴보면 다음 〈표 3-19〉와 같은 등식이 성립된다.

〈표 3-19〉 소비자와 유권자, 상품과 후보자의 등식(마케팅과 정치광고 비교)

소비자=유권자, 상품=후보자		
마케팅(상품광고)	정치광고	
광고캠페인 기획서	선거캠페인 전략계획서	
상품	정당, 정책, 입후보자	제1단계 : 상품소개(후보자 소개 단계) 제2단계 : 경쟁단계(주장광고, 공격단계) 제3단계 : 지위 확립단계(긍정적 광고)
신제품	새로운 입후보자	
시장조사	투표행동(활동) 분석 (여론조사, 정치의식 조사)	투표율, 정당지지, 정치적 태도, 영향요인
판매계획	선거캠페인 계획	
판매촉진 (유통채널 촉진)	선거조직의 강화와 편성 (선거채널 대책)	
상품광고/선전광고	선거광고, 선거홍보(활동)	
소비자	유권자	

출처 : 박종열, 정치광고와 선거전략, 창림출판사, 1987
　　　권혁남, 미디어 선거의 이론과 실제, 커뮤니케이션북스, 2002
　　　정성호, 선거캠페인과 미디어전략, 차송, 2004

또한 효과적인 정치캠페인을 수행하기 위해서는 다음과 같은 업무적 고려할 사항이 있다(〈표 3-20〉).

〈표 3-20〉 효과적인 정치캠페인의 필요성

업 무	고려할 사항
1. 목표 유권자의 주의 끌기	목표 유권자를 설정, 유권자에게 접근할 채널을 선택, 충분한 주의와 환기
2. 이해할 수 있고 신뢰성 있는 메시지 전달하기	공신력, 메시지 순수성, 배경 지식과의 적합성, 노출 기간
3. 유권자의 믿음 혹은 이해에 영향을 주는 메시지 전달하기	제공된 정보, 직접적인 주의, 자극의 수준, 근본 가치의 변화와 선호도
4. 목표 산출을 이끌어내기 위한 정치적·사회적 배경 만들기	관심의 행동을 제어하는 압력의 이해

출처: 러셀 로슨, 『THE PR BUZZ FACTOR』, 김은희·김지현 옮김, 『소셜 미디어 시대의 PR전략』, 북코리아, 2011, p.134에서 재구성

이외에도 최근 많이 논의되고 있는 각종 마케팅 전략과 통합 커뮤니케이션 전략 등이 정치마케팅 분야에 도입되어 정치와 마케팅이 결합하는 양상을 보이고 있는 것이 미국을 비롯한 선거 선진국들의 실상이다. 따라서 정치광고는 단순히 전술로서의 광고 차원이 아니라 종합적인 선거캠페인의 정치마케팅 차원에서 활용되어야 한다는 것이다.(〈표 3-21〉)

〈표 3-21〉 마케팅과 정치광고 비교 분석

구 분		마케팅	정치분야의 마케팅
유사점	목적	이윤추구	당선
	전략	시장, 기업, 제품, 유통, 촉진	선거구, 정당, 후보자, 선거조직, 홍보
	의사결정자	소비자	유권자
	유사유통방법	인적매체	동일
	조사	마케팅조사	여론조사
차이점	성격	영리성	공공성
	경쟁상황	다수기업	소수정당 및 후보자
	생존형태	공존	1인, 극소수
	위험	저	고
	목표	절대적 규모	상대적 다수
	조직	연속적	임시조직

이처럼 정치광고를 정치커뮤니케이션의 정의 입장에서와 선거 시의 정치광고로 정리해 볼 수 있다. 우선 광의적 개념의 정치광고는 집 밖에서 이루어지는 온갖 교묘하고도 권유적인 활동이 대부분 포함한다. 즉 국제적인 최후 통첩이나 선거에 입후보한 연설, 상사에게 자기 이름 대신 성을 불러달라고 한 고용자 요청, 회원에 대한 회비인상 등이 있다. 협의적 개념은 이념, 태도 등을 전파하기 위하여 설립된 어느 정도 전문화된 기구들의 활동만을 의미한다. 이런 논리에서 상품과 소비자(후보자와 유권자)에 관한 정보, 이념, 태도 등을 전파하기 위한 커뮤니케이션의 8가지 방법은 ① 발신자(입후보자), ② 의도된 메시지(입후보자의 이미지), ③ 전달된 메시지(표현전략), ④ 경로(미디어), ⑤ 수신된 메시지 (후보자의 이미지가 경로를 통해 투사된 것), ⑥ 지각된 메시지(유권자의 설득과정 이해), ⑦ 수신자(유권자), ⑧ 피드백(관심, 지지, 편견, 불평불만, 모략, 중상, 비난, 투표형태)이다. 정치마케팅 관점에서 볼 때 기존 마케팅의 범주에서 정치마케팅 PR은 마케팅 PR의 하위 범주로 인식되어 왔다. 따라서 정치마케팅에 있어 마케팅 PR의 개념 정립은 정치 PR에 대한 고찰에서 출발하여야 한다. 정치 PR이란 유권자를 향한 정치활동에서부터 선거에 이르기까지의 PR(Public Relations)활동 전반을 일컫는 용어다.

미국 PR협회는 정치PR(Political PR)을 다음과 같이 규정하고 있다.

- 정당, 위원회, 정치 후보자와 선거쟁점에 대한 투표에 영향을 미치기 위한 상담조언
- 공직자의 상담조언
- 입후보자를 위한 정치캠페인의 관리 또는 선거쟁점에 대한 관리
- 법률제정 또는 각종 법규에 영향을 미치기 위한 목적으로 후보자나 재임자와 관계를 맺고 있는 PR주(또는 고용주)를 위한 PR수행
- 정부기관 또는 정부부처(국내 또는 외국)에 대한 상담조언 등이다.

한편 정치마케팅 PR의 수단과 활용(송명학, 2003)으로 (1) 정당PR, (2) 정치 후보자 PR, (3) 정치자문가, (4) 정치마케팅 PR의 가능성과 문제점, (5) 정치캠페인과 마케팅 PR, (6) 정치마케팅의 환경을 들 수 있다. 한국의 경우에도 정치 PR은 선거캠페인 방법론으로 활용되곤 한다. 1987년 대통령 선거에서 노태우 후보가 어린아이를 안은 이미지를 통해 군 이미지를 불식시킨다거나, 1992년 대통령 선거에서 김영삼 후보의 조깅 이미지, 그리고 1997년 대통령 선거에서 김대중 후보가 나이가 많다는 이미지를 방어하기 위한 "DJ덕과 함께 춤을" 등을 활용한 캠페인 등이 이에 해당한다. 그러나 정치PR은 과학적이고 합리적이어야 한다. 따라서 기존 소비자 관계에 초점을 맞춘 PR개념에서 벗어나 소비자 중

심, 즉 정치마케팅에서는 유권자중심과 함께 등장한 통합적 마케팅 커뮤니케이션(IMC : Integrated Marketing Communications)은 마케팅 PR(Marketing public relations) 개념으로부터 접근이 요구된다(송명학, 2003).

11. 한국 정치광고의 미디어별 출현

1) 신문을 이용한 정치광고

한국 정치광고사는 정부수립 50년이라는 역사에 비해 짧다. 그러나 광의의 의미-정치적 목적으로 불특정 다수를 대상으로 하는 정당 및 개인, 단체 주체의 의견광고, 선거기간 이외에 행해지는 정강 발표, 정당의 이미지 광고, 정당원 모집이나 정치 집회를 알리는 광고까지를 정치광고라고 해석할 때, 우리의 정치광고도 근 100여 년의 역사를 갖는다고 볼 수 있다. 최초의 정치광고는 의견광고의 형식을 지닌, 일진회가 '독립신문'에 게재한 광고이다. 본격적인 정치광고가 시작된 것은 1948년 대한민국 정부 수립 후 찾아 볼 수 있으나, 광고 기법적인 측면에서 광고 구성 요소조차 제대로 갖추지 못한 것이 대부분이다. 광고 기법상으로 볼 때 활자의 나열에 불과한 광고들이다. 신문을 이용한 정치광고는 자유당 시절까지 광고의 조형적인 요소를 고려하지 못한, 시선 끌기에 미숙한 광고들이 대부분이었다.

2) 라디오를 이용한 정치광고

최초로 라디오를 통한 정견 발표가 이루어진 선거는 5대 대선이었다. 방송매체를 이용한 정치광고의 출현과 함께 자유당이 물러난 이후 실시된 5대 대선에서는 비로소 서구 민주주의 국가의 선거운동 방식인 낙인찍기, 전이 등이 본격적으로 등장했다. 5대 대선의 정치광고에서 민정당은 박정희에 대하여 '공산주의자', '친일파' 등으로 낙인찍었으며 공화당의 경우 낙인찍기와 전이의 수법을 결합한 '이순신을 택할 것인가, 원균을 택할 것인가' 등의 광고 문안을 사용했다. 또한 유명인을 등장시키는 증언광고, 만화를 이용한 정치광고 등을 활용하는 등 다양한 광고가 구사되었다.

3) TV를 이용한 정치광고

TV를 통한 선거운동이 시도된 것은 제7대 대선(1971.4) 때였다. 이는 정견 발표의 형식을 취하고, 무료로 전개되었기 때문에 정치광고의 성격인 유료성을 가지진 못했지만, 최초로 TV 정치시대를 열었다는 데 의의가 있다. 7대 대선에서 TV를 이용한 정치광고가 시도되긴 했지만 TV 수상기 보급률이 낮아 TV가 정치광고의 주력 미디어가 되기에는 미흡했다. 비로소 TV가 선거에 영향을 미치게 된 것은 13대 대선부터였다. 법률 제393호 대통령선거법 43조(방송시설을 이용한 연설) 1항(1998.12.7. 개정) '후보자와 후보자가 지명한 연설원은 정견 또는 소속 정당의 정강, 정책, 선거강령 등을 발표하기 위하여 텔레비전 및 라디오 방송시설을 이용하여 연설할 수 있다'와 제44조(방송시설을 이용한 대담, 토론)에 따르면 '후보자와 후보자가 지명한 연설원은 방송시설을 이용하여 대담 또는 토론을 할 수 있다.'라고 규정하고 있어 TV 선거시대가 열리는 법적 발판을 마련했다. 또한 처음 진행되는 TV를 통한 선거전이었던 만큼 국민의 관심도 높았다. '노태우 후보의 당선은 TV의 지원 때문'(김정현, 1988)이라는 주장처럼 13대 대선에서 TV의 영향력은 컸다. 그러나 광고보다는 뉴스보도를 통한 조작적 이미지 창출 등으로 TV를 이용했다. 진정한 의미의 정치광고의 미디어로서 TV가 이용된 것은 14대 대선에 이르러서였다. TV는 1981년 이후 컬러화가 이루어지고 1990년대는 위성방송이 출현했으며, 앞으로는 인터넷 TV와 인터랙티브 TV의 단계를 거쳐 디지털 퍼스널 TV의 시대로 돌입할 것이다. TV를 이용한 정치광고도 이러한 TV의 기술적 발전 측면과 함께 더욱 발전해 나갈 것이다(강승주, 2002).

12. 정치마케팅의 발전

1) 정치광고의 발전단계

코틀러와 레비 교수가 마케팅 개념을 비영리조직으로의 확장을 주장한 이래로 많은 발전을 가져왔고 공공영역 또한 자선단체, 대학, 교회, 도서관, 병원, 군대, 박물관 및 정치캠페인 등에 광범위하게 확대 적용되어 왔다. 특히, 정치캠페인에 있어서의 마케팅의 도입은 연고 및 사조직에 연연하던 비합리적인 선거캠페인에서 탈피하여, 철저하고 객관적인 조사 분석을 통한 효율적이고 과학적인 마케팅캠페인의 발전을 촉진시켜 왔다. 이와 같은 정치마케팅의 발전 4단계는 후보자지향성 단계, 정치광고지향성 단계, 정치마케팅지향성 단계, 사회지향성정치마케팅 단계로 구분하여 살펴볼 수 있다.

또한 정치광고의 발전 단계는 첫째, 제품지향 단계가 1940년부터 1959년까지를 나누어볼 수 있다. 이때의 광고의 형태는 기업형의 광고로 발전되는 과도기로 주로 방송 매체를 통한 정치광고가 등장하였다. 대중매체(mass exposure)가 주된 전략이었다. 둘째, 판매관리 지향 단계로 1960년부터 1969년까지이다. 이때 정치광고 전략은 후보자의 판매(득표)를 극도화하려는 시도였다. 특정 유권자에게 맞는 정치광고를 제공하였다. 셋째, 마케팅 지향 단계이다. 시기는 1970년부터 현재까지라고 말할 수 있다. 이때의 정치광고의 전략은 유권자 지향주의이다. 광고수단은 통합된 마케팅의 노력이 강구된다. 장기적 관점에서 계획이 수립되고 집행된다(〈표 3-22〉).

〈표 3-22〉 정치광고의 발전단계

정치광고의 발전단계
(1) 제품지향단계 : 1940년~1959년 　　기업형의 광고로 발전되는 과도기, 방송 매체를 통한 광고등장, 대중노출(mass exposure)이 주된 전략
(2) 판매관리 지향단계 : 1960년~1969년 　　후보의 판매(득표)를 극대화하려는 시도, 특정 유권자에게 맞는 정치광고를 제공
(3) 마케팅 지향단계 : 1970년~현재까지 　　유권자 지향주의, 통합된 마케팅 노력, 장기적 관점에서의 계획의 수립과 집행

다이아몬드와 베이츠(Diamond & Bates, 1992)는 정치광고가 4단계로 진행됨을 분석하였다. 첫 번째 단계는 후보자 소개단계(identification phase)로 인지도 향상광고(Identification spots)를 실행한다. 이는 후보자 지명향상을 얻고자 한다. 두 번째 단계는 후보자의 공약이나 슬로건 등 주장 광고(argument phase)로 주로 후보자의 정책적 이슈에 대한 견해를 밝히기 위함이다. 세 번째는 상대 후보를 부정적으로 공격하는 광고(attack ad, negative ad)이다. 상대방 후보의 약점이나 자신에 대한 우월성을 강조하기 위함이다. 이때 사용된 전략은 공격광고(attack spots)이다. 마지막 단계는 자기가 가장 적합한 인물로 전개하는 긍정적 광고(positive ad)이다(권혁만·정성호, 2002). 호의적 이미지향상 광고(I see America spots)로 유권자에게 정치적 비전을 제시하고 캠페인을 긍정적으로 마무리하기 위함이다. 또한 결심의 광고(Resolution spots)가 있다. 이는 후보자가 직접 등장하여 쟁점정책에 대한 입장을 정리하고 자신에게 투표를 해야 할 이유를 설명한

다(탁진영, 1999). 그러면 앞에서 언급된 정치마케팅 4단계에 대하여 자세히 살펴보겠다.

(1) 후보자 지향성 단계

유권자는 선택 가능한 후보자 중 최고의 자질, 능력 및 특성을 지닌 후보자를 선호한다는 개념이다. 선거캠페인 선전과 선동이 난무하던 초보단계를 벗어나 보다 비즈니스다운 양상을 띠기 시작하는 단계이다. 이 시기에 주로 행해진 캠페인활동은 간접접촉수단으로 방송매체를 이용했고, 캠페인을 돕는 미디어전문가들이 고용됐으며, 상품광고나 선전과 유사한 방법들이 이용되었다.

(2) 정치광고 지향성 단계

유권자는 관심을 유발시키는 후보자를 선호하기 때문에, 모든 캠페인 활동은 효과적인 판매활동 및 촉진노력을 기울여야 한다는 개념이다. 이 단계에서는 정치캠페인 활동이 후보자에 대한 적극적인 광고활동에 전념했던 시기로 메시지 및 매체별 광고효과, 유권자의 투표행동분석, 태도 및 정보처리 과정, 유권자의 유형을 파악하는 연구가 왕성했던 시기였다.

(3) 정치마케팅 지향성 단계

정당 및 후보자의 목표달성을 위해서는 표적 유권자 집단의 필요와 욕구를 잘 파악하고 이를 경쟁후보보다 효과적이고 효율적인 방법으로 충족시켜 주어야 한다는 개념이다.

이 단계에서는 유권자의 역할 변화 및 선거 전후의 유권자를 이해하기 위한 분석이 이루어지고, 정치캠페인 활동이 유권자의 만족추구, 유권자의 이미지화 및 지지확대 등 장기적인 이익을 강조하면서 행해지는 시기이다.

(4) 사회지향적 정치마케팅 단계

정당 및 후보자는 표적 유권자 시장의 욕구와 관심을 잘 파악하여 이를 경쟁자보다 효과적·효율적으로 충족시켜야 하지만, 이 과정에서 유권자와 사회전체의 이익을 보전·향상시켜야 한다는 개념이다. 이는 정치마케팅의 비영리성 및 공공성 측면에서 볼 때 앞으로 적극 추구해 나가야 할 정치마케팅의 이념 내지 철학이다.

2) 정치마케팅의 특성

정치마케팅은 마케팅, 커뮤니케이션 및 선거정치학의 통합된 학문이다. 정치마케팅에는 3가지 특성이 있다.

(1) 비영리 서비스마케팅으로서의 특성

정치마케팅은 비영리조직의 서비스마케팅 영역의 특징인 비영리성, 다중공중성, 다중목적성, 서비스지향성, 마케팅의 특성을 지니고 있다(Kotler, 1982).

첫째, 정치마케팅은 영리추구가 목적이 아니라 대상자들로부터 인정 및 지지를 얻어내는 것을 목적으로 하는 비영리적 특성이 있다.

둘째, 정치마케팅은 이윤추구가 목적이 아니라 다수의 목표를 추구하며 이것을 얼마나 효율적으로 달성하느냐에 달려 있다.

셋째, 영리조직은 단일시장을 가지고 있지만 비영리 영역인 정치조직은 두 개 이상의 시장을 가지는 다중공중성이 있다.

넷째, 비영리조직의 마케팅 대상은 대부분 서비스 지향적인 성격을 지닌다. 이로 인해 구전효과와 경험에 의한 의존도가 높으며 생산과 소비가 분리되지 않고 동시에 발생한다(채서일, 1997).

다섯째, 정치마케팅의 핵심은 마케팅 이론 및 기법의 도입에 있다. 그러므로 정치마케팅은 영리기업 마케팅의 주요 특성을 공유한다.

(2) 정치캠페인으로서의 특성

정치학은 정책형성 및 정치현상에 대한 설명과 이해를 위한 학문으로 기본적인 차이가 존재한다. 그러나 정치마케팅은 선거캠페인 과정을 마케팅과정으로 보고 이를 대상으로 하는 활동이기 때문에 정치캠페인으로서의 특성(진실성, 공익성, 고도의 경쟁력)을 지닌다.

(3) 커뮤니케이션으로서의 특성

정치마케팅 활동은 커뮤니케이션 수단에 의해 수행되기 때문에 커뮤니케이션으로서의 특성을 지닌다. 특히 최근 들어 가장 각광을 받는 마케팅 활동의 한 유형인 정치광고도 유료의 대중매체를 이용하는 일종의 커뮤니케이션 방법이다. 정치커뮤니케이션은 정치체계

내에서 구성원들 간에 일어나는 정치적 정보의 교환과정이며, 그 목적은 국민의 지지를 확보하는 정치적 차원과 정치체계의 기능을 이해하는 인지적 차원으로 구성된다(LG애드, 1991.4).

3) 정치마케팅 접근방법

정치마케팅은 정치캠페인을 연구대상으로 하는 학문이다. 정치마케팅에 대한 접근방법은 정치캠페인을 어떤 관점에서 보고 해석하느냐에 따라 4가지 방법으로 나눌 수 있다.

(1) 행동주의적 접근방법

접근방법은 정치학, 사회학 및 사회심리학에서 주로 정치캠페인 과정을 이해하고자 경험론적 관점에서 인간의 실제행동과 인간집단의 합치성의 정도와 특성을 발견하려는 방법으로 인간의 행동은 규칙적 반복적인 형태가 존재한다는 가정 하에 과학적인 방법의 이론과 정치현상에 대한 정확한 설명을 통해 연구의 객관성을 강조하는 중범위이론 접근방법이다(Conway & Feigert, 1972).

(2) 커뮤니케이션 접근방법

커뮤니케이션 학자들에 의해 주도된 접근방법으로 선거결과 결정에 있어 정치캠페인의 제한된 역할을 주장하는 행동주의자들의 가정을 반박하면서 50년대 들어 하나의 독립된 연구영역으로 정립된 방법이다. 즉, 정치커뮤니케이션의 영향력은 자극-반응이라는 측면에서 정치광고가 유권자들에게 영향을 줄 수 있다는 관점과 유권자들이 선거라는 정치현상에 관여되도록 유도한다는 두 가지 관점에서 고려될 수 있다.

(3) 실증적 접근방법

후보자, 정당 및 유권자가 정치적 의사결정을 하는 방법을 설명하는 데 있어 합리적 선택이론을 근거로 접근하는 방법으로, 인간을 목적지향적, 적극적인 주체로 보고 연역적인 접근방법을 이용하여 실증연구가 가능하도록 정치현상에 대한 모델화를 시도한다. 대표적 모델로는 개인의사결정에 관한 의사결정모델, 정치연합형성에 관한 게임이론모델, 정당 간 경쟁에 관한 공간모델, 선거캠페인 의사결정에 관한 자원할당 모델 등이 있다.

(4) 정치마케팅 접근방법

접근방법들은 이론 중심적으로 치우쳐 선거과정에 대한 통찰력 및 전반적인 선거 추세에 대한 이해를 제공해줄 수는 있어도 선거캠페인 전략을 수립하고 실시하는 데는 별 도움을 주지 못했다. 정치캠페인 관리자들은 이론적인 측면뿐 아니라 실질적인 기회와 문제를 평가하고 효과적인 선거 전략을 수립하는 것에 도움을 줄 수 있는 관리체계를 필요로 하게 되므로 이러한 요구에 부응하기 위해 등장한 접근방법이 제한된 자원의 효율적 관리를 통해 경쟁적 우위를 확보하기 위한 이론 및 기법을 도입한 정치마케팅 접근방법이다.

4) 정치마케팅체계의 기존연구

목표달성을 위해 직면하고 있는 상황에 대한 분석을 통해 목적시장을 선정하고 효율적인 마케팅믹스 전략의 수립, 실시 및 통제와 관련된 활동을 수행하는 것이다. 선거캠페인 관리도 한정된 자원을 효율적으로 사용하여 특정후보자에게 투표하도록 설득하게 하는 과정과 관련된 활동의 수행을 의미하는데 이는 근본적으로 마케팅관리와 유사하다. 또한 코틀러도 비영리마케팅전략은 목표시장과 경쟁적 위치를 선택하고, 선정된 고객들에게 도달하고 봉사하기 위한 효과적인 믹스를 개발하는 것이라고 제시하였다(Kotler, 1982). 이와 같은 전략적 관리는 효과적인 캠페인 수행을 위해 필수적이다.

그동안 많은 학자들이 전략적 관리를 위한 모델들을 개발해오면서 많은 발전을 가져왔다(안경관, 2007).

(1) 세스와 뉴먼의 모델(Sheth & Newman's Model)

세스와 뉴먼(Sheth & Newman, 1977)은 정치마케팅 관리과정을 시장세분화단계, 후보자 포지셔닝단계, 마케팅전략개발 및 실시·통제단계의 3단계로 나누어 전략적 관리체계를 제시했다.

(2) 골든버그와 트라우고트의 모델(Goldberg & Traugott's Model)

골든버그와 트라우고트(Goldberg & Traugott, 1984)는 국회의원 선거캠페인을 대상으로 선거에서의 성공전략 수립을 위한 선거 성공모델을 제시하였다. 이 모델에서는 선거 성공을 캠페인 커버리지의 양과 질, 후보자 인지의 함수로 규정하고 이들의 주요 예측치인 후보자 인지와 후보자 평가에 대한 영향요인의 효율적 관리를 통해 선거에서 성공하기 위한 방안을 제시하였다.

(3) 트랜트와 프라이어든버그의 모델(Trent & Friedenber's Model)

트랜트와 프라이어든버그(Trent & Friedenber, 1983)는 선거캠페인이 진행되는 시기에 따라 선거전단계, 초기단계, 중간단계, 절정단계 및 마무리 등 4단계로 구분하여 각 단계에 따라 수행되는 전략이 달라야 한다고 주장하였다. 그리고 각 단계별 전략대안, 특히 커뮤니케이션 전략을 중심으로 제시하였다.

이 모델은 선거운동 기간 전부터 캠페인이 진행되는 단계에 따른 전략변화의 역동성에 대한 유용한 관점 및 통찰력은 제시해 주었으나, 커뮤니케이션 전략에만 치중함으로써 전반적인 관리체계에 통찰력을 제공해주지 못하고, 전략적 차원이라기보다는 전술적 차원에서 접근한 한계점을 갖고 있다.

(4) 코틀러의 모델(Kotler's Model)

코틀러(Kotler, 1982)는 비영리조직 마케팅을 위한 마케팅관리 과정을 내부, 시장, 공중, 경쟁 및 거시환경에 대한 환경분석과 후보자의 강약점, 자원, 변별적 능력 및 차별적 우위에 대한 분석으로 제시하였다. 이를 근거로 현재 및 미래의 사명, 목적 및 목표를 설정한다. 코틀러의 모델은 이론적이고 체계적이지만 지나치게 이상적이고 포괄적이기 때문에 실무에 활용하기에는 많은 어려움이 있다는 한계점이 있다.

(5) 마우저의 모델(Mauser's Model)

마우저(Mauser, 1983)는 전략적 체계가 효과적이기 위해서는 특정상황에 대한 필수적인 요인들이 포함되어야 하며 문제와 기회에 대한 체계적인 평가와 우선순위 결정을 돕고 각자의 고유한 현실상황에 맞춰 조화롭게 사용할 수 있어야 한다고 주장하면서 선거캠페인 전략을 수립하기 위한 관리체계를 제시하였다(박병준, 1990). 마우저의 모델은 기존의 모델 가운데 가장 체계적인 선거캠페인 전략에 대한 관리체계를 제시해주고 있으나, 캠페인 전략이 전략이라고하기보다는 전술적인 차원에서 고려된 한계를 안고 있다.

13. 정치PR과 캠페인

1) 정당 PR의 특성

정당PR은 여러 관점에서 여타 사회단체들이 수행하는 PR과 그 특성을 달리한다. 정당의 PR은 정치선전으로 악화되거나 선전활동으로 이행하지 않으면 안될 만큼 '강요'될 위험에 언제나 직면하고 있다고 할 수 있다. 바로 이점 또한 여타 사회적 관심집단의 PR과 성격을 달리하는 점이다. 우리의 정치현실에서도 특히 정당 차원에서 PR은 선전 개념으로 활용되고 있고 일반화되어 수요되며 '홍보국'이 아닌 '선전국'의 명칭으로 편재되어 있는 것은 좋은 실례라고 할 수 있다. 이 경우 그 '선전' 개념은 가치중립적인 것으로 전체주의적·부정적 선전개념과는 다름을 알 수 있다. 정당PR이 여타 사회집단의 PR에 비해 특이한 점은 첫째, 정당은 여느 집단보다 그들의 이념과 관심을 관철하기 위한 많은 수단(기술적·비기술적)을 지녔을 뿐 아니라, 정보전달과 확신에 더 좋은 입지를 지닌다. 정당은 당 기관지를 비롯한 성명서 및 각종 유인물 제작에 필요한 인력과 재력을 동시에 갖고 있으며, 전국민적 정보전달 체계인 언론매체의 접촉 기회가 가장 많다. 더욱이 선거 및 투표 행사 같은 정치적 사건이 벌어질 경우, 엄청난 홍보량을 소화할 수 있는 방송시간을 법적으로 배분받을 수 있는 유리한 PR기회를 가진다. 이것은 정당만이 갖는 일종의 PR특권이라 할 수 있다. 둘째, 정당은 다른 조직보다 견고하고 광역적인 조직들과 거기에서 근무하는 당원 및 직원들을 PR요원화할 수 있으며, 특히 의회에 진출한 국회의원을 통한 각종 로비를 벌일 수 있는 장점이 있다. 그뿐 아니라 의회에 진출한 당원으로서의 국회의원은 한국의 경우와 같이 공청회가 많은 '정치스타'를 생산해 낸 사실에서 확인되듯, 소속 정당의 이미지 개선이나 성과를 내는 데 큰 역할을 할 수 있는 PR요원인 것이다. 셋째, 정당PR의 목표는 의회 내에서 다수당을 점령하여 권력을 장악하거나 아니면 적어도 지금까지보다는 더 큰 의회의 다수석을 확보하려는 정당의 목적에 기여해야 하기 때문에 '정당의 정치적 입지를 강화하는 것'이 된다. 즉 PR목적이 권력쟁취와 직결되어 있으며 민의의 산실인 국회와 직결되어 있다는 특성이 있다.

2) 정당 PR의 공중

정당 PR의 공중인 첫째, 당원·당 간부 및 책임자들, 둘째, 지지하는 유권자들, 셋째, 정치적 경쟁자와 경쟁집단, 넷째, 정치적 무관심자로 기권하는 공중들을 중심으로 논의해 보기로 한다. 정당의 최대 목표인 선거승리를 달성하기 위한 PR의 최대 목표는 지지하는 유권자들로 하여금 그 당이 내세운 후보자로부터 좌절이나 실망감을 느끼지 않도록 기존 지지도를 유지하는 것이고, 마음의 결정을 하지 못한 유권자를 지지하고, 찬성하는 자기 당의 동조자로 만드는 일이며 무관심한 공중들을 정치에 관심을 갖게 하고 투표소로 끌어내게 하는 것이다. 따라서 정당PR의 일차적 목표는 유권자 공중에게 심어져 있는 이미지를 긍정적이고 우호적이게끔 관리하는 일이다. 이 말은 자당에 이미 우호적인 공중에게는 그 긍정적 당의 이미지가 새롭고 신선한 것으로 느껴질 수 있도록 이미지를 관리하고, 비우호적이거나 적대적인 혹은 무관심한 유권자에게는 새로운 이미지를 조성해야 함을 의미한다. 새로운 이미지 전달이나 조성은 여론조사를 통해 얻은 공중의 필요와 관심을 충족시켜 줌으로써 가능해지며, 그리고 자당의 강력하고도 끈기 있는 기본 입장을 공중에게 제시함으로써 공당으로서의 강한 이미지와 신뢰를 심어줄 수 있다. 이 경우 몇 가지 문제가 고려되어야 하는데, 그 하나는 정당이 유권자의 인생관, 세계관 등 정신적·이념적 필요와 기호, 물질적 관심들을 충족시키려면 정당의 강령이나 기본 지도노선을 포기해야 하는 딜레마에 봉착한다는 점이다. 예컨대 신부나 목사의 방북사건에 대해 유권자 공중이 갖는 관심이나 관점이 다양하게 나타날 수 있는데, 다수의 기독교 신자인 유권자 공중의 진보적 관심을 충족시키고 그들의 호의적인 당의 이미지를 조성하기 위해 보수적인 정당이나 당의 기본 이념을 포기할 것인가를 두고 정당은 고민하지 않을 수 없다. 그 다음으로 정치적 무관심자 및 투표 자체를 포기하는 시민들이 부쩍 증가하는데 그들을 어떻게 자극하여 그들이 정치행위자로, 관심자로서 투표소에 나오게끔 할 수 있느냐의 문제가 정당PR의 큰 과제가 되고 있다. 이것은 하나의 중요한 선거 또는 선거PR 전략이다. 왜냐하면 15~45%의 유권자가 투표를 하지 않고 포기하는 정치적 무관심 공중임을 고려하고, 총선시 투표율의 3~4% 격차에서 여당과 야당의 갈림길이 결정된다는 사실을 고려한다면 이들 무관심 공중을 동원하는 것의 성패는 곧 선거에서의 성패와 당락을 좌우하는 주요한 사안이다. 세 번째 문제는, 정당의 이미지 메이킹이나 쇄신에 당의 지도부 인사 및 대표자의 표상과 이미지가 극히 중요한 역할을 담당한다는 사실이다. 그러므로 정당의 이미지 조성에서 결정적 역할을 정하는 당지도부들의 인물들을 이념적으로 잘 부각시키는 일이다. 네 번째 문제는, 정당의 목표가 '선거에서 이기는 것'이므로 PR은 당의 정치이념을 관철하고 실현하여 선거에 참여하는 유권자들을 자당에 유리하게 정신적으로 사로잡아야 한다. 그런데 인간에겐 자기의 의견, 관점, 정신적 성향 등이 평생을 통해 조성되어 단기간에 변화되지 않는 경향이 있다. 이것은 기존의 정치적 의견이나 특정 정당에 대한 우호적 감정이 바뀌는 것은 종교에 있어 개종에 비길 만큼 어렵다는 것을 말해준다.

3) 정치 후보자 PR

정치커뮤니케이션이 한 나라의 정치시스템에 영향을 미치는 커뮤니케이션 행위라고 한다면 밑에서부터 시민의 정치의사를 표현하는 발표적 기능(expressive function)과 위에서부터 시민의 정치의사를 조직하는 조직적 기능(canalizing function)으로 나눌 수 있다. 지난 유신시대, 그 뒤를 잇는 5공화국 시절 우리나라의 정치커뮤니케이션은 민중의 정치참여가 보편적으로 배제되었다는 점에서 정치의사의 발표기능은 지극히 제한적이었으며 정치의사의 조직기능도 권위주의적이고 강제적이었다. 6·29선언과 김영삼 정부 이후 국민의 정치참여가 확대되었고 시민의 정치의사 발표기능이 회복되었으며 정치의사의 조직기능도 권위주의적인 특성에서 탈피, 민주주의화하는 과정에 있다. 정치광고와 정치PR은 기본적으로 정당, 후보자, 압력단체, 여론매체 등에 의한 정치조직을 목표로 한다는 점에서 그것은 정치커뮤니케이션의 조직기능에 속한다. 정치광고와 정치 PR은 자발적인 설득원칙 아래서 정치의사의 조직을 행해야 하기 때문에 PR행위는 민주주의 정치체제 아래서 가장 잘 발전하기 마련이다. 이렇게 볼 때 1987년 6·29선언 이후 우리나라 정치체제는 민주화의 길목에 들어섰고, 1991년 상반기에 시행된 지자체 선거는 국민의 정치참여를 본격적으로 부활시켰다는 점에서 정치의 민주적 발전에서 큰 전기를 이룸과 더불어 우리나라 정치커뮤니케이션의 구조적 제한성을 탈피하는 길이 되었다. 다시 말하면 민주주의 정치체제가 발전함과 더불어 정치PR이 발전하는 환경적 여건에 놓이게 되었다.

4) 정치자문가

정치자문가(Political consultant)란 후보들과 그들의 선거캠페인을 위해 여론조사, 정치광고, 홍보기획 및 제작 그리고 DM을 통한 모금운동에서 자문과 서비스를 제공하는 일에 전문적으로 종사하는 선거캠페인 전문가들을 말한다. 그들은 말하자면 선거에서 기술과 기법의 판매자이며 또한 창조자들이기도 하다. 사바토(Sabato)는 정치자문가를 두 유형별로 나누어 설명한다. 하나는 일반 자문가요, 다른 하나는 특별 자문가이다. 전자는 선거운동의 모든 국면에서 후보에게 조언을 해주며, 선거운동에 이용하는 모든 기법을 조정한다. 후자인 특별 자문가는 선거운동의 한두 가지 측면에만 조언을 해주고 한두 가지 기법에 관한 그의 전문지식을 판매한다. 일반 자문가이든 특별 자문가이든 그들의 일차적 역할은 선거운동을 위해 서비스를 제공한다는 점에서 같다. 이들 자문가들은 여론조사를 한다든지 지역구 조직을 구축하고 관리한다든지 또는 DM모금운동을 하는 등의 일을 한다. 이런 기술적 업무에 못지않게 중요한 일이 자문가의 폭넓은 경험과 명성은 물론 선거운동의 효율적 수행을 위한 전문적 조언이다. 여기서 정치자문가는 선거의 대전략가로 군림하게 되는데 선거운동의 방향을 기획하고 감독하며 광고와 홍보를 통합, 조정하며 후보자에게 알맞은 이슈를 선택한다. 미국 정치에서 정치자문이 본격적인 직업 분야로 정착되기 전엔 그 일은 보통 법률가들에게 맡겨졌었다. 주요 업무는 선거운동 관리에 관련된 잡다한 일, 자금염출 및 관리, 유권자들과 접촉하는 일 등이었다. 또한 지역사정에 밝은 언론대행업자들도 큰 역할을 하였다. 그러나 이들 법률가와 언론대행업자들은 정치문제에서 막강한 힘을 휘둘렀던 정당의 보스들에게 견주면 그저 참모역에 불과했다. 현대 정치자문들이 큰 영향을 끼치면서 주목을 받기 시작한 것은 1933년까지 거슬러 올라간다. 그해 캘리포니아 주의회는 북 캘리포니아의 홍수 통제 및 관계 시설개발을 위한 법안을 통과시켰는데, 태평양가스 및 전기회사(PG&E)는 이를 민간 전력기업에 대한 위협으로 간주, 법안통과를 번복하기 위해 표 모으기 운동을 벌였다. 이 법안의 지지자들은 황급히 〈세크라멘토〉의 기자이며 언론대행업자인 클렘 위테커와 여성 PR자문가인 레온 스미스 백스터를 고용, PG&E사의 운동을 와해시킬 수 있었다. 위테커와 백스터는 3만9천 달러라는 제한된 예산으로 이 일을 해냈다. 그후 PG&E사는 오히려 이들을 연간 계약으로 고용하였고, 이들은 '캠페인' 사로, 후에 다시 '위테커 백스터 캠페인' 사로, 발전하여 부부 정치참모가 되었던 것이다. 이 위테커와 백스터 캠페인 사는 그 후 20년간 순풍에 돛을 단 듯 정치 자문사업을 성공적으로 운영하여 75건의 주요 캠페인에서 큰 성공을 거두었다. 그 이후 70년대 초 정치 자문은 미국 전역에 걸쳐 선거캠페인의 보편적 요건으로 정착하였다. 연방정부 주요 선거전 및 주정부 주요 선거전 자리는 물론 각종 자치정부 조직 선거직 자리까지도 후보자들은 정치 자문역의 다양한 서비스에 의존하게 되었다. 1970년 조사한 67건의 상원의원 선거캠페인 중 62건에서 광고사가, 24건에서 여론조사회사가 고용되었는가 하면 20건에서는 기타 선거운동 관리회사의 지원을 받았다고 것이다. 60년까지 정치자문을 전문적으로 하는 사람은 없었으나 80년대에 들어와 정치 자문역에 종사하는 사람은 수백 명, 여기에 지방정치광고전문인까지 합치면 수천 명 이상이 된다.

14. 정치마케팅 PR의 가능성과 문제점

정치마케팅 PR의 문제점은 여러 가지 조작기법, 허구적 인물조성, 의사사건(pseudo-events) 연출 등으로 요약된다. 특히 미디어가 다원화되고 광고, 판매와 연계된 미디어의 상업주의와 선정적인 경향이 결합될 때 정치PR은 대중조작이라는 시행착오를 범할 여지가 높다. 이러한 정치PR의 조작적 행동을 지양시키기 위하여 정치PR 분야에서 일하는 실무자에게는 몇 가지 지켜야 할 윤리적 지침이 따른다. 미국 PR협회(PRSA)가 제창한 윤리지침의 주요 내용은 다음과 같다.

① 정치PR을 수행하는 실무자는 PR수행과 관련된 각종 법규를 잘 알아야 하고 그 법률을 엄격히 지키는 것은 그 실무자의 책임이다. 여기에는 로비활동, 정치헌금, 선거, 명예훼손 등을 관장하는 각종 법규가 포함된다.

② PR협회 회원들은 PR주 또는 기업주를 성심껏 대표하며 후보자나 쟁점을 위해서 당파적인 변호가 예상되겠지만 회원들은 공공의 이익에 부합되는 행동을 하며 진실과 정확성, 그리고 일반적으로 수용되는 기준에 따라 행동해야 된다.

③ 회원은 책임있는 사람이 서명하지 않았거나 허위, 오해를 불러일으키는 퍼블리시티 또는 광고를 준비하지도, 이용하지도 말 것이며 그러한 자료를 배포하는 일도 피해야 한다.

④ 정부의 행정처리 과정을 더럽히지 않기 위하여 회원은 구체적인 유권자, 국회의원 또는 공무원의 의사결정에 영향을 미칠 금전거래 또는 그외의 값진 것을 몰래 선물해서는 안 된다.

⑤ 회원은 직접 또는 제3자를 통하여 전달된 거짓 또는 오해의 소지가 있는 정보를 이용하여 의도적으로 상대 후보자의 명예에 상처를 입혀서는 안 된다.

한국의 경우에도 위와 같은 정치PR은 적지 않게 수용되어 선거캠페인 방법론으로 활용되곤 한다. 1987년 대통령 선거에서 노태우 후보의 어린 아이를 안은 이미지를 통한 군

이미지를 불식시킨다거나, 1992년 대통령 선거에서 김영삼 후보의 조깅 이미지, 그리고 1997년 대통령 선거에서 김대중 후보가 나이가 많다는 이미지를 방어하기 위한 "DJ덕과 함께 춤을" 등을 활용한 캠페인 등이 이에 해당한다.

그러나 가장 정상적이면서도 건강한 정치PR은 과학적이고 합리적이어야 한다. 따라서 기존 소비자 관계(Consumer Relations)에 초점을 맞춘 PR의 개념에서 벗어나 소비자 중심, 즉 정치마케팅에서는 유권자중심주의와 함께 등장한 통합적 마케팅 커뮤니케이션 (IMC : Integrated Marketing Communications)과 이에 의한 마케팅 PR(Marketing Public Relations) 개념으로부터의 접근이 요구된다.

15. 정치캠페인과 마케팅PR

한국의 선거제도 및 환경은 선진 각국에 비해 제약요소가 많다. 따라서 미국의 경우 선거캠페인의 중심에 있는 정치광고의 역할이 우리의 경우 주변적인 영향력을 가지고 있다고 판단된다. 특히 선거 마케팅 시장의 대부분을 차지하고 있는 국회의원 선거와 동시 지방선거의 경우 광역자치단체장 후보에게만 5회의 신문광고만 허용되고, 정당 차원의 정치광고만 허용될 뿐 후보 차원에서는 정치광고의 활용이 불가능하다. 따라서 정치마케팅의 클라이언트인 다수의 후보자는 PR에 의존하게 된다. 오늘날 한국 정치상황에서 가장 중요시되는 마케팅 이념은 이른바 유권자주의로 앞에서 살펴본 소비자주의와 일치하는 맥락을 형성한다. 더욱이 마케팅 PR의 주요 배경인 IMC가 단순한 광고 외에도 홍보, 판촉, DM으로 확장시켜 광고주에게 One-stop shopping의 기회를 제공한다는 의미가 아니라 진정한 의미에서 기업의 커뮤니케이션 활동이 총괄적으로 기획되고 전략적으로 관리되는 것을 의미한다는 점과, 정치마케팅이 비선거운동 기간부터 유권자와 관계되는 모든 커뮤니케이션 수단과 경로를 통해 이름과 경력, 장점과 정책 등을 알리고 설득해야 한다는 점에서 정확히 IMC와 일치하는 의미라 할 수 있다. 따라서 마케팅 PR의 중요한 배경, 기획 과정, 전략적 목표와 수단은 유권자 중심주의로 나아가고 있는 한국 선거 환경에서 가장 적절하면서도 선거제도 및 환경에 정확하게 적용될 수 있는 방법이라 판단된다. 정치마케팅 영역에서의 마케팅 PR기획 과정도 PR기획·PR캠페인, 광고기획·광고캠페인, 홍보기획·홍보캠페인처럼 상황분석, 목표설정, 전략수립, 세부전략·전술, 평가 및 피드백 등 대략 5단계의 과정으로 수립된다. 우선 상황분석은 후보자가 처한 현재 상황에 대한 광범위한 분석과 검토에서 시작해야 한다. 우선 정당정치의 구도, 국가의 정치·경제·사회·문화적 상황 등은 변수라 할 수 있다. 이 밖에 출마 지역구의 사회문화적 전통과 지역의 유력한 공동체 및 상부구조에 대한 분석 등은 후보자가 확인해야 할 내생변수라 할 수 있다. 상황분석은 전략 수립단계에서도 필요하지만 환경이 변할 때마다 지속적인 재분석과 고려가 필요하다. 정치마케팅에 있어 목표 설정은 궁극적으로 당선과 직결된다. 제품의 마케팅PR에서 브랜드 인지도를 높이고, 이를 구매행위로 연결될 수 있도록 소비자와 광고를 비롯한 전방위 매체를 총동원하여야 하는 것은, 정치마케팅에서 후보자의 인지도를 높이고 개인적·정치적 장점 등을 널리 알려, 유권자로 하여금 투표장에까지 와서 투표할 수 있도록, 모든 기용가능 매체를 동원해야 하는 정치마케팅 방법론과 일치한다. 흔히 마케팅 PR 전술로 활용되는 각종 후원, 시상, 책자 등 간행물, 신문·방송의 동정란을 비롯한 무궁무진한 PR기법과 결합될 수 있다는 점을 예로 들면, 그대로 정치마케팅의 전술과도 결합될 수 있다. 다만 기본적으로 비선거운동 기간이나 선거운동 기간 중의 기본적인 제약요소의 고려가 있어야 된다는 점이 다르다.

사례 3-7 　정치홍보전략-니치마켓(Niche market) (15대 총선)

① 환경보호를 이용한 홍보전략
　　송파갑 홍준표 신한국당, 「청소부대」
　　성동을 김학원, 「쓰레기 분리수거」
　　은평갑 장두환, 「환경거리축제」
② 깜짝쇼를 이용한 홍보전략
　　관악갑 H후보, 「함사세요, 통일과 민주의 함이요」, 「촛불잔치」
　　도봉갑 A후보, 「장미꽃 축제」
　　종로 N후보, 「가수 50명 자전거 부대 구성」
　　부산 해운대 「농구선수 20여 명 사인공세」
　　청주 상당구 구천서, 「장다리, 보디페인팅」
　　과천·의왕 김부겸, 「만보기」, 「1천만 보 걷기운동」
③ 생활체육을 이용한 홍보전략
　　안양동안 갑 신재철, 「안양의 봄 축구단」
　　서대문 갑 이성헌, 「젊은 축구단」
　　송파갑, 김희완, 「송현클럽」
　　강남을 이태섭, 「강남을 밝히는 새벽 조기단」
　　마포갑 「올림픽 축구 아시아 예선 우승」
　　노무현 「3-3농구대회」
　　김근태 「GT캠프, 길거리 농구」
　　 김덕배 「자전거 유세대」
④ 영상을 이용한 홍보전략
　　강서갑 박계동, 「빔프로젝트」
⑤ 통신수단을 이용한 홍보전략
　　서대문을 백영호, 「편지부대」
　　관악갑 함운경, 「호출번호 30초간 후보소개」
　　성북갑, 유재건, 「유권자들의 전화를 받습니다」
⑥ 공연을 이용한 홍보전략
　　관악갑, 함운경, 「이수일과 심순애」
　　강서갑, 최덕수, 「각설이 타령」
⑦ 기동력을 이용한 홍보전략
　　청주상당구 장한량, 「움직이는 선거사무실」
　　마산합포 박정규, 「희망물결 자전거 홍보단」
　　송파갑 김희완, 「눈길 끌기형 대담토론」
　　고양을 이상일, 「꼬깔모자 아저씨부대」, 「오토바이부대」, 「달리는 노래방」
　　광명갑 이덕화, 「차량대형포스터 무대」
⑧ 컴퓨터를 이용한 홍보전략
　　부산금정 김재주, 「컴퓨터 유세 - 주의와 이의제기, 전자 사서함, 전자우편, 전자게시판」
⑨ 로고송을 이용한 홍보전략
　　 관악을 이성헌, 「오디오세대」, 「독도는 우리땅」

천안갑 한청주, 송파갑 홍준표, 「위풍당당 행진곡」, 「러시아음악 - 백학」
광주서구 이상덕, 「영암아리랑」
중랑갑 신덕진, 「이브의 경고」, 「3김 청을 위한 경고」
서초갑 김구평, 「동요 자전거」, 「찬찬찬」
광진갑 김영춘, 「젊은 그대」

⑩ 후보가족을 이용한 홍보전략

강서을 고진화, 「어머니, 누이 50명 선거운동원 식사준비」
구로갑 정한용, 「장모 30여 명 선거운동 식사와 간식준비」
동대문 김성식, 「버스 선거운동」
광진갑 김영춘, 「자원봉사자 간식과 빨래」
고양을 홍기훈, 「홍남순 변호사(84) 노익장 과시」
강남을 이태섭, 「아빠응원, 강남을 밝히는 이태섭, 새벽 조깅당」
안양동안 갑 심재철, 「아빠 돕기」, "정민이를 안양처녀로 만들기"
고양 을, 김덕배와 양천 갑, 「한기찬, 궂은 일은 모두 내가 하며, 동생을 반드시 국회의원으로 만들겠다」, 「단란주점 및 호프집」

⑪ 게릴라식 연설을 이용한 홍보전략

새벽 출퇴근시간, 「밤늦은 시간 유권자와 밀착하는 잠재형 유형」
송파갑, 조순환, 「야간주택가 청사초롱」

⑫ 구호를 이용한 홍보전략

똑똑한 선거구호 하나가 1만표를 좌우한다. 선거는 구호 싸움이다.
회고형, 신세대형, 뚝심형, 더불어살기형 홍보구호
인천연수 서한샘, 「밑줄 좍 - 한샘은 한민족의 샘」, 「밑줄 좍 - 선생님」
인천남동, 이윤성 「21세기 뉴스를 말씀드리겠습니다」
송파갑 김희완, 「정치는 서비스다 - Mr clean과 함께 송파구」
서대문갑 이성헌, 「정치권의 세대교체, 선거운동의 세대 교체」
성동갑 나병선, 「봄바람처럼 상쾌한 남자」, 「애인 같은 국회의원이 필요해」
동대문을 김창환, 「오늘 뜬 해는 어제 뜬 해가 아니야, 민주와 정의를 위한 열정에는 유통기한이 없다」
서대문 을, 김태원, 「깨끗한 선거 하얀손 운동」
신한국당, 「윈윈(win-win)벨트」
국민회의, 「조순벨트」
강남갑 서상목, 강남을 정성철, 서초갑 최병렬, 서초을 김덕용, 「서초 - 강남 지역문제점 함께 상의하고 풀어 가자 선거운동」
관악을 이해찬, 부천을 배기선, 영등포을 김민석, 안산갑 김영환, 인천 남 갑, 박우섭, 안양만 안 이준형은 "조순캠프 다시뛴다", "안양 포청천" 등 「포청천 이미지」
전주완산 손종삼, 뚝심형 - '무전파', '배짱파', '정통파'
청주상당 장한량, '청주돌쇠', '대쪽지조', '고래뚝심'
경주을 이상두, '경주머스마'
중구 박성범, 중구를 구할 119구조대 대장 박성범론
송파을 맹형규, 「명재상 맹사성 대감을 아십니까?」 "뿌리깊은 나무가 거목이 됩니다"라는 맹사성론

※15대 총선결과 나타난 후보선택 비율, 선거공보(30.5%), 신문·방송보도(11.4%), TV유세(7.4%) 인쇄 및 전파매체와 홍보의존도(49.3%)이다.

사례 3-8 선거캠페인 광고홍보 전략(제19대 국회의원 선거)

제19대 국회의원 선거는 이색적인 광고홍보물도 많았다. 근엄함을 버리고 기발함을 더한 파격적인 홍보 영상 속에는 튀어서라도 표를 얻겠다는 절박함도 담겨 있습니다.

〈그림 3-12〉 통합진보당 이색적인 광고홍보전략

통합진보당의 변신도 파격적이다. 이정희 대표와 강기갑 의원이, 각각 여고생과 영화 속 해적으로 분장해 웃음을 선사했다. 통합진보당 당 지도부와 주요 총선 후보들이 '망가진' 콘셉트의 TV 광고를 만들어 눈길을 끈다. 통합진보당은 3일 "이번 TV광고 콘셉트를 '웃음'으로 설정, 보는 이들에게 밝고 경쾌한 웃음을 선사할 계획"이라고 밝혔다. 유시민 공동대표가 영화 '찰리와 초콜릿 공장'

의 배우 조니 뎁을 연상케 하는 헤어스타일을 연출했고, 노회찬 후보(서울 노원병)는 엘비스 프레슬리로 변신했다. 천호선 후보(서울 은평을)는 '허리케인 블루'를 떠올리게 하는 록스타로 분장했고, 강기갑 후보(경남 사천)는 트레이드마크인 한복을 벗고 영화 '캐리비안의 해적'의 의상을 입었다. 그리고 이정희 공동대표는 여고생처럼 차려 입었고, 심상정 후보(경기 고양 덕양갑)는 머리에 왕리본을 달았으며 서기호 전 판사는 5대5 가르마의 촌스러운 헤어스타일을 선보여 웃음을 자아냈다.
통합진보당 TV광고는 3일 후 11시 15분 MBC에서 첫 선을 보이지만 강기갑, 노회찬, 심상정, 천호선 후보의 모습은 TV광고에서 볼 수 없었다. 선거법상 지역구 출마자는 지상파 방송 CF에 출연할 수가 없기 때문이다. 네 후보가 출연한 광고는 동영상 사이트 유튜브 등에서 확인할 수 있다.
(통합진보당 제공 / 뉴스)

〈그림 3-13〉 새누리당 광고홍보 특징

새누리당이 TV 개그 코너를 흉내낸 인터넷 홍보 동영상에서 이준석 비대위원과 현역 의원들이 유치원생 모자를 쓰고 나와 선거철에만 겸손해지는 의원들의 태도를 풍자하였다.

이준석/새누리당 비대위원 : 의원님. 지금 선거운동 기간인데요?
구상찬/새누리당 의원 : 아! 안녕하십니까?

〈그림 3-14〉 민주통합당과 자유선진당 광고홍보 특징

민주통합당은 젊은 층의 UCC를 방불케 하는 인터넷 홍보 동영상을 제작했다. 동문서답하는 두 명의 젊은이를 내세워 국민들과의 소통이 중요함을 강조하고 있다. 또한 자유선진당 광고에선 심대평 대표 등 중진 3명이 점잖은 충청도 이미지를 과감히 버렸다. 거대 정당을 빗댄 음식 재료를 칼로 썰며 지지를 호소하였다.

16. 향후 정치홍보(PR)틈새 전략

- •선거 유세기간 동안 전광판을 이용하여 하루의 유세상황을 유권자에게 즉시 전달해 주는 전략
- •선거유세 전 신문고를 만들어 유권자들의 어려운 점을 해결해주는 후보로의 이미지 메이킹 전략
- •후보자의 경력이나 활동들을 비디오로 제작하여 홍보용으로 활용하는 전략
- •후보자의 얼굴을 인형으로 만들어 여러 군데에서 유권자에게 접촉하도록 하는 전략
- •후보자가 일일 점원이 되어 유권자와 동고동락을 같이하는 전략
- •지구당 사무실을 도서실, 다실, 간이휴게실 등 유권자가 필요로 하는 장소를 각종 정보시스템을 갖추어 자유롭게 이용하도록 하는 전략
- •특정 장소를 선정하여 유권자가 수시로 편안한 마음을 가지고 교양강좌나 취미생활을 할 수 있도록 도와주는 전략
- •회갑이나 결혼 등 유권자의 행사가 있을 때, 후보자가 직접 나서서 행사장의 섭외는 물론 스케줄 관리를 해주는 전략

  (이기복, '정치광고에서의 니치마케팅 전략 활용에 관한 연구-15대 총선을 중심으로', 1996)

한편 그론백(Gronbeck, 1994)은 부정광고의 유형을 세 가지로 분류하고 있다. 첫 번째는 함축적 광고 혹은 내포적 광고(implicative ads)로 명백하지는 않지만 함축적으로 상대방을 공격하는 것으로서 후보에 초점을 두는 것을 말한다. 직접적 공격 없이 풍자로 되어 있는 광고이다. 두 번째는 비교광고(comparative ads)로 후보와 상대방 간의 명백한 비교를 이용하는 광고다. 즉, 상대후보의 선거 쟁점에 대한 기록이나 입장을 후보자의 그것과 함께 나열하여 비교하는 광고이다. 세 번째는 공격광고(assault ads)로 오직 상대방의 성격, 동기, 동료들, 그리고 행위에 대한 명백한 공격에 초점을 맞춘다. 그리고 어떤 개인 혹은 조직과의 연계를 직접적이고 개인적인 차원에서 비난하는 광고이다. 공격광고에 대한 반응은 세 가지가 있다. 공격에 대해 즉각적으로 반박하는 반박 전략(refutation strategy), 반박 대신 공격자의 성격, 이슈 입장, 공격 동기, 행위에 대해 공격을 하는 역공 전략(counterattack strategy), 그리고 공격을 유머나 조롱으로 무시해 버리는 무시 전략이 있다(권혁남, 2006). 한편 김춘식(1998)은 정치적 · 문화적 시장제도적 특성이 정치광고에 영향을 미치는 과정을 〈그림 3-15〉와 같이 설명하였다.

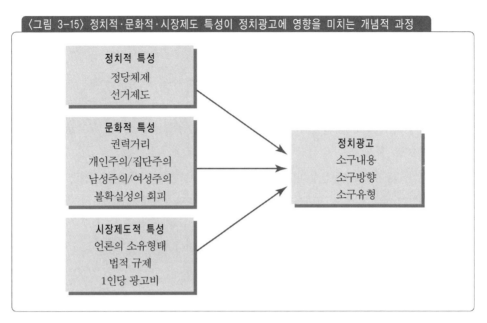

〈그림 3-15〉 정치적·문화적·시장제도 특성이 정치광고에 영향을 미치는 개념적 과정

출처 : 김춘식(1998), '정치광고에 영향을 미치는 요인에 관한 비교문화연구', 한국외국어대학교 박사학위 논문

케이드와 샌더스(Kaid & Sanders)는 이미지 요인과 이슈 요인 중에 어느 것이 더 효과적인가를 비교 실험했다. 실험결과, 이미지 광고는 유권자가 보다 많은 정보를 기억하는 데 효과가 있는 반면, 이슈광고는 이미지 광고보다 유권자의 평가에 대한 긍정적 영향을 미치는 것으로 나타났다. 또한 김춘식(1998) 국가와 이슈 및 이미지와 관계에 대한 다차원 개념도를 다음 〈그림 3-16〉과 같이 설명하고 있다.

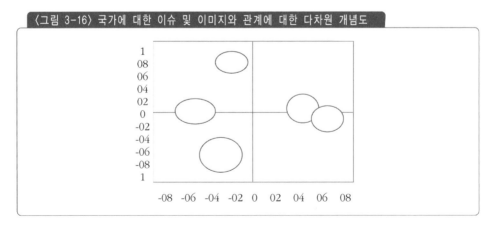

〈그림 3-16〉 국가에 대한 이슈 및 이미지와 관계에 대한 다차원 개념도

출처 : 김춘식, "정치광고에 영향을 미치는 요인에 관한 비교문화 연구", 한국외국어대학교 박사학위 논문, 1998, p. 222

한편 정치광고는 유권자라고 하는 잠재소비자에 의해 판매행위가 성립된다는 것이다. 뉴맨과 쉐스(Newman & Sheth)는 정치후보자가 상대해야 하는 시장을 유권자, 정당, 후원자, 이해집단으로 구분하고 있다. 정치광고의 대상이 되는 제품은 크게 조직, 정책, 후보자 자신의 세 가지로 분류할 수 있다. 먼저 조직이 제품이 되는 경우에는 그 조직의 구성원을 획득하는 것이 광고목표의 핵심이 될 것이고, 다음으로 정책이 제품이 되는 경우 광고의 목적은 조직이 제시한 정책에 대해 보다 많은 지지를 얻기 위한 것이 될 것이며, 마지막으로 후보자 자신이 제품이 되는 경우에는 선거에서 가장 많은 득표를 하여 당선될 수 있도록 하기 위하여 광고가 시행되는 것이다(조경섭, 2006).

politics

Advertising

제 4 장
정치광고홍보의 변천사

1. 한국 정치광고홍보의 변천사

　정치광고는 선거의 역사와 같이 한다. 선거의 역사는 민주정치 성장의 역사와 같은 발걸음을 하며 발전해 왔다. 역사에서 보면, 고대 그리스와 로마의 도시국가, 게르만 등 부족사회에서 실시했는데 여기서 중요한 점은 고대시대에서도 선거를 했다는 것이다. 한두 명이 사는 사회가 아닌 그 이상의 사람들이 모여 살면서, 개인의 의견을 가장 존중하면서도 모든 사람들에게 공정해야 할 방법이 필요했고 그것이 선거라는 제도가 된 것이다. 우리 민족의 역사에 선거와 공통점이 있는 제도가 등장한 것은 고구려 건국 초기였다. 그 당시 세력을 나누어 가지고 있던 다섯 부족장이 모여 주몽을 동명성왕으로 추대한 것이다. 그 후 고구려의 제가회의, 백제의 정사암(투표암)회의, 신라의 화백회의 등이 있었다. 고려초기에는 만장일치제로 실시하다가 후기에는 다수결에 의하여 운영된 도병마사가 있으며, 왕명(王命)은 절대적이었지만 정책결정 과정에서 개인의 독단을 피하기 위한 독단회의(의정부)가 있었고, 향약에는 유림 중에서 임원들을 선출하는 제도가 있었다. 1885년에 반포되었던 향회예규에 의한 향회제도는 지방주민으로 구성된 군회, 면회, 리회를 두어 공공사무를 의결하게 하였고 특히 면·리의 집행기관인 집강과 존위는 주민이 선출하도록 하였지만 일본의 국권강탈 이후에 결국 폐지되었다. 이러한 사례는 원시적인 형태이지만 우리나라에서도 직접민주주의 방식의 선거제도가 있었다는 것을 말해준다. 일제강점기에도 직접선거였으나 조선인들의 정치적 영향력이 극히 커지는 것을 경계했기 때문에, 법령으로 그 권한을 극도로 제한하여 식민강제통치를 위한 관치의 도구로 이용되었다. 우리나라의 선거는 정치와 함께 변화하였고 근대적인 의미의 보통선거제가 도입된 것은 1948년 5월 10일 유엔(UN)총회 결의에 따른 제헌 국회의원 선거였다. 제헌국회 의원선거법은 미군정의 관리 아래에서 과도 정부 입법원에서 제정하여 1947년 9월 3일에 공포한 '입법의원선거법'을 기초로 제정하였으므로 우리의 의사로 결정된 것이라고 볼 수 있다. 1948년 5월 31일 제헌국회가 개막된 뒤, 국회에서 선출된 헌법기초위원과 전문위원들이 초안한 헌법안이 국회 본회의에서 통과되었다. 이어 같은 해 7월 17일 국회의장 이승만(李承晚)이 서명 공포함으로써 효력이 발생하고,

1956년 대통령, 부통령 선거에서 자유당은 숭례문(남대문 국보 1호)정면에도 이승만, 이기붕 후보의 선거 포스터를 붙였다.

1971년 대선광고. '북괴의 이 야욕 앞에 누가 이 안정된 생활을 지켜줄 것인가?' 중앙방송은 KBS의 전신이다. 한국방송공사 KBS는 1973년 3월 3일에 개국하였다.

동시에 정부조직법이 통과되면서 같은 달 20일에 제1대 대통령·부통령 선거를 실시하였는데, 이 선거가 대한민국 최초의 대통령 선거이다. 이때의 선거 방식은 국회 재적의원 3분의 2 이상 출석과 출석의원 3분의 2 이상의 표를 얻어야 당선되는 국회에 의한 간접선거 방식을 채택하였다. 직접선거 방식이 채택된 것은 1952년 8월 5일에 실시된 대통령 선거이며 국민이 직접 투표에 참여해 최다득표자를 당선인으로 선출하는 직접선거 방식을 채택하였다. 이후 2011년 현재까지 직접선거는 11번의 대통령 선거, 18번의 국회의원 직접 선거가 이루어졌으며, 정치의 역사와 함께 다양한 형태와 성격의 선거를 치르며 성장했다. 이러한 경험을 바탕으로 앞으로도 선거를 통하여 보다 더 성숙한 민주주의를 실현해야 할 것이다. 한국의 정치광고는 1948년 미국의 해리 트루먼 대통령이 최초로 TV광고를 이용한 것과 1992년 한국의 노태우 대통령이 집권 시 차기 14대 대선부터 TV정치광고가 60초 이내로 5회간 허용으로 전파매체 이용 정치광고를 실시하였다. 이 두 시기를 비교하면 44년 차가 난다. 따라서 한국과 미국은 정치나 정치광고가 40년 차이가 난다고 보통 말한다. 한국의 정치광고 역사는 1948년 7월 20일 간접선거 실시로 2,3,4대 대통령 선거 시 성명서를 신문에 게재하는 수준의 정치광고였다. 1952년 8월 2일 제2대 대통령 선거 시 정책광고, 1963년 12월 제5대 대통령 선거 시 대중매체를 활용한 본격적인 정치광고가 등장하였다. 1987년 여론조사를 통한 후보자의 이미지 만들기와 치밀한 정치광고전략이 전개되었다. 1948년 대한민국 정부수립 후 선거와 연관된 광고기법활용, 득표 목적을 가진 정치광고가 출현했다. 선거법상 1995년 6·27 지자체 이후 14대, 15대 대통령 선거를 제외하고 정치광고는 신문매체가 전부였다. 한국은 1948년 정부수립 후 11번의 대통령 선거를 치렀다. 이때마다 인맥주의, 즉 혈연·학연·지역연고·의리·이권 등이 많은 영향을 끼쳤다. 한국 최초의 정치적 목적의 대중매체 신문광고는 구한말 독립협회와 일진회가 신문에 게재한 광고였다. 선거기간 중에 대중매체를 본격적으로 활용한 조직적인 정치광고가 출현한 것은 1963년 박정희 장군의 최고회의 통치가 끝나고 민정 이양으로, 같은 해 12월에 실시되었던 제5대 대통령선거부터이다. 특히, 1963년에 실시된 대통령선거는 '대통령선거법' 상에 처음으로 신문 정치광고 사용에 대한 법적인 근거를 마련해 줌으로써 정치광고 발전의 새로운 장을 열어주었다. 정당이나 후보자가 유권자를 대상으로 신문지면을 사서 매체전략을 동원한 서구형 선거운동 방식이 선을 보였던 것이다. 공화당의 박정희 후보는 상대인 윤보선 후보보다 더욱 효과적인 광고 전략을 구사했다고 여겨진다. 구체적으로 살펴보면, 윤보선 후보가 지루한 문장광고를 일관한 데 비해 박정희 후보는 공화당의 심벌로 황소를 내세워 일 잘하고 부지런한 황소의 이미지를 자신에게 전이하려는 노력을 보였으며, 경쟁후보와의 차별화를 위해 대중의 마음에 나쁜 사람으로 자리 잡고 있는 원균과 놀부를 은연중에 상대후보로 암시하고 있다. 하지만 박정희 후보와 윤보선 후보가 재격돌한 1967년에 치러진 제6대 대통령선거에서 사용된 양당의 정치광고는 전반적으로 볼 때 지난 선거보다 소극적이었으며 광고의 횟수와 내용 그리고 전략 면에서 오히려 후퇴한 현상을 보였다. 제6대 대통령선거는 뚜렷한 이슈보다는 집권에 대한 공과를 다투는 비교적 평이한 선거양상을 보였다. 이러한 제6대 선거와는 달리 제7대 대통령선거는 다시 격렬한 한판 승부가 펼쳐졌다. 이른바 3선 개헌의 파장 끝에 3선을 향한 공화당의 박정희 후보와 이를 결사 지지하려는 야당의 40대 기수론에 편승한 김대중 후보의 대결은 선거양상도 그러했지만 양 진영의 광고전 또한 격렬했던 것이다(탁진영, 1999). 김대중 후보의 선거광고에는 효과적이고 선동적인 기법이 동원되었다. "대중시대의 문을 열자" 후보자 이름과 일반 '대중' 발음 같음을 이용하여 은연중에 김대중 후보와 '대중'의 이미지 연결, '문을 열자'라는 상징적 의미강조 광고전략이었다. 신문 지면을 통한 야당의 정치광고는 체제 부정적이고 극한적인 대여 공격에 쓰여져졌을 뿐 아니라 광고의 내용이 개인의 인신공격과 비방으로 일관함으로써 선거 분위기를 과열시키고 사회 갈등을 심화시키는 역기능도 보여주었다. 그 때문에 집권당은 신문을 통한 정치광고가 오히려 불리하다고 판단, 유신 선포와 함께 모든 정치광고를 금지시켰던 것이다(박종열, 1987). 60~70년대 정치광고는 광고전문인이나 정치 전략이 희박한 상태였다. 정치풍토 미활성화, 정치인들의 사조직 및 연고 득표, 선거법상 정치광고를 활성화할 제도적 장치를 마련하지 못했고, 정치광고도 제약을 받았다. 이미지 광고와 이슈광고의 구별이 애매하지만 투사하거나, 한글보다 한문이 많았다. 야당 후보자는 108가지 유권자 약속을 게재하기도 하였다. 60년대의 한군소정당 후보자는 공개적으로 자신의 종친에게(김해 金氏) 지지를 호소하는 원시성을 보여 주었다. 1972년 유신헌법으로 대중매체 정치광고 개재가 전면 금지되었다. 선거법상 1995년 6·27 지자체 실시가 정치광고에 많은 영향을 끼쳤다. 14대·15대 대통령 선거를 제외하고 정치광고는 신문매체가 전부였다. 1992년 대통령 선거가 처음 전파매체를 이용한 정치광고였다. 한국정치광고는 박정희 대통령 서거 후인 1980년 12월부터 부분적으로 허용되었다. 1981년 제11대 대통령 선거 때 민정당 전두환 후보가 정치광고물을 제작하고, 광고전문가를 개입시켰다. 1981년 대통령 선거에서는 MBC 계열 연합광고사가 민정당의 인쇄광고 및 포스터 제작에 참여하였다. 광고는 상업광고 위주에서 정치분야까지 확대되어 인쇄광고물, 포스터 제작, 상업광고대행사가 단순 참여하게 되었다. 1987년 제13대 대통령 선거부터 새로운 문화현상으로 전면 등장, 대통령직선제 부활로 정치광고의 시대를 맞이하게 되었다. 이때부터 여론조사, 후보자 이미지 만들기, 정치광고 전문가가 등장하고, TV연설 등이 주 선거 전략으로 활용되었다. 광고 회사들은 직간접적으로 정당과 후보자들의 선거홍보물 제작 수주를 받게 되었다. 1987년 선거부터는 사상 처음 한국정치가 세련되고 미국화된 형식의 정치광고가 적용되었다. 정치광고 제작은 마케팅 전략에 입각하여 전문적인 광고홍보 지식을 가지고 제작하게 되었다. 광고 내용면에서는 컬러화, 상징적 영상처리, 헤드라인과 카피 등이 활발하게 연구되고 발달되었다. 1992년 14대 대선에서 텔레비전 정치광고가 최초로 허용되었다. 이때 TV가 상당한 영향력을 발휘한다는 사실이 증명되었고, 소위 이미지 창조 광고기법 등이 등장하기 시작했다. 1980년대 중반 이후 유권자의 현혹으로 '반공'이나 '안정' 구호 대신에 후보자 이미지가 투표결정 과정에 중요한 요인으로 등장하게 되었다. 1987년 제13대 대선에서 노태우 후보는 '보통 사람'이라는 슬로건과 이미지 구축에 성공했다. 이때까지도 TV광고는 인정되지 않았고 신문광고 위주였다. 노태우 후보는 권위주의를 싫어하는 중산층을 주 타깃(target)으로 삼았다. '군정은 이미 6·29선언으로 끝났다'라는 전략적인 광고가 덧붙여졌다. 김영삼 후보는 '군정종식'을, 김대중 후보의 '부패한 안정인가? 건강한 안정인가?'라는 슬로건을 내걸었다. 집권당의 이점을 최대한 발휘, 조직력과 자금력 등에서 우세하였다. 전문 광고대행사와 여론조사기관을 통한 체계적이고도 과학적인 선거전략 및 관리로 노태우 후보의 압도적인 승리였다. 김영삼 후보의 가장 큰 패인은 홍보전략 부재와 독특한 이미지 부각의 실패였다. 김대중 후보는 군사정권기 조성된 강성 이미지와 좌경 이미지에 탈피하려고 노력하였다. 또한 여성유권자 및 비호남 유권자를 끌어들이는 데 노력하였다. 1992년 실시된 대선에서 김영삼 후보의 주된 콘셉트는' 깨끗한 사람, 성직한 사람', '신한국 창조'와 '희망찬 신한국' 이미지로 우위점의 소구였다. 자신의 약점을 보완하는 메시지보다 자신의 장점을 강화하는 메시지를 더 많이 사용하였다. 김대중 후보는 진정한 경제 대통령과 정권 교체를 주 콘셉트로 하였다. 1992년 정주영 후보는 현대건설의 신화 창조로 경제전문가의 이미지를 부각시키려는 노력을 하였다. 또한 박찬종 후보는 젊고 깨끗한 이미지의 부각에 노력하였다. 1991년에 실시된 기초 및 광역 지방의회선거 실시가 30년 만에 부활 실시됨으로써 각종 여론조사, 홍보물 제작, 전화홍보, 연설문 작성 등 종합적인 정치광고가 본격적으로 상업광고에 입각하여 태동하게 되었다. 제14대 대통령 선거는 역사상 군 출신이 출마하지 않는 상태에서 순수 문민정부의 탄생에 대한 기대로 국민적 관심이 높았던 선거였다. 하지만 제14대 선거는 국민적 기대에 못미쳐 상대적으로 명확한 이슈나 뚜렷이 차별화된 정책이 제시되지 않는 상태에서 치러진 선거였기 때문에 정책대결보다는 일과성 이벤트, 사건·사고의 부각과 후보자 개인의 퍼스낼리티를 선거 전면에 내세운 전형적인 이미지로 귀결된다(탁진영, 1999). 그러나 선거의 양상과는 달리 선거과정에서 시행된 정치광고는 나름대로의 방향을 가늠할 수 있는 만큼 전문화되고 한층 발전된 모습을 나타냈다. 특히, 후보자별로 각기 5회씩 허용된 TV와 라디오 정치광고는 우리나라도 이제 방송매체를 본격적으로 선거전에 활용하는 계기를 마련해 주었다는 점에서 큰 의미를 가지는 것이다(탁진영, 1999). 후보자별로 각기 5회씩 허용된 TV와 라디오 정치광고가 실시되었다. 1987년에는 민정당 노태우 후보의 '민주화 선언' 이후 대중매체의 정치광고 활용 시대가 활짝 열리게 되었다. 1997년 제15대 대선에서는 김대중 후보가 딱딱한 이미지를 과감하게 버리고 친근감을 강조하는 일관된 미디어 전략으로 준비된 대통령 이미지를 획득하는 데 성공하여 당선되었다. 각 후보의 선거캠페인 전략은 후보들 각자의 이미지를 만들기 위해 노력한 이미지 정치 시대였다. 이회창 후보는 '승리의 노래', '약속'이라는 광고로 김대중 후보와 이인제 후보를 비판한 공격적 광고를 시행했다. 김대중 후보의 광고 콘셉트는 부드러운 이미지 창출이었다. 'DOC와 함께 춤을', '준비된 대통령'이라는 슬로건, "DJ와 함께 하면 든든해요-좋지, 2번 이번 이번엔~" 등 크리에이티브한 광고 전략이었다. 2002년 제16대 대선에서는 이회창 후보, 노무현 후보, 권영길 후보들의 광고 전략이 돋보였다. 이회창 후보의 광고 콘셉트는 '3김 청산'과 '부패정치 청산'의 전략이었다. 이 광고는 식상하다는 평가를 받았으나 광고에서 정책을 위주로 한 면을 보여주었다. 광고의 형태는 부정적 광고인 암시적 비교광고가 주였다. 노무현 후보는 새로운 정권이라는 기본 방향으로 주 콘셉트를 잡았다. '낡은 정치 청산'과 '서민들의 세상'으로 광고전략을 설정하였다. '노무현의 편지' 등 감성적 소구의 광고전략이 주였다. 권영길 후보는 한나라당과 민주당을 모두 비판하는 부정적 광고전략이었다. 주로 노동자 편에 섰다는 내용이었다. 이 대선부터 2~30대의 젊은층 유권자가 점차 늘어나고 인터넷 등과 같은 뉴 매체의 영향이 발휘되어 지금의 트위터, SNS 등 뉴미디어 매체에 대한 관심이 높아지고 선거에 대한 참여도 적극적으로 이어졌다. 또한 한국적 고맥락권 문화에선 지연·학연·혈연 등이 만연하였지만 점차 이런 연대감의 활동과 영향이 줄어들고 있는 추세이다. 우리나라의 정치광고는 처음부터 법적 규제를 골자로 하는 규제적 성격을 강하게 담고 시작되었다.

이러한 법적 규제는 오늘날에도 계속되고 있다. 현행 대통령 선거의 경우 신문 정치광고는 후보자 등록 후 선거일 전 2일까지 총 70회 이내에 실시할 수 있으며 그 크기(가로 37cm × 세로 17cm)까지도 세세히 규정하고 있다. 그런가 하면 텔레비전 정치광고도 30회 이내로 제한되어 있다(중앙선거관리위원회, 1997). 정치광고에 영향을 미치는 요인은 오래 전에 의회정치를 실시한 구미 선진국 사이에서도 차이를 보인다. 미국의 상업방송과는 달리 미디어의 소유권이 공공법인에 있어 공영방송의 성격이 강한 유럽 일부 국가의 경우에서도 우리나라와 마찬가지로 정치광고의 집행과 내용에 대한 각종 규제가 존재하며, 규제의 내용과 형식 또한 국가마다 차이를 보인다. 따라서 국가 간에 차이를 보이는 정치광고에 영향을 미치는 요인은 국가 간 정치광고의 차이를 설명할 수 있는 유용한 해석 틀로 적용하는 것이 가능하리라 판단된다. 정치광고는 마치 비누를 판매하는 것처럼 후보자를 판매하고, 실제와는 관계없는 이미지를 창조한다. 그리고 이슈보다는 이미지에 중점을 두어 후보자와 이슈를 판단하는 유권자의 능력에 악영향을 미친다는 비판의 목소리가 높다. 그러나 이러한

1956년 5월 3일 한강 백사장 유세에 모여든 20여만 명의 청중과 연단에서 사자후를 토하는 신익희(오른쪽). 모여든 인파로 백사장이 흑사장으로 변했다는 신문 기사가 말해주듯, 그때 그는 우리나라 최초로 '광장의 정치'를 열었다. (출전:『민권수호투쟁 사진첩』, 민주당, 1959년)

비판에 대해서는 이슈범위에 대해 객관적으로 측정한 데이터 제시 없이 이루어졌다는 반론이 제기되기도 했지만 오히려 오늘날에는 마케팅 전략의 가미로 미국의 경우 정치광고는 정치를 본질적으로 변모시키는 중요한 정치현상으로 제도화되었다. 매스미디어가 중개하는 정치적 메시지는 대개 정치뉴스와 정치광고를 통하여 전달된다. 미국을 비롯한 구미 선진국의 경우 매스미디어는 유권자를 정치과정에 참여시키는 효율적인 수단으로 인식되어 왔다. 특히 매스미디어는 정치이념이나 정당 소속감 등과 같은 상징적인 요소들이 약화된 오늘날과 같은 대중사회에서 괄목할 만한 정치적 기능을 수행한다. 유권자들은 후보자나 정당의 정강 정책방향과 이슈에 대한 입장 등과 같은 정치적 메시지를 직접적인 대면접촉보다는 선거캠페인 과정에서 이들 매스미디어를 통해 경험하게 된다. 우리나라는 1948년 5·10 총선거 당시 신문 정치광고가 처음으로 등장한 이래 정치과정에서 후보자가 유권자와의 접촉을 위해 사용하는 중요한 커뮤니케이션 채널로 자리매김하였다. 특

히 1992년 텔레비전 정치광고의 허용과 더불어 우리나라에서도 본격적인 정치광고 시대 가 열리게 되었다. 16대 대통령 선거 시 노무현 후보의 네거티브광고는 간접적인 방법으로 상대후보를 비방하는 전략을 사용했다. 그러나 정보의 전달보다는 감성에 호소하는 전략 에 주력하여, 인간 노무현의 떳떳함과 서민적인 이미지를 제고하여 '새로운 대한민국'을 만 들겠다는 일관성 있는 메시지 전략으로 노무현만의 고유한 이미지를 심는 데 어느 정도는 성공하였다. 노무현 후보의 '기타 치는 대통령', '편지', '동서화합연설'편 등은 부드러움과 카리스마를 넘나드는 노무현 후보의 매력을 담고 있다. 애니메이션 코믹기법까지도 이전 의 것과는 한 수준 높은 기법으로 시청자들의 관심을 끌었다. 노무현 후보의 선거 콘셉트 는 '새로운 대한민국'이었다. 낡은 것은 버리고 새로운 희망의 나라를 가득 채우자는 미래 지향적인 전략이었다. 광고 역시 새로움과 희망에 초점을 맞춰 만들었다.

〈그림 4-1〉 노무현 대통령 후보 선거홍보물 포스터와 정치광고 '상록수' 장면

감성적인 광고의 사용에 있어서는 이 후보는 감성적 광고와 이성적 광고를 균형 있게 사용한 데 비해, 노 후보는 감성적 접근 광고가 절대적이었다. 노 후보의 선거 전략은 감 성마케팅이라는 말도 있다. 선거기간 동안 따뜻한 인간미와 감성적인 인물이라는 점을 적 극 강조하여 광고하였다. 노 후보가 눈물을 흘리고, 땀 흘리는 모습으로 감성적 이미지를 높여 부동층의 선택을 호소하는 전략이었다. 여중생 참사사건에 대한 국민들의 관심과 호 응에 대해 민주당은 '촛불'편 광고로 답하였다. 백지 광고처럼 보이는 여백이지만 자세히 들여다보면 촛불의 연기 모양이 그대로 드러나 있다. "정치인이라는 것이 지금처럼 부끄 러울 때가 없었습니다. 반드시 새로운 대한민국을 만들겠습니다."라는 노무현 후보의 독 백체 스타일의 카피는 자질구레한 공약의 나열에 비해 짙은 호소력이 있었다. 이 '촛불'편 은 우리 정치광고의 새로운 스타일을 제기한 보기 드문 수작이라 거론되었다. 민주당은

특히 민주화를 경험했던 30~40대의 감성을 자극하는 감성적 광고로 효과를 봤다고 할 수 있다. 그 결과가 당선과 연결된 것이 아닌가 한다. 정치광고를 통한 정치적 이미지 제공과 확산이 선거의 승패도 좌우할 수 있다. 지난 2002년 대통령 선거 당시의 TV광고 중 가장 감성적인 광고는 "노무현의 눈물"이란 광고이다. 〈그림 4-2, 하〉 존 레논의 〈이매진 imagine〉을 배경음악으로 시작한다. 노래에 눈물 한 방울 흘리면서 "두 번 생각하면 노무현이 보입니다."라고 한 이 광고는 노 후보의 진실된 측면을 강조해 많은 유권자에게 감동을 주어 결국 지지로 연결되었다고 할 수 있다. 이 광고는 마치 대통령 선거 광고가 아니라는 듯 어린 아이들의 천진난만한 표정을 담은 스틸사진으로 시작된다. 전체 3/4을 스틸 사진으로 구성한 이 광고에서 유일하게 움직이는 영상은 노무현이 흘리는 눈물 한 줄기뿐이다. 그것은 긍정 또는 부정적 감성을 유발하는 두 가지 방식으로 나타난다. 정치광고가 긍정적 감성을 유발하기 위해서 유권자에게 희망, 애국심, 안정감을 느낄 수 있게 만든다. 정치광고의 또 다른 형태인 부정적인 정치광고는 비판적 감성을 유발하기 위한 것으로 유권자들에게 분노, 불만족, 좌절감을 부추겨 득표하는 것이 목적이다. 긍정적인 정치광고는 정치 현실보다 미래상에 초점을 맞춰 제작된다. 대다수가 희망하거나 지향하는 이상적인 사회상 또는 참신한 정치인상을 강조한다. 이런 내용을 담기 위해 정치인 본인이나 유명 연예인, 대학생이나 상인과 같은 일반 유권자를 등장시킨다. 그리고 정치인 자신의 광고 내용은 밝고 미소를 자아내게 만든다. 이에 반해 부정적인 정치광고에서는 정적에 대해 매우 부정적인 메시지를 강조하는 형식을 취한다. 위에서 살펴 본 정치광고의 두 가지 방식은 현실 정치에서 흔히 등장한다. 어떤 방법이 선거에 주효하느냐 하는 것은 선거 때마다 다르다. 정치·경제·사회적 상황에 따라 변화무쌍한 결과가 나타나는데, 이는 정치광고 전문가가 머리를 싸매고 고민하는 부분이다. 지난 2002년 대통령 선거에서의 TV와 신문정치광고를 보면, 당시 민주당은 한나라당에 비해 긍정적 광고 전략을 구사했다. 민주당은 선거 초반부터 TV 광고전에서 기선을 제압했다. 민주당 TV 광고 1탄은 노무현 후보가 눈물 흘리는 모습을 클로즈업해 시청자들의 감성을 자극했나. 노 후보의 두 번째 광고인 유쾌한 정치개혁편도 기본적으로는 긍정적 정치광고이다. 당초 과격하다는 평가가 많았던 노 후보는 각종 홍보물에서 미소를 짓고 부드러운 단어를 사용하는 후보의 모습으로 부각되었다. 한나라당은 첫 TV 광고인 '난폭 버스운전사'에서 노무현 후보의 불안정하고 과격한 이미지와 대비되는 이회창 후보의 안정 이미지를 강조했다. 이 후보 진영의 두 번째 정치광고는 민주당의 실패한 교육 정책을 이회창 후보의 교육·여성 정책과 대비시키는 내용을 담았다. 신문광고에서는 대체로 두 당의 광고 기조가 부정적 광고 전략이었다. 노 후보 측은 "의혹에 휩싸인 사람이 대통령이 되려는 것은 낡은 정치, 부패정치의 연속일 뿐입니다."와 같은 인신공격형 광고나 단순히 노 후보의 이미지를 광고하는 수준이었다. 한나라당은 DJ의 실정과 노무현 후보를 동일시하면서 이회창 후보의 정책을 대안으로 제시했다. 또 노무현 후보가 민주당 소속이라는 사실을 강조하거나 색깔론, 부동산 투기의혹 제기 등에 무게를 실었다. 정치광고에서 중요한 것은 짧은 시간 또는 좁은 지면 안에 전달하고자 하는 정보를 최대한 축약해서 시청자들이 정확하게 이해할 수 있게 하는 것이다. 그 내용은 '광고하고자 하는 정치인의 소개 → 그 정치인이 다른 정치인보다 우수한 점을 부각 → 상대 후보에 대한 집중적인 공세 → 광고하고자 하는 정치인이 최선의 선택이라는 점을 강조'하는 방식으로 전개된다. 정치광고 제작 시 고려사항은 정치광고가 시청자를 즐겁게 하면서, 전달되기 원하는 정보를 정확하게 인식하도록 하는 것이다. 정치인이 권위 있어 보이게 하고 싶을 때 의사당 건물 등 정치관련 건축물을 배경으로 삼는다. 또 사진 찍는 각도를 밑에서 위로 향하게 해 정치인이 크게 보이도록 조작하기도 한다. 정치광고의 중심인물이 움직이는 모습으로 소개되는 것은 정치활동에 분주하거나 어떤 목적을 가지고 성실하게 노력하는 등의 인상을 준다. 정치광고의 배경 색깔은 긍정적 효과를 유발하려 할 경우 밝은 색을 쓰는 것이 일반적이고, 네거티브 광고의 경우 어두운 색을 쓴다. 광고 속에서 정적과의 대비를 할 때, 상대방은 흑백필름을 쓰고 자신은 컬러로 방영하는 등 시각적으로 차별화하는 방법도 있다. 노무현 후보가 대통령에 당선될 수 있었던 것은 여러 요인이 있겠지만 감성에 호소한 정치광고의 영향력도 무시할 수 없습니다. 한편 한나라당 이회창 후보와 민주당 노무현 후보의 정치광고는 너무 대조적이고 상반됐다는 것이었다. 이 후보의 정치광고는 철저한 네거티브 전략을 주로 사용한 것에 비해, 노 후보 광고는 서정적이고 감성적 접근을 했다고 한마디로 요약했다. 〈그림 4-2〉와 〈그림 4-3〉은 노무현 대통령 후보와 이명박 대통령 후보의 감성광고 시리즈이다.

〈그림 4-2〉 노무현 대통령 후보의 감성광고 시리즈

'대통령의 눈물'이 가슴에 와 닿는 단 어처럼 보인다. 우리나라 역대 대통령 중에서 눈물을 흘렸던 것은 취임연설 도 중 눈물을 흘렸던 고 김대중 대통령뿐이 었다. 국민들이 IMF 때문에 질곡을 당할 것이라는 말 앞에 박정희 독재에 저항했 던 그도 울먹일 수밖에 없었다. 2002년 12월 16대 대선광고에서 눈물 흘리는 노 무현 후보의 모습은 이회창 한나라당 후

〈그림 4-3〉 이명박 대통령 후보의 감성공고 시리즈

보 정치광고와 대조적이었다. 노무현 후보의 정치광고에 나타난 이미지는 단 한 방울이었 지만 국민들의 가슴을 울렸다. 물론 이 눈물이 노무현을 대통령으로 만든 가장 큰 원인은 아니라고 할 수 있지만 노무현 후보의 눈물 그 자체는 감동적이며 유권자는 그의 눈물에 감명을 받았을 것이다. 그는 지지자들 앞에서도 눈물을 흘렸다. 예를 들어, "노무현 눈물 의 한 방울이 나라를 바꿉니다"라는 카피는 감성적인 정치광고이다. 그럼 왜 사람들이 노 무현에 감동할까? 아마 자기와 비슷한 서민 출신, 비주류가 흘리는 눈물이기 때문에 동질 감을 느꼈을 것이다. 정치인들이 대중 앞에서 흘린 눈물의 표상(representation)은 이념 정치라기보다는 이미지 정치라는 면을 부각시키고 있다. 여기서 눈물이 주는 기표 (signifier)는 실재보다 더 사실적인 과실재성(hyperreality)인가 아니면 이 기표가 주는 다양한 의미(polysemy)의 기의고리들(signified connotation)은 내맡긴 관중들의 '광주 의 한'으로, '목포의 눈물'을 부르고 또 불렀던 노래 가사가 표상하는 저 밖의 대상체 (referent)로 이데올로기적(ideology)인 신화(myth)를 창출할 것인가에 대한 자의적인 (arbitrariness) 해석이 필요한 부분이다. 이런 결과가 1980년대에 호남에서는 적용되었 다. 그리고 1987년부터 매번 선거마다 소위 '호남 몰표'가 쏟아져 나왔다. 김대중은 그 '호 남 몰표'의 위력으로 최소한 제일 야당이 되었다(bbs.agora.media.daum.net/gaia/do). 김대중 대통령이 TV프로그램인 SBS「한밤의 TV연예」와 KBS「아침마당」에 출연하여 그 동안 숨겨져 있던 편안하고 인간적인 면모, 경제철학, 첫 부인과의 사별 등을 자연스럽게 스토리텔링화 함으로써 주부대상 TV프로그램의 여성유권자의 지지표를 자연스럽게 유도 한 감성적인, 일종의 정치광고들이다. 나라정치를 이끌 정치인도 다른 한편은 우리의 평 범한 인간으로 슬프고 감정이 북받칠 때는 한켠에서 눈물을 흘리고 여성 정치인도 평범한 여자처럼 밥을 짓고 시장을 보고 화장을 한다. KBS〈아침마당〉에 출연하여 어머니 생각

에 눈물을 흘린 이명박 대통령(〈그림 4-4〉). 평범한 구멍
가게 둘째딸에서 영국 최초의 여성 수상이 된 철의 여인
대처(〈그림 4-5〉 좌측)는 1979년 5월 수상에 오른 이후
재임기간 내내 하루 19시간씩 주 7일을 근무한 완벽주의
자였다. 그녀는 1976년 9월에 IMF에 처하며 과다한 사회
복지 지출과 노사분규로 멍들어가던 70년대 영국 경제를
되살려냈다. 영국대처수상은 국민과 함께 고통을 나누겠
다는 의지로 재임기간 내내 각료들과 똑같은 봉급만을 받
았던 사람이었다. 모든 서류를 자신이 두 번 이상 검토하
지 않고는 남에게 절대 충고를 하는 법이 없는 철두철미한
성격의 소유자였다. 이 모든 것은 불가능할 것이라고 믿
었던 침체된 영국을 다시 살려내며 대처리즘이라는 신드
롬을 만들어낸 강인한 리더십의 여인이었다. 한 나라의

〈그림 4-4〉 KBS 아침마당에 출
연하여 눈물 흘린 이명박 대통령(상)
천안함 46용사 합동분향소 조문 중
눈물 흘린 이명박 대통령(하)

운명을 바꿔놓은 것뿐만 아니라 여성에 대한 인식 자체를 바꿔 놓은 사람이었다. 총리로
재직하던 시절 다우닝가 10번지 수상관저의 하루일과는 언제나 오전 6시 30분께 시작되었
으며 남편의 아침상을 손수 차리고 퇴근 후 평범한 다른 부인처럼 시장을 보는 검소함과
소박함을 가진 보통 주부로, 수상관저에서 일하는 직원을 하나도 두지 않았을 정도로 부지
런한 사람이었다. 대처 수상은 단호하면서도 섬세한 여성의 이미지로 영화 '철의 여인(The
Iron Lady)'으로 재현되었다(〈그림 4-5〉 우측). 또한 힐러리 클린턴은 국무장관이지만 어
느 평범한 여성처럼 회의 중 시간을 내어 립스틱을 바르기도 한다(〈그림 4-5〉 중앙).

〈그림 4-5〉 영국 최초 여성수상-마가렛 대처(좌측), 영화 '철의 여인' 포스터로 재현(중앙)

〈그림 4-5〉에서 보여준 두 여성정치인의 이미지와 현실은 내파되어 이 둘 사이는 아무
런 차이가 없다는 것이다. 오늘날 우리는 환영(幻影, illusion)의 시대라고 특징지은 시대

에 살고 있는 셈이다(Baudrillard, 1993). 여기서 환영이란 내파(imploded)되어 새롭게 통합된 개념이다. 이 환영은 그 이전 시기인 표상의 시기에 의미생산에 필요한 차이를 구성해 왔던 각각의 용어들이 붕괴 또는 내파된 데서 유래한다. 즉 실물을 기호로 나타낼 때 구별 짓던 기호 내에 존재한 의미 / 기의 / 기표 / 이미지 / 이데올로기가 하나의 개념으로 통합되어서 나타나기 때문이다. 따라서 우리는 영상매체에서 보고 있는 영상이미지는 실제라고 느끼면서 몰입하게 된다. 이는 장 보드리야르의 표현대로 우리의 현실이 매체를 통해 재생산(reproduction)된 이미지로 본래의 것(the original)이자, 지시대상(referent)인 것(Fiske, 1993)으로 간주하고 있기 때문이다. 그러면 이런 논리적 바탕에서 대중매체 속에서 우리의 현실이 어떻게 환영되는가에 대해 두 여성 정치인의 예로 살펴볼 수 있다. 영국 전 수상인 마거렛 대처의 이미지는 소박한 식료품 가게의 딸이고 보통 서민가정의 딸에 불과했다. 앞에서 언급했듯이 그녀가 수상 시절 열심히 집무 후 한 가정으로 돌아가면 어느 한 남편의 아내이자 애들도 돌보고, 시장도 보고, 밥도 하는 그저 평범한 주부의 이미지이다. 그렇지만 그의 집무는 강한 철의 여인 수상이었다. 영국 최초의 여성 총리이자 역사상 처칠 다음으로 높은 평가를 받는 마거렛 대처에게 소련이 붙여준 별명답게, 여성으로서 세계적으로 영향력이 있고 유럽을 대표하는 영국이란 나라를 11년 이상 이끌었던 수장이었으니 강인하지 않고서는 당연히 그 막중한 임무를 절대로 수행할 수 없었다. 아르헨티나와 포클랜드 전쟁 선포 등 카리스마가 넘친 강한 이미지였다. 노동시장의 유연성을 논할 때 강성노조를 꺾었던 대처, 그녀는 영국 경제를 아우르는 큰 정치를 하며 3번이나 수상을 지낸 여걸 이미지다. 집무 시 철의 여인은 보통 한 여성이 지닌 미적 시샘처럼, 엘리자베스 여왕과 만날 시는 굽이 높은 하이힐을 신어 여성의 본성인 미를 나타내고 싶었던 이미지였다. 집무시 특유의 목소리 톤, 헤어스타일을 고수했으며 남편이 쌍둥이를 낳았다고 선사한 진주 목걸이를 항상 착용하였다. 그리고 파란색 옷 착용 등은 진실보다 더 진실인 환영(illusion)이고 시뮬라크르(simulacra)이다. 하지만 한 시대를 풍미했던 그도 세월 앞에서는 어쩔 수 없이 말년에 치매로 투병생활을 하고 있다. 그렇지만 지금 그녀는 영화 '철의 여인'에서 다시 재현되었다. 영화는 그녀의 현재 모습은 늙고 치매(실제로 대처 수상은 뇌졸중 후유증으로 치매를 앓고 있다고 한다)에 걸려 과거와 현실이 오락가락하면서 죽은 남편의 환청과 대화하는 모습과 여성이지만 당당히 영국을 진두지휘하던 과거의 모습을 오가면서 그녀의 과거와 현재를 대조적으로 보여준다. 바로 이것이 현실보다 더 현실적인 환영(illusion)이고 하이퍼리얼리티(hyperreality)의 시뮬라시옹(simulation)이다. 미국의 힐러리 클린턴(Hillary Clinton)상원의원의 이미지 변신으로 그 직책과 상황에 따라 그녀의 이미지는 다양하다. '변호사 시절'은 전문직 스타일로 단장하고, '퍼스트레이디 시절'은 헤어스타일을 수시로 바꾸고 멋을 내는 스타일리스트로 언론에 자주 등장한 전문적이고 멋쟁이 이미지였다. 그리고 '상원의원이 된' 그녀는 화려한 몸단장은 뒤로하고 입법에만 파고들고 있다는 이미지를 보여주기 위해 수수한 모습으로 그의 이미지 변신을 꾀하였다. 그녀의 움직임 하나하나가 정치적인 의미를 생산하고 또한 재생산하였다. 미소 짓는 영부인 시절과 전문가답게 의사당에서 연설하는 당찬 이미지, 버락 오바마와 대통령 경선 시 대담한 선거캠페인 전략 구상, 그리고 오바마의 정권에서 세계를 누비는 국무부장관으로 역할 수행 등은 텔레비전 화면을 통해 전송되는 현실의 일부가 아니다. 그녀의 이미지야말로 그녀 자신이다. 그녀의 머리 스타일은 TV 이미지에 앞서 존재하는 것이 아니다. 실제 모습을 보는 것은 화면으로 보는 것보다 더 믿을 만한 경험도 아니다. TV 카메라가 없었다면, 그리고 시청자가 없었다면, 그 미소, 머리스타일, 연설도 없었을 것이다. 그렇지만 그가 어느 여성과 다름없이 업무 수행 중에도 입술에 립스틱을 바르는 등 화장하는 이미지는 바로 현실이고 환영이다. 그 이미지 변신은 TV 화면이나 연설장이나 동시적으로 그리고 유사하게 존재한다. 양자 사이에 존재론적 지위에서 아무런 차이가 없다. 다른 것을 재생산한다고 할 수 없다. 어느 하나는 다른 하나와 똑같이 현실(실재)이거나, 비현실(비실재)이다. TV 화면으로 경험되었듯, 연설장에서 경험되었든 상관없이 힐러리는 하나의 환영(혹은 시뮬라크르)이다. 이 환영은 '비현실(비실재)적'인 것이 아니다. 따라서 그녀는 실재적인 정치적 행위를 수행할 수 있고, 또 수행하고 있다. 이 환영은 현실을 부정하지 않는다. 단지 이미지와 현실 차이를 거부할 뿐이다. 대처 수상, 힐러리의 정치적 제스처와 사회적 지위는 그녀들의 이미지와 파워와 동일하며, 이미지에서 추정되는 바와 동일하게 행사된다. 위 논리가 장 보드리야르가 주장한 내파 개념에 근거한 환영의 현상이다. 그는 한 실체를 표상하는 데 있어서, 의미를 전달한 기의(signified)는 사라지고 기표(signifier)가 이미지로 실체를 재현한다는 것이다. 이는 기호의 행위소 간에 의미가 소멸된 것으로서, 하나의 원실체는, 의미 = 기의 = 기표 = 이미지 = 기호 = 실체가 평면 위에 하나의 존재로 표상된 하이퍼리얼리티(hyperreality)이고 시뮬라크르(simulacra)의 실체일 뿐이다. 언어적 메시지의 이슈와 이미지를 알아보기 위해 다음과 같은 분석 유목을 택했는데, 주로 정책이나 현안에 대한 언급이 주된 내용일 때는 이슈 지향적으로 보았으며, 그외 구체적 정책 설명이나 현안에 대한 입장 표명 없이 후보자 개인의 이미지를 표현했을 경우엔 이미지 지향적으로 구별하여 분석하였다.

2. 정치광고홍보의 차별화 전략

　정치광고의 크리에이티브가 뛰어나고 비주얼의 차별화가 이루어졌다 하더라도 아이디어만 기억에 남고 어떤 후보자인지 생각이 나지 않는다면 무슨 소용이 있겠는가. 결론적으로 정치광고를 훌륭히 만들어 당선까지 연결시키기 위해서는 다음의 몇 가지 방법을 사용해야 한다. ① 훌륭한 아이디어 ② 모델의 차별화(예 : 후보자와 유권자) ③ 장소의 차별화이다. 정치광고 디자인의 근본 목적은 바람직한 정치 문화의 창조에 있으며, 종합적인 이해를 바탕으로 대선 홍보물이 제작되어야 한다. 정치환경과 유권자의 심리분석, 유권자의 투표성향, 지역성과 아이디어의 창출과 전개, 샘플 제작 등 정치 환경의 전반적인 측면을 이해하여 합리적으로 전개할 필요성이 있다. 이는 후보자와 유권자의 욕구를 충족시켜주는 동시에 시간과 경비의 단축은 물론 품질 면에서도 효과가 있기 때문에 과학적이고 논리적인 전개는 정치광고를 진행하고 있는 실무자에게 당면한 과제라 할 수 있다. 역대 대선에서는 공화국별로 정당의 생성과 소멸이 반복되어 왔기 때문에 정당귀속감에 의한 투표는 찾아보기 어려운 반면에, 사회 집단이나 이슈에 따른 투표가 보편적 현상으로 나타났다. 그 예가 바로 권위주의 시대에 민주-반민주 균열에 대해 연령과 교육수준에 따라 다른 태도를 취한 결과로 나타나는 여촌야도의 선거연합이다. 한편 민주화 이후 선거연합의 양상으로 나타나고 있는 지역균열도 그것이 분명히 권력적 차원에서의 정치적 경쟁을 나타내고 있다는 점에서 지역의 이익이나 심리적 정향과 어느 정도 관계를 맺고 있는 것은 사실인데, 그것은 한국과 같이 심리적 정향과 어느 정도 관계를 맺고 가치를 결정할 수 있는 중요한 자원인 사회에서는 권력경쟁 그 자체가 정치적 갈등의 원초적인 계기가 되는 것은 어느 정도 당연하다고 하겠다. 따라서 지역주의 선거 연합의 형태와 강도에 영향을 주는 정당의 분열과 통합, 정당의 노선과 선거 전략 등이 주어진 상황 하에서 어떻게 권력을 극대화하고 있는가를 설명할 수 있을 때에 한국의 지역주의가 정당들 간의 권력 경쟁의 결과라는 주장이 설득력을 가질 수 있을 것이다. 제14대 대선의 결과에서 나타났듯이 승리를 보장할 수 없기 때문에 시도된 지역연합의 구성은, 자기 지역 출신의 대선 후보자가 없는 지역에서의 지지 동원에는 일정한 한계가 있으므로 반드시 성공적이라고 말할 수는 없을 것이다. 그렇기 때문에 3당 합당과 같은 지역정당의 통합보다는 독자적인 지역대표성을 유지하는 지역정당 간의 연대노력이 더 효과적일 것이다. 또한 정치광고 홍보물을 제작할 시에 지역주의 정서에 집중적인 호소를 하여 지역경쟁을 전개하는 것이 그 지역 후보자들에게 유리한 것은 아니라고 간주되며, 민주화 이후 한국의 정당들은 그들을 차별화시킬 수 있는 이슈나 이데올로기를 찾지 못하고 있었기에, 대선 후보자들의 개인적 인기나 거부감과 같은 일시적·개인적인 요인들이 유권자들의 정당지지에 큰 영향을 미칠 수 있었으며, 유권자들로부터 외면과 비판을 받을 수밖에 없었음을 알 수 있었다. 따라서 정치광고나 선전은 원래 인간의 커뮤니케이션 자체처럼 역사가 길다고는 보아지는데, 정부와 지도자들이 일반대중의 지지를 얻기 위해 경쟁하는 곳에서는 어디서나 정치적 광고와 선전이 존재해 왔기 때문이다. 그러나 최근에 들어서는 이슈광고의 비중이 작아지고 이미지 광고의 비중이 커지고 있는 실정이다. 이미지 광고는 그 내용에 있어서 이슈광고 보다 폭넓은 광고범위를 가지고 있다고 보아지는데, 후보자의 리더십, 정직성, 잠재능력, 타 후보자와 비교할 수 있는 경쟁력과 열정 및 활력 등은 이미지광고의 강조점 중 가장 일차적인 대상이 된다. 이렇듯이 제14대, 제15대 대선 홍보물에 나타난 다양한 정치광고물들을 조형적·내용적으로 분석하면서 우리나라의 각 정당들이 정치광고에 대해 보이는 관심이 지대함을 알 수 있었으며 실제로 적용할 경우에 구체적인 활용을 할 수 있도록 우수한 홍보물 제작을 위한 가장 기본적인 틀을 제시하고자 한다. 첫째, 정치후보자는 선거홍보 및 선거전략과 연동관계를 가지도록 이미지 콘셉트와 정치후보자 포지셔닝 전략을 구사하여, 경쟁 후보자와의 차별화를 통해 자신을 가장 유리한 입장에 서게 해 줄 콘셉트를 연구 개발하고 선택하지 않으면 안 될 것이며, 비교평가를 바탕으로 한 일반 유권자들에게 이해와 설득을 통해 자연스레 평가되도록 가장 적합한 정치후보자 콘셉트를 찾아야만 할 것으로 파악되었다. 둘째, 후보자들 간의 경쟁 패턴을 밝혀내기 위해 유권자들의 선호도를 토대로 가장 중요한 특징이 무엇인가에 대한 가설을 검증하여, 이미지 선호도와 비교 분석하여 홍보물의 제작에 적극 반영하도록 선정하여야 할 것으로 보인다. 셋째, 주 콘셉트와 부 콘셉트를 표방하되, 이를 동시에 유효적절하게 잘 활용하는 경쟁우위적인 최종 콘셉트 설정에 유의하여야만 할 것이다. 넷째, 수집된 정보와 관련된 문제를 통한 상호 관계성을 전체의 정보와 관련시켜 검토 분석하여 구체적으로 대응하여 실행할 수 있는 대안의 설계를 마련하여 채택되도록 결정되어야 할 것으로 사료된다. 다섯째, 포스터와 팸플릿 등 법정홍보물 및 후보자 관련 정치 선전 광고물을 제작 시, 이미지인 조형 요소와 내용적 문고인 선전을 통한 언어요소를 효과적으로 활용하는 방안에 주안점을 두고 제작해야 할 것이다. 이러한 연구 결과를 통하여 부각된 일반 유권자들의 후보자 선택 시 대선 홍보물에 대한 효율적인 광고효과라고 한다면, 대략 다음과 같은 다섯 가지로 요약할 수 있을 것이다. 첫째로 정치 쟁점화에 대한 이슈가 가장 많은 비중을 차지하고 있으며, 둘째와 셋째로는 후보자에 대한 이미지와 유권자들의 성향을, 넷째로는 심플한 메시지가, 다섯째로는 미디어 선거의 개막 등 시대에 부합된 비주얼 이미지를 들 수가 있다. 매개효과 면에서는 이러한 인지적 반응과 감정적 반응 모두가 복합적으로 작용하여 영향을 끼치고 있는 것으로 나타났으므로, 정치광고에 대한 연구의 활성화와 함께 우리나라 정치문화에서 정치광고가 차지하는 비중이 높아져야 한다는 것은 당연한 과제이며, 향후 연구과제로서 연구 결과의 신뢰성 및 타당성을 높일 수 있는 새로운 변수의 개발과 정치광고 효과지표를 개발한다면, 보다 진일보한 연구 성과를 기대할 수 있으리라 판단된다.

사례 4-1 7가지 선전전략이 정치광고 전략에 이용되는 미국의 선전분석연구소 분석

전 략	내 용	사 례
① 낙인찍기/매도하기 (name calling)	상대 후보자나 추종자들에게 강렬한 증오의 대상이 되는 이름을 붙여 공격하는 것.	1963년 10월 15일 공화당은 상대방 민정당 윤보선 후보를 지칭하여 이순신과 원균으로 비유, 김대중 후보의 '대중시대의 문을 열자'
② 화려한 추상어·미사여구 (glittering generality)	자신 또는 자신의 아이디어를 미사여구를 써 좋게 보이게 하거나 절대적 가치나 보편적 가치와 결합시켜 상대적으로 상대방의 주장이나 가치를 저하시키는 수법이다.	공화당, 새아시아태평양시대의 주역, 중단 없는 전진, 번영과 안정을 위한 박정희 선택
③ 전이 (transfer)	일반적으로 권위가 인정되는 인물이나 상징을 자신에게 전이시켜 차용하는 것이다.	공화당 상징 '새 일꾼에 한 표 주어 황소같이 부려보자'
④ 증언 (testimonial)	명망 높은 개인이나 단체들의 증언을 통하여 자신을 높이고 상대를 낮추는 방법이다.	재향군인회, 민주평화통일자문위원회 - 현정권 지지
⑤ 서민기법 (plain folks)	대중시대의 이미지에 걸맞도록 자신을 맞추는 방식으로 평범한 이미지를 차용하여 유권자에게서 친근감을 유도하는 수법이다.	민주공화당 박정희 후보는 농민의 아들로 평민화하는 전략을 내세웠다.
⑥ 부화뇌동 (bandwagon)	우리말로 악대 마차효과라 하며, 우세한 쪽 내지 우세한 분위기가 있는 쪽으로 기울어지는 사람들의 심리적 속성을 이용하는 방법이다.	박정희 후보의 맥고모자쓴 시골 모습을 찍은 자신의 사진과 함께한 모습의 이미지로 "승리는 이미 결정적입니다." 김대중 후보는 "판단은 끝났다." "그날 우리 청와대에서 만납시다."

전 략	내 용	사 례
⑦ 속임수 (card stacking)	사실을 숨기며 오해 받을 만한 사실만을 선별적으로 제시하거나 강조하여 소극적으로 사실을 왜곡하는 수법이다. 즉 다소의 사실성(half-truth)을 근거로 은근한 비방성 루머를 유포함으로써 상대방이 해명할 수도 안 할 수도 없는 곤경에 빠뜨리는 수법이다.	민정당 윤보선 후보 시절의 증권파동, 건축의혹, 새나라택시 사건 개입 등

출처 : 이준일(1997). '잔잔한 느낌으로 전해지는 한편의 정치광고가 아쉽다.『저널리즘비평』, 제8권.

　　이러한 7가지의 정치선전의 기법〈사례 4-1〉내지 수법을 제5대 대통령 선거전에서 공화·민정 양당에서 공통적으로 채택하여 사용하였고, 이러한 부정적 방향으로의 발전은 우리 정치커뮤니케이션, 엄격히 말하여 선거캠페인에서 비방, 흑색선전으로 발전하는 빌미가 되기도 하였다. 공화당은 민정당 윤보선 후보에 반혁명적 정당, 구악, 사대주의자, 매카시즘, '늙은 여우'라고 표현하는 등 노골적인 말을 정치광고에서도 구사하여 철저한 낙인찍기를 하였다. 공화당의 경우는 낙인찍기와 전이기법을 통하여 광고 설득효과를 높였는데 그것은 이순신을 택할 것인가(전이), 원균을 택할 것인가(낙인), 흥부를 택할 것인가(전이), 놀부를 택할 것인가(낙인)의 광고문안에서 볼 수가 있다. 한발 앞선 정치광고의 수준을 보인 공화당은 자신이 사상논쟁에 휘말리자 스코필드 박사의 증언이나 여순반란 사건 연루를 해명하고자 백선엽 장군 등의 증언을 광고에 활용하였으며, 제3공화국 동안 박정희는 줄곧 농민의 아들, 가난한 농촌 출신을 내세워 평범화 내지 평민화(서민화) 전략을 구사하였다. 이러한 것들 외에도 공화당은 농부가 황소를 부리는 그림과 함께 지지를 유도하거나, 농민의 아들임을 내세우면서 촌로와 함께 추수하는 박 후보를 내세우기도 하였으며 만화를 정치광고에 활용하는 등 다양한 광고를 구사하였다. 다만 민중, 신한 양당의 통합으로 신민당의 후보가 된 윤보선 후보의 '빈익빈이 근대화냐? 썩은 정치 뿌리뽑자', '지난 농사 망친 황소 올봄에는 갈아보자', '박정해서 못살겠다, 윤택하게 살아보자' 등 야당의 공격성 광고 문안이 돋보였다. 이러한 제6대 대통령 선거와는 달리 제7대 대통령 선거는 다시 격렬한 한판 승부가 연출되었다. 이른바 3선 개헌의 파장 끝에 3선을 향한 공화당의 박정희 후보와 결사저지하려는 40대 기수론에 양진영의 광고전 또한 격렬했던 것이다. 우리 정치의 여야대결 구도 속에 거의 상투적으로 등장한 공화당의 '안정 속의 성장' 논리에 '대중시대의 문을 열자'라는 슬로건을 헤드라인으로 내세운 신민당의 광고는 선거

광고를 한 단계 발전시킨 것으로 평가할 수 있다. 3선 개헌으로 장기집권을 노리는 박정희 후보의 '고뇌에 찬 민족영도자 이미지'를 주요 시각요소로 내세우며 지속적인 지지를 호소한 광고내용에 대하여, 신선하고 활기찬 40대 기수의 개혁이미지를 시각요소로 내세우며, 특유의 투쟁성, 선명성을 부각한 내용은 매우 활기찬 것이었다. 특히 인상 깊은 광고로 71년 4월 24일자 조선일보에 실린 '판단은 끝났다. 그날 우리 청와대에서 만납시다.'라는 신문광고는 20여 년이 지난 14대 대통령 선거전에서도 재현된 내용으로 되짚어 볼 만하다. 한편 제17대 대선에서는 선관위가 인터넷 공식 채널로 인정되었다. 그리고 인터넷 광고 현황은 이명박 후보가 32개 매체 31억 8,010만 원, 정동영 후보가 33개 매체 30억 원, 권영길 후보가 5개 매체 1억 8,100만 원을 광고비로 지출하였다.

politics
Advertising

제 5 장
정치광고홍보물

1. 정치광고홍보물의 디자인과 트렌드

1) 선거홍보물의 종류

(1) 선전벽보

선전벽보는 유권자들에게 자신의 얼굴을 알리기 위해 쓰이는 가장 단순하면서도 비중 있는 홍보물이다. 선관위가 지정한 장소에만 부착하도록 명시되어 있다. 다른 홍보물에 비해 디자인의 변화가 거의 없고, 후보자들의 포즈도 다양하지 못해 다양한 포즈 연구의 필요성이 요구된다. 선전벽보는 유권자에게 자신의 얼굴을 알리고, 후보자의 기호, 메시지를 전하는 역할을 한다. 대부분 선전벽보와 명함의 디자인을 같이 사용하는 경우가 많아 사진촬영이 매우 중요하다. 선전벽보의 조건은 다음과 같다(박종운, 1996). 첫째, 간결하고 명확해야 한다. 최대한 메시지를 줄이고 간결한 의미전달을 하는 것이 좋다. 둘째, 주의를 끌 수 있게 제작되어야 한다. 유권자의 주의를 환기시킬 수 있도록 시각적으로 강한 인상을 심어주어야 한다(이선지, 2004). 셋째, 자연스러워야 한다. 포스터에 사용할 후보자의 사진은 유권자에게 호감을 주고 친밀감을 줄 수 있어야 한다. 넷째, 일관성과 시각적 통일성을 유지해야 한다. 비주얼과 서체의 통일성이 있어야 한다. 그러나 기호는 눈에 띌 수 있도록 제작한다. 벽보는 야외의 벽에 부착하는 것이므로 유권자들이 걸어가거나 걷다가 잠시 멈춰서 보는 것이다. 그리고 모든 후보자가 함께 게시되기 때문에 상대적으로 돋보이도록 원고가 준비되어야 한다. 벽보에서 가장 중요한 것은 후보자의 사진이다. 컬러벽보라는 점에서 옷은 물론이고, 남성의 경우 넥타이는 무슨 무늬로 하느냐, 여성은 액세서리 착용 유무와 종류 등이 면밀히 검토되어야 한다. 또한 스냅 사진의 표정과 소품에 각별히 신경을 써야 한다. 벽보에서 후보의 사진과 성명·정당명·기호, 입호부의 종류, 슬로건 등을 중심으로 하는 구도는 대개 다음과 같은 유형으로 구분할 수 있다. 벽보유형은 보통 4가지로 구분한다. ① 인물사진 ② 후보 및 정당명 ③ 성명·당명·경력형 ④ 성명·당명형이 있다. 벽보의 제작은 다음과 같은 몇 가지 기본 유형에 따라 제작된다. 인물사진을 크게 부각하는 형(〈그림 5-1〉의 ①)은 유권자에게 이미 널리 알려진 후보나 얼굴에 자신이 있는 후보가 주로 사용하는 형태로 사진 위에 이름과 당명을 덮어 기재한다. 단순·시원하며 사진이 크기 때문에 벽보의 중심을 끌 뿐만 아니라 우월해 보인다. 단점은 성실성이 결여되어 보일 뿐만 아니라 유권자들에게 교만 내지는 거만해 보일 수가 있어

거부감을 줄 수 있다. 후보 및 정당형(〈그림 5-1〉의 ②)은 주요 정당의 공천을 받는 신인이 주로 사용하게 된다. 우선 이름을 알려야 하고, 자신이 주요 정당후보이며 혁신적인 정치의 슬로건을 인식시키는 데 유리하다. 또한 인물 사진보다는 일하는 평상복과 자유스러운 자세나 V자형 제스처 등은 유권자들에게 친근감을 자아내게 한다. 그러나 사진이 다른후보들보다 위나 아래에 위치하여 심리적으로 왜소하게 보일 우려가 있다. 또한 슬로건등도 손글씨나 ③처럼 활자-사진 등이 그래피 형식, 수서문자 등 묘사하는 그림형식의 타이포그라피(Typography)의 형태의 광고가 전통적 관념에서 벗어난 표현 수단이다. 성명·당명·경력형(〈그림 5-1〉)의 ③은 대개 신인 후보의 경우 이름뿐만 아니라 어떤 사람인지를 알리기 위하여 자세한 경력까지 소개하거나 또는 공약사항까지 넣는 경우이다. 그러나 선거공보가 배달된다는 점에서 세세한 내용은 공보를 이용하고, 너무 자세한 내용을기재하는 것은 생각해 볼 과제이다. 특히 선거벽보의 경우 주요정당의 후보는 정당명은법적 요건을 충족하는 선에서 작게 표시하고, 후보의 이름이나 구호 등을 크게 부각시켜야 한다. 사진·성명·당명형(〈그림 5-1〉의 ④)은 후보 및 정당명형의 발전적 변형으로 후보자의 사진을 위로 뽑은 것으로, 단점은 이름이 밑이나 ③처럼 옆으로 가게 된다는 점이다(손병홍, 1999). 법적 요건을 충족하는 선에서 작게 표시하고, 후보의 이름이나 구호 등을크게 부각시켜야 한다. 그러나 특정 정당이나 특정 후보를 거명하여 비난하는 선거구호를사용하거나, 다른 후보자와 그의 배우자 또는 직계존·비속이나 형제자매의 사생활에 대한사실을 적시하여 비방하는 행위, 후보자 이외의 인물사진을 배경으로 하거나 게재하는 것은비윤리적일 뿐만 아니라 법에도 저촉된다(최한수, 1996).

〈그림 5-1〉 정당별 서울시장 후보자들 특징있는 선거벽보

① 인물사진   ② 후보 및 정당명   ③ 성명·당명·경력형   ④ 성명·당명형

(2) 책자형 소형 인쇄물

책자형 소형 인쇄물은 선거 경력 중심의 정보를 전달하는 선거공보와는 달리 후보의 이미지 제고를 위한 업적, 살아온 갈등 등 후보자의 인간적인 면모를 세세히 보여 줄 수 있기 때문에 홍보물 활용 범위는 다소 넓다고 볼 수 있다. 책자형 소형 인쇄물은 대통령 선거의 경우 16면, 그외의 선거에서는 8면으로 제작하여야 하며, 대개 제본에 있어서는 중철을 하는 경우가 많다. 주로 '팸플릿'이라는 용어로 통용되기도 한다. 특히 공보와 함께 다른 후보자들의 것과 같이 우편으로 각 가정에 배포되기 때문에 특별히 눈에 띄는 차별화 없이는 유권자의 관심을 유도할 수가 없다. 그러므로 단 한 번에 다른 후보자들과 비교되어 승부를 봐야 하기 때문에 제작 시에 많은 사전 연구와 아이디어가 필요하다. 최근 들어 만화형식이나 캐리커처 등을 이용하여 유권자들에게 친근감을 주는 사례도 생겨나고 있다. 8면의 홍보물로 선거공보 보다 많은 구성을 할 수 있다. 정해진 내용을 반드시 삽입해야 하며 메시지 전달을 우선시하는 경향이 있다. 내용을 담는 구성은 각 후보들마다 다르지만, 대부분 후보자의 인간적인 면, 능력, 자질, 업적 내용을 담은 구성은 각 후보들마다 다르지만, 대부분 후보자는 인간적인 면, 능력, 자질, 업적 등을 자신들의 홍보전략으로 공보홍보물에 많이 활용한다. 특히, 후보결정 시 주요 영향원으로 선거벽보와 팸플릿의 비율이 28% 라는 높은 영향력을 끼치는 것으로 나타났다. 소형 인쇄물이든 대형 포스터이든 상관없이 홍보물을 제작할 때 반드시 기재해야 하는 사항이 있다. 그것은 캐치프레이즈, 즉 후보자가 자신을 한마디로 표현한 선전문구, 표어이다. 이 캐치프레이즈는 후보자의 정치적 견해나 향후 실천의지, 그리고 제반 품성과 배경을 모두 합하여 하나의 문구로 압축한 것이다. 하지만 슬로건은 소속 당이나 자신의 정책 노선을 모든 홍보물에 반복 사용할 수 있다. 캐치프레이즈와 슬로건, 표어에 대해서는 다음 장에서 설명된다.

(3) 전단형 소형 인쇄물

리플릿이라고도 하며 가운데 부분을 접지하여 4페이지 형식으로 사용하게 된다. 그렇기 때문에 많은 정보를 담기보다는 명확한 메시지를 전달하도록 해야 한다. 후보의 특징을 잘 나타낸 캐리커처, 후보의 일생을 담은 만화, 기발한 사진, 미담 등을 통해 다른 후보와 차별화하는 것이 관건이라고 볼 수 있다. 앞서 언급한 책자형 소형 인쇄물이 정책 공약을 중심으로 제작되는 것이라면 전단형 홍보물은 정치적 이슈를 중심으로 제작된다. 따라서 전단형 소형 인쇄물의 제작은 선전의 테마와 콘셉트를 담는다.

(4) 명함형 인쇄물

선거기간 중의 홍보물 중 명함형 인쇄물은 유일하게 유권자들에게 직접 전달되는 홍보물이다. 일반적으로 사용하는 명함이 회사나 사람의 이미지 형성에도 중요한 영향을 끼치는 것처럼 소형 홍보물로서의 명함도 같은 역할을 한다. 선거운동원의 직접적 전달 외에도 후보자를 지지하는 유권자들에 의해서도 각 장소에서 전달될 수 있기 때문에 깔끔하게 만들어져 유권자들이 휴대하기 편하고 휴대하고자 하는 마음이 생기도록 달력, 지하철 노선도, 전화번호 등의 유익한 내용을 담는 등 참신한 아이디어로 제작되기도 한다. 또한 할당된 지면이 작으므로 사진, 슬로건, 학력, 경력, 공약 등 홍보 콘셉트에 따라 중점적으로 유권자들에게 전달할 내용을 함축적으로 표현하여야 한다(오상락, 1983, p.397; 문경희, 1994, p.84; 한은정, 1995, p.100).

2. 정치광고홍보물의 디자인 구성요소

1) 캐치프레이즈와 슬로건

헤드라인이라고도 하며, 간결하고 명확하게 표현되어 유권자들에게 쉽게 인식되어야 한다. 또한 유권자들의 호기심을 자극하여 시선을 유도할 수 있게끔 강력한 호소력을 가질 수 있도록 제작되어야 한다. 무엇보다도 중요한 것은 후보자의 이미지와 콘셉트에 부합하여 일관성 있도록 해야 한다. 보다 구체적인 캐치프레이즈와 슬로건 등은 다음 장에서 자세히 설명한다.

2) 본문(body copy)

카피는 후보자나 정당이 의도하는 소구의 내용이나 주장을 설명한 부분이다. 카피는 서정적이거나 애매모호해서는 안 되며 명료하며 알기 쉽게 써야 한다. 후보자 자신의 이미지를 최대한 살릴 수 있도록 일관성과 통일성을 유지해야 하며 신뢰감을 줄 수 있어야 한다. 후보자의 입장에서 카피는 자신의 당락을 결정하는 중요한 요소이므로 많은 양을 첨부하려는 경향이 많아 레이아웃을 잡아가는 데 어려움이 많다. 본문의 내용은 항상 유권자 중심에서 이해될 수 있도록 쉽고 명확하게 정리되어야 한다.

3) 캡션

사진에 따르는 해설문으로 이 캡션을 유권자들은 대단히 많이 읽는다. 본문을 읽지 않더라도 캡션만을 읽고 제 나름대로 이미지를 형성하는 경우도 있다. 정치광고의 경우 공신력을 요구하는 신문스크랩에 많이 사용되고 있으며, 의정보고서에 첨부되는 캡션은 유권자가 본문을 읽지 않고 내용을 숙지하는 데 도움을 준다. 비주얼만이 아닌 캡션을 통한 내용전달 기능도 효율적인 광고 전략이 된다.

4) 일러스트레이션

일러스트레이션은 좁은 의미로 동화나 컷, 만화 등 광고속의 그림 부분만을 말하지만 광범위한 의미로는 광고에 사용되는 사진이나 디자인된 문자 등 모두가 일러스트레이션에 포함된다(디자인 포장론, 1992). 선전벽보에 나타나는 표현 기법으로는 사진을 이용한 것이 거의 대부분이며 소형인쇄물에 나타난 표현 기법으로는 이미지 표현, 사진과 이미지 표현을 병행한 것, 도형적 표현, 추상적 표현, 문자와 사진을 병행한 것 등의 표현기법이 있다. 또한 유권자들에게 흥미와 친근함을 주기 위하여 만화 형식의 일러스트레이션을 사용하기도 한다(유혜영, 1999). 여성후보자의 경우 후보자의 부드러운 이미지와 잘 매치가 되어 일러스트를 사용하는 경우가 많다.

5) 레이아웃

① 레이아웃의 진화 레이아웃 역시 비언어적 요소의 비중이 증가되면서 정형화된 틀에서 탈피한 것을 알 수 있다. 카피는 카피, 사진은 사진으로 구분시키지 않고 사진과 카피, 그래픽 요소를 최소한의 질서만 유지한 채로 자유롭게 배치했다. 대통령 선거 선거공보물은 전 국민을 대상으로 하기 때문에 노인층까지 읽을 수 있도록 본문의 글자가 매우 큰 데 비하여 지면의 면적이 좁은 한계로 인해 보다 재미있는 레이아웃의 시도는 이루어지지 않았다(임수경, 2008). 인쇄물에 있어 레이아웃이란 화면 전체의 기획적인 구성을 말하며 일러스트레이션이나 레터링들을 포스터나 홍보물에 넣는 내용들을 대중과 각 요소와의 심리적 접촉관계를 고려하여 최대의 광고효과를 내도록 각 요소를 일정한 공간에 배열한다. 이런 내용의 레이아웃은 대중의 시선을

인도하고 광고의 의의를 정확히 포착하는 중요한 역할을 갖게 한다. 레이아웃은 단순한 배치 행위가 아닌 모든 요소를 통합하는 역할을 한다. 레이아웃의 요소는 라인업(LINE-UP), 포맷(FORMAT), 여백(MARGIN) 등으로 나눌 수 있다(〈표 5-1〉).

② 레이아웃(layout)은 디자인·광고·편집에서 문자·그림·기호·사진 등의 각 구성요소를 제한된 공간 안에 효과적으로 배열하는 일, 또는 그 기술이다. 홍보물에 있어 레이아웃이란 화면 전체의 기획적인 구성을 말하며 일러스트레이션이나 레터링 등 포스터나 홍보물에 넣는 내용 등을 대중과 각 요소와의 심리적 접촉관계를 고려하여 최대의 광고효과를 내도록 각 요소를 일정한 공간에 배열하는 것으로 대중의 시선을 인도하고 광고의 의의를 정확히 포착하는 중요한 역할을 갖고 있다. 레이아웃의 요소는 라인업(Line-up), 포맷(Format), 여백(Margin) 등으로 나눌 수 있다.

③ 레이아웃(layout)의 원칙은 시각적인 요소가 언어적인 요소보다 앞설 수 있도록 배치한다. 레이아웃 시 대부분의 경우 그림이나 사진의 크기가 클수록 효과가 높게 나타난다. 중요한 그림이나 사진은 한 번 보여주는 것보다 유사한 사진이나 그림으로 반복해서 보여주는 것이 효과적이다. 헤드라인은 보디카피 바로 위에 놓이는 것이 효과적이다. 같은 주제의 반복된 레이아웃은 레이아웃이 통일되어 보이게 하는 효과가 있다. 레이아웃 시에는 균형이 맞아야 하며 광고 속에 반드시 여백을 두어야 가독성과 주목률을 높일 수 있다. 레이아웃 시 방향제시가 명백하도록 해야 하며 광고를 떠받치는 통일된 힘이 있어야 한다. 크기는 레이아웃에서 매우 중요하다. 사람들은 대부분 가장 큰 그림이나 또는 책을 볼 때 그 페이지에서 가장 크게 돌출되어 있는 것을 쳐다보기 때문이다. 손가락으로 가리키거나 화살표 등 독특한 선으로 유도하는 레이아웃도 시선을 집중시키는 효과적인 방법의 하나이다.

④ 레이아웃(layout)시 ⓐ 고려사항은 단순성-주요한 주제가 효과를 발휘할 수 있도록 단순하며 질서 있게 다루어져야 한다. 제작물의 구성요소들을 잘 배열하여 명확하고 일관성 있는 메시시를 전달할 수 있어야 한다. ⓑ 심미성-시선을 집중시킬 수 있도록 미적으로 해야 한다. ⓒ 명확성-제작하고자 하는 제작물의 메시지 내용이 유권자들에게 한눈에 전달될 수 있도록 명백해야 한다. ⓓ 지속성-인쇄물의 특성에 맞는 일러스트나 폰트를 선정하였다면 가능한 한 지속적으로 유지시켜 제작물에 대한 친근감을 줄 수 있어야 한다. ⓔ 차별화-제작물의 특성에 맞는 사진 또는 활자체를 선정하여 다른 제작물과 구별되는 특징을 살려주어 차별화해야 한다.

다음 〈그림 5-2〉는 이명박 대통령 후보의 선거공보물 레이아웃(layout)이다. 이명박 대통령 후보의 선거공보물에서 레이아웃은 안정감을 주고 있다. 후보자를 중심으로 젊은 세대들에게 둘러싸여 있는 모습이 안정감이 있다. 또한 붉은 색은 정열과 용기를 주고 있다. 이는 파워코리아의 카피와 조화를 이룬다. 그리고 대통령 만들기 대작전이란 카피는 군사작전을 연상케하는 강력한 힘을 지니며 강한 대한민국을 창조하다는 후보자의 강력한 의지를 내포하고 있다. 그렇지만 이런 강력한 색채의 이미지와 문구(텍스트)와는 대조적으로 우측의 코스모스가 피어있는 평화로운 농촌의 장면은 후보의 의지와 강력한 추진력으로 국민을 행복하게 만들겠다는 희망을 주고 있다.

〈그림 5-2〉 이명박 대통령 후보의 선거공보물 레이아웃

〈표 5-1〉 레이아웃의 구성요소

포맷(FORMAT)	외형적인 형식의 의미, 출판물(홍보물)의 형태, 크기, 페이지 수
라인 업(LINE-UP)	출판물(홍보물) 전체의 흐름을 알 수 있도록 내용적인 요소와 조형적인 요소들을 간단히 배치하고 구성하는 작업
여백(MARGIN)	여백의 뜻, 전체 여백은 본문 내용의 시작과 끝을 알려주며 주목성과 편안감, 통일감을 준다.

6) 타이포그래피(typography)

모든 홍보물과 광고물에는 문자가 사용되고 있으며, 이 문자를 도형화하는 것을 레터링이라고 한다. 문자는 궁극적인 목적과 일치했을 때 생동감을 주고 전달의 속도가 빨라 호

소력이 강해진다. 형태는 명조와 고딕으로 구분된다. 선거 홍보물이나 광고에 있어서는
명시도가 높아야 하며, 배치 등의 문제도 사전에 고려해야 한다.

7) 색채

홍보물은 전체 국민을 대상으로 하는 것이므로 그 주목성이 무엇보다 중요하다. 홍보물
에 있어서 색채는 각각 고유한 이미지를 가지고 있으므로 커뮤니케이션의 동기를 유발하
는 기능을 한다고 볼 수도 있을 것이다. 그렇기 때문에 후보의 이미지와 보이는 장소나 사
용 목적에 따라 색채의 배색이 신중히 고려되어야 한다. 우리나라의 경우 국민의 정서상
푸른색 계열을 선호하는 경향이 있다(디자인포장론, 1992; 유혜영, 1999). 정치광고홍보
물에 있어 색채는 후보자의 당의 이미지를 표현하는 데 용이하게 쓰인다. 대부분이 자신
이 속한 당의 색감을 주로 사용하며, 예외적으로 네거티브 광고의 경우 적색을 많이 이용
하는 편이다. 시각적인 효과는 색에서 느껴지고 색에 대한 감각은 심리적 반응에서 행동
적 반응으로 연결된다. 정치광고홍보물의 색감은 대개 함축적이고 명확한 컬러를 사용하
여 메시지 전달과 통일감을 유지시키는 역할을 한다. 일반적인 색의 성격을 살펴보면 다
음과 같다(문은배, 2002)(〈표 5-2〉).

〈표 5-2〉 색의 성격

색	성 격
흰색	명쾌, 청렴, 신성, 신앙, 순결, 눈을 상징
파란색	청정, 진실, 희망, 정의를 상징
녹색	안전, 평정, 평화를 상징
검정	강대한, 위엄 있는, 단호한 결단력, 지적 교양을 상징
빨간색	생명, 따뜻한, 열정, 감성적인, 진취적인
노란색	태양, 빛, 지성, 지혜, 뛰어남
주황색	우호적, 은혜, 지혜, 자부심과 야망을 상징

출처 : 이주연(2004). "한국텔레비전 정치광고의 메시지 특성에 관한 연구", 한국외국어대학교 대학원, pp.1~39

8) 선거공보

선거공보는 4면의 홍보물로 후보자의 리더로서의 역할을 말하는 긍정광고로 공약사항
이 추가되는 것이 대부분이다. 14대 대선까지 우편 발송되는 유일한 홍보물이어서 중요성

이 높이 평가되었다. 선거공보는 페이지 구성에 비해 많은 내용이 들어가는 것이 보통인데 선거관리위원회에서 정한 내용(선거공보, 지역, 기호, 이력사항, 소속정당, 이름 등)은 반드시 들어가야 한다.

9) 명함

정해진 기간 동안 유일하게 유권자에게 직접 전해지는 홍보물이다. 후보자의 중요도에 따라 사진, 슬로건, 경력, 공약 등이 함축적으로 표현된다. 가장 확실한 홍보 방법인 만큼 깔끔하게 제작하는 것이 좋다.

10) 타이틀 디자인

광고의 내용을 단문의 글로 함축하는 메시지로 헤드라인이라고도 한다. 유권자들의 호기심을 자극하여 시선을 끌 수 있게끔 제작되어야 한다. 한눈에 들어올 수 있도록 레이아웃을 구성하며, 서체에 따라 다양한 느낌을 주므로, 후보자의 이미지와 콘셉트에 부합하여 일관성 있도록 구성하는 것이 중요하다.

11) 비언어적 표현의 증가

집단주의 문화인 한국은 메시지의 구체성이 결여된 고맥락 문화로서 비언어적 커뮤니케이션을 중시하여 상징이나 아이콘의 사용을 선호한다. 따라서 정치광고의 시각적 표현에 있어 미국은 한국보다 텍스트를, 한국은 미국보다 시각적 표현을 상대적으로 더 많이 사용한다(구본경, 2002). 16대 대선과 17대 대선 선거 공보물에서 볼 때, 비언어적 요소의 비중이 계속 증가되었고 특히 사진과 일러스트레이션의 효과적인 활용이 늘어났다.

12) 사진

후보의 복장, 제스처, 표정에서 유권자의 눈높이에 맞추려는 노력이 보이고 기록사진과 연출사진을 적절히 활용하여 콘셉트에 부합하도록 했다.

13) 일러스트레이션

비중 있게 사용한다. 아이디어가 있고 친숙하게 표현된 일러스트레이션은 유권자의 관심을 끌기에 충분하다.

14) 그래픽 효과

주요소는 아니지만, 도우미 요소로서 미감을 높인다. 선거 공보물 같은 인쇄매체라도 소리처럼 들리고 영상처럼 보이는 것을 목표로 제작되고 있음을 알 수 있다.

15) 손글씨 활용

손글씨는 문자나 열이 주는 딱딱하고 경직된 느낌에서 벗어나 훨씬 친근하고 편안하게 볼 수 있도록 하기 위해 사용된다(임수경, 2008). 16대 대선의 공보물은 거의 컴퓨터 서체식 카피였다. 17대 대선의 공보물은 여러 정당이 후보들이 손글씨 사용하면서 짧은 시간 내에 트렌드로 자리 잡았다. 손글씨는 때로는 그림처럼 보여지면서 유권자의 관심과 미감을 자극한다.

16) 정당의 심벌 컬러 사용의 극복과 확장

16대 대선 선거 공보물에서는 고집스러운 정당 심벌 컬러만의 사용했지만, 17대 대선 선거공보물에서는 정당 심볼 컬러에 크게 얽매이지 않는 양상을 보여주었다. 정당 심볼 컬러는 후보자의 소속정당을 알려주는 데 방해되지 않는 정도로만 사용되었고, 지면별 콘셉트에 적합한 컬러라면 경쟁정당 컬러라도 과감히 사용하였다. 대통합민주신당과 민주노동당 등 정당은 심볼 컬러가 비슷한 색상이라, 한나라당의 'Blue'를 제외하면 정당 심볼 컬러로 후보를 구분하도록 유도하는 것은 유권자에게 혼돈을 가져올 수 있기 때문인 것으로 풀이된다(임수경, 2008).

특히, 컬러는 시각 커뮤니케이션의 1차적 요소로서 콘셉트를 전달하는 데 기본적인 수단이 되는데 다채로운 컬러를 적용함으로써 콘셉트 전달에 훨씬 큰 기여를 했다(임수경, 2008).

17) 타이포그래피(typography)

모든 홍보물·광고물에는 문자가 사용되고 있으며, 이 문자를 도형화하는 것을 레터링이라고 한다. 문자는 궁극적인 목적과 일치했을 때 생동감을 주고 전달의 속도가 빨라 효력이 강해진다(이선지, 2004). 형태는 명조와 고딕으로 구분된다. 선거 홍보물에 있어서 서체는 유권자의 가독성에 눈높이를 맞춰야 한다.

18) 포스터

포스터는 후보자들이 자신의 기호와 얼굴을 유권자에게 알리는 데 가장 용이하여 후보자들이 선호하는 홍보물이다. 이런 포스터의 분석은 후보자의 자세나 의상, 쳐다보는 방향, 컬러 등에 다양하게 변화를 줄 수 있다. 먼저 한나라당의 이회창 후보의 사진은 후보자 자신의 차갑고 이성적인 이미지를 벗기 위해 편안한 미소를 강조하고, 밝은 피부톤 효과를 위해 포커스가 약간 흐리게 연출된 사진과 경쟁후보자들에 비해 상대적으로 화려한 경력사항을 제시하였다. 주조색은 신뢰감을 주는 블루 톤을 이용하였다. 열린우리당의 노무현 후보의 경우는 또렷한 사진으로 후보자의 당당한 이미지를 연출하였으며, 정당용으로 제작된 포스터에는 뺨을 포착하여 땀이 흘러내리는 후보의 모습에서 젊고 역동적인 일꾼의 모습을 부각하였다. 또한 주조색은 당의 컬러인 노란색을 주로 이용하였다.

기호 1번 이회창 대통령 후보의 포스터는 색의 조화가 충성, 동정, 진실, 자유, 민주주의 등 밝고 깨끗한 이미지를 주고 있다. 반면 기호 2번 노무현 대통령 후보의 포스터는 밝은 이미지의 노랑색과 친근한 얼굴이 적절하게 조화를 이루었다. 이 노랑색은 평화를 상징하는 것으로 김대중 대통령에서 노무현 대통령 그리고 2012년 통합민주당을 상징하는 색으로 많이 나타나게 된다.

〈표 5-3〉 내용적인 측면

정 당	내 용
한나라당	나라다운 나라
열린우리당	새로운 대한민국, 떳떳한 대통령

〈표 5-4〉사진표현

정 당	사 진
한나라당	편안한 미소 강조, 밝은 피부 톤 연출과 아웃 포커스, 블루 톤
열린우리당	당당한 이미지, 정확한 포커스, 전략이 명확한 사진의 활용 ('땀'이용한 사진의 활용), 옐로톤

〈표 5-5〉색채표현

정 당	색 채	
	컬 러	슬로건
한나라당	블루	블루컬러를 주로 사용 (보조컬러 : 화이트, 레드)
열린우리당	옐로	옐로 컬러를 주로 사용(보조컬러 : 블랙)

19) 책자형 소형 인쇄물

책자형 소형 인쇄물은 가로(190×260mm)의 홍보물로 구성된다. 책자형 소형 인쇄물은 내용을 많이 담을 수 있다는데 장점이 있다. 그러므로 디자인을 제작하거나 광고 전략을 짜는 데 작업시간에 따라 홍보물의 성공여부가 결정지어진다고 볼 수 있다. 각각의 홍보물은 표지부터 '희망'으로 주제는 같았지만 비주얼 표현은 다른 차이점을 보여 주었다. 표지 디자인에 있어, 한나라당의 이회창 후보의 경우는 크레파스를 이용해 그린 비주얼 하단 부분에 "나라다운 나라, 이회창과 만들어요."라는 카피를 이용했다. 파란 크레파스화에 눈과 입이 그려진 해는 '희망'을 이미지화한 것으로 아이를 통해 얘기하는 '희망'을 표현하였다. 열린우리당의 노무현 후보의 표지는 '모형 젖을 물고 있는 어린아이'가 표지 전면을 채우고 있다. 그 아이의 사진에 "행복한 변화, 노무현이 시작합니다."라고 은은하게 카피가 표현되고 있다. 이회창 후보와 노무현 후보의 표지디자인은 동심(童心)을 말하고 있다는 데서 매우 비슷하다. 특히 '미아 찾기 캠페인'은 유권자의 긍정적인 평가가 많아 앞으로 계속 이용될 전망이다.

20) 정치광고 트렌드 분석

제16대 대선에서 보인 정치광고의 트렌드는 첫째, '감성'이라고 할 수 있다. 노무현 후

보의 감성광고는 유권자의 마음을 움직이는 데 충분하였다. 그중 '노무현과 촛불'은 국민
들에게 강렬한 인상을 남긴 대표적인 감성광고로, 16대 대선 당시 두 여중생의 죽음과 관
련된 국민들의 관심과 호응이 뜨거워지자 '촛불'편 광고로 노 후보의 이미지를 만들어냈
다. 감성으로 대중을 설득하지 못하는 정치인은 이제 경쟁력이 없다는 것을 의미하기도
한다. 둘째, 아이디어와 창의성의 부족이다. 후보자들의 이미지 형성은 대부분 매스미디
어를 통해서 이루어진다. 후보자에 대해서는 '이슈'와 '이미지'가 다 중요한 평가 기준이 되
어야 하지만 정치적 지식이 많거나 적거나 관계없이 유권자는 누구나 일정 부분 후보 이
미지에 의존한다는 연구 결과도 있다. 이미지를 만드는 데는 인지적 요인과 감성적 요인
이 있다. 감성적 요인의 힘은 찰나적이면서도 크다. 신뢰할 만한가, 능력이 있어 보이는
가, 성실한가, 매력적인가 등의 감성에 따라서 유권자가 후보자를 선택하거나, 후보자가
제시한 입장에 동의하기도 한다. 정치적으로 대중을 설득하는 메시지를 전달하면서 듣는
사람들의 마음을 끌어들이기 위해서는 세 가지가 필요하다. 첫 번째는 사실(facts)을 말해
야 한다. 논리적인 이성이 필요하다는 것이다. 두 번째는 감정(emotions)에 호소해야 한
다는 점이다. 세 번째는 상징(symbols)의 동원이 필요하다. 이 세 가지가 다 갖춰지지 않
으면 다른 사람의 마음을 움직이지 못한다. 논리적인 이성만 가지고는 다른 사람을 설득
할 수 없으며, 단지 '사실 전달'에 그친다. 감성에만 호소해도 힘들다. '상징'이라는 것은
이성과 감성을 적절하게 조화시키기 위해서 반드시 필요한 요소다. 유권자들이 후보자의
정견보다는 대중매체로 전달되는 후보의 성격, 용모나 말씨에 더 많은 관심을 보이는 것
이 민주주의에 대한 위협이 된다는 비판도 있지만 감성 정치, 이미지 정치의 힘은 점점 더
커질 수밖에 없다. 따라서 이미지전략을 위한 철저한 아이디어와 창의성의 분석이 필요하
다. 열린우리당이나 한나라당의 경우 각각의 콘셉트나 공약은 다르지만 홍보물의 분석결
과 기존의 홍보물과 두드러진 차이점이 없었다는 것이 아쉽다. 이것은 홍보물에 관한 선
관위의 규제도 있겠지만 유권자들에 대한 철저한 분석을 통한 아이디어와 창의력의 결핍
에서 온 결과라 할 수 있다. 셋째, 대중동원선거에서 미디어 선거로의 역할 변화이다. 각
각의 후보가 미디어를 통해 만들어지고 다듬어지면서 왜곡되기도 하며 상품화되기도 한
다. 그 예로 이회창 후보의 경우 오랜 법관 생활과 명문가 집안 출신이라는 점은 서민들로
부터 거리감을 불러일으켰다. 이러한 '대쪽'이라는 차갑고 날카로운 이미지를 벗기 위해
'알고 보면 부드러운 남자'라는 이미지 만들기에 노력했다. 이런 가운데 아들의 병역 문제
가 불거져 나왔다. 위기 상황에서 '법적' 대응으로만 문제를 해결하려 했지, '도덕적'인 여
론의 심판에 적극적으로 대응하지 못한 결과 그동안 쌓아올린 '대쪽' 이미지는 순식간에

무너지면서 '불신'의 이미지를 심었다. 한 번 무너진 이미지는 회복이 힘들다. 다른 예로, 김대중 후보의 경우 오랜 정치 경력으로 매우 복잡한 이미지를 지니고 있었는데, 대통령에 네 번이나 출마한 '대통령병 환자'라는 부정적인 이미지도 있었다. 그러나 이런 이미지와 지역감정에 얽힌 과격한 이미지를 오히려 긍정적인 이미지로 탈바꿈하였다. 준비된 대통령, 경륜과 능력을 갖춘 인물로 새롭게 '포지셔닝' 했다. 약점을 장점으로 바꾸는 능동적인 '감성 마케팅 전략'을 펼쳤다. DJ DOC의 노래를 개사해서 'DJ와 함께 춤을'이라는 TV광고로 젊고 유능한 이미지, 꾸준하고 성실하게 준비해 온 인물의 이미지를 강화시켜 나갔다. 다른 후보와 차별된 메시지 전달방식이 내용이나 시기 면에서 적절했기 때문에 대중의 감성을 건드리는 데 성공했다. 넷째, 이슈를 만들어가는 것이다. 이슈광고는 유권자들로 하여금 정보전달을 할 뿐 아니라 유권자의 흥미를 자극하여 후보자의 이미지를 구축하는 데 큰 영향을 미친다. 노무현 후보의 경우 이슈광고와 감성광고를 인용한 광고전략을 보여주었으며 대중들에게 쉽게 어필하는 데 많은 도움을 주었다. 다섯째, 세대간의 양면성의 극대화이다. 제16대 대선은 그 어느 때보다 세대간의 시각차가 뚜렷했다. 정치에 무관심했던 20~30대의 적극적인 정치참여에서 비롯된 것으로 긍정적으로 보기도 하지만 자칫 국민통합에 장애가 될 수 있다는 점도 있다. 그로 인해 2030세대와 50대 이상에서 지지하는 후보가 명확히 갈려 차기정부에 부담이 될 것을 우려하는 시각도 있다. 2030세대가 권위주위와 집단주의를 거부하고 자유주의와 개인주의를 선호하는 것은 긍정적이지만 기성세대와의 단절은 앞으로 극복해야 할 과제이다. 노무현 후보의 후보단일화 문제나 지역주의 타파에 관한 공약들은 세대간의 흐름을 한곳으로 집중시키는 역할을 하였다. 여섯째, 리더십의 필요성이다. 노무현 후보의 경우 드라마틱한 대통령이 되기 위한 과정은 대중으로 하여금 노무현 후보의 대통령으로서의 자질을 다시금 확인할 수 있는 기회를 제공해 주었다. 이것은 사회적으로 암울한 분위기(청년실업, 불안정한 경기침체) 현상을 해결할 수 있는 대통령으로서의 자질을 갈구하는 국민들의 바람을 보여주는 것이다. 마지막으로 후보의 브랜드 아이덴티티(Brand Identity)를 구축하는 것이다. 후보 자신을 상품처럼 브랜드로 인식하는 것으로 브랜드의 독자성, 주체성 또는 브랜드의 본질을 말하는 것이다. 이것은 '남들과는 다른 차별되는 당신만의 독자성, 차별성이 무엇이냐?'를 묻는 것으로 자신을 포지셔닝 하는 것이다. 브랜드 아이덴티티는 각 후보의 이미지 구축과 광고전략의 중심을 이루는 데 중요한 역할을 한다.

21) 2010년 6·2지방선거에서 나타난 선거공보물 분석

2000년 이후 치러진 대통령 선거와 국회의원 선거, 지방선거의 선거공보물은 콘셉트를 전달하는 데 있어 언어적 요소(문자)에 의한 표현보다 비언어적 요소(사진·일러스트레이션·레이아웃·컬러)의 비중이 두드러지게 증가한 것으로 나타났다. 특히 한글 타이포그래피와 손글씨의 발달은 문자에 표정과 소리를 부여하여 읽히는 것이 아니라 보고 듣는 것 같은 효과를 주었고 사진 또한 유권자에게 친숙한 복장과 표정으로 권위를 벗어버린 표현을 보여주었다. 모노톤(Mono Tone)의 광고표현전략(지상욱 후보), 일러스트레이션(유시민 후보), 한글 타이포그래피와 손글씨(한명숙 후보), 서민기법(김문수 후보)/전이기법(지상욱 후보), 증언기법(한명숙-오세훈 후보)/부화뇌동(한명숙-오세훈-지상욱 후보), 화려한 추상어 사용(유시민 후보) 등을 들 수 있다.

3. 정치광고홍보물의 디자인이 유권자 의사결정에 미치는 영향

차피(Chaffee, 1974)는 선거란 원래 흥미롭고 매력적인 것이며, 이런 흥미와 매력이 선거의 본질이자 그 자체라고 진술하고 있다(Chaffee, 1974). 더욱이 오늘날 대부분 선거캠페인은 대중매체 이용을 필수조건으로 하고 있으며, 또 매스미디어는 선거과정에서 선거캠페인의 주체들을 위해 갖가지 역할을 수행해주는 보상으로 엄청난 광고수입과 선거과정으로부터 뉴스가치가 높은 보도거리를 얻는다 하였다(전희락, 1993). 선거홍보물에 대한 성별의 인지도에서 여성과 남성 모두 학력이 높을수록 선거홍보물에 대한 인지도가 높았으며, 연령별로는 여성은 50대 이상이, 남성은 30대가 선거홍보물에 대해 많이 알고 있었으며, 직업별로는 화이트컬러가 85% 이상 알고 있는 것으로 나타났다. '선거홍보물에 의해 후보자 선택이 바뀐 적 있습니까?'의 물음에서 '그렇다' 11.9%, '아니다' 62.7%, '망설인 적이 있다' 25.4%의 순이었다. 따라서 선거홍보물이 유권자의 의사결정에 미미하게나마 영향을 미쳤음을 알 수 있다. '투표를 할 때 후보자 선택의 기준이 무엇입니까?'의 물음에서 후보자 선택의 가장 큰 요인은 여성과 남성 모두 '인물'이라고 답했다. 선거벽보에 관한 유권자의 디자인적인 인식에서 '선거벽보가 유권자의 의사결정에 영향을 주었는가?' 물음에 후보자 선택에 대한 의사결정에는 선거벽보가 큰 영향을 미치지 못했던 것으로 나타낮지만, 좋은 디자인으로 선택된 선거벽보의 비율과 선거에서 나타난 득표율과는 거의 일치되는 경향을 보였다. 선거공보에 관한 유권자의 디자인적인 인식 분석에서 (1) '선거공보의 내용을 다 보는가?' 물음은 선거공보의 큰 제목(캐치프레이즈, 공약 등)인 헤드라인에 대한 중요도가 높은 비율을 보였고, 자세하게 읽어보는 유권자도 29.4%로 나타나 선거공보에 대한 관심도가 결코 적지 않음을 보여준다. 그리고 (2) '선거공보가 유권자의 의사결정에 영향을 주었는가?'의 물음은 선거 공보가 유권자의 의사 결정에 영향을 주지 않음이 대부분으로 나타났다. 전단형 소형인쇄물에 관한 유권자의 디자인적 인식에서 (1) 전단형 소형인쇄물의 표현양식에 대한 선호도의 성별로 남성은 세로형 전단 45.9%, 가로형 전단 54.1%로 가로형 전단에 대한 선호도가 높았으며, 여성은 세로형 전단 50.7%, 가로형 전단 49.3%로 세로형 전단에 조금 높은 선호도를 보였다. 그리고 (2) '전단형 소형인쇄물이 유권자의 의사결정에 영향을 미치는가?'는 '아니다' 71.3%, '망설임이 있었다'가 20.1%, '그렇다' 7.9%였다. 선거홍보물에 관한 유권자들의 디자인적 인식 종합평가 분석에서 (1) 불필요하다고 생각하는 항목은 전단형 소형인쇄물에 대한 불필요성의 비율이 44.2%로 가장 높게 나타났다. 그러나 각 계층별 분석에서는 약간의 차이가 있었는데, 성별 분류에서 여성은 선거벽보 13.2%, 선거공보 11.8%, 전단형 소형인쇄물 50.7%, 책자형 소형인쇄물 24.3%로 선거공보의 비율보다 선거벽보에서 높은 비율을 보였다. (2) 선거홍보물에 대한 의견에서 첫째, 디자인에 대한 의견이 35.9%로 가장 많았으며, 구체적인 내용으로는 캐릭터 사용, 글씨체에 대한 의견, 흥미를 유발시키는 디자인, 사진의 크기에 대한 의견 및 내용이 간략하게 정리되었으면 좋겠다는 등의 의견이 있었다. 둘째, 홍보물의 종류가 너무 많다는 의견이 22.2%로 나타났다. 셋째, 선거홍보물의 내용면에 대한 의견으로 6%의 비율을 나타냈는데, 내용이 많고 글씨가 작아 읽기 힘들고 과장된 표현에 대한 반감을 지적했다. 넷째, 선거홍보물이 필요하지 않다는 의견은 4.3%로 그 이유로는 TV 방송을 원인으로 들었다. 결론적으로 투표 시 유권자의 선택 기준이 피선거인의 인물됨을 우선적으로 평가하는 것을 볼 수 있다. 둘째, 유권자들은 '선거홍보물에 의해 후보자의 선택이 바뀐 적이 있느냐'는 질문에 대해 '아니다'의 비율이 높았지만 '망설인 적이 있다'와 '그렇다'의 유동적인 유권자의 비율이 낮지 않은 것을 볼 수 있다. 셋째, 선거홍보물 중 특정 후보의 선거벽보 이미지가 가장 인상적이라는 비율이 과반수가 넘는 통계결과가 나왔다. 이것은 다른 후보자의 선거벽보와 차별화되며, 신뢰감, 신선감, 친근감이 느껴지는 디자인이 득표 요인임을 보여준다. 넷째, 선거홍보물 중 소형 선거 인쇄물을 활용하여 후보자를 선호하는 경우가 높게 나타났다. 다섯째, 선거홍보물의 글씨체는 고딕체를 선호하며, 만화와 캐리커처가 들어간 흥미롭고 친근한 디자인을 선호하는 것으로 나타났다. 여섯째, 환경보호 측면에서 너무 많은 홍보물은 자원낭비라는 의견이 많았다. 앞으로는 이러한 측면을 고려하여 기획·제작·배포하는 방안을 모색해야 할 것이다. 일곱째, 유권자들의 의식수준이 향상됨에 따라 기존의 틀에 박힌 레이아웃보다는 가독성이 높은 선거홍보물을 원하는 것으로 나타났다. 이와 같이 다른 후보자와의 차별화된 선거홍보물이나 후보자의 이미지 부각을 위하여 새로운 디자인이 필요하다는 것이 본 연구의 설문조사 통계에 의해 밝혀졌다. 결과적으로 선거홍보물은 필요 이상의 많은 내용 전달보다는 후보자의 장점을 강조하는 이미지 부각의 디자인으로 유권자의 투표행태에 영향을 미칠 수 있도록 노력해야 할 것이다.

〈그림 5-3〉 전이기법과 증언기법 활용(오바마 미국 대통령)

〈그림 5-3〉과 같이 미국의 오바마 대통령은 역대 대통령간의 공통점을 찾아 홍보전략 지표로 삼아 국정을 운영하고 있다. '루스벨트·케네디·링컨을 닮아라, 美언론 '닮은꼴 찾기' 열 올려 모두 '난세의 영웅' 공통점 또한 정치인들의 전이기법과 증언기법 활용으로 김문수 후보는 경기지사는 '이승만 코드', 오바마는 클린턴과 함께한다. 박정희 후보는 이순신 증언과 그의 업적 홍보와 선전용으로 활용하였다. 그리고 노무현은 그의 정치공약을 링컨의 통합과 포용의 리더십을 최대한 활용하였다. 정치인들의 서민기법 활용 예로는 레이건의 햄버거집 '방문', 노무현 대통령 후보의 '상록수', '편지', '눈물' 등 감성적인 정치광고를 구상하였다. 또한 김대중의 '대중시대의 문을 열자' 슬로건 사용, 노태우 대통령 후보의 '보통사람', 지미 카터의 땅콩농장출신이라는 점 강조, 박정희 대통령의 '가난한 농민아

들', '가난은 나의 은인이자 스승'이다, 이명박 대통령 후보가 어린 시절 여자고등학교 정문에서 뻥튀기 장사의 경험 강조는 일종의 서민기법 전략을 사용하여 유권자들과 눈높이를 맞추고 항상 같이 한다는 점을 강조한 선전기법이다. 다음 사례는 2010년 SBS-TV에서 인기리에 방영되었던 드라마 '대물'은 어느 특정 대선 후보에게 유리하게 전이되고 증언된다고 하여 논란이 되었다. 출연 배우 고현정의 정치적 소신역이나 머리모양이 육영수 전 박정희 대통령의 영부인 헤어스타일과 박근혜 한나라당 전 대표의 헤어스타일과 유사하다고 하여 방송프로그램을 정정하거나 중단해달고 하는 등 본 프로그램에 대하여 정치인들의 불만이 많았다. 그리고 기획을 담당했던 PD가 도중하차하기도 한 방송이었다.

politics

Advertising

제 6 장

정치광고홍보와 이미지

1. 정치광고홍보와 이미지

1) 정치에서 이미지의 강조

최근까지 많은 학자들은 정치캠페인에서의 이미지 변인을 흥미 있는 커뮤니케이션 현상으로 보아 오기는 했지만, 선거에서의 정치적 이미지의 본질적 중요성을 잘 알지는 못했다. 그러나 현재는 이 변인의 중요성이 많은 학자들에 의해 재평가되고 있으며, 그 중요성이 점점 더 강조되고 있다. 샐모(Salmore, 1985)는 이와 관련하여 종전의 정당중심(party-centered), 선거쟁점 중심(issue-centered)전략에 더하여 지금은 캠페인에 의해 이용되는 '이미지 전략(image strategy)'이 명백하게 존재한다고 주장하고 있다. 그리고 긍정적이든 부정적이든 후보자 이미지에 관한 중요한 효과를 가져오는 것이 바로 정치광고라는 데 크게 이견이 없다. 물론 이에 반해서, 대부분의 정치광고가 이미지 정보와 마찬가지로 쟁점(issue)을 포함하고 있다는 주장을 지지하는 최근의 연구결과들도 계속적인 주목을 받고 있다. 그래서 많은 정치광고들의 경우 쟁점과 이미지는 더 이상 두 개의 분리된 내용이나 상호 배타적인 것이 아니라 하나의 연속선상에 있는 것으로 보고 있기도 하다. 즉, 특별한 쟁점에 초점을 맞춘 정치광고는 이미 특별한 이미지를 구축하기 위한 것이고, 그 결과 쟁점 자체가 후보자의 이미지 형성을 돕는다는 것이다. 그러나 많은 연구결과들이 유권자들은 후보자의 정책 등에 대한 이성적 판단보다는 이미지에 의한 감성적 판단을 한다는 조사결과를 내놓고 있어, 이미지가 선거의 가장 중요한 무기가 되고 있다는 점을 강조하고 있는 것이 현대 선거광고홍보와 관련된 보다 우세한 입장이라고 할 수 있다. 정치 측면에서 이미지의 영향을 살펴보기에 앞서 이미지의 개념부터 살펴보고자 한다.

2) 이미지란 무엇인가?

이 질문을 던져 놓고 우리는 금방 딜레마에 빠져든다. 그것은 이미지가 그 어떤 대상(객관적 혹은 물질적)에 대한 개념적 혹은 추상적인 의미 규정과는 달리 대상을 구체적이고 감각적으로 재현(再現 : representation)해 낸 것이기 때문이다. "Aha, the friend will often say", "you're in the image-making business." 우리는 이미지 범람시대에 살고 있다. 우리가 눈을 뜨는 순간부터 온갖 이미지들이 우리의 눈을 현혹하고, 정신을 물들이고, 욕망을 자극하고, 우리들을 세뇌하고 유혹한다. '정보·이미지 시대'의 도래에 대한 부정적 인식이다. 이미지의 범람으로 인식론적·가치적 혼란의 이미지 그물 속에 휩싸인 현대를 몰가치적이고 환상적인 시대로 규정한다. 예를 들어 장 보드리야르(Jean Baudrillard)는 현대 삶을 "현실 자체가 사라진 현실"로 규정하고 이미지의 증식을(사진, 영화, 텔레비전) 전염병에 비유하면서, 그 현상이 인간으로 하여금 상상계와 현실을 착각하게 만들고 급기야 현실이 이미지 속으로 사라져 버리게 만들 것이라고 경고한다. 롤랑 바르트(Roland Barthes)는 현대 사회를 "믿음을 소비하는 사회, 한마디로 육체가 없는 눈만 가진 인간사회"로 규정하고, 그렇게 세상을 덮어버린 이미지가 "갈등들과 욕망들로 이루어진 인간 세상을 완벽하게 비현실화해 버린다."라고 한다. 우리에게 이미지 세계는 현실에서 실체가 실종된 가상의 세계에서 살아가는 것이 가능하다는 착각을 불러 일으킨다. 우리의 지적 풍토에서는 그러한 부정적인 인식이 큰 힘과 영향력을 발휘해온 것 또한 사실이다. 이런 이미지는 기호에서 대상체(Objects Referent)가 사람의 마음에 도장을 찍듯이 인각해 놓은 자국(impression, 인상)을 가리킨다. 여기서 정체성(identity)은 거울 비친 사람의 실제 모습이다. 즉 그 사람이 스스로 생각하는 형태이다. 그리고 이미지(image)는 거울에 비춰진, 겉으로 드러난 그 사람의 모습이다. 이때 공중(public)은 거울이다. 이미지는 기호(semiotics, semiology)의 기호작용(semiosis), 의미작용(signification)의 지각작용(perception)에서 형성된다. 기호학에서 이미지 대상(Objects, referent)의 의미는 마음속의 밖에 물리적 실체로 외부이미지(denotation)이다. 마음속 안의 개념적 실체의 의미는 내부 이미지(connotation)이다. 즉, 주관적인 의미이다. 이미지가 생기는 의미작용(signification)은 심리-논리(psycho-logic) 기인된다. 예를 들어, 달(외부 이미지), 님의 얼굴(내부 이미지)이다. 전자는 달이 만물을 다 비추고 밝게 해준다는 객관적 이미지이다. 후자는 격조 높은 진짜 이미지이다. 그러기에 보는 사람마다, 생각하는 사람마다 달을 "님의 얼굴", "부모님 생각", "친구생각", "고향생각" 등으로 의미를 부여한다. 외부 대상체가 마음의 이미지를 인각하는 의미작용은 지각작용(perception), 유사개념의 감각자료의 능동적 행위이다. 지각작용은 저 밖의 현실에서 마음이 보고자 하는 것을 보는 현상이다. 내부 대상체가 마음에 이미지를 불러일으키는 작용은 상상작용(imagination)이다. 이미지는 마음속에 있다. 마음이란 개념의 망상조직이고 개념의 투사망에 비친 내부이다. 예) 달이 눈의 망막의 개념적 투사망에 비친 내부 이미지와 일치한다. 기호학적 이미지 정의는 모호한 의미는 던져준다. 이미지는 우리의 느낌을 열고 지각의 마당에 들어와서 오직 느낌의 수준에서만 우리와 유희하는 기호이다. 그러는 의미에서 이성적·논리적 담론을 회피한다. 이미지는 내장적(visceral)인 것이다. 다만 이미지를 계기로 우리는 이야기를 엮어갈 뿐이다. 시, 미술, 영화, 음악, TV, 신화, 신학 등이 그러한 담론이다. 이미지 쪽에서 볼 때 우리가 펴는 담론의 마당은 이미지가 의식에 드리우는 모호한 그림자일지도 모른다. 이미지는 그것의 기의를 위양(委讓)하고, 늘 모호한 기표로 남기고자 하는 특별한 기호라고 볼 수 있다. 즉, 느낌에 와 닿는 저 밖의 물질계와 느낌의 이면에 펼쳐지는 의식과 논리로 된 관념적 세계이다. 이미지는 우리의 지각이 변별의 원리에 의하여 떼어내는 것만큼의 편린으로 우리의 내부세계로 들어오며, 개념으로 변신하고 관념의 세계로 쌓여간다. 인간이 창출하는 이미지는 모두 편린화한 이미지의 돌연변이다. 나머지 이미지는 저 밖에 남아서 위협적인 모습으로 우리를 끊임없이 응시한다. 이미지, 범주, 은유, 환유는 우리가 세계를 이해하고 그 안에서 적절히 기능하는 기본 수단이 되어왔다. 이미지는 현실의 표피를, 범주는 현실체 간의 유사성을, 은유는 문화적 체험의 유사성을, 환유는 현실과 접촉점을 표상한다. 이런 이미지의 그리스어 어원은 아이콘(Eikon), 에이돌론(Eidolon), 판타스마(Phantasma), 라틴어 이마고(Imago)이지만 그 용어는 오늘날의 이미지와 거의 동의어로 쓰인다.

- 아이콘(Eikon) : 이미지를 이해하는 핵심적 단어로서 어원적으로 '닮은(remblance)'이다.

- 에이돌론(Eidolon) : 모양, 형태를 의미하는 에이도스(Eidos)로부터 파생된 용어로서 그 뿌리는 '본다'는 뜻의 바이드(weid)이다.

- 판타스마(Phantasma) : 빛나게 해서 보이게 한다는 피이노(phaino)라는 동사에 뿌리를 둔다. 환영(vision), 꿈(songe), 유령(fantôme)의 뜻으로 쓰인다. 가시적인 형태의 어원으로 독일어 빌드(Bild)와 게슈탈트(Gestalt), 영어의 그림(picture), 형상, 유형(pattern), 틀(frame) 등을 지칭한다. 이미지가 갖는 최소한의 의미 : 비슷하다. 유사하다. 이미지 사용 범위는 언어학, 수사학, 인식론, 형이상학, 신학, 예술사, 심리학, 정신분석학, 사회학 등의 거의 전 분야이다. 이미지와 관계되는 용어로는 기호(signe), 상징(symbole), 이미타리(imitari, 모방), 이미지는 닮음(likeness), 유사(resemblance), 상사(similitude), 우의(allégorie), 메타포(métaphore), 엠블렘(emblème), 유형(type), 원형(archètype), 전형(prototype), 표상(schème), 스키마(schèma), 도표(diagramme), 엔그램(engramme), 모노그램(monogramme), 형상(figure) 등 각기 어원이 다른 표현들과 잔해(vestige), 흔적(trace), 초상(portrait), 인장(sceau), 각인(empreinte) 등 그 표출 양상이 각기 다른 표현들로 현란하게 이루어진다. 이런 이미지 기본 기제는 변별의 원칙(the principle of discrimination)은 이미지가 마음속에 떠오르기 위해서

는 필요한 경계를 분별해내는 것이다. 마음속에 던져지거나 떠오르는 이미지들은 모두 기표(signifier)이고 '비슷함'은 이들이 갖는 기의(signified)이다. 이미지는 심적-논리 비슷한 긍정함으로써 성립된다. 그렇지 못하는 것은 혼돈이다. 이미지의 모호성은 또 다른 기의나 이미지에 끌려간다. 예를 들어 이미지 변신, 숲속의 승냥이 같은 것 ⇒ 개, 벽에 누가 서 있는 것처럼 보인다 ⇒ 벽에 물이 스며 듯한 이미지는 모호성에서 마음을 붙잡고 연쇄적이다. 논리 중심적 담론(logo-centric discourse)의 총체가 이미지를 능가하는 법은 없다. 이미지는 동형이질성(isomprphism)이 확인되는 순간 이미지는 힘을 잃는다.

3) 광고홍보이미지

광고 이미지는 ① 사람들이 광고 속의 이미지에 반응하는 경향 ② 광고에서 이미지의 선택이 중요한 이유 ③ 사람들의 시선을 끄는 이미지 ④ 가장 잘 기억되는 이미지 ⑤ 사람들이 선호하는 이미지 ⑥ 사람들이 가장 싫어하는 이미지 ⑦ 광고에서 사용될 수 있는 이미지 등이다. 미국의 경우, 미국의 이미지는 경제적인·문화적인 또는 역사적인·군사적인 배경 때문에 강력한 미국의 이미지를 표현하는 것은 상품을 선전하는 데 효과적인 방법으로 보인다. 미국의 영속성은 미국의 성조기(의류, 담배, 향수, 자동차 등), 자유의 여신상, 독수리, 독립선언, 백악관(조지 워싱턴, 레이건, 클린턴), 미국의 전통성 : 서부극(인내, 희망, 신념) 카우보이, 인디언, 사막 환경을 극복한 인간의 용기 등, 소비자들은 메마른 서부의 지형에서 떠올리는 것이다. 동물의 이미지는 어렸을 때부터 어린이들이 동물과 가까이 지내고 동물로부터 위안을 받은 것은 모든 국가에서는 일반적인 현상이다. 이런 점에서 동물은 메시지를 전하는 훌륭한 도구이다. 거북이 이미지, 메뚜기 이미지, 개 이미지, 호랑이 이미지, 고양이 이미지 등이다. 아기의 이미지는 갓난아기의 이미지, 부모와 함께 있는 아기는 화목한 사랑의 이미지이다. 어린아이와 관련된 상품은 동물인형, 블록 쌓기, 기저귀, 딸랑이, 젖병, 유모차,

〈그림 6-1〉 미국대통령 후보 콧수염 광고

키높이 의자, 출산, 여성의 모성본능, 벌거벗은 아기 이미지. 인체의 이미지 : 광고에서 언제나, 다분히 상징화된 소재를 사용하기 때문에, 소비자들은 광고 속에 등장하는 다양한 인체의 모습을 어떻게 해석하고 이해해야 하는지 잘 알고 있다. 감정전달에서 사람의 얼굴은 55%, 말은 7%이다. 머리 부분 변형, 머리 이미지, 눈과 피부색, 눈의 시선, 뒷모습, 대머리, 코, 입, 여성의 가슴, 치아, 웃음, 혀, 입술, 여성의 목과 다리, 팔의 위치, 손과 손가락, 배, 엉덩이, 난자와 정자의 이미지 등이다. 상표의 이미지 : 제품의 특성을 소비자들에게 각인시키는 제품의 이미지를 전달할 수 있는 상표는 상표의 이름, 발음하기 쉬운 상표, 제품의 특성, 로고 등이다. 유명인의 이미지 : 정치인, 연예인, 운동선수, 과학자 등이다. 〈그림 6-1〉은 대통령 후보인 클린턴과 밥 돌이 출연한 우유 콧수염 정치PR 광고는 1996년 대통령 선거전날 미국의 『USA 투데이』와 『뉴스위크』에 게재되었다. 카피는 "투표하세요. 미국의 등뼈를 강하게 만드십시오."로 은유적 의미로 다루었다(The Milk Mustache Book, 1998).

▶ **더 나은 이미지를 위한 9가지 테크닉**
① 광고에는 절대 하나 이상의 제품을 제시하지 말라.
② 7가지 이상의 디자인 요소를 넣지 말라.
③ 이미지는 가능하면 간단명료하게 만들어라.
④ 배경은 단순하게 처리하라.
⑤ 하나의 주제를 사용하라.
⑥ 주제를 중앙에 놓지 말라.
⑦ 어렵더라도 주제를 다른 시각으로 바라보아라.
⑧ 샷 : 작은 제품은 위에서, 큰 제품은 밑에서 찍어라.
⑨ 사진은 전문적으로 다룬다.

▶ **어떤 유형의 사진(이미지)이 가장 관심을 끄는가?(존 케이플스)**
① 신부
② 아기
③ 동물
④ 유명인
⑤ 특이한 의상을 입은 사람

⑥ 특이한 상황에 놓인 사람

⑦ 스토리가 있는 사진

⑧ 로맨틱한 정경

⑨ 참사

⑩ 이슈가 된 사건

⑪ 인생의 주요한 사건들과 연결되는 내용을 담은 사진

사례 6-1 🌐 우리는 비주얼을 어떻게 보는가?

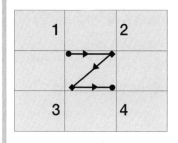

인간의 눈은 4개 점을 순차적으로 응시한다. 이 점들은 그림의 1/3씩 나누는 수직·수평선들이 교차하는 부분에 위치한다. 눈은 이미지의 좌측 상단 부분을 주시하는 경향이 있다. 왼쪽에서 오른쪽 위에서 아래로 사물을 관찰한다. 눈의 응시는 시계방향으로 돌아간다. 눈은 먼저 사람을 응시하고, 그 다음으로 구름이나 자동차 등의 움직이는 사물을 응시하며, 마지막으로 정지된 사물을 응시한다. 사람 눈의 동공 확장은 대상에 따라 남녀 차이가 있다. 예컨대 남자는 여자의 신체나 벗은 장면을 보았을 때 동공이 커지고, 여자는 아기의 모습을 보았을 때 동공이 확장된다고 한다.

▶ **언어적 이미지(광고 헤드라인)**

한 헤드라인이 15% ⇒ 25% ⇒ 50%의 독자관심을 끌 수 있다.

양쪽의 헤드라인이 같은 매체에 인쇄될 때

양쪽이 같은 사이즈일 때

같은 사진과 같은 일러스트가 양쪽에 실릴 때

양쪽이 같은 텍스트를 사용할 때

양쪽 모두 같은 레이아웃을 가질 때

양쪽 모두 같은 빈도로 실릴 때

▶ **어떤 유형의 서체가 가장 효과적인 이미지를 주고 있는가**

*이탤릭체*를

대문자를 써라

볼드체를

색상이 들어간 서체를 써라

밑줄을 그어라

(괄호)안에 넣어라

동그라미를 쳐라

필기체를 써라

✓표시 등 특수문자나 기호를 넣고, 그 속에나 위에 반드시, 꼭 같은 형용사나 부사를 넣어 강조하라.

▶ **이미지가 부수적인 역할을 하거나 아예 삭제되어도 무방한 경우 세 가지**
- 메시지의 진지함을 강조하고자 할 때
- 사회적 관습으로 주제를 이미지로 표현하는 것이 어려울 때
- 단순한 텍스트만으로 관심을 끄는 색다른 메시지를 제시하고자 할 때이다.

▶ **가장 높은 판독성을 보이는 색의 조합순서**

흰색 위의 검은색	흰색 위의 녹색	흰색 위의 청색	노란색 위의 검은색
노란색 위의 빨간색	흰색 위의 빨간색	빨간색 위의 녹색	검은색 위의 주홍색
흰색 위의 주홍색	녹색 위의 빨간색	보라색 위의 검은색	

매튜 러키시(Matthew Luckiesh)의 연구 결과 중 판독성이 높은 색의 조합 순서 노란색 위의 검은색⇒흰색 위의 녹색⇒흰색 위의 빨간색⇒흰색 위의 청색⇒청색 위의 흰색⇒흰색 위의 검은색⇒검은 색 위의 노란색⇒빨간색 위의 흰색⇒녹색 위의 흰색⇒검은색 위의 흰색⇒노란색 위의 빨간색⇒빨간색 위의 녹색⇒녹색 위의 빨간색이다.

▶ **색채에 숨겨진 이미지 의미**
빨간색 : 사랑, 따뜻함, 관능과 정열, 반항과 피, 잔인함과 파멸 - 소화기 제품, 스포츠카, 식료품
오렌지색 : 열정, 자극, 젊음 - 조리된 식품, 고기 통조림, 토마토 제품
노란색 : 생생함, 명랑, 친근, 유머와 삶의 기쁨 - 선탠과 관련된 제품

초록색 : 차분함과 휴식, 희망-야채 통조림, 담배

파란색 : 하늘, 바다, 우주, 환상과 꿈, 자유, 젊음, 휴식-냉동식품, 음료수(청량음료)

자주색 : 건강하지 않은 것-종교적 의식

갈   색 : 건강과 삶과 일상의 노동-남성용 제품

흰   색 : 공허함과 무한한 가능성, 깨끗함, 완벽함, 유행, 정숙, 평화-모든 색의 조합

검은색 : 죽음, 애도, 슬픔, 고독-향수, 와인 또는 초콜릿

분홍색 : 소심하고 로맨틱-부드러움, 여성스러움, 애정과 친밀감, 섹스

회색 : 불확실한 분위기, 공포, 늙음과 죽음-지저분한 분위기에 쓰임

파스텔톤 : 친밀감, 애정-혼자서 조용히 생각하기 좋아하는 것들에 대해 사용

예) 조니 워커 레드(Jonnie Walkered) : 사랑과 로맨스를 암시하기 위해 빨간색과
　　파란색 결합

▶ **가장 선호한 색채의 이미지와 가장 선호하지 않는 색채 이미지**

① 파란색 ⇒ ② 빨간색 ⇒ ③ 초록색 ⇒ ④ 자주색 ⇒ ⑤ 오렌지색 ⇒ ⑥ 노란색

▶ **이센크(Eysenk)조사 40명의 통계학자가 21,00명을 조사한 색채의 선호도 순위**

젊은 사람 : 밝고 깨끗한 색, 연령이 높은 사람 : 부드러운 색조나 어둡고 덜 강렬한
색조

소득수준과 문화수준이 낮은 그룹 : 빨간색이나 오렌지색

소득수준이나 문화수준이 높은 그룹 : 차가운 색, 미묘한 음영색

▶ **가장 눈에 끌리도록 광고의 이미지를 레이아웃 하는 방법**

• 속표지(표지 2, 표지 3)에 인쇄된 광고와 출판물의 첫 페이지에 실린 광고는 잡지
  안에 실린 다른 광고보다 30% 더 많은 독자에게 읽힌다.

• 표지 4(잡지의 뒷면)에 실린 광고는 잡지 안에 게재된 광고보다 64% 더 많이 읽힌다.

• 잡지의 처음 10% 이내에 게재된 광고는 평균 독서율 10% 가량 더 높다. 연구 결과
  에 따르면, 잡지의 뒷부분에 광고를 싣는 것은 현명하지 못하다. 특히 맨 뒤 1/4부
  분에 광고를 하는 것은 피해야 한다.

• 접히는 표지 안쪽 날개의 광고는 읽힐 가능성이 놀랍게도 높다.

• 오른쪽 페이지는 왼쪽 페이지보다 더 많이 읽힌다. DM에서, 밥 스톤은 15%의 더
  높은 쿠폰 회수율을 보인다고 발표했다.

- 잡지의 삽입 페이지에 실린 광고는 좋은 결과를 낳는다. 특히 잡지의 처음이나 마지막에 게재되는 내용과 비슷할 때 더 효과를 얻는다.
- 배경이 여백 없이 전체적으로 깔린 광고는 보통 더 많이 읽힌다.
- 글렌모어(Glenmore Distilleries)나 시슬리(Sisley)의 광고처럼 비주얼을 거꾸로 하거나 비스듬하게 배열하는 광고는 다채로운 이미지를 전하려 한다면 효과적일 수 있다. 이것은 흥미를 자아내는 요소가 된다.
- 두 배의 광고비용이 들더라도 양면 광고는 신중히 고려해 보아야 한다. 그것은 독자들의 관여도를 더 높이고 더 관심을 갖도록 한다. 갤럽앤로빈슨(Gallup & Robinson)에 따르면, 양면 광고는 상표를 더 중요하고 명성이 높은 것으로 보이게 한다. 조마니(Jo Marney)의 밀도 있는 연구에 의하면, 양면광고는 평균적으로 한 면 광고보다 상품에 대한 호감도를 더 높인다.
- 출판물의 접힌 부분을 효과적으로 쓰기 위해서는 밝은 색상, 재미있는 비주얼, 호기심의 자극 등 독자들이 관심을 끌 수 있는 고전적인 방법들을 사용해야 한다. 가장 귀중한 정보의 원천인 스타칠리더십 서비스는 접힌 부분을 효과적으로 이용하기 위한 다음과 같이 충고한다. 상품을 돋보이게 하고, 상품명을 강조하라. 일반적으로 표2가 접힌 부분 광고의 첫면은 티저(teaser)광고 형식과 같이 되고 그와 마주보는 면과 2면, 3면은 1면을 펼쳤을 때 하나의 티저 페이지로 가능하다.
- 접혀지는 부분에서 광고가 위에 있든 아랫부분에 있든 별 차이가 없다. 그러나 광고가 전체적으로 실리게 되면 독자들이 읽는 비율은 평균 7%가량 더 높게 나타난다.
- 바깥쪽에 배치된 광고는 분명히 안쪽에 배치된 광고에 비해 더 많이 읽힌다.
- 7개의 주요 잡지에 대한 1980년도 연구는 요리법과 쿠폰은 더 많은 독자에게 읽히는 데 영향을 끼친다는 것을 보여 주었다. 즉 전체적으로 광고를 보다 자세하게 읽도록 하는 괄목할 만한 이익을 가져온 것이다.
- 14가지의 다른 잡지에 실린 4원색 1페이지 광고에 대한 여성 독자 수 연구에 의하면, 논쟁이 있는 광고는 일반적인 광고에 비해 제 기능을 수행하지 못한다.
- 잡지에서 일반적으로 사용되는 것과 다른 질(밀도, 질감 등)의 종이를 사용하면 좋은 결과를 가져올 수 있다.
- 작은 카드나 잘려진 커버와 같이 잡지의 일반 포맷보다 조금 작은 페이지의 광고는 관심을 끄는 데 효과적이다.
- 제본되지 않고 따로 있는 페이지나 잡지에 끼워진 카드 또한 꽤 성공적이다.

• 스타치는 팝업 광고가 단순한 양면 광고보다 주목률이 더 높은 것을 발견했다. 1986년, 트랜스아메리카(Transamerica)회사는 「타임 Time」지 4백60만 부의 중간 페이지에 실리는 팝업 광고를 위해 300만 달러(전 광고예산 35%)를 투자하였다. 이 유명한 잡지에 실리는 광고는 560명이 42만 시간 동안이나 조립하였다. 이 연구는 96%의 「타임즈」 독자들이 그 광고를 기억했고 91%가 광고 내용의 반 이상을 읽었음을 시사하였다. 그리고 69%의 독자가 그 기업에 대해 매우 호의적이거나 상당히 호의적인 인상을 가지고 있었다.

• 리플릿과 잡지에 넣은 작은 가이드북은 긍정적인 결과를 낳는다. 존 핸콕(John Hancock)에 대한 8페이지짜리 특별판은 40%의 독자에게 기억되었고, 10명 중 8명은 8페이지 광고가 존 핸콕에서 제공되는 금융상품에 관한 지식을 가질 수 있게 했다고 말했다. K마트는 『타임』지(1983년 10월 31일자)에 24페이지의 동계올림픽 경기책자를 후원하였다. 이 기업은 캠페인의 양상을 전체적으로 기업의 이미지를 브랜드의 질을 높이기 위해 노력하는 거대한 상점으로 재구축하고 기존의 저가 중심의 이미지에서 벗어나고자 한다는 점에 중점을 두었다. 베타 리서치의 연구에 의하면, 타임지 6명 중 5명은 K마트의 팸플릿을 기억해냈다. 그러나 몇몇 대행사들은 삽입광고 및 다른 방법의 인접 광고가 잡지의 다른 광고의 가독성에 바람직하지 않은 영향을 미친다고 부정적인 견해를 보여 왔다. "삽입 광고는 잡지의 이미지를 변화시킬 수 있다."라고 프랭크 맥나마라(Frank McNamara)는 말했다. "독자는 항상 삽입광고의 페이지로 바로 넘어갈 것이고, 이로 인해 다른 광고가 보여질 수 있는 가능성은 줄어든다."

• 홀로그램(Hologram)과 말하는 광고는 매우 비싸지만 그만한 가치가 있다. 1987년에 카릴 이온(Caarillon Importers)의 앱솔루트 보드카는 '징글벨'을 연주하는 뮤지컬 광고를 사용하였다. 그 광고는 단지 두 개의 출판물에 게재되었는데 제작과 매체 비용으로 100만 달러가 들었다. 그러나 광고를 대행한 뉴욕 TBWA광고대행사의 사장 리처드 코스텔로(Richard Costello)는 말한다. "그 광고는 우리에게 800만 달러의 명성을 안겨 주었습니다." 1990년에 앱솔루트는 말하는 광고를 사용하였고, 핀란디아 보드카는 3-D홀로그램을 선보였다.

• 제품과 연관되는 기사 옆에 광고를 배치하는 것은 관심과 주목률을 높이는 좋은 방법이다. 예를 들면, 신문의 스포츠 면에 실리는 화장품 광고는 패션 면에 실리는 것에 비해 주목률이 낮을 것이다.

▶ **컬러광고 아니면 흑백광고, 비용이 더 들더라도 컬러광고를 적극 활용하라**

- 컬러 광고는 관심을 집중시키고, 독자들에게 읽힐 가능성이 더 높다. 같은 흑백광고에서 1도의 컬러를 넣으면 22% 더 읽혔고, 2도 또는 3도의 컬러를 넣으면 68%까지 읽히는 비율이 높아지는 것으로 조사되었다.
- 컬러를 사용하는 것은 광고에 대한 소비자의 기억력을 자극한다. 평균적으로, 컬러광고는 흑백광고보다 2배 더 기억된다.
- 컬러광고는 상품에 대한 소비자 태도를 향상시킨다. 인쇄매체에서 컬러를 사용하면 회사의 명성과 상표와 제공되는 서비스가 분명히 드러난다. 소비자는 색의 사용을 강인함, 힘, 견실함을 나타내는 것으로 인지한다.
- 컬러광고는 잘 팔린다. 낮은 가격의 소매품의 경우, 광고에 한 색상을 추가하는 것은 대략 41% 정도 판매를 증가시킨다.
- 컬러광고는 더 매력적이다. 광고되는 제품은 더 생동감 있고, 더 매력적이며, 더 현실적으로 보인다. 컬러 사용은 제품을 더 맛있게 보이도록 하여 특히 식품광고에서 강조된다.
- 컬러광고는 메시지의 어떤 요소를 강조하도록 한다.
- 컬러광고는 상품명을 인지하는 데 도움이 될 수 있다. 그것은 즉각적으로 제품을 인지하게 한다.

  예) 세븐업(녹색), 코닥(노랑), 코카콜라(빨강, 파랑), 후지(녹색), 캠벨(빨간색, 하얀색), 아비스(빨강)

▶ **선과 형태가 상징하는 이미지**

- 가는 선은 심플함, 섬세함과 가벼움 표현
- 두꺼운 선은 강인함과 에너지 암시
- 강하게 새겨진 선은 결단력과 결렬한 인상
- 긴 선은 생명력과 활발함
- 짧은 선은 견고함
- 끊어진 선은 비영속성과 급격한 움직임을 만든다.
- 수평선의 곧은 선은 차분함, 휴식, 지속성, 안정성과 편안함
- 수직의 곧은 선은 무한성, 높이, 열, 속도, 활동. 그리고 직면한 어려움을 환기시킨다.
- 위로 향하는 수직선은 숭고함과 진보와 관련되고 항상 긍정적이다.

- 내려오는 수직선은 좀 더 세속적이고, 쇠퇴와 후퇴를 암시하며, 부정적이다.
- 곡선은 부드러움, 품위, 우아함, 유연성, 행복함, 환상, 젊음과 불안정성을 암시한다.
- 시선은 움직임과 하강을 느끼게 한다. 오른쪽으로 올라가는 시선은 긍정적이며 다이내믹하고 진보가 느껴진다. 반면에 왼쪽으로 올라가는 시선은 부정적인 느낌과 연관되며 후퇴를 나타낸다.
- 십자무늬나 그래프적인 선은 과학적 연구의 분위기를 나타낸다.
- 원과 타원은 부드럽고 감각적이며 여성적이다.
- 사각형은 딱딱하고 무미건조하며 차갑고 남성적이다.
- 삼각형은 공격적이다. 그것은 차분함과 평안함을 암시하는 남성적인 형태이다.
- 역삼각형은 가벼움과 불균형적인 인상을 준다.

예를 들어, 남자의 모자는 사각형, 여성의 모자는 타원형, 세제는 사각형 박스이다. 사용은 여성이나 파워나 운동감 같은 남성적인 특질을 암시하는 것이 판매에 유리하기 때문이다.

아침식사용 시리얼은 사각형 박스이다. 힘과 풍부함과 관대함의 힘을 내포하기 때문이다.

2. 이미지 메이킹

정치광고에서의 후보자의 이미지는 주로 후보자 개인적 특성, 즉 후보자 자신의 성격, 능력, 경험, 배경, 정직성, 도덕성, 외모 등과 관련되어 정의되어 왔다(문경희, 1994). 이러한 시각은 의제설정이론과 밀접히 관련되어 있는데, 후보자가 갖고 있는 어떤 속성이 특히 강조됨으로써 이미지의 기본적인 내용이 창출된다고 보는 것이다. 따라서 후보자의 어떤 특성을 집중해서 다룬 반면 다른 특성은 무시함으로써 대중매체는 그 후보자의 이미지와 관련하여 중요한 의제설정 역할을 담당하는 것이다. 결국 대중매체는 유권자들이 갖게 되는 후보자의 이미지 특성에 관한 의제를 제공하는 것이다. 실제로 미국 대통령 선거에서 의제형성과 관련하여 유용한 많은 정보에도 불구하고 대부분의 유권자들의 후보자들의 이미지와 이슈의 양상에 대해 거의 알지 못했다. 한 조사에서 소수의 응답자만이 어떤 특정 이슈에 대해 후보자가 취한 입장을 규명할 수 있었다. 결론적으로 이미지를 통한 의견 형성은 선거에서 유권자들이 후보자들의 공약이나 정책, 도덕성, 정당에 대한 사실을 명확하게 인지하여 판단하기보다는 특정 후보자에게 느끼는 총체적 이미지를 통해 후보자의 선호를 판단하여 투표하려고 한다. 특히 텔레비전이 정치커뮤니케이션 매체로서 중요한 위치를 차지하기 때문에 후보자들은 유권자에게 호소할 수 있는 독특한 이미지를 창조하는 데 많은 노력을 기울이고 있다. 정치인의 이미지 메이킹을 위한 기본목표는 첫째, 후보자는 유권자들의 이상이나 포부, 꿈 등을 대표하는 이미지를 형성해야 한다. 둘째, 지리적으로는 후보자의 정치 목적 및 활동과 관련된 지역을 대표할 수 있는 인물이라는 이미지를 형성해야 한다. 셋째, 시간상으로는 그 시대를 대표할 수 있는 유권자들이 지지하기를 원하는 인물로서의 이미지를 형성해야 한다. 또한 이미지 메이킹의 방향으로는 첫째, 큰능력과 동시에 〈愛〉를 갖추고 있는 존재로 이미지를 부각시킨다. 이미지는 이성적이라기보다 매우 감성적인 것이며 대단히 애매한 그 무엇이다. 일반적으로 유권자들은 후보자가 비교적 이성적 존재이기를 바라는 기대 감정을 지닌다. 그러면서도 동시에 인간적인 존재이기를 바란다. 따라서 부각시키고자 하는 후보자의 이미지는 이성적인 소구뿐 아니라 감성적인 소구도 포함해야 한다. 둘째, 후보자와 유권자 간에 심리적 연대의식이 이루어지도록 해야 한다. 후보자에 대한 유권자들의 신뢰나 연대의식은 이성에 의해서보다는 일종의 정서적 카리스마에 의해 이루어지는 경우가 많다. 그것은 말이나 사고가 아니라 믿음에 의해 이루어지는 것이다. 셋째, 자연스러움을 최대한 살리는 방향이어야 한다. 정치광고에 있어 자연스러움을 살리자면 그에 대한 구체적인 전략이 필요하다. 이러한 연구와 전략을 수립하기 위해서는 마케팅의 원리는 물론 정치광고의 기술을 도입·개발해야 한다. 후보자는 마케팅에서 빌려온 과학적인 조사·연구를 실시한 후, 그 결과에 기초하여 후보자의 콘셉트를 연구 개발하고 그에 따라 선거운동전략을 세워야 소기의 성과를 거둘 수 있다(문경희, 1994). 정치광고의 이미지 요인이 무엇인가에 따라 정치광고 이미지에 대한 정의는 학자들마다 의견이 다른데, 이처럼 중요하게 인식되는 이미지의 정의를 요약하면 다음이 〈표 6-1〉과 같다.

〈표 6-1〉 정치광고에서 이미지에 대한 정의

연구자	정 의
Garramone(1986)	유권자가 인식하는 후보자의 개인적, 전문적 특성의 합 이미지 지표(image index)는 10가지 특성으로 구성 1. 능력있는(competent) 2. 피상적인(superficial)

연구자	정　의
	3. 효율적인(effective) 4. 기회적인(opportunistic) 5. 자격을 갖춘(qualified) 6. 지적인(intelligent) 7. 개방적인(open-minded) 8. 거만한(arrogant) 9. 동정적인(sympathetic) 10. 신뢰있는(trustworthy)
Millet 등(1985)	국가의 대통령은 어떤 인물이어야 한다는 고정관념
Yum & Kendall(1984)	경험(experience), 정직(honesty), 능력(competence), 동정(sympathy), 힘(strength)으로 구성된 지표
Shyles(1984, 1988)	8개의 특질로 구성된 성격적 특성 1. 이타성(altruism) 2. 능력(competence) 3. 경험(experience) 4. 정직(honesty) 5. 지도능력(leadership) 6. 개성(personal attributes) 7. 힘(strength) 8. 기타
Abelson(1982)	후보자의 인성(personality traits)
Roberts(1981)	신의(trust)
Fishbein & Ajzen(1980)	후보자의 인성적 특질(personality characteristics)
Joslyn(1982)	후보자의 인성적 특질
Patterson(1980)	2개의 차원으로 구성 1. 스타일 이미지 : 개성, 선거운동, 업적, 배경, 기타 2. 정치이미지 : 지도능력, 정책, 기타
Anderson & Kibler(1987)	신뢰도(source credibility), 매력(attraction), 동질감(homophily)
Powell(1977)	1. 지지하지 않는 후보에 관해서 4가지 차원으로 구성 　: 안전(safety), 외향성(extroversion), 사회성(society) 능력(capability) 2. 지지하는 후보에 관해서 2가지 차원으로 구성 　a. 개인적 이미지 요인(personal image factor) 　　예) informed, cheerful, reliable 　b. 유사성 요인(similarity factor) 　　예) like, dislike
Shama(1975)	인성적 특질(personality characteristics)
Kelvy & Miner(1974)	후보자의 인성을 좋아하거나 싫어하는 것 (likes and dislikes of candidates' personality)

연구자	정 의
Boulding(1961)	유권자가 후보자에 대해 갖는 주관적 인상 (voters' subjective impressions of candidates)
Boulding(1956)	1. 공간적인(spatial) 2. 시간적인(temporal) 3. 연관있는(relational) 4. 가치적인(valuational) 5. 감성적인(affective) 6. 의식적인(conscious) 7. 깨끗한(clear) 8. 사실의(real) 9. 공적인(public)

출처 : 이관열(1991), 미국 대통령 TV 정치광고에 나타난 쟁점, 이미지, 상징, 비방에 관한 연구,『광고연구(겨울)』

　　지난 제13대 대통령 선거에서 노태우 후보는 '보통사람'의 이미지 메이킹으로 선거에서 큰 승리를 거두었다. 아이젠하워는 1952년 대통령 선거에서 자신의 사상이나 지식을 앞세우기보다는 영웅으로서의 이미지를 부각시키는 TV 광고 전략을 통해 대통령으로 당선되었으며, 1960년 케네디와 닉슨의 TV토론을 지켜보았던 국민은 예상을 뒤엎고 케네디를 그들의 대통령으로 선택하기를 원했다. 과연 무엇이 그렇게 만들었을까?『대통령을 팝니다(The Selling of the President)』를 출간한 미국의 정치전문가인 조 맥기니스(Joe McGinnis)는 의도적으로 창출된 후보의 이미지가 선거에서의 당락에 중대한 영향을 미친다고 주장한다. 이때 이미지란 무엇을 말하는 것이며 어떤 의미를 지니는 것인가? 여기서는 이미지의 정의와 이미지 형성 그리고 이미지 메이킹 수단으로서의 정치광고에 관해 논하고자 한다. 다음은 정치인들의 이미지 메이킹 전략에 관한 예이다. 노태우 '보통사람', 아이젠하워 '영웅', 케네디 '젊음'과 '용기', 김영삼 '정직하고 깨끗한 사람', 레이건 '유모아' 부시 '강인함', 대처 '철인 이미지' 미테랑 '민주적 정치인', 카터 '서민적', 오바마 '자신감', 박정희 '농민의 아들', 민주당 '황소', 김영삼 '정직과 결단의 지도자', 정주영 '경제대통령', 정주영 '현대 신화', 이명박 '경제 살리기' 등이다. 다음 〈표 6-2〉는 각 대통령 후보자 요소별 이미지 분석이다.

〈표 6-2〉 각 후보자 요소별 이미지 분석

이미지 요소	김영삼	김대중	정주영
마스코트	뛰는 곰돌이(은근과 끈기, 정직성을 상징)	토끼와 거북이(화합과 단결, 지역감정의 극복)	호돌이(강인함, 친근감을 상징)
상징색	하늘색	일정치 않음(녹색계통)	짙은색
제스처	엄지손가락을 세워서 높이 든다(한민족의 우수성, 능력을 상징).	V자를 그림(승리, 자신의 기호인 2번을 상징)	손바닥을 펴고 높이 쳐듦(강력한 지도력 강조)

출처 : 정한나(2004). "한국 대통령 선거의 이미지 메이킹 연구, 한남대학교 사회문화과학대학원

　　정치광고를 통하여 후보자의 이미지를 창출하는 작업은 미국과 유럽 등지에서 초기에는 인쇄매체, 특히 그중에서도 신문매체를 통하여 이루어졌으나, 1950년대부터 전파매체의 이용이 증가되었고, 1960년대 들어 TV정치광고를 통하여 이미지 창출 작업이 광범위하게 이루어지게 되었다. 특히 미국의 역대 대통령 선거를 통하여 TV정치광고를 통한 이미지 광고는 지속적인 발전을 가져왔다. 이는 정치광고가 대통령 후보자들을 마치 제품처럼 포장해서 유권자에게 판매하는 형식으로 선택하게 했다는 비판을 받게 되었다. 이런 논리대로라면 미국의 대통령은 합리적인 유권자의 올바른 투표행동에 의해 선택된다기보다는 정치광고를 제작하는 전문가들의 미디어 활용전략에 의해 만들어 졌다고 해도 과언이 아닐 것이다(이관열, 1991). 한편 정치광고를 통하여 후보자의 이미지 창출이나 정치활동의 주요수단으로 이용하는 행태는 미국뿐만 아니라 우리나라에서도 찾아 볼 수 있다. 제14대 대통령 선거에서는 후보자 4명에 대한 총 9편의 광고에서 5편의 이미지광고를 찾아볼 수 있고, 1995년 서울시장 선거에서도 후보자 3명에 대한 총 4편의 광고에서 많은 부분을 후보자의 이미지 창출에 할애하고 있음을 볼 수 있다. 1993년 삼희기획에서 조사한 유권자들의 후보선택 기준에서도 후보자 이미지의 중요성을 말해주고 있는데, 〈표 6-3〉에서 나타나는 것처럼 후보자 개인 이미지는 후보선택 기준의 33%로 2위를 차지하고 있음을 볼 수 있다.

〈표 6-3〉제14대 대통령 선거 시 후보선정 기준

고려사항	응답비율(%)
개인 이미지	33
출신지역	7
혈연, 학연 등 개인적 관계	2
소속 정당	6
주위 의견	2
정치 성향	41
TV, 신문 등 매스컴 보도	8
종교적 관계	1

출처: 삼희기획 마케팅국(1993), 「제14대 대통령 선거 정치광고효과 조사보고서」, 『삼희기획』 사보, (1월호)

특히 최근에는 이러한 후보자 이미지의 창출이 필수적이면서 가장 중요한 선거전략 요소의 하나로 평가받고 있다. 영국의 대처 수상이 선거에서 승리하게 된 요인 중의 하나가 광고대행사 사치앤사치(Saatchi & Saatchi)의 정치광고였고, 프랑스의 미테랑 대통령이 1981년 프랑스 역사상 최초로 연합정권 수립을 가능하게 한 요인 중의 하나로 로우식 세구엘라 카이작와 가우디아르드(Roux Seguela Cayzac & Gaudard) 등의 광고대행사가 만든 광고 전략을 꼽을 수 있으며, 1995년 서울시장 선거에서 조순 후보의 당선도 '서울 포청천'이라는 이미지광고의 역할이 주효했던 것으로 평가되고 있다. 2010년 서울시장 보궐선거에서 나경원 후보가 압구정동의 한 피부과에서 1억 원의 피부관리를 받았다는 소문은 나경원 후보의 이미지에 상당히 부정적 영향을 미치었다. 한편 정치광고의 이미지 요인에 대한 실증적 연구의 경향은 주로 효과를 중심으로 전개되고 있음을 볼 수 있다. 그 중에서 먼저 인상적-기술적 연구를 들 수 있다. 튜커(Tucker)의 연구에서는 광고의 형식과 길이, 그리고 후보자의 개성적 성격에 대한 긍정적 투사가 광고효과에 영향을 미치는 것으로 분석하고 있다. 이를 모형화하면 〈그림 6-2〉와 같이 나타난다. 즉, 이미지광고가 득표율이라는 광고효과 지표에 영향을 미친다는 것이다. 다음은 이미지를 고양하는 표현 기법과 연계되는 연구를 들 수 있다. 보어스(Bowers)의 연구결과, 인지도가 높은 후보에 비해 인지도가 낮은 후보자가 이미지를 더욱 강조하는 경향이 있으며, 군소정당의 후보자가 상대적으로 이미지를 더욱 강조하는 경향이 있는 것으로 나타났다(Bowers, 1972).

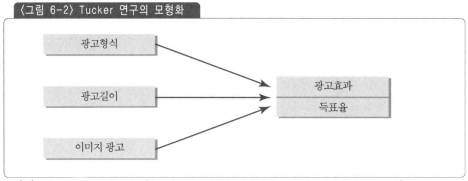

〈그림 6-2〉 Tucker 연구의 모형화

광고형식

광고길이

이미지 광고

광고효과

득표율

출처 : D. E. Tucker(1959), "Broadcasting in the 1956 Oregon Senatorial Campaign," Journal of Broadcasting, Vol, 3

또 다른 연구주제는 샤이레스(Shyles)의 연구에서 찾아볼 수 있다. 그는 정치광고에서 나타나는 경험, 능력, 정직, 지도능력, 이타정신, 개인 이미지, 힘(strength)에 대한 소구내용을 중심으로 분석한 결과, 총 672번의 이미지 언급 횟수 중 '경험'은 28%, '능력'은 25%, '정직'은 15%를 언급한 것으로 나타나서, 결국 후보자 자신의 배경과 경험이 정치효과에 가장 많이 반영되고 있는 것으로 분석되었다(Shyles, 1988; 이관열, 1991에서 재인용). 또한 정치광고의 이미지 요인이 유권자에게 야기되는 과정에 관한 문제에 대한 연구가 있다. 이에 대한 결론은 이미지 요인이 광고효과를 발생시키는 데에는 광고요인뿐만 아니라 유권자 인식구조와의 상호작용을 통해 효과가 야기된다는 것이다. 한편 TV광고를 통해 나타나는 이미지 형성의 주체와 관련된 연구, 즉, '후보자의 이미지는 후보자가 주체가 되어 만들어 졌는가?' 아니면 '후보자가 주체가 되어 인식한 결과인가?'에 대한 연구들이 있다. 여기에 대하여 님모(Nimmo)는 "후보자의 이미지 형성에 대한 올바른 이해는 두 가지 측면이 동시에 고려되어야 한다(Nimmo, 1976)."라고 주장한 반면, 브라운스테인(Brownstein)은 명확한 메시지를 담은 광고와 모호하고 이미지 지향적인 광고에 대한 비교실험을 한 결과, 피험자들은 모호한 메시지를 담은 광고를 보았을 때 후보자를 잘못 인식하는 경향이 높다는 것을 발견하게 되었다(Brownstein, 1971). 결국 유권자 결정론 보다는 후보자 결정론의 입장이 보다 강하게 나타난다는 것을 암시하고 있다. 또한 모리타리와 게라문어(Moriarty & Garramoone)는 TV정치광고의 이미지적 기법이 유권자 인식에 미치는 효과에 대한 연구를 실시하였는데, 그의 연구결과, 카메라의 기계적 속성에 의해 만들어지는 조작이 유권자의 인식 구조에 영향을 미칠 수 있다는 것을 발견하였다(Moriarty and Garratmone, 1986). 즉, 조작된 이미지광고는 유권자의 인지과정에 영향을 미치게 되고 이는 다시 유권자의 태도형성에 영향을 미치게 된다는 것이다. 이를 모형화하면 〈그림 6-3〉과 같이 나타낼 수 있다. 이러한 연구와 관련하여 돈헤(Donohue)의 연구에서는 컬러광고가 흑백광고에 비해 유권자의 태도형성에 더 큰 영향을 미칠 수 있고, 특히 여성들에게 현저한 영향이 나타나고 있음을 보여주었다(Donohue, 1973). 그러나 많은 연구결과들이 유권자들은 후보자의 정책 등에 대한 이성적 판단보다는 이미지에 의한 감성적 판단을 한다는 조사결과를 내놓고 있어, 이미지가 선거의 가장 중요한 무기가 되고 있다는 점을 강조하고 있는 것이 현대 선거광고와 관련된 보다 우세한 입장이라고 할 수 있다. 모리아트와 게라트모네(Moriarty and Garratmone, 1986)는 조작된 이미지광고의 영향 경로 모형을 제시했는데 이미지광고가 인지과정을 걸쳐 태도를 형성한다고 보았다. 다음 〈그림 6-3〉 조작된 이미지광고의 영향경로 모형이다.

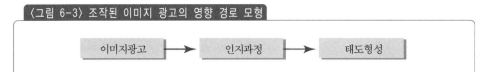

〈그림 6-3〉 조작된 이미지 광고의 영향 경로 모형

이미지광고 → 인지과정 → 태도형성

출처 : S. E. Moriarty, and G. M. Garratmone(1986), "A Study of Newsmazine Photographs of the 1984 Presidential Campign", Journalism quarterly, Vol.63,4(winter).pp.728-734, 조경섭, 박사학위 논문, p.25

이미지 광고에 대한 부정적인 입장의 비판이 제기됨에도 불구하고, 최근의 정치캠페인 전략에서는 이미지광고의 사용 비중이 증가되고 있다. 이는 정치광고의 최종효과라고 볼 수 있는 득표율에 대한 이미지광고의 유의적인 영향력이 존재함을 반증하고 있다. 결국 효과적인 선거캠페인 전략의 수립을 위해 후보자 자신의 이미지를 부각시키기 위한 이미지광고의 기법개발 및 사용빈도의 증가는 높아질 것으로 예측되고 있다(조경섭, 2006).

3. 정치광고와 이미지 메이킹 수단

이미지는 특정 대상에 대해 갖는 머릿속의 그림이다. 또한 이미지는 특정 대상에 대해 자신이 믿는 바의 모든 것, 즉 주관적 지식이기도 하다. 그러나 이미지는 대상을 있는 그대로 마음속에 그리는 것이 아니라 인간 자신이 바라는 대로 그리는 것이기 때문에 실체와는 불가피하게 차이를 지닐 수 있다. 이미지와 실체와의 이러한 차이에도 불구하고 이미지는 대상에 대한 반응을 결정하는 근원이 된다. 현대 사회에 있어 이미지의 영향력은 막강해졌다. 이미지의 효과적인 활용이 개인 혹은 조직의 성패를 좌우하는 시대가 되었다. 고객들로부터 좋은 이미지를 갖고 있는 기업이 성공할 수 있듯이 선거운동에 있어서도 유권자에게 호의적인 이미지를 심어줄 수 있는 후보자가 선거에 승리할 수 있는 시대가 된 것이다. 오늘날 유권자는 정보의 홍수 속에 살고 있다. 후보자는 유권자들에게 자신을 널리 알리기 위해 심혈을 기울이게 된다. 그러나 자신의 모든 것을 있는 그대로를 보여 준다는 것은 효과적이지 못하다. 자신의 긍정적인 모습, 호의적인 이미지를 부각시키기 위한 노력이 필요하다. 유권자가 '보는 것'과 후보자가 보여 주는 것을 함께 고려한 총체적인 연출이 바로 이미지 메이킹이다. 그것은 유권자들에게 보이는 자신의 이미지를 만드는 적극적이고 지속적인 활동인 것이다. 광고는 이미지 메이킹을 위한 주요한 수단으로 이용될 수 있다. 광고 전략은 제품이나 서비스의 판매를 위해서 활용되는 것이 아니라 비제품(non-product)인 정치 후보자의 이미지 메이킹을 위해서도 필수적인 요소가 되었다. 세계적인 마케팅 이론가인 미국 MIT대학의 필립 코틀러(Philip Kotler) 교수는 정치 후보자도 하나의 상품이라고 규정하고 있다.[2] 마치 비누를 만들어 세련되게 포장하고 광고를 통해 소비자에게 호의적인 상품 이미지를 창출해 내는 것처럼 선거에 입후보한 정치인을 메시지로써 잘 포장하고 세련되게 시각화하여 광고함으로써 유권자들로 하여금 지지를 얻도록 하는 것이다. 정치 후보자에 대한 호의적인 속성의 개발과 포장 그리고 그에 대한 광고의 업무를 전문 광고인이나 광고대행사가 맡게 되었다. 정치광고를 통한 이미지 메이킹은 단지 최근의 현상만은 아니다. 미국과 유럽 등지에서 인쇄매체, 특히 신문을 통한 정치광고가 존재했고 50년대까지는 라디오가 그 주요 수단이었다. 그러나 1960년대에 접어들면서는 텔레비전을 통한 정치광고가 이미지 메이킹의 가장 중요하고도 광범위한 수단이 되었다. 선거 전략은 곧 정치광고 전략을 의미했고, 미디어의 활용전략이었다. 정치광고가 정치 후보자의 이미지 메이킹과 선거 및 정치활동의 주요 수단으로 활용된 것은 미국에서만의 일은 아니다. 유럽의 여러 나라들과 아시아권의 일본에서도 정치광고는 널리 활용되고 있으며, 특히 최근 들어 필수적인 선거 전략의 하나가 되었다(문경희, 1994).

---

2) Philip Kotler(1982), Marketing for Non-Profit Organization, 2nd ed. p.462.

1) 이미지 메이킹 전략

대통령 선거란 다수의 후보자를 전제로 경쟁을 통해 1등을 선별하는 정치 행위이다. 다수의 후보자는 유권자의 관심과 호의를 바탕으로 선택되어 유권자의 냉정한 판단을 받게 된다. 그러나 현대 선거에 있어 유권자가 후보자를 선택할 때 반드시 이성과 합리적인 기준에 근거하여 결정하는 것만은 아니다. 선거에서 가장 중요한 것 중의 하나는 바로 후보자의 이미지이다. 평소에 유권자의 머릿속에 그려진 후보자에 대한 이미지가 기표하는 순간의 선택에 결정적인 역할을 하는 것이다. 대통령 후보자로서 선거에서 승리하기 위해서는 자신의 이미지를 자연적인 추세에 따라 형성되도록 방관해서는 안 된다. 표적대상으로 선정된 유권자들의 필요와 욕구에 부합하도록 적극적으로 이미지를 창출해야 할 것이다. 이 장에서는 바로 이러한 이미지 메이킹 전략의 효과적인 수립을 위한 콘셉트와 구체적인 실천 방안에 대해 알아보고자 한다(문경희, 1994).

(1) 이미지 메이킹의 기본 목표와 방향[3]

이미지 메이킹의 기본 목표는 후보자가 유권자들의 이상이나 포부, 꿈 등을 대표하는 인물이라는 이미지를 형성해야 한다. 그리고 지리적으로는 후보자의 정치 목적 및 활동과 관련된 지역을 대표할 수 있는 인물이라는 이미지를 형성해야 한다. 시간상으로는 그 시대를 대표할 수 있는, 유권자들이 지지하기를 원하는 인물로서의 이미지를 형성해야 한다.

(2) 후보자의 콘셉트

후보자가 어떤 이미지를 형성할 것인가를 구상할 때 근간이 되는 것이 후보자의 콘셉트이다. 후보자의 콘셉트는 후보자에 대한 유권자의 관심이나 이미지 형성을 주도하는 테마를 말한다. 그것은 독특한 판매 제안(unique selling proposition), 따라서 정치후보자는 유권자들의 표를 끌어 모을 수 있는 콘셉트를 개발해야 한다. 후보자의 콘셉트는 전체 선거운동을 기획하고 구성하기 위한 기초 개념이다. 콘셉트를 선정하는 데 있어 먼저 후보자는 유권자들이 보거나 느끼는 선거의 주요 이슈들을 찾아내어 유권자들이 원하는 보장과 약속이 어떠한 성질의 것인지 파악하는 것이 중요하다. 몇 가지 콘셉트가 제기되었을 때, 후보자는 자신의 개성, 배경, 자격, 정치철학에 걸맞은 콘셉트를 선택하지 않으면 안

---

3) 박병준 편저, 「정치마케팅」, 나남출판사, 1991, pp.208~209

된다. 그중 어느 콘셉트가 가장 바람직한가를 알려면 본격적인 선거운동에 들어가기 전에 여론조사를 실시해 볼 필요가 있다. 또한 최종적으로 콘셉트를 선택하는 데 있어 경쟁 후보자들이 선택할 것으로 예상되는 콘셉트를 고려하여 자신에게 가장 유리한 것을 선택해야 할 것이다. 후보자는 자신이 선택한 콘셉트를 반영하는 데 있어서 콘셉트의 특화(concept specificity) 전략이나 콘셉트의 분산(concept diffuseness) 전략을 활용할 수도 있는데, 전자는 콘셉트를 그가 하는 모든 말이나 행동에 반영하는 것이고 후자는 거기에 전적으로 얽매이지 않는 것이다. 콘셉트 분산 전략을 추구할 경우 유권자들의 마음속에 뚜렷한 입장을 부각시킬 수 없다는 단점이 있으며, 콘셉트 특화 전략의 경우 어느 특정 계층의 유권자들로부터 강력한 지지를 얻을 수 있으나 다른 계층의 유권자들로부터는 그렇지 못하게 될 가능성이 있다. 후보자가 1차적인 콘셉트와 함께 2차적인 콘셉트를 추구할 수도 있는데, 여하튼 중요한 것은 모든 사람에게 잘 보이려는 팔방미인이 되려고 하는 것은 좋지 못하다는 점이다. 오늘날 기업들은 주요 시장에서 소비자들이 필요로 하는 것과 그들이 욕구하고 있는 것이 무엇인지 면밀히 조사, 그 결과를 토대로 광고 전략을 수립하여 판촉활동을 하고 있다. 정치광고에 있어서도 상품과 마찬가지로 여론조사를 통해 유권자들의 욕구, 관심, 가치관, 생각들을 파악하고 그에 부합하는 인물로서 후보자를 평가하도록 이미지를 창출해야 할 것이다. 이와 같이 과학적 방법을 통해 후보자의 이미지 메이킹을 위한 광고계획을 수립하려면 1차적으로 후보자의 콘셉트 개발이 필요한 것이다. 이러한 콘셉트는 후보자가 유권자의 뇌리에 심고자 하는 이미지 목표가 되며, 그 목표를 달성하기 위한 선거운동 전략의 지침이 되는 것이다(문경희, 1994). 우리나라에서의 TV선거는 1987년 군부가 물러나고 17년 만에 처음 직선제가 치러진 1987년 제13대 대통령 선거에서 텔레비전이 발휘한 영향력은 가히 혁명적이었다. 민정당 노태우 대통령 후보는 그동안의 '군복' 이미지를 버리고 '양복' 입은 '평범한 보통 사람'의 이미지를 부각시키는 데 주력했다. 즉 '이미지'를 창출하는 데 성공한 그가 대통령에 당선될 수 있었던 중요한 변수였다(예응출판사, 2004).

(3) 후보자의 이미지 메이킹 전략수립

① 유권자와 후보자 특성파악
광고를 기획하기 위해서는 시장상황, 경제상황, 소비자 행동을 주의 깊게 분석하고 당면한 문제점과 포착 가능한 기회를 발견해야만 한다. 이를 위해 필수적인 것이 2차 자료

의 수집과 1차 자료(시장조사)의 수집이다. 마찬가지로 후보자의 이미지 메이킹 전략의
첫 단계는 선거구 분석이다. 선거구 상황, 경쟁 후보자 상황, 유권자 상황을 파악하기 위
해 먼저 과거의 선거결과 조사 및 분석, 선거구의 인구통계에 따른 지역 세분화에 따른 유
권자의 규모, 유권자의 증감률, 현재의 지지기반, 유권자 명단 등의 2차 자료의 수집·분
석이 필요하다. 각 후보자들의 이미지와 인지도, 후보자에 대한 긍정적인 측면과 부정적
인 측면, 유권자들이 가장 이상적이라고 생각하는 후보자 이미지, 그리고 유권자가 원하
는 이슈나 선거공약(선거구에 대한 것, 국가에 대한 것, 정치적 쟁점에 관한 것), 투표 결
정에 영향을 미치는 중요 요인, 소속 정당에 대한 유권자의 인식, 결정 시점, 민원사항 등
에 관한 자료 수집을 위해 유권자 태도 및 행동 조사가 필요하다. 유권자에 대한 여론조사
를 실시할 때에는 예상되는 표본과 모집단의 특성, 표본의 크기, 신뢰도, 표본추출방법,
조사원 훈련, 실사토제, 무응답자에 대한 대안 등을 고려하여야 한다.

② 경쟁 후보자의 상황 파악
다음 단계에서는 경쟁 후보자의 상황을 파악해야 한다.
- 상대 후보자들의 인격, 성품, 경력, 과거 선거 때의 득표 상황
- 목표 득표수와 득표율
- 선거 테마와 이슈
- 목표 집단
- 선거전략, 주요 선거공약
- 유권자 접근 조직
- 각 후보자의 지지도와 그 이유

③ 후보자의 이미지 메이킹 프로그램 전략
다음 단계는 후보자의 이미지 메이킹 프로그램 전략을 위해서 후보자 자신, 커뮤니케이
션 프로그램, 선거 자금 모금 방법, 선거운동 조직, 투표 참여 프로그램 등으로 구성된 각
요소를 검토하게 된다. 선거광고 전략의 상위 단계로는 첫째, 유권자 분석자료를 토대로
선거 테마와 이슈를 선정해야 한다. 둘째, 특정 계층을 타깃으로 하는 표적 시장을 선거운
동을 전개한다. 셋째, 경쟁 후보자 특성을 파악하여 후보자의 포지셔닝을 한다.
자세한 후보자 이미지 메이킹 전략수립은 〈그림 6-4〉와 같다.

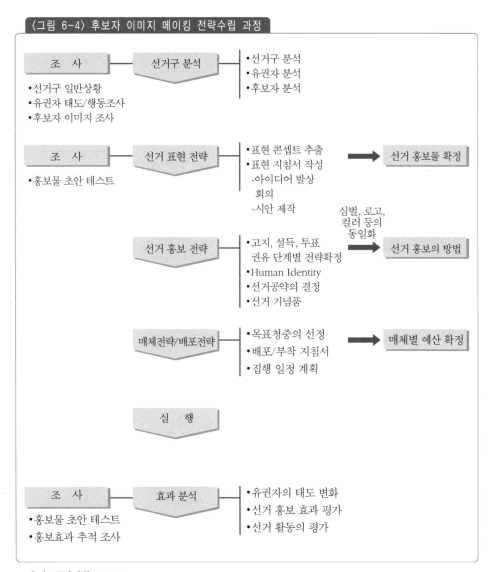

〈그림 6-4〉 후보자 이미지 메이킹 전략수립 과정

조 사 ── 선거구 분석
•선거구 일반상황
•유권자 태도/행동조사
•후보자 이미지 조사

•선거구 분석
•유권자 분석
•후보자 분석

조 사 ── 선거 표현 전략
•홍보물 초안 테스트

•표현 콘셉트 추출
•표현 지침서 작성
 -아이디어 발상
  회의
 -시안 제작

→ 선거 홍보물 확정

심벌, 로고,
컬러 등의
동일화

선거 홍보 전략
•고지, 설득, 투표
 권유 단계별 전략확정
•Human Identity
•선거공약의 결정
•선거 기념품

→ 선거 홍보의 방법

매체전략/배포전략
•목표청중의 선정
•배포/부착 지침서
•집행 일정 계획

→ 매체별 예산 확정

실 행

조 사 ── 효과 분석
•홍보물 초안 테스트
•홍보효과 추적 조사

•유권자의 태도 변화
•선거 홍보 효과 평가
•선거 활동의 평가

출처 : 동방기획 1991.2.

(4) 후보자 이미지 메이킹의 기본 방안

① 후보자에 대한 철저한 연구, 분석이 필요하다.

일반 상품과 마찬가지로 후보자라는 제품의 장단점을 충분히 연구하고 유권자가 그에 대해 어떤 이미지를 갖고 있는지를 조사한다. 또한 유권자에게 어떤 경로로 어떻게 의견을 제시해야 설득적인가도 조사해야 한다.

② 후보자의 속성에 어울리는 이미지 메이킹 계획이 필요하다.

아무리 정치적으로 뛰어난 후보자라고 해도 뭐든지 만능일 수는 없다. 후보자의 개성이나 능력, 혹은 경력에 맞지 않는 이미지를 만든다는 것은 아주 어려운 일이다. 예컨대, 김영삼 후보가 김대중 후보와 같은 강한 이미지를 가질 수는 없다. 후보자의 이미지 메이킹은 우선 후보자에게 가장 잘 어울리는 목표를 설정해 놓고 그 이미지에 부합되는 기존의 이미지는 강화하고, 어긋나는 요소는 제거하며, 목표 이미지에 도움이 될 수 있는 새로운 요소를 더해 나가는 작업인 것이므로 무엇보다도 후보자에게 가장 잘 맞는 이미지를 설정하는 일이 중요하다.

③ 후보자에게는 공적인 일이건 사적인 일이건 모두가 자신의 이미지를 형성하는 요소가 된다.

후보자의 생활 속에서 말 한마디, 행동거지 하나라도 활용할 수 있는 것이라면 놓치지 않도록 주의해야 한다. 경우에 따라서는 계획적으로 상황을 만들어서 후보자를 그 상황 속에 등장시키며 그 상황에 뉴스 가치를 부여하는 작업도 가능하다.

④ 후보자의 이미지를 일관성 있게 유지시킬 필요가 있다.

머리가 하얗게 세어서 관록 있는 정치가로 보이던 후보자를 갑자기 머리가 새까만 젊은 후보로 만들어 버리면 어떻게 될까? 유권자들은 자신이 가지고 있던 기존 이미지와의 부조화 때문에 혼란을 겪게 될 것이고, 후보자는 자신의 달라진 이미지에 맞추기 위해서 과거와는 다른 행동 양식을 나타내려고 땀을 뺄 것이다.

크게는 정책이나 철학에 있어서, 작게는 말하는 태도나 옷차림에 있어서까지 후보자가 표출하는 이미지에는 일관성이 있어야 한다.

⑤ 후보자의 사소한 습관이나 태도 등 교정 가능한 부분은 고쳐줄 필요가 있다.

매일 매시간 후보자가 유권자에게 노출되는 현재의 상황에서 후보자의 이미지를 결정 짓는 것은 후보자가 발표하는 중요한 정책이나 후보자가 가지고 있는 철학이라기보다는 오히려 후보자가 말하는 방법이나 태도, 표정, 음성 또는 사소한 습관 따위가 더 중요한 요인이 되기도 한다(문경희, 1994).

사례 6-3 정치인들의 이미지 메이킹 전략

이미지란 1950년대 심리학에서 다루어졌다. 마케팅 분야에서 기업 이미지, 제품 이미지, 광고 이미지 등이다. 정치마케팅에서는 후보자 이미지, 정당 이미지, 지도자이미지 등이 있다. 정치광고측면에서 본 학자들의 이미지 정의는 Kotler는 "한 개인이 특정대상에 대하여 가지고 있는 신념이나 아이디어 총체"(P. Kotler, 1998). Tillman과 Lorpatrick는 "특정대상에 대한 성격이나 개성"이다. 특히 정치인들은 대외적으로 많은 영향을미치고 있기 때문에 각별히 신경 써야 할 부분이다. 세계 제2차 대전이 종전되고 소련의 최고 권력자인 수상 니키타 흐루시초프(Nikita Khrushchyov; 1894-1971)가 미국 뉴욕을 방문했을 때 미국기자의 질문이나 흐루시초프 대답이나, 흐루시초프가 뉴욕시민의 환영에 대한 제스처는 다중의미를 내포하고 있다. 미국 기자가 흐루시초프에게 소련은 신장을 어디에서부터 재냐고 질문하였다. 그러자 흐루시초프는 턱에서 머리끝까지를 잰다고 하였다. 그리고 보니 흐루시초프와 드와이트 D. 아이젠하워(Dwight David Eisenhower, 1890-1969)는, 상대적으로 흐루시초프는 키가 작고 머리가 큰 반면에 아이젠하워는 머리는 작고 키는 컸다. 이 기자의 질문이나 흐루시초프의 대답에는 많은 함축적인 의미가 있다. 여기서 흐루시초프 대답에서 머리가 크다는 내포적 의미는 소련이 미국보다 두뇌와 지식에서 우위에 있다는 의미이다. 사실 이때 흐루시초프는 최초로 유인 우주선을 쏘아올리는데 성공한 후, 미국을 방문하였다. 그리고 기자의 질문의 의미는 소련이 얼마나 가난하고 못 먹어서 당신(흐루시초프)은 키가 크지 않고 작은가에 대한 다중 의미가 내포되어 있다. 한편 흐루시초프는 뉴욕시의 퍼레이드 중 뉴욕 시민의 열렬한 환영을 받을 시 그의 양팔을 머리 위까지 올려 답례를 한다. 마치 권투선수가 사각 링에서 상대를 KO시킨 후 이겼다는 승리의 제스처를 취하였다. 이를 지켜본 뉴욕 시민과 전 미국 국민들은 그의 오만한 태도에 분노를 느꼈다. 사실 흐루시초프의 그런 행동은 오만함이 아닌지도 모르지만 미국 국민들이 본 그의 행동은 소련이 마치 제2차 대전을 종결시켰다는 의미로 재해석되었다. 소련은 군비 증강으로 미국보다 군사 강국이요, 우주과학도 앞섰다는 의미로 미국 국민들은 받아들였다. 이에 미국 국민의 대부분은 우리도 소련보다 강한 군사력을 갖추고 우주 과학기술도 보다 앞서야 한다는 굳은 결의를 하였다. 이러한 환경에서 미국은 젊고 패기찬 케네디를 대통령으로 당선시킨다. 명석한 케네디 대통령은 이런 자국 국민들의 정서를 금방 알아차리고 이를 절호의 기회로 잘 활용한다. 즉, 군비를 증강시키고 야심찬 우주선 프로젝트를 수행한다는 것이다. 그래서 여기에 소요될 필요한 국가 예산을 국민의 세금으로 충당하기 위해 세금을 대폭 올려야 한다는 당위성을 내세워 미국의회에 상정하여 통과 시킨다. 이에 대해 의회도 국민도 절대 찬성한다. 이를 잘 활용하여 군비 증강과 훌륭한 우주선 프로젝트를 차근차근 세웠다. 그리하여 세계 제일의 강력한 군사력을 갖추었다. 그리고 미국은 소련에 앞서 최초로 닐 암스트롱을 왕복우주선에 태워 달에 착륙

시킨다. 이 무렵 쿠바가 공산화 될 시, 소련은 군비 물자를 쿠바에 지원할 계획이었다. 여기에 미국의 대통령 케네디는 소련이 군비 물자를 쿠바에 수송한다면 미국은 통기만을 완전 봉쇄하고 소련에 대한 선전포고를 하겠다고 강력한 메시지를 소련 통치자 흐루시초프에게 보낸다. 이에 흐루시초프는 쿠바에 어떠한 군비물자도 보내지 않고 소련의 쿠바에 대한 모든 원조 계획을 사실상 포기한다. 이런 일련의 강력한 조치도 모두가 미국 통치자의 카리스마 이미지 구축에서 얻은 결과이다.

사례 6-4 덩샤오핑의 '이미지 관리'

덩샤오핑(鄧小平, 1904-1997)은 '이미지 관리'를 위해 자기의 약점을 보완하였다. 중공(中共)의 최고실력자 덩샤오핑이 흡연과 침 뱉는 버릇의 두 가지 고약한 습관이 있다는 것은 널리 알려진 사실이지만 어느날 그의 외빈 접대 사진에서 타구[4]가 사라져(사진 위) 주위를 어리둥절케 했는데 사실은 사진 찍을 때만 타구를 치우고 기자들이 나가면 수행원이 다시 타구를 갖다놓은 것으로 밝혀졌다. 이 사진은 덩샤오핑이 데니스 사수 엔구에소 콩고 대통령을 접견할 때 찍은 것이다. 또한 김대중 대통령은 수행 사진기자가 있으면 지팡이를 짚지 않고 있다가 수행 기자가 없을 때 지팡이를 짚었다고 한다. 모두가 이미지 형성 때문이다. 미국 레이건 대통령은 악수장면, 대중 앞에 서는 자세 등 일거일동이 사전 각본에 의해서 행하여졌다. 또한 레이건의 이미지는 재치와 유머, 편안함, 희망의, 강력한 리더십이다. 그리고 각본에 의한 일거일동의 행보이다(김기도, 1987).

마이클 디버는 백악관의 이미지 향상을 위해 첫째, 매일 대통령 이미지를 낼 것, 백악관에 관한 뉴스를 언론이 취급하도록 할 것, 둘째로 언론을 적으로 생각하기보다는 가족처럼 생각할 것, 셋째는 반드시 여과망을 거친 뉴스를 내보낼 것, 다섯째로, 정책보다는 이미지에 신경 쓸 것을 강조했다. 미국 클린턴 대통령은 인기관리를 위해 대부분 공식 석상에 5분 정도 고의로 늦게 참석했다 한다. 인턴사원 르윈스키와 섹스 스캔들은 부정적인

─────────────
4) 타구(唾具)는 가래침을 뱉는 기구.

이미지를 내포하고 있다. 그 외 클린턴은 맥도널드에서 시민들과 대화하면서 커피마시고 햄버거 먹는 장면의 이미지를 연출하고 이를 중요한 광고이벤트로 활용했다. 그 외도 링컨 대통령은 노예해방, 케네디 대통령은 텔레비전의 덕을 톡톡히 본 젊고 희망의 이미지와 함께 힘찬 패기, 그리고 암살, 케네디가의 명성이다. 부시는 터프함과 이라크 전쟁, 자신감, 거만, 테러정보 조작의혹, 허리케인 늑장대응, 로비연루 등의 이미지이다. 오바마는 미소, 맥아더 장군의 인천상륙작전과 "노병은 죽지 않고 다만 사라질 뿐이다."란 명연설, 영국 대처 수상의 '철의 여인', 이승만 대통령의 3·15부정 선거와 4·19혁명, 김일성의 6·25 전쟁, 노무현의 탄핵과 촛불 시위, 화술과 이미지 변화, 점층적인 반복으로 강조의 효과를 낸다. 가식을 배제하고 논리적이고 열정적이며 전제나 단서, 비유가 많다. 그리고 자살이 있다. 박정희 대통령은 5·16과 새마을과 그리고 김재규에 의한 살해, 김대중 대통령은 준비된 대통령, 노태우는 보통사람과 비자금, 전두환은 군부와 감옥, 김영삼은 칼국수와 IMF, 이명박 대통령은 청계천과 현대건설 그리고 BBK사건, 이회창의 대쪽, 박근혜의 부드럽고 고급스런 인상 등은 각인된 이미지이다.

〈그림 6-5〉 케네디 대통령, 클린턴 대통령, 오바마 대통령 제스처 이미지

〈그림 6-6〉 지미 커터 땅콩농장 경영자 지미 카터 인수준비 대통령 하루일과는 산책으로, 주일은 종교생활 등으로 이미지 창출

〈그림 6-7〉레이건 다양한 이미지 창출, 잘 연출된 영화배우, 완벽하게 짜여진 기자와 인터뷰

〈그림 6-8〉오바마 vs 맥케인 미국대통령 후보 정책 대결과 종료 후 아름다운 담소 이미지 모습

〈그림 6-9〉이미지 전략 수립 프로세스

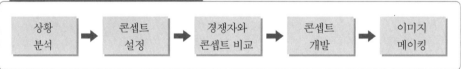

이미지 메이킹(image marking)실행 방법

① 캠페인 이슈 제기 및 공약 제기

② 슬로건(slogan)

③ 로고(logo), 마크(mark)

④ 컬러(color)

⑤ 캐리커처(caricature)

⑥ 후보 스타일 조정

⑦ 유권자와의 접촉 방법

⑧ 기타

〈그림 6-10〉 한국 정치인들과 잘 어울리는 의복, 술, 차량과의 이미지

정장·소주· 체어맨	한복·와인· 체어맨	정장·막걸리· 체어맨	작업복· 막걸리·트럭	정장· 위스키·체어맨	정장· 소주·쏘나타

(5) 현대인의 이미지 메이킹

▸ **색 분류에 따른 이미지**
- 무채색 : 흰색, 회색, 검정색
- 유채색 : 빨강, 노랑, 파랑 등

▸ **배색에 의한 이미지**
- 캐주얼
- 내추럴
- 엘레강스
- 클래식 이미지
- 댄디
- 모던 이미지

▸ **신체특징에 따른 이미지 분류**
- 연약한 이미지 : 타원 얼굴형 + 직사각 체형
- 귀여운 이미지 : 둥근 얼굴형 + 직사각 체형, 둥근 얼굴형 + 모래시계 체형
- 세련된 이미지 : 타원·역삼각형·긴 얼굴형 + 직사각 체형
- 성숙한 이미지 : 타원·긴형·역삼각 얼굴형 + 모래시계 체형
- 포근한 이미지 : 둥근 얼굴형 + 타원 체형
- 풍만한 이미지 : 둥근 얼굴형 + 동그라미 체형
- 날카로운 이미지 : 역삼각·마름모 얼굴형 + 직사각 체형
- 개성적 이미지 : 심각·마름모·각진 얼굴형 + 직사각 체형
- 강인한 이미지 : 삼각·마름모·각진 얼굴형 + 역삼각 체형

출처 : 이연희·이운영(2002). 『현대인의 이미지 메이킹』, 청구문화사

(6) 패션 이미지

▸ **패션센스**
- 청결한 복장
- 걸맞은 가격
- 연령에 맞는 옷감과 색상
- 양보다 질
- 오소독스(orthodox) : 전통적

▸ **정치인의 바른 옷 입기 방법**
- 비싼 옷보다 어울리는 옷을 선택한다.
- 자신의 몸매를 보완할 수 있는 디자인을 고른다.
- 자신에게 맞는 치수를 입는다.
- 옷을 살 때에는 자신의 옷과 어울리는 옷을 산다.
- 판매원의 판단을 믿지 않는다.
- 출근을 위해 전날 입을 옷을 미리 준비해 둔다.
- 정상출근이 아닌 장소에서도 복장을 통한 자기표현을 한다.

(7) 기업이미지를 정치마케팅에 적용할 수 있는 비법

▸ 기업가치, 즉 이미지를 배가시키는 공익 마케팅 방법은 정치마케팅에 잘 활용할 수 있다. 좋은 일을 함으로써 더불어 발전한다.

▸ 공익마케팅은 기업, 비영리단체, 기타 단체가 상호 이익을 위해 이미지, 제품, 서비스, 메시지를 마케팅 하는 수단이다.

▸ 수익금의 일부를 어떤 사회적 관심 분야나 공익사업에 기부할 수도 있고, 아니면 교육 또는 의식 제고 활동을 추진할 수도 있다.

▸ 조사대상 미국인 가운데 60%는 자신이 관심을 갖고 있는 사회 활동을 후원하는 기업이 있다면 그 회사의 물건을 우선적으로 구매하겠다고 응답했다.

▸ 전체 미국인 가운데 2/3는 사회 문제에 관심을 갖고 참여하는 기업을 더 신뢰한다고 응답했다.

▸ 공익마케팅 프로그램을 추진하는 기업의 직원 가운데 90%는 자기 회사에 대해 자부심을 느낀다고 대답했다.

▸ 공익마케팅은 전략적 자선활동, 스폰서십, 사회적 투자, 가치 파트너십 등 다양한

방식으로 추진할 수 있다.

▸ 공익마케팅 프로그램을 추진하기 앞서 '좋은 기업'이 되어야 하며, 기업의 사회적 책임, 비즈니스 윤리, 지역사회 참여, 경제적 발전, 환경, 지배구조, 인권, 시장 및 일터, 미션, 비전, 가치 등에 대해 명확한 입장을 가져야 한다.

▸ 공익마케팅은 한 기업이 어떤 특별한 의미가 있는 단체나 공익 활동, 사회문제에 참여하는 것이다.

▸ 기업의 사회적 책임은 윤리적 가치, 법적 기준 준수, 사람과 지역사회·환경의 존중을 바탕으로 한 의사 결정을 의미한다.

(8) 정치인의 위기관리 대책을 세워 정치인 이미지를 활성화 한다.

▸ **위기발생 전 이미지 관리**
  •꾸준한 홍보, 좋은 소식이 있으면 조기에 자주 말한다.
  •후보자에 대해 유권자들이 알게 되는 첫 번째 뉴스가 나쁜 것이 아니도록 한다.
  •정직해야 한다.
▸ **위기발생 시 : 즉각적인 대응**
  •신뢰성 있는 대변인을 복수로 한두 명을 정한다.
  •먼저 말한다.
  •현재 발생한 문제점보다 더 큰 맥락에서 정치인과 공익사업을 다루도록 한다.
  •지속적인 커뮤니케이션이 중요하다. 특히 정치인 주변의 내부의 이해관계자에게 자세한 정보를 계속 알려준다.
  •최악의 시나리오를 가정하고 공격과 비판에 대응할 준비를 해야 한다.
  •정직하고 효과적인 커뮤니케이션 도구를 활용한다.
  •지역사회를 위한 홍보활동 전개, 자원봉사자, 기타 이해관계자에게 먼저 설명한다.
  •문제점이나 비판세력을 통제하지 않는다.
  •공익사업에 대한 정당한 이유를 충분히 설명한다.

(9) 기업 이미지 관리로 본 정치인 이미지 관리 방법

2001년 9월 11일, 테러로 미국 뉴욕 세계무역센터 건물붕괴에 대한 기업들의 이미지 전략의 문제점 분석을 기초로 하여 이를 정치마케팅에 접목시켜 본다. 비극적인 사태를 통해 대중의 지지와 존경을 받는 정치인으로 자리 잡을 기회를 만들 수 있다. '위기

(crisis)'란 "조직과 관련하여 발생하는 모든 부정적인 사건 또는 현상"이라고 정의할 수 있다. 위기라는 말 자체는 '위험(危險)'과 '기회(機會)'에서 온 말인데, 이 위기를 어떻게 극복하느냐 하는 문제는 오늘날 우리 사회에 중요한 과제의 하나이다. 영어 "turn disaster into opportunity"는 위기를 기회로 삼자는 것이다. 문제는 긴급사태(위기상황)가 발생하였을 때, 냉정하고 질서 있게 대처해야 한다는 점이다. 그 대처가 명확하지 못하고 애매한 조치를 취하게 되면 그것은 자치단체 전체의 이미지 저하로 이어지기 때문에 자치단체 내부고객인 조직 구성원에게는 업무에 큰 영향을 미치게 된다. 지금까지 사회를 위해 특별히 한 일도 없는 정당과 단체가 요란하게 애국적인 모습을 보이며 허세를 부린다면 기회주의적이며 인기만을 좇는다는 비난을 받을 수 있다. 기부금을 내놓겠다며 제품을 사거나 서비스를 이용하라고, 사람들에게 강요하는 식으로, 어떤 조건을 달아 선행하고 뜻 있는 공익 활동을 연계시키는 방법은 진실성을 떨어뜨린다. 홍보전문가는 광고하지 않고도 선행을 인정받을 수 있는 방법을 찾아내야 한다. 어떤 행동에 대해 사회적 인정을 받은 내용을 더 큰 광고도 다른 사람에게 그 공적을 돌리고 감사를 드려야 하며, 자화자찬이 아닌 더 큰 목적을 보여 주어야 한다. 사회적 책임을 다하는 정당 및 정치인으로서 자리를 확고히 굳힌 다음에, 일반 대중 및 유권자들의 그런 인식을 정치마케팅에 잘 활용해야 한다.

(10) Communication의 이미지

▶ **대화 잘하는 말하는 법칙**

첫째, 1분 이내로 자기의 말을 끝낸다.

둘째, 2분 이상 상대가 말하게 한다.

셋째, 상대가 말하는 동안에 3번 이상 긍정의 맞장구를 친다.

▶ **효과적인 경청하는 법**

• 정신집중

• 시선의 위치

• 적절한 질문

• 공감의 확인

▶ **대화의 기본화법**

• 음성을 분명히 한다.

• 대화의 목적이 확실해야 한다.

• 듣기 쉽게 한다.

- 관심과 흥미가 있어야 한다.
- 유익한 것이어야 한다.
- 내용과 표현이 단조롭지 않아야 한다.
- 감동적이기도 해야 한다.
- 내용이 상대방과 시기에 적합해야 한다.

(11) 정치의 이미지 메이킹

오늘날 선거에서는 매스미디어의 영향력이 커짐에 따라서 정당 충성도나 정책대안이 선거 결과에 미치는 영향력이 감소하고 대신 후보의 이미지 요인이 부각되는 변화가 나타나고 있다. 선거에 관한 많은 연구를 보면 후보자의 이미지가 투표결정에 가장 큰 영향을 미쳤으며, 반면에 이슈에 관한 관심은 투표행태에 주요한 역할을 하지 못했다는 것을 알 수 있다. 유권자들의 투표행위 결정은, 이슈 중심적 결정요인과 이미지 중심적 결정요인으로 구분할 수 있다. 먼저 이슈 중심적 결정요인을 중시하는 시각에 의하면, 투표자들은 정책과 쟁점·이슈를 준거로 하여 후보자를 선택한다는 것이다. 반면에 이미지 중심적 결정 요인을 중시하면, 이미지는 주로 후보자의 개인적 특성, 다시 말해 후보자의 성격·능력·경험·배경·정직성·도덕성·외모 등의 특성이 유권자들의 투표결정에 가장 중요한 영향력을 미치는 요인이라는 것이다. 선거에서 이미지와 이슈의 영향에 대한 비교 연구에 의하면, 국민들이 후보자의 선택에 있어서 이미지보다는 이슈가 중요하다고 언급하고 있지만, 실제로는 40% 이상의 유권자들이 후보자의 개인적인 특성에 영향을 받는 것으로 나타났다(Hahn & Gonchar, 1972). 즉, 이미지를 통한 의견 형성은 선거에서 유권자들이 후보자들의 공약이나 정책·도덕성·정당에 대한 사실을 명확하게 인지하여 판단하기보다는 특정 후보자에게 느끼는 총체적 이미지를 통해 후보자 스스로 판단하여 투표하려고 한다. 특히 텔레비전이 정치커뮤니케이션 매체로서 중요한 위치를 차지하기 때문에 유권자에게 호소할 수 있는 독특한 이미지를 창조하는 데 많은 노력을 기울이고 있는 것이다. 이와 같이 선거에서 정치지도자의 이미지는 유권자들이 지도자에 대해 갖는 주관적인 느낌, 지도자의 성향은 다양하기 때문에 이미지에 대한 통일된 기준은 말하기 어렵고 유권자가 지도자의 어느 측면을 강조하느냐에 따라서 후보자의 이미지도 달라진다. 그러나 일반적으로 출중한 외모, 달변, 부드러운 미소 등은 장점이기 때문에 그 장점은 상대후보보다 상대적으로 우월한 내용이므로 적절하게 활용해야 도움이 된다. 그 장점을 적절히 조화시켜 선거에 활용하는 것을 흔히 '이미지 메이킹'이라고 한다. '이미지 메이킹'은 선거구와 이슈, 상대후보의 이미지 등에 따라 다른 전략을 구사해야 한다. 2012년 박근혜 새누리당 대선 후보는 어머니 육영수 여사의 푸근하고 포용력있는 이미지를 자신에게 오버랩시키는 데 주력하고 야권은 박후보에게 아버지 박정희 전 대통령의 공과(功過)중 5·16군사 구테타의 유신으로 국가를 사유화하고 종신 집권을 추구했던 등 '어두운 측면'의 그림자를 덧씌워 연상된 이미지로 각인 하려는 의도이다. 바로 이것이 정치인들의 이미지 메이킹 전쟁이다. 이미지 메이킹의 유형에는 첫째, 불리한 이미지를 변신시키는 것이 있다. 후보자 자신에게 불리한 이미지를 청산하고 유리한 이미지를 도입하는 것이다. 또한 새로운 이미지를 심어주는 것이다. 둘째, 기존의 이미지를 강화·확대하는 방법이 있다. 이 과정은 희미한 이미지 강화의 경우도 있고, 작은 이미지의 확대일 경우도 있다. 군소 정객을 거물 정객으로 보이게 하는 것이 바로 이 경우이다(정성호, 2003). 셋째, 이미지를 새롭게 만드는 작업이다. 좋은 것은 그대로 두고 낡은 것은 안정화 시키는 작업이다. 대중들에게 한번 심어준 이미지를 안정적이고 지속적으로 강화시켜 강한 인상을 남기게 하는 것으로 이렇게 하여 고착화된 하나의 이미지는 그 후보자만의 강한 이미지로 남게 된다. 그러기 위해서는 미디어를 적극적·능동적으로 사용하여 유권자들에게 정치후보자의 호의적인 이미지를 부각시키고 그 이미지를 지속적으로 강화하여야 한다. 이

를 위해 가능하다면 미디어 전문가의 도움을 받는 것이 좋다. '이미지 메이킹'은 선거홍보를 구성하는 중요한 요소로 정치후보자는 유권자로부터 긍정적인 반응을 받아낼 수 있는 이미지를 창출함으로써 메시지를 전달한다. 따라서 후보자의 이미지 만들기도 메시지 설득 커뮤니케이션이다. 이미지 만들기를 통해 효과적인 메시지 설

박근혜 캠프의 인터넷 홈페이지 첫 화면에 뜬 故육영수 여사 사진(조선일보 2012년 8월 16일)

득 커뮤니케이션이 이루어지도록 하기 위해서는 정치후보자가 창출하는 이미지가 선거캠페인의 광범위 메시지, 특히 캠페인 주제에 부합해야 한다.

① 선거와 이미지 메이킹의 이론적 배경

텔레비전이란 오늘날 현대사회에서 가장 쉽게 접할 수 있는 대중매체가 되었다. 오늘날의 선거가 안방선거라 불리는 이유도 텔레비전이 오늘날 선거에 미치는 영향력이 커졌기 때문이다. 텔레비전은 종합적 매체로서 속성상 그 영향력과 효과가 매우 크기 때문에 우리가 알지 못했던 후보자의 면면을 보여줄 수 있고, 그들의 생각과 사상을 유권자들이 알기에는 가장 효과적인 미디어 중의 하나이다. 오늘날의 유권자들은 이성적인 판단보다 이

미지에 따라 투표하는 경향이 있다. TV토론에서 후보들이 하는 말은 후보의 이미지 형성에 적지 않게 영향을 준다. 말뿐만 아니라 행동, 넥타이의 색, 얼굴 표정 하나하나가 모두 우리에게 던져주는 메시지이다. 그렇기 때문에 대통령 후보가 텔레비전에 나오기 위해 화장을 하는 것도 당연한 일이 되었다. 현대의 정치는 다분화된 유권자들이 필요한 요구 그리고 기대와 태도 등을 보다 체계적으로 정확히 알아내어 필요한 정책과 이미지를 만들어내고 또 그것을 소구력 강한 메시지로 전달하는 것이 무엇보다 중요하다. 이 메시지를 전달하기 위해 사용되는 매체 중의 하나가 바로 텔레비전이다. 텔레비전은 오늘날의 현대사회에서 빼놓고 이야기를 할 수 없을 정도로 중요한 매체가 되었다. 최근에 텔레비전 정치(telepolitics)란 용어가 시사하고 있듯이 현대의 정치과정에서는 매스미디어의 기능이 커다란 영향력을 행사하고 있으며 정치과정에 중대한 변화를 초래하고 있는 것이 사실이다. 그중에서도 텔레비전은 남녀노소를 불문하고 쉽게 접근할 수 있다는 측면에서 인터넷이라는 매체보다 더욱 보편적이라 할 수 있다. 특히 TV토론은 해방 이후 우리나라 선거가 대규모의 청중을 동원한 옥외집회와 방대한 사조직에 의존했기 때문에 천문학적인 규모의 선거자금이 필요했던 과거의 선거방식을 바꾸어 놓았다. 이러한 고비용 선거구조야말로 우리사회의 고질적인 정경유착과 부정부패의 주요한 원인이었다. 그러므로 TV를 이용한 선거문화의 정착은 밀실정치에서 개방된 공론 장에서의 정치로 전환하고 유권자의 이익에 봉사하는 새로운 정치적 토론장으로서의 방송의 역할 확대를 가져왔다는 긍정적 평가를 받고 있다. 한국에서도 1997년의 제15대 대통령 선거를 계기로 본격적인 미디어 정치의 등장이라는 새로운 정치 환경이 조성됐다. 선거공고 이전에는 여론조사와 각종토론회가 선거 분위기를 주도했고, 선거 공고 이후에는 법으로 규정된 선거방송 토론회와 TV연설, 각종 정치광고가 선거의 전반적인 상황을 주도했다. 선거운동이 언론매체를 통해서 이루어지는 미디어크라시(mediacracy), 텔레크라시(telecracy), TV정치의 시대가 한국에서도 정착되는 단계에 접어든 것이다(정상대, 2002). 텔레폴리틱스, 텔레크라시라는 말은 텔레비전을 비롯한 라디오, 인터넷, PC, 스마트폰 통신 등을 이용한 미디어들과 민주주의가 합성된 복합명사이다(박기태, 2000에서 재구성). 정치커뮤니케이션의 전진은 후보자와 유권자와의 상호관계를 변화시키면서 대중정치를 가속화시켰다. 텔레비전의 중요한 역할은 후보자의 토론회뿐만 아니라 각종 청문회 등을 통해서도 그 위력이 입증되고 있다. 과거의 바보상자가 아닌 권력의 상자로 탈바꿈이 일어나고 있는 것이다. 이 같은 논점에서 보면 텔레비전은 권력을 획득하고 유지하는 데 강력한 수단임에 틀림없다. 이렇게 영향력을 행사하는 TV토론에서 사실을 말하기보다는 이미지 메이킹을 통해 그럴듯한 모습을 유권자들에게 심어주고자 노력하고 있다. 그래서 TV매체를 통해 대통령 후보자들은 어떻게 이미지 메이킹을 했는지 알아보고자 한다. 우리나라에서 TV토론이 본격적으로 시작된 것은 1987년 제13대 대통령 선거에서 선거 역사상 처음으로 TV매체를 통한 유세활동을 전개함으로써 TV가 이미지 메이킹 수단으로 등장하게 되었다(정한나, 2004).

다음 〈그림 6-11〉은 정치지도자의 이미지 메이킹 전략 유형이다.

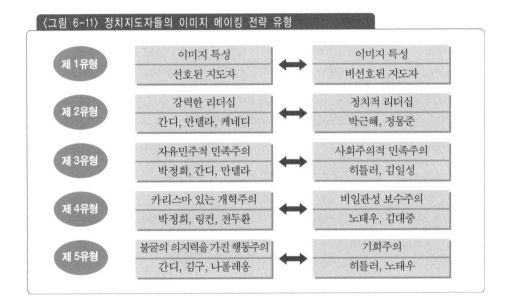

〈그림 6-11〉 정치지도자들의 이미지 메이킹 전략 유형

② 이미지 메이킹을 위한 표현전략

이미지 메이킹을 위한 정치광고는 그 나라의 매체환경과 매우 밀접하게 관련되어 있다. 현대사회를 규정하는 주요 특성 중의 하나가 매스미디어이기 때문이다. 신문, 라디오, TV, 인터넷 등 각종 매체들은 현대인의 생활에 필수 불가결한 요건으로 자리 잡고 있다. 그렇다면 정치광고에 이용되는 매체에는 무엇이 있고, 어떤 특성이 있는지 알아보면 다음과 같다.

▶ TV광고

TV광고는 현대 사회에서 빼놓을 수 없는 홍보 수단 중 가장 강력한 파워를 지닌 매체라고 할 수 있다. TV매체를 통한 정치광고는 후보자의 이슈보다는 이미지를 부각시키는 데 유리하다. 또한 이성적인 소구보다는 감성적 소구 방법에 의해 유권자에게 호의적인 태도를 갖도록 할 수 있다. 내용보다는 사진 중심의 이미지 전달에 익숙한 TV로 인해 후보로 지명된 사람은 그 시점부터 일거수일투족이 보도의 대상이 되며 유권자는 이를 통해 후보를 판단한다. 캠프에서는 이미지 메이킹과 스타 만들기에 사력을 다한다. 다양한 TV광고의 형식을 살펴보자.

•인터뷰 식

인터뷰 내용에 따라 분위기에 조금씩 차이가 있다. 쟁점이나 이슈에 대한 입장을 알리기 위해서는 기자회견 스타일이나 토론회 형식이 선호된다. 그리고 최근에는 딱딱한 내용보다는 후보자의 집에서 평범한 인간적 모습과 사변적인 내용으로 엮어가는 스타일이 여러 차례 선보인다.

•다큐멘터리 식

사실성을 부각하기 위한 광고 형식으로 과거에 분명히 존재했던 사건이나 어떤 기록을 인용한다. 부시는 참된 전쟁 영웅임을 입증하기 위해 미 해군자료를 업적광고로 제작하였다. 업적을 광고에서 보여 주었다. 작품의 분위기를 위해 음악도 중요하다.

•전기식

1992년 '여정(the journey)'라는 영국 보수당의 광고에서 보수당 후보 메이저가 보냈던 브릭스톤(빈민가)의 불우했던 어린시절을 포함해 그의 성공담을 감동적으로 보여주었다. 이러한 전기식은 후보의 일대기를 중심으로 인물 그 자체를 부각시키기 위한 광고이다.

•패러디 식

상대 후보의 부정적 이미지 부각에 주로 사용된다. 영국 노동당은 보수당의 전당대회를 패러디하여 광고를 내보냈다. 흑백의 필름으로 우스꽝스럽게 편집하였다. 지난 제15대 대선에서 한나라당은 'DJ 정계은퇴선언'과 '정계복귀' 화면을 번갈아 보여주며 말 바꾸기 방식으로 패러디 하였다.

•드라마 식

한 편의 짧은 드라마처럼 인물을 자연스럽게 등장시켜 그 인물들의 생활이나 대사묘사를 통해 표현하는 정치광고, 예를 들어 '아버지와 아들'이라는 광고는, 부도난 기업의 사장인 아들과 아버지의 대사를 통해 경제위기의 책임이 한나라당에 있음을 강하게 호소하였다. 영국의 보수당에서는 만약 노동당이 집권을 할 경우 닥치는 문제들을 드라마로 보여 주었으며 주부의 피눈물로 그 당할 고통을 형상화하였다. TV토론을 제외하고 20분짜리 TV연설과 1분짜리 TV광고였다. 이 중 TV광고는 막연한 나열 연설보다 경쾌한 음악에 빠른 장면전환이란 강점으로 영상세대에게 보다 쉽게 파고들었다.

▶ 인터넷 광고

제16대 대통령 선거에 출마한 후보들 중 자신의 홈페이지를 가지고 있지 않은 경우가 드물었다는 사실로서 오늘날의 선거에서 온라인상의 선거활동이 얼마나 활발히 이루어지고 있는지 알 수 있다. 웹사이트를 이용한 선거캠페인이 처음 선을 보인 것은 1996년 미국이었으며 우리나라는 그 후 15대 대선에서 소개되었다. 웹사이트가 얼마나 유권자에게 영향을 미치는가에는 어느 정도 의문이 있지만 확실한 것은 지지층을 묶어내며 각종 이슈와 후보자에 대한 지지를 강화할 수 있다는 것이다. 마치 신문의 성향에 따라 신문의 독자가 달라지는 것과 같은 원리이다. 인터넷 광고는 제16대 대통령 선거에서 큰 이미지를 심는 역할을 담당하였다. 인터넷은 현대 선거운동에서 필수라고 할 수 있다. 또한 후보자의 홈페이지는 온라인상의 선거사무소와 홍보실 역할을 하기도 한다. 현대는 인터넷 시대로 분류되고 유권자도 인터넷을 통하여 안방에서 후보자의 이력과 경력, 정견, 정책을 검색하고 후보자의 자질과 논리를 비교 검토하고 있다. 인터넷은 가상공간이기 때문에 인간적 친밀감이나 강제가 없다. 최근 선거의 경향은 "네티즌을 잡아라!"이다. 경선, 지방선거, 대통령 선거 등 선거 후보자들의 네티즌에 대한 구애가 뜨겁다. 국내 네티즌 숫자 2500만 명은 국내 전체 유권자 3348만여 명의 4분의 3에 해당하는 수이다. 특히 20~30대 유권자가 1700만여 명에 이르는 만큼 네티즌은 큰 파워 집단이 됐다. 정치인들은 네티즌을 향해 동영상, 캐릭터, 플래시, 팬클럽 등 연예인 못지않은 다양한 인터넷 홍보수단을 쓰고 있다. 젊은 유권자들에게 쉽게 다가설 수 있을 뿐 아니라, 비용절감과 발빠른 홍보가 장점이다. 특히 동영상 서비스와 후보들의 캐릭터는 그 활용도가 커 보인다. 제14대 대선에서는 민주당이 사이버캐릭터인 'E-민주양'으로 시선을 끄는 데 성공했으며, 한나라당은 사이버 대변인 '참소리' 캐릭터를 활용해 젊은 층의 눈길을 잡았다. 제15대 대선에서 민주당의 대선 경선 후보들의 사이트의 경우 동영상 서비스를 대폭 강화하여 TV토론 등을 볼 수 있으며, 캐릭터와 다양한 아이템을 활용하였다. 한나라당 이회창 후보는 '플래시 애니메이션'을 통해 네티즌에게 '창사랑'이라는 팬클럽을 운영하며 친근한 이미지를 심으려 하였다. 민주당 대선 경선 후보인 노무현, 이인제, 정동영 고문 등은 캐릭터와 팬클럽을 활용해 친근한 이미지를 부각시켰다. 노무현 후보는 사이버후원회인 '노사모(노무현을 사랑하는 모임)' 회원들을 통해 친근함을 강조하는 다양한 아이템의 캐릭터로 서민 지향적인 성향을 표현하였다. 또한 이인제 후보는 'IJ매거진' 코너를 통해 지속적으로 여론을 수렴하였으며, 정동영 후보는 역동적인 이미지를 최대 강점으로 내세우는 앵커 출신답게 인터넷 방송국을 연상시킬 만큼 화려한 동영상을 서비스하며 네티즌의 시선을 잡고자 하였다. 인터넷 사이트 활용도 크다. 그동안 개점휴업 상태의 사이트도 많았으나 선거철을 맞아 많은 선거 후보들이 사이트를 돌보면서 자신의 캐릭터를 요소에 활용하고 있다. 사이트 운영자는 현역 국회의원 273명중 80%에 해당하는 224명, 그중 30% 정도는 자신의 캐릭터를 활용하고 있다. "인터넷에서 친근한 이미지를 표현하는 데는 캐릭터만큼 강력한 것이 없다."라는 하트코리아 최육상 사장은 "많은 사람들이 단순히 예쁜 캐릭터를 원하지만, 인물의 성격, 인물이 지향하는 비전과 일치할 때 캐릭터는 비로소 생명력을 발휘한다."라고 말했다 (정한나, 2004). 인터넷을 통한 선거 홍보의 폭발력은 누구도 예상할 수 없다. 전자민주주의를 위해서는 다양한 콘텐츠 개발과 지속적인 서비스, 후보와 유권자간의 원활한 대화가 이루어져야 한다.

4. 배경음악(BGM)

TV 광고의 비언어적 표현 방법은 수용자의 감각기관에 따라 크게 시각 자극을 위한 영상 요소와 청각 자극을 위한 음향 요소로 구분된다. 여기서 음향 요소는 청각이라는 감각기관이 지닌 특성상 자극 수용 및 이미지 형성에 매우 중요한 역할을 하는데, 특히 배경음악(BGM)은 음악이라는 대상이 지니고 있는 기능적 차원을 고려해 볼 때, 이미지 형성 및 커뮤니케이션 효과가 가장 크다고 할 수 있다. 음악은 그 자체로서 정서적인 차원의 의미 전달 능력이 뛰어나며, 광고의 배경음악은 단순한 음향효과와 달리 광고 전체의 분위기를 주도하는 역할을 하기 때문이다(Merriam, 1964). 광고음악은 전파매체를 통해 음악적인 메시지로 인간의 감성에 호소하여 제품이미지를 효과적으로 전달하려는 광고 구성 요소이다. 따라서 소비자가 광고음악을 들을 때 제품을 연상하고 제품의 구매의도로 연결시키는 강한 구속력을 갖는다. 광고 음악이 이런 역할을 하기 위해서는 항상 매력 있는 곡으로 외우기 쉽고 오래 기억에 남을 수 있어야 한다. 특히 새로 창작되는 음악의 경우 무엇보다 대중에게 공감을 얻어야 하기 때문에 급속히 변화하는 시대의 흐름에 민감하게 반응하여 작곡되어야 한다(이창우, 1989). 특히 시청각에 호소하는 TV와 라디오의 '로고송 정치광고'는 유권자의 관심 끌기에 성공하여 독특한 정치 문화를 싹틔울 수 있다.

5. 로고타입과 상징색

정치커뮤니케이션 분야에서 전통적으로 제시하는 이상적인 후보자의 이미지는 후보자의 신뢰도, 대인친근감 또는 매력, 그리고 동질성의 정도에 의해 결정된다고 알려져 있다. 여기서 신뢰도는 후보자가 소유한 것으로 알려져 있는 후보자의 능력, 성품 그리고 정열과 같은 요인들에 의해 구체화되며, 매력은 후보자의 사교적 또는 신체적인 면모에 의해 청중이 느끼는 호감이라고 할 수 있다. 동질성은 유권자가 후보자의 인성, 사회적 계층, 교육배경, 신념 등에 대해서 느끼는 유사성의 정도를 의미한다. 선거에서 후보자가 유권자에게 자신이 이상적인 후보자라는 사실은 전달하기 위한 방법은 다양하지만, 효과적인 이미지 메이킹을 위해서는 통일된 표현전략이 잘 설정되어 있어야만 한다. 일반적으로 정당과 후보자의 표현전략은 후보자의 정당이 각종 광고에 사용하는 로고체와 상징색으로 구체화된다. 제17대 국회의 각 정당의 로고체를 보면, 새천년민주당의 심벌 의미는 다음과 같다. 중앙의 타원 형태는 새천년의 희망을 상징하는 빛(태양)을 형상화하며, 주위의 수많은 점들은 국민 개개인의 화합과 번영이 온 누리에 확산되는 것을 상징한다. 외곽의 테두리는 이러한 희망의 의미를 국민들에게 확산시킴으로써 국민과 함께 하는 정치, 국민이 참여하는 정치를 표방하며 세계로 뻗어나가는 대한민국의 기운과 재도약을 상징한다. 색상은 국민의 안녕과 번영을 상징하는 초록색과 국민의 희망과 새천년을 국민과 함께 힘차게 열어가려는 결집된 의지를 상징하는 청색을 기본으로 사용한다. 각 당의 홈페이지를 열면 가장 위에 써있는 글씨가 각 당의 슬로건이다. 새천년민주당이 내건 목표는 "클린정당! 경제정당! 흔들리지 않는 희망의 중심 새천년 민주당"이다. 한나라당의 로고마크는 한나라 및 희망, 국민행복의 'ㅎ'자를 형상화하여 인간의 힘찬 도약을 형상화한 것이다. 빨간색은 태극의 역동성과 한민족의 통일의지와 웅비의 적극적 표현이며, 파란색은 안정속의 자유민주주의와 시장경제 발전을 상징한다. 한나라당의 홈페이지 가장 위에 써있는 목표는 "파란나라 희망나라 NEW 한나라당"이다. 열린우리당의 마크는 문자를 주요소로 사용하여 항상 국민과의 진지하고 명료한 의사소통을 추구하는 당의 의지를 표현했다. 산뜻한 녹색라인은 당이 지향하는 가치인 열림·참여·통합을 상징한다. 새로운 패러다임을 제안하고 열어가는 당의 긍정적 방식과 낙관적 태도를 노란색 바탕을 사용하여 상징화하였다. 열린우리당의 목표는 "새로운 정치! 잘사는 나라! 열린우리당!!"이다(정한나, 2004).

6. 태도의 이미지

태도에서 인사가 아주 중요하다. 이런 인사에는 가벼운 인사, 보통 인사와 정중한 인사로 구분하여 상대에게 정중하게 인사한다. 이런 인사의 방법에는 자세, 시선, 표정, 손의 위치, 허리각도, 음성, 속도, 마음, 남녀의 위치 등 분위기와 환경에 따라 적절히 잘 대처해야 한다.

7. 우리나라 역대 대통령 선거와 이미지 메이킹 사례

한국의 정치사를 살펴볼 때 역대 대통령들도 자신의 이미지 관리를 위해 알게 모르게 많은 노력을 기울인 흔적을 발견하게 된다. 이승만 대통령은 광복 후 초대 대통령으로서 국부적 카리스마를 확립하는 데 있어 자신의 독립운동가로서의 업적을 적절히 활용함은 물론 양녕대군의 16대손이라는 왕손으로서의 가계를 은근히 과시하여 그러한 이미지를 구축할 수 있었다. 박정희 대통령은 이순신 장군의 멸사봉공적 이미지를 자신에게 연결시킴으로써 사심 없는 부국강병의 지도자의 이미지를 창출하고자 했다. 충무공을 역사적으로 재조명하고 현충사를 대대적으로 건립하고 곳곳에 충무공 동상을 세운 것도 이러한 이미지 메이킹의 일환이었다고 볼 수 있다. 또한 전두환 대통령이 집권 후에 세종문화상을 제정하고, 한때 세종왕릉의 대대적인 복원을 계획했던 것으로 보인다. 제13대 대통령 선거에서 노태우 후보는 보통사람의 이미지를 창출함으로써 선거에 승리할 수 있었으며 제14대 대통령 선거에서 신한국 창조와 '정직하고 깨끗한 사람'의 이미지를 표방한 김영삼 후보는 그러한 이미지 메이킹 전략에 힘입어 대통령의 자리에 오르게 되었다고 볼 수 있다. 이미지 메이킹의 사례는 비단 선진 외국에서만 존재하는 것이 아니다. 우리나라의 정치후보자들에게도 이미지 메이킹의 중요성은 과거에서 현대에 이르기까지 점점 더 부각되고 있다. 따라서 우리나라 역대 대통령 선거시 정치광고를 통한 후보자의 이미지 메이킹 사례를 분석해 보고자 한다. 1948년에 실시된 제1대 대통령 선거는 간선제였으므로 국민을 대상으로 한 정치광고는 사실상 존재하지 않았다. 그러나 미군정 당국에 의해 주도된 5·10 국회의원 총선거에서는 특정 인사를 국회의원 입후보자로 지지한다는 일종의 정치의견광고가 나타난 바 있다. 제2대 대통령 선거는 이승만과 그의 지지 세력이 법 절차를 무

시하고 대통령 직선제와 양원제를 골자로 하는 발췌개헌안을 통과시킨 후에 이루어진 것
이었다. 그리하여 단시간에 선거운동이 치러졌으며 야당의 탄압이 극심했다. 대통령 및 부
통령 후보자들은 신문을 통해 그들의 정견과 출마 이유를 몇 차례 광고로 실었다. 물론 광
고기법상에는 아무런 특징도 없는 활자 나열식의 표현에 불과했으며 내용 면에서도 출마
경위를 설명하는 정도가 고작이었다. 또한 집권당의 후보자를 지지하는 사회단체가 주체
가 되는 광고가 많았으며 야당후보자를 지지하는 사회단체의 광고는 별로 눈에 띄지 않았
다. 당시 대통령후보로는 이승만(자유당), 이시영(국민당), 조봉암(무소속), 신흥우(무소
속) 등으로 모두 4명의 후보가 출마하였으며 부통령후보로는 함태영, 이범석 등 수 명이
출마하였다. 그중에서 정치광고는 1952년 8월 3일자 동아일보에 실린 이시영 후보의 광고
와 조병옥 후보의 '우리의 주장과 정견'이라는 헤드라인으로 실린 신문광고가 있다. 제3대
대통령 선거에서는 이승만(자유당), 신익회(민주당), 조봉암(무소속)이 입후보를 하였는데
자유당의 이승만은 '사사오입 개헌'으로 또다시 유리한 고지에 서서 선거를 치르고 3선에
오르게 되었다. 이 선거는 정치광고에서도 치열한 양상을 띠었는데 '못살겠다 갈아보자'라
는 구호로 민주당의 신익회 후보가 광고를 실었으며 그에 맞서 '갈아봤자 별 수 없다'라는
구호로 자유당의 이승만 후보가 광고를 실었다. 자유당은 막강한 자금력과 집권당이라는
유리한 위치에서 여러 매체를 이용하여 활발한 광고 전략을 전개하였다. 특히나 전국극장
문화단체협의회, 전국요식업협회에 이르기까지 여러 단체들에게 강압적으로 이승만 후보
를 지지하는 광고를 제작하도록 했다. 그에 맞서 민주당도 신문을 통해 시리즈광고를 게재
하는 등 정치광고에 심혈을 기울였다. 1960년 2월 11일 한국일보에 민주당은 '죽나 사나
결판내자' 등의 강렬한 구호로 광고를 실었으며 3월 2일 조병옥 후보의 급서에 따라 '슬픔
을 거두고 다시 싸움터로'라는 문구로 국민에게 호소하였다. 광고기법에 있어서는 아직까
지 별다른 발전이 보이지 않았고 조형적인 요소의 고려 없이 많은 내용을 담은 활자나열식
의 표현에만 그쳤다. 제3대 대통령 선거는 4·19학생의거 이후 국회의 결의에 의해 부정선
거로 무효가 되었다. 제1~4대에 이르는 대통령 선거기간 동안의 정치광고는 전략적인 측
면에서나 표현에 있어서 낮은 수준을 나타내고 있으며 다른 후보와 차별화시키고자 하는
뚜렷한 콘셉트와 이미지 메이킹을 위한 노력도 보이지 않았다. 광고의 내용은 타 후보에
대한 비방과 공격이 주를 이루고 있었다. 1960년 3·15 부정선거를 계기로 일어난 4·19학
생의거 이후 이승만 정권이 무너지고 1960년 7월 29일 총선거에 의해 제2공화국이 탄생되
었다. 그러나 극심한 사회적 혼란 속에서 1961년 5월 16일 쿠데타가 일어나고 2년간의 군
정 끝에 새로운 정부가 수립되어 박정희 시대가 되었다. 5·16군사혁명 후 1963년 2월 1일

법률 1262호로 지정된 대통령 선거법에는 처음으로 선거기간 중의 정치광고에 대한 구체적인 사항이 명문화되었다. 제5대 대통령 선거에서는 새로 창당된 민주공화당의 박정희 후보와 민정당의 윤보선 후보의 치열한 선거전이 펼쳐졌다. 이 선거전은 '군정' 대 '민정'의 대결로 뚜렷한 이슈를 가지고 치열한 정치광고가 행해졌다. 광고 전략적인 측면에 있어서도 구미형 선거운동방식을 도입하는 등 새로운 기법이 보이기 시작했다.

〈표 6-5〉 1963년 선거에 나타난 선전전략 비교

사용 전략	공화당	민정당
Name Calling (낙인찍기)	가식의 민주주의, 반혁명 정당, 구정치인, 사대주의자, 전근대적 정치 집단, 놀부, 늙은 여우, 헌 일꾼, 무능자, 신의가 없는 사람 등	이질적 사상, 이질적 비민주주의자, 공산주의자, 불법세력, 무자격자, 친일파, 부패와 무능의 표본, 5악과 민생고를 가져온 자, 비밀 정치, 공포 정치, 증권파동사건, 빠찡고 도입사건 등
Glittering Generalitles (화려한 일반화)	민족적 민주주의, 민족혼, 민족 단결, 경제 건설, 자주, 자립, 자주 민주 통일, 정국 안정, 가난 퇴치, 일하는 정당, 국민의 봉사자, 국민을 잘살게 할 실력을 가진 당, 실천하자, 일하자, 전진하자, 물가 안정 등	자유민주주의, 경제 안정, 이 땅에 자유를, 민주를, 번영을, 공포에서 자유를, 기아에서 해방을, 부패의 추방을, 오복을 갖춘 윤 대통령, 삼천만의 교두보 실업자 입소, 고아를 책임진다 등
Transference (전이)	일하는 황소, 이순신 장군 이용, 젖과 꿀이 흐르는 가나안 복지, 흥부, 젊은 황소, 새 일꾼 등 스코필드 박사의 증언 "그는 찬란히 빛나는 아름다운 애국자로 으뜸가고 있다. 더욱이 그는 정치가로서 불타는 용기와 신념을 가지고 있다."	혁명 주체 세력, 김동하 장군 증언, 런던타임스의 보도 등
Testimony (증언)	"선거 파괴를 위해 작전을 전개하고 있다." "윤보선 씨가 청와대와 이화장에서 가재도구를 자기 집으로 가져갔다."	"공화당은 공산당 돈으로 조작됐다." "윤보선 씨가 연금 상태에 있다."
Plains Folks (평범화)	"가난한 농군의 아들이다."	"하루 한끼는 가루음식을 먹는다." "장관 시절 도시락으로 먹는다."
Card-stacking (속임수)	"야당에 투표하면 안정된 삶을 잃게 된다."	"보다 나은 삶을 원하신다면 3번에 찍으십시오."

출처 : 월간광고 1987. 9

민주공화당의 박정희 후보는 자신이 농민의 아들, 가난한 농촌 출신이라는 점을 내세워 평범화 전략을 전개하였다. 그는 '농민의 아들, 성실한 일꾼 중농정책 갱신 강화한다.'라는 헤드라인과 함께 박정희 후보가 러닝셔츠 바람에 손에는 낫을 들고 곡식다발을 안은 농부와 나란히 서서 미소 짓고 있는 사진을 신문광고에 실었는데, 이것은 가난한 농부 출신으로서의 평범하고 친근감 있는 박정희 후보의 이미지를 심어주고자 하는 평범화 전략에 의한 광고표현이라고 할 수 있다. 그외에도 민정당은 우리의 전통적 정서와 일치하는 상징으로 '황소'를 심벌로 사용하여 정당과 후보의 이미지를 구축하고자 했다. 또한 '유권자 여러분! 이순신을 택할 것인가? 원균을 택할 것인가?', '홍부를 택할 것인가? 놀부를 택할 것인가?'라는 헤드라인에서 볼 수 있듯이, 박정희 후보는 이순신의 부국강병의 지도자로서의 이미지와 착한 홍부로 전이시키려는 전략을 쓰고 있으며, 상대 후보인 윤보선을 구악의 상징, 사대주의자, 반혁명주의자로 암시하고 있다. 제5대 대통령 선거전은 정치광고가 본격적으로 등장한 시기라는 점에서 매우 큰 의의를 지닌다. 그러나 상호비방과 흑색선전이 남발하기도 했으며 아직까지 차별화된 콘셉트와 후보자의 이미지 메이킹에 대한 효율적이고 체계적인 전략의 수립에 대한 노력이 없었다고 보아야 할 것이다. 한편 제6대 대통령 선거는 박정희의 재선 전략과 윤보선의 재도전으로 이어졌는데 과거 제5대 선거 때보다는 정치광고가 소극적이었으며 내용면에서도 뚜렷한 이슈를 제시하지 못했다. 제7대 대통령 선거에서는 3선개헌을 통한 박정희 후보와 신민당의 김대중 후보와의 대결로 집약될 수 있다. '안정 속에 웃으며 일합시다.'라는 공화당의 박정희 후보의 구호에 맞서 김대중 후보는 '대중시대의 문을 열자'라는 구호와 함께 더 설득력 있고 기법 면에서 한 단계 발전된 광고를 하였다. 자신의 이름과 대중의 발음이 같은 것을 연계시켜 대중적인 지지를 받은 지도자로서의 이미지를 간접적으로 표현하고 있으며 미래지향적인 '문을 열자'라는 문구로 유권자를 설득하려는 의도가 내포되어 있는 돋보이는 표현이라고 볼 수 있다. 또한 김대중 후보는 신문광고에 기존의 다른 후보들이 사용하는 딱딱한 사진을 피하고 자연스러운 사진을 사용함으로써 이미지를 부각시키고자 노력했다. 1963년부터 1971년의 정치광고는 본격적으로 정치광고가 활성화되기 시작한 때이고 유권자들에게 호의적인 이미지를 부각시키기 위한 노력이 나타나기 시작했으며 광고의 표현 면에서 조형적인 요소를 고려하려는 디자인의 중요성이 인식되기 시작했다. 그러나 이 당시는 신문과 라디오매체를 통해서만 정치광고가 이뤄졌으며 정치광고에 있어 광고전문가나 광고대행사의 참여가 없었기 때문에, 보다 전문적인 이미지 메이킹 전략은 존재하지 않았다는 점에서 아쉬움이 있다. 1972년 유신 이후 1980년까지 유권자를 상대로 한 정치광고는 사라졌다. 유신헌법에 의해 정치광고가 완전히 금지되었기 때문이다. 1979년 10·26 사건으로 박정희 대통령이 사망하자 유신체제는 위기에 직면하게 되었다. 전두환을 위시한 신군부 세력은 1979년 12·12 군사반란과 1980년 5·17 군부 쿠데타를 일으키고 언론통폐합을 거치면서 신문, 방송 등 대중매체가 정치광고 수단으로 이용되는 것은 사실상 어려워졌다. 그리하여 본격적으로 정치광고가 다시금 활기를 띠게 된 것은 1987년 6·29선언 이후에 실시된 제13대 대통령 선거이다.

8. 이미지의 측정과 평가

1) 평가적 이미지의 측정 : 흔히 이미지는 원의 기법이 많이 이용된다.
2) 차별적 이미지의 측정 : 어의 판별법(semitic differential)이 잘 이용된다.
3) 상징적인 이미지의 평가 : 우리가 일반적으로 잘 아는 사물이나 인물을 이용한다.

9. 후보자 이미지 전략

1) 선거에서의 정치 후보자의 이미지의 중요성

현대사회는 선택의 사회이다. 유권자의 머릿속에 그려진 후보자에 대한 이미지가 결정적 역할을 한다. 이상적인 후보자상을 유권자에게 제공한다. 이미지 전략은 유권자에게 유리한 이미지를 창조하고, 이러한 이미지를 유권자에게 강화시키는 과정으로, 유권자 기호에 맞는 긍정적 이미지를 창출한다. 지속적인 좋은 이미지 유지가 선거에서 승리한다.

2) 이미지 관리의 필요성

첫째는 활동영역을 확장시키기 위해서이다. 둘째는 시각동일화 내지 가치 동일화를 위해서이다. 셋째는 자기 사람을 만들기 위함이다. 즉, 존재인지 단계(나의 이름과 존재를 알아 달라), 가치인지 단계(과거, 향후 어떤 일을 할 수 있는지 알아 달라), 시각동일화 단계(내가 믿는 바를 믿어 달라), 그리고 행동동일화 단계(내가 행동하는 바를 따라 달라)이다. 넷째는 자기 완성 내지 연출을 위해서이다.

3) 이미지의 관리 절차

개인의 이미지 형성에 미치는 요인으로 ① 외적 요인(사회 환경적인 요인)은 일반 유권자, 정치단체 및 소속정당 동향, 경영자의 동향, 정치·경제 및 사회적 상황 등이다. ② 내적 요인(개인에게 나타난 개성 및 인성)으로는 개인 능력 및 인성과 개인의 인생 진로, 정직성, 활동성, 친밀성, 학식, 개인의 일반적 정치적 방향, 지도력, 개인의 현재 생활 상태 등이다. 이런 이미지의 형성과정 〈그림 6-12〉는 이미지 변경, 이미지의 강화·확대, 이미지의 신선화, 이미지의 안정화이다.

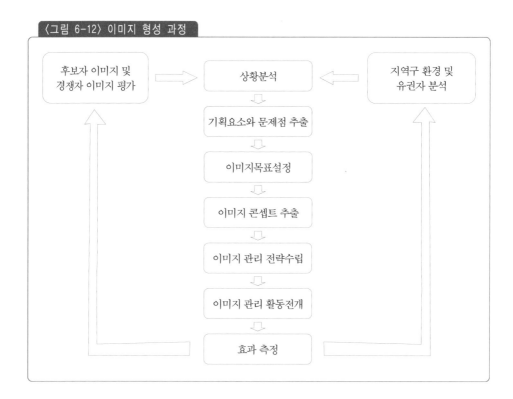

〈그림 6-12〉 이미지 형성 과정

4) 이미지 상황분석

이미지 상황분석은 수집조사 자료 분석 및 평가, 이미지관리를 위한 백그라운드스터디 (background study) 진행, 일반 유권자의 계층화 커뮤니케이션 접근방법, 그리고 추출방법을 간략하게 추출해 보면 다음의 〈그림 6-13〉과 〈표 6-6〉와 같다.

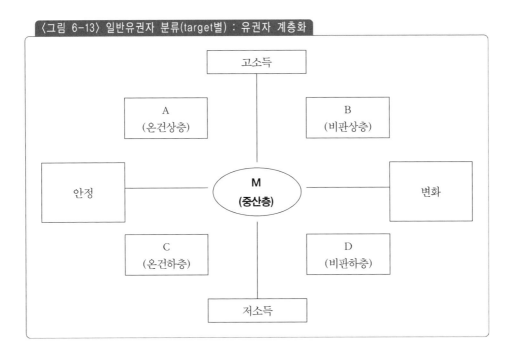

〈그림 6-13〉 일반유권자 분류(target별) : 유권자 계층화

〈표 6-6〉 타깃(Target)별 특성

타깃	소속집단 및 성향	접근방법
M 중산층	어느 정도 경제적 안정을 이룩한 단단한 가정의 구성원으로서 레저와 스포츠를 즐기며, 가정의 행복을 중요하게 여긴다. 이미 누리고 있는 기득권 박탈에는 거의 공포를 느낀다. 지적 수준은 높은 편이나 어느 때든지 정치·경제적 상황이 불안해지면 비판적 성향을 띨 수 있는 집단이다.	•극단적 이미지 철저 배격 •세련되고 지적인, 또한 친근한 이미지가 큰 효과를 가져올 것임. •후보 개인의 경력, 이미지, 비전 등을 소개하는 홍보물이 효과적임 매체임.
A 온건 상층	주로 기업체 장 및 지방유지로서, 정치적 변화를 두려워한다. 노사문제에 신경이 날카롭고, 특히 좌경 세력 대두를 혐오한다.	•타깃 자체가 확실하고 범위가 작으므로 간담회, 기관지 등을 통한 정책의지 표명 및 지속적인 우호관계 유지가 필요. •인쇄매체보다는 대인 접촉 홍보가 유리.

타깃	소속집단 및 성향	접근방법
B 비판 상층	정치권 모두에게 부정적 이미지를 갖고 있다. 재야세력의 구심점이 될 수 있으며 오피니언 리더로서 선거에서 지도적 세력을 형성할 수 있다. - 의사, 변호사, 교수, 언론인 - 종교인 등	•타깃의 지적 수준이 높고 list-up이 가능하므 로 person-to-person 설득 방법으로서 DM 활용 등이 바람직. •추상적이고 공허한 약속보다는 구체적이며 솔직한 의지 표명이 효과적. •일방적인 커뮤니케이션보다는 의견 요청 등 쌍 방향 커뮤니케이션이 거부감 해소에 바람직.
C 온건 하층	일반적으로 교육수준이 낮으며 농·어민, 대 시장 소상인, 소규모 잡화, 식육점 주인 및 행 상 등으로 생계를 유지한다. 서민을 위하는 지도자를 가장 이상적인 정치 지도자로 여긴다.	•생활현장에서의 직접적인 대화가 가장 효율 적임 •서민적 제스처 필요. •promotion items 전략이 바람직.
D 비판 하층	일반적으로 교육 수준이 낮다. 농·어민 일부, 단순노동자, 공장근로자 등으로서 상대적 가 치 박탈감으로 인한 반항 의식을 갖고 있다.	•face-to-face 대화가 신뢰감 조성에 바람직 •정신적 소외감 해소를 위한 DM전략 등으로 친근감 창출 •현장에서의 필수적 여론 수렴 및 정책 반영의 제스처 필수적

5) 이미지의 기회 요소와 문제점 추출 단계

후보자가 선거에 승리하기 위해서는 대(對)경쟁자 그리고 정치권과 관련한 강점요소인 기회 요소와 문제점(표 6-7)은 무엇이며 약점 요소인 문제점은 무엇인지를 상황분석 자료를 통해 정확히 추출해 내야 한다. 이것을 바탕으로 하여 후보자의 이미지 목표가 설정되기 때문이다.

① 대(對) 경쟁자, 정치와 관련된 강점·약점 요소와 문제 추출

② 이미지 콘셉트 추출, 이미지 관리 전략 수립

③ 이미지 형성과정 실시와 지침 마련

④ 부정적 요소가 강하게 작용하면 이미지 변경 과정부터 실시

⑤ 긍정적 요소가 내재해 있으면 강화·확대과정을 실시한다.

〈표 6-7〉 기회요소와 문제점

기 회	문제점
외적 요인 •정치·경제적인 경험 •지역구 유권자들의 선호 및 지지 •경쟁자와의 우위의 요소 •소속정당 및 정치 단체의 활동 선호요인	외적 요인 •정치·경제적인 경험 부족 •지역구 유권자들의 부정적 시각 •경쟁자와의 열세 요소 •소속 정당 및 정치 단체에 대한 부정적 요소
내적 요인 •후보자의 인성(정직성, 친밀성, 활동성, 학식, 지도력)의 선호요인 •후보자의 경륜과 능력의 선호요인 •후보자의 정치적 방향의 선호요인	내적 요인 •개인 인성에 대한 비선호 요소 •후보자 개인경륜과 능력의 비선호 요소 •후보자의 정치적 방향에 대한 부정적 요소

6) 이미지 관리 목표 설정 단계

다음 〈그림 6-14〉와 같이 이미지의 관리목표 설정 단계이다.

① 상황분석 자료를 토대로 이미지 형성의 제과정에 맞는 후보자 이미지목표 설정

② 과거와 현재의 상황으로 과학적·합리적으로 이미지 관리 목표 도출

③ 이미지 형성 제과정별 세부목표 전략 도출

④ 환경적 여건에 따른 전략수립

⑤ 당선을 위한 예상 득표수(득표율) 설정하여 향후 이미지 관리 지표 수립

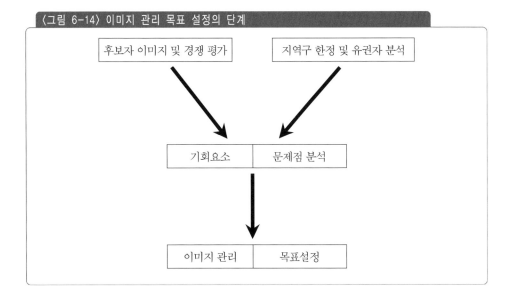

〈그림 6-14〉 이미지 관리 목표 설정의 단계

7) 이미지 관리 콘셉트 추출 단계

- 목표 달성을 위한 이미지 콘셉트 추출은 후보자 이미지와 유권자가 생각한 이미지를 비교 분석하여 추출한다.
- 후보자 이미지 관리목표 실행단계에서 유권자의 소구 방향으로 설정
- 이미지 콘셉트가 잘못 추출되거나 목표와 다른 방향으로 흐를 수 있으므로 세심한 분석과 주의가 필요

8) 이미지 관리 전략 수립 단계

이미지 관리는 다음 〈표 6-8〉과 같이 대상별로 이미지관리 전략을 수립해야 한다.

- 이미지 콘셉트에 따라 캠페인 믹스 요소인 후보자 자신, 커뮤니케이션 프로그램, 유권자 접근 방법 등 목표 활동별로 전략수립
- 총체적인 관점에서 목표달성을 위한 대(對)유권자 및 경쟁자, 대(對) 국내·외 활동전략 수립
- 이미지 관리 전략수립은 이미지 콘셉트를 대상별(target)로 어떻게 소구할 것인가 구체적으로 수립
- 활용영역의 범위, 대상의 특징 등 정확히 파악하여 전략을 수립

〈표 6-8〉 대상별 이미지 관리 전략

대 상	이미지 관리 전략
對 유권자	• 가능 매체를 활용 후보자 자신의 이미지를 전달 • 간담회, 기관지 및 DM 활용
對 경쟁자	• 경쟁자 활동 모니터링 • 경쟁자 대비 후보자 이미지 trade-off전략 실시
對 정치권 활동	• 정치권에서 입지 강화 및 이미지 제고를 위해 정강 정책에 대한 신념 등을 홍보 • 정당 및 단체 활동 강화
對 국외 활동	• 국제 정치 감각을 겸비한 인물로서의 이미지 제고를 위해 국외 유명인사와의 교류 등 다양화 • 대외 이미지 제고를 위한 외국대학 명예박사 학위 취득 등

9) 세부 전술 실행 단계

이미지 관리전략에 따라 세부적으로 그 실행계획이 작성되는 단계로써 다음 〈표 6-9〉
와 같이 일발적인 커뮤니케이션 접근 방법을 제시되어야 한다.

- 실제 이미지 관리활동을 추진하는 실행 계획 작성
- 후보자 당선을 위해 어떤 방법을 이용하여 후보자가 어떻게 행동하는 커뮤니케이션
  수단 중 어떤 수단의 프로그램을 진행시킬 것인가를 결정하는 단계
- 후보자의 이미지를 실제 형성시키는 단계로 제 과정, 이미지 변경, 이미지 강화 확대,
  이미지 신선화, 이미지 안정화, 과정별 전술에 따른 세부 전술실행
- 세부 수단은 각 후보자의 특성에 따라 세부 지침과 활용 방안 구체화
- 커뮤니케이션 접근을 위한 세부전술 실행 체크리스트를 준비해야 함

〈표 6-9〉 일반적 이미지 형성 커뮤니케이션 접근방법

커뮤니케이션 종류		커뮤니케이션 매체	커뮤니케이션 방법	커뮤니케이션 포인트
publicity (보도자료 제공)		• 중앙일간지 • 지방 신문 • 각 주간지 • TV, 라디오 등	• 부정기적 고정란 집필 기획 논단 활용 • 각 신문사 및 TV, 라디오, 방송국에 뉴스거리 제공 등	• 인지도, 지명도 제고 • 호의적 이미지 유도
미니미디어	인쇄매체	• 팸플릿, 뉴스레터 • 단행본, 회보, 당보 • 달력, 포스터 • 벽보, 전단 등	• 직접 가정방문 배부 • 선거운동본부 방문 시 배부 • 기타 행사 시 배부 등	• 인지도, 지명도 제고
	전신매체	• 전화 • 우편, 전보 등 • 인터넷	• 전화, 방문 등 • 연하장, 인사장, 축전 등 • 출마 당위성 및 정치 철학	• 유권자와의 공감대 형성 • 유권자 호감도 제고
	대인매체	Mouth to Mouth	• Opinion leader 활용 • 선거운동원 활용	• 호의적 이미지 구축
광고		• 중앙일간지 • 지방 신문 • 각 주간지	• 귀향 보고회 광고 • 대민활동 광고 • 시국 강연회 광고 등	• 호의적 이미지 구축 • 인지도, 지명도 제고
이벤트			• 귀향 보고회 • 환영대회 • 야유회, 체육대회, 향우회 • 시국 강연회	• 호의적 이미지 유도 • 유권자와의 공감대 형성
대민활동		Mouth to Mouth	• 진정 처리, 직장 알선 • 인권 상담, 의료 사업 • 무료 변론 등	• 유권자와의 공감대 형성 • 호의적 이미지 유도

다음 〈표 6-10〉은 후보자가 선거전에 기본적으로 준비해야 할 중점 체크사항을 정리하였다.

〈표 6-10〉 세부 전술 실행준비 체크리스트

내 용	중점 체크사항
후보자 선거본부의 설치장소	•도시의 중심부
선거운동 요원 선정	•당원들이나 당 본부 위주로 구성하지 말 것
전화 교환원 선발	•재치 있고 유머 감각이 있는 사람을 이용
매니저 활용	•호텔의 보조 매니저와 같은 일을 할 수 있는 사람
고용 인원의 수	•자원봉사자를 많이 확보하되 선거활동에 필요한 각 방면의 전문가로 구성
자원봉사자 확보	•자원봉사를 할 수 있는 사람의 개인 경력사항을 면밀히 검토, 역할 분담을 시키고, 이들을 이용할 시는 최대한 정중히 대해야 한다.
선거본부의 운영	•공동 사무실을 피하고, 선거 진행 과정을 일괄적으로 알 수 있도록 체제를 갖추어야 한다.
선거본부 담당자 행동지침	•선거운동원이 일할 수 있는 작업 공간을 충분히 마련하고, 일에 쫓기지 않도록 미리 충분히 앞당겨 계획해야 한다.
후보자의 행동 준칙 사항	•당사자는 선거운동본부에 자주 들러서는 안된다. 가끔 들러 위로하고, 선거운동이 잘 되고 있다고 말해주어야 한다.
개인 비서 선발	•후보자가 선거권에서 지치지 않고 건강하게 임할 수 있도록, 일정을 잘 관리할 수 있는 비서여야만 한다.
일정관리	•일정은 6개월 전이나 1년 전에 선거운동에 대한 기본 계획이 설정되어야 한다.
대(對)언론 행동 준칙	•후보자는 언론과 싸워서는 안 되고, 뉴스매체와는 어떤 식으로든지 친해지도록 해야 한다.
선거 홍보의 운영	•인기 있고 위력 있는 매체 이용 •최소한 하나 정도의 브로슈어를 선거구 전체에 우송 •선거캠페인은 경험 없는 측근보다, 캠페인을 전문으로 하는 에이전시에 맡겨야 한다.

10) 효과 측정 및 피드백 단계

이 단계에서는 추진되었던 이미지 관리활동에 대한 효과를 정량·정성 조사를 통하여 분석하고 향후 계속적으로 추진될 이미지 관리활동에 효율적인 개선 지침을 제공하게 된다.

① 목적
 •상황분석, 목표설정, 전략·전술 실행단계 등 전 과정 조정

- •각 단계별·수단별 개선책(방안) 마련

② 추진내용
- 수정·보완 단계로 전 과정 이미지 재구축을 위한 효과 측정 주안점
  - •후보자 및 경쟁자 이미지 평가
  - •후보자 및 경쟁자 인지도, 선호도 변화 양상
  - •후보자별 예상득표율 변화 추이
  - •정당 및 정당대표 인지도, 선호도
- 구체적 평가 반영할 수 있도록 면밀히 조사 및 분석 시행
- 변화 추이 정도와 성과 정도 분석, 이미지 형성 과정 전략 수립
- 지속적으로 수행, 측정은 필수적으로 실시되어야 한다.

11) 이미지 관리 세부 계획안

이미지 관리 절차를 기초로 하여 후보자이 선거전에 대비한 일정별 이미지 관리의 세부 계획안은 다음 〈그림 6-15〉와 같이 작성한다.

〈그림 6-15〉 이미지 관리 계획표

일정\단계	D-개월														
	15	14	13	12	11	10	9	8	7	6	5	4	3	2	1
이미지 bulid-up 준비단계					→										
이미지 build-up 실행단계						→				→					
효과측정 및 feedback단계											→				
이미지 강화 및 목표 달성 단계													→		
재선 관리 단계															→

출처 : 정성호(2003). 『선거 캠페인과 미디어 전략』. 차송, p.79.

(1) 이미지 build-up 준비 단계

이 단계에서는 전략적 이미지 관리 모델의 전략실행을 원활히 할 수 있도록 상황분석단계에서부터 전략수립단계에 이르는 모든 과정을 준비하는 데 이미지 build-up 준비단계 세부일정은 〈그림 6-16〉과 같다.

① 목적
 - 후보자 국내·외 활동자료 수집, 분석
 - 목표 설정 및 효율적 달성 위한 관리지침 수립
 - 추후 계속되는 조사의 기준점(benchmark) 마련

② 추진내용
 - 지역구 환경 분석
   •조사 방법
   •이미 나타나 있는 2차 자료 수집 분석
   •조사 내용
   지역구의 지리적·정치적·경제적 환경 분석 자료
   역대 선거 자료
   유권자 인구 통계
   선행 조사자료
   후보자 정치활동 자료(경쟁자 비교)
   유권자의 과거 정치, 투표 성향 등
   후보자 지역 활동 자료(경쟁자 비교)
 - 후보자 및 경쟁자 이미지 평가
   •조사 방법
   집단 심층 면접법(FGI : Focus Group Interview) 유권자들과 직접 그룹 토의를 통해 내면적인 심층 심리를 조사
   •조사 대상
   지역구 유권자 25~30명
   지역구 유권자를 인구통계학적 특성별로 토의 그룹을 편성하되 각 그룹을 5~6명 정도의 인원으로 구성하여 5개 토의그룹을 진행한다.
   •조사 내용

후보자 및 경쟁자 이미지

이상적인 이미지상 선호도(이미지 속성)

후보자와 경쟁자 선호도(선호 이유)

후보자 및 경쟁자 국내외 활동에 대한 평가(평가 이유)

정당 이미지 및 선호도(선호 이유)

지역구 현안 문제

유권자 정치 및 투표 성향 등

- 유권자 및 지역 환경 분석

  •조사 방법

  설문지를 이용한 1대 1 개별 면접 방법(face to face interview)

  •조사대상

  지역구 유권자 600~1,000명(인구통계학적 변수로 세분화시킨 표본 추출)

  •조사 내용

  후보자 및 경쟁자 인지도

  후보자 및 경쟁자 선호도(선호 이유)

  후보자 및 경쟁자 지지도

  후보자 국내외 활동에 대한 평가

  정당 및 정당대표 인지 및 선호도

  지역 현안 문제

  예상투표율

  후보자별 예상득표율

  인구사회학적 특성별 정치 성향(지지, 유동, 반대표)

〈그림 6-16〉 이미지 Build-up 준비단계 세부 일정

항목 \ 일정	1개월	2개월	3개월
지역구 환경 분석	→	→	
후보자 및 경쟁자 이미지 분석(FGI)	→		
유권자분석(설문조사)	→	→	→

(2) 이미지 build-up 실행 단계

이미지 관리 전략 단계로, 이미지 형성을 위한 전술로 대(對)유권자, 대(對) 경쟁자, 대(對) 정치권, 국내·외 이미지 관리 활동을 전개한다.

① 목적

경쟁자와 이미지 차별화를 유도하여 목적달성의 기반을 마련하게 된다. 이 단계에서는 총체적인 이미지관리(total image management)측면에서 이미지 활동조정·유도하는 목표에 의한 관리(management by objective) 기법을 사용해야 한다.

② 추진 내용

주변 여건과 후보자 상황에 따라 추후 조정하고, 실행단계에서 제시된 내용을 효과적으로 활용하여 추진해야 한다.

- 1단계는 후보자의 이미지 제고를 위해 목표 이미지를 인지시키는 것으로, 후보자의 이미지를 널리 알리도록 하는 단계이다. 이미지의 변경이나 이미지를 강화·확대시켜야 한다.
- 2단계는 후보자를 어느 정도 인지시킨 후, 후보자의 신뢰성을 구축하여 호의적 이미지 구축을 위한 발판을 마련하는 단계이다. 후보자를 유권자들이 좋아하고 지지할 수 있도록 자신만의 매력을 유지하도록 하고 낡은 부분을 조금씩 신선화시켜야 한다.
- 3단계는 1,2단계에서 이룩한 인지도 및 신뢰성을 바탕으로 호의적 이미지를 이룩하는 단계이다. 유권자들이 선거 당일에 후보자에게 투표할 수 있는 여건을 마련하여 강하고 신선하며 안정적인 이미지를 구축하여 지속시키는 단계이다.
- 4단계는 단계별 실시 내용에 대한 효과를 측정하는 단계이다. 유권자들이 후보자에게 어느 정도 호의적 이미지를 갖고 있는지에 대한 평가를 실시하여, 이를 토대로 당선을 위해서는 어떻게 유권자들과 관계를 지속시켜야할 것인가에 대한 지침을 마련하도록 한다. 향후 지속적으로 안정적 이미지를 유도하도록 하는 것이다.

(3) 이미지 강화 및 목표 달성 단계

재수정되고 보완된 이미지 관리전략, 전술에 따라 이미지 관리 활동을 강화하고 수시로 효과분석과 피드백 과정을 반복·수정·보완하여 목표 달성을 극대화하는 단계이다.

① 목적

이미 형성된 이미지 안정화, 효과 극대화를 위한 계속적 검증을 실시해야 한다. 이때는 유권자 마음 속에 후보자에 대한 긍정적 이미지를 고착시키면서 경쟁자와의 경쟁적 우위를 현실적으로 확인함으로써 당선이라는 궁극적인 목표를 달성할 수 있다.

② 추진내용

세부전술 실시 단계이다. 전략 또는 당선을 위해 구체적으로 실시하고 접근되어야 한다.
- 호의적 이미지를 갖고 있는 집단을 더욱 강화시켜 호의적 이미지를 확산시키도록 해야 한다.
- 효과 측정에서 나타난 결과를 면밀히 분석하여 후보자 이미지가 흔들리지 않도록 안정화시켜야 한다.
- 비호의적인 집단과 비방을 적극 방어하고, 호의적 집단을 이용하여 유동적 집단을 최대한 흡수할 수 있도록 해야 한다.

(4) 재선관리 단계

목표달성, 당선 후 계속된 이미지 관리추진, 상황분석-효과측정-피드백까지 전과정을 장기적 차원에서 수시로 반복하여 수행하도록 한다.

① 목표

차기 선거를 위해 또는 향후 원활한 의정활동을 위해 계속적으로 이미지를 관리해야 한다. 또한 선거와 관련되어 형성된 이미지 보완·개선, 향후 의정에 필요한 보다 호의적이고 적극적인 이미지를 안정적으로 지속유지가 목표이다.

② 추진내용
- 지금까지 조사되었던 모든 자료를 종합하여 당락의 원인분석, 투표행태 분석, 각 당의 선거전략 분석 등 향후 이미지 관리 및 지역구 관리를 위한 구체적인 자료를 확보해야 한다.
  • 당선에 대한 감사 표시 및 공약 정책의 실천 의지 표명
  • 유권자와의 공감대 형성을 위해 진정 및 민원처리
  • 경쟁 후보자들의 향후 활동에 대한 자료 수집과 안정적 이미지 지속을 위한 친밀감 구축

- 당선 후에도 호의적 이미지를 지속적으로 유지시키는 것이 차기 선거에서도 당선할 수 있는 길이라는 것을 명심해야 한다.

10. 슬로건, 캐치프레이즈, 캐릭터, 캐리커처

1) 슬로건, 캐치프레이즈의 개념

슬로건은 우리가 익히 잘 알고 있는 개념으로, 광고에서 상업적 목적으로 그리고 정당에서 정치적 목적으로 사용하는 문구를 말한다. 캐치프레이즈는 슬로건의 하위개념으로 실천행동 강령이다. 슬로건(slogan)는 상업광고나 정당, 기타 단체에서 팔려고 하는 것 또는 말하고자 하는 것을 사람들로 하여금 기억하기 쉽도록 사용하는 짧은 문구이다. 캐치프레이즈(catch-phrase)는 유명인이 자주 사용하여 잘 알려진 문장 또는 문구이다. 누군가의 유명한 말(somebody's popular saying)로 유명인이나 유명단체가 자주 사용하여 이와 동일시하게 된 문구, 캐치프레이즈는 실존 인물 또는 가상 캐릭터가, 반복적으로 사용하여 유명해진 문구를 말한다.

오늘날 캐치프레이즈는 캐릭터(실존 또는 가상)가 출연하는 방송, 연극, 영화 등에서 T-셔츠에 쓰인 문구라든가 홍보물을 통해 캐릭터를 마케팅하는 중요한 일부로 나타난다. 캐치프레이즈가 되려면 단순히 유명해지는 것만으로는 부족하며, 그 캐릭터와 동일시되어야 하고, 또 그 캐릭터의 트레이드마크로서 기능해야 한다. 캐치프레이즈는 항상 특정인과 결부되어 있으며, 누군가를 특정시켜주는 유행어와 유사한 개념을 갖는 것을 알 수 있다. 캐치프레이즈와 슬로건의 실제 사용례를 비교해 보면 이해에 보탬이 될 것이다. 표어(motto)는 사회나 집단에 대하여 의견이나 주장 등의 짧은 말, 정치적 선동이나 선전이용, 금언, 격언, 전시표어, 정당표어, 예를 들어 '하나밖에 없는 지구, 우리가 잘 지키자' 등이다. 캐릭터는 기업, 단체, 행사 등 특정 성격에 맞는 시각적 상징물을 가리키며, 그 대상과 표현의 영역은 광범위하고 심벌마크와 구별되어진다. 다음은 선거캠페인에서 활용된 선거이슈에 대하여 살펴본다.

(1) 선거이슈의 슬로건 활용

성공적인 선거캠페인 홍보전략은 선거이슈의 활용을 무엇보다 효과적인 메시지로 창출하는 데 있다. 이 메시지는 비전을 제시하는 이슈, 분야별 중심적 이슈, 세부적으로 실천할 구체적인 이슈로 분류할 수 있다. 비전을 제시하는 이슈는 정치적 소신과 정치적인 철학을 담은 메시지를 말한다. 즉 비전을 제시하는 이슈는 후보자의 중심적 슬로건으로 제시되는 경우가 많다. 분야별 이슈는 정치, 경제, 사회, 문화, 교육, 환경, 복지 등 분야를 보다 구체화시키는 메시지를 만들어 유권자에게 제시하는 것을 말한다. 이슈는 정치의 연료이다(Eyestone, 1978). 정치무대에서 특히 선거기간 동안 후보자들에 의하여 제기되는 이슈는 국민들에 의하여 직접적으로 평가되고, 그것이 후에 정부의 정책과 연결된다. 이슈는 곧 표이다. 선거전에서 이슈 논쟁은 유권자 등에 의하여 평가되고, 그것이 득표로 연결된다. 이슈에 대한 유권자의 입장이 정당일체감보다 더욱 중요하다고 한다. 개인이 특정 이슈에 대해 지니고 있는 의견과 후보자가 지닌 의견에 일치하는 정보를 이슈 근접성(issue proximity)에서 찾고 있다(Brody, Richard A. and Benjarmin I. Page, 1972). 즉, 개인이 특정 후보를 지지하지 않느냐를 결정하는 그 개인이 고려하는 몇 개의 이슈를 중심으로, 그 개인의 의견과 후보의 의견이 얼마나 일치하는가에 달려 있다는 것이다. 이슈의 근접성에 근거한 연구는 개인의 정치적 의사결정 과정이 합리적이고 이성적인 것이라고 가정한다. 즉, 이는 개인이 ① 자신에게 중요한 이슈가 무엇인지 알고 있으며, ② 각 이슈에 대한 자신의 입장과 더불어, ③ 정치인이 각 이슈에 대해 어떤 입장을 취하고 있는지 알고 있다고 전제한다. 이슈를 정치적인 측면과 개인적인 측면으로 구별해 볼 수가 있다. 첫째, 정치적인 이슈로는 IMF 경제 책임 이슈, 세대교체 이슈, 3김(金)청산 이슈, 정치개혁 등이다. 둘째, 개인적인 이슈로는 아들 병영 이슈와 후보자 건강 이슈, 후보자 사상 이슈, 경선 불복 이슈 등이다. 또한 이슈는 광범위한 추상적 비전을 제시하는 이슈(정책실현, 정책적 신념 등), 분야별 정책을 제시하는 이슈(복지, 일상생활 등), 세부적인 구체적인 실천사항을 제시하는 이슈 등으로 다향하게 나타낸다. 그리고 이슈의 평가 방법은 과거 업적 지향적인(retrospective)방법과 미래 지향적인 평가(prospective)를 기준으로 하는 두 가지 유형으로 나누고 있다. 따라서 효과적인 이슈의 구성에서 첫째, 이슈는 단일해야 한다. 이슈는 간결하고 단순해야 메시지 설득 커뮤니케이션 효과가 누적되고 강화된다. 상품 마케팅과 달리 선거캠페인은 여러 개의 이슈를 만들어 사용하는 것은 실패의 원인이 될 수 있다. 둘째, 이슈는 일관되게 사용해야 한다. 선거캠페인 방향을 전면적으로 수정해야 하는 특별한 경우를 제외하고는 선거캠페인의 주제와 슬로건을 변경하지 말고 일관되게 사용해야 한다(예, 새누리당 박근혜 대선 경선 후보는 '내 꿈이 이루어지는 나라'에서 현재의 캐츠프레이즈가 "이젠 사람들이 '박근혜가 바꾸네'라고 말하게 될 것"이라고 했다(조선일보, 2012.8.21일자). 민주통합당 정세균 대선 경선 후보는 '빚 없는 사회'에서 '내일이 기다려진다'로 슬로건을 바꾸었다. 이는 일관성 유지에 문제점을 주고 있다. 잘못된 선거캠페인일수록 캠페인 주제와 슬로건이 일관성이 없고 산만하며 또 쉽게 바뀌는 경향이 있다. 그래서 좋은 슬로건의 조건으로는 첫째, 간결해야 한다. 좋은 슬로건은 짧고 간결하다. 중언부언하거나 말이 만연체로 늘어져 뜻을 분산시키는 슬로건은 강한 인상을 주지 못한다. 좋은 슬로건은 보통 다섯 단어 이내에서 결정되는 경우가 많다. 그리고 아무리 좋은 슬로건이라도 열 단어를 넘어가면 좋지 않다. 둘째, 단순해야 한다. 뜻을 이해하기 어려운 난삽한 언어는 슬로건에 적합하지 않다. 애매모호한 언어, 생경한 언어도 피해야 한다. 세상에서 흔히 쓰는 말, 쉽고 단순한 말을 골라 써야 한다(예, 미국 대통령 부시 후보측의 베이커는 전문용어를 쓰지 않고 일반 국민이 쉽게 이해할 수 있는 개표를 뜻하는 'count vote'라는 표현과 투표를 뜻하는 'cast vote'라는 표현을 대비시키는 등 누구나 쉽게 이해할 수 있는 key message를 개발하여 부시 측에게 유리하게 전개하는 상황을 만들었다. 그는 "투표 내용을 알 수 없는 불확실한 상황에서 수작업 재검표를 하는 것은 개표 'count vote'가 아니라 다시 투표 'another casting vote'를 하는 것과 같다."라는 말했다. 이것이 바로 헌법에 위배된다. 'unconstitutional' 것을 'cast vote'라는 단어로 알기 쉽게 표현한 것이다(김경해, 2003). 셋째, 함축적이야 한다. 좋은 슬로건은 간결하고, 단순하면서 함축적이다. 함축적인 슬로건은 유권자에게 쉽고 명확하게 다가가면서도 긍정적인 방향으로 무한한 상상력을 발동시킨다. 선거캠페인 슬로건이 함축성을 잘 발휘하기 위해서는 때로는 은유적이고 비유적인 표현 기법을 사용할 수 있다 예를 들어, 손학규 대통령 후보의 '저녁이 있는 삶'은 많은 함축적 의미를 내포하고 있어 좋은 슬로

13일 서울 영등포 민주통합당사 외벽에 인기 개그 프로그램인 '용감한 녀석들'을 패러디한 대선 경선 후보들의 대형 포스터가 걸려 있다. 오른쪽부터 문재인, 박준영, 김두관, 손학규, 정세균 후보(조선일보 2012.8.14)

건으로 평가받고 있다. 넷째, 신뢰감이 있어야 한다. 좋
은 슬로건은 유권자에게 신뢰감을 갖게 한다. 슬로건에
서 현란한 언어와 미사여구는 유권자들을 현혹하려 한다
는 인상을 주는 것으로 후보자가 유권자들을 향해서 외
치는 실현성, 진실성, 도덕성에 문제점이 있다는 느낌을
주는 것이다. 유권자에게 신뢰감을 주기 위해서는 평소 이미지와 평판이 그 슬로건과 부
합되는 신뢰감을 형성하고 있어야 한다(예, 2012년 허경영 후보는 대선 출마 선언에서
"대통령이 되면 한국 황제로 등극하고 2025년 아시아 통일, 2026년 북한 통일을 차례로
이룬 뒤 2030년까지 세계 통일을 완성할 계획이다."라고 하였다. 인터넷방송 '총선어장'에
출연해 18대 대선 출마 선언과 함께 또 한 번 파격적인 공약을 꺼내들었다. 이날 대선 5대
공약으로 학생들이 시험에서 잘하는 과목 1개만 보도록 하는 '시험해방', 결혼 시 1억 원을
주는 '결혼해방', 대학 등록금을 100% 지원하는 '등록금해방', 국가가 직접 나서 취직을 알
선하는 '취직해방', 현 징병제를 모병제로 전환하는 '군대해방' 등을 발표했다. 그는 또 "대
통령이 된다면 2개월 안에 현 국회의원들의 옷을 다 벗기고 정당제도를 모두 없애 무소속
으로 국회의원 선거에 출마하도록 하겠다."라고도 주장했다. 허경영 후보는 박근혜 전 대
표와 결혼하겠다는 의사를 각종 인터뷰에서 공공연히 하여 박근혜 후보로부터 명예훼손
을 당하기도 하였다. 또한 그는 대선 출마 공약으로 '유엔 본부 판문점'로 이전 등 실현이
불가능한 신뢰성 없는 공약을 제시하였다. 정동영 대통령 후보의 '노인폄하' 발언, 유시민
'노인비하' 발언, 제13대 국회의원 후보 김용민의 '노인폄하와 비하발언', '여성비하와 교회
비하' 발언 등 막말, 임수경 의원 '막말 논란', 이석기·김재연 의원 '종북 논란', 문대성 국
회의원 후보의 '학위논문 표절' 등은 유권자들에게 신뢰감, 진실성, 도덕성에 의문점을 주
었다). 다섯째, 혜택감을 주어야 한다. 좋은 슬로건은 유권자들에게 어떤 혜택 또는 이득
에 대한 전망이 서게 해 주는 희망이 있어야 한다. 선거캠페인의 슬로건이 아무리 진실과
정직을 소리 높여 외친다고 해도 그것이 유권자들에 의해 액면 그대로 다 믿어지는 것이
아니다. 좋은 슬로건이 되려면 신뢰성과 혜택감이 조화롭게, 그리고 함축적으로 표출하되
허황되게 과장하여서는 안 된다(김창남, 2000). 좋은 슬로건의 유형에는 후보자가 취하고
있는 입장에 따라 후보자의 강점을 부각시키는 유형과 한 후보자의 강점과 다른 후보자의
취약점을 비교하여 부각시키는 유형으로 나눌 수 있다. 그러나 효과적인 슬로건은 다른
후보자의 취약점을 언급함이 없이 자기의 장점만을 부각시키면서 함축적으로 다른 후보
자와 차별화를 이룬다. 첫째, 후보자의 강점을 부각시키는 슬로건은 후보자의 개인적·직

업적·정치적 강점, 성취, 공적, 지도력 등을 주로 강조한다. 이러한 유형의 슬로건은 인지도, 자금, 조직 등 선거캠페인의 주요 요소 면에서 단연 우위를 점하고 있는 현직 정치인 또는 이른바 무주공산의 선거구에서 출마한 후보자들이 대조시키는 슬로건이다. 둘째로 상대편과 자기 측을 대조시키는 슬로건은 한 후보자의 강점과 다른 후보자의 취약점을 차별적으로 부각시키는 슬로건이다. 이 유형의 슬로건은 인지도, 자금, 조직 등에서 열세인 후보자가 기반이 잘 닦여 있는 후보자와 경쟁하거나 신인 후보자가 현직 정치인에게 도전하는 경우에 주로 사용된다(김창남, 2000; 정성호, 2003).

(2) 슬로건의 트렌드

슬로건도 시대와 정치환경에 따라 변화한다. 최근 대선 주자들의 슬로건을 분석하였다. 한국에서 해방 이후 치러진 모든 선거(대선·총선·지방선거·교육선거)에 쓰인 슬로건 5만3832개를 분석한 결과 가장 많이 쓰인 단어는 '일꾼'(7565건)이었다. 슬로건 제작 전문업체 '브랜드OK슬로건' 측은 "유권자를 위해 일을 하겠다는 의지와 능력을 부각시키려는 뜻"이라고 해석했다. 2~5위는 '사람'(4951건), '함께'(2283건), '깨끗한'(2237건), '선택'(2068건) 순이었다(〈표 6-11〉). '사람'은 13대 대선 당시 노태우 후보의 '보통 사람', '깨끗한'은 15대 대선 당시 이회창 후보의 '깨끗한 정치, 튼튼한 경제' 슬로건에 들어갔다. 이들 단어는 각각 권위주의 청산과 부정부패를 해결하겠다는 의지를 표현하기 위해 사용됐다. 특히 특정 후보 슬로건이 방송사의 코미디 프로그램에서 사용되면서 유명세를 치르고 수많은 패러디가 우리의 현실에서 재생산되는 시뮬라크르(simulacra)이며 환영(幻影, illusion) 되고 있다. 예를 들어 "국민 여러분 행복하십니까? 살림살이 좀 나아지셨습니까?" 이 슬로건은 16대 대선 당시, TV토론에서 한 후보자가 말한 것을 코미디 프로그램에서 차용해 많은 인기를 끌었다. 대선 승리로 이끈 슬로건을 분석해보면 후보자들을 돋보이게 하고 유권자들의 마음을 파고들었다는 것에 공통분모가 있다. 이 때문에

〈표 6-11〉 슬로건에 쓰인 키워드 순위

순위	키워드	빈도
1	일꾼	7565
2	사람	4951
3	함께	2283
4	깨끗한	2237
5	선택	2068
6	희망	2031
7	젊은	2017
8	큰일꾼	1844
9	능력	1838
10	새일꾼	1808
11	참일꾼	1729
12	실천	1712
13	있는	1576
14	정직	1523
15	미래	1490
16	발전	1478
17	우리	1352
18	성실	1215
19	주민	1206
20	참신	1200

슬로건에 대한 비판도 적지 않다. 이를 두고 미국의 제36대 대통령 린든 존슨의 "선거는 무책임한 사람들이 이긴다."라는 한마디는 많은 시사점을 준다. 이는 화려한 언변으로 책임

지지도 못할 말을 하면서 선거에서 승리하는 것을 두고 비판하는 의미이다. 후보자들간 선거 슬로건이 경쟁하는 때에 이를 살피는 유권자의 혜안이 필요하다(임재구, bido12@naver.com).

김형준(정치학) 명지대 교수는 "SNS(소셜 네트워크 서비스) 시대가 펼쳐져 시대 정신에 맞는 슬로건은 인터넷을 통해 엄청난 속도로 확장될 수 있게 됐다."라며 "적절한 슬로건의 중요성은 날이 갈수록 커지고 있다."라고 말했다. 브랜드 전문가 김형남 이름세상 대표는 "슬로건은 전선(戰線)을 가르고 구도를 짜는 전략적 메시지"라며 "2012년 대선의 시대 정신인 경제민주화, 양극화, 복지를 어떻게 압축시켜 공감대를 얻느냐가 슬로건 성공의 관건"이라고 주장했다.

지난 4월 프랑스 대선에서 니콜라 사르코지 대중운동연합 후보는 '강한 프랑스(La France forte)'란 슬로건을 내걸었다. 5년 전 그는 '함께 하면 모든 것이 가능해집니다'로 승리했다. 사르코지에 맞선 프랑수아 올랑드 사회당 후보 역시 '변화는 바로 지금(Le changement, c'est maintenant)'으로 글자 수를 줄였다. 5년 전 같은 당 세골렌 루아얄 후보의 슬로건은 '더 공정하면 프랑스는 더 강해진다'였다.

2012년 11월 재선을 노리는 버락 오바마 미국 대통령의 슬로건은 '앞으로(Forward)'다. 자신의 업적을 기반으로 나아가겠다는 뜻을 담았다. 그는 4년 전 '그래, 우린 할 수 있어'(Yes, we can)로 승리했는데 더 압축했다. 경쟁자 밋 롬니(Mitt Romney) 공화당 후보는 "'American GREATNESS', '미국에 대한 믿음(Believe in America)', 'DAY One, JOB One'을 들고 나왔다. 그는 "곤경의 시련이 강한 사람을 만든다(The pursuit of the difficult makes men strong)."라는 아버지의 조지 롬니가 한 말을 항상 인용하곤 한다.

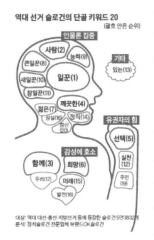

멕시코·인도·베네수엘라 등 60여 개국에서 대선과 총선이 치러지는 2012년은 '지구촌 선거의 해'이기 때문이다. 유권자의 마음을 사로잡기 위한 슬로건은 선거전의 백미다. 정치 현장에선 "훌륭한 슬로건이 100분의 연설이나 1000명의 선거운동원보다 낫다."라고 말한다. 정치 슬로건이 유권자의 투표 의사 결정에 미친 영향을 연구한 여론조사에 따르면 '슬로건 때문에 투표한 적이 있느냐'라는 질문에 '그렇다'라고 밝힌 사람이 33%였다. 특히 20~30대는 슬로건의 영향을 가장 크게 받는 것으로 조사됐다.

4·11 총선이 끝나고 연말 대선을 앞둔 우리 정치판에서도 슬로건 전쟁이 시작됐다. 새누리당은 "국민과의 약속, 반드시 지키겠습니다"란 슬로건으로 총선에서 승리했다. 지난달엔 "변화, 미래, 함께"란 새 슬로건을 내놨다. 민주통합당은 "심판해야 바뀝니다"가 총선 때부터 슬로건이다. 과거의 사례로부터 비추어 보아도 슬로건은 선거전의 백미라고 할 수 있을 정도로 관심과 영향력이 크다. 대한민국의 역대 슬로건은 어떠했을까? 대표 여·야 슬로건을 모았다(표 6-12)〉.

〈표 6-12〉 대한민국 역대 슬로건

	여 당	야 당
2대	뭉치면 살고 흩어지면 죽는다	우리의 주장과 정견
3대	갈아봤자 별 수 없다 구관이 명관이다	못살겠다 갈아보자 새 사람 뽑아 새 살림하자
4대	트집마라 건설이다	죽나 사나 결판내자
5대	혁명과업의 완수·조국근대화	군정으로 병든 나라 민정으로 바로잡자
6대	황소힘이 제일이다 틀림없다.	빈익빈이 근대화냐 썩은 정치 뿌리 뽑자
7대	일하는 게 제일이다 박대통령 다시 뽑자	논도 갈고 밭도 갈고 대통령도 갈아보자
12대	임기는 한 번이다 밀어주자 전두환	민주한국당과 함께 민주한국 이룩하자
13대	보통사람 이제는 안정이다	군정종식
14대	신한국 창조	이번에는 바꿉시다
15대	깨끗한 정치 튼튼한 경제(이회창)	튼튼해요 김대중 경제를 살립니다(김대중)
16대	새로운 대한민국	나라다운 나라(이회창)
17대	국민 성공시대(이명박)	가족이 행복한 나라(정동영)

자료: 8~11대는 간접선거로 제외.

여·야간 치열했던 슬로건 경쟁을 볼 수 있다. 역대 슬로건을 비교해 보면 당시의 시대적 상황도 짐작해 볼 수 있다. 3대와 7대 대선에서 야당에서 '못 살겠다 갈아보자 새 사람 뽑아 살림하자'라고 슬로건을 내걸고 유권자에게 호소하자 여당은 '갈아봤자 별 수 없다 구관이 명관이다'라고 응수한다. 7대 때에는 재선에 도전하는 박정희 대통령과 이에 대처하는 야당의 표어는 당시의 시대적 상황을 짐작할 수 있게 한다. 1988년 IMF 외환위기 이

후 슬로건은 '경제'라는 단어가 등장하기 시작한다. 현재까지도 미국의 부동산발 경제 위기와 유럽의 유로존 위기 등은 경제가 중요하다는 것을 유권자에게 잘 호소하는 단어가되고 있다. 정치 슬로건에는 당대의 시대정신을 담고자 노력한다. 그러나 대선 주자와는달리 국회의원 후보자들이나 지자체단체장 선거에서는 슬로건이 '복지', '발전', '희망', '시민시장' 등을 내세웠다. 예를 들어, 복지혁명(2012년 민주노동당), 국민행복! 광진발전(제19대 국회의원 후보 광진구 정송학), 그렇습니다. 시민이 시장입니다, '서울을 바꾸는 박원순의 희망셈법, 내 삶을 바꾸는 첫 번째 시장!(2011년 서울시장 보궐선거 후보 박원순),광진에 희망을(2012년 제19대 국회의원 후보 광진구 추미애), 종로부활 정권 심판(제13대 국회의원 후보 종로구 정세균), 사람특별시(2010년 서울특별시 후보 한명숙), 사람이희망이다(2012년 창조한국당), 일 잘하는 젊은 시장, 깨끗한 힘, 미래의 힘(2010년 서울특별시장 후보 오세훈), 새로운 변화를 국민과 함께(2012년 새누리당), 시민편에 서는 첫시장이 되겠습니다(2011년 서울시장 후보 박원순), 30년 지역일꾼 지역발전 완성할 사람'(2010년 서울시의회 의원 후보 박래학), 시민후보, 연합후보, 행동하는 유권자(2010년광진구의원 후보 김승호), 누구나 살고싶은 행복한 광진(2010년 한나라당), 대통령이 꿈을 이룬 선생님!(서울시 교육감 후보 김영숙), 사람특별시 광진구, 당신이 생활이 바뀝니다(2010년 민주당 광진구 의회 의원선거), 진심이 이깁니다(2010년 민주당 양천구청장후보 김수영), 혁신학교(2010년 서울시 교육감 후보 곽노현), Somebody Cares aboutYou. Somebody Cares for You(2012년 제19대 국회의원 후보 강남구 권헌성), 구민과잘 통하는 행정리더(2010년 광진구청장 후보 김기동), 국민후보! 구민의 힘!(2010년 광진구 구청장 후보 정송학), 강동의 진실한 청지기(2010년 강동구 시의원 후보 김양모), 행동과 희생!(2012년 국민생각), 국민의 결재 바랍니다(2012년 민주통합당), 대한민국을 바로세우겠습니다(2012년 기독당), 100년 미래 서울 기본에서 시작하겠습니다(2010년 서울시장 후보 지상욱), 서민, 노동자, 농민, 영세상인의 벗(2012년 통합진보당), '행복한 변화,생활특별시, 이제 서울의 행복한 변화가 시작됩니다, 소신, 소통, 변화(2012년 서울시장후보 나경원), 특권신분 권력독점 안돼! 시민민주시대 개막(2010년 서울시장 후보 배일도), 세상을 바꾸는 동행(2012년 진보신당), 저에게 대통령이 시민입니다!(2012년 제19대국회의원 후보 대전 중구 이서령), 서울은(2010년 서울시장 후보 석종현), 시민주권! 사람특별시!(2010년 민주당), 사람이 사는 세상- 대한민국의 꿈입니다(2012년 국민참여당),일자리 먼저 서민먼저(2010년 한나라당), 대한민국을 바꿀 서울시장(2010년 서울시장 후보 노회찬), 송파 링컨(2012년 제19대 국회의원 후보 송파 차성환), 이번에 이건(2010년 서울시교육의원 이건), 강남을 이끈 세계 일류 대한민국(2012년 제19대 국회의원 후보 강남 심윤조), 국민의 손이 되어 구석구석 어루만지겠습니다(2012년 대국민중심당), MB 정권 4년간 텅 비어버린(2012년 민주통합당), 희망을 주는 정치(2012년 자유선진당), 떳떳한 복지! 든든한 경제! 튼튼한 안보!(2012년 친박연합), 핵이 밥상에 올라온다(2012년 녹색당), 청년자립, 국민행복, 정치개혁(2012년 청년당), 정치를 바꾸자! 세상을 바꾸자!(2012년 정통민주당), 광진발전 정권교체! 김한길이면 해냅니다(2012년 제19대 국회의원 후보 광진 김한길), 어려운 서민경제와 흔들림 없는 국가의 틀을 바로잡는 자유선진당과 함께!!(2012년 자유선진당), 반 MB야권의 선두주자!(2010년 광진구 구청장 후보 조상혼), 일 잘하는 놈 대한민국 지킬 놈(2012년 제19대 국회의원 후보 부천시 차명진), 대를 이은 사명감과 추진력(2012년 제19대 국회의원 후보 송파 김을동), 국민은 하늘입니다! 민생 大 혁명(2012년 제19대 국회의원 후보 부천시 강백수), 안산사람 철새정치 막아주세요!(2012년 제19대 국회의원 후보 안산시 김명연), 깨끗한 정치인 검증된 큰 일꾼(2012년 제19대 국회의원 후보 송파 정균환), 강동의 뿌리깊은 나무(2012년 제19대 국회의원 후보 강동 이부영), 진정한 소사 사람, 최소한!! 도둑놈! 사기꾼! 아닙니다!!(2012년 제19대 국회의원 후보 부천시 전덕생), 발로 뛰고 가슴으로 일한다 교육전문가(2010년 서울시의원 후보 정과훈), 변화 시작 희망 활짝(2012년 제19대 국회의원 후보 마포 노웅래), 봉사를 실천하는 상황, 주민을 먼저, 당당한 아줌마 봉사자(2010년 서울시 광진구 구의원 후보 유성희), 4월 11일 국회의원 선거 깨끗한 선거 대한민국의 얼굴입니다(2012년 중앙선거관리위원회), 가장 일 잘하는 김창현 가장 많이 뛰겠습니다(2010년 광진구 의회의원 후보 김창현), 믿으니까 잘 하니까(2010년 경기도 의원 후보 양근서), 국민과 소통하는 관악의 검증된 청렴일꾼!!(2012년 제19대 국회의원 후보 관악 김희철). 변화를 이끌어낼 정치권의 새 바람!(2012년 제19대 국회의원 후보 안산시 조성찬), 누가 안산을 바꿀 것인가? 저는 일하고 싶습니다(2012년 제19대 국회의원 후보 안산시 박주원), 부적격 교원 10% 퇴출(2010년 서울시 교육감 후보 이원희). 사람바꿔 광진 발전!! 곰곰이 생각하면 정준길(2012년 제19대 국회의원 후보 광진구 정준길), 행정능력 검증된 양천일꾼(201년 양천구 구청장 후보 추재엽), 세계인이 찾는 평화도시 건설! 발로 뛰며 군민을 주인으로!(2010년 칠곡군수 후보 김시환), 듬직한 강동일꾼(2010년 서울시 시의원 후보 이형석), 군민이 군수입니다 하늘 처럼 받들겠습니다!(2010년 칠곡군수 후보 송필원), 젊은 칠곡! 젊은 일꾼이 해내겠습니다!(2010년 칠곡 군수 후보 김종욱), 광진의 새 희망입니다!! 골목 경제 재래시장 광진의 유일한 서민 대변자!!(2012년 제19대 국회의원 후보 광진구 김홍조), 평생

낸 세금 연금으로 돌려받자!. 깨끗한 정치 준비된 일꾼(2012년 제19대 국회의원 후보 마포 정형호), 인물로 보나, 능력으로 보나 결론은 백선기!(2010년 청도군 군수 후보 백선기), 6월 2일에는 엄마표 교육감!(2010년 서울시 교육감 후보 남승희), 다함께 잘 사는- 공동체(2012년 제19대 국회의원 후보 강동구 신동우), 그래, 바꿔야지! 소사댁 김상희가 딱이야!(2012년 제19대 국회의원 후보 부천시 김상희), 진심이 또 이깁니다, 주민에게 희망을 드릴 사람(2010년 칠곡군수 후보 조민정), 교사는 교실교육 전담, 교장은 학교시설 운영전담, 적성에 맞는 영재교육 실현 실용, 생산적 과학 기술 발명교육 육성(2010년 서울시 교육의원 후보 구덕길), 강성환은 99% 서민의 아픔을 아는 사람, 서민정치 실현!(2012년 제19대 국회의원 후보 안산시 강성환), 땀으로 광진을!(2010년 광진구 구청장 후보 구혜영), 김효석은 약속을 하면 반드시 지킵니다(2012년 제19대 국회의원 후보 강서 김효석), 당신의 선택이 서울의 미래를 만듭니다(2011년 서울시장 보궐선거 서울특별시선거관리위원회). 역대 대선 슬로건 분석자료에 따르면 13대 대선부터 변화가 있었다. 1987년 대통령 직선제 부활 이후, 슬로건이 표어형식을 벗어나 단순한 단어만으로 구성된 문장이 나타나기 시작했고, 거대 담론보다 후보자의 발자취를 참고해 만드는 경우가 점점 늘어나고 있다. 이 때문에 최근의 슬로건들은 개인적이고 감성적이라고 평가 받는다. 특히 위에서 살펴본 바와 같이 낮은 단계 선거(국회의원, 지자체단체장, 시군의원, 교육감 등)에서 이런 현상이 잘 나타나고 있다. 슬로건은 불특정 다수의 유권자들을 대상으로 하기 때문에 단순해야 하고 경쟁자와 차별화하는 등 까다로운 조건을 충족시켜야 좋은 정치슬로건으로 평가 받는다고 한다. 승리를 부르는 슬로건 10계명을 정리하였다(〈표 6-13〉).

〈표 6-13〉 슬로건 10계명

| 1. 시대정신이 모든 것을 이긴다. |
| 2. 한마디의 슬로건이 천 명의 운동원을 이긴다. |
| 3. 대중언어가 지식언어를 이긴다. |
| 4. 단순한 것이 복잡한 것을 이긴다. |
| 5. 강한 것이 옳은 것을 이긴다. |
| 6. 이슈가 이념을 이긴다. |
| 7. 스토리가 스타일을 이긴다. |
| 8. 일관성이 물질을 이긴다. |
| 9. 기억이 사실을 이긴다. |
| 10. 가슴이 머리를 이긴다. |

출처 : 김형남, 『승리를 부르는 슬로건 필살기』, 발췌

대선 주자인 박근혜 새누리당 전 비상대책위원장은 얼마 전부터 '국민이 행복한 나라'를 인터넷 홈페이지에 내걸었다. 안철수 서울대 융합과학기술대학원장은 '상식과 원칙이 통하는 사회'란 메시지를 꾸준히 전한다. 두 사람을 제외하면 대부분의 대선 주자가 선거 슬로건을 마무리했다. 민주통합당 손학규 고문과 정세균 고문은 각각 '저녁이 있는 삶'과 '빚 없는 사회'로 정했다. 새누리당의 김문수 경기지사와 임태희 전 대통령실장은 각각 '함께 갑시다. 위대한 대한민국'

과 '걱정 없는 나라'를 들고 나왔다.

대체로 성공한 슬로건엔 시대정신이 담겨 있다. 1956년 3대 대선에서 야당인 민주당은 '못살겠다 갈아보자'란 슬로건을 만들었다. 이것이 부정부패 척결과 정권교체를 요구하는 민심에 파고들자 여당인 자유당은 '구관이 명관이다'로 맞붙었다. 2008년 미국 대선에서 오바마 후보가 만들어낸 '변화'와 '그래, 우린 할 수 있어'는 경제 위기와 이라크 · 아프가니스탄 전쟁으로 힘들어하는 국민에게 전임자인 조지 W 부시 대통령과의 단절을 요구하는 의미가 있었다.

대선 슬로건의 수사학 측면에서 분석한 최근 대권주자들이 출사표를 던지면서 대선 출마 선언을 하고 있는데 여당의 유력 대권후보 박근혜 전 비대위원장이 "내 꿈이 이뤄지는 나라"를 대선 슬로건으로 발표했다. 국민의 행복을 의미하는 스마일과 소통을 표현한 말풍선의 빨간색 심벌이 눈길을 끈다. 반면 야당의 손학규 전 대표의 슬로건 "저녁이 있는 삶"이 화제가 되고 있다. 한국 사회의 새로운 성장 패러다임으로 "인간의 모습을 한 경제이며 함께 잘 사는 나라를 만들자는 것"이라고 한다. 현재는 부재한 "가족"과 "저녁"의 가치를 정치와 경제적으로 회복해 보자는 주장이다. 문재인 후보는 "우리나라 대통령, 3대교체(정권, 정치, 시대교체)", 김두관 후보는 "이제는 우리가 감히 평등을 말해야 한다." 정세균 후보는 "빚 없는 사회, 편안한 나라"로 이슈화하고 있다. 이미 오바마는 2008년의 담대한 도전과 "Yes We Can!"에 이어 지난 4월 말 "Forward!"를 발표하며 재선의 의지를 다지고 있다. 흔히 정치에서 슬로건은 큰 역할을 한다. 주요 슬로건을 살펴보면, 56년 대선의 경우 민주당 신익희 후보는 "못살겠다. 갈아보자!"로 현직 대통령에 도전하였으며, 자유당의 이승만 후보(당시 대통령)은 "갈아봐야 더 못 산다"로 응수한 것은 잘 알려진 슬로건이다. 미국에서도 클린턴은 "문제는 경제야 멍청아!", 레이건은 "당신은 4년 전보다 살기가 나아졌습니까?", 브라질의 룰라는 "행복해지기를 두려워 맙시다."라는 슬로건이 승리하는 데 크게 기여하였다. 이렇듯 정치커뮤니케이션에서 설득에는 화자의 공신력과 슬로건의 논리, 그리고 수용자인 국민의 메시지 공감이 중요하다. 설득을 위한 수사적 장치로서 슬로건은 깊은 역사를 갖고 있으며, 역사적으로 슬로건은 주요 사건에서 대강의 주제를 알려주고 사회의 희망과 좌절을 보여준다. 사회적 상징으로서 사람들을 하나로 모으고, 나누며, 바꾼다. 대통령 선거캠페인에서는 포스터, 텔레비전과 라디오 광고에서 후보들의 다양한 선거를 보여주어 유권자에게 친근한 주제, 쟁점 그리고 이미지를 전달하기 때문에 매우 중요하다. 이것은 2,300년 전 그리스의 철학자, 아리스토텔레스가 설명한 에

토스(후보자 공신력, ethos), 로고스(메시지 논리, logos), 파토스(유권자 공감, pathos)
와 맥락을 같이한다. 후보자 개인의 자질과 언행, 그리고 유권자의 공감이 선거에서 승리
를 결정한다. 정치캠페인에서 TV 신문 등 매체광고, BI(brand identity), 보도자료, 다양
한 이벤트와 프로모션을 통해 유권자를 설득하고 표를 관리하기 위해서 후보의 자질과 철
학, 그리고 전략의 핵심 메시지를 잘 담아내는 것이 슬로건이다. 르보울(Reboul, 1975)이
슬로건을 "지름길의 수사학"이라고 한 것처럼 선거 과정에서 핵심적인 메시지를 효과적으
로 전달하는 수단이며 전략의 핵심을 효과적으로 전달하는 것이 바로 슬로건이다(이희복,
2012).

⟨표 6-14⟩ 슬로건과 캐치프레이즈, 표어 차이

구 분	슬로건(slogan)	캐치프레이즈(catch-phrase)	표어(motto)
위치	어느 위치라도 좋다. 본문의 위에 오면 캐치프레이즈이다.	본문의 바로 위나 광고의 맨처음 눈에 잘 띄는 곳에 위치한다.	
주요 기능	주의를 끌되 그 자체가 기억에 남는 인상적인 것이어야 한다. 그 자체만으로 소구대상에 어프로치되어 그 자체만으로 기억되도록 요구된다. 짧은 어구, 주의, 주장, 강령, 구호, 표어 등이다.	우선 주의를 끌고 본문으로 유인하는 것이 가장 큰 기능이다. 기발한 문구, 짧은 헤드라인, 상품의 특징, 장점, 흥미 내용이다. 본문과 디자인의 조화 있는 연결감 요구. 주목률이 높고 보디카피로 유인력이 있다. 헤드라인은 사진이나 일러스트와 유기적으로 결합되어야 한다. 광고나 선전 등이다. 유명인이 자주 사용하여 잘 알려진 문장 또는 문구, 표어, 구호, 선전구호 누군가의 유명한 말 등이다(somebody's popular saying). 즉, 유명인이나 유명단체가 자주 사용하여 이와 동일시하게 된 문구이다.	사회나 집단에 대하여 의견이나 주장 등을 피력하는 짧은 말. 정치적 선동이나 선전에 이용한다. 금언, 격언, 전시표어, 정당표어, 선동적인 선전에 이용된다.
사용 횟수	1회 사용만으로는 의미가 없다 *반복 사용으로 이미지를 구축한다.	대체로 소구대상에 대해 1회 사용, 때에 따라서는 반복 사용할 수도 있다.	
문장적 특징	문장적 기능을 갖추어야 한다.	완전문장이 아니라도 좋다. 한 단어로만 표현해도 무방이다.	
주요	이미지 광고의 성공여부를 판가	주로 설득광고의 제1구성 요소. 신문,	

구 분	슬로건(slogan)	캐치프레이즈(catch-phrase)	표어(motto)
용도	름하는 요소가 된다.	잡지의 표제기능이 있다.	
사례	오바마 2008년 대선 슬로건 '희망(Hope)'과 '변화(Change)' 오바마 2012년 대선 슬로건 '앞으로(Forward)'	오바마 2008년 대선 캐치프레이즈는 우리가 믿을 수 있는 변화(Change We can Believe in) "I'll be back" : 영화 '터미네이터'에서 아놀드 슈워제네거	하나밖에 없는 지구, 우리가 잘 지키자

출처 : 이인구(2006). 『카피 한 줄의 힘!』, 컴온북스, p.309, http//cafe 405. daum. net에서 재구성

(3) 각국의 슬로건

① 미국

▶ **한 문장짜리 슬로건의 파워!**

- 클린턴, "It's economy, stupid", 문제는 경제야 ,멍청아(1992년 대통령 선거)
- 레이건, "당신은 4년 전보다 사는 게 나아졌느냐?"
  "미국에 다시 찾아온 아침"(1984년 선거)
- 오바마, "change", "hope", "forward", 공화당 후보 롬니를 "일자리를 잡아먹는 경제 흡혈귀"라고 했다.

슬로건의 효과는 유권자에게 어떻게 각인시키느냐에 달려있다. 정치인들의 선거는 단순한 메시지가 이기는 게임이다. 즉 파워메시지의 DNA가 필요하다. 한 줄로 사로잡으라! 한 줄로 설득하라! 한 줄로 팔라! 한 줄로 움직이라! 메시지가 길수록 대중은 멀어진다.

아이젠하워는 1952년 미국 대통령 선거에서 텔레비전의 스폿 정치광고를 활용한 최초의 인물이다. 그는 선거 사상 각종 정치광고를 구사하면서 텔레비전 매체도 아울러 활용한 최초의 정치적 인물이다. 결과는 대성공으로 나타났다. 그는 BBD & O라는 광고회사를 통해 체계적이고 치밀한 이미지 메이킹 전략을 전개하였다. 여기서 그의 이미지를 상품화하였다. BBD & O는 아이젠하워의 정치적 사상이나 지식을 앞세우기보다는 영웅으로서의 아이젠하워의 이미지를 창출하였다. '영웅, 고향으로 귀환하다', '평화의 사나이 아이젠하워' 등을 슬로건으로 하여 유권자들에게 그를 인상적인 존재로 부각시켰을 뿐만 아니라 '변화의 시대가 왔다'는 것에 대해 국민이 인식하고 받아들이도록 하는 데 성공했다(문희경, 1994; 김기도, 1987). 『리포트』지의 마리아 마네스 기자가 그 당시 정치상황을 표현한 패러디(pardy) 내용은 다음과 같다.

- BBD& O 만만세
- 선전광고를 신나게
- 나라의 나갈 길도 지시한다
- 기분 나쁘고 찜찜하거든
- 아이크와 딕크를 마시면 돼
- 담배라면 필립모리스 럭키 스트라이크
- 약을 먹으려면 앨카셀처
- 아이라이크 아이크(I like Ike)

아이젠하워가 '미국인에게 답하다(Eisenhower Answers American)'라는 캐치프레이즈는 오늘날 정치환경에서 많이 응용되고 있다. 아이젠하워의 승리는 압도적이었다. 현대 정치를 움직이는 최첨단의 기술이 등장하여 정치, 선전, 텔레비전, 거액의 자금 등 네 요소가 하나가 되어 성공한 전례가 세워졌다. 아이젠하워가 텔레비전 광고에 투자한 금액은 600만 달러로 인플레이션을 감안하면 사상 최대 비용을 투자한 것이다. 부시 캠페인은 4,000만 달러, 1992년 클린턴은 뉴햄프셔 주에서 95만 달러를 사용하고 41,522표를 얻었으므로 거의 한 표당 23만 달러를 지불한 결과를 보여주었다(Delvin, 1994; 탁진영, 1999). 정치광고에서 슬로건과 캐치프레이즈 활용은 바로 정책대결이며, 이는 선거유세, TV토론 등 정치 캠페인에 활용된다. 여기서 오직 슬로건과 캐치프레이즈를 활용한 정책대결의 선거유세로 정치캠페인을 전개하였다. 미국 존 F. 케네디는 1958년 상원의원으로 재선되었으며, 1960년 대통령 선거에서 민주당 후보 출마, '뉴 프런티어(New Frontier)'를 슬로건으로 내걸고 미국 국민의 헌신적인 협력을 호소하여 공화당 후보 R. M.닉슨을 누르고 승리하였다. 존 F. 케네디는 '위대성의 시대(A Time for Greatness)', 리처드 닉슨은 '닉슨이 적임자입니다(Nixon's the One)'. '그 어느 때보다 지금(Now More Tahn Ever)'이라는 슬로건을 내세웠다. 로널드 레이건의 1984년 선서에서의 슬로건은 '미국에 다시 찾아온 아침(1984년)'이다. 정치평론가들은 저마다 이 슬로건을 사상 최고의 슬로건이라며 극찬한다. 그들의 평가는 옳다. 레이건 이후 어떠한 슬로건도 이처럼 훌륭하지는 않았다. 레이건, "당신은 4년 전보다 사는 게 나아졌느냐?" 레이건의 슬로건은 '가족재건(Strong Family)', '튼튼한 경제(Strong Economy)', '강한국가(Strong Nation)'였다. 1992년 당시 미국 대통령 후보였던 클린턴: '문제는 경제야, 멍청아(It's economy, stupid)' 슬로건으로 당선되었다.

조지 W. 부시는 이란전쟁, 파키스탄, 9·11사태 등으로 "'강한 미국' 테러전을 위한 전시대통령"으로 각인되었다. 버락 오바마는 대통령 당선자 시절 가장 먼저 제시된 슬로건은 '강한 미국, 강한 중산층', '우리가 믿을 수 있는 변화(Change We can Believe in)'. 그리고 다시 '우리는 할 수 있다(Yes we can)'에서 '우리는 해냈다(Yes we did!)'. '변화(change)'란 슬로건에 선거캠페인의 실천행동으로 '우리는 할 수 있다(Yes we can)', '우리가 믿을 수 있는 변화(Change We can Believe in)'란 캐치프레이즈는 2008년 미국 대통령 선거 과정에서 나왔던 오바마 캠프의 선거 구호다. 오바마 후보와 그 지지자들이 "미국 앞에는 고민과 우려가 많지만 우리는 할 수 있다."라며 외친 데서 비롯됐다. 이 구호가 약 2년 만에 '우리는 해냈다(Yes we did!)'로 바뀐 것이다. 바로 오는 2012년 11월 중간 선거를 앞두고 나온 새로운 슬로건인 셈이다. 이 구호는 특히 민주당 지지율이 예전 만하지 못한 상황에서, 지난 2년간 오바마 대통령 자신이 일궈낸 성과를 홍보하기 위한 목적이 있다는 게 미국 정치 평론가들의 분석이다. 힐러리 아이라이스(AI Rise)는 오바마 대선 성공의 일등 공신이 '변화(바꾸자, Change)'라고 지적했다. 2012년 대선 슬로건은 '앞으로, 전진(Forward)'으로 했다.

미국 문제를 푸는 솔루션으로 변화(Change)를 슬로건으로 삼은 것이다. 이에 대해 민주당 경선에 나온 힐러리는 '경험(Experience)'으로 맞불을 놓았다.

그러나 공화당 8년 집권에 실망한 국민들은 경험보다 변화를 더 갈구했다. 그래서 힐러리도 '변화임박(Countdown to Change)'으로 슬로건을 바꾸었다. 그러나 "오바마의 슬로건을 표절했다."라는 비난이 거세지자, '미국의 솔루션(Solutions for America)'으로 교체했다. 결국 힐러리는 자신을 차별화하는 슬로건 없이 허둥대다가 고전을 자초했다고 아이라이스(AI Rise)는 결론을 내리고 있다. 맥케인은 대선에서 '나라가 먼저(Country first)'라는 슬로건을 내걸었다. 버락 오바바와 맥케인의 전체적인 슬로건 및 콘셉트 성향은, 버락 오바마는 변화와 희망, 그리고 맥케인은 경륜을 선거 슬로건과 콘셉트로 포지셔닝(pisitiotiong)하였다. 이외도 클린 파워의 'Just say, No!', '어디에도 공격 대상의 리스트는 없습니다'. 아놀드 슈워제네거의 '나는 돌아온다'. 마틴 루터킹 2세의 '나에겐 꿈이 있다'는 좋은 슬로건의 예이다.

〈표 6-15〉 미국역대 대통령들의 대중의 마음을 움직이는 슬로건과 광고

연대	후보자	슬로건·캐치프레이즈·콘셉트	결과
1952	드와이트 아이젠하워 Dwight David Eisenhower	영웅, 고향으로 귀향하다 평화의 사나이, 아이젠하워 아이크를 사랑해요(I Like Ike) Eisenhower Answers American Ad	변화의 시대가 왔다는 인식 성공
1960	존 F. 케네디 John Fitzgerald Kennedy	위대성의 시대(A Time for Greatness) 뉴 프런티어(New Frontier)	
1968	리처드 닉슨 Richard Nixon	닉슨이 적임자입니다(Nixon's the One) 닉슨 TV토크쇼 -It's too bad a guy has to rely on a gimmick like television to get elected -Television is no gimmick and nobody will ever be elected to major office again without presenting themselves well on it	
1972	조지 맥거번 George Stanley McGovern	미국이여, 고향으로 돌아오라(Come Home American)	
	리처드 닉슨 Richard Nixon	그 어느 때보다 지금(Now More Than Ever) Daisy girl ad, 1964 - Peace little Girl, These are the stakes _to make a world in which all of God's children can live, or to go into the dark. We must either live each other or We must die	
1976	제럴드 포드 Gerald R. Ford	그는 자부심을 회복해 줄 겁니다(He's Making Us Proud Again)	
	지미 카터 Jimmy Carter	변화를 위해 준비된 지도자(A Leader for a Change)	
1980	로널드 레이건 Ronald Wilson Reagan	4년 전보다 형편이 나아졌습니까?(Are You Better Off Than You Where Four Years Ago?) Bear ad, 1984; Morning Again in America; Sring of 84	
1984	로널드 레이건 Ronald Wilson Reagan	미국의 새로운 아침(It's Morning Again in America) 가족재건(Strong Family), 튼튼한 경제(Strong Economy), 강한 국가(Strong Nation)	
	월터 몬데일 Walter Mondale	미국은 변화를 원합니다(America Needs a Change)	
1988	조지 부시	더 친절하고 따뜻한 나라(A Kinder, Gentle Nation)	

연대	후보자	슬로건·캐치프레이즈·콘셉트	결과
	George Herbert Walker Bush	Revolving door ad, 1988	
1992	빌 클린턴 Bill Clinton William Jefferson Blythe IV	문제는 경제야, 바보들아!(It's the Economy, Stupid!)	
	로스 페로 Ross Perot	로스를 지도자로(Ross for Boss!) 성공이란 결과이지 목적이 되어서는 안 된다	
1996	빌 클린턴 Bill Clinton ㅣWilliam Jefferson Blythe IV	21세기로 가는 교량 건설 (Building a Bridge to the Twenty-first Century)	
	밥 돌 Robert Joseph "Bob" Dole	더 나은 미국을 위한 더 나은 후보(The Better Man for a Better America)	
2000	앨 고어 Al Gore ㅣ Albert Arnold Gore Jr.	성장과 진보(Prosperity and Progress)	
	조지 W부시 George Walker Bush	자비로운 보수주의(Compassionate Conservatism) 테러와의 전쟁(War on Terror) Bureaucrats ad	
2004	존 케리 John Forbes Kerry	안으로 부강, 밖으로 더 많은 존경(Stronger at Home, More Respected in the World)	
	조지 W. 부시 George Walker Bush	변화기의 안정적 지도자(Steady Leadership in Times of Change)	
2008	버락 오바마 Barack Obama ㅣ Barack Hussein Obama II	우리가 믿을 수 있는 변화(Change We can Believe in) 변화(change), 희망(hope) 강한 미국, 강한 중산층 우리는 할 수 있다(Yes we can) 우리는 해냈다(Yes we did)	전체적인 성향 오바마 - 변화 맥케인 - 경륜 *오바마 후보와 그 지지자들이 "미국앞에는 고민과 우려가 많지만 우리는 할 수 있다."라며 외친 데서 비
	힐러리 클린턴 Hillary Rodham Clinton	경험(Experience) 변화임박(Countdown to Change) 미국을 위한 해결책(Solutions for America)	
	존 맥케인 John McCain	조국 우선(Country First)	

연대	후보자	슬로건·캐치프레이즈·콘셉트	결과
	John Sidney McCain III (1936~)		롯됐다.
	콜린 파월 Colin Powell	어디에도 공격 대상의 리스트는 없습니다(Just say, No!)	
	아널드 슈워제네거 Arnold Schwarzeneg-ger	나는 돌아온다(I'll be back)	캐치프레이즈
	마틴 루터 킹 2세 Martin Luther King Jr.	나에겐 꿈이 있다.	

* 세계 노동자여, 뭉치자!(Workers of the world, unite! : 칼 마르크스, 공산당 슬로건)
* 자유, 평등, 동포(Liberty, equality, brotherhood : 프랑스혁명)

② 일본

 자민당(2010년 4월 11일~17일)은 '수당보다 일'-경제정책에서 경기가 침체된 지방의 고용창출을 강조, '수당보다 일'이라는 슬로건으로 성장전략에 의한 소득배증가를 지향하기로 했다. 시민운동가 출신으로 지난 6월 94대 일본 총리가 된 간 나오토 총리는 '최소불행의 사회의 건설'이라는 슬로건으로 당선, 파벌 정치와 돈 정치를 상징하는 '오자와 정치'를 타파하려고 하였다. 일본 자민당이 사상 최고의 참패를 기록한 89년 참의원 선거 당시 '마돈나 선풍'을 일으키면서 사회당 대승을 리드했던 도이 다카코 전위원장이 내건 구호는 '꼭 해야만 해!'였다. 그 앞에 숨은 목적어는 '정치개혁을…'이다.

일본의 정치 슬로건의 변화는 세 가지 시기로 본다.

첫째, 좌우대립과 정국혼돈이 극에 달했던 60년까지 전후 혼란기를 대표했던 슬로건은 '청년이여, 총을 버려라'였다. 좌파 사회당은 이 선거에서 의석을 3배로 늘렸고 이듬해 총선에서 다시 곱절로 세를 불리는 데 성공했다.

둘째, 경제건설이 최우선 국가목표이던 60~70년대에 이케다 내각은 '정치의 시대에서 경제의 시대로'를 외쳤다. 그는 '관용과 인내'로 전 시대와의 결별을 꾀했다. 동시에 '경제건설, 소득배증'이란 정책 슬로건을 내걸었다. 이케다를 이은 사토 내각은 경제성장에 내밀렸던 '사회보장'을 강조했고, 그의 뒤를 이은 다나카 내각은 '소득배증'의 확대판인 '일본

열도 개조'로 돌아섰다. 다나카의 최대 정적이었던 후쿠다 총리는 다시 '안정성장'을 슬로건으로 내세웠다.

셋째, 80년대 들어서면서 '전후정치의 총결산'을 내건 나카소네 내각 출범을 계기로 선거구호는 다시금 정치색이 강화된다. 다케시다 내각은 '성실한 실천'을 강조했으나 리쿠르트 스캔들로 도중하차했고, 사가와 규빈 스캔들 이후 정권을 맡은 가이후 총리는 '대화와 개혁'으로 반전을 시도했다. 자민당 단독정권의 마지막 총리인 미야자와 전 총리는 '변혁과 실행', 55년 체제가 붕괴된 뒤 연립정권의 첫 총리였던 호소카와 내각은 '책임있는 변혁', 무라야마 내각은 '인간을 소중히 하는 정치'를 각각 선거 및 정치 슬로건으로 내걸었다. 작년 10월 총선에서 하시모토 내각의 슬로건은 '하시모토 비전으로 발본개혁을'이었다. 민주당(2010년 11월 7일)은 예산 낭비형 국책사업 재검토, 관료의 국가운영과 정치

지배 근절 및 정치의 본연의 힘을 되살리겠다는 선언과 함께 '자민당 독주 체제를 거두고 정권 교체를 하자'는 슬로건 아래 당선되었다. '콘크리트에서 사람으로'라는 모토도 신선한 감동을 주었다. 그러나 이러한 것은 자민당이나 여타 보수당과 아주 큰 차별성을 띠는 '민주당스러운', '민주당만의' 색깔은 아니었다.

한편 1986년 7월 일본의 각 당 선거캠페인 슬로건은 ① 자민당 : "그래, 이런 엄마를 두어 나는 행복하다. 정치도 따뜻하게, 이런 엄마같이, 자유민주당입니다." ② 민사당 "민사당이 크게 되면 정치도 바뀔 것입니다. 국민의 입장에서, 뭔가를 확실히 할 수 있는 당이 바로 민사당입니다." ③ 신 자유클럽 민주연합 : 야마구치 간사장 "저는 신자유클럽 민주연합 간사장 야마구치입니다. 청결하고 경기회복을 실행합시다. 고향의 재건도 진지하게 생각하는 신자유클럽 민주연합, 기대해 주십시오." ④ 신자유클럽 "어린이에게 밝은 미래를 만들어 줍시다." ⑤ 복지당 "파란 하늘이 보입니까?", "행복이 보이지 않습니까?" ⑥ 공명당 "아, 내일이 들린다."(김기도, 1987). ⑦ 민주당- 하토야마 유키오, "정권교대(政權交代)", ⑧ 고이즈미 신지로, "파벌해소", "자민당 개혁", ⑨ 간 나오토, "기병대 내각", "최소 불행 사회" 등이다. 다음은 일본정치인들의 슬로건이다.

- 오자와 이치로 민주당 대표-2007년 참의원 통상선거-국민 생활이 우선(제일)

  (민주당 - 1. 국민 생활이 우선 2. 낭비의 근절 3. 관료주도에서 정치주도)

- 하토야마 유키오-2009년 민주당 중의원 선거-세대교체, 정권교체

- 하토야마 유키오-총리-우애(자유, 평등, 박애에 나오는 박애 정신)

- 나카소네-군비 증강계획 비난 → 정치, 경제, 재정개혁 강화-작은 정부, 민간 활력

- 우노 소스케 수상-정치개혁-개혁 전진 내각
- 민주당-정권이 교체되면 당신의 생활이 바뀐다
- 자민당-일본을 지킨다. 책임력
- 고이즈미 준이치로(87, 88, 89대 총리)는 '구조개혁', '만년여당인 자민당을 철저히 부
  숴놓겠다', '개혁 없이 성장 없다'
- 아소 다로(92대 총리) '일본을 지키는 책임력'
- 간 나오토(94대 총리)는 '최소 불행의 사회의 건설'

• 제44회(2005년) 일본 중의원 총선거 캐치프레이즈(Head line)

  자유민주당-개혁을 멈추지 마라

  민주당-일본을, 포기하지 않는다.

  공명당-일본을 앞에. 개혁을 앞에.

  일본공산당-확실한 야당이 필요합니다.

  사회민주당-국민을 무시하는 개혁은 없다.

  국민신당-권력의 폭주를 막아라.

  신당일본-믿을 수 있는 일본으로

• 제45회(2009년) 일본 중의원 총선거 결과 – 민주당 압승, 자민당 패배

• 제21회 일본 참의원 통상선거

  자유민주당-성장을 실감하게!(成長を実感に!)

                  이후 개혁실행력 자민당(改革実行力 自民党)으로 전환했다.

  민주당-국민의 생활이 제일(国民の生活が第一)

  공명당-미래에 책임을 지는 정치(未来に責任を持つ政治)

  일본공산당-'확실한 야당'으로 생활과 평화를 지켜냅니다.

            (『たしかな野党』として ˋくらしと平和を守りぬきます.)

  사회민주당-9조와 연금이 위험하다(9条と年金があぶない)

  국민신당-정정당당 '저항세력'(正々堂々 ˋ『抵抗勢力』)

  신당 일본-새로운 일본선언.(新しい日本宣言.)

③ 브라질

"행복해지기를 두려워하지 맙시다" 룰라(강미은, 2008)

④ 영국

마가렛 대처 수상 취임사 마가렛 대처 수상이 취임식에서 했던 말이다. "난 그저 이렇게 말하고 싶어요. 영국민들이 오늘날에 나를 이 자리에 오르게 해준 것을 매우 진지하게 받아들이며 그 책임감으로 매일 열심히 일하겠다는 것이요. 그리고 성 프란체스코의 기도를 여러분과 함께 하고 싶습니다."

불화가 있는 곳에 화목을,

오류가 있는 곳에 진리를,

의혹이 있는 곳에 믿음에,

절망이 있는 곳에 희망을,

토니 블레어-"영국은 더 나은 대접을 받을 권리가 있다(Britain deserves better)"

⑤ 프랑스

"긴축만이 유일한 선택은 아니다", "정부지출을 더 늘려 성장을 촉진하고 일자를 늘리겠다"

"성평등 정부" 올랑드 선거유세 중 공약

"슈퍼 부자에겐 75% 세금" 올랑드 당선자

⑥ 러시아

"국민단합", "미래 세대의 삶과 국가 및 민족의 역사적 전망이 오늘 우리에게 달려 있음을 인식해야 한다."라며 국민의 단결을 호소했다. 러시아 푸틴 대통령취임에서(2012.5.7)

⑦ 중국

"검은 고양이든 노란 고양이든 쥐만 잘 잡으면 좋은 고양이다."(덩샤오핑, 1962)

"지도자가 뭔데? 서비스하는 사람이야."(덩샤오핑, 1985)

"그냥 따라갔어"(대장정 시기에 뭘 하며 지냈느냐는 딸의 질문에)

"기다렸죠…(73년 문화혁명 때 장시에 쫓겨간 뒤 뭘 했느냐는 마오저뚱의 질문에)

"난 군인이지, 제일 잘 하는 게 전쟁이라고"(외국 손님에게 자주 하던 말)

4) 슬로건과 캐치프레이즈

우리가 익히 잘 알고 있는 개념으로, 광고에서 상업적 목적으로 그리고 정당에서 정치적 목적으로 사용하는 문구를 말한다. 그러나 캐치프레이즈는 그 개념을 조금 달리한다.

① 슬로건(slogan)

슬로건(slogan)은 상업광고나 정당 기타 단체에서 팔려고 하는 것 또는 말하고자 하는 것을 사람들로 하여금 기억하기 쉽도록 사용하는 짧은 문구이다. 슬로건(slogan)의 개념은 갤릭어(Gaelic)인 Slough와 Gaimm의 합성으로 '위급할 때 알리는 소리' 즉, '군대의 함성'이라는 의미를 갖고 있다. 스코틀랜드와 아일랜드 고지대 사람들이 적이 침입하거나 위급할 때 지른 '함성'이 슬로건이라고 한다. 이러한 목적으로 사용된 것이 바로 이 '함성'이다(우에조 노리오, 1991). 따라서 오늘날의 슬로건 개념과도 어느 정도 공통점이 있다고 할 수 있다. 즉, 슬로건은 어떤 대상을 향하여 반복적으로 호소함으로써 친밀함과 호의를 얻고, 그로써 기업 활동을 원활하게 한다는 커다란 목적을 갖고 있는 것이다. 오늘날 슬로건은 다방면의 분야에서 사용되고 있는데, 특히 정치전선과 기업광고의 분야에서 가장 성행하고 있다(이인구, 2002).

〈표 6-16〉 제13대 대선 후보자 슬로건

제13대 대선	TV광고 인정되지 않음 신문광고 위주
노태우	권위주의를 싫어하는 중산층을 타깃 '우리의 보통사람'이라는 슬로건 '군정은 이미 6·29선언으로 끝났다'라는 광고
김영삼	'군정종식' 슬로건
김대중	'부패한 안정인가? 건강한 안정인가?'라는 슬로건

슬로건은 광고 정보의 요약으로 광고 전체 내용을 농축하기 때문에 영어의 'slogan'에 상응하는 개념으로 독일어에서는 'Abbinder(농축제)' 또는 'Werbespruch(광고문구)'라는 용어를 쓴다. 슬로건은 그 자체가 독자적으로 기능하며, 기억가치가 높고 고도의 암시성을 가지도록 정교하게 만들어진다(김원식, 2001). 슬로건의 종류는 매우 다양하며, 브랜드 슬로건은 브랜드를 설명하고 브랜드의 혜택이나 철학, 사용자의 특성, 브랜드의 특장점을 설명하는 것이다. 이에 비해 캠페인 슬로건은 캠페인 전체를 이끌면서 슬로건의

역할을 수행한다. 슬로건은 광고 카피와 달리 일정한 비주얼의 도움 없이, 혼자 사용되며 광고 안에서도 위치의 제약을 비교적 덜 받아, 일정 기간 동안 반복해서 노출되고 장기간 사용이 가능해 여러 차례 쓸 수 있는 다회성이며, 그 자체로 의미가 충분하기 때문에 완전성을 갖는다. 부여된 임무는 메시지 중심의 의미전달에 한정하여 활용된다(이희복, 2003).

② 캐치프레이즈(catch-phrase)

캐치프레이즈(catch-phrase)는 유명인이 자주 사용하여 잘 알려진 문장 또는 문구이다. 누군가의 유명한 말(somebody's popular saying), 유명인이나 유명단체가 자주 사용하여 이와 동일시하게 된 문구이다. 캐치프레이즈는 실존 인물 또는 가상 캐릭터가 반복적으로 사용하여 유명해진 문구를 말한다. 오늘날 캐치프레이즈는 캐릭터(실존 또는 가상)가 출연하는 방송/연극/영화 등에서 T-셔츠에 쓰인 문구라든가 홍보물을 통해 캐릭터를 마케팅하는 중요한 일부로 나타난다. 캐치프레이즈가 되려면 단순히 유명한 것만으로는 부족하며, 그 캐릭터와 동일시되어야 하고, 또 그 캐릭터의 트레이드마크로서 기능해야 한다. 위에 본 바와 같이 캐치프레이즈는 항상 특정인과 결부되어 있으며, 누군가를 특정시켜 주는 유행어와 유사한 개념을 갖는 것을 알 수 있다. 슬로건의 하위 개념인 행동실천이 바로 캐치프레이즈이다. 다음은 슬로건의 예이다.

- "War on Terror" : 조지 부시
- "Workers of the world, unite!" : 칼 마르크스, 공산당 슬로건
- "Liberty, equality, brotherhood" : 프랑스혁명
- "Always Coca Cola" : 코카콜라
- "Ask For More" : 펩시콜라
- "I'm lovin' it" : 맥도널드
- "Just do it" : 나이키
  (인터넷 daum.net 정교수의 황금매실(cafe405.daum.net))

다음은 캐치프레이즈의 예이다.
- "I'll be back" : 영화 '터미네이터'에서 아놀드 슈워제네거
- "D'oh!" : 만화 '심슨가족'에서 호머 심슨
- "Show me the money!" : 영화 '제리 맥과이어'에서 쿠바 구딩 주니어

- "I'm your father" : 영화 '스타워즈'에서 다스베이더
- "Life is like a box of chocolates; you never know what you're gonna get : 영화 '포레스트 검프'에서 톰 행크스
- "May the Force be with you!" : 영화 '스타워즈'에서 오비완 캐노비
- "My name's Bond. James Bond." : 영화 007시리즈에서 제임스본드
- "Uma…Oprah, Oprah…Uma." : 1995 아카데미시상식에서 사회자 데이빗 레터맨

③ 캐릭터(character)

• 캐릭터 개념과 정의

캐릭터의 사전적·개념적 의미는 일정한 기업이나 상품의 판촉활동과 광고에 있어서 특정대상에 연상시킬 수 있도록 반복해서 사용되는 인물이나 동물의 일러스트레이션을 말한다. 캐릭터는 개성이 뚜렷한 광고라는 의미로도 사용된다(박선의, 1990). 다시 말해 캐릭터란 디자인 목적을 토대로 생성된 시각적 표현물이며 시각언어라 할 수 있다. 광고에서 캐릭터는 제품의 특성이나 기업이미지를 연상짓거나 상징화하거나 인물, 동식물, 만화주인공을 일러스트화하거나 또는 제품이나 신체를 의인화하여 생명을 불어넣음으로써 다른 캐릭터와 차별화되어 독점적으로 사용된 것으로 정의할 수 있다(하봉준·윤영석, 1994). 캐릭터를 목적별로 분류해보면 먼저 기업광고 캐릭터는 기업 이미지 정립을 위해서 만들어진 커머셜 캐릭터로서 캐릭터 이미지를 연결시켜 소비자에게 소구하는 것이다. 또한 제품광고 캐릭터는 기업광고 캐릭터에 비해 훨씬 활동적인 모습으로 표현되는데, 경쟁이 날로 치열해져서 제품의 차별화가 쉽지 않은 현재 시점에서 볼 때, 자사제품만의 독특한 캐릭터를 사용하여 제품을 소비자에게 강력하게 소구하는 데 효과적으로 사용될 수 있다. 캐릭터 상품의 영역은 식음료, 완구, 문구, 의류, 잡화, 가정용품 등 각종 오프라인과 e카드와 같은 온라인 상품에서 모바일 캐릭터까지 그 범위가 확장되었다. 모바일 캐릭터는 이동통신 메뉴 중 사용 빈도가 가장 높은 단순 문자 메시지를 플래시 애니메이션 또는 GIF 애니메이션과 같은 동영상을 이용함으로써 좀 더 친근하고 생동감 있는 메시지를 전달하기 위해 출발하였다(김준교, 2004).

• 캐릭터의 기능적 특성

캐릭터의 효과로서 브랜드 캐릭터의 기능적 특성을 살펴보면, 상품의 이미지를 강조하는 상징물로서 소비자의 주목을 유도하는 아이캐처 역할, 시각적으로 강한 인상을 줌으로써 시선 집중효과 및 개성적인 성격을 인상적으로 부각시키기 위한 것을 사용하여 친근감

과 호감도를 높이고 상품의 정체성을 유지시키는 주인공 역할의 기능적 특성을 지니고 있다. 그래서 브랜드 캐릭터는 독창성과 호감도가 매우 중요한 시각적 개성물이다(신내경, 2003). 광고에 등장하는 캐릭터의 특성을 살펴보면 첫째, 캐릭터는 그가 갖고 있는 외형상 특징은 물론, 인격적 특성까지 브랜드에 전이되는 상징적 역할을 한다. 즉, 캐릭터의 이름, 성격, 개성, 태도 등을 통해 기 형성된 의미를 브랜드에 적절하게 연계시킴으로써 소비자에게 호감도와 친근감을 높이고 특정캐릭터는 특정브랜드라는 등식을 형성하게 만든다. 둘째, 실제 연예인 스타와 달리 지속적인 캐릭터의 이미지 제고로 영속적인 생명력을 지닌 상징수단으로 지속적으로 브랜드이미지에 활용가능하다. 셋째, 캐릭터 자체의 애매모호한 성과 연령으로 그 수용층을 다양하게 확산할 수 있다(조규창, 2004). 캐릭터는 시각적인 인지 처리상의 지각과 정보처리상의 자극, 태도변화상의 자각으로 나누어 소비자 행동에 영향을 미치고 이러한 캐릭터의 시각적인 특성상 인지가 용이하고 기억하기 쉬우며, 인출되기 용이하다는 장점을 가지고 있다(Keller, 2002). 캐릭터는 소비자로 하여금 기업과 상품의 특성을 이해하고 친숙하도록 만들기 위한 커뮤니케이션 역할을 극대화하기 위해서 기능적 평가기준과 조형적 평가기준 모두를 충족하여야 하며 독창성, 친근감, 동일성이 있어야 한다(이지영·안재옥·박재영, 2002; 전명섭·천명환, 2006).

6) 캐릭터디자인(character design)

(1) character의 유형과 역사

- 기업, 단체, 행사 등 특정 성격에 맞는 시각적 상징물을 캐릭터라 하며, 그 대상과 표현의 영역은 광범위하고 심벌마크와 구별된다.
- 캐릭터(Character), 카툰(Cartoon), 일러스트레이션(Illustration), 코믹(Comic), 만화, 캐리커처(Caricature), 애니메이션(Animation), 마스코트(Mascot) 등 목적이 있는 복합적인 개념
- 1920년대 미국의 뽀빠이, 미키마우스 등의 애니메이션의 인기로 여러 가지 상품화 과정을 거치게 되면서 1953년 월트 디즈니사가 머천다이징 계약에서 애니메이션 주인공을 가리켜 팬시풀 캐릭터(Fanciful Character)라고 한 데서 유래
- 캐릭터는 외형상의 특징뿐만 아니라 상업적으로 이용할 수 있는 인물, 아트 일러스트레이션, 유명인의 이름, 성격, 목소리, 동물 등 이미 형성된 이미지를 제품 또는 서비스로 이전시켜 소비자가 친근감을 형성할 수 있는 것

- 상품과 광고의 특성을 강조와 차별화로 호감이 있는 특징적 성격을 갖는 것, 깊은 인상을 주는 개성(Personality), 다른 사람과 구별되는 특수성과 분명한 목적에 의한 상품화 전략이 필요
- 기업의 마케팅 커뮤니케이션 속에서 자주 등장하는 독자적인 인물(유명인, 인기인, 연예인, 소설, 연극 등), 동물, 사물, 기호, 부호, 알파벳, 문자 등의 사진 일러스트레이션 등을 가리키는데 만화 애니메이션, 소설, 영화, TV, 이벤트, 스포츠, 정치 홍보 등에 등장하는 실존하는 것과 가공의 것이 모두 포함되며 커뮤니케이션의 역할.
- 흥미로운 이미지와 일관성 있는 이미지를 전달하여 88올림픽의 호돌이, 대전 엑스포의 꿈돌이처럼 국가적 공공 행사에서부터 광고, 애니메이션, 팬시 등 상업적 캐릭터에 이르기까지 그 사용범위가 크고 넓다.

(2) Character의 소재별 분류

① 인물을 소재
② 만화주인공을 소재
③ 동물을 소재
④ 제품, 신체의 일부분을 소재
⑤ 연상을 유도하는 자연, 가공물을 소재
⑥ 기업심벌, 마스코트를 소재

(3) 캐릭터의 기능별 종류

① 코퍼레이트 캐릭터
- 기업의 심벌 역할을 하는 캐릭터
- 특징이 강하고 부드럽고 재미있는 형태를 하고 있는 것으로 기업뿐 아니라 공공기관, 학교, 위탁시설, 각종단체와 스포츠 팀 등 주최측에서 사용된다.
- 기업을 상징하면서 기업이 고객에게 친숙한 이미지를 주어 기업의 인지도를 높이고 통일된 이미지를 전달하기 위해 개발하고 사용하는 경우가 일반적
(에버랜드 '킹코와 콜비', 롯데월드의 '로티와 로리', 스포츠구단의 캐릭터 등)

② 브랜드 캐릭터

- 제품 판매 촉진에 중요한 역할을 하는 브랜드 아이덴티티 전략으로 브랜드에 도입되어 이미지와 제품에 응용된다.
- 제품 또는 제품군의 독특한 이미지를 형성하기 위해 주로 사용되어 해당 브랜드의 모델 역할을 한다.
- 자사 제품을 소비자에게 강한 메시지로 소개한다(펩시콜라의 '펩시맨', 옥시의 '물 먹는 하마' 등).

③ 이벤트 캐릭터

- 각종 행사나 체육대회·박람회 등에 캐릭터의 활용으로 특히 공식 엠블렘과 마스코트가 주체적 역할을 담당한다.
- 올림픽과 월드컵 같은 큰 행사에서는 마스코트 운영이 행사의 성공에 커다란 영향을 미칠 정도의 비중을 차지한다.
- 서울 올림픽 '호돌이', 대전엑스포의 '꿈돌이', 1998 프랑스 월드컵 마스코트인 'FOOTIX'는 프랑스 지역적인 특색과 그 나라 교유의 문화적 특징을 갖고 있으며 상품 개발에도 연결되고 있다.

④ 광고 및 프로모션 캐릭터

- 광고 및 프로모션에 등장하는 캐릭터는 일반적으로 CI(Corporate Identity)나 BI(Brand Identity)와 같은 전략적 이미지 계획 아래 기본형이나 응용동작을 적용
- 마케팅 전략에 따라 광고나 프로모션만을 위한 별도의 캐릭터를 개발하여 사용할 수 있다.
- 광고 캐릭터는 순발력 있는 매체로 만화나 일러스트레이션 또는 실물을 사용하거나 인기 모델을 등장시키기도 한다.
- 펩시의 '펩시맨', 참존화장품의 '청개구리 캐릭터' 등

⑤ 캠페인 캐릭터

- 정치·사회·종교적인 문제에 대한 개인이나 단체의 홍보를 목적
- 단순한 구호보다는 파급효과가 훨씬 크기 때문에 그 사용 빈도가 높다.
- 환경운동연합은 깨끗한 환경을 보전하기 위해 노력하며 환경 친화적인 콘셉트인 '프르미', 경찰청의 '포돌이·포순이'

⑥ 스포츠 캐릭터

- 스포츠 이벤트를 통하여 사랑받고 마스코트로 인지된 캐릭터는 이벤트가 끝난 후에도 오랫동안 상품화되기도 한다.
- 88올림픽 '호돌이', 프랑스월드컵 '푸딕스'

⑦ 인물(유명인)캐릭터

- 인기가수, 탤런트, 연예인, 정치인, 스포츠 스타의 지속적인 인기 관리를 위한 인물 캐릭터(H.O.T., 마이클 조던 등)

⑧ 문구(팬시) 캐릭터

- 문구 팬시 회사가 개발한 캐릭터로 제품군의 주인공으로 제품간의 차별화적인 이미지가 용품에 대한 상품가치를 부여하는 것(바른손의 떠버기, 금다래 신머루, 아트박스의 '파자마시스터스', 일본의 헬로키티)

⑨ 애니메이션(만화) 캐릭터

- 영상매체, 영화, 비디오, 인터넷, 멀티미디어를 통하여 등장하고 있는 캐릭터
- 인쇄매체를 중심으로 한 만화를 통해 알려진 후, TV나 극장용 애니메이션으로 제작·출시되면서 상품화되는 경우(미키마우스, 뽀빠이, 슬램덩크, 세일러 문, 둘리 등)

⑩ 지자체(홍보용) 캐릭터

- 지방문화축제나 지방자치단체의 홍보를 위한 캐릭터가 마케팅 활동과 그 지역을 대표할 수 있는 상징물을 상품화한 것으로 CI계획과 독자적인 캐릭터를 제작하여 이벤트나 행사, 각종 수익사업에 사용(남원시의 '춘향이', 장성군의 '홍길동', 제주 '돌이와 맹이', 공익광고 환경캠페인의 '초롱이')

⑪ 게임 소프트 캐릭터

- 게임에 등장하여 대중들의 인기를 얻으면서 캐릭터로 활용되는 경우(슈퍼마리오, 스트리트 파이터 등)

⑫ 사이버 캐릭터

- 가상공간에서 활동하는 사이버 캐릭터로 사람처럼 성격과 취미 등을 갖는 구체적인 특징을 갖기도 한다(아담, 류시아)

(4) 캐릭터의 기능

① 브랜드 캐릭터

- 브랜드 자산가치를 구축하는 도구로서는 브랜드명, 로고심벌, 캐릭터, 슬로건, 소리, 포장 등을 활용하며, 캐릭터는 하나의 브랜드 요소로서 다른 로고나 기호와는 달리 하나의 독립된 개성이나 성격이 부여되고 표현되어야 한다.
- 미국의 경우 기획과 동시에 홍보 상품화 전략이 완료되어서 시너지 효과를 높이며, 일본의 경우 기획력 있는 시나리오 구성으로 만화방영 후 마니아를 타깃으로 상품화하여 시장을 공략한다. 그 후 애니메이션을 제작해 시장에서의 생명력을 연장시킨다.
- 우리나라 캐릭터 산업에 성공한 둘리는 지속적인 디자인 개발로 상품화 시장에서 경쟁력 확보가 필요하다.
- 어린이들에게 인기 있는 '포켓몬스터' 캐릭터와 '텔레토비' 캐릭터의 성공은 기존의 캐릭터가 지니고 있지 않은 아이디어의 마케팅으로 어린이 교육이라는 독특한 콘셉트로 까다로운 소비자를 만족시킨다.

② 광고 모델의 캐릭터

- 이미지의 연속성과 일관성으로 캐릭터가 제품 홍보에 적합하고, 풍부한 감성 이미지로 제품광고에 효과적으로 적용
- 제품의 특징과 캐릭터가 가지고 있는 이미지가 잘 어울릴 때 상품화의 가치
- 허준 드라마에 등장한 인물들은 한약재의 광고와 제약회사의 광고에 많이 등장
- 대장금 드라마에 음식에 관련된 전자제품 광고

③ 제품 판매 목적의 캐릭터

- 신제품 발매 때나 경쟁상품과의 식별화·차별화를 통해 판매를 자극하여 촉진시키고, 기업의 이미지를 바꾸려 할 때, 캐릭터는 기업과 상품의 새로운 이미지를 강하게 전달
- 유명한 애니메이션이나 출판물은 보지 않으면 쉽게 잊히고 자주 보지 않으면 그 대상물은 잊혀지게 되는데 캐릭터로 오랫동안 기억될 수 있는 것은 제품의 힘이다.
- 전 세계 시리얼 시장의 40%를 차지하고 있는 캘로그사는 캐릭터 마케팅의 중요성을 일찍이 인식하고 있는 제품으로 특성에 맞는 캐릭터를 자체 제작하여 마케팅에 활용되고 있으며, 포비는 초코빅 출시를 위해 제작된 캐릭터로 제품홍보를 위해 제작되었다.

(5) 우리나라 캐릭터산업의 미래

- 우리나라 캐릭터 시장의 현실을 보면 미국과 일본의 캐릭터들에 묻혀 우리나라에서 자체 개발된 캐릭터들이 오래 가지 못하고 있지만 현재 국내 캐릭터 업계에서는 다양한 경로를 통해 적극적인 개발하고 있고, 문화산업의 중요성이 높아짐에 따라 고부가가치를 창출해 내는 캐릭터 산업은 크게 부각되고 있다. 이를 위해 ① 감각적인 디자인, ② 감성과 철학이 담긴 캐릭터, ③ 지속된 즐거움이 전달된 캐릭터로 구성해야 한다.
- 단순하고 즐거운 것, 편안하고 재미있는 캐릭터, 우스꽝스러운 외모, 천진난만함을 표현한다.
- 미국과 일본 캐릭터의 틈바구니에서 한국적 감수성과 철학이 담긴 캐릭터를 개발하여 세계시장에 자리매김해 나가야 할 것이다.

(6) Character 중요성

① 독창성 : 기존의 캐릭터들과 구별되는 특성과 시각적 요소로 경쟁제품과의 차별화와 신뢰도·인지도를 높여 고유한 성격으로 이미지를 창출해야 한다.
② 일관성 : 캐릭터의 포즈나 표정으로 전체적인 이미지 전달로 소비자들은 캐릭터를 통해 기업의 성격을 함께 느끼며 친근감을 유지해야 한다.
③ 다양성 : 소비자 타깃층을 정확히 분석하여 이들이 공감할 수 있는 정서에 기본적인 형태에 다양한 변화로 광고내용이나 매체에 고유한 이미지를 관리해야 한다.

6) 캐리커처(Caricature)

(1) 고대의 캐리커처에는 표현내용에 있어 불분명한 것이 많지만 이집트의 돌조각이나 파피루스에 그려진 동물화 등이 그 예로 중세 유럽에서는 가톨릭교회의 위선을 비꼰 면제부 매매도 등이 서민들에게 환영 받아 널리 유포된 것으로 여겨진다.
(2) Caricature의 의미는 원래 이탈리아어 'caricare'에서 온 것으로 인물을 그릴 때 그 사람의 특징적인 요소나 신체의 일부를 괴상하거나 우스꽝스럽게 과장시켜 그린 그림을 말한다.
(3) 인물의 표정을 소재로 사건의 양상이나 인간의 자태 등을 익살스럽게 표현한 그림으로 풍자화, 희화, 만화, 카툰 등도 캐리커처라고 한다.
(4) 과거에는 정치·사회적 유명인물을 캐리커처하여 풍자하거나 희화하여 웃음을 자

아내기 위해 그려졌으나 현대에는 비판을 위한 것 외에도 일반인들을 캐리커처화 하고 다양한 상품을 제작하는 데에도 사용되고 있다.

(5) 과장된 표현으로 시국을 풍자하고 권위에 반항하며 위선을 폭로하는 등의 성격을 묘사하는 것이 특징이다.

(6) 만화에서는 자유로운 과장법과 생략법을 써서 단순하고 암시적인 특징을 노리는 것이 순수회화와 구별되는 점이다.

(7) 오늘날 캐리커처의 정신은 미술뿐만 아니라 문학, 방송, 연극 등에도 널리 보급되고 있으며 복잡화된 현대사회의 모순·불합리가 많으면 많을수록 캐리커처의 존재의 의는 크다.

(8) 사진으로는 도저히 연출할 수 없는 독특한 개성, 획일화된 문화 환경 속에서 자기 속에 자기를 표현하는 것

(9) 캐리커처를 하려면 세밀한 관찰력이 필요하며 단편적인 관찰이 아니라 그 사람의 면면을 잘 살펴 끊임없이 그 사람의 행동이나 성격, 표정 등을 살펴서 그 사람 고유의 특징을 뽑아내야 한다.

사례 6-5 캐릭터(character)와 캐리커처(caricature) 비교

캐릭터(character) 단어 자체의 뜻은 특성, 특징을 뜻한다. 즉, 어떤 사물(인물, 도구 등등)의 특성을 나타내는 것을 캐릭터라고 한다. 캐릭터는 말 그대로 자신이 상상하여 만들어낸 캐릭터이고, 캐리커처는 사람 같은 경우 애니메이션처럼 그리고 비율을 카툰처럼 머리는 크고 그 사람의 특징을 잘 살려 애니메이션처럼 가장 큰 특징을 익살스럽게 그리는 것이다. 캐리커처(caricature)는 단어 자체의 뜻은 '과장하다'로 어떤 대상의 특정 부분을 부각시키는 것을 뜻한다. 이 두 단어의 차이는 어원이나 사전적 의미로 별다른 차이는 없다. 그리고 캐리커처는 인물의 특징을 잡아내서 그 부분만 과장하여 부각시키는 기법을 말한다. 또한 캐리커처는 반드시 살아있거나 살았었거나 대상(인물, 동물)이 있는 그림이다. 캐리커처는 인물을 그리는 일종의 일러스트레이션이다. 신문 시사란이나 만평이나 연예인을 본따 만드는 캐릭터들도 생활 속의 캐리커처이다. 주로 정치계의 인물이나 이슈속의 인물들을 2차원적인 곳에서 보다 해학적이게 표현한 것이다. 하지만 캐릭터가 있어야 캐리커처 작업을 할 수 있다. 대상이 없이 상상으로는 그릴 수가 없다. 그 사람의 성격과 이미지를 과장시키고 단순화시키는 변형작업이 캐리커처이다. 단순히 보이는 대로 그리는 것이 아니라 그 사람과 동물만이 가진 독특함을 표현하여 더 그 사람을 더 그 사람답게 나타내는 것이다. 예를 들어 드라큘라라는 캐릭터라는 것을 먼저 작업을 한 후 캐리커처 작업을 통해서 드라큘라의 특징인 검은 망토, 이빨 등을 과장되게 크게 그리거나 해서 하나의 새로운 캐릭터를 만들 수 있다. 이런 것을 캐리커처 캐릭터라고 한다. 수학적으로 말하면 캐리커처는 캐릭터라는 것이 존재해야 가능한 작업이다. 즉, 캐릭터는 캐리커처가 있기 위해 필수적이다. 다시 말해 캐릭터 작업이라는 것은 어떤 대상을 있는 그대로 표현하거나 하나의 이미지를 나타낼 수 있는 창조하는 과정이다. 그에 반해 캐리커처는 이미 만들어져 있는 캐릭터를 좀 더 그 캐릭터의 특성을 두드러지게 표현하기 위해 그 특징 등을 부각시켜 캐릭터를 개조한 작품이라고 할 수 있다. 캐리커처라는 용어는 외래어이기 때문에 그 표현이 다양하다. '커리거처, '캐리커쳐, '캐리커처' 등으로 쓰인다. 본 저술에서는 '캐리커처'로 표현한다.

위 그림은 푸카푸카 일본에서 인기있는 캐릭터이다. 다음은 이소룡 성아형을 특징으로 카툰식으로 익살스럽게 웃기게 캐리커처화한 것이다. 그리고 일본 수상 고이즈미의 헤어스타일의 특징을 살려 익살스럽게 카툰처럼 머리를 크게 우스꽝스럽게 캐리커처화한 것이다. 또한 김대중 대통령의 볼과 두툼한 입술을 웃는 모습을 캐릭터로 캐리커처화한 것이다.

사례 6-6 정치가들의 슬로건 전략

박원순 서울 시장 후보가 '팝콥'이 제시했던 또 하나의 선거공보 표지이다. 박원순 후보의 얼굴을 일러스트로 표현했다. 일러스트 밑에는 이런 카피가 적혀있다. "우리는 그의 얼굴에서 서울(Seoul)의 희망(Hope)을 봅니다." 박근혜 슬로건 '내 꿈이 이루어지는 나라' 한글 초성 'ㅂㄱㅎ'과 행복과 소통 이모티콘 심벌을 만들어 부정·부패·척결, 미래·희망 캐치프레이즈로 일자리·한국형 복지 등 3대 핵심과제를 제시하고 대선 출마 첫마디로 "경제민주화"를 강조했다. 그러나 최근 박근혜 새누리당 대선 후보가 '내 꿈이 이루어지는 나라'에서 '박근혜가 바꾸네'로 캐치프레이즈를 변화, 쇄신의 의지를 강조하고 나섰다. 네티즌은 "박근혜가 발끈해"로 재 의미를 부여하고 있다. 한편 민주당 후보들은 손학규 후보가 슬로건 '저녁이 있는 삶', 문재인 '창조적 성장', 손학규 '맘(Mom) 편한 세상', 김두관 '민생 올인' 현장 행보 키워드로 하고 있다. 또한 정세균 후보는 '빚 없는 사회'에서 '내일이 기다려진다'는 슬로건이 담긴 PI(Presidential Identity)를 발표했다.

1952년 미국의 정치광고에서 최초로 스팟정치광고의 표시인 미국의 아이젠하워는 선거 막판까지 결단을 미루다 지지층의 조바심이 극에 달했을 때 국민의 호소에 응답하기 위해 대통령에 출마해 제34대 대통령에 당선되었다. 이를 소위 아이젠하워 대통령효과 기법이라고 한다. 그의 선거 슬로건은 'I like Ike(아이크를 사랑해요)'이었다. 미국의 유권자들은 "IKE를 사랑해요."라고 외치면서 지지했다. 안철수 원장의 저서 『안철수의 생각』에서 처음부터 끝까지 '국민이 자신을 필요로 하는지 묻고 있다' 이와 관련, 야권에서는 선거 막판까지 결단을 미루다 지지층의 조바심이 극에 달했을 때 출마를 결심해 당선을 노리는 선거전략이 바로 미국 아이젠하워 대통령의 선거 기법을 안철수 원장이 벤치마킹하고 있다고 말하기도 한다(전창훈 기자, busan.com).

politics

Advertising

제 7 장

선거와 정치광고홍보

1. 유권자의 후보 선택 과정

유권자들의 후보 선택은 마케팅에서의 구매의사 결정과정과 비슷한 유형을 보인다. 유권자들은 먼저 후보자와 후보자가 속한 정당이 어떠한 정책적 이슈(issue)와 사회적 혜택(benefit)이 있는지 정보를 탐색하여 여러 가지 경로를 거쳐 최종적으로 투표라는 행동을 하게 된다. 후보자에 대한 구체적인 정보는 후보자나 정당에서 만들어 배포된 홍보책자나 선거 유인물들을 통해서 얻어지며, 가정이나 사무실 등에 배달되거나 다양한 위치에서 얻어지는 선거유인물을 통해 습득하게 된다(〈그림 7-1〉).

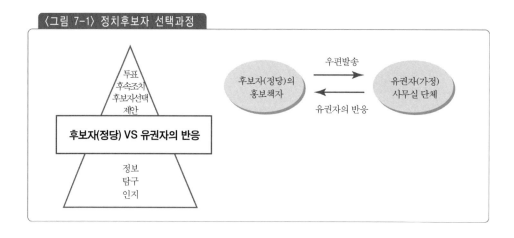

〈그림 7-1〉 정치후보자 선택과정

또한, 유권자들이 후보자를 선택하는 배경은 여러 요인들로 이루어진다고 할 수 있다. 예를 들면, 연령별·계층별로 유권자의 특성을 구별할 때 신세대는 혁신적인 반면, 중년세대는 가족주의에 대해 향수를 가지고 있다. 또한 신세대가 이념 지향적·정당 지향적·계급 지향적 이라면, 중년세대는 혈연·지연·학연·실리·인물 지향적이다. 그리고 소득별로 저소득층이 보수적이라면, 중산층은 변화 비판적이다. 따라서 선거 전략은 바로 이러한 요인을 안고 있는 유권자들을 구별하여 각기 해당되는 요인을 내세워 접근하는 것이 이상적이다. 이를 심리적 요인과 정치·경제·사회적 측면에서 구별하면 〈그림 7-2〉와 같다.

• 심리적 요인 : 공포, 희망, 불만, 동정, 권태감, 인상(미인, 신인) 및 추모
• 정치적 요인 : 고정기반, 정견, 이슈, 이념, 조직 DK[5]

---

5) DK(Don't Know)란 여론조사에서 부동층이나 유보층을 흔히 말한다. 여기서 DK란 '를 의미한다. 여론조사에서 이

- 경제적 요인 : 이해(공공적 · 사적 이해)
- 사회적 요인 : 지리(농촌 : 보수, 도시 : 혁신), 집단(1차 · 2차 집단), 연령(노장층), 성별(남 · 여), 직업

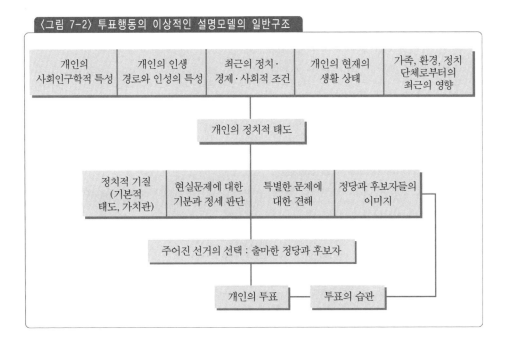

〈그림 7-2〉 투표행동의 이상적인 설명모델의 일반구조

소비자의 구매행동처럼 후보선택 과정도 동일한 관점에서 선택되어지며 유권자들의 행동도 결정되는데, 고관여의 행동으로서 선택 후의 위험(risk)을 생각하는 high learn-feel-do 연루(involvement) 과정을 거친다. 마케팅 관점에서의 정치광고는 대선인물도 시장에서의 마케팅 활동처럼 상품으로 보며, 통합 마케팅 커뮤니케이션(integrated Marketing Communication : IMC) 전략의 입장에서 계획하고 실시하여야 한다.

러한 부동층의 성향을 파악하는 일은 선거 전략상 매우 중요한 일이다. 역대 대통령이나 국회의원 선거 등 중요 선거가 있을 때마다 부동층을 파악하고 부동층의 표심을 얼마나 끌어오느냐는 선거 승리의 관건이 되곤 했다.

2. 후보자의 이미지

이미지란 1950년대부터 주로 심리학에서 다뤄진 오던 용어인데, 최근에 와서 마케팅 분야를 비롯하여 여러 분야에서 다양하게 사용되고 있으며, 그 중요성이 부각되고 있다. 특히 정치마케팅 분야에서도 후보자 이미지 등과 같이 주요한 연구 주제로 부각되고 있으며, 유권자들로 하여금 보다 많은 정보를 기억하는 데 긍정적인 영향을 미치는 요인 중에는 〈그림 7-3〉에서 볼 수 있는 것처럼 이미지 요인이 포함되어 있다(Newman and Sheth, 1985).

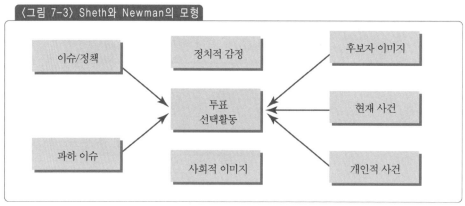

〈그림 7-3〉 Sheth와 Newman의 모형

출처 : B.I Newman and J.N Sheth(1985). "A Model of primary Voter Behavior," Jounal of Consumer Research. Vol.12.pp.178~187

정치광고에서는 후보자의 능력이나 성품을 비롯하여 주장하는 정책 등의 속성의 관한 평가가 후보자 이미지를 결정하는 데 중요한 변인으로 등장한다(Garrmone, 1983). 그리고 실제 정치광고에서도 유권자는 '교만하다', '결단성이 있어 보인다' 등의 반응을 생성하고 있었다(김광수, 1994). 따라서 후보자에 대한 인지적 반응은 후보자 태도에 영향을 끼치는 선행 변인으로 후보자 속성에 대한 평가를 뜻한다. 유권자들은 특정 정치인이나 후보자에 대한 모든 정보를 습득할 수는 없다. 그래서 변화하는 정치 환경에 초점을 맞춰 모든 정당이나 후보자들도 급변하는 유권자의 정보 탐구 인지형태와 홍보물 등 외부적 요인에 따른 후보자 선택과 투표 심리에 따른 유권자의 욕구에 부합하며 의사결정에 관여할 수 있도록 강렬한 이미지를 남겨 주어야 한다. 미디어 선거인 최근에는 후보자 이미지의 창출이 필수적이면서도 가장 중요한 선거전략 요소의 하나로 평가받고 있다. 영국의 대처 수상이 선거에서 승리하게 된 요인 중의 하나가 광고대행사 사치앤사치(Saatchi & Saatchi)의 정치광고였고, 프랑스의 미테랑 대통령이 1981년 프랑스 역사상 최초로 연합 정권 수립을 가능하게 한 요인 중의 하나로도 로스 세규레라와 가드레이(Roux Seguela Cayzac & Gaudard) 등의 광고대행사가 만든 광고 전략을 꼽을 수 있으며, 1995년 서울 시장 선거에서 조순 후보의 당선도 '서울 포청천'이라는 이미지 광고의 역할이 주효했던 것으로 평가되고 있다. 또 1997년의 제15대 대통령 선거에서는 김대중 후보가 대중가요 를 개사해 만든 로고송 광고를 통해 그의 이미지 부각에 성공했다(조경섭, 1998). 정치이 미지에 대한 논의는 제6장에서 자세히 다루었다.

3. 유권자의 후보 선택시기

총선의 경우 유권자의 약 30~40% 정도가 선거 2~3일 전이나 투표당일 결정하는 데 비해, 대선에서는 그러한 경우는 10% 정도에 불과한 것으로 나타났다. 반면 1달 전에 후보 자를 결정하는 고정표의 경우 총선서는 30%인데 비해, 대선은 60% 이상으로 나타났다 (〈표 7-1〉).

〈표 7-1〉 투표의사 결정시기(제13~14대 총선, 제14대 대선, %)

구 분	13대 총선	14대 총선	14대 대선	15대 총선	19대 총선
투표당일	9	21	5	15.1	
2~3일 전	20	23	7	23.0	
1주일 전	14	14	6	14.7(4~7주 전)	
2주일 전	9	7	8	13.6(1~2주 전)	
3주일 전	5	3	7	33.6(2주 이상 전)	
1달 이전	45	31	66		

*소수점 이하는 필자가 반올림하였으며 합계가 100과 다른 것은 이 때문임. 15대 총선은 중앙선거관리위원회에서 조사한 내용으로 중앙일보, 1996.5.8., 4면에 게재된 것임.
자료 : 제13~14대 총선은 조선일보 1992.789: 제14대 대선자료는 박경훈, 1993. p.224에서 재구성

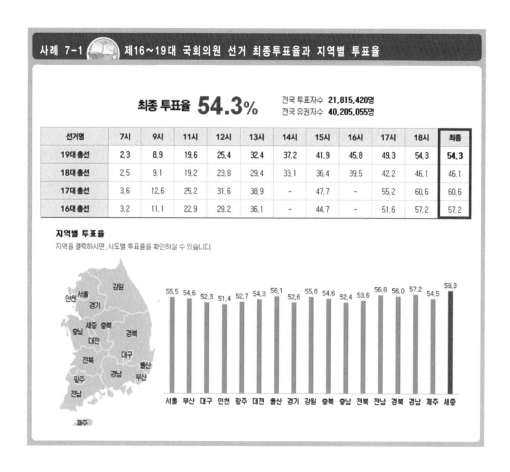

이러한 결과는 국회의원 총선거 시기에 임박하여 후보자가 상당수 교체되는가 하면, 지연·학연 등 특별한 연고관계를 제외하고는 일관된 지지의 고정표가 적은 반면, 특히 제14대 대선은 지역구도와 제13대 대선의 재대결이라는 특성으로 인하여 상당수 유권자들은 이미 후보자들을 정해 놓았기 때문이다. 대선의 경우 일반적 현상이라기보다는 특수한 경우로 보아야 할 것이다.

4. 후보자 결정 시 주요 정보원

후보자 결정에 주요 정보원은 〈표 7-2〉와 같이 팸플릿과 벽보 등 시각적인 홍보물이 큰 영향을 끼치고 있다. 그 외 미디어 선거에 있어서 더욱 중요한 후보자 이미지 형성에는 신문ㆍ방송 보도가 중요한 영향력 자원임을 나타내 주고 있다(〈표 7-2와 표 7-3〉). 여기서 선거유세는 합동유세를 가리킨다. 새로운 선거법은 합동유세 외에 정당 지원유세와 개인 연설회가 추가되어 연설회의 비중이 높아질 것이지만, 여러 후보들이 비교되는 합동유세는 우리나라의 독특한 선거운동문화로 자리 잡혀 왔으며, 한 조사는 남자 48%, 여자 32%가 유세장에 가 본 경험이 있는 것으로 나타났다(조선일보, 1992). 물론 유세장의 청중이 각 후보들이 일당을 지불하고 동원한 지지자들이라는 주장이 많이 있는 것도 사실이다. 그러나 동원되는 것과 유세를 통해 후보들을 비교하고 표를 찍는 것과는 다르다고 해야 할 것이다.

〈그림 7-4〉 좌측은 1956년 야당 대통 후보인 신익희와 부통령 후보인 장면이 "못 살겠다 갈아보자"는 슬로건으로 선거유세한 선거벽보 등 홍보물이다. 중앙은 1956년 5ㆍ15 제3대 정ㆍ부통령 해공 신익희 대통령 후보의 한강 백사장 선거유세에 몰린 1백만 인파이다. 우측은 1971년 대선 기호 1번 후보로 나선 박정희의 유세장면이다.

〈표 7-2〉 투표 결정 시 주요 영향원(제14대 선거)

영향매체	비율(%)
소개 팸플릿, 벽보	28
신문, 방송보도	15.2
유세장	15.1
주위사람	11.3
선거공보	9.3
집안사람의 말	5.8
선거운동원	2.2

자료: 조선일보사, 1992

〈표 7-3〉 투표 결정 시 주요 영향원

주요영향원	비율(%)
TV토론	51.6
TV연설	16.8
신문/방송보도	10.5
신문/방송광고	6.9
주위사람/가족/친척	4.5
선거유세	3.3
벽보/팸플릿	1.6

출처 : 정상대, "한국 대통령 선거의 정치커뮤니케이션 연구", 단국대학교 대학원 정치외교학과, 2000

5. 후보자 선택 시 주요 결정요인

제14대 대통령 선거의 경우 유권자들이 후보를 선택하는데 결정요인으로 작용한 요인은 〈표 7-4〉와 같다. 여기에서 보는 것처럼 14대 대통령 선거의 경우는 후보의 정치적 성향과 그 다음으로 개인 이미지가 후보 선택의 가장 중요한 요인으로 작용하는 것으로 나타났다. 소속정당이 대부분 10% 이하에 머문 것은 이미 두 번째 재대결하는 김영삼·김대중 두 후보에 대한 선택기준이 고정되어 있는 특수한 상황이었다는 점을 들 수 있을 것이다.

〈표 7-4〉 제14대 대통령 선거 후보선택 결정요인

구분		전체	개인이미지	출신지역	혈연·학연	소속정당	주위의견	정치성향	TV신문	종교관계	정치경력	모름·무답
	계	553	33	7	2	6	2	41	8	1	0	0
성별	남	270	34	6	1	6	2	43	6	1	0	
	여	283	33	8	3	5	2	38	10	1	0	
연령	20대	170	35	7	2	4	2	39	9	1		1
	30대	156	36	2	1	8	3	42	7	1		
	40대	113	30	12	3	4	1	42	9	1		
	50대	114	32	11	2	8	1	39	6	1	0	

구분		전체	개인 이미지	출신 지역	혈연· 학연	소속 정당	주위 의견	정치 성향	TV 신문	종교 관계	정치 경력	모름· 무답
직업	경영	39	41	3	8	44	5					
	사무	98	40	4	1	2	3	42	7	1		
	생산	45	24	11	2	11	2	42	7	2		
	자영	54	39	2	7	4	41	7				
	서비스	59	29	7	7	51	7					
	주부	166	31	8	4	4	2	39	10	2	1	
	학생	27	41	7	4	33	11					
	기타	65	29	17	9	2	37	6				
학력	중졸	91	25	15	1	8	2	43	5			
	고졸	260	31	8	1	6	2	41	10	1	0	
	대졸	202	40	3	3	4	2	39	7	1		0

출처: 박경훈(1993). '대선자료'

6. 투표대상의 결정요인

1) 정당 요인

정당 요인은 후보자나 소속정당이 유권자의 의사결정에 영향을 미치는 것과 관련한 요인이다(〈표 7-5〉). 유권자의 투표행동 결정요인으로 다양한 변수들이 존재하지만 이러한 요인의 배후에는 더욱 근원적이고 장기적으로 영향을 미치는 요소로 중요시되고 있는 것이 정당귀속감 혹은 정당일체감(Party identification)이다. 즉, 정당과 관련된 문제에 대한 태도나 행위를 구체화시키고 준거로 작용하게 되어 유권자들은 자신의 지지정당과 자기를 동일시하고 그 입장을 취한다는 것이다. 이에 대한 외국의 연구를 살펴보면, 투표행위 연구의 1세대라 할 수 있는 라자스펠드(Lazarsfeld)를 중심으로 한 컬럼비아학파와 1950년대부터 컬럼비아학파의 뒤를 이어 조사지역을 전국으로 확대하고 연구의 초점을 태도 지향적으로 옮긴 미시간대학의 SRC(Survey Research Center)의 투표행위 연구모델에 의하면, 정치·이슈·이데올로기는 소수의 공중에게만 중요한 반면, 후보의 소속정당은 절대다수의 유권자에게 가장 중요한 투표 결정요인이라고 주장하였다. 밀러와 레비틴(Miller and Levitin, 1977)은 "준거집단(정당)과 그 집단의 지도자들은 개인적 가치와 목표를 설정하는 데 있어서 중요한 규범과 전략을 제공한다."라고 하였다. 또한 캠벨과 밀러(Campell and Miller, 1954)는 그들의 저서에서 정당일체감을 유권자 투표의사 결정과정에서 여타 요인들보다 우월한 요소로 꼽았다. 그러나 외국, 특히 미국의 경우 1960년이후의 연구를 살펴보면, 정당 요인보다는 오히려 이슈 요인이나 후보이미지를 중심으로투표를 한다는 연구결과가 제기되고 있어 이전에 제1의 투표결정요인이라는 인식이 격감되고 있다는 것이 일반적인 의견이다. 한국의 연구를 보면 최한수(1995)는 정당귀속의식또는 정당일체감은 유권자의 유년기부터 가정이나 사회환경, 교육환경이나 혹은 부모의영향 등을 통해 상당히 오랜 기간 동안 형성되어 온 정당에 대한 심리적으로 안정된 요소이기 때문에, 우리나라의 유권자에게서는 이러한 당파성에 대한 심리적 요소를 설명할 수있는 요인이 잘 분석되지 않는다고 한다. 따라서 특정정당에 대한 호감을 가지고 있는가라는 단순한 질문을 통해 당파성의 경향을 사용하기도 한다. 이갑윤·이현우(2000)의 연구에서는 이러한 정당 요인이 후보자 요인보다 유권자의 선택에 더 큰 영향을 미친다고주장하였다. 그 이유로서 후보자의 질적인 차이가 작아진 것과 실제 투표참여에 있어서인물을 중시하거나 좋아하는 정당이 없는 유권자들의 투표율이 선호정당을 가진 유권자들에 비해 투표율이 낮기 때문에 이론적인 면보다는 실제 투표행위에서는 정당 요인이 더큰 설명력을 갖는다고 하였다. 이렇듯 정당 요인의 경우 유권자들의 투표결정에 대해 과거에 비해 그 중요성이 낮아진 것은 사실이지만, 실제 투표참여 유권자의 비율을 보면 정당 요인의 영향을 덜 받는 집단은 투표에 참여하지 않거나 혹은 부동층에 머물러 있는 경우가 많다. 따라서 실제 투표행위에서는 정당 요인이 유의미한 영향을 미치고 있다고 분석할 수 있다.

〈표 7-5〉 정당 요인에 관한 주요 연구

학 자	주요주장
컬럼비아 학파, SRC	후보 소속정당은 유권자에게 가장 중요한 투표결정 요인
Miller and Levitin(1977)	준거집단(정당)과 그 집단의 지도자가 중요한 규범과 전략을 제공
Campell and Miller(1954)	정당일체감이 선거 선택 시 우월한 요소
최한수(1995)	한국 유권자는 당파성 요인이 잘 분석되지 않음
이갑윤·이현우(2000)	정당 요인이 후보자 요인보다 유권자의 선택에 더 큰 영향을 미친다고 주장

2) 후보자 요인

후보자 요인이란 후보자의 개인적 속성과 관련된 요인으로서 현재의 직위, 과거의 경력, 정치철학, 성격과 자질, 능력, 외모, 출신지역, 성장과정, 교육, 종교, 가족, 사생활, 도덕성 등 매우 포괄적인 개념의 특성을 지니고 있다(〈표 7-6〉). 그러나 이러한 후보에 대한 이미지는 직접적인 접촉이 아닌 언론매체나 소문에 의해 형성되는 것이므로 대부분 직관적이거나 감정적인 것이라고 할 수 있다. 과거 유권자의 정치적인 의사결정에 영향을 주는 요인들은 정치적 이슈나 정당적 배경과 같은 정치적인 요소가 주로 언급되어왔다. 그러나 탈정치적인 요소가 점차 중요시되는 최근에 들어서는 후보자의 개인 이미지와 같은 비정치적인 요인들이 투표행위에 더 큰 영향을 미치게 되었다. 외국에서는 후보 자신이 선거 결과에 중대한 영향을 미친다는 주장이 캠벨(Campbell) 등에 의해 제기되어, 1960년대 중반 Stoke(1966)의 연구에 의해 촉진되었다. 그는 특별히 매력적인 후보의 등장은 유권자로 하여금 거의 선호정당을 바꾸도록 하였으며, 정파적인 동료를 쫓아버리는 한편 정당의 운명을 바꾸기까지 하였다고 주장하였다. 또한 켈리와 미레르(Kelly and Mirer, 1974)의 연구를 통해서도 유권자의 후보선택에서 제1의 결정요인은 후보에 대한 평가라는 사실을 발견하였고, 미레르와 미레르(Miller and Miller, 1977)의 연구에 의하면 TV토론을 시청한 사람들에게 각 후보에 대해 기억나는 것을 물었을 때 대부분의 응답은 후보의 능력이나 직무수행력에 관한 것이었으며, 이슈에 관한 응답은 매우 낮았다. 미레르(Miller, 1986) 등은 미국 유권자들의 정치지도자에 대한 인지표상이 30여 년 동안 어떻게 변해왔는가를 분석하였다. 이들은 미시간 NES에 의해 수집된 1952~1984년까지의 자료를 이용하였다. 그 결과 1972년과 1984년을 제외하고 후보의 개인적 속성 관련 응답들이 지속적으로 우위를 나타냈다. 우리나라의 연구를 보면 신명순(1984)은 한국의 유권자들은 정당의 강령, 정책, 선거 공약보다는 후보자 개인의 특성을 기준으로 투표하고 있다는 결론을 제시하고 있다. 이갑윤·이현우(2000)는 후보자 요인의 영향력을 연구하였다. 그 결과 국회의원 선거에서는 후보자 요인의 효과가 제한적이라는 결과를 제시하였다. 이는 우선 후보자들을 차별화할 만큼 후보자들이 서로 다르지 않으며, 둘째로 유권자의 생활에 영향을 미칠 수 있는 정책결정과 집행에 있어 국회의원의 개인적 요인은 거의 영향을 끼치지 못하고 있고, 마지막으로 국민들의 높아지는 정치적 불신과 불만으로 인한 투표율 하락을 그 원인으로 제시하고 있다. 또한 권혁남(1989)은 오늘날 선거에서 후보의 이미지가 중시되는 원인으로서 유권자들은 정책, 이슈들과 같은 복잡한 것보다는 단순하고 쉽게 비교·판단할 수 있는 후보의 개인적 속성들에 의존하기 때문이며, 정치를 자신의 성향으로 개인화(personalization)하려는 것, 그리고 TV 등 언론매체의 영향을 들고 있다. 이렇듯 투표행동 결정요인으로서 후보자 요인은 탈 이데올로기가 진행된 현대사회에서 과거에 비해 더욱 중요시되고 있는 것이 사실이다. 그러나 우리나라의 경우와 같이 정치에 대한 불신과 무관심이 더욱 높아지고 있고, 후보자 간의 차별화가 이루어지지 않는 상황에서는 후보자 요인에 대한 영향력은 투표성향이 다른 집단 간에 다양한 차이를 보일 가능성이 있다. 이러한 이유로 인해 본 연구에서 투표행동 결정요인으로 후보자 요인을 중요 변수로 설정하였다.

〈표 7-6〉 후보자 요인에 관한 주요 연구

학 자	주요주장
Kellt and Mirer(1974)	후보에 대한 평가가 제1의 결정요인
Stoke(1966)	매력적인 후보의 등장은 유권자의 선호정당 변경에 영향
Miller and Miller(1977)	TV토론 시청 후 후보자에 대한 사항이 가장 많이 기억남
Miller 등(1986)	후보의 개인적 속성 관련 응답이 30여 년 동안 지속적 우위
이성락(2002)	후보자 이미지 등 비정치적인 요인이 투표행위에 큰 영향을 미침
신명순(1984)	한국 유권자는 정당의 강령, 정책, 선거 공약보다 후보자 개인의 특성을 기준으로 투표
이갑윤·이현우(2000)	국회의원 선거에서는 후보자 요인의 효과가 제한적으로 나타남
권혁남(1989)	최근 후보 이미지가 중시되는 원인은 유권자들이 쉽게 비교·판단할 수 있는 후보의 개인적 속성들에 의존하기 때문

3) 이슈 요인

이슈 요인은 유권자가 후보나 소속 정당의 특정문제나 정책에 대해 갖는 입장이나 의견이 유권자의 투표의사 결정요인으로 작용한다는 것이다(〈표 7-7〉). 이러한 이슈 요인은 1960년 초부터 미국의 TV보급률이 급속히 증가함으로써 매스미디어의 정치적 영향력이 증가하여 정당 요인보다는 이슈 요인이 더 중요한 유권자 투표의사 결정요인으로 인식되기 시작하였다. 이러한 이슈화의 대상은 사건, 정책공약, 보상처벌, 후보자 특성, 지역주의 등이 될 수 있다. 이러한 이슈 요인은 최근발생효과(recency effect)의 관점에서 보면, 선거운동이 시작된 다음의 사건이나 이슈들은 선거 직전에 발생한 사건이나 이슈보다 그 영향력이 크다고 할 수 있다. 핀켈(Finkel, 1994)은 선거운동이나 선거사건 및 이슈는 유의미하기는 하지만 작은 효과만을 갖는다고 주장하였다. 케이(Key, 1956)는 유권자를 바로 보는 경향에 반대하면서 유권자는 정당과의 일체감에 의하여 자신의 행동을 제한받지 않으며, 대신 이슈에 의한 투표의 성향은 항상 일관된 것은 아니며 다양한 연구자들에 의하여 다른 연구결과를 보여준다고 하였다. 다운슨(Downs, 1957)은 유권자들이 시민으로서의 그들에게 효용을 극대화시킬 수 있는 정책을 갖고 있는 후보자를 선택할 것이라고 주장하였고, 니에(Nie, 1976)는 후보자 투표행동에 영향을 주는 요인 중 정당 요인은 낮아지고 있으며, 이슈에 따라 투표하는 경향이 중요성을 띠며 증가하고 있다고 하였다. 한국의 이슈 요인 관련 연구를 살펴보면, 이현우(2001)는 15대 대선의 사례를 통해 선거 과정 중 이슈가 후보자에게 미치는 영향을 분석했다. 분석 결과 1997년 9월 22일 이후 전개된 여러 이슈들 중 긍정적 이슈들보다 부정적 이슈들이 이회창 후보의 지지도 변화에 큰 영향을 주어 지지 하락을 가져왔다고 한다. 정용대(2000)는 16대 총선을 분석하면서 당시 한나라당은 선거기간 동안 16개의 유리한 이슈를 지속적으로 제기하여 유권자들로부터 더 많은 지지를 획득하였다는 점을 밝히고 있다. 정영국(2000)도 역시 16대 총선에서 여야의 이슈들과 선거결과와의 연관성을 분석하면서 당시 경제위기였음에도 불구하고 경제정책이 주요 이슈로 부상하지 못했고, 민주당의 남북관계 이슈의 정략적 활용에 대해 유권자들이 의구심을 가지고 있어 효과가 미비했다는 점, 그리고 총선연대의 낙선운동과 중앙선관위의 후보신상공개는 인물경쟁 이슈를 촉발시켰다고 제기하고 있다.

〈표 7-7〉 이슈요인에 관한 주요 연구

학 자	주요주장
Finkel(1993)	선거운동이나 선거사건 및 이슈는 유의미하기는 하지만 작은 효과만을 갖음
Key(1956)	이슈에 의한 투표의 성향은 항상 일관된 것은 아니며 다양한 연구결과 제시
Downs(1957)	유권자는 효용을 극대화시킬 수 있는 정책을 갖고 있는 후보자를 선택할 것이라고 주장
Nie(1976)	정당 요인은 낮아지는 반면 이슈 요인의 중요성은 증가하는 추세
이현우(2001)	1997년 대선과정 분석을 통해 긍정적 이슈들보다 부정적 이슈들이 이회창 후보 지지변화에 영향
정용대(2000)	16대 총선 분석을 통해 한나라당의 이슈제기가 유권자에게 더 많은 지지 획득
정영국(2000)	16대 총선에서 경제정책보다는 낙선운동, 후보신상공개로 인해 인물경쟁 이슈 촉발

4) 유권자 요인

유권자요인은 성별, 연령, 교육수준, 소득수준, 직업, 거주지, 출생지 등의 사회적 요인 과 정치성향, 즉 정치에 대한 태도나 신념, 관심도 등을 들 수 있다.

일반적으로 유권자의 투표행동은 준거집단, 가족, 사회적 관계에 의해 영향을 받는다. 유권자들은 어떤 선택과 결정을 하게 될 때 이에 대한 정보를 탐색하고 그에 따라 투표행 위를 하게 된다. 이러한 정보의 습득과 판단에는 무엇보다 해당 유권자와 유사한 집단, 준 거집단의 사고와 행동방식이 영향을 미치게 된다. 특히 준거집단은 소속 구성원에게 새로 운 행동에 노출시키고, 태도와 자아개념에 영향을 주며, 또한 실제 행동과 선택에 영향을 미치는 등 순응에 대한 압력을 행사하기도 한다.

1940년대 미국 대통령 선거를 연구한 라자스펠드(Lazarsfeld, 1948) 등은 유권자들의 사회적 지위(교육, 소득, 계급), 종교, 거주지역 등과 같은 사회적 요인이 투표행태와 밀접 한 관계가 있음을 발견하였다. 그들은 유권자의 정당 지지태도를 지표화하기 위해서 유권 자들의 사회경제적 지위, 종교, 거주지역을 결부하여 정치정향 지표를 작성하였다. 예를 들면, 미국 시골지역의 부유한 신교도들은 공화당에 투표하는 경향이 있다는 식이다. 유 권자들의 정당지지 태도는 그들의 사회경제적 지위에 의해 결정되는데 사회경제적 지위 가 높으면 그만큼 정치에 대한 관심도가 높고 선거와 같은 정치참여에 적극적인 태도를 보인다는 것이다. 또한 정치에 대한 신념과 태도 등의 유권자의 연령, 직업, 경제적 수준 등과 더불어 투표의사결정에 영향을 주게 된다.

〈표 7-8〉 유권자 요인에 관한 주요 연구

학 자	주요주장
Lazarsfeld 등(1948)	유권자들의 사회적 요인이 투표행태와 밀접한 관계가 있음을 발견
Campbell(1954)	후보자 요인은 여성들이 남성보다, 이슈 요인은 남성이 여성보다 더 영향을 받는 다고 주장
Sapiro(1981)	제공된 정보가 낮은 수준일 경우 성별은 후보자를 평가하는 기준을 제공
황아란(1995)	연령이 낮은 유권자일수록 투표참여가 낮게 나타남
조중빈(1999)	1998년 지방선거에서도 연령이 투표참여에 상당한 영향을 미친 것으로 분석
이현우(1999)	여야 성향은 한국 유권자의 투표행태에 영향을 주는 변수

5) 정치성향 요인

정치성향에는 유권자의 정치에 대한 관심도, 즉 관여도, 여야성향, 그리고 이념적 성향 등이 포함될 수 있다. 우선 관여도는 유권자들의 투표의사결정 과정에서 개인적인 차이를 설명해주는 매개체가 된다는 것이다. 이와 같은 관여도와 투표의사결정 사이의 관계를 설명해주는 이론 중 하나는 선택적 인지이론(Selsctive Perception)이다. 고관여 상태의 유권자들은 자신들의 선호를 강화시켜줄 수 있는 정보를 찾고 그에 반대되는 정보는 회피·무시·왜곡·거부하는 경향을 보인다. 따라서 투표행위에 있어서도 정치관여도의 요인에 따라 후보자 및 정당에 대한 정보탐색, 판단 등에 차이를 보이게 된다. 또한, 여야성향 및 이념적 성향은 한국 유권자의 투표행태에서 매우 높은 설명력을 가지고 있는 변수이다. 여야성향의 경우 이현우(1999)의 연구에서도 나타났듯이 1992년 제14대 국회의원 선거 분석결과에서 주요한 변수로 제기된 이후 줄곧 한국 유권자의 투표행태에 영향을 주는 변수로 자리 잡고 있다. 여야 정권교체 이후에 여야 성향의 적실성에 대한 의문이 제기되고 있는 것은 사실이지만 혼재된 여야 개념 속에서도 유권자들은 여야 성향의 의미를 잘 알고 있으며, 따라서 정권교체 후에도 여야 성향이 한국 유권자의 투표행태를 설명하는 데 있어 아직도 유용한 변수라는 사실이 분석을 통해 입증되어 왔다.

6) 부동층

부동층이란 일반적으로 후보자나 소속 정당에 대한 투표결정을 명확히 내리지 못한 집단을 의미하지만, 이에 대한 명확한 개념적 정의는 여러 논란이 있다. 하지만 기존 연구에서 다루어진 부동층에 대한 개념은 크게 두 가지로 볼 수 있다. 첫 번째는 선거를 앞두고 투표결정을 내리지 못한 유권자들을 의미하는 개념적 정의이며, 두 번째는 선거운동 기간에 투표할 후보자나 정당을 바꾼 유권자를 지칭하기도 한다. 부동층에 대한 정의를 살펴보면 최초로 시도한 학자는 라자스펠드(Lazarsfeld, 1948) 등이다. 이들은 선거운동 기간 동안 자신의 투표의향을 바꾼 모든 유권자들을 부동층으로 정의하였다. 또한 이들 부동층에 대해서도 세 가지 형태로 구분한다. 하나는 선거운동 기간 동안 투표선호를 결정한 유권자, 두 번째는 투표선호를 결정하고 있었으나 선거운동 기간 이러한 결정이 흔들려 어떤 후보자에게 투표할지 결정하지 못하는 경우, 세 번째는 선거운동 기간 동안 투표할 후보자를 바꾸는 경우라고 하였다. 컨베세(Converse, 1966)는 1956년과 1960년 두 번의 대통령 선거를 조사하여 유권자를 네 집단으로 구분하였고 이 중에서 두 번의 선거에서 각각 다른 정당에 투표한 유권자 집단과 두 번 모두 기권한 유권자에 대해 선거에서 변화를 가져올 수 있는 집단이므로 부동층이라고 정의하였다. 부텔러와 스토케(Butler and Stokes, 1969)도 컨베세(Converse)와 유사하게 1964년과 1966년 영국 선거에서의 투표행태를 기준으로 부동층을 정의하였다. 그러나 여기서는 두 번의 선거에서 모두 동일한 정당을 지지한 유권자를 제외한 모든 집단을 부동층으로 규정하였다. 케이(Key, 1966)는 연속되는 선거에서 지지정당을 바꾼 유권자를 부동층이라 정의하였으며, 보이드(Boyd, 1986)는 미국의 두 대통령 선거를 기준으로 이전 선거에서 지지한 후보에게 투표하지 않고 다른 후보에게 투표한 유권자를 부동층이라 하였다. 한국에서는 유석춘·서원석(1989)의 연구에서 선거운동 기간의 특정시점에 있어서 지지할 후보를 결정하지 못한 유권자와 각 시점에 걸쳐 지지후보를 바꾼 유권자를 모두 포함하여 부동층이라고 정의하였다. 김현우(1993)는 명확하게 부동층이라는 표현을 쓰지는 않았으나 연이은 두 번의 선거에서 보여주는 유권자의 유동성을 분석함으로써 유권자의 유동성이 정당의 안정도에 영향을 미치는 정도를 연구하였다. 또한, 진영재(1998)는 부동층을 정당일체감이 결여된 유권자라고 개념화하였으며, 실제 설문척도 구성에서는 부동층을 두 가지로 구분하였다. 하나는 결심시기와 관련된 부동층으로서 마음을 결심하지 못하고 선거가 임박해서야 후보자를

〈표 7-9〉 부동층의 개념에 관한 연구

학 자	주요정의
Lazarsfeld 등(1948)	선거운동 기간 동안 자신의 투표 의향을 바꾼 모든 유권자들을 부동층으로 정의
Converse(1966)	두 번의 대통령 선거를 조사하여 유권자를 네 집단으로 구분하여 다른 정당, 모두 기권한 집단을 부동층으로 정의
Butler&Stokes(1969)	두 번의 선거에서 모두 동일한 정당을 지지한 유권자를 제외한 모든 집단을 부동층으로 규정
Key(1966)	연속되는 선거에서 지지정당을 바꾼 유권자를 부동층이라 정의
Boyd(1986)	이전 선거에서 지지한 후보에게 투표하지 않고 다른 후보에게 투표한 유권자를 부동층이라 정의
유석춘·서원석(1989)	선거운동 기간 특정시점에서 지지후보를 결정 못한 유권자와 지지후보를 바꾼 유권자 모두 부동층
김현우(1993)	연이은 두 번의 선거에서 보여주는 유권자의 유동성을 분석
진영재(1998)	부동층을 정당일체감이 결여된 유권자라고 개념화

결정하는 유권자이며, 다른 하나는 후보를 교체한 부동층으로서 기존에 결심했던 후보를 선거기간 중에 실제로 바꾼 경우이다. 부동층의 정의와 개념에 대해 국내외 연구에서의 정의를 살펴보았듯이 아직까지 부동층에 대한 정의와 이해 기준은 명확하지 않은 실정이다. 그러나 일반적으로 유권자의 투표결정 시기를 중심으로 이루어지는 것이 적합할 것이며, 본 연구에서도 이를 기준으로 부동층에 대한 조작적 정의를 내리도록 한다.

7) 기권층

① 개념

투표에서의 '기권'이란 말 그대로 투표시점에 유권자가 투표행위를 하지 않는 것을 의미한다. 기권이란 행동에 대한 개념과 정의는 행동 자체로 보면 간단하지만 투표기권 행위에 대한 해석은 다양하다. 일반적으로 투표기권을 무관심의 표시로 보는 입장과 대중의 소외와 이에 따른 정치 불신의 표현으로 보는 두 입장으로 크게 나누어볼 수 있다. 브라트브로케(Bratbrooke, 1975)는 정치 불참을 두 가지 차원에서 개념화하였는데, 첫째는 시민들이 정치에 대하여 초연하게 거리를 유지하는 것이고 둘째는 시민들이 정치로부터 배제되는 것이다. 투표기권을 무관심의 표시로 보는 입장은 이를 초연함으로써 정치 불참으로 보고 오히려 투표기권을 시민의 자유권 행사로서 보호하고자 하는 경향이다. 반면 투표기권을 대중의 소외와 정치 불신의 표현으로 보는 입장은 투표기권을 배제로 인한 정치 불참으로서 치유되어야 할 질병으로 진단하고 있다. 존슨(Jones, 1954)에 의하면, 투표기권을 정치에 대한 무관심의 표현으로 해석하는 입장에서는 정치활동이란 대부분의 시민들에게 보다 본질적인 사적인 경제활동이나 사회적인 활동을 보호·촉진하기 위한 주변적인 활동에 불과하다. 그러므로 정치 불참이나 투표기권은 오히려 정상적인 것으로 개념화되기도 하며, 투표행위나 기타 정치참여 활동이 직접적으로 인간의 기본적 욕구를 충족시켜 인간됨을 완성시키는 행위가 아니기 때문에 정치적 활동에 적극적으로 참여하지 않는다고 해서 정치적 소외를 논하기는 어렵다. 시민들의 정치적 무관심은 이들이 현실정치에 만족하고 있기 때문이다. 어떤 사람들은 정치참여가 다른 활동보다 덜 보람 있는 일이라고 생각하며 상대적으로 기존의 정치상황에 만족하기 때문에 정치를 다른 사람에게 맡겨 놓는다는 것이다, 그러므로 참여하지 않을 자유가 존중되어야 한다는 결론을 제기하고 있다.

〈표 7-10〉 기권층의 개념에 관한 연구

학 자	주요개념
Braybrooke(1975)	정치 불참을 두 가지 차원에서 개념화
Jones(1954)	투표기권을 정치에 대한 무관심의 표현으로 해석하는 입장

② 기권층의 연구

밀브레스(Milbrath, 1965)는 사회경제적 지위이론(Social Economic Status)의 입장에서 기권을 형성하는 변수로서 교육수준, 소득수준, 직업 등을 제시하고 있다. 이러한 교육, 소득, 직업 등의 변수에 의해 결정되는 사회경제적 지위는 개인이 사회 속에서 차지하고 있는 지위를 총체적으로 나타내줄 수 있다고 보고 있으며, 각 개인이 지닌 이러한 사회적 지위의 특성은 그 사람이 행하는 선택행위의 특성을 결정하는 원인으로 작용한다고 보고 있다. 이러한 입장의 주장에 따르면, 사회경제적 지위가 낮은 유권자일수록 그 지위가 높은 유권자보다 기권할 확률이 높다는 것이다. 사회경제적 지위가 낮다는 것은 교육수준이나 소득수준이 낮고 직업도 사무직·전문직보다는 농업이나 단순 노동과 같은 비전문직에 종사하는 경우를 뜻한다. 근대화, 도시화, 산업화를 거치면서 도시민은 농촌민에 비해 사회경제적 지위가 높아지고 언론매체와의 접촉이 용이하여 정치적 관심이 증가하게 된다. 증대된 정치적 관심은 결국 정치적 참여로 이어져 나가는 경향이 있다. 반면 사회경제적 지위가 낮은 사람일수록 정치적인 관심과 지식을 획득할 기회가 적으며 그 지식을 처리하는 능력도 낮다. 따라서 이들은 정치적 효능감이 떨어지고 이는 투표 참여에 있어서도 소극적인 결과를 가져옴으로써 기권할 확률이 높다는 주장이다. 다운슨(Downs, 1957)을 합리적 선택이론(Rarional Choice Theory)의 입장에서 유권자의 투표참여와 기권에 대한 설명을 전개하고 있다. 이 주장의 핵심은 개인의 효용을 극대화하는 쪽으로 선택행위를 하게 된다는 것이다. 따라서 유권자는 투표행위를 함으로써 그 결과를 통해 얻게 되는 혜택과 보상의 기대값이 참여를 하는 데 드는 비용보다 클 때 참여를 하며, 반대로 비용이 크면 기권을 하게 된다는 주장이다. 그러나 실제에서는 기권이 더 큰 비용적 절감을 가져오는데에도 불구하고 투표를 하는 유권자의 행태를 설명하지 못하는 한계를 가지고 있다. 우리나라의 연구의 경우도 투표의 기권과 참여에 대한 기존 연구를 보면 다양한 변수들과의 관계를 설정하여 분석하고 있다. 특히 연령과 심리적 변인은 기권에 영향을 미치는 요인으로 제시하는 연구가 많다. 우리나라 선거에서 젊은 층의 기권율이 상대적으로 매우 높은 현상은 기권행태 연구에서 연령의 영향력을 살피게 하는 원인이라고 볼 수 있다. 이남영(1992)은 제14대 국회의원 선거를 대상으로 기권자들의 정치적인 성향과 개별 유권자들의 투표여부 결정에 영향을 미치는 요인에 대해 연구하였다. 유권자의 참여유형을 긍정적 참여형, 낙관적 방임형, 저항적 참여형, 비관적 포기형, 네 가지로 구분한 결과, 비관적 포기형이 전체 유권자의 8%, 기권자의 55%를 차지하고 있는 것으로 분석되었다. 결과에 따르면, 정치시스템에 대해 비민주적이라고 평가할수록 기권하는 경향이 높게 나타나고, 저항적 참여형에 전라도지역 거주자들이 가장 많이 분포되어 있다. 투표여부 결정요인으로는 선거에 대한 관심과 정치효능감 등 심리적 변수들 이외에 연령효과와 교차압력을 대리해주는 변수인 직업의 효과가 돋보였고 도시화 가설이 개별 유권자의 투표여부에 대한 설명력을 잃었으며 동원압력에 의한 투표성향이 아직도 상존하고 있음을 보여주었다. 김재한(1993)은 제14대 대통령 선거를 대상으로 투표참여는 사회경제적 변수보다는 유권자의 선호도에 따라 결정되는 측면이 강하다는 주장을 제기하였다. 후보에 대한 선호도와 자신의 표가 선거결과에 미칠 가능성은 유권자의 기권여부에 영향을 준다. 즉 똑같은 조건에서 경쟁이 아주 치열하다고 인식하는 유권자는 압도적 표차를 예상하는 유권자보다 기권할 확률이 낮으며, 선두그룹을 형성하는 후보들 간의 선호도 차이를 느끼는 유권자가 선호도 차이를 느끼지 못하는 유권자보다 기권할 확률이 낮게 나타났다. 또한 투표참여에 대한 시민적 의무감을 더 느끼는 유권자일수록, 투표참여의 비용을 덜 느끼는 유권자일수록 투표기권의 가능성은 낮아진다. 이렇듯 한국에서 기권과 관련된 연구들을 보면 투표기권의 결정요인으로서 유권자의 사회경제적 변수의 분석에 더욱 집중하고 있으며, 최근에서는 심리적 요인과 정치적 성향에 대한 요인들을 고려하는 추세이다.

7. 정치홍보와 광고메시지

마케팅의 홍보를 전략적으로 이용하기 위해서는 다양한 상황에 맞게 수용자에게 적절한 사실과 메시지를 전달해야 한다. 이러한 수단에는 퍼블리시티, 대언론 로비, 이벤트, 후원, 홍보물의 출간, 인쇄, 영상물 제작, 광고제작 및 집행, 공공서비스 등이 있다. 정치홍보는 유권자를 향한 정치활동에서부터 선거에 이르기까지의 PR활동 전반을 의미한다. 이러한 홍보활동은 주로 정당과 후보자의 특성에 집중하여 진행되는 경향을 지닌다. 정당의 홍보의 일차적 목표는 유권자 공중에게 비치고 있는, 혹은 공중에게 심어져 있는 이미지를 긍정적이고 우호적이도록 관리하는 일이다. 즉, 긍정적 당의 이미지가 새롭고 신선한 것으로 느껴질 수 있도록 이미지를 관리하고 비우호적이거나 적대적인 혹은 무관심한 유권자에게는 새로운 이미지를 조성해야 함을 의미한다. 이 경우 유권자의 인생관, 세계관 등 정신적·이념적 필요성과 그리고 기호·물질적 관심들을 충족시키려면 정당의 강령이나 기본 지도노선을 포기해야 할 딜레마에 봉착하는 경우가 있다. 이로 인해 정당이나 당의 이미지가 형성되기 때문에 이는 관리에 대한 문제이다. 이러한 정당의 홍보와 PR의 문제는 결국 유권자들이 어떠한 경로를 통해서 메시지와 정보를 수용하게 되는가와 그 경로 중 어떠한 요인에 대해 더 중요성을 지니게 되는가라는 정보의 유통경로에 집중할 필요성을 제기한다. 왜냐하면 유권자들은 개인 또는 집단적 특성으로 인해 노출되는 정보원이 다를 수 있으며, 또한 정보원의 노출 정도가 유사하더라도 각 정보제공 경로에 대해 그들이 정치적 입장과 행동을 하게 되는 데에 미치는 영향의 정도가 다를 수 있기 때문이다. 따라서 전략적 정치홍보는 이러한 점에 무엇보다 주의를 기울일 필요가 있다. 또한, 정보의 유통경로가 물리적 기반이라면 그 안에 담겨 있는 메시지는 소프트웨어라고 할 수 있으며, 유권자의 집단적 특성에 의해서 그 중요성과 호소력 있는 메시지 유형이 다를 수 있다. 따라서 정치광고의 소구기법은 "후보자나 정당이 유권자를 설득하여 자신들에 대한 지지를 획득하기 위해 정치광고 표현에 이용하는 설득적 기술"로 개념화할 수 있다. 정치광고홍보에서 가장 널리 사용되는 소구기법은 논리적 소구, 감정적 소구, 윤리적 소구의 세 가지이다. 논리적 소구는 특정한 입장에 호의를 지니도록 유권자들을 설득하기 위해 광고에 구체적인 증거(통계수치, 논리적 예증, 구체적 증거 등)를 제시하는 방법이다. 감정적 소구는 특별한 감정이나 정서(행복, 자부심, 애국심, 분노, 희망 등)를 유발시키기 위하여 사용한다. 윤리적 소구는 정보원의 공신력을 이용한다. 특히 후보자의 능력과 경력을 강조함으로써 신뢰성과 믿음직함 등 후보자의 자질을 강조하는 소구이다.

8. 한국 정치문화의 특성

1) 한국의 정치적 문화

정치문화 요소 빈도순(이지훈)은 ① 권위주의, ② 공동체 의식과 분파주의, ③ 관료주의와 민주적 태도, 높은 정치의식 등이다(이지훈, 1982). 한국사회는 권익주의적 태도와 미주적 태도가 혼재하여 나타내고 있다. 이는 한국사회가 갖고 있는 이중성, 즉 권위주의적 태도와 평등주의적 태도가 공존하기 때문이라고 할 수 있다(탁진영, 1999). 대중들은 정치적 수동성으로 한국 국민의 투표행태는 옛 것과 새 것, 전통적인 것과 근대적인 것들이 공존한다. 유교적인 전통 영향으로 충성심, 서열, 가족관계, 단결 등이 강하고 일체심을 강조하기 때문에, 독재정권 출현 가능성을 문화 내에 포함하고 있다(Lee, 1990). 사람들은 그들의 삶에 실제적인 혜택을 주는 강력한 지도자들을 지지하고 있다. 한국의 정치사는 '민주적인 형식'과 '독재적인 내용'의 끊임없는 연속이었다. 정치적 측면에서 서구국가들과 구별해준 두 가지 차이점이 있다. 첫째는 권력의 중앙집중화 정도이고, 둘째는 권위에 대한 의식 정도(Wright, 1975)이다. 한국의 정치엘리트들이 갖는 정치문화 속성은 무한한 경력욕구와 권위주의적이고 독선적인 획일주의이다. 그리고 정당파의 분파주의 목적과 수단을 가리지 않는 사고방식이 강하다. 또한 극한 대립과 흑백논리가 뚜렷하다. 1948년에서 1997년까지 합법적인 수단을 통하여 정권이 바뀔 기회가 열한 번이나 있었다.

2) 한국정치의 인맥주의

한국은 연줄망, 인물 중심의 이합진산, 권위주의적이다. 전체주의적 정치경험, 권위주의적 군사문화적 장기집권이었다. 충효를 강조하는 유교문화권이다. 정치인들 사이 인맥을 형성하는 지연, 학연, 혈연, 조직연이 강하다. 친인척 중심인 혈연망은 제3공화국, 5공화국, 6공화국 등에서 볼 수 있다. 한국정치는 선거를 통해 지역감정이 고조되었다. 1971년 7대 대통령 선거에서 동서현상으로 나타났던 선거 결과는 17년 후에 실시된 13대 대통령 직접선거에서는 지역주의와 지역 감정으로 표출되었다(탁진영, 1999). 가족 중심의 사회인식, 혈연, 지연, 학연, 직장연, 군대연 등 인연 중시 경향이 있었다. '문민정부' 김영삼 정부에서도 핵심인물들은 실력이나 전문성보다 이전에 김영삼 개인과 맺은 사적인 관계나 인연에 의해서 발탁된 경향이 강하다(백선기, 1993).

3) 세대문제와 선거

과거 한국의 선거는 관권개입, 폭력행사, 유언비어의 난립이었다. 금권의 동원, 협박, 매수 등 선거과정에서 국민들은 염증을 느꼈다. 투표행태는 '지역주의'와 '도시화'가 강조되었다. 그리고 연령집단 성장으로 세대요인의 중요성이 증가했다. 세대 간 차이는 1950년을 분기점으로 '전전세대'와 전후세대로 구분, 확연히 다른 태도를 갖고 있다(Chung & Nagle, 1992). 전후 세대 20~40대가 전체유권자의 7할로 투표방향을 결정하는 주요한 요인으로 작용한다. 1950년에서 1960년 사이에 태어난 '민주세대'와 1962년 이후에 태어난 '신세대'로 구분되는 민주세대는 권위주의 정권과 군의 정치개입에 강한 거부감이 있으며, 학교에서 배운 민주주의의 믿음, 민주화된 정부를 원했다. 또한 군부가 주도한 권위주의 정권을 용납하지 않는다. 새로운 정치적 대안 모색, 신세대(New generation, 10~20대) 성향은 기권율이 높다. 1987년 권위주의 정권으로부터 민주화 선언을 이끌어냈었다. 정부의 능력에 대해서도 부정적 인식을 가진다. 또한 이들 세대는 투표참여율이 일반 국민보다 낮은 반면 정부정책결정에 직접적인 항의활동에 있어 참여의 비율이 높다. 정치에 대한 지식이나 관심, 정치적 자신감과 효율감이 높은 대학생들은 실제로 선거에 참여하는 비율이 낮다. 그리고 이들이 기성 정당에 대한 불신감과 거부감을 강하게 갖는 이유는 한국정치의 파행에 기인한다고 볼 수 있다(신명순, 1996).

4) 80년대의 선거행태

정치적 폭력과 민주화운동이 겨루었던 1980년대의 한국에서 폭발적으로 분출되었던 힘과 정치적 역학은 선거형태에 관한 연구에 한국적 조건과 상황의 도입을 요구하고 있다고 보아야 할 것이다(탁진영, 1999). 1970년 이후 후보자를 당선시키는 데 정당역할이 감소되고 후보자들의 태도와 인물 자체가 당락에 영향을 끼쳤다. 이념이나 원칙보다 인간관계가 중시되고 인간관계는 지역적이고 연고와 학연과 혈연과 연결되었다. 농어촌 마을 유지의 의견에 의해 투표가 결정되는 경향이 있었고 집단이기주의가 발현되었다. 근년의 한국 정치문화 요소 중 유권자 투표결정 요인에 인물에 대한 주관적 판단이 차지하는 비중은 낮아지지 않고 있다. 향후 유권자들은 정치지도자의 개별 인물중심 인식이 있어야 할 것이다. 제도적인 정치발전과 객관적 평가로 유권자의 인물 중심 투표행태는 개선되어야 할 과제이다.

5) 정치자금 문제

정당정치자금은 당비, 후원금, 기탁금, 보조금, 후원회의 모집금품과 정당의 당헌·당규 등에서 정한 부대수입 등 정치 활동을 위하여 소요되는 금전이나 유가증권, 기타 물건(정치자금법 제3조)으로 정의된다. 적용 범위는 "정당의 사무비, 인건비, 운영비 등을 포함한 경상비와 정치공작비, 선거비 등을 포함한 임시비"(중앙선관위, 1992)로 한계 지워지며, 이는 정당유지비, 선거비용 등으로 다르게 분류될 수 있다. 양성적 선거자금 조달에 있어서 여당이 훨씬 많은 이익을 지니고 있다. 후원회제도와 기탁금제도를 통해서 보장되는 기부금, 국고보조 그리고 정당활동이나 정당재산에 의한 부대주임 등으로 그 비용을 공식 조달하고 있다. 정치자금 모금방법에 있어서 비공식적으로 조달되는 음성적 정치자금은 정경유착방법과 전국구의원직을 이용한 방법을 통해 이루어진다. 정경유착과 관련됨은 권위손상이 과 정당성 약화의 원인이 된다. 정치자금 중에 가장 많이 사용되는 것은 선거자금이다(운동원 일당, 교통비, 통신비, 홍보, 선전물, 광고대행업체료, 여론조사료 등). 정치자금 모금은 후보자의 사적인-지연, 학연, 혈연-친분 관계 의존으로 항상 부작용을 동반하고 있다. 음성적 정치자금이 가져오는 또다른 결과로는 정당이 당 총수나 중진에 의해 점점 사당화되어 간다는 점이다. 정치자금 음성적 조달은 권위손상과 그에 따른 정당성 약화에 있다. 이 문제의 해결방법은 선거제도의 개선이다. 소선거제도에서 중선거제도로의 전환이 필요하다.

6) 한국적 상황에서 정치광고의 필요성

정치커뮤니케이션의 특수 형태의 하나인 정치광고는 시대 환경에 따라 변모한다. '알 권리', '국민에 의한 정치' 충족이다. 우리나라의 바람직한 정치광고 8가지는 1) 선거에서 언론의 역할-보도관행 개선, 2) 정치광고를 이용한 유권자 관심유도, 3) 한국정치의 미숙 수준-정치제도 인식전환과 시대에 걸맞는 정치수준 단계적 개선, 4) 한국사회의 폐쇄성 극복-개방·효율적 정치광고 시행, 5) 유권자 연령분포상의 변화에 따른 정치광고 필요성-세대별 정치광고 전략, 6) 선거와 관련하여 매체환경에 따른 정치광고 적용-영상매체(TV, 인터넷 등 뉴미디어 활용, 전문가 활용), 7) 고질적인 병폐인 인맥주의 선거전략을 극복하고 능력과 자질을 겸비한 참신한 정치인 등용을 위한 정치광고 활성화, 8) 유권자의 알 권리를 충족시킬 공정한 후보 선택-후보자의 이슈 중심 실현과 능력, 유권자의 활발한 정치참여 등이다.

7) 정치광고홍보의 발전방향

정치광고홍보는 정치커뮤니케이션 수단 중 가장 강력하고 잘 발달된 것이다. 하지만 시행착오도 많다. 정치광고의 내용과 형식을 제한적으로 규제하고 통합 활성화 방안 검토이다. 정치광고 문화의 모든 구성요인(내용구성, 매체선택, 유권자 계층의 특수성 고려, 입법적 배려 등)은 민주 사회에서 통합모델 구성필요성 대두이다. 언론 미디어 및 광고계, 정치광고주나 그 수용자인 국민들의 동시적 수준 향상이 병행되어야 한다. 정치광고홍보는 매체나 광고유형 등 허용범위가 폭넓게 확대되어야 한다. 정치인들은 제한된 매체에 최소비용과 균등한 기회가 확보되도록 어느 정도 규제가 필요하다. 자율규제 방향이 바람직하다. 정치광고홍보를 선거공영제의 틀 내에서 자율적·창의적 정신을 살릴 수 있는 방향으로 개선해 나가야 한다. 바람직한 정치광고 발전방향은 첫째, 지역선거 정치광고 활성화, 즉 대중매체 활용, 선거법 개정, 여야가 공정한 입장에서 정치광고 시행, 신인 후보자에게 공정한 기회 보장, 정치광고의 일정비용 국고에서 지원, 둘째, 정치광고의 한계와 규제를 구체적으로 성문화하는 작업이 선행되어야 한다. 즉 횟수, 내용, 사용매체, 한도액 등에 대한 규제와 견제, 정치광고 방영에 앞선 사전심의, 왜곡 및 비방, 허위에 대한 제도적 장치 마련, '이슈광고의 방영 의무화 조항' 정책차별화를 보여 주는 비교광고 허용, 방영 횟수 형평성 고려, 매체이용에 관한 규제완화와 법적 제도 장치 마련, 규제는 최소한의 규제이다. 셋째, 정치광고의 내용과 형식을 객관적으로 심의할 기구가 설치되어 선거기간 중 정치광고의 사전심의, 감독 등을 철저하게 관리하여 선거과열, 건전한 정치광고를 유도해야 할 것이다. 선거관리위원회의 기능과 권한의 확대와 공정성 보장, 각종 정치광고 제작·유포에 관한 감시 기능 확대와 상대비방, 허위, 과장 보도에 대한 처벌 기능 강화이다. 넷째, 정치 선진국들인 유럽의 국가들이 시행하고 있는 공영방송을 통한 정당과 후보자에 대한 '무료정치방송(Political Election Broadcasts)'을 시도하여 우리의 정당정치를 발전시킨다. 비용은 국가나 지방자치단체가 부담, 후보자에게 균등한 방송시간을 할애하고 내용에 제한 없이 자유롭게 정치적 메시지를 전달, 군소 정당이나 무소속 후보의 주장을 펼칠 수 있는 공개장소 마련 등 '형평의 원칙'이나 '동등한 시간의 원칙'을 제정하여 적용하고 선거관리위원회에서 참관하고 불만이 있을 경우 시정토록 조치하는 조정기구를 설치하여 불공정 이미지의 전파를 방지하게 한다. 예를 들면, 독일은 후보자에 대한 선거비용 보조, 정당에 대한 무료 방송시간 할애 등을 통하여 선거공영제를 실현하고 있다. 다섯째, '무료정치방송'과 후보자의 정치광고에 대한 '정부 차원의 일정비율의 보조제'를 활용하면 금전적 여력이 부족한 무소속 후보나 새로운 후보자들도 공정경쟁의 틀 안에서 선의의 경쟁을 펼칠 수 있을 것이다. 예를 들면 미국의 경우처럼 미국은 언론보도에 있어서 '균등성의 원칙(Equal Time Principles)'의 기본 원칙과 같은 것이다. 양성적 정치자금 조달, 지역선거에서도 정당간·입후보자간의 보다 공정한 경쟁을 유도해 나가야 한다. 여섯째, 현행 선거법상 공식적인 선거운동을 투표일 전 한 달로 정한 취지는 과열·혼탁을 방지하자는 데 있는 것이다. 선거과열 방지, 선거비용 절감, 미디어 선거를 30일로 한정할 필요가 없다. 투표일 수개월로 하는 것이 바람직하다. 이를 통해 새로운 인물이 공직에 진출할 수 있는 여건을 성숙시켜 나가야 할 것이다. 일곱 번째, 선거자금 공개화, 후원회 결성 양성화, 각 후보자의 건전한 재원확보로 선거풍토를 확립하고 현실적인 선거자금의 상한선을 설정하고, 엄격한 법 집행을 보조할 수 있는 세부조항과 강력한 처벌규정을 확립하여 공평하고 엄격한 집행을 통해 공정한 선거를 기대할 수 있다. 즉, 정경유착 근절, 비자금 조성 근절이다. 여덟 번째, 계도적·계몽적 정치광고의 활성화를 통해 이슈의 활발한 전달과 정치참여를 유도하여 심각한 수준에 이른 국민들의 무관심을 타파하고 그들의 관심을 유발시켜 활발한 참여를 이끌어냄으로써 정치발전에 기여한다. 유세장에 갈 수 없는 유권자에게 정책을 알릴 수 있는 통로 역할로 유권자에게 선택의 근거를 제공한다. 아홉 번째, 후보자, 선거전략가, 그리고 광고 제작자들이 자체적인 윤리강령을 제정하여 정치광고의 사회적 책임을 통감하고 이의 발생 가능한 폐해를 줄이려는 자율적 규제의 노력이 필요하다. 미국 등에서 정치광고가 감각적·정서적 선택을 촉진하고 선거 커뮤니케이션이 일반화되면서 유권자들이 조작의 대상이 되며, 정치적 진실이나 현실을 왜곡할 소지가 농후하므로 윤리적 측면에서 상당한 문제점을 안고 있다는 비판이 강하다. 정치광고 선거운동의 민주화·현대화에 기여하게 되며, 금권·타락선거를 방지해 줌으로써 정치발전을 이룩할 수 있을 것이다.

미국정치전략가협회(American Association of Political Consultants)에서는 1975년부터 자체적인 '윤리강령(Code of Ethics)'을 채택하고 있다. 이를 통해 후보자에게 윤리성 확보를 권유하고 있다. 우리도 자율적 규제의 강화를 통해 정치광고의 윤리성을 확보하여서 엄격한 법적·제도적 규제와 통제의 빌미를 사전에 차단하는 것이 바람직할 것이다. 마지막으로 정치광고의 성공적인 정착을 위해서 제작상에 광고기법의 치밀한 적용이 필요하다. 선거운동은 마케팅적인 성격을 지니고 있다(탁진영, 1999). 마케팅에서 상품이나 마케팅적인 성격을 지니고 있다. 소비자는 곧 유권자로, 상품은 당 후보자, 정책이며, 신제품은 새 정치인, 새 정책이 되고, 시장조사는 정치성향 분석이며, 판매계획은 선거운동 계획, 판촉 활동은 선거조직의 편성과 강화·각종 유세 등이 된다. 즉, 선전, 광고, 홍보, PR은 선거 홍보활동에 대입되는 것이다. 그런데 선거는 사소한 표 차이로 당락이 결정된다. 후보자들은 최소한 마케팅 수준에서 과학적이고 합리적이며 효율적인 전략의 수립이 선결조건이며 필수적인 요소라 할 수 있다. 결론적으로, 정치광고는 한국국민의 정치의식 수준, 한국정치의 수준, 정치인·언론인·광고인의 수준을 향상시켜 줄 수 있는 제도적인 역할을 수행할 수 있으며 일반국민과 정치를 그리고 일반국민과 정치인을 연결시켜 주는 고리로서 정치발전의 견인차 역할을 수행할 수 있다는 것을 잊어서는 안 된다. 한국적 상황에 맞는 창조적인 정치광고가 필요하다. 정치광고홍보를 통해서 국민들의 정치에 대한 무관심과 불신을 해소시키고 수준 미달의 정치 수준을 끌어올리고 폐쇄적인 정치시스템을 개방화시켜 한국정치의 발전을 도모하자는 것이다. 그리고 우리 모두 정치광고의 중요성을 인식하고 적절한 규제와 견제를 통한 합리적 수단으로서의 올바른 정치광고홍보를 개발해야 한다.

8) 한국의 바람직한 대통령 자질 요건

한국의 바람직한 대통령의 자질요건(〈표 7-11〉)으로서 포용력, 민주성, 경륜과 국정경험, 중도 온건 보수성, 미래지향성이 지적되는바, 최근에는 복지와 평화, 정의 등도 언급되고 있다.

〈표 7-11〉 한국 바람직한 대통령 자질요건

기본 요건	내 용
포용력	조국 근대화, 민주화 세력은 물론 군부독재 치하까지도 포용의 용광로 속에 넣어 전 국민을 하나로 통합할 수 있는 사람
민주성	민주화 경력 등의 외형에 앞서 체질적으로 민주주의에 대한 신념이 확고한 사람
경륜과 국정 경험	일반적인 경륜을 넘어 국정 운영, 또는 여당으로서의 국가 경영 참여 경험이 많은 사람
중도 온건 보수성	급진적·진보적 성향보다는 안정적 변화를 선택하는 온건·중도·합리적 보수 성향을 가진 사람
미래지향성	보복과 사정 중심의 과거회귀에서 탈피, 근대화와 민주화 세력을 하나로 포용하는 국민 통합의 바탕 위에서 미래 비전과 희망을 제시할 수 있는 사람

politics

Advertising

제 8 장

선거캠페인과 정치광고홍보

1. 선거캠페인 역할과 기능

최근 선거에서는 정당 중심에서 후보자 중심 캠페인으로 이행되는 현상으로 나타나고 있다. 최근 서울시장 보궐선거에서 박원순은 야권 단일 무소속 후보로 출마를 했다. 이런 현상의 원인으로는 다음 네 가지로 분류한다. ① 인구증가와 투표권 확대 ② 산업화·도시화 급진으로 유대관계 약화 ③ 개인화, 전국화 특성을 지닌 대중매체 증가와 의존성 ④ 정부의 역할 변화이다(탁진영, 1999).

2. 미국의 선거캠페인 발전사

1) 전통적 단계 : 독립초기~1890년(정당 중심)

종교활동(노예해방, 주일예배, 인종차별 등)과 연관된 정당선호, 투표용지(part strips) 한 장에, 인쇄물(전단, 포스터, 자서전 등) 이용, 신문 역할 보조, 캠페인 비용은 정당 조직 관리와 연설원 등이다.

2) 전이 단계 : 1890년 ~1950년

유권자 표적화 직접접촉, 마케팅 요소 도입, 자료살포(만화, 포스터, 전단), 선거운동본부설치, 훈련된 연설원, 캠페인 통합관리, 비용의 자유로운 집행, 전문 PR회사 활용, 라디오 효과적 활용 및 흑인과 여성에게도 투표권을 주어 참정권이 확대된 특징이 있다.

3) 텔레비전 단계 : 1950년 이후(후보자 중심)

후보자 중심, 이미지 초점, 전문가 활용, TV매체활용, 비용증가, 투표연령 18세, 정당지지율 15% 증가, 투표양분자(ticket-splitters), 여론조사 기법 향상, 유권자 표적화의 정밀성, 정치광고 발달, 최초 텔레비전 스폿광고, 마케팅기법과 전술로 체계적인 캠페인 전개, 총 득표수와 소요비용 지출, 80년대 모든 수준의 선거에 적용된다.

3. 유권자 투표행동의 대표적 모델

투표행위에 대한 연구방식은 사회학적·정치학적·심리학적 등 세 가지가 있다. 첫째, 사회학적 연구방법은 연령, 학력, 계층, 지역 등 정치 또는 투표와 관련된 여론 조사에서 가장 보편적으로 사용되는 이용방식이다. 둘째, 정치학적 방법은 투표성향 또는 경향을 분석하는 방법이다. 셋째로 심리학적 방법은 유권자의 개개인의 투표행위의 동기와 성향을 분석하는 방법이다(박상호, 2004). 정치에 대한 유권자 부정주의와 무관심을 부추기는 미디어의 비판적 또는 냉소적 뉴스보도 가치가 정치에 대한 국민들의 관심을 저하시키고 있다. 특히 20~30대의 낮은 투표율은 선진국에서도 문제시되고 있다(박상호, 2004). 유권자의 투표모델에는 5가지의 공통적 요소가 있다. ① 정당귀속의식(party identification)은 주요정당에 대하여 가지는 심리적인 소속감을 말한다. ② 후보자의 이슈위치(issue positions)는 유권자가 후보자나 정당이 표방하는 정책의 방향에 대해 내리는 평가를 의미한다. ③ 후보자 이미지(image)는 유권자가 후보자에 대해 가지는 태도나 감성을 나타낸다. ④ 유권자의 집단소속감(group membership)은 유권자들이 자신들을 특정한 집단(예, 인종적·종교적·경제적 등)을 규정짓는 경향을 나타낸다. ⑤ 회상적 투표(retrospective voting)는 유권자가 현직자나 도전자를 이들이 표방하거나 연관된 과거행동이 사건에 기초해서 판단을 내리는 것을 의미한다. 이와 같은 다섯 가지 요소들의 형식과 그 중요성은 초창기 모델에서 현재에 이르기까지 많은 변화를 보여왔다. 이들 모델에는 대표적인 9가지 모델이 있다. 첫째는 고전적 민주주의 이론, 둘째는 사회학적 모델, 셋째는 Survey Research Center(Michigan)모델, 넷째는 경제학적 모델, 다섯째 순환모델, 여섯째 투표양분자(Ticket-Splitters), 일곱째는 상호작용적 모델(Reciprocal model), 여덟째는 회상적(Retrospetive)모델, 아홉째는 감성적 모델이다(탁진영, 1999). 이들 모델에 대하여 연차별로 살펴보고자 한다.

1) 고전적 민주주의 이론

고전적 민주주의 이론은 고대 희랍시대의 직접민주정치의 근간을 이루는 가정과 논리적 구성에 대한 이론적인 논리를 전달하는 것이다. 민주주의적 시민은 정치행위에 능동적으로 참가하여 강한 동기를 지니는 존재라는 것이다(Berelson, 1966). 즉, 민주적 시민은 이성적 존재로서 정치적 문제에 대하여 이성적인 판단과 행동을 취할 수 있는 능력을 지니고 있으므로, 이들의 투표의사 결정에서 다른 어떤 요소보다 이슈가 중요한 역할을 수행할 것이라고 한다. 현대적 민주시민은 모든 정치적 문제에 대해 많은 관심을 가지고 직접적으로 참여할 것으로 기대한다. 예를 들면 정치적 연설을 경청하거나, 정치적 선전물을 읽어보거나, 정당후보자를 위해 자원봉사를 하거나(등산모임, 주소 옮겨주기 등), 타인들과 정치적 토론을 하거나, 정치헌금 및 펀드모금을 하거나, 투표를 하는 행위들이 모두 포함된다. 이들은 공공이익을 위하여 투표를 행한다는 원칙을 철저히 지킬 것이라는 것이다. 이들의 현실인식은 사실을 왜곡되지 않은 상태에서 있는 그대로 받아들일 수 있다는 것이다. 이들은 정책방향, 정책내용, 그 결과에 대한 예리한 통찰력도 지니고 합리적이고 이성적인 판단을 내릴 것이라는 기대를 할 수 있을 것이다. 그리고 이러한 투표의사결정에 대한 유권자의 이성적 행위는 정치적 사회화를 통해서 자연스럽게 이루어질 것이라고 보는 것이다.

사례 8-1 서울시장 보궐선거 박원순 후보 '희망캠프' 펀드 모금 운동

2011년 서울시장 보궐선거 후보로 출마한 박원순의 '희망캠프'는 "지난 26일 낮 12시부터 시작된 박원순 펀드 모금이 이날 오후 4시에 법정선거비용인 목표액에 도달해 오는 30일까지 예정됐던 모금을 일찍 마감했다"라고 밝혔다. 최종 입금액은 38억 8500만원이며, 입금에 참여한 시민들은 모두 5,778명이었다. 1인당 평균 67만원씩을 낸 셈이다. 목표액을 모으는 데까지 걸린 시간은 총 52시간이었다. 이런 모습은 박원순 후보의 양심을 믿어주는 국민들이 있기에 가능한 일이었다고 본다. 또 당선 가능성이 높은 후보에 대한 기대의 표시라고도 본다(이병익 칼럼, 2011.10.9).

---

2) 사회학적 모델

1940년과 1948년 연구부터 시작된다. 라자스빌드(Lazarsfeld)와 그의 동료들(1948)은 1940년 미국 오하이오주의 6,000명의 유권자를 대상으로 패널연구를 시행하였다. 유권자의 투표 행위에서 이슈보다는 사회적인 특성들이 더 중요하다는 것이다. 유권자들은 자신들이 사전에 미리 보유한 투표결정에 위배되는 정보를 걸러주는 일종의 방어기제를 보유하고 있기 때문에 이들의 투표행위는 매우 안정적인 형태를 취한다. 방어기제의 대표적인 것이 개인이 보유한 정당소속감(partisanship)이라는 것이다. 이 모델은 유권자들을 획일적으로 전체라는 개념에서 파악하는 것이 아니라, 공중으로 파악한다. 집단 구성원들 간 지속적인 상호작용이라는 견지에서 집단 속성을 설명한다. 다양한 사회계층들(예, 가족, 인종, 종교, 경제적 여건, 주거환경 등) 속에서 정당들은 지속적인 정치적 지지를 확보하게 된다. 그들은 정치적 의사결정에서 집단 내 토론의 중요성을 강조한다. 이슈는 투표과정에서 별로 중요하지 않고 사회적 요인을 중요시한다. 이는 선거캠페인 이전에 대부분 결정된다고 생각한다. 개인적 성향이나 성격은 투표행위와 무관하다고 주장한다. 즉, 사회적 요소들인 종교, 교육수준, 사회적 위치들이 투표행동에 가장 많은 영향력을 정치적 행동에 영향을 많이 끼친다. 부모의 투표성향이 가장 많은 영향력을 행사한다고 여겼다. 특히 가족과 같은 1차 집단이 정치적 행동에 영향을 미친다. 부모의 투표성향을 따를 것이라고 가정된다. 개인보다는 집단적인 성격을 강조한다. 흩어진 대중보다는 공중이라는 개념으로 유권자를 인식한다. 즉, 사회는 개인들의 집합체가 아니라 다양한 사회적 집단으로 구성되어 있다고 생각한다.

3) Survey Research Center(Michigan)모델

1952년과 1956년 미국 대통령 선거에 대한 전국에 걸친 표본에 대한 조사에 의거하여 발표된 것이다. 이는 투표행위에 대한 정당귀속의식(party identification)의 중요성을 강조하는 가장 대표적인 모델이다. 정당귀속의식(정당선호도)이란 유권자의 심리적 요인으로 장기간에 걸쳐 형성되는데, 이는 특정 정당에 대한 사전에 형성된 개인의 태도로서 유권자의 투표결정을 좌우한다는 것이다. 개인의 투표행위는 정당귀속의식, 사회집단과 연관된 요인들, 후보자 이미지, 이슈에 대한 태도(정당들이 주장하는 이슈위치에 대한 태도)라는 네 가지 요인들의 복합적인 작용의 결과로 나타나는데, 이 중에서 정당귀속의식이 가장 중요하다고 믿고 있는 것이다. 정당귀속의식은 정당에 대한 유권자 개인의 이미지로 초기에는 가족으로부터 물려받지만 본인이 성장하면서 정당소속감에 의존하여 자신의 의견에 일치하지 않는 정보를 회피함으로써 점차 강화되는 성격을 지닌다(Campbell, et al., 1960). 즉, 새로 입수하는 정치적 정보는 유권자들이 사전에 보유한 정당에 대한 태도에 의거하여 보유하게 된다. 이 모델에 의하면, 투표결정은 후보자, 이슈 혹은 정책, 그리고 정당과 사회적 집단과의 유대감에 대한 유권자의 태도에 의해 직접적으로 형성된다고 보고 있다. 물론 이러한 세 가지 유형의 태도는 유권자의 투표결정에서 단기적인 측면에서는 독립적인 영향력을 행사할 수 있다고 여겼다(Harrop & Miller, 1987). 이들에 의하면, 정당소속감을 지니지 않는 소수의 유권자들은 전체 유권자들 중에서 가장 선거에 관한 지식이 결여된 사람들이고, 이들은 결국 선거캠페인의 영향을 받을 소지가 큰 유권자들이라는 것이다. 이 모델이 이슈의 중요성을 간과한 것은 아니지만, 관심의 초점은 정당귀속의식에 놓여졌다. 선거의 유형은 장기적인 요인에 의해 결정되는 선거를 정상적 선거 (normal election)라하고, 단기적인 요인에 의해 결정되는 선거를 비정상적 선거 (deviating election)라고 구분했다. 투표결과는 정당귀속의식에 좌우되기 마련이므로, 지지하는 유권자가 적은 정당이 승리하는 선거는 비정상적 선거라고 규정하였던 것이다 (Converse, 1966).

4) 경제학적 모델

다운스(Downs, 1957)는 정당이라는 견지에서 유권자의 투표행위를 설명하려고 했다. 하지만 그의 모델은 컬럼비아학파와 미시간학파의 시각과는 전혀 다른 각도에서 출발하였다. 그는 유권자들을 정당들이 집권했을 때 자신들에게 돌아올 이익을 극대화하기 위해서 정당들을 비교해서 평가하는 이성적이고 합리적인 존재로 파악하였다. 즉, 유권자는 현직자의 국정수행능력과 도전자가 수행할 국정수행능력을 비교하여 그 차이를 평가하여 투표결정을 내린다는 견지에서 투표행위를 인식하고 있다. 이 모델로 유권자의 정당간 선택을 표방하지만 정당소속감이라는 측면에서는 전혀 언급하지 않는다. 또한 집단에 대한 유대감도 유권자의 이러한 투표행위에 영향을 미치지 못하며, 미래에 대한 선택을 과거에 대한 냉철하고 이성적인 판단에 기초하여 내린다고 주장한다. 즉, 그는 고전적 민주주의 이론의 기본 가정인 인간의 합리성에 회의를 품고서 자신의 모델을 주장하였다. 즉, 유권자들은 이성적으로 개인의 이익보다 공공의 이익을 우선 생각하며 정치적 문제를 인식하고 판단한다기보다는 개인의 이익을 우선하여 이성적인 판단을 내리는 존재라는 것이다. 따라서 개인이 누구에게 투표할지에 대한 결정은 경제적인 관점에서 분석해서 결정한다는 것이다. 투표에 소요되는 비용을 감안해서 자기가 선택한 후보자가 당선됨으로써 자신에게 돌아올 이익을 감안해서 결정을 내린다는 것이다. 물론 유권자는 정당간의 이슈에 대한 입장차이(party differential), 투표를 통해 발생할 이익(long-term participation value), 자신과 가까운 타인들의 투표의향, 변화의 가치와 같은 네 가지 요인을 고려하여 투표결정을 내리게 된다.

5) 순환모델

골드버그(Goldberg, 1996)는 유권자 투표행동에 관한 모델 중 처음으로 네 가지 변인 들(정당귀속의식, 후보자의 이슈위치, 후보자의 이미지, 유권자의 집단소속감)을 모두 하나의 체계적 모델에 적용하였다. 그의 순환모델은 투표행위에 영향을 주는 여러 개의 연속적인 인과관계적인 통로(즉, 선행적 영향력의 행사)를 지닌다. 그리고 개별 인과관계적인 통로의 시발점은 네 변인들이다. 여기서도 정당귀속의식은 다른 모든 요인들과 만나는 가장 중요한 요인이다. 즉, 정당귀속의식은 투표에 직접적 영향을 미치는 동시에 이슈나 후보자 평가에 간접적 영향을 미친다. 아울러 이슈보다 후보자 평가에 더욱 강력한 영향력을 행사한다는 점을 주장한다. 이 순환모델은 매우 세련되고 복잡한 것으로, 유권자의 인구통계학적 특성이 정당선호도에 영향을 미치고 정당귀속의식은 이슈위치나 후보자 평가에 영향을 준다는 것이다. 한편, 프롬퍼(Pomper, 1975)는 골드버그(Goldberg)의 순환모델에 다음과 같은 두 가지의 중요한 연결고리를 추가하여 더욱 확장시킨다. 즉, 정당귀속의식뿐만 아니라 유권자의 정당에 대한 선유경향(Predispositions)도 이슈위치에 영향을 미친다는 것이다. 더욱 중요한 것은, 이슈가 후보자 평가에 영향을 미칠 수 있음을 시사하고 있다는 점이다. 위에서 언급된 두 가지 새로운 연결고리는 정당귀속의식의 영향력 감소와 이슈의 중요성에 대한 인식의 증가를 의미하는 것이다. 이는 투표행위는 집단역학의 산물이나 종속적인 행위가 아니라는 점을 시사해 주고 있다. 그러나 순환모델은 일방향적인 단선적 인간관계를 상정하고 있기 때문에 여러 문제점을 내포하고 있다. 예를 들면, 순환모델에서는 이슈가 후보자 평가에 영향을 미친다고 가정하지만 후보자 평가가 이슈에 대한 평가에 영향을 미칠 개연성도 충분히 내포하고 있다는 것이다.

6) 투표양분자(ticket-splitters) 모델

이 모델의 기본 가정은 정당에 대한 강조는 더 이상 현실 정치를 정확하게 설명할 수 없다는 것이다. 정당선호나 정당소속감은 더 이상 미국의 정치상황을 분석하고 설명하기에는 부적절하므로 정당이 아닌 후보자에 초점을 맞추는 투표결정모델의 필요성을 주장한다(DeVries & Tarrance, 1972). 이 모델에 의하면, 최근 독립적인 무소속 유권자 절반 이상이 투표를 양분하기 때문에 정당선호도는 유권자의 투표행위를 예측하는 기준으로 당당하고 자신감 있게 정당보다는 후보자를 기준으로 투표를 결정한다는 의견을 개진하고 있다는 것이다. 이러한 사실은 투표행위를 연구하는 학자들에게 관심의 초점을 정당에서 유권자에게로의 전환을 요구하고 있는 것이다. 특히, 정당소속감이 희박하여 대부분이 선거에서 캠페인의주요 대상으로 등장하고 있으며, 대부분의 선거결과를 결정짓는 독립적인 무소속 유권자들(independent voters)에게 관심을 모아야 한다는 주장을 펼친다. 무소속 유권자란 유권자 자신들의 인식과 묘사에 기초하는 심리적인 개념이다. 정당선호가 없는 무소속 유권자들은 주로 일치된 투표행위를 보인다. 이에 반하여, 투표양분자(ticket-splitters)는 유권자의 투표행위에 기초한 행동적 개념으로 한 정당의 후보자에게 배타적으로 투표하기보다는 선거의 유형에 따라 정당에 관계없이 지지하는 후보자가 달라지는 유권자를 의미한다. 즉, 이들은 균형을 위하여 투표를 양분하는 유권자들이다. 예를 들면, 대통령은 민주당 후보자를 지지하고, 상원의원은 공화당을 지지하는 유권자들을 말한다. 그러므로 이 두 개념은 동일한 것이 아니다. 참고로 위의 두 개념과 혼동하기 쉬운 교차투표자(cross-voters)의 의미를 살펴보자. 교차투표란 간접 선거인 미국대통령 선거에서 공화당 선거인단이 민주당 후보에게 투표하거나, 민주당 선거인단이 공화당 후보자에 투표하는 것을 말한다. 이 모델은 정치에 관한 정보를 무한히 전달하는 자유언론이 유권자들의 후보자 선택이 결정적인 역할을 수행한다고 주장한다. 투표양분자의 일반적인 속성을 살펴보면, 이들은 전형적인 중산층 유권자들보다 상대적으로 젊은 유권자들이고 교육수준이 높고 고소득 전문직에 종사하며 교외에 거주하는 사람들이다. 더욱이 이들은 정치에 관한 미디어의 이용량이 많으며, 이들의 후보자 선택의 기준은 후보자의 잠재적 능력이나 개성 혹은 정책수행능력이나 정책방향 등에 의거한다. 이들은 주로 판단의 근거를 제공하는 정치적 정보를 텔레비전을 통해서 얻고 있으며, 정당보다는 후보자 중심으로 문제를 해결하려는 경향을 보여준다. 요약하면, 정당귀속의식에 기초한 미시간 모델과는 달리 투표양분자 모델의 관심의 우선순위는 후보자의 이미지나 그가 전달하는 정책의 내용과 방향이 되는 것이다.

7) 상호작용 모델(Reciprocal model)

페이지와 존슨(Page & Jones, 1984)는 잭슨(Jackson, 1975)의 연구결과에 의거하여 상호작용 모델을 발전시켰다. 잭슨(Jackson) 은 골드버그(Goldberg)의 모델을 최초로 경험적으로 부정했는데, 그에 의하면 정당귀속의식은 유권자의 사회적 속성(인구통계학적 특성)에서보다는 후보자의 이슈위치에서 생성된다는 것이다. 즉, 정당귀속의식은 이슈위치만큼 쉽게 변할 수 있다는 점을 상기시켜준다. 이러한 주장을 바탕으로 페이지와 존슨 (Page & Jones)는 '최근의 정당 친숙도(Current party attachment)', '정책 차이에 대한 비교', '후보자 평가에 대한 비교'의 세 변인을 중심으로 유권자의 투표행위를 설명하고 있다. 그들의 모델에서는 유권자들은 후보자들을 비교하고, 이의 결과로 나타나는 후보자의 평가는 투표와 직결된 것이라는 두 가지 중요한 가정을 하고 있다. 즉, 이들은 유권자의 투표선택 행위를 정당이 아닌 후보자의 측면에서 파악한다. 그리고 유권자는 집단의 구성원이 아니라 개별적인 인간으로 인식한다. 아울러 기존의 모델에서 강조된 정당귀속의식 개념을 '최근의 정당 친숙도'라는 개념으로 대체하였다. 이는 유권자의 정당에 대한 연관성을 항구적인 것이라기보다는 일시적인 것으로 파악하는 것이다. 이들의 연구결과, 정당 친숙도는 투표행위에 지속적이고 강한 영향력을 행사하지 않는 것으로 나타났다. 더욱이 후보자 평가에 대한 비교와 정책 차이에 대한 비교 사이에는 상호작용적 관계가 존재한다. 즉, 유권자는 그들의 후보자에 대한 평가와 일치하려고 후보자의 이슈위치에 대한 인식을 명백하게 변화시킨다. 그러므로 이러한 상호작용적 관계는 기분적으로 정당귀속의식이나 정당친숙도의 기능이나 역할을 보조적 수준으로 낮추어주고 이슈와 후보자의 평가의 중요성을 강조해준다. 결론적으로, 비순환적 모델인 상호작용 모델은 투표에 대한 학문적 시각을 근본적으로 변화시키며, 정당귀속의식은 투표행위에 대한 중심적이고 직접적인 영향력을 상실했다. 물론 후보자에 대한 평가와 이슈 간에 중요한 연관성은 존재하지만 오히려 후보자에 대한 평가가 가장 중요한 요인으로 등장하였다.

8) 회상적(Retrospetive) 모델

피오리나(Fiorina, 1981)는 회상적 투표모델을 소개하고 있는데, 이는 새로운 것이 아니라 과거에 존재해 왔던 모델들을 수정한 것이다. 이 모델은 과거행적에 대한 회상적인 평가, 미래에 대한 기대, 그리고 사전에 보유한 정당귀속의식으로 구성되어 있다. 즉, 유권자의 투표결정은 현직자만(Key, 1960) 혹은 현직자와(Fiorina, 1981)와 연관된 과거 행적과 기록들을 토대로 판단을 내린다는 모델이다. 이 모델을 주창하는 이들은 기본적으로 고전적 민주주의 이론에서 강조하는 인간의 합리성에 대한 믿음에는 강한 회의를 품고 있지만, 유권자의 투표결정 과정에서의 이슈의 중요성에는 공감을 표시한다. 하지만 고전적인 민주주의 이론에서 강조하는 중요한 한두 개의 공공적 이슈에 모든 사람들이 공감하는 것이 아니라, 유권자에 따라서 중요한 이슈가 달라진다는 것이다. 아울러 정당귀속의식의 고전적 정의에도 의심을 품고 있다. 즉, 이 모델은 정당귀속의식을 막연한 심리적인 속성으로 파악하는 것이 아니라, 유권자의 정치적 성향을 명백하게 보여 주기 때문에 회상적 평가 정도를 나타내주는 지표라고 여긴다. 이에 기초하여 이 모델은 정당귀속의식을 최근의 다른 모델과는 달리 중요한 요인으로 인정한다. 이 모델에 의하면, 미래에 대한 기대가 투표행위에 가장 강력한 영향력을 행사한다. 물론 과거 행적에 대한 회상적 평가는 경우에 따라서 주요한 역할을 수행할 수도 있다. 결국 이 모델에서 논의하는 투표결정 과정은 여러 면에서 경제학적 모델과 유사하다.

9) 감성적 모델

마르큐스(Marcus, 1987)는 이 모델에서 유권자 개인의 후보자에 대한 감성적 반응을 도식화하려는 노력을 기울였다. 이 모델은 위협(Threat)과 지배(Mastery)라는 두 가지 차원의 감성적 속성으로 유권자의 후보자에 대한 감성적 반응을 구분한다. 위협(Threat)은 분노, 공포, 불편함, 역겨움과 연관된 차원이고, 지배(Mastery)는 희망, 자긍심, 동정심과 연관된 것이다. 이 모델에 의하면, 이슈에 대한 평가는 '지배' 차원에 전혀 영향을 미치지 않지만, '위협' 차원에는 주요한 영향력을 행사한다. 그러나 '지배'는 '위협'보다 투표행위 자체에 더 큰 영향을 미친다. 결국, 선거에서 유권자들이 투표결정 과정에 영향을 미치는 것은 점차 이슈 그 자체에 아니라 도덕적 지도력이나 지도자의 능력이라는 것이다. 물론 유권자의 후보자 평가보다는 중요성이 덜하지만 정당선호도도 투표결정 과정에서 주요한 역할을 수행하며, 유권자들은 정당이나 사회적 집단의 영향력에서 비교적 자유로운 개개의 사람들이라고 주장한다. 즉, 이 모델에서는 다른 어떤 요인보다도 유권자의 후보자에 대한 평가인 후보자의 이미지가 투표결정 과정에서 중요한 역할을 수행한다고 주장한다.

4. 투표행위의 효과

위에서 살펴본 유권자의 투표행위에 관한 많은 이론적 모델들을 평가하는 현실적으로 불가능한 일이지만 나름대로 투표행위에 대한 잠정적인 결론을 도출시킬 것이다(탁진영, 1999).

첫째, 정당귀속의식은 여러 모델에서 중요한 변인으로 작용한다. 시간이 흐를수록 그 중요성이 감소하고 있다. 둘째, 후보자 이미지는 증가하고 있다. 셋째, 후보자 이슈위치는 후보자에 대한 평가에 기여한다. 넷째, 대부분의 모델들은 유권자를 정당이나 사회집단의 영향력에서 자유로운 독립적인 개인으로 파악하고 있다. 하지만 유권자의 집단의식이나 소속감이 투표행위에 전혀 영향을 미치지 못한다는 증거는 존재하지 않는다. 라한(Rahn, 1990)과 그의 동료들은 정당보다는 투표결정 과정에서의 후보자의 역할을 강조하고 있다. 그들은 후보자에 대한 태도가 직접적으로 투표결정의 절반을 차지한다고 주장한다. 정당귀속의식도 여전히 후보자의 능력, 개성, 감성에 대한 평가에 미치는 직접적인 영향력을 통해 투표행위에 일정 부분 효과를 발휘할 수 있다. 유권자는 후보자들을 상호 비교하거나 후보자의 이슈 위치에 의거해서 비교한다. 그러므로 후보자의 이슈 위치는 유권자의 후보자에 대한 평가를 통해서 투표행위에 간접적으로 영향을 미친다. 결국 이들은 후보자에 대한 평가의 결과로 발생하는 후보자에 대한 종합적인 태도가 가장 강력한 영향력을 행사한다고 주장한다. 특히 정치커뮤니케이션학자들은 투표행위나 투표결과에 관심이 많다. 역시 정치광고 연구자들도 개별 광고나 전체 광고물의 효과에 대한 관심이 지대하다. 정치광고연구자들의 종합적인 연구결과는 다음과 같이 논의된다. 첫째, 후보자의 이미지 소구가 점점 더 만연하고 있다. 이미지는 직접적으로 후보자를 통해서 혹은 간접적으로 이슈를 통해서 형성된다. 둘째, 집단소구도 빈번하며, 유권자 표적화에 많은 노력을 기울인다. 셋째, 이슈소구에 대한 의존도가 점차 낮아지고 있으며, 제작자들도 후보자의 이슈위치가 유권자의 마음을 동요시키기는 힘들다고 여긴다. 넷째, 정당선호도는 가장 영향력이 낮은 요인이라는 것이다. 이 두 가지 연구경향을 비교할 때, 가장 두드러지게 나타나는 근본적인 차이점은 유권자의 감성(emotions)에 대한 시각의 차이에 기인한다. 감성적 소구는 시각적 이미지, 배경음악, 카메라각도, 편집, 색상 등을 통해서 유권자들이 반향(resonance)을 보이거나 심지어 동일화(identification)를 할 수 있도록 제작되는 것이다. 그러므로 감성적 소구의 목적은 광고에 느낌(feeling)을 주어 유권자들이 감성적으로 반응하여 후보자들에게 유리하도록 만들려는 것이다. 감성적인 정치광고의 성공을 위한 필수 불가결한 기능을 수행하는 것이다.

5. 선거캠페인의 접근방법과 실제

1) 선거캠페인 접근방법

(1) 선거캠페인을 위한 기본 체계(framework)

선거캠페인 전략이란 '당선이라는 고지에 도달하기 위한 안내자'와 같은 것이다(〈그림 8-1〉). 선거캠페인 전략은 선거 조직의 운영 및 통제를 위한 지침이 될 뿐만 아니라 선거 광고가 추구해야 할 일관된 이미지를 제시해주고, 또한 선거자금의 효율적인 운용을 위한 기본 틀을 제공해준다(정성호, 2003).

〈그림 8-1〉 선거캠페인 기본 체계

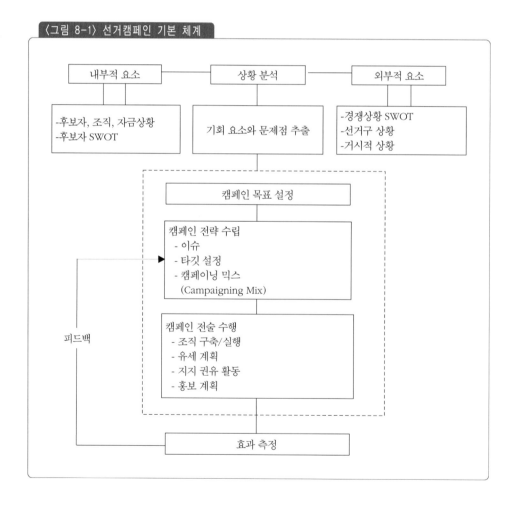

(2) 선거캠페인을 위한 세부적 절차

선거캠페인은 선거 환경의 상황분석에서 출발하여 단계적으로 이루어져야 한다. 선거 캠페인을 위한 세부적 절차는 다음 〈그림 8-2〉와 같다.

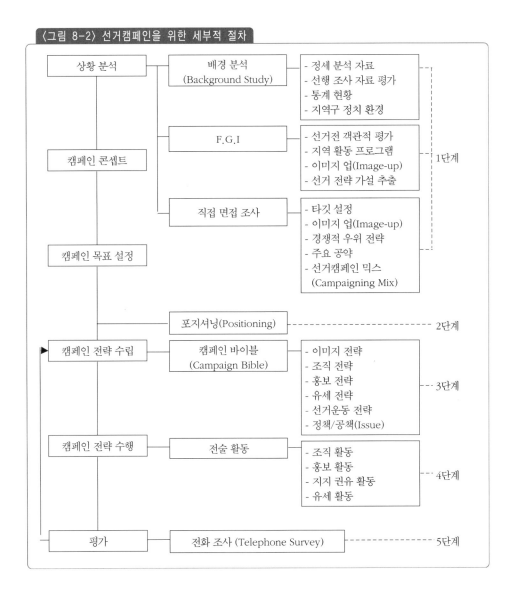

〈그림 8-2〉 선거캠페인을 위한 세부적 절차

6. 선거운동 방법

선거운동은 선거법에서 금지·제한되지 아니하는 한 자유롭게 할 수 있으며 그 방법은 다음 〈표 8-3〉과 같다.

〈표 8-3〉 선거운동 방법과 제한

선거별	대통령	기탁금액 (비례대표 제외)	지방의원 (비례대표 제외)	시·도 지사	기초단체장 (구·시·군장)	비 고
선거벽보	O	O	O	O	O	
선거공보	X	O	O	O	O	
소형 인쇄물	O	O	X	O	O	국회의원, 자치단체장: 전단형 제외
표찰·수기 등	△	△	△	△	△	선거사무 관계자
신문광고	O	X	X	O	X	
방송광고	O	X	X	X	X	
방송연설	O	O	X	O	O	방송사 부담
경력방송	O	O	X	O	O	
합동연설회	△	O	O	△	O	
정당·후보자 연설회	△	△	△	△	△	개최 단체 부담
공개장소 연설·대담	O	O	△	O		
후보자 등 초청 대담·토론회	O	O	O	O	O	방송사 부담
언론기관 초청 대담·토론회	O	O	O	O	O	
공영방송TV 대담·토론회	O	X	X	O	X	
선거사무원 수당	O	O	△	O	△	

* 이 외에도 전화, 컴퓨터 통신 등 선거법에서 제한·금지하지 않는 방법의 선거운동 가능.
* O 표는 선거공영제(국가·지방자치단체 또는 주최자 부담) △ 표는 후보자 부담, X 표는 제도가 없는 것임.
* 공영제는 기탁금 반환요건에 해당되어야 함.

단계별 전략적 포지셔닝(positioning) 수립단계

선거운동에서 포지셔닝(positioning)이란 후보자가 유권자의 이미지 속에 있어야 할 자리를 찾아내는 작업이며, 바로 그 지점에서 후보자가 고지를 접할 수 있는 전략을 구성하는 것이다. 포지셔닝 수립은 단계별로 수립될 수 있다. 또한 후보자의 포지셔닝도 단계별로 접근될 수 있다.

① 포지셔닝(positioning) 수립단계

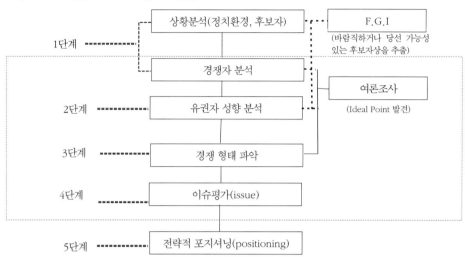

② 후보자의 포지셔닝 위한 접근법

후보자와 그의 정치적 상황에 대한 예비 분석

⇩

1단계 : 경쟁자를 확인한다.
•잠재적 경쟁자들의 이름을 확인

⇩

2단계 : 유권자들의 인지도를 도식화 한다.
•유권자들이 후보자들을 분류하는 방법을 확인
•유권자들이 인식하는 후보
•가상의 후보자들을 만든다.

⇩

3단계 : 경쟁자의 형태를 도식한다.
•어떤 특징이 후보자의 포지셔닝을 결정하는가에 대한 가설을 검증

⇩

4단계 : 어떤 특징이 후보자의 포지셔닝을 결정하는가에 대한 가설을 검증

7. 정치광고기획안(예)

1) 상황분석

▶ K후보자 선거캠페인 계획도

상황분석		상황분석 단계		캠페인 목표설정	전략수립 단계	캠페인전략 수행단계	평가 및 피드백 단계
선거 캠페인관리		•내적요인 - 후보자 - 조직 - 자금	•외적요인 - 유권자 - 경쟁자 - 지역목적 - 정당정치 상황	•선거 캠페인 목표 설정	•선거캠페인 전략수립	•세부전술 개발쟁점	•효과확인
선거 캠페인 관리 방법		조사		•조사 결과 이용 경쟁자와 비교	•목표달성을 위한 전략 수립	•선거전략 수행 •홍보물기획·제작 •SCFGI	•전화조사 3회
		Background Study	여론조사 (FGI)				
세부사항	세부관리 항목	•지역인구 통계자료 •지역구 현황자료 •역대선거 자료 •선행조사 자료 •지역구 관련 언론 보도 자료 •기타	•후보별 지명도 •후보별 이미지 •후보별 강·약점 •후보별 지지도 및 이유 •유권자 정치성향 •각 정당이미지 및 후보자와의 관계 •바람직한 후보자 •지역현안 문제 •기타	•당선 가능 목표 설정	•전략적 포지셔닝 •후보자 이미지전략 •선거조직 전략 •선거운동 전략 •선거홍보 전략 •선거유세 전략 •선거자금 활용전략 •선거운동 일정관리	•조직활동 •홍보활동 •유세활동 •지지권 유활동 •소형 인쇄물 •선거벽보, 공고 •기획 및 필름 작성 •촬영+메이크업 •봉투 및 연설문 •소형 판촉물	•후보자별 지지도 •후보자별 예상득표율 •조직점검 •경쟁자 대응 전략수립

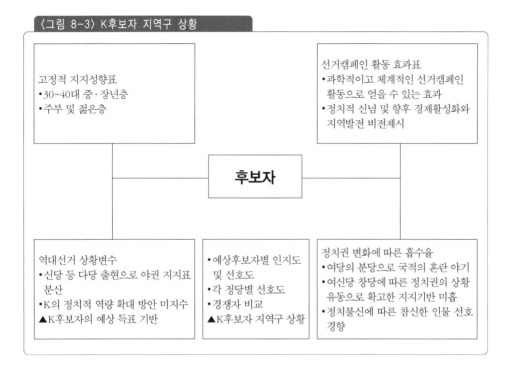

〈그림 8-3〉 K후보자 지역구 상황

고정적 지지성향표
•30~40대 중·장년층
•주부 및 젊은층

선거캠페인 활동 효과표
•과학적이고 체계적인 선거캠페인 활동으로 얻을 수 있는 효과
•정치적 신념 및 향후 경제활성화와 지역발전 비전제시

후보자

역대선거 상황변수
•신당 등 다당 출현으로 야권 지지표 분산
•K의 정치적 역량 확대 방안 미지수
▲K후보자의 예상 득표 기반

•예상후보자별 인지도 및 선호도
•각 정당별 선호도
•경쟁자 비교
▲K후보자 지역구 상황

정치권 변화에 따른 흡수율
•여당의 분당으로 국적의 혼란 야기
•여신당 창당에 따른 정치권의 상황 유동으로 확고한 지지기반 미흡
•정치불신에 따른 참신한 인물 선호 경향

2) 선거캠페인 목표

(1) 캠페인 목표

•복지국가 건설의 견인차 역

•정책 대안을 제시할 능력을 소유한 경험 있는 정치인

•근로자와 서민 대중이 안락한 생활을 영위할 수 있는 균형 있는 정책을 실천할 인물

•일부 권력층에 편중된 부가 일반 서민 대중에게 골고루 돌아갈 수 있는 객관적 예산정책을 제시하는 정치인

•과거 국가 경제각료로서의 경험과 기업 경영의 노하우를 토대로 밝고 건강한 사회 발전의 청사진을 제시할 깨끗한 정치민주화 실천자로서 능력과 소신을 겸비한 인물로 21세기 발전의 차세대 정치인상

(2) 단계별 전략

단 계	주요전략 및 타깃	매 체	시 기
1단계	• 지역유지 및 각종단체 접촉 출마의 당위성 홍보(새시대 신정치 소구) • 신당 참여의 당위성(기존 정치권의 한계성)	• 개인 접촉 및 출판물 제공 • 지구당 창당대회	선거전 활동
2단계	• 전지역 인지도 확산을 위한 거점 확보(OPL 지역 유지 공략)	• 주매체 : 명함 및 인터넷 • 보조매체 : 공보, 벽보, DM, 정당1종	선거일 공고 시점
3단계	• 전 유권자층에 이미지 제고단계 (전 유권자별 세대주에 인물고지) • 중앙 거물 정치인 초대 위상확립	• 주매체 : 리플릿(12p) • 보조매체 : personal comminication, DM • 정당연설회 개최(붐 고조)	1,2차 합동유세 전후
4단계	• 지지층 유지 및 부동층 유입(밴드 웨곤 효과전략) • 당선 가능자에게 투표	• 주매체 : 리플릿(8P) • 보조매체 : 명함, 정당2종	3차 활동 유세 이후 선거일까지

3) 선거캠페인 세부 전략

(1) 유권자 타깃 설정

> • 주 타깃 : 30~40대의 남녀, 일반 주부 및 젊은 층
> • 보조타깃 : 50대 이상 및 중·하 서민층

경쟁 후보와 상당한 부분에서 지지계층 유사하므로 경쟁 후보보다 정치적 신념 등 지역 발전에 대한 청사진을 강력하게 제시해야 할 것이다.

(2) 콘셉트와 포지셔닝

> • 새롭게 전개될 미래 정치의 주역을 맡을 능력 있는 인물
> • 지역 주민과 함께 호흡하는 인간적인 후보자상
> • 소신 있고, 합리적 대안을 제시할 줄 아는 새시대 신정치인 상
> • 깨끗하고 믿음과 신뢰를 줄 수 있는 참신한 정치인상

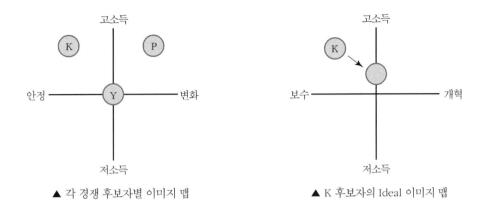

▲ 각 경쟁 후보자별 이미지 맵   ▲ K 후보자의 Ideal 이미지 맵

4) 홍보물 제작방향

(1) 홍보물 표현 전개방향

구 분	홍보물	표현전략	표현방식
법정 홍보물	현수막 (재·보궐 선거 시만 해당)	•길목 선점을 위해 조기등록 •2차 교체지점을 염두에 둔 선정 •P당 지침에 입각한 통일화된 내용 (색깔, 서체)	•규격 : 10m×1m 이내 •매수 : 읍2매, 면1매 •게재내용 : 후보자의 기호, 성명, 소속, 정당명 •당 지정 컬러와 로고타입의 당명 사용
	선거공보	•K위원장이야말로 진정한 정치인상 이미지 •L지역에서 태어난 능력있는 정치인 •유권자 및 부재자 등에 발송되므로 참신한 이미지 부각 •경력 및 활동상황 상세히 설명	•규격 : 19cm×27cm •원고게재면 : 17cm×25cm •면수 2P •게재내용 : 기호, 사진, 성명은 1P, 연령, 주소, 경력, 정견, 소속 정당명, 정강정책은 1,2P 모두 가능 •자수 : 5천자 이내 •색도 : 단색
	선거 벽보	•새정치 창달을 위한 의지 제시 •과거 경제각료로서의 세심한 이미지 •지역의 인물로서 중앙정치에서 발언권 있는 차세대 한국의 정치인	•규격 : 38cm×53cm •원고는 2도로 하되, 사진은 흑백으로 준비 •게재내용 : 후보자 기호, 사진, 성명, 연령, 소속정당명, 직업, 경력, 정견, 정책 기재 •자수 : 1천자 이내로 작성

구분	홍보물	표현전략	표현방식
소 형 홍 보 물	명함 (후보자만 배포)	•선거벽보 이미지 통일화로 연상 효과 •유권자 인지도 확산 •새시대 신정치인	•규격 : 9cm×6cm 이내 •게재내용 : 후보자 기호, 성명, 소속 정당명, 주소, 사진, 학력 및 경력, 정강정책 •색도 : 앞면은 컬러, 2~3도 인쇄 (뒷면에는 공해문제, 교통문제 신고 유도)
	소형책자	•중산층 및 중하층의 폭넓은 호소로 대중지지 기반 확산 •경제 각료 출신다운 능력있는 이미지 •L지역의 작은 문제에도 골고루 신경 을 쓰는 서민의 대변자상 •새롭고 희망찬 새정치 구현의지 제시	•규격 : 19cm×27cm 이내 2면 •게재내용 : 인물사진, 슬로건, 스냅 사진, 후보자 소개 •색도 : 컬러로 작성 •원고작성 : 욕심을 부리지 말고 가급 적 글자수를 적게
	리플릿 (12P)	•과거활동과 지역구 활동 상황을 자 세히 시각화 •짧은 기간 폭넓은 활동 모습전개 •L지역 인구집중화에 따른 도시 문제 •만성적 공해문제 •주택문제 등 대안 제시	•규격 : 19cm×9cm(2접 홀더) 2매 •게재내용 : 캐리커처 또는 사진(삽화 또는 만화), 스냅사진, 약력, 인물사 진, 후보자 정견 또는 인사 •색도 : 컬러로 작성(사각봉투 DM 가 능)
	리플릿 (8P)	•진정한 L지역 발전을 위한 선택은 K 임을 제고 •역대 의원들의 실정 간접공개 •올바른 정치실천의 선도주자 강조 •단순히 금전에 현혹되지 말고 진정 한 양심을 갖고 선택해야 함을 강조 •건강한 L지역 발전은 경제	•규격 : 19cm×13.5cm(1접 리플릿) 2매 •게재내용 : K후보를 선택해야 하는 이유, 사진, 슬로건 •색도 : 컬러로 작성(도안 색상 등 전 체적인 분위기를 강력하게 제작)
	리플릿 (정당용)	•중앙정당 제작 하달됨 •창당의 당위성 홍보 •대결을 마감하고 화합과 신뢰의 시 대를 강조	
	리플릿 (지구당용)	•마지막 단계에 전 유권자에게 DM발송 •1면 중앙당 지침 •P당의 중진 인사로서의 모습, 정치 꾼이 아니라 정치를 이끌 경제 전문 가	•규격 : 19cm×27cm 이내 •게재내용 : 기호, 성명, 소속 •정당, 주소, 사진, 학력 및 경력, 정강정책 •색도 : 컬러로 작성

구분	홍보물	표현전략	표현방식
조직홍보	사랑방 좌담회	• 커뮤니케이션 2단계 과정을 최대한 활용, 확산 효과 극대화 전략 • 출마 당위성 • 향후 공약 및 정책 방안 주지 • 과거 역대 의원의 실정 간섭설명	
	전화유세	• 각종 단체 및 친인척 종친회 1차 공략 • 여성 및 노동자 계층 2차 공략 • K에 대한 인지도 확산을 위한 보조 매체로 관심 증대 및 유권자 반응 측정 • 선거전 전세대 대상 전화홍보(여론조사 형태 인지도 제고)	
기타	합동 연설회 · 정당 연설회	• 각종 단체 및 청년 학생과 노동자 등의 모든 계층 동원 세력을 과시 • 역사적 · 시대적 전환점임을 강조, 과거 정치를 청산, 새 시대의 역사에 동참 호소	• 정당연설회용 • 규격 : 53cm×38cm • 게재내용 : 정당, 연설회 장소, 시간, 참가자 등 • 색도 : 컬러
	인터넷	• 1, 2차에 걸친 이메일 발송으로 인지도 및 이미지 표현 • 출마의 당위성을 지속적으로 고지, 지역 출신 정치인으로서의 사명감 표현	〈유형〉 • 개인 홈페이지 공지사항 등 이용 • 플래시 광고 및 만화 • 유권자 대상 이메일
	언론플레이 및 이벤트	• 중앙일간지 및 지방신문에 출판 광고 게재 • 앞으로 정치발전에 선구자상 기획 기사화 • 선거공고 시점 출판기념회 개최 K후보 붐 조성 • 재계 및 지역유지 초청 거물급 인사로 부각 • 창당대회를 대대적으로 이끌어냄으로써 붐 조성	

(2) 각 매체별 홍보전개 방안

단 계	방 법
선거 전 단계	•지역 유지 및 오프니언 리더 그룹 선정 개별 출판물 전달 •각종 단체 및 경조사 참석 인지도 확산, 창당대회를 통한 인지도 확산 •당원 모임을 통한 조직원 아이덴티티로 지역활동 확산
공고시점 (1단계)	•등록과 동시에 선거사무소 현수막 게시, 용모단정한 대학생을 이용한 가두유세 •기동청년 조직을 이용한 새벽차량 삽입 홍보
1차 합동유세 시점 (2단계)	•후보자와 참모 동행 지역 걷기 운동(시장, 공장 방문) •길목, 번화가, 여대생 배치 지속 실시, 기동 청년 조직 지속 실시
2차 합동유세 이후 선거일까지 (3단계)	•지지기반 다지기 및 부동표 흡수전략, 붐 조성을 표로 연결시키는 홍보 •기동청년 조직 추가 운용(경쟁 후보 홍보물, 수거 소각) •2, 3단계 전략 지속 실시, 초반의 호조를 마지막 정당연설회로 연결, 마무리

(3) 홍보물 제작일정

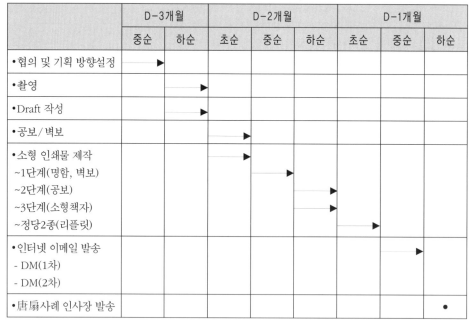

	D-3개월		D-2개월			D-1개월		
	중순	하순	초순	중순	하순	초순	중순	하순
•협의 및 기획 방향설정	──▶							
•촬영		──▶						
•Draft 작성		──▶						
•공보 / 벽보			──▶					
•소형 인쇄물 제작			──▶					
~1단계(명함, 벽보)				──▶				
~2단계(공보)					──▶			
~3단계(소형책자)					──▶			
~정당2종(리플릿)						──▶		
•인터넷 이메일 발송 - DM(1차) - DM(2차)							──▶	
•唐扇사례 인사장 발송								●

출처 : 정성호, 선거캠페인과 미디어전략, 도서출판차공, 2004.

▶ 공직선거법

공직선거법은 [법률 제11374호, 2012.2.29]에 의거 「대한민국헌법」과 「지방자치법」에 의한 선거가 국민의 자유로운 의사와 민주적인 절차에 의하여 공정히 행하여지도록 하고, 선거와 관련한 부정을 방지함으로써 민주정치의 발전에 기여함을 목적으로 한다. 적용범위는 대통령선거·국회의원선거·지방의회의원 및 지방자치단체의 장의 선거에 적용한다. 선거인은 선거권이 있는 사람으로서 선거인명부 또는 재외선거인명부에 올라 있는 사람을 말한다.

이 법에서 선거사무관리의 기준이 되는 인구는 「주민등록법」에 따른 주민등록표와 「재외동포의 출입국과 법적 지위에 관한 법률」에 따른 국내거소신고대장에 따라 조사한 국민의 최근 인구통계에 의한다. 공직선거법에는 선거기간, 피선거권, 기탁금, 선거운동방법, 신문광고, 방송광고, 대담토론회, 각종집회, 선거공고, 선거일 등을 둘 수 있다. 공직선거법에서 각종 방법, 규제와 횟수 등에 대하여 엄격하게 제한하고 있는 법 조항들의 실효성을 확보하고 정당의 각종 집회나 정당활동이 선거운동의 균등한 기회 보장을 회피하는 탈법수단으로 악용될 가능성을 사전에 차단함으로써 선거의 공정이라는 궁극적인 법 목적의 실현을 도모하기 위한 것이라고 할 수 있을 것이다.

▶ 정당법

정당법은 [법률 제10866호, 2011.7.21]에 의거 정당이 국민의 정치적 의사형성에 참여하는데 필요한 조직을 확보하고 정당의 민주적인 조직과 활동을 보장함으로써 민주정치의 건전한 발전에 기여함을 목적으로 한다. 이 법에서 "정당"이라 함은 국민의 이익을 위하여 책임있는 정치적 주장이나 정책을 추진하고 공직선거의 후보자를 추천 또는 지지함으로써 국민의 정치적 의사형성에 참여함을 목적으로 하는 국민의 자발적 조직을 말한다. 정당의 구성은 수도에 소재하는 중앙당과 특별시·광역시·도에 각각 소재하는 시·도당으로 구성한다. 더 자세한 사항은 국가법령정보센타(www.law.go.kr)에서 살펴볼 수 있다.

▶ **공직선거법 · 정당법 신문광고 · 방송광고 · 선거방송토론회(2012년)**

신문광고 (제69조)	1. 대통령선거 : 총 70회 이내 2. 비례대표국회의원선거 : 총 20회 이내 3. 시 · 도지사선거: 총 5회 이내. 다만, 인구 300만을 넘는 시 · 도에 있어서는 300만을 넘는 매 100만까지 마다 1회를 더한다. 이 경우 일간신문에의 광고회수의 계산에 있어서는 하나의 일간신문에 1회 광고하는 것을 1회로 본다
방송광고 (제70조)	광고시간은 1회 1분을 초과할 수 없다. 이 경우 광고회수의 계산에 있어서는 재방송을 포함하되, 하나의 텔레비전 또는 라디오 방송시설을 선정하여 당해 방송망을 동시에 이용하는 것은 1회로 본다. 1. 대통령선거 : 텔레비전 및 라디오 방송별로 각 30회 이내 2. 비례대표국회의원선거:텔레비전 및 라디오 방송별로 각 15회 이내 3. 시 · 도지사선거:지역방송시설을 이용하여 텔레비전 및 라디오 방송별로 각 5회 이내
선거공약서 (제66조)	① 대통령선거 및 지방자치단체의 장선거의 후보자는 선거운동을 위하여 선거공약 및 그 추진계획을 게재한 인쇄물(이하 "선거공약서"라 한다) 1종을 작성할 수 있다. ② 선거공약서에는 선거공약 및 이에 대한 추진계획으로 각 사업의 목표 · 우선순위 · 이행절차 · 이행기한 · 재원조달방안을 게재하여야 하며, 다른 정당이나 후보자에 관한 사항을 게재할 수 없다. 이 경우 후보자의 성명 · 기호와 선거공약 및 그 추진계획에 관한 사항 외의 후보자의 사진 · 학력 · 경력, 그 밖에 홍보에 필요한 사항은 면수 중 1면 이내에서 게재할 수 있다. ③ 선거공약서는 대통령선거에 있어서는 32면 이내로, 시 · 도지사선거에 있어서는 16면 이내로, 자치구 · 시 · 군의 장선거에 있어서는 12면 이내로 작성한다. ④ 선거공약서의 수량은 해당 선거구 안에 있는 세대수의 100분의 10에 해당하는 수 이내로 한다.
현수막 (제67조)	① 후보자는 선거운동을 위하여 당해 선거구안의 읍 · 면 · 동마다 1매의 현수막을 게시할 수 있다. ③현수막의 규격 및 게시방법 등에 관하여 필요한 사항은 중앙선거관리위원회규칙으로 정한다.
어깨띠 등 소품 (제68조)	① 후보자와 그 배우자(배우자 대신 후보자가 그의 직계존비속 중에서 신고한 1인을 포함한다), 선거사무장, 선거연락소장, 선거사무원, 후보자와 함께 다니는 활동보조인 및 회계책임자는 선거운동기간 중 후보자의 사진 · 성명 · 기호 및 소속 정당명, 그 밖의 홍보에 필요한 사항을 게재한 어깨띠나 중앙선거관리위원회규칙으로 정하는 규격 또는 금액 범위의 윗옷(上衣) · 표찰(標札) · 수기(手旗) · 마스코트, 그 밖의 소품을 붙이거나 입거나 지니고 선거운동을 할 수 있다. ② 누구든지 제1항의 경우를 제외하고는 선거운동기간 중 어깨띠, 모양과 색상이 동일한 모자나 옷, 표찰 · 수기 · 마스코트 · 소품, 그 밖의 표시물을 사용하여 선거운동을 할 수 없다.
선거벽보 (제64조)	① 선거벽보에는 후보자의 사진 · 성명 · 기호, 투표용지에 인쇄할 정당 또는 후보자의 게재순위를 말한다. 정당추천후보자의 소속정당명 · 경력[학력을 게재하는 경우에는

	정규학력과 이에 준하는 외국의 교육과정을 이수한 학력외에는 게재할 수 없다. 정규학력에 준하는 외국의 교육과정을 이수한 학력을 게재하는 때에는 그 교육과정명과 수학기간 및 학위를 취득한 때의 취득학위명을 기재하여야 하며, 정규학력의 최종학력과 외국의 교육과정을 이수한 학력은 학력증명서를 제출한 학력에 한하여 게재할 수 있다. 게재하여 동에 있어서는 인구 500명에 1매, 읍에 있어서는 인구 250명에 1매, 면에 있어서는 인구 100명에 1매의 비율을 한도로 작성·첩부한다. 다만, 인구밀집상태 및 첩부장소등을 감안하여 인구 1천명에 1매의 비율까지 조정할 수 있다. ② 선거벽보는 대통령선거경우 후보자등록마감일 후 3일까지, 국회의원선거와 지방자치단체의 의회의원 및 장의 선거는 후보자등록마감일 후 5일까지 첩부할 지역을 관할하는 구·시·군선거관리위원회에 제출하고, 해당 구·시·군선거관리위원회가 이를 확인하여 선거벽보 제출마감일후 2일(대통령선거와 섬 및 산간오지지역의 경우는 3일)까지 첩부한다. ③관할선거구선거관리위원회는 후보자가 작성하여 보관 또는 제출할 선거벽보의 수량을 선거기간개시일전 10일까지 공고하여야 한다. 일정한 수량을 가산할 수 있다. ④후보자가 제출마감일까지 선거벽보를 제출하지 아니한 때와 규격을 넘거나 미달하는 선거벽보를 제출한 때에는 그 선거벽보는 첩부하지 아니한다. ⑤ 제출된 선거벽보는 정정 또는 철회할 수 없다. 다만, 후보자는 선거벽보에 게재된 후보자의 성명·기호·소속 정당명과 경력·학력·학위·상벌 등이 거짓으로 게재되었시는 서면으로 정정 또는 삭제를 요청할 수 있다. 내용을 정정 또는 삭제하는 외에 새로운 내용을 추가하거나 종전의 배열방법·색상·규격 등을 변경할 수 없다.
	⑥ 선거벽보의 내용 중 경력등에 관한 거짓 사실의 게재를 이유와 그 사실을 이의제기자에게 그 증명서류의 제출을 요구할 수 있으며, 그 증명서류의 제출이 없거나 거짓 사실임이 판명된 때에는 그 사실을 공고하여야 한다. ⑦선거벽보에 다른 후보자, 그의 배우자 또는 직계존·비속이나 형제자매의 사생활에 대한 사실을 적시하여 비방하는 내용이 이 법에 위반된다고 인정하는 때에는 이를 고발하고 공고하여야 한다. ⑧선거벽보를 인쇄하는 인쇄업자는 선거벽보의 수량외에는 이를 인쇄하여 누구에게도 제공할 수 없다. ⑨후보자는 첩부한 선거벽보가 오손되거나 훼손되어 보완첩부하고자 하는 때에는 공고된 수량의 범위에서 그 선거벽보 위에 덧붙여야 한다. ⑩ 선거벽보를 첩부하는 경우에 첩부장소가 있는 토지·건물 그 밖의 시설물의 소유자 또는 관리자는 특별한 사유가 없는 한 선거벽보의 첩부에 협조하여야 한다. ⑪선거벽보 내용의 정정·삭제 신청, 수량공고·규격·작성·제출·확인·첩부·경력 등에 관한 허위사실이나 사생활비방으로 인한 고발사실의 공고 그 밖에 필요한 사항은 중앙선거관리위원회규칙으로 정한다.
인터넷광고 (제82조의7)	① 후보자를 추천한 정당은 인터넷언론사의 인터넷홈페이지에 선거운동을 위한 광고를 할 수 있다. ② 인터넷광고에는 광고근거와 광고주명을 표시하여야 한다. ③ 같은 정당의 추천을 받은 2인 이상의 후보자는 합동으로 인터넷광고를 할 수 있다. 이 경우 그 비용은 당해 후보자간의 약정에 따라 분담하되, 그 분담내역을 광고계약서

	에 명시하여야 한다. ⑤ 누구든지 후보자의 경우를 제외하고는 선거운동을 위하여 인터넷광고를 할 수 없다.
후보자 등의 방송연설 (제71조)	① 후보자와 후보자가 지명하는 연설원은 소속정당의 정강·정책이나 후보자의 정견 기타 홍보에 필요한 사항을 발표하기 위하여 다음 각호에 의하여 선거운동기간중 텔레비전 및 라디오 방송시설의 규정에 의한 방송시설을 말한다. 1. 대통령선거 : 후보자와 후보자가 지명한 연설원이 각각 1회 20분 이내에서 텔레비전 및 라디오 방송별 각 11회 이내 2. 비례대표국회의원선거: 정당별로 비례대표국회의원후보자중에서 선임된 대표 2인이 각각 1회 10분 이내에서 텔레비전 및 라디오 방송별 각 1회 3. 지역구국회의원선거 및 자치구·시·군의 장 선거:후보자가 1회 10분 이내에서 지역방송시설을 이용하여 텔레비전 및 라디오 방송별 각 2회 이내 4. 비례대표시·도의원선거: 정당별로 비례대표시·도의원선거구마다 당해 선거의 후보자중에서 선임된 대표 1인이 1회 10분 이내에서 지역방송시설을 이용하여 텔레비전 및 라디오 방송별 각 1회 5. 시·도지사선거: 후보자가 1회 10분 이내에서 지역방송시설을 이용하여 텔레비전 및 라디오 방송별 각 5회 이내 "지역방송시설:이란 해당 시·도의 관할구역 안에 있는 방송시설을 말한다. 텔레비전 방송시설을 이용한 방송연설을 하는 경우에는 후보자 또는 연설원이 연설하는 모습, 후보자의 성명·기호·소속 정당명(해당 정당을 상징하는 마크나 심벌의 표시를 포함한다)·경력, 연설요지 및 통계자료 외의 다른 내용이 방영되게 하여서는 아니되며, 후보자 또는 연설원이 방송연설을 녹화하여 방송하고자 하는 때에는 당해 방송시설을 이용하여야 한다.
경력방송 (제73조)	① 한국방송공사는 대통령선거·국회의원선거 및 지방자치단체의 장 선거에 있어서 선거운동기간중 텔레비전과 라디오 방송시설을 이용하여 후보자마다 매회 2분 이내의 범위안에서 후보자의 사진·성명·기호·연령·소속정당명 및 직업 기타 주요한 경력을 선거인에게 알리기 위하여 방송하여야 한다. 이 경우 대통령선거가 아닌 선거에 있어서는 그 지역방송시설을 이용하여 실시할 수 있다. ② 경력방송 회수는 텔레비전 및 라디오 방송별로 1. 대통령선거 : 각 8회 이상 2. 국회의원선거 및 자치구·시·군의 장 선거: 각 2회 이상 3. 시·도지사선거: 각 3회 이상 ③경력방송을 하는 때에는 그 회수와 내용이 선거구 단위로 모든 후보자에게 공평하게 하여야 하며, 그 비용은 한국방송공사가 부담한다.
선거방송토론 위원회 주관 대담·토론회 (제82조의2)	① 중앙선거방송토론위원회는 대통령선거 및 비례대표국회의원선거에 있어서 선거운동기간중 다음 각호에서 정하는 바에 따라 대담·토론회를 개최하여야 한다. 1. 대통령선거 후보자 중에서 1인 또는 수인을 초청하여 3회 이상 2. 비례대표국회의원선거 해당 정당의 대표자가 비례대표국회의원후보자 또는 선거운동을 할 수 있는 사람(지역구국회의원후보자는 제외한다) 중에서 지정하는 1명 또는 여러 명을 초청하여 2회 이상

②시·도선거방송토론위원회는 시·도지사선거 및 비례대표시·도의원선거에 있어서 선거운동기간 중 다음 각 호에서 정하는 바에 따라 대담·토론회를 개최하여야 한다.

1. 시·도지사선거

후보자 중에서 1인 또는 수인을 초청하여 1회 이상

2. 비례대표시·도의원선거

해당 정당의 대표자가 비례대표시·도의원후보자 또는 선거운동을 할 수 있는 사람(지역구시·도의원후보자는 제외한다) 중에서 지정하는 1명 또는 여러 명을 초청하여 1회 이상

③구·시·군선거방송토론위원회는 선거운동기간 중 지역구국회의원선거 및 자치구·시·군의 장선거의 후보자를 초청하여 1회 이상의 대담·토론회 또는 합동방송연설회를 개최하여야 한다. 이 경우 합동방송연설회의 연설시간은 후보자마다 10분이내의 범위에서 균등하게 배정하여야 한다.

④각급선거방송토론위원회는 대담·토론회를 개최하는 때에는 다음 각 호의 어느 하나에 해당하는 후보자를 대상으로 개최한다. 이 경우 각급선거방송토론위원회로부터 초청받은 후보자는 정당한 사유가 없는 한 그 대담·토론회에 참석하여야 한다.

1. 대통령선거

가. 국회에 5인 이상의 소속의원을 가진 정당이 추천한 후보자

나. 직전 대통령선거, 비례대표국회의원선거, 비례대표시·도의원선거 또는 비례대표자치구·시·군의원선거에서 전국 유효투표총수의 100분의 3 이상을 득표한 정당이 추천한 후보자

다. 중앙선거관리위원회규칙이 정하는 바에 따라 언론기관이 선거기간개시일전 30일부터 선거기간개시일전일까지의 사이에 실시하여 공표한 여론조사결과를 평균한 지지율이 100분의 5 이상인 후보자

2. 비례대표국회의원선거 및 비례대표시·도의원선거

가. 정당의 대표자가 지정한 후보자

나. 여론조사결과를 평균하여 100분의 5 이상의 지지를 얻은 정당의 대표자가 지정한 후보자

3. 지역구국회의원선거 및 지방자치단체의 장 선거

가. 정당이 추천한 후보자나. 최근 4년 이내에 해당 선거구에서 실시된 대통령선거, 지역구국회의원선거 또는 지방자치단체의 장 선거(보궐선거등 포함)에 입후보하여 유효투표총수의 100분의 10 이상을 득표한 후보자

다. 여론조사결과를 평균한 지지율이 100분의 5 이상인 후보자

⑤각급선거방송토론위원회는 초청대상에 포함되지 아니하는 후보자를 대상으로 대담·토론회를 개최할 수 있다. 이 경우 대담·토론회의 시간이나 횟수는 중앙선거관리위원회규칙이 정하는 바에 따라 초청대상 후보자의 대담·토론회와 다르게 정할 수 있다.

⑥각급선거방송토론위원회는 규정을 위반하여 정당한 사유 없이 대담·토론회에 참석하지 아니한 초청 후보자가 있는 때에는 그 사실을 선거인이 알 수 있도록 당해 후보자의 소속 정당명(무소속후보자는 "무소속"이라 한다)·기호·성명과 불참사실을 중계방송을 시작하는 때에 방송하게 하여야 한다.

⑦각급선거방송토론위원회는 대담·토론회를 개최하는 때에는 공정하게 하여야 한다.

	⑧각급선거방송토론위원회위원장 또는 그가 미리 지명한 위원은 대담·토론회에서 후보자가 이 법에 위반되는 내용을 발표하거나 배정된 시간을 초과하여 발언하는 때에는 이를 제지하거나 자막안내하는 등 필요한 조치를 할 수 있다. ⑨각급선거방송토론위원회위원장 또는 그가 미리 지명한 위원은 대담·토론회장에서 진행을 방해하거나 질서를 문란하게 하는 자가 있는 때에는 그 중지를 명하고, 그 명령에 불응하는 때에는 대담·토론회장밖으로 퇴장시킬 수 있다. ⑩공영방송사는 그의 부담으로 대담·토론회를 텔레비전방송을 통하여 중계방송하여야 하되, 대통령선거에 있어서 중앙선거방송토론위원회가 주관하는 대담·토론회는 오후 8시부터 당일 오후 11시까지의 사이에 중계방송하여야 한다. 다만, 지역구국회의원선거 및 자치구·시·군의 장선거에 있어서 전국을 방송권역으로 하는 등 정당한 사유가 있는 경우에는 그러하지 아니하다. ⑪구·시·군선거방송토론위원회는 지역구국회의원선거 및 자치구·시·군의 장선거에 있어서 공영방송사가 중계방송을 할 수 없는 때에는 다른 지상파방송사업자나 종합유선방송사업자의 방송시설을 이용하여 대담·토론회를 텔레비전방송을 통하여 중계방송하게 할 수 있다. 이 경우 그 방송시설이용료는 국가 또는 당해 지방자치단체가 부담한다.
	⑫각급선거방송토론위원회는 대담·토론회를 개최하는 때에는 청각장애선거인을 위하여 자막방송 또는 수화통역을 할 수 있다. ⑬「방송법」의 규정에 의한 방송사업자·중계유선방송사업자 및 인터넷언론사는 그의 부담으로 대담·토론회를 중계방송할 수 있다. 이 경우 편집없이 중계방송하여야 한다. ⑭대담·토론회의 진행절차, 개최홍보, 방송시설이용료의 산정·지급 기타 필요한 사항은 중앙선거관리위원회규칙으로 정한다.
선거방송토론 위원회 (제8조의 7)	① 각급선거관리위원회는 선거방송토론위원회 주관 대담·토론회와 정책토론회의 규정에 의한 정책토론회를 설치·운영하여야 한다. 다만, 구·시·군선거관리위원회에 설치는 구·시·군선거방송토론위원회 또는 「방송법」에 의한 종합유선방송사업자의 방송권역단위로 설치·운영할 수 있다. 1. 중앙선거관리위원회에 설치하는 중앙선거방송토론위원회"라 한다 및 특별시·광역시·도·특별자치도설치는 시·도선거방송토론위원회"라 한다. 국회에 교섭단체를 구성한 정당과 공영방송사이 추천하는 각 1명, 방송통신심의위원회·학계·법조계·시민단체가 추천하는 사람 등 학식과 덕망이 있는 사람 중에서 중앙선거관리위원회 또는 시·도선거관리위원회가 각각 위촉하는 사람을 포함하여 중앙선거방송토론위원회는 11명 이내, 시·도선거방송토론위원회는 9명 이내의 위원 2. 구·시·군선거방송토론위원회 구·시·군선거관리위원회의 위원장 및 정당추천위원을 포함한 위원 3명(정당추천위원의 수가 3명 이상인 경우에는 그 위원을 모두 포함한 수를 말한다), 학계·법조계·시민단체·전문언론인 중에서 해당 구·시·군선거관리위원회가 위촉하는 사람을 포함하여 9명 이내의 위원이다.
정책토론회 (제82조의 3)	① 중앙선거방송토론위원회는 정당이 방송을 통하여 정강·정책을 알릴 수 있도록 하기 위하여 임기만료에 의한 선거(대통령의 궐위로 인한 선거 및 재선거를 포함한다)의

	선거일전 90일(대통령의 궐위로 인한 선거 및 재선거에 있어서는 그 선거의 실시사유가 확정된 날의 다음달)부터 후보자등록신청개시일전일까지 다음 각호에 해당하는 정당의 대표자 또는 그가 지정하는 자를 초청하여 정책토론회를 월 1회 이상 개최하여야 한다. 1. 국회에 5인 이상의 소속의원을 가진 정당 2. 직전 대통령선거, 비례대표국회의원선거 또는 비례대표시·도의원선거에서 전국유효투표총수의 100분의 3 이상을 득표한 정당 ②선거방송토론위원회 주관 대담·토론회는 "정책토론회"로, "각급선거방송토론위원회"는 "중앙선거방송토론위원회"로 본다. ③정책토론회의 운영·진행절차·개최홍보 기타 필요한 사항은 중앙선거관리위원회 규칙으로 정한다.
정책토론회 (정당법 제39조)	「정당법」 제39조(정책토론회) ①「공직선거법」 제8조의7(선거방송토론위원회)의 규정에 의한 중앙선거방송토론위원회는 보조금 배분대상정당이 방송을 통하여 정강·정책을 알릴 수 있도록 하기 위하여 임기만료에 의한 공직선거(대통령의 궐위로 인한 선거 및 재선거를 포함한다)의 선거일 전 90일(대통령의 궐위로 인한 선거 및 재선거에 있어서는 그 선거의 실시사유가 확정된 날)부터 선거일까지를 제외한 기간 중 연 2회 이상 중앙당의 대표자·정책연구소의 소장 또는 중앙당의 대표자가 지정하는 자를 초청하여 정책토론회(이하 "정책토론회"라 한다)를 개최하여야 한다. ②공영방송사(한국방송공사와「방송문화진흥회법」에 의한 방송문화진흥회가 최다 출자자인 방송사업자는 정책토론회를 당해 텔레비전방송을 통하여 중계방송하여야 하며, 그 비용은 공영방송사가 부담한다. ③「공직선거법」 제82조의2(선거방송토론위원회 주관 대담·토론회)의 규정은 정책토론회에 이를 준용한다. 이 경우 "대담·토론회"는 "정책토론회"로, "각급 선거방송토론위원회"는 "중앙선거방송토론위원회"로 본다.
단체의 후보자 등 초청 대담·토론회 (제81조)	① 단체는 후보자 또는 대담·토론자 정당 또는 후보자가 선거운동을 할 수 있는 자중에서 선거사무소 또는 선거연락소마다 지명한 1인 또는 수인을 초청하여 소속정당의 정강·정책이나 후보자의 정견 기타사항을 알아보기 위한 대담·토론회를 이 법이 정하는 바에 따라 옥내에서 개최할 수 있다. 다만, 노동조합과 단체는 그러하지 아니하다. ② "대담"이라 함은 1인의 후보자 또는 대담자가 소속정당의 정강·정책이나 후보자의 정견 기타사항에 관하여 사회자 또는 질문자의 질문에 대하여 답변하는 것을 말하고, "토론"이라 함은 2인 이상의 후보자 또는 토론자가 사회자의 주관하에 소속정당의 정강·정책이나 후보자의 정견 기타사항에 관한 주제에 대하여 사회자를 통하여 질문·답변하는 것을 말한다. ③ 규정에 의하여 대담·토론회를 개최하고자 하는 단체는 중앙선거관리위원회규칙이 정하는 바에 따라 주최단체명·대표자성명·사무소 소재지·회원수·설립근거 등 단체에 관한 사항과 초청할 후보자 또는 대담·토론자의 성명, 대담 또는 토론의 주제, 사회자의 성명, 진행방법, 개최일시와 장소 및 참석예정자수 등을 개최일전 2일까지 관할 선거구선거관리위원회 또는 그 개최장소의 소재지를 관할하는 구·시·군선거관리위원회에 서면으로 신고하여야 한다. 이 경우 초청할 후보자 또는 대담·토론자의 참석 승낙서를 첨부하여야 한다.

	④ 규정에 의한 대담 · 토론회를 개최하는 때에는 중앙선거관리위원회규칙이 정하는 바에 따라 대담 · 토론회임을 표시하는 표지를 게시 또는 첩부하여야 한다.
	⑤대담 · 토론은 모든 후보자에게 공평하게 실시하여야 하되, 후보자가 초청을 수락하지 아니한 경우에는 그러하지 아니하며, 대담 · 토론회를 개최하는 단체는 대담 · 토론이 공정하게 진행되도록 하여야 한다.
	⑥정당, 후보자, 대담 · 토론자, 선거사무장, 선거연락소장, 선거사무원, 회계책임자 또는 정당 및 후보자의 가족 등의 기부행위제한의 후보자 또는 그 가족과 관계있는 회사 등은 규정에 의한 대담 · 토론회와 관련하여 대담 · 토론회를 주최하는 단체 또는 사회자에게 금품 · 향응 기타의 이익을 제공하거나 제공할 의사의 표시 또는 그 제공의 약속을 할 수 없다.
	⑦대담 · 토론회를 개최하는 단체는 그 비용을 후보자에게 부담시킬 수 없다.
선거방송심의 위원회 (제8조의2)	①「방송통신위원회의 설치 및 운영에 관한 법률」 제18조제1항에 따른 방송통신심의위원회(이하 "방송통신심의위원회"라 한다)는 선거방송의 공정성을 유지하기 위하여 다음 각 호의 구분에 따른 기간 동안 선거방송심의위원회를 설치 · 운영하여야 한다. 1. 임기만료에 의한 선거 제60조의2제1항에 따른 예비후보자등록신청개시일 전일부터 선거일 후 30일까지 2. 보궐선거등 선거일 전 60일(선거일 전 60일 후에 실시사유가 확정된 보궐선거등의 경우에는 그 선거의 실시사유가 확정된 후 10일)부터 선거일 후 30일까지 ② 선거방송심의위원회는 국회에 교섭단체를 구성한 정당과 중앙선거관리위원회가 추천하는 각 1명, 방송사(제70조제1항에 따른 방송시설을 경영 또는 관리하는 자를 말한다. 이하 이 조 및 제8조의4에서 같다) · 방송학계 · 대한변호사협회 · 언론인단체 및 시민단체 등이 추천하는 사람을 포함하여 9명 이내의 위원으로 구성한다. 이 경우 선거방송심의위원회를 구성한 후에 국회에 교섭단체를 구성한 정당의 수가 증가하여 위원정수를 초과하게 되는 경우에는 현원을 위원정수로 본다. ③선거방송심의위원회의 위원은 정당에 가입할 수 없다. ④선거방송심의위원회는 선거방송의 정치적 중립성 · 형평성 · 객관성 및 제작기술상의 균형유지와 권리구제 기타 선거방송의 공정을 보장하기 위하여 필요한 사항을 정하여 이를 공표하여야 한다. ⑤선거방송심의위원회는 선거방송의 공정여부를 조사하여야 하고, 조사결과 선거방송의 내용이 공정하지 아니하다고 인정되는 경우에는 「방송법」 제100조제1항 각 호에 따른 제재조치 등을 정하여 이를 「방송통신위원회의 설치 및 운영에 관한 법률」 제3조제1항에 따른 방송통신위원회에 통보하여야 하며, 방송통신위원회는 불공정한 선거방송을 한 방송사에 대하여 통보받은 제재조치 등을 지체없이 명하여야 한다. ⑥후보자 및 후보자가 되려는 사람은 선거방송심의위원회가 설치된 때부터 선거방송의 내용이 불공정하다고 인정되는 경우에는 선거방송심의위원회에 그 시정을 요구할 수 있고, 선거방송심의위원회는 지체없이 이를 심의 · 의결하여야 한다. ⑦선거방송심의위원회의 구성과 운영 그 밖에 필요한 사항은 방송통신심의위원회규칙으로 정한다.
선거공고	① 후보자는 선거운동을 위하여 책자형 선거공보 1종, 후보자 모두의 사진 · 성명 · 학

(제65조)	력 · 경력을 게재하여야 한다. ② 책자형 선거공보는 대통령선거에 있어서는 16면 이내로, 국회의원선거 및 지방자치단체의 장선거에 있어서는 12면 이내로, 지방의회의원선거에 있어서는 8면 이내로 작성하고, 전단형 선거공보는 1매(양면에 게재할 수 있다)로 작성한다. ⑤선거공보의 제출과 발송은 다음 각 호에 따른다. 1. 대통령선거 가. 책자형 선거공보(점자형 선거공보를 포함한다) 나. 전단형 선거공보 후보자정보공개자료의 내용은 책자형 선거공보에 게재하는 내용과 똑같아야 한다. 1. 재산상황 후보자, 후보자의 배우자 및 직계존 · 비속(혼인한 딸과 외조부모 및 외손자녀를 제외한다. 각 재산총액 2. 병역사항 후보자 및 후보자의 직계비속의 군별 · 계급 · 복무기간 · 복무분야 · 병역처분사항 및 병역처분사유[「공직자 등의 병역사항 신고 및 공개에 관한 법률」 제8조(신고사항의 공개)의 규정에 따라 질병명 또는 심신장애내용의 비공개를 요구하는 경우에는 이를 제외한다] 3. 최근 5년간 소득세 · 재산세 · 종합부동산세 납부 및 체납실적 후보자, 후보자의 배우자 및 직계존 · 비속의 연도별 납부액, 연도별 체납액(10만원 이하 또는 3월 이내의 체납은 제외한다) 및 완납시기[제49조(후보자등록 등)규정에 따라 제출한 원천징수소득세를 포함하되, 증명서의 제출을 거부한 후보자의 직계존속의 납부 및 체납실적은 제외한다] 4. 전과기록 죄명과 그 형 및 확정일자 5. 직업 · 학력 · 경력 등 인적사항, 후보자등록신청서에 기재된 사항
선거일 (제34조)	① 임기만료에 의한 선거의 선거일은 1. 대통령선거는 그 임기만료일전 70일 이후 첫번째 수요일 2. 국회의원선거는 그 임기만료일전 50일 이후 첫번째 수요일 3. 지방의회의원 및 지방자치단체의 장의 선거는 그 임기만료일전 30일 이후 첫번째 수요일 ②규정에 의한 선거일이 국민생활과 밀접한 관련이 있는 민속절 또는 공휴일인 때와 선거일전일이나 그 다음날이 공휴일인 때에는 그 다음주의 수요일로 한다.
선거기간 (제33조)	① 선거별 선거기간은 다음 각호와 같다. 1. 대통령선거는 23일 2. 국회의원선거와 지방자치단체의 의회의원 및 장의 선거는 14일 ③ "선거기간"이란 다음 각 호의 기간을 말한다. 1. 대통령선거: 후보자등록마감일의 다음 날부터 선거일까지 2. 국회의원선거와 지방자치단체의 의회의원 및 장의 선거: 후보자등록마감일 후 6일부터 선거일까지
선거권자의	① 관할선거구 안에 주민등록이 된 선거권자는 각 선거별로 정당의 당원이 아닌 자를

후보자 추천 (제48조)	당해 선거구의 후보자로 추천할 수 있다. 1. 대통령선거 5 이상의 시·도에 나누어 하나의 시·도에 주민등록이 되어 있는 선거권자의 수를 700인 이상으로 한 3천500인 이상 6천인 이하 2. 지역구국회의원선거 및 자치구·시·군의 장 선거 300인 이상 500인 이하 3. 지역구시·도의원선거 100인 이상 200인 이하 4. 시·도지사선거 당해 시·도안의 3분의 1 이상의 자치구·시·군에 나누어 하나의 자치구·시·군에 주민등록이 되어 있는 선거권자의 수를 50인 이상으로 한 1천인 이상 2천인 이하 5. 지역구자치구·시·군의원선거 50인 이상 100인 이하. 다만, 인구 1천인 미만의 선거구에 있어서는 30인 이상 50인 이하
피선거권 (제16조)	① 선거일 현재 5년 이상 국내에 거주하고 있는 40세 이상의 국민은 대통령의 피선거권이 있다. 이 경우 공무로 외국에 파견된 기간과 국내에 주소를 두고 일정기간 외국에 체류한 기간은 국내거주기간으로 본다. ② 25세 이상의 국민은 국회의원의 피선거권이 있다. ③ 25세 이상의 국민은 그 지방의회의원 및 지방자치단체의 장의 피선거권이 있다. 이 경우 60일의 기간은 그 지방자치단체의 설치·폐지·분할·합병 또는 구역변경에 의하여 중단되지 아니한다. 제17조(연령산정기준) 선거권자와 피선거권자의 연령은 선거일 현재로 산정한다.
국회의원정수 (제21조)	① 국회의 의원정수는 지역구국회의원과 비례대표국회의원을 합하여 299인으로 하되, 각 시·도의 지역구 국회의원 정수는 최소 3인으로 한다. 다만, 세종특별자치시의 지역구국회의원 정수는 1인으로 한다. ②하나의 국회의원지역선거구에서 선출할 국회의원의 정수는 1인으로 한다.
투표구 (제31조)	① 읍·면·동에 투표구를 둔다. ②구·시·군선거관리위원회는 하나의 읍·면·동에 2 이상의 투표구를 둘 수 있다. 이 경우 읍·면의 리의 일부를 분할하여 다른 투표구에 속하게 할 수 없다.
기탁금 (제56조)	① 후보자등록을 신청하는 자는 등록신청 시에 후보자 1명마다 다음 각 호의 기탁금을 중앙선거관리위원회규칙으로 정하는 바에 따라 관할선거구선거관리위원회에 납부하여야 한다. 1. 대통령선거는 3억원 2. 국회의원선거는 1천500만원 3. 시·도의회의원선거는 300만원 4. 시·도지사선거는 5천만원 5. 자치구·시·군의 장 선거는 1천만원 6. 자치구·시·군의원선거는 200만원 ② 기탁금은 체납처분이나 강제집행의 대상이 되지 아니한다. ③ 과태료 및 제271조에 따른 불법시설물 등에 대한 대집행비용은 기탁금에서 부담한다.

기탁금의 반환 등 (제57조)	① 관할선거구선거관리위원회는 다음 각 호의 구분에 따른 금액을 선거일 후 30일 이내에 기탁자에게 반환한다. 이 경우 반환하지 아니하는 기탁금은 국가 또는 지방자치단체에 귀속한다. 1. 대통령선거, 지역구국회의원선거, 지역구지방의회의원선거 및 지방자치단체의 장 선거 가. 후보자가 당선되거나 사망한 경우와 유효투표총수의 100분의 15 이상을 득표한 경우에는 기탁금 전액 나. 후보자가 유효투표총수의 100분의 10 이상 100분의 15 미만을 득표한 경우에는 기탁금의 100분의 50에 해당하는 금액 다. 예비후보자가 사망하거나 후보자로 등록될 수 없는 경우에는 납부한 기탁금 전액 2. 비례대표국회의원선거 및 비례대표지방의회의원선거 당해 후보자명부에 올라 있는 후보자중 당선인이 있는 때에는 기탁금 전액. 다만, 당선인의 결정전에 사퇴하거나 등록이 무효로 된 후보자의 기탁금은 제외한다.
선거운동기간 (제59조)	선거운동은 선거기간개시일부터 선거일 전일까지에 한하여 할 수 있다. 다만, 다음 각 호의 어느 하나에 해당하는 경우에는 그러하지 아니하다. 1. 제60조의3(예비후보자 등의 선거운동)제1항 및 제2항의 규정에 따라 예비후보자 등이 선거운동을 하는 경우 2. 선거일이 아닌 때에 문자(문자 외의 음성·화상·동영상 등은 제외한다)메시지를 전송하는 방법으로 선거운동을 하는 경우. 이 경우 컴퓨터 및 컴퓨터 이용기술을 활용한 자동 동보통신의 방법으로 전송할 수 있는 자는 후보자와 예비후보자에 한하되, 그 횟수는 5회(후보자의 경우 예비후보자로서 전송한 횟수를 포함한다)를 넘을 수 없으며, 매회 전송하는 때마다 중앙선거관리위원회규칙에 따라 신고한 1개의 전화번호만을 사용하여야 한다. 3. 선거일이 아닌 때에 인터넷 홈페이지 또는 그 게시판·대화방 등에 글이나 동영상 등을 게시하거나 전자우편(컴퓨터 이용자끼리 네트워크를 통하여 문자·음성·화상 또는 동영상 등의 정보를 주고받는 통신시스템을 말한다. 이하 같다)을 전송하는 방법으로 선거운동을 하는 경우. 이 경우 전자우편 전송대행업체에 위탁하여 전자우편을 전송할 수 있는 사람은 후보자와 예비후보자에 한한다.
정보통신망을 이용한 선거운동 (제82조의4)	① 선거운동을 할 수 있는 자는 선거운동기간 중에 전화를 이용하여 송·수화자 간 직접 통화하는 방식으로 선거운동을 할 수 있다. ②누구든지 「정보통신망 이용촉진 및 정보보호 등에 관한 법률」 제2조제1항제1호에 따른 정보통신망을 이용하여 후보자(후보자가 되려는 사람을 포함한다. 그의 배우자 또는 직계존·비속이나 형제자매에 관하여 허위의 사실을 유포하여서는 아니되며, 공연히 사실을 적시하여 이들을 비방하여서는 아니된다. 다만, 진실한 사실로서 공공의 이익에 관한 때에는 그러하지 아니하다. ③각급선거관리위원회(읍·면·동선거관리위원회를 제외한다) 또는 후보자는 이 법의 규정에 위반되는 정보가 인터넷 홈페이지 또는 그 게시판·대화방 등에 게시되거나, 정보통신망을 통하여 전송되는 사실을 발견한 때에는 당해 정보가 게시된 인터넷 홈페이지를 관리·운영하는 자에게 해당 정보의 삭제를 요청하거나, 전송되는 정보를 취급하는 인터넷 홈페이지의 관리·운영자 또는 「정보통신망 이용촉진 및 정보보호 등에

	관한 법률」제2조제1항제3호의 규정에 의한 정보통신서비스제공자에게 그 취급의 거부 · 정지 · 제한을 요청할 수 있다. 이 경우 인터넷 홈페이지 관리 · 운영자 또는 정보통신서비스 제공자가 후보자의 요청에 따르지 아니하는 때에는 해당 후보자는 관할 선거구선거관리위원회에 서면으로 그 사실을 통보할 수 있으며, 관할 선거구선거관리위원회는 후보자가 삭제요청 또는 취급의 거부 · 정지 · 제한을 요청한 정보가 이 법의 규정에 위반된다고 인정되는 때에는 해당 인터넷 홈페이지 관리 · 운영자 또는 정보통신서비스 제공자에게 삭제요청 또는 취급의 거부 · 정지 · 제한을 요청할 수 있다. ⑤ 선거관리위원회로부터 요청을 받은 인터넷 홈페이지 관리 · 운영자 또는 정보통신서비스제공자는 그 요청을 받은 날부터, 해당 정보를 게시하거나 전송한 자는 당해 정보가 삭제되거나 그 취급이 거부 · 정지 또는 제한된 날부터 3일 이내에 그 요청을 한 선거관리위원회에 이의신청을 할 수 있다. ④인터넷언론사는 제1항의 규정에 따라 실명인증을 받은 자가 정보등을 게시한 경우 당해 인터넷홈페이지의 게시판 · 대화방 등에 "실명인증" 표시가 나타나도록 하는 기술적 조치를 하여야 한다. ⑤인터넷언론사는 당해 인터넷홈페이지의 게시판 · 대화방 등에서 정보등을 게시하고자 하는 자에게 주민등록번호를 기재할 것을 요구하여서는 아니된다. ⑥인터넷언론사는 당해 인터넷홈페이지의 게시판 · 대화방 등에 "실명인증"의 표시가 없는 정당이나 후보자에 대한 지지 · 반대의 정보등이 게시된 경우에는 지체 없이 이를 삭제하여야 한다. ⑦인터넷언론사는 정당 · 후보자 및 각급선거관리위원회가 제6항의 규정에 따른 정보등을 삭제하도록 요구한 경우에는 지체 없이 이에 따라야 한다.
선거운동 정보의 전송제한 (제82조의 5)	① 정보수신자의 명시적인 수신거부의사에 반하여 선거운동 목적의 정보를 전송하여서는 아니된다. ②예비후보자 또는 후보자가 선거운동 목적의 정보를 자동 동보통신의 방법으로 문자메시지로 전송하거나 전송대행업체에 위탁하여 전자우편으로 전송하는 때에는 다음 각 호의 사항을 선거운동정보에 명시하여야 한다. 2. 문자메시지를 전송하는 경우 그의 전화번호 ⑤선거운동정보를 전송하는 자는 수신자가 수신거부를 할 때 발생하는 전화요금 기타 금전적 비용을 수신자가 부담하지 아니하도록 필요한 조치를 하여야 한다. ⑥ 숫자 · 부호 또는 문자를 조합하여 전화번호 · 전자우편주소 등 수신자의 연락처를 자동으로 생성하는 프로그램 그 밖의 기술적 장치를 이용하여 선거운동정보를 전송하여서는 아니된다.
인터넷언론사 게시판 · 대화방 등 실명확인 (제82조의 6)	① 인터넷언론사는 선거운동기간 중 당해 인터넷홈페이지의 게시판 · 대화방 등에 정당 · 후보자에 대한 지지 · 반대의 문자 · 음성 · 화상 또는 동영상 등의 정보를 게시할 수 있도록 하는 경우에는 행정안전부장관 또는 신용정보업자가 제공하는 실명인증방법으로 실명을 확인받도록 하는 기술적 조치를 하여야 한다. 다만, 인터넷언론사가 「정보통신망 이용촉진 및 정보보호 등에 관한 법률」 제44조의5에 따른 본인확인조치를 한 경우에는 그 실명을 확인받도록 하는 기술적 조치를 한 것으로 본다. ②정당이나 후보자는 자신의 명의로 개설 · 운영하는 인터넷홈페이지의 게시판 · 대화방 등에 정당 · 후보자에 대한 지지 · 반대의 정보 등을 게시할 수 있도록 하는 경우에

	는 제1항의 규정에 따른 기술적 조치를 할 수 있다. ③행정안전부장관 및 신용정보업자는 규정에 따라 제공한 실명인증자료를 실명인증을 받은 자 및 인터넷홈페이지별로 관리하여야 하며, 중앙선거관리위원회가 그 실명인증 자료의 제출을 요구하는 경우에는 지체 없이 이에 따라야 한다.
각종집회 등의 제한 (제103조)	②특별법에 따라 설립된 국민운동단체로서 국가나 지방자치단체의 출연 또는 보조를 받는 단체(바르게살기운동협의회·새마을운동협의회·한국자유총연맹을 말한다) 및 주민자치위원회는 선거기간 중 회의 그 밖에 어떠한 명칭의 모임도 개최할 수 없다. ③ 선거기간 중 선거에 영향을 미치게 하기 위하여 향우회·종친회·동창회·단합대회 또는 야유회, 그 밖의 집회나 모임을 개최할 수 없다. ④선거기간중에는 특별한 사유가 없는 한 반상회를 개최할 수 없다. ⑤ 선거일전 90일(선거일전 90일후에 실시사유가 확정된 보궐선거등에 있어서는 그 선거의 실시사유가 확정된 때)부터 선거일까지 후보자(후보자가 되고자 하는 자를 포함한다)와 관련있는 저서의 출판기념회를 개최할 수 없다.
여론조사의 결과공표금지 등 (제108조)	① 선거일 전 6일부터 선거일의 투표마감시각까지 선거에 관하여 정당에 대한 지지도나 당선인을 예상하게 하는 여론조사(모의투표나 인기투표에 의한 경우를 포함한다. 그 결과를 공표하거나 인용하여 보도할 수 없다. ② 선거일전 60일(선거일전 60일 후에 실시사유가 확정된 보궐선거등에서는 그 선거의 실시사유가 확정된 때)부터 선거일까지 선거에 관한 여론조사를 투표용지와 유사한 모형에 의한 방법을 사용하거나 후보자(후보자가 되고자 하는 자를 포함한다. 정당의 명의로 선거에 관한 여론조사를 할 수 없다. ③ 선거일 전 180일부터 선거일의 투표마감시각까지 선거에 관하여 정당에 대한 지지도나 당선인을 예상하게 하는 여론조사(공표·보도를 목적으로 하지 아니하는 여론조사를 포함한다)를 실시하려면 중앙선거관리위원회규칙으로 정하는 바에 따라 여론조사의 목적, 표본의 크기, 조사지역·일시·방법, 전체 설문내용 등을 여론조사 개시일 전 2일까지 해당 선거구선거관리위원회에 서면으로 신고하여야 한다.
정강·정책의 신문광고 등의 제한 (제137조)	① 선거가 임박한 시기에 있어서 정당이 행하는 「신문 등의 진흥에 관한 법률」 제2조제1호에 따른 신문과 「잡지 등 정기간행물의 진흥에 관한 법률」 제2조제1호에 따른 정기간행물(이하 이 조에서 "일간신문 등"이라 한다)에 의한 정강·정책의 홍보, 당원·후보지망자의 모집, 당비모금, 정치자금모금(대통령선거에 한한다) 또는 선거에 있어 당해 정당이나 추천후보자가 사용할 구호·도안·정책 그 밖에 선거에 관한 의견수집을 위한 광고는 다음 각호의 범위안에서 하여야 하며, 그 선거기간중에는 이를 할 수 없다. 1. 임기만료에 의한 선거 정당의 중앙당이 행하되, 선거일전 90일부터 선거기간개시일전일까지 일간신문 등에 총 70회 이내 2. 대통령의 궐위로 인한 선거·재선거 [제197조(선거의 일부무효로 인한 재선거)의 규정에 의한 재선거를 제외한다. 이하 이 항에서 같다] 및 연기된 선거정당의 중앙당이 행하되, 그 선거의 실시사유가 확정된 때부터 선거기간개시일전일까지 일간신문 등에 총 20회 이내 3. 보궐선거·재선거 및 연기된 선거 정당의 중앙당이 행하되, 그 선거의 실시사유가 확정된 때부터 선거기간개시일전일까

	지 일간신문 등에 총 10회 이내 ② 규정에 의한 일간신문 등의 광고 1회의 규격은 가로 37센티미터 세로 17센티미터 이내로 하여야 하며, 후보자가 되고자 하는 자의 사진 · 성명(성명을 유추할 수 있는 내 용을 포함한다) 기타 선거운동에 이르는 내용을 게재할 수 없다.
정강 · 정책의 방송연설의 제한 (제137조의2)	① 정당이 방송시설[제70조(放送廣告)제1항의 규정에 의한 방송시설을 말한다. 이하 이 조에서 같다]을 이용하여 정강 · 정책을 알리기 위한 방송연설을 하는 때에는 다음 각호의 범위 안에서 하여야 한다. 1. 임기만료에 의한 선거 정당의 중앙당 대표자 또는 그가 선거운동을 할 수 있는 자중에서 지명한 자가 행하되, 선거일전 90일이 속하는 달의 초일부터 선거기간개시일전일까지 1회 20분 이내에서 텔레비전 및 라디오방송별로 월 2회(선거기간개시일전일이 해당 달의 10일이내에 해 당하는 경우에는 1회) 이내 2. 대통령의 궐위로 인한 선거, 재선거[제197조(선거의 일부무효로 인한 재선거)의 규 정에 의한 재선거를 제외한다] 및 연기된 선거 정당의 중앙당 대표자 또는 그가 선거운동을 할 수 있는 자 중에서 지명한 자가 행하되, 그 선거의 실시사유가 확정된 때부터 선거기간개시일전일까지 1회 10분 이내에서 텔 레비전 및 라디오 방송별 각 5회 이내 ②텔레비전 방송시설을 이용한 방송연설을 하는 때에는 연설하는 모습, 정당명(해당 정당을 상징하는 마크나 심벌의 표시를 포함한다), 연설의 요지 및 통계자료 외의 다른 내용이 방영되게 하여서는 아니되며, 방송연설을 녹화하여 방송하고자 하는 때에는 당 해 방송시설을 이용하여야 한다. ③방송연설을 함에 있어서는 선거운동에 이르는 내용의 연설을 하여서는 아니된다. ④방송연설의 비용은 당해 정당이 부담하되, 국회에 교섭단체를 구성한 정당이 공영방 송사를 이용하여 방송연설을 하는 때에는 각 공영방송사마다 텔레비전 및 라디오 방송 별로 행하는 월 1회의 방송연설비용(제작비용을 제외한다)은 당해 공영방송사가 이를 부담하여야 한다. ⑤공영방송사가 비용을 부담하는 방송연설을 하고자 하는 경우 그 방송연설의 일시 · 시간대 기타 필요한 사항은 당해 공영방송사와 당해 정당이 협의하여 정한다.
정강 · 정책홍 보물의 배부제한 등 (제138조)	① 정당이 선거기간중에 후보자를 추천한 선거구의 소속당원에게 배부할 수 있는 정 강 · 정책홍보물은 정당의 중앙당이 제작한 책자형 정강 · 정책홍보물 1종으로 한다. ② 정강 · 정책홍보물을 배부할 수 있는 수량은 후보자를 추천한 선거구의 소속당원에 상당하는 수를 넘지 못한다. ③ 정강 · 정책홍보물을 제작 · 배부하는 때에는 그 표지에 "당원용"이라 표시하여야 한다. ④ 정강 · 정책홍보물을 배부하고자 하는 때에는 배부전까지 중앙선거관리위원회에 2 부를 제출하여야 하되, 전자적 파일로 대신 제출할 수 있다. ⑤ 정강 · 정책홍보물에는 해당 정당이 추천한 후보자의 기호 · 성명 · 사진 · 경력등을 제외하고는 후보자와 관련된 사항을 게재할 수 없다. ⑥ 정강 · 정책홍보물은 길이 27센티미터 너비19센티미터 이내에서 대통령선거의 경 우에는 16면 이내로, 지역구국회의원선거, 지역구지방의회의 원선거 및 지방자치단체 의 장선거의 경우에는 8면 이내로 작성한다. 〈

정책공약집의 배부제한 등 (제138조의2)	① 정당이 자당의 정책과 선거에 있어서 공약을 게재한 정책공약집(도서의 형태로 발간된 것을 말하며, 이하 "정책공약집"이라 한다)을 배부하고자 하는 때에는 통상적인 방법으로 판매하여야 한다. 다만, 방문판매의 방법으로 정책공약집을 판매할 수 없다. ②정당은 통상적인 방법에 의한 판매 외에 해당 정당의 당사와 제79조에 따라 소속 정당 추천후보자가 개최한 공개장소에서의 연설·대담 장소에서 정책공약집을 판매할 수 있다. 이 경우 정당의 당사에서 판매할 때에는 공개된 장소에 별도의 판매대를 설치하는 등 정책공약집의 판매사실을 공개적으로 확인할 수 있는 방법으로 판매하여야 한다. ③정당이 정책공약집을 판매하고자 하는 때에는 발간 즉시 「정당법」의 규정에 따라 해당 정당의 등록사무를 처리하는 관할선거관리위원회에 2권을 제출하여야 하되, 전자적 파일로 대신 제출할 수 있다. ④정책공약집에는 후보자의 기호·성명·사진·학력·경력 등 후보자와 관련된 사항 및 다른 정당에 관한 사항을 게재할 수 없다.⑤정책공약집의 작성근거 등의 표시, 제출 그 밖의 필요한 사항은 중앙선거관리위원회규칙으로 정한다. 정당기관지의 발행·배부제한 ① 정당의 중앙당은 선거기간중 기관지를 통상적인 방법외의 방법으로 발행·배부할 수 없다. 다만, 선거기간중 통상적인 주기에 의한 발행 회수가 2회 미만인 때에는 2회(증보·호외·임시판을 포함하며, 배부되는 지역에 따라 게재내용중 일부를 달리하더라도 동일한 것으로 본다)이내로 한다. 이 경우 정당의 중앙당외의 당부가 발행하거나 공개장소에서의 연설·대담장소 또는 대담·토론회장에서의 배부, 거리에서의 판매·배부, 첩부, 게시, 살포는 통상적인 방법에 의한 배부로 보지 아니한다. ②기관지에는 당해 정당이 추천한 후보자의 기호·성명·사진·학력·경력 등외에 후보자의 홍보에 관한 사항을 게재할 수 없다. 기관지를 발행·배부하고자 하는 때에는 발행 즉시 2부를 중앙선거관리위원회에 제출하여야 하되, 전자적 파일로 대신 제출할 수 있다.

출처 : 국가법령정보센터(www.law.go.kr)

항목/비용부담 주체	국가 또는 지방자치단체장	후보자 또는 정당	비 고
선거사무 관계자의 수당	O		대통령, 국회의원, 시·도지사 선거에 한하며, 기탁금 반환요건 충족 시 반환
선거벽보 작성 비용	O		기탁금 반환요건 충족 시
선거공보 작성 비용	O		기탁금 반환요건 충족 시 (대선 제외)
소형 인쇄물 작성 비용	O		기탁금 반환요건 충족 시
표찰·수기 등		O	기탁금 반환요건 충족 시
신문광고	O		기탁금 반환요건 충족 시 (대선, 시·도지사 선거에 한함)

▶ 선거벽보, 현수막, 소형인쇄물의 내용, 수량·규격·작성·제출·확인·첩부·경력 등에 관하여는 중앙선거관리위원회규칙에 따라 제작하여야 한다. 아래 현황은 제14대 대선과 제15대 대선 시 제작되었던 홍보물이다.

• 현수막

구 분	제14대 대선	제15대 대선
규격	10cm×1m	좌동
수량	구, 시 : 동에 각 1매 군 : 읍마다 2매, 면마다 1매	시, 군, 구별 3매

• 선거벽보

구 분	제14대 대선	제15대 대선
규격	76cm×52cm	좌동
수량	중앙선관위 부착	좌동

• 소형 인쇄물

구 분	제14대 대선	제15대 대선	비 고
정견정책집	중앙당 작성 19×27cm 70면 이내	중앙당 작성 19×27cm 16면 이내	선거운동 기간 전의 정당의 정견 정책 홍보물 제작 제한 규정은 없음
홍보물	책자형 3종 19×27cm 20면 이내 전단형 1종 38×27cm 2면	책자형 1종 19×27cm 16면 이내 전단형 1종 38×27cm 2면	

politics

Advertising

제 9 장

정치광고홍보의 메시지 특성

1. 정치광고의 표현기법

정치광고의 표현기법이라 함은 "후보자나 정당이 유권자를 설득하여 자신들에 대한 지지를 획득하기 위해 광고표현에 이용하는 설득적 기술"이라 정의할 수 있다(김춘식, 1998). 그러나 정치광고를 표현기법으로 분류함에 있어 주의해야 할 점은 표현기법은 정치광고의 내용(정책·인간적 특성)과 정치광고의 유형(긍정·부정)과는 다른 차원의 개념이라는 것이다. 따라서 정책내용을 가진 광고나 인간적 특성을 강조한 광고나 혹은 긍정광고나 부정광고나 모두 표현기법에 따라 논리적·감성적·윤리적·위협적 표현기법으로 분류될 수 있다. 정치광고에 있어서 널리 사용되는 표현기법은 논리적 표현기법, 감성적 표현기법, 윤리적 표현기법(Kaid. L. L. & Johnston, A., 1960-1988)이다.

1) 논리적 표현기법

논리적 표현기법은 주장하고자 하는 이슈와 관련된 통계수치를 사용하거나 구체적인 사례의 사용 및 삼단논법에 의거하여 자신의 논지를 논리적으로 전개하는 소구를 말하며, 부정광고는 긍정광고에 비해 논리적 표현기법을 많이 사용한다(Kaid. L. L. & Johnston, A., 1960-1988, pp.53-64).

2) 감성적 표현기법

감성적 표현기법은 행복감, 자부심, 애국심, 분노 등 유권자의 감성에 주로 호소하는 광고로 현재 감성광고에 많이 사용되는 기법이며, 부정광고와 긍정광고 모두 감성적 표현기법을 많이 사용한다(Kaid. L. L. & Johnston, A., 1960-1988).

3) 윤리적 표현기법

윤리적 표현기법은 후보자의 능력과 경험을 강조하거나, 사회 저명인사나 평범한 사람을 이용한 표현기법으로 정보원에 대한 공증된 힘을 발휘한다. 윤리적 표현기법은 부정광고에 비해 긍정광고에 많이 사용된다(Kaid. L. L. & Johnston, A., 1960-1988).

4) 위협적 표현기법

위협적 표현기법은 후보자 자신이 당선되지 않았을 경우라든가 상대방 후보가 당선되었을 경우 부정적인 결과가 초래될 것이라고 유권자들에게 메시지를 전달하여 심리적으로 불안한 상태에 빠지게 하여 유권자를 설득하는 표현기법이다. 위협적 표현기법은 부정광고에 사용되는 표현기법이다(Kaid. L. L. & Johnston, A., 1960-1988).

2. Benoit이론

베노이트(Benoit)이론은 베노이트(Benoit, 1999)가 정치광고의 기본적인 기능으로 주장, 공격, 방어의 세 가지를 제시했다. 이러한 우목을 사용하여 Benoit는 정치광고를 분석하고 그 세부적인 유형은 주장의 세부적인 유형으로 사실적 주장, 가치적 주장, 방침적 주장의 세 가지로 구분했다. 공격은 흑색선전, 주관적 주장, 사실적 공격의 세 가지로 구분하였으며, 방어의 경우 사실적 방어와 세부적 방어의 두 가지로 나누었다(김광수, 1995). 베노이트(Benoit, 2002)는 과거의 업적이나 행위(이전의 대통령과 정부의 업적이나 정책 사항 등), 후보자의 일반적인 목적(나라를 보다 강한 나라를 건설하겠다는 의지), 미래의 계획(당선이 된다면 후에 어떻게 하겠다는 후보자의 공약)의 3가지로 분류했다. 베노이트(Benoit, 2002)는 정치인의 인간적 특성을 리더십 능력(정치적 리더로서 자신보다 더 나은 정치인은 없다는 것을 강조), 인간적 자질(이웃을 배려하고 보살필 줄 안다는 것을 강조), 정치적 이상(유권자를 대변하여 어느 항변이라도 할 준비가 되어 있는 정치인이 될 것을 강조)의 3가지로 분류했다.

3. 정치광고의 비언어적 메시지

1) 정치광고의 비언어적 메시지

정치광고는 선거의 상징이며, 유권자들의 후보자의 정책이슈나 이미지에 대한 가장 효과적인 정보원이다. 정치광고의 메시지와 이미지는 공포·신화·관심·문화 등 현실 속에 담긴 이야기를 사용하여 만들어진다. 즉, 캠페인의 정치적인 의사소통 과정인 정치광고는 유권자에게 현실성을 건설하는 양방향적인 과정이라 할 수 있다(Swanson, D., 1991). 이런 현실성의 건설과 모든 미디어 형식에서 발생되는 의미교환은 모든 정치광고의 유형에서 찾아볼 수 있다. 정치광고는 짧은 캠페인 기간에 만들어지며, 그 유효성이 짧다. 정치광고의 이런 단점은 후보자들과 정치광고 제작자들이 유권자에게 현실성을 보여주기 위해 선택하는 상징에 대한 연구를 가능하게 해준다(Kaid & Johnston, 2001).

님모와 콤브(Nimmo & Combs, 1990)는 이런 현실성은 현실성 자체로 표현되어지는 것이 아닌 창조되어지거나 의사소통을 통해 건설된다고 언급했다. 후보자와 그들의 컨설턴트들은 유권자들에게 그들의 캠페인에 대한 "현실성"과 그들의 비전을 건설하기 위한 수단으로 커뮤니케이션을 사용한다. 님모와 콤브(Nimmo & Combs, 1990, p.3)는 캠페인의 미디어 관리자들은 후보자들이 국가와 직무를 위해 자신들의 비전적인 이야기를 다루는 멜로드라마 형식을 사용함으로써, 후보자와 "문화적인 가치를 소중히 여기는" 유권자를 이어주는 시도를 해야 한다고 언급했다. 이를 위해 정치광고 제작자와 후보자들은 텔레비전·문화, 모든 정치적 경험에서 나오는 이용가능한 모든 수단을 사용한다. 특히 정치광고에서의 "언어"는 비언어적인 메시지를 수반하는 몸짓·외형 등을 포함한다. 시초의 선거 후보자들의 스타일은 일반적인 커뮤니케이션 형식과 일괄적인 행동을 통해서 드러난다. 후보자의 개성적인 스타일이 후보자의 연설 속에 존재한다고 할지라도, 후보자는 유권자에게 필수적으로 도달하기 위해 정치광고를 선택한다. 이에 후보자는 효과적인 정치광고를 유권자에게 도달시키기 위하여 정치광고를 표현하게 해주는 상징언어를 사용하며, 이런 구성요소의 표현은 메시지의 내용에 있어 보다 많은 것을 드러내주기 때문에 매우 중요하다(North. R. & Brenders. D., 1996). 후보자의 스타일은 언어·비언어 그리고 정치광고에서 사용되는 필름·비디오 생산기술로 구성되어 있다고 언급한 케이드와 데이브슨(Kaid & Davidson, 1986)에 의해서 좀 더 구체화되었다. 고프만(Goffman, 1959)은 후보자 스타일의 비언어적 현상을 위한 규칙을 제안한다. 고프만(Goffman, 1959)은 쉽게 중복될 수 있는 "언어적 주장"과 쉽게 제어할 수 없는 행동의 비언어적인 요소, 이 두 가지 지수로 자신을 표현할 수 있다고 언급했다. 그리고 메탈리온스(Metallinos, 1996)는 외형·옷차림·몸동작·시선접촉과 같은 '행동' 요소는 텔레비전 생산물의 '메시지'로 이해되어질 수 있다고 언급하였다. 또한 토론에서 언어적인 메시지와 비언어적인 메시지가 존재할 때, 비언어적 메시지는 메시지를 해석하는 데 좀 더 중요하다는 최근의 연구는 비언어적 메시지의 중요성을 보여준다. 특히 비언어적 커뮤니케이션은 "구두로 말하여진 것을 해석하는 프레임"을 제공하기 때문에 중요하다(Burgoon, 1999). 비언어적 신호는 언어적 신호보다 신뢰적이고, 언어적 신호가 표현할 수 없는 것을 표현할 수 있다. 이로 인해 커뮤니케이션의 비언어적 범주는 중요하며 음악·불빛·색과 같은 환경적인 요인은 상황을 이해하는 데 도움을 줄 수 있다. 최근의 몇몇 연구에서 연구자들은 비언어적 신호는 개성적이고 사회적인 상호작용에 있어서 중심적인 규칙을 가지며 비언어적 신호를 사람의 진실성·능력·평정·사회성의 평가에 영향을 미칠 수 있다는 것을 발견했다. 비언어적 커뮤니케이션의 유목은 (a) 몸짓·제스처와 같은 동작 (b) 외향과 같은 신체적인 특징들 (c) 스킨십 (d) 공간 (e) 음향과 같은 환경적인 요인들과 같은 요인으로부터 커뮤니케이션을 해석하기 위해 나타난다(Kaid & Johnston, 2001).

2) 텔레비전 정치광고의 비언어적 표현요소

(1) 음악적 요소

정치광고의 효과를 높이기 위해 제작자들은 유권자들의 시선을 끌어오기 위한 시각·청각적인 요소를 정치광고에 집중시킨다. 이 중 정치광고에 등장하는 배경음악은 인간의 청각에 가장 강력한 영향력을 행사할 수 있는 수단으로 제공된다. 양영종(1991)은 효과적인 TV광고 제작을 위한 연구에서 멘트만을 사용하여 메시지를 전달한 광고보다 노래나 배경음악을 삽입했을 경우 메시지 전달이 더욱 효과적이라고 언급했다. 특히 광고 노래는 밝고 친근감을 줄 수 있는 것으로 대중에게 널리 알려진 음악이 효과적이라고 강조하였다. 이 연구에서 양영종(1991)은 광고에 노래를 삽입하는 가장 큰 이유로 대중에게 메시지를 전달하는 호소력이 가장 높은 데 있다고 설명하였으며, 배경음악이 광고를 인지하는데 있어 빠른 흡수력을 제공하고, 장기간의 기억을 가능하게 한다고 언급했다. 특히 광고 음악은 (1) 인간의 감정과 행동에 의미 있는 영향이 되어야 하며 (2) 인간의 정서·의식을

사로잡을 수 있어야 하며 (3) 애용자의 감성을 깊이 파고 들 수 있는 음악으로 변화되어야
한다(이동욱·서범석 외, 1999). 광고에 사용되는 음악을 형식별로 분류하면 다음과 같다
(김성하, 1990).

- 기존 음악의 효과적인 부분만을 활용하는 유형
- 기존음악에 상표명만 삽입하는 유형
- 기존음악을 그대로 배경음악에 활용하는 유형
- 독창적인 음악을 개발, 활용하는 유형
- 기존 Song의 개사를 통한 활용 유형

(2) 색의 요소

정치광고에 지배적으로 등장하는 색은 후보자의 이미지를 구성하는 데 영향을 미친다.
색은 정치광고의 효과를 극대화시킬 수 있는 시각적 요인 중의 하나이다. 또한 유권자가
어떤 일정한 색을 띤 광고를 접함으로 인해 심리적·감성적으로 동요될 수 있다. 색은 심
리적·생리적으로 인간에게 영향을 미치는 에너지를 지니고 있으며, 색은 인간심리에 중
요한 의미를 지니고 있다. 모든 광고디자인의 시각적 효과는 색에서 느껴지고 색에 의한
감각은 심리적 반응에서 행동적 반응으로 연결될 수 있다. 또한 색이 가지고 있는 일반적
인 성격을 이용하여 광고의 효과를 극대화시킬 수 있다. 이런 색들의 조합은 광고의 효과
나 후보자의 이미지에 대한 시각적 이미지를 증폭시킬 수 있으며, 지배적으로 등장하는
색의 성격은 광고가 보여주고자 하는 내용의 함축적인 표현방법이다. 일반적인 색의 성격
을 살펴보면 〈표 9-1〉과 같다(문은배, 2002).

〈표 9-1〉 색의 성격

색	성 격
흰색	명쾌, 청렴, 신성, 신앙, 순결, 눈을 상징
파란색	청정, 진실, 희망, 정의를 상징
녹색	안정, 평정, 평화를 상징
검정	강대한, 위엄 있는, 단호한 결단력, 지적 교양을 상징
빨간색	생명, 따뜻함, 열정, 감성적인, 진취적임을 상징
노란색	태양, 빛, 지성, 지혜, 뛰어남을 상징
오렌지색(주황색)	우호적, 은혜, 지혜, 자부심과 야망을 상징

(3) 심벌마크

심벌마크는 어떤 의미를 상징적인 문구로 나타내는 표시로서 산업사회의 활동성·새로운 아이디어·주제와 이미지를 표현하려는 사인으로서 구체적이거나 추상적으로 정리된다. 또한 사회·문화·상업적인 내용에 따라 이용되어 왔으며, 현대사회에서는 필요성이 점차 증폭되고 있는 실정이다. 심벌마크의 핵심적인 역할은 이미지 쇄신과 이미지 관리이다. 개인적 이미지 구축으로부터 대기업 혹은 국가 간의 우상을 표출하기 위한 수단과 방법으로서 심벌마크가 지니고 있는 배경들은 산업경제 발전에서 빼놓을 수 없는 부분으로 자리 잡고 있다. 심벌마크는 기업의 전략적인 차원에서부터 발전되어 왔으며, 우리 사회에서는 없어서는 안 될 필수적인 역할로서 오늘의 이슈로까지 떠올랐다고 할 수 있다(고필종·장은석, 1996). 정치광고에도 심벌마크를 사용함으로 인해 정당의 이미지와 후보자의 이미지를 결부시키는 데 영향력을 행사하고 있다. 정당과 후보자의 이미지를 통일시킴으로 인해 후보자의 개인적인 이미지가 좋지 않았던 유권자일지라도 기존의 좋던 정당 이미지에 융합되어 유권자의 의사결정에 영향을 끼칠 수 있기 때문이다. 또한 정치광고에서 보여주지 못한 후보자의 이미지를 보충하고, 대신하는 방법으로 심벌마크를 사용한다(다카하시 마사토, 김수석(역), 1996). 심벌마크는 언어를 초월하여 이해될 수 있는 장점이 있어 활용성이 높은 시각기호라고 할 수 있다. 또한 심벌마크는 언어와 함께 의사소통의 가장 중요한 매체인 시각이미지들이 가지고 있는 커뮤니케이션 기능을 대신한다.

(4) 타이틀 디자인

텔레비전이라는 매체의 특성상 텔레비전은 시각적·청각적 요소에 의해 메시지를 전달하는 형태를 지닌다. 위에서 언급한 색이나 심벌마크 이외에도 텔레비전 광고에서 보여줄 수 있는 시각적 요소로서 타이틀 디자인을 들 수 있다. 타이틀 디자인은 광고의 내용을 아주 짧은 단문의 글로 함축하는 메시지라 할 수 있다. 그래서 타이틀 디자인은 짧은 시간에 명확하게 판단되고 쉽게 이해되어져야 한다. 타이틀 디자인은 글씨체 색과 배경색의 조화가 중시되며, 한눈에 들어올 수 있는 레이아웃 구성, 글씨체 모양으로 크게 구분할 수 있다. 타이틀 디자인을 구성하는 문자를 문자표현 기법에 의한 분류로 나누어 보면 크게 캘리그래피(Calligraphy)와 컴퓨터 서체로 구분된다. 캘리그래피(alligraphy)란 어떤 특정한 목적을 위해 임의로 자간의 조절이나 자획의 변화 등으로 문자를 만드는 것을 말하며, 아름다운 필적·서법·달필을 의미한다(김정심, 2002). 또한 컴퓨터 서체는 컴퓨터에 저장된 문자 발생기를 통해 쉽게 선택하여 쓸 수 있는 글씨체를 의미한다. 타이틀 디자인을 구성하는 요소 중 레이아웃은 텔레비전 화면의 내용을 제한된 면적에 담아 메시지를 효율적으로 전달해야 하기 때문에 중요한 의미를 지닌다. 이는 좀 더 신속하고 정확한 메시지와 인지도를 위해 시청자의 입장에서 구성되어야 한다. 일반적인 레이아웃 구성을 살펴보면 〈표 9-2〉와 같다(김정심, 2002).

〈표 9-2〉 레이아웃의 구성

레이아웃의 위치	의 미
상단	메시지 인지를 유도
중앙	부가적인 설명이나 시각적 집중을 유도
하단	단순한 홍보를 유도
전면	광고의 주제나 배경을 고지

(5) 기술적인 특수효과

광고의 기술적인 특수효과는 광고의 효율성을 높이기 위한 시각적 요소 중 가장 영향력 있는 기법이다. 디자인에 대한 관심이 증대되고 있는 현 시점에서 기술적인 특수효과는 광고에서도 시대의 흐름으로 빼놓을 수 없는 부분이며, 시청자들의 주목도를 높이는 데 큰 효과를 가져다 줄 수 있다(Kaid, 1985). 처음 텔레비전 정치광고가 시행된 대선(1992년)에는 실제로 다양한 기법들이 구사되지는 못했다. 그러나 시대가 점차 전산화되면서 컴퓨터 그래픽으로 재현될 수 있는 기법들이 정치광고에도 적용되고 있으며, 이런 기법들이 전반적인 광고의 형태로 구사되지는 못했지만, 시대의 변화에 맞춰 부응하고 있다. 이런 특수기법들은 이전까지 해오던 단편적인 표현방식과 작업의 공간적·시간적인 제한에서 벗어나서 획기적이고 기존의 이미지를 탈피하는 데 영향력을 가지고 있다.

3) 인쇄매체 정치광고 전략

(1) 인쇄매체

① 신문광고

신문은 일반광고 중에서 가장 활용도가 높은 매체이다. 이것은 시각적인 매체로서의 성격을 지니고 있고 정기적으로 발행되는 것, 보편적으로 넓은 층의 사람들에게 접근이 용이하고 이지적인 매체라는 특성을 지니고 있다. 후보자의 이미지 메이킹 수단으로서 신문은 후보자 자신을 유권자에게 널리 알리고 지지를 호소하기 위해 적합한 광고매체이다. 후보자는 신문 지면을 통해 후보자 자신의 정견을 구체적으로 알리고 쟁점을 확고히 할 수 있다. 신문은 문자 해독력을 가진 사람들에 한해 읽히고 이지적인 매체이기 때문에 이슈 중심의 광고를 할 때 보다 효과적으로 사용할 수 있다. 신문은 다른 매체에 비해 신뢰도가 높은 특성을 가지고 있으므로 보다 사실적이고 객관적인 입장에서 유권자들에게 자신을 어필하는 방법을 써야 할 것이다. 신문광고는 시리즈로 제작되는 것이 효과적이다. 같은 신문의 같은 위치에 단계별로 나누어진 광고를 실음으로써 누적효과를 기대할 수 있다. 신문의 각 면에 각각의 단면광고를 실을 수도 있는데 이 때에는 각 면의 성격, 즉 다시 말해 사회면·문화면·정치·경제면 등의 특성에 맞추어 후보자 광고를 하여야 한다. 또한 가지 주의해야 할 사실은 신문은 시각적 매체로서의 성격을 지니고 있기 때문에 시각적인 요소와 조형성을 고려하여 유권자의 시선을 끌 수 있는 독창적인 디자인이 되도록 하여야 한다는 것이다. 다음으로는 신문의 각 요소별로 효과적인 광고의 표현전략에 대해 알아보고자 한다(문경희, 1994).

(2) 내용적인 요소

① 헤드라인(Head Line, 標題)

1971년 제7대 대통령 선거 시 민주공화당 후보는 「농민의 아들! 박정희 대통령」이라는 콘셉트로 농민들과의 동질감과 일체감을 조성하고자 하는 이미지를 부각하였다. 또한 신민당의 김대중 후보는 신문광고 헤드라인 중에서 「대중시대의 문을 열자」라는 헤드라인은 후보자의 이름인 김대중과 일반 대중의 발음이 같은 것을 연관시켜 은연중에 김대중 후보와 대중을 서로 연계시키려는 발상이 내재되어 있었다. 또한 「문을 열자」라는 적극적이고 미래 지향적인 표현을 써서 정권교체를 유권자들에게 암시적으로 설득하고 있다. 대중의 지지를 받는 김대중 후보를 차기 대통령으로 뽑아서 정권교체를 이루어야 한다는 것을 상징하고 있는 돋보이는 표현이다. 제14대 대통령 선거에서 민자당의 김영삼 후보의 광고 중 「과감히 바꾸겠습니다」라고 쓴 헤드라인은 간결하면서도 함축적인 언어로 김영삼 후보의 강력한 개혁의지를 표현하고 있다. 신문광고에 있어 헤드라인은 간결하고도 내용이 명확한 표현을 써야 하며, 알기 쉽고 구체적이며 읽는 사람으로 하여금 호기심을 자극하여 본문으로 유도할 수 있게끔 돋보이고 강력한 호소력을 지녀야 한다.

또한, 부정적인 말은 피하고 설득력을 지닌 표현을 써야 한다. 무엇보다도 중요한 것은 후보자의 이미지와 콘셉트에 부합하여 일관성이 있도록 해야 한다(문경희, 1994).

② 본문(Body Copy)

본문은 문안의 핵심이 되는 것으로서 광고주가 의도하는 소구의 내용이나 주장을 보다 상세히 설명한 부분이다. 보눈의 광고 카피는 서정시적이거나 애매모호해서도 안되며 명료하고 알기 쉽게 써야 한다. 솔직하면서도 유권자들에게 친밀감을 줄 수 있는 메시지를 대화하듯 자연스럽게 유도해야 할 것이다. 또한 카피를 제작할 때에는 소구 포인트를 하나로 묶어 단순화시키는 것이 중요하다. 후보자 자신의 이미지를 최대한으로 살릴 수 있도록 전체적으로 일관성과 통일성을 유지해야하며 신뢰감을 심어줄 수 있도록 써야 한다. 제7대 대통령 선거에서 신민당 김대중 후보 신문광고의 본문을 살펴보면 「대중을 위한 金大中어록」에서 집권 여당에 대한 폭넓은 정치 공세와 함께 후보자의 긍정적 이미지를 조성하고자 신빙성 있는 외국 신문의 기사를 발췌하였다. 이것은 후보자의 퍼스낼리티를 강하게 부각시킬 수 있는 효과적인 표현이었다. 지난 제14대 대통령 선거에서 김영삼 후보는 '0101 직통전화'를 위한 시리즈광고에서 시민들의 직접적인 대화를 카피로 관심을 유도하였다.

③ 소설명(Caption)

사진 또는 일러스트레이션에서 본문과는 별도로 붙이는 짧은 설명문을 말한다. 광고의 내용을 보다 쉽게 전달하기 위해서는 그에 따른 소설명이 필요하다. 사진에 제목을 붙이거나 설명을 붙이는 것은 관념적 매체와 구체적인 매체를 연결시킴으로써, 두 매체간의 장단점을 보완하여 보다 완벽한 전달을 도모하는 행위이다. 특히 사진에서는 문자와 결합이 필수적인데 이것은 주관적 창조 행위라기보다는 객관적 전달행위이기 때문이다.

④ 캐치프레이즈·슬로건(Catch-phrase·Slogan)

캐치프레이즈는 후보자의 정치적 견해나 향후 실천의지 등을 하나의 문구로 압축한 표어를 말한다. 따라서 후보자의 이미지를 전달하기에 충분한 강력하고도 참신한 것이어야 하며 유권자들의 관심을 끌 수 있는 것이어야 한다. 슬로건은 보통 생산자나 서비스업을 하는 기업이 광고에 반복해서 사용하는 강력하면서도 힘이 있는 말이나 문장을 말한다. 정치광고에 있어 슬로건은 후보자 혹은 정당의 이미지를 심어주기 위해 반복적으로 사용할 수 있는 이미지 메이킹 수단으로 활용된다(문경희, 1994). 캐치프레이즈와 슬로건은 다른 의미로 사용된다(캐치프레이즈와 슬로건 비교 제6장 참조).

(3) 조형적 요소

① 사진 또는 일러스트레이션

정치광고에서 신문광고, 책자형 광고, 포털광고 등에서 사진은 빼놓을 수 없는 중요한 요소이다. 후보자가 거리 유세를 계획하거나 후보자의 얼굴이 유권자들에게 아직 잘 알려지지 않은 경우에는 특히 유용하다. 정치광고에 쓰일 사진은 격식에 치우친 딱딱한 얼굴 사진보다는 이야기가 담겨져 있는(노인과 대화하는 모습, 산책하는 사진, 군인과 함께한 사진 등) 사진이 좋다. 정치광고에 있어 사진의 효율적인 이용은 후보자의 이미지 메이킹의 중요한 역할을 담당하는 것이다. 유권자들에게 얼마나 매력적이고 호감 있는 모습을 보여 줄 수 있느냐가 선거 결과에 결정적인 영향을 끼칠 수도 있기 때문이다. 과거 선거 시 신문광고에 게재된 사진을 살펴보면 대부분이 경직되고 어색한 분위기가 연출된 경우가 많다. 자연스러우면서 친근함을 줄 수 있는 노련하면서도 신뢰감을 주는 사진의 연출이 요구된다. 일러스트레이션은 넓은 의미로는 회화·사진을 비롯하며 도표·도형 등 문자 이외의 시각화된 것을 가리키지만, 좁은 의미로는 핸드 드로잉(hand drawing)에 의한 그림만을 뜻한다. 일러스트레이션은 순수회화와는 달리 분명한 콘셉트(concept)를 가진 목표 지향적 그림이라고 할 수 있다. 신문광고에 있어 일러스트레이션은 자유롭고 생동감 있는 표현이어야 하며, 독자의 주의와 관심을 끌 수 있는 것이어야 한다.

② 심벌마크·로고타입(symbol mark·logotype)

앞에서 설명되었지만 심벌마크·로고타입은 기업을 대표하고 커뮤니케이션 활동의 중요한 역할을 하는 중요한 시각적 상징물이다. 마찬가지로 선거에 있어 후보자의 소속 정당의 심벌마크와 후보자의 로고타입은 유권자들에게 일관된 이미지를 심어줄 수 있도록 효과적으로 제작되어야 한다. 심벌마크와 로고타입을 제작할 때에는 후보자의 목표 이미지에 부합하도록 통일성이 있어야 하며 아울러 강한 시각적 인상과 식별성을 고려하여야 한다. 제13대 대통령 선거 시 민정당 노태우 후보는 명조체와 고딕체를 응용하여 부드러우면서도 힘 있는 로고타입을 사용하여 자신의 이미지를 강하게 부각시킬 수 있었다.

③ 보더 라인(border line)

디자인의 일부분을 다른 부분으로부터 구분하거나 강조하기 위해 쓰이는 외곽선은 특히 신문광고에서 중요한 시각적 요소 중의 하나이다. 보더 라인은 후보자나 후보자가 소속된 정당을 다른 후보자나 정당과 차별화시키는 시각적 요소로 사용되어질 수 있다. 주목성을 높이고 시각적 효과를 증대시키는 방안으로 세심하게 고려되어야 할 것이다. 지나치게 복잡하지 않으면서 광고의 내용적인 요소와 어우러질 수 있고 후보의 콘셉트에 맞게끔 일관성 있게 표현돼야 한다. 〈그림 9-1〉과 〈그림 9-2〉에서 볼 수 있듯이 국회의원 선거와 대통령 선거에서 각 후보들은 모든 신문광고 등에 보더 라인을 일관성 있게 활용함으로써 후보자와 소속정당의 이미지를 부각시키고 타 후보와의 차별화를 이루고자 하였다.

* 정치광고의 사전적 정의는 정치 단체나 개인이 여러 가지 선거 또는 일상적 정치 활동의 일환으로 행하는 광고이다. 정치광고도 일정한 목적을 가지고 유권자(타깃)에게 자신에게 한 표를 던져 달라고 하는 메시지를 유료로 인쇄·판촉물, TV, 신문, 인터넷 등 다양한 매체를 통해 전달하는 커뮤니케이션이다. 따라서 정치광고를 표현하는 방법에 따라 유형을 분류한다면, 각종 선거의 쟁점에 따른 이슈 중심의 광고(issue-oriental commercial), 정치후보자에 대한 미니 다큐멘터리 형식의 광고(mini-documentary commercial), 정치후보자의 정견과 정책에 초점을 맞추는 인터뷰 형식의 광고(confrontation commercial), 음악형식을 빌린 뮤지컬 광고(musical-production commercial), 다른 사람들로부터 추천을 받는 형식의 광고(endorsement commercial) 등으로 분류할 수 있다(김기도, 1987). 정치광고를 많이 보는 때는 국회의원 선거나 대통령 선거철이다. 광고의 성패가 대선에서의 성패로 갈리는 만큼, 많은 후보자들이 유권자들을 잡기 위해서 여러 가지 방법으로 자신을 알리려 한다. 〈그림 9-1〉은 이슈와 감성을 구사한 이회창, 노무현 대통령 후보의 인쇄

〈그림 9-1〉 이슈와 감성을 강조한 이회창, 노무현 대통령
　　　　　후보 인쇄공고

광고로 이미지 마케팅의 성공의 대표적인 예
가 많다. 〈그림 9-2〉은 선거벽보·책자형의선
거공보물(레이아웃, 색채, 선거공약) 광고와
노무현 '눈물' 광고. 노무현 대통령 후보의〈그
림 9-2, 위〉과 같이 밝은 이미지의 노랑색과,
친근한 얼굴이 적절하게 조화를 이루었다. 후
에 노무현을 나타내는 색으로 이 밝은 노랑이
많이 나타나게 된다. 노무현의 홍보물 중 일부

〈그림 9-2〉 노무현 대통령 후보 선거 홍보물

가 김대중 대통령에서 시작된 이미지 마케팅의 효과가
16대 대선에서부터 본격적으로 나타나게 되었다. 당시
김대중 이회창과의 상당한 접전 끝에 당선이 될 수 있었
던 이유도 IMF 이후 사람들의 메말라버린 감성을 자극
하여, 많은 유권자들의 표를 얻었던 것이다. 노무현 대통
령의 감성적인 광고의 예로는 노무현 대통령이 직접 통
기타를 치면서 노래를 부르는 광고를 들 수 있다. 친근한
이미지와 동시에 부르는 따뜻한 노래, "국민이 대통령입
니다~"로 시작하여 많은 사람들의 감성을 자극하는 카피
등……. 이 광고로 눈물을 흘렸다는 사람도 많았다. 따
스하고 부드러운 애니메이션 광고. 역시 감성을 자극하
기엔 충분하다. 〈그림 9-2, 아래〉또한 "노무현 눈물의
한 방울이 나라를 바꿉니다." 등 감성 정치광고가 투표와
연결될 수 있었을 것이다. 이회창과의 상당한 접전 끝에
당선이 될 수 있었던 이유도 IMF이후 사람들의 메말라
버린 감성을 자극하여, 많은 유권자들의 표를 얻었던 것

이다(정치광고, 영일러). 제16대 대통령 선거 정치광고의 가장 큰 특징은 거의 모든 후보
가 '감성 소구' 메시지 전략을 구사함으로써 유권자에게 이성적으로 다가가기보다 감성적
으로 접근하여 '공감'을 유발하려고 했다는 점이다. 광고 표현의 맥락에서 바람직한 현상
이기도 하지만 천편일률적으로 감성에 호소했다는 것은 세심한 광고 전략의 바탕 위에서
이루어진 결과가 아니라, 2002년 노무현 후보의 정치광고를 답습했다는 점에서 안타까움
을 자아낸다.

경제 대통령을 내세운 한나라당의 이명박 후보나, 가족 행복시대를 내세운 대통합민주 신당의 정동영 후보나, 그밖의 여러 후보들이 겉으로는 메시지의 차별화를 시도했지만 대체로 노무현 후보의 정치광고 '눈물' 편과 흑백사진 및 서민 대표들을 벤치마킹했음을 부정할 수 없을 것이다.

정동영 후보는 '행복'에 초점을 맞춰 행복을 꿈꾸는 소년이 어머니의 재봉틀 소리와 함께 희망을 더 키워, 더 많은 이의 행복을 꿈꾸고 있다는 내용을 담고 있다. 정 후보의 어린 시절과 청년 시절 사진과 함께 연설을 하다 말문을 잇지 못하고 미소를 짓는 장면이 인상적이다. 또한, "죄송합니다", "미안합니다", "사랑합니다", "약속합니다"라는 내레이션이 연이어 나오는 점층법의 구조를 띠고 있다. 곧이어 '개성역에서 파리행 기차표'라는 북한 개성공단을 강조하는 문구와 함께 "가족이 행복한 나라", "좋은 대통령"이라는 슬로건으로 광고가 끝난다. 〈그림 9-3, 위〉처럼 한나라당 이명박 후보의 '욕쟁이 할머니' 편을 보면, 한밤중에 국밥집을 찾은 이 후보가 욕쟁이 할머니가 차려주는 국밥을 먹는다. 욕쟁이 할머니가 구수한 사투리로 "청계천 열어놓고 이번엔 뭐 해낼꺼?"라며 "밥 처먹었으니까 경제는 꼭 살려라, 알겠냐?"라고 말하자, "이명박은 배고픕니다."라는 내레이션이 흐른다. "국민 성공시대를 열기 위해 이명박은 밥 먹는 시간도 아깝다고 생각합니다."라는 멘트가 흐르면서 "실천하는 경제 대통령"이라는 내레이션으로 광고가 끝난다. 재력가 이명박에서 서민적인 이미지로 탈바꿈하는 동시에 경제 문제를 가장 중요한 쟁점으로 부각시키기 위해 이렇게 표현했을 터이다. 또한 권영길 후보는 '세상을 바꾸는 대통령'이란 슬로건으로 미국 오바마 대통령 후보의 슬로건인 'change'를 모방하였다.

〈그림 9-3〉 이명박 후보의 '욕쟁이 할머니' 편(상), 권영길 후보의 '세상을 바꾸는 대통령' 편(하)

또한 〈그림 9-4, 위〉 허경영 후보의 터무니없는 '공약광고'와 이회창 후보의 '호소형 광고'처럼 허경영 후보의 광고 '판문점' 편 역시 세인의 주목을 끌기에 충분했다. 광고가 시

작되면 판문점에서 남북한 병사가 서로 대치하고 있다가 갑자기 '새마을 노래'에 맞춰 춤을 추기 시작한다. "새벽종이 울렸네 새아침이 밝았네~"를 패러디하여 "유엔본부 유치하면 국가경제 발전하고~", "화폐개혁 200조 지자체 폐지 150조~", "60세를 넘으면 70만원씩 나오니 자식 눈치 안 보고 노후생활 안정되네~" 등 실로 기상천외한 내용을 전달하였다. 광고적으로만 보자면 허경영 후보의 정치광고가 유권자들의 주목 유발에 가장 성공했을 것으로 추정할 수 있다. 그리고 〈그림 9-4, 아래〉처럼 세 차례나 대선에 출마한 무소속의 이회창 후보의 '알았습니다' 편 호소형 광고에서는 광고의 전체적인 흐름이 내레이션에 의해 주도되었다. "쓰러진 집안을 일으켜 세우기 위해 한 조각 자존심까지 모두 버린 아버지의 마음을 알았습니다.", "무너진 교육이 안타까워 차마 교단을 떠나지 못하는 선생님의 마음을 알았습니다.", "공부도 하고 싶고 할머니 병간호도 해야 하지만 결코 희망을 잃지 않는 소녀가장의 마음을 알았습니다."라는 내레이션이 흐르는 가운데 대리운전 기사와 선생님 그리고 소녀가장의 모습이 등장한다. 마무리 부분에서는 자신의 출마를 정당화하는 차원에서 "출마 선언 후 많은 것을 잃었지만 가장 큰 것을 얻었습니다."라며 "국민의 마음을 알았습니다."라는 카피로 마무리하고 있다. 비록 대통령을 당선시키는 데 큰 영향을 미치지는 못했지만 광고 크리에이티브의 맥락에서만 보자면 창조한국당의 문국현 후보의 광고와 경제공화당의 허경영 후보의 광고가 앞의 세 후보의 광고에 비해 주목할 만하다. 문국현 후보의 정치광고를 보자. 광고가 시작되면 각각 정동영, 이명박, 이인제 후보의 목소리로 "존경하는 국민여러분!"이라는 목소리가 세 번 반복된다. 그 다음에 "모든 정치인들이 존경하는 국민 여러분을 외쳐왔지만 이것이 존경입니까?"라는 반어법 카피를 제시한 다음, 문국현 후보의 연설 장면으로 사람 중심의 진짜 경제 메시지를 전달하고 있다. 자신의 광고에 다른 후보의 목소리를 담아 제시함으로써 유권자들에게 의외성을 제시하는 이런 접근은 정치광고의 새로운 표현 전술이라 할 수 있다.

〈그림 9-4〉 허경영 후보의 '공약공고' 편(상), 이회창 후보의 '알았습니다' 편(하)

또한 동영상 UCC는 별다른 영향력을 발휘하지 못했다. 2007년, 제14대 대통령 선거전에서 정치광고는 사실상 당선에 큰 영향을 미치지 못했다. 여당에 대한 반대정서가 컸던 탓에 일찌감치 이명박 후보가 다른 후보들이 추격하기 어려운 지지율을 확보했던 탓이다. 만약 낙선한 다른 후보자들이 정치광고를 기가 막히게 잘 만들었다면 지금 이 순간에 이명박 후보가 아닌 다른 후보가 대통령 신분을 확보하게 되었을까? 그리 쉽지는 않았을 터이다. 하지만 향후 국회의원 선거에도 영향을 미치는 지지율은 더 끌어올릴 수 있었을 것이다. 사실 선거전이 시작되기 전에 여러 언론에서는 2002년의 '인터넷 선거혁명'에 이어 '동영상 손수창작물(UCC) 선거혁명'이 될 것이라고 예상했었다. 그렇지만 제14대 선거에서 동영상 UCC는 별다른 영향력을 발휘하지 못했다. 선거법의 엄격한 제재를 받았기에 그만큼 운신의 폭이 좁았지만 한편으로는 후보 진영에서 손수 창작물을 확산시킬 준비가 제대로 안 된 탓도 컸다. 이밖에도 여러 광고회사가 각 정당에 창의적인 광고 아이디어를 제시하기도 했으나 묵살되거나 집행이 지연됨으로써 햇빛을 보지 못한 경우도 있었다. 이런 대목은 향후 정치광고의 바람직한 활성화를 위해서도 진지하게 성찰해야 할 부분이다. 또한, 이번 선거전에서 정치광고의 시간과 횟수가 1분 30회로 획일적으로 제한되었는데, 이는 향후에 전향적으로 검토할 필요가 있겠다. 즉, 전체 정치광고 방영시간이 30분인데, 이 30분 안에서 자유롭게 길이를 조정하되 전체 30분 시간총량제만 준수하게 하면 큰 문제가 되지 않을 것이다. 예컨대, 보다 다양한 광고 표현을 위해 2분으로 만들면 15회, 30초로 만들면 60회 식으로 후보자에게 다양한 시간 운용권을 줄 필요가 있다. 이렇게 되면 감성에 소구하는 광고는 30초로 만들고 정책 제안 성격의 이성소구는 2분짜리 광고로 만들어 메시지의 혼합 전략을 구사할 수 있을 것이다(출처, 광고계 동향, 김병희/서원대학교 광고홍보학과 교수).

〈그림 9-5〉 허경영 후보의 선거벽보와 영화화한 정치광고

〈그림 9-5〉 허경영 후보의 선거벽보와 영화화한 정치광고도 있다. 이미 모르는 사람이 없을 정도로 많은 이슈를 생산하였던 사람이다. 정책은 매우 터무니 없었지만, 황당함 속에서 발견한 재미가 가미된 광고도 있다. 예로 허경영 대통령 후보, 그를 인터넷의 대통령이라고 불리게 한 광고도 있다.

새벽종이 울렸네~(뮤지컬형식의 정치광고)는 과거 박정희 시절에 만들어졌던 새마을 노래를 개사하여 만든 광고로 제2의 박정희가 되겠다는 허경영의 생각과 매칭이 잘 되었다. 익숙하고 흥겨운 멜로디로 인해서 많은 사람들의 머릿속에 남아있다. 그리고 〈그림 9-6〉 깔끔함과 여성스러움의 조화를 나타내는 광진구 국회의원 추미애 후보의 광고도 눈길을 끈다.

〈그림 9-6〉은 광진구의 대략적인 지도 모습을 보여주고, 자신의 공략을 실천하는 곳의 사진을 나타내었다. 색들도 차분하고, 공략에 대해서 더욱 쉽게 읽힐 수 있도록 여성스럽고 깔끔하게 레이아웃 하여 광고 홍보물을 제작하였다. 보는 이들이 그녀의 공략에 대해서 좀 더 주의 깊게 집중할 수 있도록 도와주는 역할을 하였다. 이명박 대통령 후보의 광고는 감성을 자극하려 했지만 이슈광고를 중점적으로 제작되었다. 즉, 실천하는 경제대통령 후보 이명박의 광고는 이슈를 중점으로 하고 있다. 〈그림 9-7〉 이명박 광고처럼 깨끗한 형태의 포스터를 구하기가 쉽지 않아서 뉴스에 나온 사진을 이용하였다. 대통령의 경우에는 노 대통령의 이미지를 많이 가져오려 노력을 한 예이다. 다만, 그 이미지가 다소 어울리지 않았다는 것이다. 이명박의 이미지는 시원시원하게 한 번에 밀어붙이는 불도저와 같은 이미지로 연상되는데, 따뜻한 감성을 불러일으키는 것은 효과가 크지 않다. 과거 노무현 시절의 광고를 따라했지만, 그다지 감성을 불러일으키지 못했다. 게다가 위장 광고 논란까지 일으킨 광고이다. 풀빵 링크는 아마 예고편으로 제목이 나오는 것으로 보아 방송은 되지 않았던 것 같다. 이명박의 한 번에 밀어붙이는 이미지를 자동차의 레이스로 적절하게 잘 나타낸 것 같다. 그리고 가장 광고

〈그림 9-6〉 추미애 후보의 광고

〈그림 9-7〉 이명박 후보의 광고

〈그림 9-8〉 버락 오바마 광고

를 잘 활용하였고, 정치광고의 대표적인 예는 버락 오바마의 미국 대통령 대선광고이다. 현재 미국의 대통령이자 미국 최초의 흑인 대통령인 버락 오바마이다. 〈그림 9-8, 좌〉처럼 그는 '변화, CHANGE'란 슬로건과 이의 하부 실천운동인 '우리는 믿을 수 있다(We CAN BELIVE IN)'. 캐치프레이즈와 함께 인터넷을 가장 잘 이용하고, 또한 광고에 큰돈을 투자한 사람이다. 그가 이렇게 당선되었던 것도 인터넷에서의 광고가 가장 큰 영향을 끼쳤지 않았을까? 현재의 가장 쟁점이 되는 사항들과, 과거 부시 대통령의 실정 등을 잘 나타내고 풍자한 동영상이다. 미국의 젊은 층에 큰 어필을 할 수 있는 랩으로 구성된 이 동영상은 감각적인 연출과 이미지로 큰 영향을 끼쳤고, 많은 이들을 투표장으로 이끌었다 (http://www. youtube.com/watch). 다음에는 〈그림 9-8〉 '변화, CHANGE' 슬로건과 인터넷을 잘 활용한 오바마의 정치광고물이다. 이는 이 시대 정치지도자는 정부-국민 간 소통이 중요하다는 점을 강하고 있다. 〈그림 9-8, 우측〉은 소통하는 이미지인 오바마의 대선 블로그이다. 다른 대선 후보와는 달리 블로그(You Tube) 형태로 이루어져서, 많은 사람들과 소통을 할 수 있는 것이 큰 장점이다. 인터넷 UCC사이트 중 가장 큰 유튜브에 대선 홈페이지를 열었다. 이것만으로도 큰 파급을 일으켰다. 결론적으로 이전의 시대와는 다르게, 앞으로 인터넷을 이용한 광고가 더욱 중요시 될 것이며, 유권자에게 자신의 이미지를 더욱 어필할 수 있는 후보일수록 득표수가 더욱 높아질 것으로 생각된다(정치광고, 영일러).

④ 잡지광고

잡지는 본질적으로 신문과 유사한 매스 커뮤니케이션 매체의 하나로 특정한 제목을 가지고 일정한 간격으로 장기간에 걸쳐 간행되는 출판물이다. 매 호가 서로 연관성을 갖고 특성 있는 내용으로 편집·발행되며 해설·비판에 의한 사상전달을 목적으로 한다. 일반적으로 주간 이상의 발행 간격을 갖는 서적 형태의 정기간행물이라고 정의할 수 있다.[6] 역대 선거 시 잡지광고를 광고매체로 활용한 사례는 그리 많지는 않다. 그러나 잡지를 구독하는 수가 계속해서 증대하고 있고 잡지의 수준도 고급화·전문화되어 가는 추세이므로 잡지 매체를 통해 정치광고를 효과적으로 수행할 수 있도록 하는 구체적인 방안이 마련되어야 할 것이다. 제14대 대통령 선거에서 민주당은 일반 여성 잡지에 8페이지 다면광고를 게재하여 민주당과 김대중 후보자의 이미지를 설득력 있는 정책제시를 통해 부각시켰다. 독자층들이 여성들이라는 것을 감안하여 여성들이 관심 있는 입시·물가·주택·환경·성

---

6) 박선의·최호천, 「시각 커뮤니케이션 디자인」 미진사, 1991. p.85.

폭력·남녀차별 문제들에 대해 민주당의 정책공약을 제시하였는데 특히 '토끼와 거북이' 캐릭터를 등장시켜 딱딱하지 않은 분위기 속에서 유권자의 마음에 호소하였다. 잡지는 신문과는 달리 특정한 독자층이 있고 비슷한 관심을 갖고 있는 사람들이 보기 때문에 잡지매체를 통해 광고를 할 때에는 그들의 관심과 흥미를 최대한 유발할 수 있는 직접적이고 구체적인 소구방법을 사용하여야 할 것이다. 또한 잡지는 광고물의 컬러와 재생효과를 충분히 활용할 수 있는 장점을 살려 후보자의 이미지를 효과적으로 전달해야 할 것이다. 아울러 단순하면서도 깨끗하고 독특한 레이아웃으로 주목성을 높이는 것도 필요하다(문경희, 1994).

4. 정치광고의 표현요소

1) 정치광고의 내용

정치광고의 내용은 정책과 인간적 특징으로 구분하였다. 정치광고의 내용상 분류는 이슈 광고와 이미지 광고로 나뉘는 것이 일반적이지만 이슈에는 두 가지 의미를 지닐 수 있다고 말한 Benoit(2002)의 연구를 참조하여 정책과 인간적 특성으로 구분했다.

(1) 정책

정책은 샤이레스(Shyles, 1980)의 이슈내용에 대한 연구를 근거로 하여 텔레비전 정치광고의 내용을 바탕으로 외교 및 국가안보(대미관계·대북관계·기존의 외교정책), 경제정책(경제성장·고용문제(실업대란)·생활수준향상), 정부의 국내정치(부정부패/고위공직자(정치인)의 도덕성·개혁(인사정책, 재벌개혁)·전직 대통령들에 대한 과거청산·정부의 과거정책), 사회문제(교육문제·주택문제·사회복지·범죄·여성문제·지역감정 해소)의 크게는 5가지로, 세부적으로는 16가지로 나누었다.

(2) 인간적 특성

인간적 특성은 대체적으로 후보자가 지니는 신뢰도와 퍼스낼리티에 등에 관한 속성을 말하는 것으로 정책과 마찬가지로 샤이레스(Shyles, 1980)의 인간적 특성에 대한 연구를 근거로 하여 텔레비전 정치광고의 내용을 바탕으로 분류하였다. 시각적 특성에 나타나는 이미지 내용을 분석하기 위해 인간적 특징(신의, 충실함, 퍼스낼리티 속성, 휴머니티 등), 능력(능숙함, 경영능력, 경제능력 등), 경험(과거의 경험, 업적 등), 정직성(성실함, 신뢰성, 공정성 등), 리더십(지휘, 관리, 전향적인 자세 등), 강인함(강한 의지, 확신, 활력 등), 이타주의(타인에 대한 애정, 보살핌, 자비, 자선 등), 기타 등으로 나누어 총 8가지 유목으로 분류하였다.

2) 정치광고의 형식

텔레비전 정치광고의 형식은 광고를 긍정적으로 묘사한 경우와 부정적으로 묘사한 경우로 나누었다. 긍정광고는 대체적으로 후보자의 인간적 특징과 업적, 이슈에 대한 후보자의 입장에 대해 강조하는 광고이며, 부정광고는 상대후보자의 이슈에 대한 관점이나 정치적인 입장 등을 부정적 측면을 강조한 광고를 말한다(Kaid & Johnston, 2001). 또한 부정광고는 하위 유목으로 나뉘는데, 부정광고의 전략(Surlin. S. H. & Gordon. T. F., 1977, p.89~98)으로는 크게 직접 공격 광고, 직접 비교 광고, 암시적 비교 광고로 3가지로 분류되며, 공격의 주된 내용(Johnson-Cartee. K. S. & Copeland. G., 1989)으로 이슈입장에 대한 공격, 이미지에 대한 공격, 단체가입/정치적 연합에 대한 공격, 과거 정책에 관한 공격으로 나뉜다.

3) 정치광고의 표현기법

정치광고의 표현기법은 케이드와 존스톤(Kaid & Johnston, 2001)과 와드워스(Wadsworth, 1986/1988)의 연구에서 언급했던 논리적 표현기법·감성적 표현기법·윤리적 표현기법·위협적 표현기법의 유목을 원용하였다. 논리적 표현기법은 주장하고자 하는 이슈와 관련된 통계수치를 사용하여 구체적인 사례를 사용하거나 삼단논법에 의해 자신의 논지를 논리적으로 전개해 나가는 방법이고, 감성적 표현기법은 주로 유권자의 감성에 초점을 둔 것으로 행복감, 자부심, 분노 표현을 불러일으키는 방법이다. 또한 윤리적 표현기법은 후보자의 능력과 경력을 강조하거나 사회 저명인사나 평범한 사람을 주로 이용하는 방법이며, 위협적 표현기법은 자신이 당선되지 않았을 경우이거나 상대 후보자가 당선되었을 경우에 불안감을 조성하는 내용으로 표현하는 방법이다.

4) 정치광고의 비언어적 메시지의 표현요소

정치광고의 비언어적 메시지의 표현요소는 케이드(Kaid, 2001)의 비디오스타일 분석 유목과 나이프(Knapp, 1978)의 비언어적 커뮤니케이션 분석유목을 수정·보완하여 사용 하였으며, 구체적인 유목은 다음과 같다. (1) 후보자의 등장형태 (2) 후보자의 얼굴표정 (3) 후보자의 몸짓 (4) 후보자의 복장 (5) 후보자의 무대배경 (6) 후보자의 시선방향 (7) 음악 (8) 광고의 지배적인 색 (9) 정당로고 (10) 광고 타이틀 (11) 광고제작 기법으로 분류 하였다.

(1) 후보자의 등장형태

후보자의 등장형태는 ① 후보자가 직접 등장, ② 캐리커처 이용, ③ 후보자+캐리커처 혼합, ④ 후보자 사진 등장, ⑤ 후보자+후보자 사진 등장, ⑥ 후보자 사진+캐리커처가 같이 등장하는 경우의 6가지 유형으로 분류하였다(Kaid & Johnston, 2001).

(2) 후보자의 얼굴표정

후보자의 얼굴표정은 ① 웃지 않는 표정, ② 웃는 표정, ③ 웃지 않는 표정+웃는 표정 의 혼합인 경우의 3가지 유형으로 분류하였다(Kaid & Johnston, 2001).

(3) 몸짓

후보자의 몸짓의 경우 ① 약간의 몸동작 사용(손과 팔을 약간 사용하나 어깨 아래에 머문 경우), ② 활발한 몸동작 사용(손과 팔을 어깨 위로 활발하게 사용한 경우), ③ 몸동작을 사용 안 함(상반신 사진이거나 손과 팔이 아래로 내려져 있는 경우)의 3가지 유형으로 분류하였다(Kaid & Johnston, 2001).

(4) 복장

후보자의 복장의 경우 케이드(Kaid, 2001)의 분석유목과 상이한 차이점이 발견되어 케이드(Kaid)의 분석유목에 한국 텔레비전 정치광고의 내용을 바탕으로 하여 수정·보완하였다. ① 정장(격식을 갖춘 복장, 코트, 양복, 넥타이를 맨 복장), ② no-tie(와이셔츠는 입고 있으나 넥타이를 착용하지 않아 편한 느낌을 주는 경우), ③ 준 정장(와이셔츠와 넥타이도 하고 있으나, 겉옷이 점퍼인 경우), ④ 평상복(스웨터, 셔츠 등 캐주얼웨어와 같은 격식 없는 편안한 복장), ⑤ 전통복장(한복이라든지 우리나라 고유의 옷을 착용한 경우) 등이 있다.

(5) 무대배경

후보자의 무대배경은 크게 공식적 배경과 비공식적 배경으로 나누어 분류하였으며, 공식적 배경에는 세부적으로 ① 중요한 사무를 보는 장면을 연출한 경우, ② 합법화된 장소(법원, 토론회) 등에 후보자 또는 출연자들을 등장시켜 연출한 경우, ③ 사무나 정당에서 리더십을 발휘하는 모습을 연출한 경우, ④ 세계의 지도자들과 우의를 다지는 모습을 연출한 경우, ⑤ 기타의 5가지 유형으로 분류하였다. 또한 비공식적 배경에는 세부적으로 ① 산업현장에 뛰어들어 노동자와 우의를 다지는 모습을 연출한 경우, ② 시민들과 함께 어울리며 우의를 다지는 모습을 연출한 경우, ③ 기타의 3가지 유형으로 분류하였다. 케이드(Kaid, 2001)와 나이프(Knapp, 1978)의 분석유목에서 한국의 텔레비전 정치광고의 내용을 바탕으로 선별하여 분석유목으로 정하였다.

(6) 시선방향

후보자의 시선방향은 ① 정면응시(후보자가 머리를 들고 정면을 응시하는 경우), ② 정면이 아닌 다른 방향 응시(정면 이외의 다른 방향을 응시하는 경우), ③ 정면응시＋정면이 아닌 다른 방향 응시(위의 요소가 모두 혼합된 경우)의 3가지 유형으로 분류하였다(Kaid & Johnston, 2001).

(7) 음악

음악의 경우 음악을 형식별 분류로 크게 나누어 구분하고, 등장하는 음악의 장르를 세부적으로 분류하였다. 음악을 형식별로 분류하면 ① 기존음악의 효과적인 부분만을 활용하는 유형, ② 기존음악에 상표명만 삽입하는 유형(부분적인 개사로 브랜드명만을 기존가사와 교체하고 곡조의 변화가 없는 경우), ③ 기존음악을 그대로 배경음악에 활용하는 유형, ④ 독창적인 음악을 개발 활용하는 유형(창작에 의한 독창적인 음악인 경우), ⑤ 기존 노래의 개사를 통한 활용 유형(기존의 노래의 리듬과 곡조를 활용하되 가사의 내용은 바꾸어 상품 메시지를 전달하는 경우)의 5가지 유형으로 분류하였다(김성하, 1990). 또한

음악을 장르별로 구분하면 ① 클래식, ② 모던음악, ③ 팝, ④ 배경음악이 일정하게 존재
하지 않는 형식, ⑤ 행군음악, ⑥ 전통가요, ⑦ 애국가, ⑧ 민요, ⑨ 효과음, ⑩ 로고형식
음악, ⑪ 민중가요, ⑫ 자체 제작한 독창적인 음악, ⑬ CCM의 13가지 유형으로 분류하였
다(Kaid & Johnston, 2001).

(8) 광고의 지배적인 색

광고에 등장하는 지배적인 색은 ① 흰색, ② 파란색, ③ 녹색, ④ 회색, ⑤ 검은색, ⑥
빨간색, ⑦ 노란색, ⑧ 오렌지색(주황색)의 8가지 유목으로 분류하였다(신희수, 2000).

(9) 정당로고

정당로고는 사용한 경우와 사용하지 않은 경우 2가지 유목으로 분류하였다(Kaid &
Johnston, 2001).

(10) 광고 타이틀

광고에 등장하는 타이틀의 배경색과 글씨체색은 ① 흰색, ② 파란색, ③ 녹색, ④ 회색,
⑤ 검은색, ⑥ 빨간색, ⑦ 노란색, ⑧ 오렌지색(주황색)으로 분류하고, 타이틀의 레이아웃
을 ① 상단, ② 중앙, ③ 하단, ④ 전면, ⑤ 상단+하단, ⑥ 중앙+상단, ⑦ 중앙+하단의 7
가지 유목으로 분류(김정심, 2000)하고, 또한 타이틀의 글씨체를 ① 캘리그래피
(Calligraphy, 손에 의해 쓰이는 글씨체를 말하며 붓이나 연필에 의해 쓰여이는 것처럼 보
이는 필서체), ② 컴퓨터 서체의 2가지 유목으로 분류하였다(김정심, 2000).

(11) 광고제작 기법

광고의 특수효과를 알아보기 위한 유목에서는 케이드(Kaid)의 분석유목을 비교하여 본
결과 상이한 차이점이 발견되어, 케이드(Kaid)의 분석유목에서 한국의 텔레비전 정치광
고 분석에 원용할 수 있는 부분은 원용하고, 나머지 그래픽 기법에 관해서는 시각디자인
과 석사학위자 3명으로부터 자문을 구하여 분석유목을 만든 결과 ① 극 사실적인 구상 일
러스트레이션, ② 그래픽 일러스트레이션, ③ 애니메이션 기법, ④ 3D 그래픽, ⑤ 시네마
베르트(cinema verite)의 5가지 항목으로 분류하였다.

politics

Advertising

제 10 장
TV토론

1. 선거캠페인과 TV토론

1) 미국에서의 TV토론의 실체

- 레이건은 "경쟁자의 어린 나이와 미숙한 경험을 선거이슈로 삼을 생각은 없다," 지난 80년 지미카터 TV토론에서 로널드 레이건의 말은 상대방을 멋지게 되받아친 TV토론의 백미로 꼽힌다.

- 포드는 이런 말을 해서 인기 추락을 부채질하기도 했다. "76년 공화당 당시 대통령은 "동유럽 국가들에 대한 소련의 강점은 없었다고" 했다.

- 듀카시키는 1988년 민주당 후보는 질문자가 "당신 딸이 성폭행 당했을 경우에도 가해자에 대한 사형을 반대하겠느냐?"는 질문에 대해 "소신에 변함이 없다"라고 대답했다가 '냉혈한'이라는 비난과 함께 박빙의 경쟁을 스스로 허물어뜨려 버리는 우를 범한 적도 있다.

- 카터는 유명한 실언으로 1980년의 미국 대통령 선거에서 표를 잃었다. 즉 카터는 선거일 1주일 앞둔 10월 28일의 레이건과의 TV토론에서 이런 말을 하였다. "며칠전 딸에게 군축문제를 물었다고" 했다. 이 말은 일파만파의 결과를 가져 왔다. 국가 정책의 아주 중요한 사항인 군축문제를 겨우 11살 된 딸에게 의견을 물었다는 그 토론이 방영된 후, 유권자들 사이에는 답변하기 곤란한 질문이 있을 때 마다 '에이미에게'는 말이 유행할 정도였다. 결국 한 순간의 말실수가 엄청난 후보자의 이미지를 악화를 가져오고야 만 것이다.

- 클린턴은 1992년 부시는 마리화나 흡연 경험이 있던 클린턴을 공격했다. 이러한 공세에 대해 클린턴은 "나는 결코 이 나라의 법을 위반한 적은 없다. 내가 그것을 피우기는 했지만 그것도 미국이 아닌 영국에서 한두 번 정도였다. 그러나 연기는 마시지 않았다고"고 어렵게 피해 나간 적이 있다. 이는 솔직히 시인하고 간단한 해명과 함께 용서를 구하는 것이 더 좋을 경우가 많다.

2) TV토론의 정의

토론이란 '어떤 논제를 둘러싸고 여러 사람이 제각기 의견을 논의하는 행위'이다. 영어는 'debate'에서 '분리하다' 또는 제거하다'라는 의미와 '전쟁(battle)'이라는 의미가 합성된 'debattuere(to beat), 치다'에서 기원했다. TV토론은 크게 정치토론의 장(Political Debates Sphere)이라는 측면과(Alternative Political Campaign) 대안적 정치캠페인이라는 두 가지 측면에서 그 의미가 있다(D. Rieke Richard & O. Sillars Malocolm, 1993; 정성호, 2003). 이런 TV토론의 표현 전략 및 전술은 후보자가 다섯 가지 광의의 표현 전략을 이용할 수 있다. '공격(Attack)', '방어(Defence)', '자기PR', '무시(Ignore)', 및 '미 투…미 베터(me too…me better)'이다(정성호, 선거캠페인과 미디어전 TV토론의 개념을 살펴보면 토론은 일반적으로 논쟁의 한 형태로서, 토론 당사자들에게 동등한 기회와 시간을 부여하고 어떤 형식과 절차에 따라 특정한 주제에 관해 체계적으로 주장하는 모든 과정을 담고 있다. 그리고 어떤 쟁점이나 명제에 대해 다른 주장이나 견해를 가진 사람들 또는 집단이 서로의 주장이나 의견을 제시하여 제3자, 즉 청중에게 우열을 가리도록 하는 것을 의미한다. 그리고 토론자들은 자신의 주장을 제시하고 상대방의 반론에 응하는 데 있어서 동일한 시간과 기회를 갖는다. TV토론은 토론의 한 영역으로서 그 양식이나 주제에 있어서 다양한 시사토론, 정책토론, 긴급진단, 특별대담 등의 형태로 다루어지는 TV토론 프로그램은 우리사회에서 일어나고, 논쟁이 되고, 다수로부터 관심의 대상이 되는 주제를 다루기 때문에 정치적인 소재는 물론 비정치적인 소재도 포함하고 있다(정한나, 2004). 일반적으로 정치후보자 TV토론은 선거에 출마하는 후보자들 간의 TV라는 매체를 통해 벌이는 토론을 말하는데, 이러한 관점에서 TV토론은 정치토론의 한 영역이라고 말할 수 있다. 민주주의 제도에 있어서 정치라는 것은 한마디로 커뮤니케이션이 관건이라고 할 수 있다. 정치적 비전을 가진 정치가들은 유권자들을 설득시키고 싶어하고, 유권자들은 정치가의 견해를 듣고 싶어한다. 이러한 정치커뮤니케이션 양태에서 나타나는 변화하는 전통적인 정당 중심의 선거운동을 약화시켰으며, 정치과정은 미디어에 의존하는 경향을 띠게 된다. 한국정치도 예외는 아니어서 정치과정에 있어서의 미디어의 역할이 점차 커져가고 있으며 '매체정치'의 양상은 1980년대 말부터 한국정치에도 다각적으로 표면화되었다. 또한 지난 제14대 대통령 선거를 기점으로 본격적인 텔레비전 정치 시대에 들어섰다는 주장이 있어왔는데 이는 기본적으로 TV가 갖고 있는 정치적 속성에 기인하고 있다고 볼 수 있다.

3) 저비용 고효율의 높은 생산성

현재 한국 사회에서 문제시되고 있는 고비용의 선거구조의 개선과 관련하여 언론매체를 통한 선거운동이 그 해결방안의 하나로 부각되고 있으며 그 가운데서도 텔레비전 토론이 크게 각광을 받고 있다. 게다가 금권정치를 개혁해야 한다는 여론이 높아지면서 정치권 안팎에서 대중매체를, 특히 텔레비전을 이용한 선거운동이 그 대안으로 대두되면서 앞으로는 선거운동의 텔레비전 의존도가 더욱 높아질 것으로 보여진다. 또한 후보자의 입장에서 보면 텔레비전 토론은 시청률이 높기 때문에 많은 비용을 들이지 않고도 대규모 대중유세보다 훨씬 더 많은 유권자에게 메시지를 전달할 수 있는 수단이다. 따라서 텔레비전 토론은 가장 효과적이면서도 가장 비용이 적게 드는 선거운동이 될 수 있다. 한편 유권자의 입장에서 보면 텔레비전 토론은 후보자의 자질이나 식견, 이념이나 정책을 가장 확실하게 비교하고 파악할 수 있는 가장 손쉬운 수단이다. 그리고 국가의 입장에서 보면 텔레비전 토론은 금권·타락선거를 방지하고 선거운동을 정책대결로 유도할 수 있는 가장 유력한 방안이다. 또한 방송사와 방송인의 입장에서 보면 텔레비전의 공명선거와 민주주의 실현에 건설적으로 참여할 수 있는, 그래서 방송사와 방송인으로서의 자부심을 가질 수 있을 뿐만 아니라 시청률도 높기 때문에 상업적으로도 성공적일 수 있는 일석이조의 좋은 프로그램이라 할 수 있다.

4) 토론의 정치적 속성

현대인에게 있어서 TV는 생활의 일부분인 동시에 지극히 정치적인 매체이다. 생활의 일부분이라는 말은 일상생활에서 TV시청이 누구에게나 자연스러운 현상이 되었다는 뜻이고, 정치적인 매체라는 말은 현대정치에 있어서 TV의 기능을 무시할 수 없을 정도로 직접적인 역학 관계에 있다는 것을 의미한다. 한편 민주주의 체제 하에서 정치의 핵심인 권력 구성은 선거에 의해 이루어지기 때문에 국민과 정치 역시 불가분의 관계에 있다고 볼 수 있다. 그런데 일반적으로 정치 또는 권력은 국민과의 커뮤니케이션 과정을 거치면서 형성되고 유지 또는 상실되기도 한다. 그렇기 때문에 후보자들은 이러한 TV의 영향력을 인지하고 있으며, 이제는 TV를 지배하거나 잘 활용할 줄 아는 사람이 세상을 지배하는 시대가 된 것이다. 오늘날 TV가 권력을 획득하고 유지케 하는 유일한 수단은 아니지만 가장 유력한 수단임은 틀림없다. TV가 이처럼 영향력을 행사할 수 있게 된 데에는 다음과 같은 몇 가지 이유가 있다.

첫째, 정서적 흡인력이 강한 TV가 컬러화되면서 대중화됨에 따라 문맹자를 포함한 남녀노소가 시청할 수 있게 되었다.

둘째, 유권자들이 정치에 무관심해지고 후보자의 유세에 잘 가지 않는 등 정치에 참여하지 않는 경향이 두드러졌다. 특히 유권자의 다수를 점하는 젊은층의 비정치적 성향과 방식 및 행동의 변화로 대규모 군중 유세나 유권자 개별 접촉이 어려워졌다.

셋째, 선거법의 개정으로 TV토론을 비롯한 매체 활용이 용이하게 되었다.

넷째, 이렇게 달라진 선거 환경 속에서 방송사들은 수입과 세 과시를 위해서, 후보자들은 자신의 홍보를 위해서 TV의 후보자 토론 등에 적극적으로 참여하게 되었다.

이러한 이유들과 더불어 우리나라에서는 특히 고비용 정치구조를 개선하기 위한 방책의 하나로 TV토론을 비롯한 매체활용이 적극적으로 도입되고 있다(정한나, 2004).

5) 우리나라에서 적용 가능한 TV 논쟁양식

요 인	양 식
참여자	• 선두주자 2인이 바람직하되, 경우에 따라서는 3인 가능, 그러나 4인은 부적절
횟수	• 4~5회
질문인단	• 4~5명 • 학계 · 언론계 · 시민단체 · 노동계 • 정치적 중립 · 공정한 평가 · 적절한 질문제기 능력
주제	• 국내 문제(정치 · 경제 · 사회 등) • 무역 및 대외문제(외교, 국제협력 및 갈등관계) • 남북문제(대북문제 · 통일문제 · 국방문제)
진행양식	• 입후보자들에게 같은 질문제기 → 3분답변 →상대방에 대한 반론 1분 30초 → 보충답변 1분 30초 ⇒ 다른 질문으로 이행
포맷	• 카메라 고정 • 일정한 양식 고정 • 모든 입후보자들이 동시에 화면에 나타날 수 있는 양식

6) TV토론 대비 7대 주의사항

1992년의 대통령 선거 당시 민주당 홍보팀에서 TV토론에 대비하여 작성했던 7대주의사항은 다음과 같다.

(1) '상대편을 무시하거나 자신을 과시하는 것'을 주의하라.

상대편은 약하다고 생각하기 때문에 더욱 열심히 준비한다.

(2) '내용에 성공하고 이미지에 실패하는 것'을 주의하라.

목적은 시청자를 교육하는 것이 아니라 좋은 느낌을 주는 것이다.

(3) '국민(시청자)을 부담스럽게 하는 것'을 주의하라.

내용과 이미지 모두 국민이 부담스럽고 불편해선 안 된다. 편하게 해 주어야 한다.

(4) '많은 내용을 쏟아부으려고 하지 말라'

너무 많아 오히려 보고 나면 남는 것이 없는 현상에 주의해야 한다.

(5) '상식에 의존하지 않고 상식을 뛰어 넘으려는 것'에 주의하라.

상식을 뛰어 넘으면 오히려 반발한다.

(6) '약점을 쟁점화해서 변명한다는 이미지'를 주의하라.

약점은 솔직하게 인정해서 넘기고 장점을 집중적으로 말해야 한다.

(7) 상대에서 불분명한 발언이 없는지 주의하라.

발언이 대상을 설정하고 그들의 정서와 논리로 접근해야 한다.

출처 : 최문휴(1997), 『TV시대의 선거전략』, 모스트커뮤니케이션, p. 220.

7) TV토론 시 매체별 인터뷰 전략

(1) TV시대, 정치인도 TV에 친숙해야 한다.

(2) 정책보다는 이미지가 우선

(3) 밝고 긍정적으로 보일 수 있는 의상을 선택하라.

(4) 조명과 배경세트의 색깔도 고려해야 한다.

(5) 와이셔츠와 타이, 양발과 구두도 체크

(6) TV시대의 정치인에겐 메이크업도 필수요소

(7) 안경보다는 반사되지 않는 교정용 렌즈가 좋다.

(8) '제스처'를 개발하라

(9) 악수를 할 때는 상대의 눈을 응시하라.

(10) 표정관리와 시선처리도 중요하다.

(11) 항상 카메라를 의식하라.

(12) 리허설을 활용하라.

(13) TV토론! 대중유세에서 안방유세로…

(14) 유권자는 '이미지'로 판단한다.

(15) TV는 '갈등'을 좋아한다.

(16) TV토론을 위한 T/F를 구성하라.

(17) 세트를 적극 활용하라.

(18) 토론장에는 먼저 등단해야 한다.

(19) 참신하고 강동적인 공약을 개발하라.

(20) 시청자를 두려워할 줄 알아야 한다.

(21) 성공적인 방어는 최선의 공격이다.

(22) 공격은 '품위있게' 하라.

(23) TV매체용 언어 사용법을 익히라.

(24) 통계숫자를 활용하라.

(25) 구체적인 예를 들어라.

(26) 기지와 분노를 적절히 연출하라.

(27) 필요하다면, 질문 자체를 무시하라.

(28) 상대에 대한 칭찬도 홍보전략이다.

(29) 실수는 깨끗이 인정하라.

(30) 위트와 유머를 활용하라.

(31) 속담과 명언을 활용하라.

(32) 사전 인터뷰를 활용하라.

(33) 준비할 시간을 얻으라.

출처 : 최문휴(1997), 『TV시대의 선거전략』, 모스트커뮤니케이션, pp.221-238

8) TV토론에 관한 이론

(1) 민주주의 이론 : 유권자들이 후보를 선출할 때 자신이 가진 정보를 토대로 선택할
    것이라고 가정한 이론이다.

(2) 엘리티스 이론 : 유권자들이 미디어가 후보들에 정보제공을 불안스럽게 생각하기
    때문에 믿지 않는다.

(3) 상호거래 이론 : 유권자들이 매스미디어를 이용하는 기술을 터득함에 따라 그들의
    정치지도자들과 쌍방적 상호거래를 할 수 있다고 생각을 가지고 있다는 이론이다.

9) 아우어 토론의 기본조건 5가지

아우어(Auer, 1973) 토론의 기본조건으로 다음과 같은 다섯 가지를 내세우고 있다.

(1) 대결, 직면(논쟁이 있어야 한다).

(2) 동등하고 적절한 시간 분배

(3) 서로 경쟁적인 논쟁자

(4) 주어진 명제, 진술

(5) 청중들이 토론회를 통해 어떤 결정을 내릴 수 있게 해주는 유용성 등(J. J. Auer, 1962).

아우어가 말하는 토론은 전통적인 토론의 전형을 염두에 둔 것인데 이러한 전통적인 토론에서는 토론자들끼리 서로 질문하고 답변하고 반박하는 등 토론자들이 직접 대결한다. 그리고 토론에서는 명제나 쟁점에 대한 사실이나 가치 등의 주장에 있어서 배타적인 두 가지 대립적인 입장으로 구체화되는 특징을 지니고 있다. 위의 다섯 가지 요건에다 제미슨과 버드셀(Jamieson & Birdsell)은 규칙의 지배를 추가하고 있다(K. Jamieson & D. Birdsell, 1988, pp.11~15).

이들은 토론이란 특정한 절차나 시간 제한, 조직 등과 같이 어떤 규칙에 지배되는 활동으로 보고 이들 규칙들은 사전에 협상하여 청중에게 명백히 명시되고 토론자들에 의해서도 받아들여진다(정성호, 2003).

이를 토대로 김환열은 TV토론은 후보자 또는 정당 간에 어떤 명제나 정책, 쟁점사항에 대하여 더 많은 유권자들의 지지를 획득하기 위해 벌이는 논쟁을 말한다고 보고 연구의 대상으로 삼았다.

10) TV토론의 효과–라누와 슈로트 효과모형

TV토론의 효과에 관한 실증적 연구(토론의 기본 조건) 결과는 다음과 같다.

(1) TV토론의 효과는 감정적 효과(affective effect)나 인식적 효과(cognitive effect)가 행동적 효과(behavioral effect)보다 크다.

(2) TV토론은 정치적 관심이 적거나 당 소속감이 작은 유권자들에게 큰 영향을 미친다.

(3) TV토론은 투표 결정을 내린 유권자보다는 투표 결정을 내리지 않은 유권자들에

게 더 큰 영향을 미친다.

(4) 당원들은 자신들의 성향을 보강하기 위하여 TV토론을 시청한다.

(5) TV토론은 이슈보다는 이미지에 더 큰 영향을 미친다.

(6) TV토론은 승자의 이미지에 긍정적 영향을 미치지만, 패자의 이미지에 반드시 부
정적 영향을 미치는 것은 아니다.

출처 : 이동신 외(2004), 『정리커뮤니케이션의 이해』, 커뮤니케이션북스, p.364.

라누와 슈로트(Lanoue & Schrott, 1991)는 대통령후보자들 사이의 TV토론이 시청자에게 미치는 효과를 태도, 인지, 행동 등 세 가지 차원에서 설명하고 있다. 이론적 토대는 사회적 학습이론, 인지부조화이론, 기능적 태도변용이론, 이용과 충족이론, 의제설정이론, 정보습득이론 등 주로 태도 변용과 관련된 사회심리학이론이나 매스컴이론이다. 이와 같은 이론들은 매스컴학자들에게 잘 알려진 이론이다. 라누와 슈로트가 TV토론에 대한 모든 논의를 한데 통합하여 제시하면 흥미있는 '토론효과모형'(그림 10-1)과 같다(David J. Lanoue and Peter R. Schroott, 1991).

대통령후보들의 토론내용은 정치적 메시지라고 할 수 있는 데 이 메시지가 시청자에게 직접적인 영향을 미치는 것은 아니다. 라누와 슈르트의 모형에 따르면 시청자는 일종의 여과장치를 통해 선별적으로 토론내용을 지각한다. 이 여과장치를 통과한 토론내용만이, 시청자가 후보의 이미지를 형성하고, 후보와 이슈를 평가하며, 종국적으로는 특정후보에 투표하는 단계에 이르기까지 영향을 미친다. 언론은 토론 내용에 분석, 비판, 해설, 논평 등을 가함으로써 시청자의 지각적 여과장치는 물론 후보자의 이미지, 후보자의 이슈에 대한 평가 그리고 시청자의 투표에 영향을 미치게 된다. 점선은 토론내용이 지각적 여과장치나 미디어의 해석을 거치지 않고 직접 후보자의 평가나 이슈평가에 영향을 미치는 경우를 뜻한다(이동신 · 박기순, 2004).

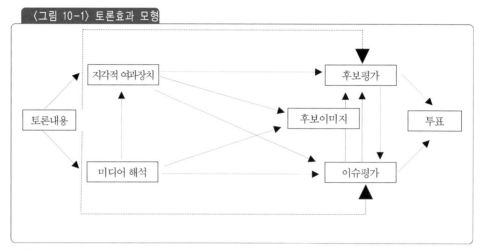

〈그림 10-1〉 토론효과 모형

출처 : 이동신·박기순(1998), 『정치커뮤니케이션 원론』, 법문사, pp. 118~119.

11) TV토론의 효과에 관한 실증적 연구

TV토론의 효과에 관한 지금까지의 실증적 연구들을 결과, 결론, 혹은 가정 등을 토대로 요약하면 다음과 같다. 이 같은 연구들은 연기시기와 내용에 따라 일관성이 없거나 상충적인 경우도 있다(이동신·박기순, 2004).

(1) 정치적 관심이 적거나 중립적이거나 당파심이 약한 유권자들은 TV토론을 시청할 가능성이 많고, 시청결과 후보들에 관한 유용한 정보를 얻을 가능성이 또한 가장 많으며, 시청결과 선거에 관한 관심을 증가시키고 선거캠페인 기간 중 늦게 특정후보를 선택, 투표할 결심을 하게 된다.

(2) TV토론의 시청여부를 밝힐 수 있는 최선의 예측변인들은 정치적 관심, TV뉴스이용, 캠페인 관심, 교육수준 등이다. 이 중에서도 정치적 관심은 토론시청과 높은 상관관계가 있다.

(3) TV토론은 정치적 관심이 많은 시청자와 적은 시청자 사이의 지식격차를 증가시킬 가능성이 있다. 지식이 많은 유권자들은 선거캠페인을 접한 뒤 더 많은 것을 알게 되는 반면 지식이 적은 유권자들은 배우는 것이 조금밖에 없다.

(4) 그러나 TV토론은 지식이 적은 시청자의 후보선호에 영향을 미친다.

(5) 사회적 신분, 교육, 인종 등과 같은 인구통계학적 변인들은 토론시청과 상관관계가 약하다.

(6) 정당 소속여부는 토론시청과 상관관계가 비교적 약하다. 그러나 정당원의 열성 정도는 지속적 시청과 상관관계가 있거나 역으로 부적 상관관계가 있을 수 있다.

(7) TV토론전의 후보선호, 후보의 이슈에 대한 입장, 후보의 토론능력 등이 시청자들의 후보평가에 영향을 준다.

(8) 일반적으로 정치적 관심이 많은 유권자들은 TV토론시청을 통해서 정치적 정보를 더 추구하고 그 정보로부터 더 효율적으로 많은 것을 배우는 반면 정치적 관심이 적은 유권자들은 정보를 회피하고 단순한 사실을 배우는 데에도 반복적으로 미디어 노출을 필요로 하는 등 학습의 효율성이 적다.

(9) TV토론은 시청자, 특히 정치적 관심이 낮은 시청자에게 직접적인 정치적 학습효과가 거의 없으나 선거캠페인에 대한 관심을 자극하고 당파심을 증가시킨다.

(10) TV토론은 정치적 정보를 추구하는 시청자들의 경우 그들의 정치적 관심을 강화시킨다.

(11) TV토론이 창조한 정보가 시청자들에게 영향을 끼친다.

(12) TV토론 전 후보를 결정하지 않은 채 TV토론을 시청하는 유권자들은 TV토론이 제공하는 정보를 토대로 투표를 결정할 것이다.

(13) 투표의 사전 결정 여부와는 상관없이 유권자들은 토론을 시청하고 그 결과 더 많은 정보를 알게 되며 이 같은 토론을 토대로 후보를 선택한다.

(14) TV토론은 사전에 투표결정을 내리지 않은 유권자의 후보선택에 특별한 영향을 미칠 수 있다.

(15) TV토론을 시청하는 유권자들 중 많은 사람들이 그 토론에 관한 추가정보를 추구한다.

(16) TV토론이 참가한 후보들에 대한 정치적 학습이 이슈나 그 이슈에 대한 후보의 입장에 관한 정치적 학습보다 훨씬 더 일반적으로 시청자들에게 발생한다.

(17) TV토론은 시청자가 토론에서 새로운 것을 배웠을 때 시청자에게 영향을 미친다.

(18) 정치적 관심이 많은 시청자들이 TV토론에 참가한 후보들에 더 많은 논평을 하는 경향이 있다.

(19) TV토론의 진행 중 투표를 결정한 유권자들이 토론 전이나 후에 결정한 유권자들보다 더 많았다.

(20) TV토론이 진행됨에 따라 토론에 대한 관심이 증가하거나 혹은 감소한다는 상충적 연구결과가 나왔다.

(21) TV토론을 시청한 사람들의 대다수는 시청결과 후보들에 관해서 더 많이 알고 싶어 하는 경향이 있고 이들 중 상당수는 선거캠페인에 대한 관심이 증가했다.

(22) 선거캠페인 초기에 TV토론을 시청하는 것이 그 캠페인에 대한 관심과 후보에 대한 태도에 영향을 미친다.

(23) 유권자들의 후보에 대한 지각은 TV토론기간 중 유의미하게 변했으나 이런 변화는 일반적으로 후보에 대한 선재(先在) 인상과 일치했다. 즉 전부터 지지하는 후보에 대해 호의적인 인상과 일치했다. 즉 전부터 지지하는 후보에 대해 호의적인 인상을 발전시켰다.

(24) TV토론은 후보의 속성이나 후보의 이슈에 대한 입장을 시청자들이 선별적으로 지각하도록 만들다.

(25) 선별적 지각은 후보의 토론을 시청자가 기억하도록 만드는 중요한 요인은 아니다.

(26) 정당원들은 TV토론에서 자당 출신 후보를 더 호의적으로 지각하는 경향이 있지만 그렇다고 해서 타당 출신 경쟁후보를 부정적으로 지각하도록 부추김을 받지는 않는다.

(27) 정당원들은 자신의 투표성향을 확인하거나 강화하기 위해 TV토론을 시청하는 경향이 있다.

(28) TV토론은 정당에 속한 유권자들이 정당후보의 장점과 경쟁후보의 약점을 더 확신하도록 돕는 정치커뮤니케이션의 도구로 기능한다.

(29) TV토론은 유권자들이 후보의 이슈에 대한 입장을 이해하기 쉽도록 도울 뿐만 아니라 이 같은 입장에 대한 유권자들의 지식을 그들의 정당이나 후보 이미지와 일치시키도록 돕는다.

(30) TV토론은 유권자들의 투표결정에 이슈의 중요성을 증가시켰다.

(31) TV토론이 이슈에 대한 시청자의 학습에 미치는 효과는 단명할 수 있다.

(32) TV토론은 시청자들의 후보평가에 발생한 단기적 변화와 상관관계가 있다.

(33) TV토론에서 시청자들은 후보들의 이슈에 대한 입장에 더 많은 관심을 갖게 된다.

(34) TV토론의 시청자들은 후보의 입장에 관한 지식에 있어서 유의미한 증가를 보였다.

(35) TV토론의 시청자들은 후보속성이나 이슈의 지각에서 현저한 변화를 보이지 않는다.

(36) 지방선거 후보토론이 대통령과 국회의원 선거 후보토론보다 시청자들에게 더 영향을 끼칠 수 있다.

(37) TV토론 후 미디어의 토론분석은 시청자의 후보이미지에 영향을 미칠 수 있다.

(38) 미디어의 논평은 TV토론 시청자의 이슈학습에 효과가 없다.

(39) TV토론은 미디어가 압도적 승자를 밝힐 때 시청자에게 영향을 미친다.

(40) TV토론은 종종 후보이미지에 변화를 초래할 수 있으나 커다란 변화는 아니다.

(41) TV토론은 후보 사이의 이슈에 관한 차이보다 이미지와 인성에 관한 차이를 드러내는 데 더 효과적일 수 있다.

(42) TV토론은 승자의 이미지에 긍정적 영향을 미치지만 거꾸로 패자의 이미지에 반드시 부정적 영향을 미치는 것은 아니다.

(43) TV토론에서 후보가 자신의 주요테마를 증폭시키기 위해 토론을 이용하면 그 후보에 대한 시청자의 기존태도에 강화효과가 발생한다.

(44) 후보의 토론내용이 여론의 추세와 일치할 때 그 후보에 대한 시청자의 기존태도에 강화효과가 발생한다.

(45) TV토론시청자들이 토론에 관해 서로 이야기할 때 기존태도에 강화효과가 발생한다.

12) TV토론 대응 세부전략

(1) 선거 입후보자가 정강·정책과 공약 등 자신의 포부를 밝힐 때 유의해야 할 몇 가지 지적 사항은 다음과 같다.

① 당면한 주요 국내 정책의 개진에 역점을 두어야 한다.

② 우선 국민생존권에 관한 정책이나 공약이라야 한다.

③ 중산층 이하 서민과 관련된 주택, 세금, 물가, 공공요금, 교육문제 등의 신경 쓰이는 문제(obtrusiveness)의 정책 공약을 개발해야 한다.

④ 지극히 참신하고 획기적이며 감동적이고 새로운 내용의 것이라야 국민에게 신선한 충격을 주고 호응을 받을 수 있다. 만약 귀에 익은 해묵은 정책이나 공약이라면 반드시 이를 해결하고 추진할 수 있는 새롭고 획기적인 방안을 제시하지 않으면 안 된다.

⑤ 국민에서 희망과 의욕, 그리고 용기를 줄 수 있는 것이라야 한다.

⑥ 무엇보다 만연한 불신과 실추된 도덕적 타락에 대한 신뢰를 회복할 있고 도덕과 질서를 되찾을 수 있는 의지와 방안이 강구되어야 한다.

⑦ 자기희생을 전제로 한 지도자로서의 통치철학이 담겨져야 한다.

⑧ 실현 가능한 정책과 공약이라야 한다.

⑨ 정책과 공약 등 통치철학을 밝힐 때는 의욕과 자신감 넘치는 자세와 표현을 유지해야 한다.

⑩ 질문자의 핵심을 파악해서 자신있게 답변할 수 있는 사항에 대해서는 정공법으로 대처하여 용기와 신뢰감을 보여 줄 수 있어야 한다.

⑪ 질문에 대한 답변이 곤란할 경우 솔직하고 진실한 태도로 임해야 하며 임기응변술이나 기지를 익혀두어야 한다.

⑫ 원칙적으로 불성실한 답변이나 궤변은 금물이다. 솔직한 자세만큼 설득력 있고 동정을 받는 것은 없다. 어설픈 변명이야말로 위험하고 불리할 뿐이다. 시청자는 결코 우둔하지 않고 현명하기 때문이다. 시청자를 경시할 것이 아니라 오히려 두렵게 여겨야 한다.

⑬ 비록 도덕성과 윤리성이 강하고 타당한 정책이라 할지라도 그것이 다수 계층의 호응에 어긋날 사항이라면 다시 고려해야 한다.

⑭ 저속하고 품격 낮은 말씨를 삼가야 한다.

⑮ 시청자는 어떻게 말하는가에 많은 관심을 가지고 있지만 후보자가 무엇을 말하는 가의 핵심에 주목하고 있다는 것을 명심해야 한다.

⑯ 토론과 언어의 본질은 의사의 표현을 통해 자기를 개방함으로써 상호의사의 교감과 이해점을 가능하게 하는 것이다. 따라서 인터뷰와 토론에 있어 무조건 방어적 자세를 고수하는 것은 금물이다.

(2) 상대방의 정책과 공약에 대한 질의와 공격의 자세 역시 지도자의 품격을 시험하는 주요한 척도라는 점을 인식해야 하며, 몇 가지 유의해야 할 사항을 제시하면 다음과 같다.
대응 논리에 충실하고 익숙해야 한다. 확실한 근거와 증거를 위주로 논증하거나 입증을 해야 한다.

① 이미 공개되고 공인된 것일지라도 상대방의 비리와 부정 등 사회지탄 사실을 재론하여 궁지로 몰아붙여야 한다.

② 상대방의 지도자로서 가장 약점이 되는 치부와 스캔들은 공개해서 국민의 심판을 받도록 해야 한다.

③ 상대방의 부도덕한 행동과 실책(인권 탄압, 여성스캔들, 수뢰, 탈세, 부정축재 등)도 공개해야 한다.

④ 실패한 국내정책과 대외정책도 빼놓아서는 안 된다.

⑤ 상대방 성격, 인격, 품격의 결함은 과감히 지적하고 비판하도록 해야 한다.

⑥ 상대방이 제시한 정책과 공약 가운데 허구성과 실현 불가능한 사항에 대해서는

비논리성, 비현실성, 부당성 등을 꼬집어 예리한 비판을 가해야 한다. 물론 반론의 여지가 없도록 완벽하면 더욱 효과적이다.

(3) 이번에는 반대로 질의와 공격에 대한 반격으로써 대응전술을 전개할 때 유의해야 할 사항은 다음과 같다.

① 자신의 정책과 공약이 후퇴할 수 없는 불변의 소신이라면 역시 논리성과 합리성 그리고 타당성과 구체적 방안을 제시하면서 의지와 신념을 피력함으로써 역습의 효과도 함께 얻을 수 있도록 해야 한다.

② 스캔들에 대해서는 어떠한 내용이든 변명의 여지가 없는 사실이면 솔직히 시인을 하고 국민적 사과를 구하는 데 주저하거나 인색하지 말아야 한다. 만일 정도가 지나친 중상모략이나 허구적인 인신공격일 경우 반증과 반론을 제시, 오히려 역습으로 상대방을 궁지에 몰 수 있어야 한다. 핵심과 기회의 포착을 놓치지 말아야 한다.

③ 우선 상대방의 질의와 공격의 내용과 의도의 핵심을 예리하게 파악해서 신속하게 진의를 캐내는 것이 무엇보다 중요하다.

④ 실책에 대해서도 사실이면 시인을 서슴지 말고 필요하다면 간단한 해명 정도로 마무리하는 것이 무엇보다 중요하다.

⑤ 대수롭지 않은 비방이나 공격을 위한 의도적 내용이라면 큰 그릇으로 작은 그릇을 담듯 여유 있고 의연히 수용하되 한마디 정도로 경고나 주의를 촉구할 필요가 있다.

⑥ 고도의 정책과 경륜으로 여유 있게 반격할 수 있는 자세를 유지해야 한다.

⑦ 논쟁은 정책 등 주제의 대립이어야 한다. 욕설 등을 토해내서 사람과의 대립적 싸움에 이르는 단계로 발전하는 일이 있어서는 안 된다.

(4) 전문가들이 참가하는 정책토론회에 있어서 주제 발표자가 유의해야 할 사항은 다음과 같다.

① 우선 주제나 정책이 시의적절하고 당면 과제여야 한다.

② 주제나 정책의 전개는 합리적이고 논리적이어야 하며 실현 가능한 접근방법을 제시해야 한다.

③ 추상적이고 현실과 거리가 먼 이상적인 주제나 정책은 공론에 그치기 쉽다는 것을 명심해야 한다.

④ 창의적이고 창조적인 주제나 내용이어야 한다.

⑤ 양자의 논리 수용, 즉 양시론(兩是論)이나 양비론(兩非論)에 가까운 회색논리는 삼가야 한다. 의지와 소신이 없어 보이기 때문이다.

⑥ 주제와 정책안에 따른 역기능이나 부작용에 대한 보완책을 미리 준비할 필요가 있다.

⑦ 토론이나 질의는 주제와 핵심에서 벗어나지 않도록 유의해야 한다.

⑧ 사전에 주제 토론에 대한 충분한 준비를 해야 한다.

(5) 상대방 주제와 정책에 대한 토론이나 질의 반론을 제기할 때 유의할 사항

① 부당성과 모순성을 제시해야 한다.

② 주제와 정책 추진에 따른 역기능과 부작용을 지적해야 한다.

③ 주제와 정책이 시의적절하거나 긴급한지를 검토해야 한다.

④ 실현 가능성이 있는 정책인가를 고려해 볼 필요가 있다.

⑤ 예산에 대한 검토가 있어야 한다.

⑥ 단순히 인기 영합에 빠진 황당무계한 내용인지를 분석해야 한다.

　☞ 허경영 대통령 후보 공약 : 휴전선에 유엔본부 설치, 결혼부부 주택 보장 등

⑦ 상대방 주제와 정책에 대한 양시와 양비론적 입장 표명은 금기사항이다.

⑧ 상대방 정책이나 주제에 대한 반론을 제시할 때는 반드시 대안과 보완책을 제시할 필요가 있다.

⑨ 핵심을 벗어난 질의와 토론은 절대 피해야 한다.

　☞ 상대방이 질의할 때도 자기 원고를 보고 있다든가 시선을 다른 곳으로 응시해서는 안 된다. 카메라는 언제든지 클즈업이나 롱샷으로 잡기 때문에 곧 시청자에게 좋지 않은 이미지로 비친다.

　☞ 상대 후보가 자기 질의와 일치되지 않는 응답을 했다하더라도 비웃는 표정이나 자기보다 못하다는 표정을 지어서는 안된다. 시청자는 약자 편이라는 것을 명심해야 한다.

⑩ 일반적으로 미국의 대통령 후보들은 선거운동 가운데 가장 많은 인기를 모으고 있는 텔레비전 토론의 준비를 위해 온갖 노력과 세심한 배려를 아끼지 않는다.

⑪ 1984년 대통령 후보의 텔레비전 토론 준비를 위해 공화당의 레이건 후보는 12개의 예상 질문과 답변자료를 만들어 리허설과 교정 작업까지 하는 등 철저히 대비에 임했다. 물론 상대방인 민주당 먼데일 후보 역시 예외는 아니었다. 먼데일 후

보는 레이건 후보보다 더 많은 20개의 예상 질문과 답변서를 작성해서 리허설을
했던 것이다.

⑫ AP통신은 레이건 후보와 먼데일 후보 사이의 텔레비전 토론 내용과 진행 과정에
대한 평가기준을 ① 분석력, ② 사유, ③ 증거, ④ 논리성, ⑤ 평판, ⑥ 화술과 표현
등으로 나누어서 반응을 종합 평가했었다. 토론은 이와 같은 몇 가지 기준에 따라
타당성과 성실성이 내포되어야 하며, 판단력과 조직력이 뛰어나지 않으면 안 된다.

⑬ 출연자는 테이블 토론이나 대담을 할 때, 그리고 서서 스피치를 할 때 의자와 연
단의 높이를 조절해야 한다.

⑭ 스탠드 마이크가 하나일 때는 대각선 위치에 놓는다. 정면 마이크는 얼굴의 일부
를 가릴 염려가 있다.

⑮ 목소리는 마이크의 성능이 뛰어나고 감도가 예민하므로 다소 낮은 듯 알맞게 해
야 한다. 핀 마이크를 착용할 때는 채음도(彩音度)가 높으므로 이를 의식하지 말
고 자연스럽게 평상시의 톤으로 말하는 것이 좋다.

⑯ 헛기침이나 머리를 쓰다듬는 등의 습관은 자제해야 한다. 시청자에게 산만한 느
낌을 주고 자신감이 없어 보인다.

⑰ 시선 처리의 요령
  •선거 연설이나 담화문을 발표할 때는 램프에 불이 들어오는 카메라를 주시하면
   서 자신감을 갖고 부드러운 얼굴 표정을 갖는 것이 바람직하다.
  •두 사람의 대담·토론 또는 공동 토론의 경우 사회자의 질문 내용에 따라 시선을 사
   회자와 공동 출연자, 카메라를 번갈아 가면서 자연스럽게 처리하는 것이 무난하다.
  •주로 사회자에게 시선을 주되 소신과 결론을 피력할 때는 카메라로 시선을 옮겨
   야 한다.

⑱ 메모하는 것을 수치스럽거나 부담스럽게 생각할 필요는 없다. 오히려 계수(計數)
또는 여러 사람과 토론 시에는 필요한 사항을 메모하는 것이 신뢰감을 준다.

⑲ 출연 시 손의 처리는 혁대의 고리 쪽 아래 자연스럽게 포개 두고 가끔 작은 손짓
으로 자기 표시를 설명·보완하도록 한다. 다만, 어떤 경우이든 손가락질은 삼가
야 하며 제스처의 반경이 보기 흉한 정도로 넓어서는 안 된다.

⑳ 토론 중에 땀을 흘려 손수건으로 땀을 닦는 모습은 상대방에게 밀리는 인상 또는
힘겹고 어려운 인상을 주므로 유의해야 한다.

㉑ 양말 색깔은 피부색 계통을 피해야 한다. 자칫 잘못하면 양말을 착용하지 않은 것

처럼 흉하게 보일 염려가 있기 때문이다.

㉒ 양말은 가능한 긴 것을 착용해 다리를 꼬고 앉을 때 다리의 피부가 노출되지 않도록 해야 한다.

㉓ 구두는 검정색 계통이 자연스럽다.

㉔ 출연자 또는 그의 참모는 출연 전에 방송과 관계되는 궁금한 사항에 대해 서슴지 말고 PD에게 질문해서 모든 것을 이해하고 확인해 두는 것이 도움이 된다.

㉕ 평소 얼굴 표정이 근엄하고 굳어 있거나 딱딱한 사람은 한두 번쯤 웃음을 보여주는 것이 의외로 부드럽고 온화하게 보인다.

㉖ 또한 이와 같이 굳은 표정을 지닌 사람은 PD에게 요청해서 카메라 샷(shot)도 주문해 두는 것이 좋다.

㉗ 반면에 온유한 모습을 지닌 사람은 오히려 약간 근엄한 마스크를 보여주는 것이 바람직하다.

㉘ 머리 기름을 바를 때는 조명에 반사되는 점을 고려해서 알맞게 해야 한다.

㉙ 사전 여러 가지 사항을 준비하고 사전 점검과 확인 등 세심한 주의가 필요하다. TV에 출연하여 좋은 인상을 남기기 위해서는 단순한 연출만으로는 불가능하며, 역할 연기 등 많은 연습과 상황에 따른 연출의 리허설을 바탕으로 모니터를 통한 평가 등의 준비가 필요하다.

출처: 김진석(1964), 『TV시대의 정치』, 도서출판 아침, pp.109~113; 정성호(2003), 『선거캠페인과 미디어전략』, 도서출판 차송, pp.470~472

(6) TV토론 전략

TV토론에 임하는 후보들은 유권자를 설득하기 위해 매스미디어를 통한 다양한 전략을 구사한다. 후보는 선거기간 동안 경쟁후보들을 물리치고 최종의 승리인 당선을 향해 매스미디어와 유기적인 관계를 갖는다. 후보자의 선거 전략은 상대 후보가 누구인가에 따라, 토론의 진행 상황과 형식 등에 따라 변화한다. 전략은 토론이 진행되는 동안 후보자들 모두 동시에 진행하므로 처음부터 끝까지 동일한 전략을 유지할 수 없다. 경쟁 상대의 전략에 대응하는 전략을 구사하거나, 상대의 전략을 바꾸게 하기 위해 다른 차원의 전략을 구사하기도 한다. 이와 같은 차원에서 선거캠페인은 캠페인 의제를 통제하기 위한 싸움으로 정의되기도 한다(Lang & Lang, 1984). 후보들은 TV토론을 위해 선거 전략가, 미디어 담당자, 여론 담당자들과 치밀하게 계획을 구상한다. TV토론에서 사용되는 후보들의 전략에는 사전(predebate) 전략, 진행(debate) 중 전략, 사후(postdebate) 전략의 세 가지로 나뉜다(Trent & Friedenberg, 2000).

① 사전 전략

설득의 계획 단계에서 토론회가 시작되기 이전에 실시한다. 먼저, 유권자에 대한 분석 전략을 통해 유권자의 요구, 흥미, 유권자에게 주효할 설득 내용과 방법을 찾는다. 구체화 전략을 통해 후보자는 자신의 정책이나 인간적 특성을 세분화시킨다. 또한, 유권자로 하여금 자신에 대해서는 낮은 기대감을, 상대방에 대해서는 높은 기대감을 갖도록 미디어가 보도할 수 있도록 유도한다. 또한 상대 후보의 단점을 부각시켜 강조함으로써 어떤 계층을 설득할 것인지 정한다.

② 진행 중 전략

토론회가 진행되는 동안에 쓰이며, 이슈 전략과 이미지 전략의 두 가지로 주로 사용된다.

이슈 전략은 구체적으로 자신이 주장하는 정책들을 유권자들이 이해하기 쉽도록 제시한다. '진보'나 '보수'와 같은 대립적인 개념을 사용하여 토론회의 주도권을 장악하는 방법 또한 이에 해당된다. 또한 후보의 긍정적인 이미지를 구축하기 위해 '변화를 추구하는' 적극적인 리더십 스타일을 제시하고, 후보 자신의 호감가는 인간적 매력이나 이상적인 정치인이라는 것을 강조하는 전략이다.

③ 토론 후 전략

유권자들은 다른 사람들과 토론회 결과에 대해 논의하게 되는데, 이러한 논의 이전에 매스미디어를 이용하여 후보 자신에 대한 호의적인 인식을 갖게 하기 위해 사후 전략이 사용된다. 후보의 대리인 혹은 저명한 대변인의 논평 혹은 평가를 이용하는 방법 등이 있는데 이는 토론회가 종료된 후 지체없이 이루어져야 한다. 또한 토론회가 종료 후 유권자의 후보자에 대한 호평 여부, 토론회의 질, 논박의 수와 정도 등을 조사하여 다음 토론회를 위한 사전전략으로 활용한다(Rowland, 1986; Levasseur & Dean, 1996).

(7) 우리나라의 토론형식

우리나라 대통령 후보 합동토론회는 공동기자회견형과 후보자간 직접 토론형을 절충한 형식이 대부분이다. 이를 토대로 형식을 세분화하면 1997년과 2002년에 실시한 대선 후보자 합동 토론회는 기조연설(모두발언), 사회자의 질문에 대한 답변(사회자 질문 1:1:1), 후보 간 상호토론(제16대)[7], 마무리 발언의 순으로 진행되었다(〈표 10-1〉).

〈표 10-1〉 대통령 선거 후보자 TV합동토론회의 토론 진행방식

대 선	토론 진행방식	시 간
제15대 (1997년)	기조연설(모두발언)	후보별 1분[8]
	사회자의 질문에 대한 답변(사회자 질문 1:1:1)	사회자 질문 30초, 답변 1분 30초, 반론보충 발언 1분
	후보 간 상호토론	질문 1분, 상대후보 답변 1분 30초, 반론상 대후보의 보충발언 1분
	사회자의 질문에 대한 답변(사회자 질문 1:1:1)	사회자 질문 30초, 답변 1분 30초, 반론보충 발언 1분
	마무리 발언	후보별 2분
제16대 (2002년)	기조연설(모두발언)	후보별 1분
	사회자의 질문에 대한 답변(사회자 질문 1:1:1)	사회자 질문 30초, 답변 1분 30초, 반론재반 론 1분
	후보 간 3자 토론	질문 1분, 상대후보 답변 1분 30초, 반론재 반론 1분
	양자토론(후보자 간 1:1토론)	질문 1분, 상대후보 답변 1분 30초, 반론재 반론 1분
	마무리 발언	후보별 2분

출처 : 대통령 선거방송토론위원회 결과보고서(1998, 2003)

서울시장 선거와 대통령 선거는 기본적인 틀에서는 유사하지만 시장 선거에서는 시민 질문을 도입하였다. 각 토론회에서 모든 형식이 활용되지 않았으며, 큰 틀 내에서 다양한 방식으로 변화 운용되고 있음을 알 수 있다. 토론회에 따라 기조연설과 마무리 발언이 생략되거나, 사회자의 질문 이외에도 패널리스트, 전문가 집단이 질문하였다. 유권자의 의견을 토론회에 반영하는 시민포럼형을 일부에서 도입하였다. 토론회가 사회자 질문 혹은 후보 간 상호토론으로만 이루어지기도 하였다. 일부 토론에서 기회시간제(찬스타임제)를

---

7) 후보들 간의 상호토론 또는 양자토론은 제15대에서는 실시되지 않고, 제16대에서 처음 허용되었다. 지정된 후보 2 인이 주어진 주제 내에서 질문, 답변, 반론, 재반론의 순으로 진행되었으며, 질문은 후보자 주어진 큰 주제 내에서 직 접 사전에 준비할 수 있도록 하였다.

8) 대통령토론위원회는 후보들의 발언시간을 엄격히 제한하고 있다. 사회자 석에 신호등을 설치하여 발언 제한시간 10 초 전에는 예고의 의미로 파란불(1997) · 노란불(2002년)이 켜지고, 발언 제한시간이 되면 빨간불이 들어오도록 하 였다. 이를 어길 경우 1차로 사회자가 제지를 하고, 그래도 발언이 이어지게 되면 10초 뒤에 마이크 작동이 자동으로 중단되도록 하였다. 시간제한 규정은 후보들이 정해진 시간 내에 발언하는 데 혼란을 겪기도 하였다.

도입하여, 발언시간이 부족한 후보가 3회 혹은 5회 사용할 수 있도록 허용하였다.

(8) 토론 형식에 따른 영향

토론 형식에 따라 사회자와 후보자의 커뮤니케이션 결과는 영향을 받는다. 토론 중에 발생하는 후보 간의 충돌빈도, 후보자 반응의 수준, 자신의 주장을 입증하기 위해 사용한 증거, 후보자 반응의 방향 등에 관한 연구에서 후보 간의 공격과 충동을 유발하는 토론 형식 혹은 그렇지 않은 형식이 있다(Pfau, 1984). 토론 형식에 따른 토론의 영향은 첫째, TV 토론 형식은 후보자간 충동을 일으키고 갈등에 임하는 후보자의 능력에도 영향을 미친다. 후보자들의 충동은 주어진 반론시간이 얼마인지에 따라 결정되며, 동일하거나 유사한 질문이 두 후보에게 주어질 때 충돌이 일어날 가능성이 높다(MaKinney & Carlin, 2004). 둘째, 토론형식은 후보자들의 수사 태도를 변화시킨다. 후보자들은 기조연설과 마무리 발언 동안 주로 미래에 대한 청사진, 지도자로서 검증된 능력, 과거의 업적 등 자신의 긍정적인 측면을 부각시키려 하는 반면, 후보들 간의 상호토론이나 양자 토론 부분에서는 토론이 주어진 특정 주제에서 벗어나 상대 후보에 대한 인신공격이나 비방으로 변질되기도 한다. 셋째, 우리나라는 후보자간의 직접적인 질문을 허용하며, 사전에 질문을 직접 준비하여 상대 후보에게 질문할 수 있다. 직접적으로 질문하는 형식은 정책 토론이 되는 데 걸림돌이 되고 있다. 직접적인 질문은 상대 후보의 과거 업적에 대한 잘못, 비방, 인신공격, 개인적 영역의 침해로 이어지기 쉽다. 질문을 할 때에도 상대 후보의 과거 업적에 대한 비난, 잘못된 점의 지적, 약점 들추기가 빈번히 일어난다. 답변을 하는 후보의 경우에도 주어진 질문에 답하지 않고, 상대 후보에게 정책실패에 대한 책임 떠넘기기 혹은 비방하는 데 시간을 보낸다. 결국 대안 없는 주장만 난립하여 정책 제시가 제대로 이루어지지 않는다. 넷째, 토론에 참여하는 후보자의 수가 토론 내용에 영향을 끼친다. 다자간 토론은 후보들을 한 자리에서 비교하는 기회를 제공한다는 측면에서 장점이 있다. 우리나라의 경우 대통령 선거 TV토론에 참여할 수 있는 후보의 자격이 확대되면서 2006년 서울시장 선거에서 5명의 후보가 토론회에 참여하였다. 반면, 다자간 토론은 토론회가 정책 중심에서 상대 후보를 공격할 가능성이 높아진다. 당선이 예상되지 않는 제3당 후보는 선거의 당락보다는 자신의 정당이나 자신을 홍보하고 국회 의석 수를 늘리는데 주안점을 둘 수 있게 된다. 또한 후보자간 상호토론에서 당선이 유력시되는 후보를 집중 공략하거나 인신공격, 비방할 가능성이 높아진다. 공격을 받은 후보는 자신의 정책과 관련한 언급보다 공격받은 비판이나 비방을 방어하는 데 많은 시간을 할애한다(김영주·김춘식, 2006). 토론시간이 제한된 상태에서 토론 참가자가 3명이면 2인일 때보다 발언시간이 30% 이상 줄어들고 토론 진행도 원활하지 못하다. 토론에 참여하는 후보자의 수가 많아지면, 후보자는 자신의 정책을 제시할 충분한 시간을 확보하지 못하게 되고, 유권자에게 정확한 정보를 제공하지 못한다. 다섯째, 정확한 시간의 제한은 후보가 정책이나 이슈에 대한 자신의 입장 표명, 인간적 측면에 대한 유권자의 이해를 구하는 시간을 확보하는 데 어려움이 많다. 또한 후보자간의 원활한 토론이 진행되지 않고 사회자의 주어진 질문에만 답변하는 데 급급하여 후보 간 정책 차이를 발견하기 수월하지 않다. 제한된 시간 내에 다양한 주제의 논의는 후보 간의 차별성이 나타나기 어렵다. 핵심적 이슈 혹은 후보 간에 차이를 나타내는 정책에 대한 보다 심층적인 질문이 제기될 필요가 있다. 후보 간 상호토론시간에 일부 질문에서는 특정 후보에게만 질문하여 제3의 후보는 반론할 기회의 박탈, 양자구도로 이끌어 가려는 행태를 보이게 된다. 또한 공격받은 후보는 자신의 입장을 전개시킬 시간이 거의 없으며, 반박할 시간은 사실상 없다.[9] 여섯째, 토론형식은 유권자의 투표참여에 영향을 끼친다. 토론에서 보여주는 후보자간의 상호 비방과 인신공격 발언은 대선에 참여한 후보들의 정책 토론을 기대했던 유권자들이 정치적 냉소주의로 흐를 위험이 있다. 유권자는 토론을 통해 경선에 참여한 후보의 정책, 토론형식, 전략과 전술, 토론에 임하는 수업의 결정에 관한 거의 모든 움직임이 정치적 암시를 내포하고 있다. 한 번의 실수, 단 한번이라도 부적절한 연설 또는 거북한 모습 등을 보인다면 선거에서 패배할 수 있다. 따라서 토론형식에 따라 토론 자체의 성패로부터 선거 결과로 이어지는 전체 정치 과정에 심대한 영향력을 끼친다.

　다음은 우선거별, 방송연설 횟수와 시간, 토론관련 법규, 매체별 장·단점, 선거종류에 따른 정치광고 수단 등이다.

---

9) 두 차례의 대통령 선거 TV합동토론회의 문제점에 대한 연구에서 '발언시간이 충분하지 않았다'는 지적이 1997년과 2002년 각각 37.3% 대 43.8%로 가장 높았으며, 인신공격으로 진정한 토론이 없었다(37.2% 대 15.5%), 진행이 지루하고 형식적이었다(14.5% 대 18.1%), 후보자의 답변이 정치논리로 천편일률적이었다(5.4% 대 6.2%)는 응답이 뒤를 이었다(양승찬, 2003).

〈표 10-2〉 선거별 후보자 방송연설 횟수와 시간

구　분	선거종류	허용횟수	1회 허용시간
방송 연설	대통령 선거 (후보자 및 후보자가 지명한 연설원)	라디오, TV, 각 11회 이내	20분 이내
	비례 대표국회의원 선거 (정당별로 후보자 대표 2인)	라디오, TV 각 1회	10분 이내
	지역구 국회의원 및 기초단체장선거	지역 방송시설 라디오, TV 각 2회 이내	10분 이내
	시·도지사 선거	지역 방송시설 중 라디오, TV 각 5회 이내	10분 이내
	비례대표 시·도의원선거 (정당별로 후보자 대표 1인)	라디오, TV 각 1회	10분 이내

〈표 10-3〉 선거별 경력 방송 횟수와 시간

구　분	선거종류	허용횟수	1회 허용시간
경력 방송	대통령 선거	라디오, TV 각 8회 이상	2분 이내
	시·도지사 선거	라디오, TV 각 3회 이상	2분 이내
	국회의원 및 기초단체장 선거	라디오, TV 각 2회 이상	2분 이내

〈표 10-4〉 미국 대통령선거 TV토론 관련 법규

법　령	연　도	내　용
의회 FCC 315조 효력 일시정지	1960년	1960년 케네디 대 닉슨 토론을 위해 315조의 '동등기회 조항'을 일시 정지시킴. 케네디 대 닉슨 토론이 정지 기간 동안 개최됨.
아스펜 규정	1975년	① 방송국이 아닌 제3자에 의해 주최 ② 방송국 스튜디오 밖에서 개최 ③ 생방송 ④ 편집 없이 전체가 전달 ⑤ 토론회가 특정후보에게 편향되지 않을 경우, 동등기회 조항 면제
겔러 규정	1983년 말	방송사가 직접 선택한 후보를 초청해 토론회 주최 허용. 1984년 예비선거부터 방송사 후원 토론회가 개최됨.

〈표 10-5〉 TV광고의 장·단점

장　점	단　점
• 많은 사람이 이용하는 매체이다 • 시각적 매체로 메시지의 impact가 크다 • 사회적 영향력이 크다 • 많은 사람들에게 친숙한 매체이다	• 제작비용과 시간이 많이 든다 • 시간의 제한성이 있다 • 광고 자체에 대한 부정적 시각으로 노출 자체가 차단될 가능성이 있다

〈표 10-6〉 신문광고의 장·단점

장 점	단 점
•도달범위가 넓다 •시간의 제한성이 없다 •타 매체에 비해 광고 제작시간이 짧다 •신뢰도가 높다 •기록성이 높다	•표현성이 부족하다 •독자의 노력을 요구한다 •보편성 매체이기 때문에 특정계층 타깃이 불가능하다

〈표 10-7〉 현행법에서 허용되고 있는 정치광고

선거 종류		광고수단	횟수 및 시간	비 용	비 고
대통령 선거		신문광고	70회	요건 충족 시 선거일 후보전	흑색
		방송광고	TV, 라디오 각 30회		
국회 의원 선거	지역구	-			
	비례대표	방송광고	대표 2이인 TV, 라디오 각 1회		
		신문광고	총 20회 이내		2004년 3월 개정
지방 선거	시·도지사 선거	신문광고	총 5회(인구 300만 초 과시 매 100만 명마다 1회 추가)		흑색
	비례대표 시도의원선거	-			
	자치구 시군의 장 선거	-			
대선, 총선, 지방선거를 앞둔 정당의 정강정책 광고		신문광고	선거일전 90일부터 선거기간 개시일 전일까지 70회	정당 부담	•선거운동 기간에 불가 •선거운동에 이르는 내 용 불가

* - 표시는 방송연설만 가능

14) 세계 각국의 TV토론

(1) 미국식 TV토론

① 언론의 수문장 역할과 객관적 보도라는 두 가지 역할을 중요시한다.

② 미국 양당제도는 TV토론 형식에 결정적인 영향을 준다.

③ 미국 TV토론은 이미지나 상업성 그리고 오락성을 중요시하는 미국문화, 특히 방송
문화와 비슷하게 발전하고 있다.

(2) 유럽식 TV토론

① 공영방송은 공공영역으로써 시청자 층의 소비자로 고객이라는 한 사회성으로서 시
민으로 인식된다.

② 독일의 뉴스는 뉴스 스크립트를 읽어내려 가는 뉴스리더(News reader)의해 진행된다.

③ 방송이사회가 각계각층으로 구성되어(여성, 학생, 농민, 종교계, 정치계, 재계 등)
사장이 임명하고 정책 결정 과정에 참여하기 때문에 TV토론에 다양한 시민들의 참
여가 많이 보장된다.

④ TV토론자는 각 정당의 전문분야의 의원들과 시민들로 구성되어 있어 후보자 인물
중심의 토론회보다는 정책, 이슈 중심의 토론회라고 볼 수 있다.

(3) 프랑스 TV토론

① 토론의 진행은 후보자들 간의 합의에 의해 선정된 두 명의 언론이 맡게 되고

② 각 후보자는 상대방의 의견을 개진하는 동안 간섭하지 말아야 하며

③ 토론시간은 후보자들 간 동등성의 원칙에 따라 정확하게 배분, 측정되고

④ 토론은 한 후보자가 5분 동안 자신의 주장을 선언하면서 마무리되는 것이다.

현재 대통령 선거 TV토론은 방송사와 후보자들의 합의에 따라 결정되며, 진행자로는
방송사측이 제시한 언론인 명단에서 후보자 측 쌍방이 합의한 두 명이 선정된다. 진행자
들은 토론주제나 발언시간 등을 적절히 조정하는 역할만을 하는데, 이 같은 관행은 토론
을 후보자 중심으로 진행하기 위한 것이다.

15) TV토론과 연설의 기능

(1) TV토론과 연설의 긍정적인 기능

① 부정·타락선거(금전살포, 향응제공, 운동원 매수, 폭력, 흑색선전)를 막는다.

② 가장 적은 비용으로 가장 많은 수의 유권자들과 일시에 접촉 가능하다.

③ 직접적인 정보원인 후보자로부터 편집되지 않은 정보를 얻을 수 있다(오보, 왜곡된 내용 교정하여 제공, 방송사의 경영진, 간부들 정치적 성향에 따른 편파·왜곡보도 가능성을 없앨 수 있다).

④ 시민정치 교육의 장을 제공하여 불확실한 정치적 이념을 가진 유권자의 정치적 관심과 정치문화의 수준을 높이는 데 기여할 수 있다.

⑤ 군소정당의 후보자에게는 연설의 기회를 주어 형평성을 최대한 보장할 수 있게 한다.

(2) TV토론과 연설의 부정적인 기능

① 정치의 본질을 간과한 후보자들의 말솜씨나 표정, 외모 등에 신경을 쓰고 인기를 끄는 비본질적 현상이 나타날 수 있다.

② 후보자들의 사소한 말실수, 발표력 등이 유권자의 후보자 인식에 큰 영향을 미칠 수 있다.

③ 연설조로 자기 주장만을 장황하게 늘어놓거나 정치쟁점에 대한 핵심적 정책을 하지 않고 본질을 회피하는 현상이 나타날 수 있다.

④ 유권자의 정치적 의식에도 영향을 미친다(인신공격, 욕설, 모욕, 폭력 유발 가능성, 선정적이고 자극적인 토론으로 인한 정치적 불신 확대 가능성이 있다).

출처 : 이호영 외(2008), 『현대정치와 미디어선거』, 『시간의 물레』, pp.178~180

16) TV토론의 개념 및 유형

(1) TV토론회의 구성

① 주최자

② 참가범위

③ 기본 포맷

④ 질문자 패널

⑤ 사회자

⑥ 기타

출처 : 이동신·박기순 외(2004), 『정치커뮤니케이션원론』, 법문사 pp.370~377

▶ **주최자**

(1) 토론회 주관 단체

　　① 정치성이 없는 비영리 시민단체, 유권자 단체

　　② 방송사

　　③ 공공기관(선거관리위원회 및 방송위원회)

　　④ 언론유관단체(관훈클럽, 기자협회 등)

　　⑤ 토론회 전담기구 등

(2) 방송사

방송사 선정 시 편견이 없어야 한다. 객관적이 미 보장되서는 안된다. 오락성 위주 가능성이 높다. 그래서 방송사 합동토론회 선정이 바람직하다.

　　① 대통령후보토론위원회(commission on Presidential debate)

　　② 토론주최 독립기관, 비당파적, 비영리, 10명으로 구성

　　③ 여성유권자연맹(League of Women Voters)

▶ **후보자 참가범위**

•후보자 전원참석

•원내교섭단체 가진 모든 후보자 참석

•토론주관 단체의 자율(토론주관단체가 당선 가능성을 판단하여 참가 범위 결정)

•참여를 희망하는 후보자 간의 협의에 의해 결정하는 방법 등이 있다.

* 원칙적으로 군소 정당이나 무소속 후보가 TV토론에 참여할 수 있다.

▶ **기본 포맷(5가지)**

•아카데미식(Collegiate)

•연설토론식(Oregon Style)

•공동기자회견식

•양자 직접 토론식(유럽식 TV토론)

•시민포럼식(Town Hall Meeting)

▶ **질문자 패널**
- 3~5명 사이의 패널이 적합, 다양한 층 구성, 언론인 및 시민 참여
- 주최기관에 의해 결정된 패널 거부권 행사 가능, 패널리스트나 포맷 의견 개진 가능

▶ **사회자**
　방송인, 사회경험이 풍부한 인사, 너무 지명도가 높은 언론인의 경우 토론의 관심이 정치후보보다 오히려 사회자에게 쏠릴 위험이 있다는 지적이 있다(미국대통령 토론위원회).

▶ **기타**
- 사회단체나 언론기관이 선거기간 중 1인 또는 다수인을 초청하여 대담, 토론회 개최할 수 있다. 이 경우 각 후보자의 동의가 필요하다.
- 시민 참여 TV토론은 시민포럼 형식은 TV토론을 수동적으로 시청하는 유권자들을 능동적으로 참여자로 만드는 방식으로 평가받고 Debate watch는 TV토론을 비판적으로 시청하고 시민들의 의견을 TV토론에 반영하기 위한 시민들의 모임이다.
- 토론횟수 : 2~3회(또는 3~5회), 일정은 선거직전 5일 전부터 5일 단위로 정하는 것이 좋다. 시간은 2~3시간이 적당(또는 90분에서 120분), 선거 방송시간 대 주 시청 시간대(20:00 또는 21:00) 녹화방송 다음날 오전(9:00 또는 10:00)방영 시 후보자간 영상이미지의 공평성 유지, 각 토론회는 이슈별(1차는 국내문제, 2차는 국제문제, 3차는 경제문제 등)
  * 1997년 대선 합동토론회 : 경제(1회), 정치·외교·통일·안보분야(2회), 사회·문화분야(3회) 등 18개 주제로 3인 후보자가 다루었다. 형태별(1차는 유럽식, 2차는 미국식, 3차는 시민포럼 등)
- 답변 시간 조금 길게(한국인 대화속도 느린 것 감안)
  95년 후보자 토론회에서 사회자의 단답식 질문에 대한 답변 시간을 2분 30초에서 3분 정도로 답변시간이 부족했다. 보충 질의에 대한 답변 1~2분 이내, 토론 시작과 끝은 5분 이내
- 토론회에서 제기되는 이슈는 유권자들의 관심 대상이어야 하며 후보자 정책, 능력의 우열을 가릴 수 있는 것이어야 한다.

(2) TV토론의 종류와 방식

종 류	내 용
아카데미식 (Collegiate)	명제를 제시하면 토론참여자들이 찬반 의견을 제시하는 형태이다. 반박기회는 있지만 쌍방간의 직접적 질문과 반박은 불가능하므로 토론의 활기가 떨어진다.
연설토론식 (Oregon style)	오리곤주에서 행해진 예비선거에서 듀이(Tomas Dewey)와 스타슨(Harold Stassen)이 취한 토론 양식. 한 가지 주제에 대해 20분씩 연설, 8분 30초씩 반론을 제기하는 형식. 링컨과 더글라스의 토론형식을 한 시간짜리 프로그램에 맞게 축약한 형태로서 링컨-더글라스식이라고도 함.
공동 기자회견식 (Town hall meeting)	1960, 1976, 1980년 미국대통령 후보자 토론회 양식으로 '대통령식 토론'이라고도 함. 사회자와 패널이 준비해 온 질문을 연단에 서있는 후보자에게 하고 후보자가 응답하는 형식. 후보자들은 시작하거나 끝날 때 준비한 연설을 할 수 있음.
양자 직접토론방식 (유럽식 TV토론)	질문자 패널이 없이 최소한의 역할을 맡은 단독사회자의 진행에 의해 양 후보자가 직접 대결·토론하는 방식으로 유럽식 TV토론방식.
양자 직접토론방식 (유럽식 TV토론)	1992년 미국 대통령 선거 토론시리즈 중 2번째였던 Richmond Town Hall Meeting이 그 원형이 된 토론회. 언론인이나 전문인으로 구성된 전통적인 패널이 아니라 다양한 시민들이 자유롭게 원하는 후보에게 질문을 던지고 답하는 형식.

출처 : 오미영(2004), 『토론 VS. TV토론』 재구성.

TV토론의 종류별 장·단점이 있다(표 10-8). 따라서 나라마다, 정치 환경에 따라 가장 합리적인 토론의 방식을 선택하여 실시하면 된다.

〈표 10-8〉 TV토론의 종류별 장·단점

종 류	장 점	단 점
연설토론식	1992년 미국 대통령 선거 토론시리즈 중 2번째였던 Richmond Town Hall Meeting이 그 원형이 된 토론회. 언론인이나 전문인으로 구성된 전통적인 패널이 아니라 다양한 시민들이 자유롭게 원하는 후보에게 질문을 던지고 답하는 형식.	양 후보에게 충분한 연설기회를 주는 포맷이므로 2인 이상 후보자가 참석하는 경우 운영이 어렵고, 연설에 기초한 토론이므로 상호대결이 없어 지루할 수 있음.
공동 기자회견식	한 가지 주제에 대한 깊이 있는 논의보다 다양한 이슈에 대한 후보자의 입장 파악이 용이. 후보자의 순발력과 인간성을 파악하는 데 도움.	토론회가 언론인 중심의 단답형으로 일관할 경우 도식적인 응답으로 자발적 토론의 역동성이 떨어질 수 있음. 시민참여 보다는 언론인 중심이므로 민주성 다소 떨어짐.
양자 직접토론방식	각 후보의 상호 비교에 유리한 형식. 후보자의 논리적 전개나 지적능력 파악에 용이. 후보자 상호 간 직접 질문 및 반박이 토론의 역동성을 높임.	상호 비방으로 치우칠 수 있으며 진실성 검증이 어려움. 시민참여의 기회가 적음.

종 류	장 점	단 점
시민포럼식	후보자는 시민이 원하고 있는 점을 파악할 수 있음. 민주성이 높음. 흥미로운 진행.	한 가지 이슈에 대해 집중적이고 깊이 있는 토론이 어려움. 시민이 질문 대상자를 지정하므로 후보자 간 공정한 발언기회가 주어지지 않을 수 있음.

출처 : 김환열(2000), 『TV토론의 이해』, 커뮤니케이션북스.

　　토론회 참석 대상 후보자는 일정한 기준 이상의 자격을 요구한다. 충분한 자격요건을 갖추지 못해 토론회 참석 자체가 거부되는 군소정당 후보는 국민과 소통하기 위한 매개물을 잃게 되면서, 미디어정치 시대에 후보에 대한 형평성과 공정성의 문제가 제기된다. TV 토론회는 대부분 다수의 후보자가 참여하여 규정된 시간 내에 이루어진다. 토론회는 1~2시간 진행되며, 공정성을 위해 발언시간을 엄격하게 제한하고 있다. 후보자가 자신의 견해를 밝힐 수 있는 시간은 30초에서 3분 정도로 극히 제한적이다. 상대후보의 주장에 대한 반대 견해, 반박, 질문을 제기하는 시간은 이보다 더 짧아진다. 이 시간 동안 후보가 논리를 펴고 답변하기란 사실상 불가능하며, 단답형 응답이 되거나 충분한 주장의 근거를 제시하지 못하게 된다. 토론에 참여한 후보자의 양적인 숫자와 시간이 토론내용에 영향을 끼치게 된다. 후보자의 수가 많을수록 토론회는 표피적인 의제 접근에 머무를 수 있으며, 당선 가능성이 낮은 후보는 토론의 의제와 무관하게 자신의 공약을 홍보하거나 타 후보 모두를 무차별적으로 공격할 가능성이 높아진다. 질문자는 사회자를 비롯하여 전문가, 패널리스트, 질의자들이 나누어 제시한다. 질문자의 대부분은 전문 진행자, 언론인, 각계 전문가로 구성되어 있다. TV토론이 제기된 초반의 시기에 있었던 서울시장 선거에서 다양한 패널이 등장하고 있으나 최근의 토론에서는 주로 사회자 1인이 진행하는 방식으로 변화하고 있다. 질문자가 많거나 질문이 길어질수록 후보자가 발언할 수 있는 시간은 줄어들고, 따라서 유권자가 후보자의 정책과 인간적 특성을 학습하는 데 장애가 되고 있다. 또한 사회자가 단순히 진행자의 역할에 머무는가 더 나아가 후보의 발언에 반론을 제기할 수 있는가의 수준에 따라 토론의 향배가 결정되기도 한다. 결국, 토론이 어떤 형태로 진행되는가에 따라 후보자 자신은 물론 유권자의 선택에 지대한 영향을 끼친다고 할 수 있다.

17) 대통령 선거방송토론위원회(1997년 국회정치특위)

　　첫째, 공영방송 텔레비전 대담, 토론회를 주관하게 하기 위해 대통령 선거일 전 60일까지 공영방송사가 대통령 선거 방송토론위원회를 설치한다(이번 제15대 대통령 선거 한해서 선거기간 개시일 전까지 구성하도록 함). 둘째, 위원회는 방송법인, 방송학계, 대한변호사회, 언론인단체, 시민단체 등의 추천자와 1인 포함 11명 이내로 구성화된, 토론위원을 추천하는 방송법인, 방송학계, 언론인단체, 시민단체 등의 범위와 추천 절차 등은 공영방송사가 협의하여 결정한다. 셋째, 토론위원회는 후보자와 사회자, 질문자의 선정, 시간의 설정 등 대담, 토론회의 진행에 필요한 사항을 정하여 공표하도록 하였다. '정치는 곧 대화'라는 화두는 정치인이 무슨 말을 전달하여 유권자를 설득할 것인가 하는 문제와 관련된다. 상호교류하고 작용하는 소통으로서의 대화는 언어와 비언어적 상징이 사용된다. 여기서 언어는 커뮤니케이션 과정의 유통수단이 된다(김진홍, 2006). 미디어의 공적 담론은 특정 의제에 사용된 상징을 생산함으로써 정치문화의 중심에 선다. 일반적 뉴스가 되는 실체적인 사건이나 형상이 없는 정치는 상징적 행위이며, 정치적 현실은 언어적 활동을 통해 구성된다(Edelman, 1988). 아리스토텔레스(Aristoteles)에 따르면 정치과정에서 수사에 근원을 둔 정치토론은 유권자를 "설득하기"이며, 수사는 "어떤 상황이나 주제에 대해서도 모든 설득이 수단을 탐구하는 능력"이 된다(Cooper, 1960). 수사는 매체(말, 글, 상징, 부호, 기호)를 이용한 커뮤니케이션을 연구 대상으로 하는 학문으로 우리들이 언어와 상징이라는 매체를 통한 정보의 교환, 의견 표명, 타인의 의사 전달에 관심을 둔다. 미디어에서 보이는 정치는 결국 수사의 연속이다. 정치적 설득행위인 정치 수사학(修辭學, Rhetoric)[10]은 정치인이 궁극적으로 선거에서 당선되기 위한 충분한 수의 유권자를 설득하는 데 있다. 정치 자체가 레토릭이라 할 수 있으며, 정치 지도자의 언어능력은 현대 사회에서 매우 중요하게 부각되고 있다. 진정한 의미의 수사학은 '무슨 말을 어떻게 해야 하는가'에 대한 이해 체계이다. 정치토론에 임하는 후보자는 청중을 설득할 수 있는 능력, 즉 논증이 능력이 요구된다. 논증은 후보자들 간에 존재하는 차이나 갈등을 해결하기 위한 사회적이고 언어적인 수단이다. 툴민(Toulmin, 2003)은 논증의 요소로 사실, 주장, 논거를 제시하면서, 후보자는 상대로부터 도전받은 주장을 확립시키기 위해 그 주장이 정당화될 수 있음을 보여야 한다고 지적한다. 후보자는 그렇게 주장하는 근거를 제시해야 하며 어떻게 그러한 주장에 도달했는지에 대해 정당한 이유가 있어야 한다. 후보는 제시된 의제에 대한 명확한 인식과 상대 후보가 제시한 주장이나 논리의 오류와 허점을 지적하는 능력이 요구된다. 또한 사회자·전문가·시민 혹은 상대 후보의 질문에 대해 자신을 정당

---

10) 고대에는 수사학을 '훌륭한(곧 효과적인, 아름다운) 말에 관한 재주이거나 학문'이라고 정의하고 있다. 레토릭은 예부터 철학, 정치학, 윤리학, 문학 등 다양한 학문과 밀접하게 연관되며 연구되었으며, 현대 커뮤니케이션학에도 중요한 의미가 되고 있다.

화시킬 수 있는 자료나 정보를 제시하여 자신의 견해를 지지해야 한다. 텔레비전 토론에 관한 기존 연구는 TV토론이 갖는 영향력에 관한 연구와 TV토론에서 만들어진 정치 수사에 대한 연구 등 두 가지로 구분할 수 있다(McKinney & Carlin, 2004). 라자스펠드(Lazarsfeld)의 1970년대 이전까지의 연구는 유권자의 투표행태를 결정짓는 요소로 매스미디어의 제한된 영향력을 꼽거나 전혀 고려하지 않기도 하였다. 이후 정당 역할의 감소, 선거캠페인의 변화로 매스미디어가 유권자의 선거에 대한 인지행위에 미치는 영향력에 대해 주목하기 시작하였다. 텔레비전이 등장한 이후 선거캠페인에서 미디어의 영향력을 조사한 연구에서 특히 TV는 정치인에 대한 정보를 습득하는 가장 중요한 매체이며, 유권자 가운데 선거에 대한 관심이 적거나 낮은 경우에 더 많은 영향을 받는다. 미디어는 유권자들의 기존 태도를 바꾸기보다는 기존 태도를 강화시키는 것으로 나타났다. 이러한 효과는 유권자의 선유성향요인(predispositional factors)에 따라 차이가 있으며, 다른 여러 매체와의 영향과 상호 작용 속에서 발생된다(Patterson, 1974). 그런데 전반적으로 우리나라의 경우 텔레비전 토론에 관한 연구 가운데서 후보자의 수사에 관한 연구는 상대적으로 부족한 형편이다. TV토론에서 나타난 정치수사에 대한 연구는 대략 두 가지 방향에서 이루어지고 있다. 후보자의 수사학적 TV토론 전략 연구와 TV토론 형식에 따른 TV토론 내용연구가 바로 그것이다. 그런 의미에서 TV토론에 나타난 선거캠페인 수사에 관해 분석해보는 것도 유용하다고 본다. 정치선거와 연관되는 많은 요소들 중에서 선거캠페인 수사는 정치 의도적이고 정치목적적인 정치커뮤니케이션의 핵심요소라 할 수 있기 때문이다. 특정 후보자가 선거캠페인 과정에서 어떤 내용을 어떻게, 어떤 효과를 기대하며 누구에게 전달하는가를 파악하는 것이 정치 과정의 요체라 하겠다. 이렇게 볼 때 선거캠페인 가운데 유권자에게 정치정보를 제공하고 태도를 결정하는 데 가장 합리적인 수단으로 이해되고 있는 TV토론에 나타난 선거캠페인 수사에 관해 분석해보는 것은 정치커뮤니케이션 연구의 진전과 텔레비전 토론을 평가하는 실체적 근거를 제공해 준다는 점에서 그 나름의 유용성과 의미를 지니고 있다고 보았다. 한국의 TV토론 가운데 대통령 선거와 서울시장 선거가 TV토론의 대표성을 지니고 있다고 보아 지난 1997년과 2002년에 실시된 대통령 선거와 지난 1995년, 1998년, 2002년 및 2006년 이후 서울시장 선거 및 보궐선거 등에서 나타난 사례들은 TV토론에 나타난 정치인의 선거캠페인 수사를 분석하는 데 좋은 연구들이다.

   TV토론에 대한 내용, 횟수 등 법적 근거는 제8장, '선거캠페인과 정치광고홍보, 공직선거법' 편을 참고한다.

2. 미디어 활용과 정치광고

1) 미디어정치 시대 지역선거에서의 정치광고의 기능과 역할

(1) 미디어정치의 허와 실

- 매체환경 변화에 적절한 이용-영상매체 활용
- 미디어 정치 3가지 활용-정치광고, 방송연설, TV토론
- 저비용 고효율 정치실현, 정치실명제 및 정치공영제 실현
- TV는 사실과 본질보다는 외모나 스타일, 말솜씨 등 외양을 중시.
- 후보자 이미지 창출 중시-능력과 덕망 있는 후보자 요구

(2) TV토론의 대안으로서 정치광고

- TV토론은 매체속성상 시각적 이미지에 큰 영향을 받는다(Kennedy & Nixon의 TV토론)

  ※ 1858년 일리노이주 상원의원 선거에서 Lincoln & Douglas 후보는 토론 시 하나의
     이슈에 대하여 21시간 동안 토론하였다.

- 토론의 성립 5가지(Auer, 1962)
① 후보자간 맞대결이고
② 동일하고 충분한 시간이 요구되고
③ 대등한 경쟁자가 존재하고
④ 공식적으로 천명된 명제나 이슈가 존재하며
⑤ 유권자의 투표결정에 실질적인 도움을 주는 것이다.

- TV토론은 이런 5가지 요소를 거의 충족시키지 못하고 있다(Trent & Friedenberg, 1991)
① TV토론은 직접적인 후보자간 맞대결을 보여 주지 못한다.
② 하나의 이슈에 5~10분 정도로 충분한 시간을 할애하지 못하고 있다.
③ 시각적으로 매력적이고 언변이 뛰어나고 자신의 주장을 논리적으로 제시한 능력 소
   유자가 유리하다.
④ 여러 이슈들을 다룸으로써 후보자간 심층적인 정책 차별화와 인품에 대한 상대적 비
   교가 불가능하다.

⑤ TV토론은 이슈에 대한 유권자의 의사결정 과정에 영향을 미치지 못하고 있다.

• 후보자의 토론에 임할 것인가를 결정하기 위한 5가지 질문(Friedenberg, 1981)

① 선거가 우열을 가리기 힘들 정도로 치열한가?

② 토론이 결과적으로 이익을 보장하는가?

③ 후보자 자신이 토론에 자신이 있는가? - 상대방에 비하여 TV토론에 적합한가를 평가.

④ 경쟁력 있는 후보자의 수가 2명인가 - 왜냐하면 제3자의 후보자는 예측하기 어렵다. 돌출발언과 돌출행동, 정책공약 남발, 이슈의 극적 표현, 한 후보자에 대한 협공으로 인해 토론의 공정성을 해칠 수 있다.

⑤ 토론환경에 영향을 미치는 변수들에 대한 사전통제가 가능한가? 후보자는 토론환경에 편안함을 느낄 수 있어야 한다(일시, 장소, 형식, 주제, 사회자와 패널 등).

⑥ 현직자 후보는 없는가? - 공직의 위치가 낮을수록 현직자는 불리하기 때문에 토론을 회피하기 마련이다. 그 이유는 첫째, 과거의 경력을 지니고 선거에 임하므로 상대적으로 낯선 도전자에게 공격 받기 쉽다. 둘째, 현직자는 유권자들에게 자신의 주장을 토론이 아닌 다른 수단을 통해서 알리기 용이하다. 셋째, 알려지지 않은 도전자에게 합법성과 적법성을 부여하여 무명의 도전자를 일약 유명한 정치인으로 만들 소지가 있다. 넷째, 대통령 선거와는 달리 유권자들이 토론을 거부하는 현직자에 대한 비판적 인식정도가 낮으며, 유권자들이 선거나 토론에 대한 관심도 낮기 때문이다.

※ 실제 토론회보다 차후에 발생하는 언론보도가 더 중요하며 유권자에게 많은 영향력을 행사한다고 한다.

(3) TV토론의 효과에 대한 단정적인 결론을 내리기가 어려운 이유

① 각각의 토론은 매우 상이한 상황에서 발생하기 때문에 일반화가 어렵다.

② 토론의 효과를 다른 커뮤니케이션 수단들의 효과와 고립시킬 수 없기 때문이다.

③ 대부분의 연구는 대통령 선거에 국한되어 있기 때문에 낮은 차원의 토론회에 적용하기 어렵다.

④ 실험실 상황과는 달리 변인 통제가 불가능하기 때문에 엄밀한 의미에서의 효과측정이 힘들다.

※ 후보자 선호도가 뚜렷한 유권자에 대한 효과는 미약할지 모르지만, 의사결정을 유보한 유권자들에게는 상당한 효과를 기대할 수 있을 것이며, 최종 순간에 승리

에 쐐기를 박을 수도 있을 것이다.

(4) TV토론의 효과는 7가지 차원에서 발생이 가능하고 믿고 있다.

① 많은 수의 유권자들의 관심을 끌 수 있다.

② 유권자의 정당선호도에 기초한 후보자 선호를 강화시킨다.

③ 사전에 정해진 태도나 의견을 보유하지 않은 부동층에는 직접적인 영향을 미칠 수 있다.

④ 토론이 유권자의 아젠다를 설정하는 데 도움을 준다.

⑤ 토론이 유권자의 이슈에 대한 지식을 향상시켜 준다. 특히, 이것은 지역선거에서 더욱 두드러진다.

⑥ 토론 자체가 민주 정치에 대한 유권자의 믿음을 강화시켜 준다.

⑦ 토론이 후보자의 이미지를 변화시킬 수 있다(Sears & Chaffee, 1978).

　※ 특히 후보자가 알려지지 않아서 유권자의 후보자 이미지가 잘 생성되지 않은 상태에서 발생 가능성이 높다(Hagner & Rieselbach, 1978).

　결론적으로 토론은 유권자의 후보자의 이미지에 영향을 끼치며(능력, 성격, 성향 등), 이러한 영향의 잠재력은 유권자의 후보자에 대한 지식에 달려 있다. 그러므로 공직의 지위가 낮으면 낮을수록, 덜 알려지면 덜 알려질수록 토론의 후보자 이미지에 대한 영향력은 더욱 증가한다는 것이다.

(5) TV토론 사례와 요령

• TV토론의 첫 번째 평가기준은 실제적인 상호토론을 통해 국민에게 제공하는 정치정보의 질이다. 일반적으로 TV토론을 민주적이고, 효율적인 정치커뮤니케이션 수단이라고 한다.

• 미국은 1960년 대통령 선거에서 14명의 군소 후보를 배제시키고 공화당과 민주당후보자간 토론을 실시했다. 3인 이상 후보자를 한자리에 두고서 효율적인 토론은 기대하기 어렵다.

• 1980년 토론회를 주관한 여성유권자 연맹이 최소 15%대의 지지율을 보여야 토론회에 참석할 자격이 있다고 결정을 내렸다.

• 1992년 미국 대통령 선거에서 부시-클린턴-페로(Bush-Clintion-Perot) 세 후보자 간

의 합동토론회가 처음으로 개최되었다.

- 후보자들의 개성도출과 그로 인한 이미지 창출에 예상치 않은 효과를 낳게 되었다(백 선기, 1995).
- 정책공약보다는 이미지가 당락의 결정적인 영향을 미치게 됐다.
- 이성적 토론보다 감성에 치우쳐 인신공격이나 확인되지 않는 약점 들추기, 거짓말 받 아치기 등이 일어나고 답변에 능통한 후보에게 유리하게 작용하였다. 증빙이 안 된 사 실 유포 등으로 공격대상 후보는 심각한 손상을 입게 됐다.
- 민주적 찬·반의 의견과 상대방 입장도 수용하는 자세는 바람직하다.
- 쟁점을 중심으로 한 진정한 토론이 유발되지 않아 인물과 정책에 대한 비교우위를 가 리기 힘들었다.
- TV토론의 구조적 취약점은 토론주최자 선정의 문제, 패널의 전문성과 공정성문제, 진행 형식상의 획일성과 피상성, 참여후보자 선정문제, 이미지 정치확대 재생산 등을 들 수 있다.
- 세 차례 TV합동토론 시행 직전 유권자의 60~70%가 TV토론을 통해 지지자를 정하겠 다고 응답하여 TV토론에 대한 국민들의 관심과 가능성을 확인하였다(정인숙, 1998).
- TV합동토론회는 후보자의 차별성을 보여주지 못하였고, 이념이나 정책상의 쟁점 부 각도 없고, 국민들에게 신뢰감을 주지 못했다.
- 유권자의 선택폭을 넓히는 정보제공도 중요하지만 오락적 가치도 무시할 수 없다.
- TV토론이 '사상의 자유로운 공개시장'과 같은 훌륭한 커뮤니케이션 장으로 유권자를 접할 수 있어야 한다.
- 질문자의 물음에 1분 내지 1분 30초 내를 답변하는 그런 재능으로 이루어지는 것은 아 니다. 더욱 정책은 재치문답에 유사한 토론방식은 판단할 수 없다.
- TV선거는 이미지 선거이므로 진정 능력 있고 정직과 덕망 있는 후보자를 검증할 기회 가 미비하다.
- 선거는 민주주의 축제이다. 유권자들은 이 축제의 주인공이지 관람객이 되어서는 안 된다.
- 언변에 능숙하지 못하고, 표정관리와 같은 이미지 창출에 익숙하지 못한 후보자들이 불리하게 작용하는 TV토론의 제한성을 매우는 정치광고도 필요하다.
- 합리적인 형태의 TV토론과 병행되어 상호보완적으로 유권자의 합리적인 후보자 선택 에 도움을 주어야 한다.

(6) 방송연설의 대안으로서의 정치광고

- TV연설은 포맷을 사용했다는 점에서 신선감을 주었지만 고비용·저효율 측면에서는 실패한 선거도구가 되었다.
- 후보자별 동등한 시간과 기회 제공 미비
- 신당이나 군소 정당 후보자들은 집회금지 당한 채 선거
- TV연설 편당 제작비 1,000~3,000만 원
- 매체 비용 방송광고(1회 1분 이내) 30회 비용이 약 10억 원, 20회의 방송연설(1회 20분 이내) 비용은 고비용 구조이다. 방송하지 않고 폐기한 연설도 상당수다.
- 대안으로 공영방송 국고보조, 다양한 매체 이용
- 후보자에게 동등한 시간과 기회보장, 지역선거의 경우 지역 민영방송, 지방방송, 종합유선방송, 중계유선방송 등 다양한 매체를 통한 미디어 선거가 이뤄져야 한다.
- TV연설은 비용면에서 효율성이 낮은 측면이 있다. 과감히 폐지하고 대안으로 TV정치광고 활성화
- 시도지사 선거의 경우 5회 이내 각 10분 이내 방송 연설은 지명도가 있는 정치인이나 현직자에게 유리하다. 방송연설을 통한 새로운 정치인의 등장은 거의 불가능하다. 방송횟수의 제한도 신인 후보자에게 불리하다. 대안으로 총량시간제를 활용하는 편이 낫다.
- 방송횟수를 제한할 것이 아니라 전체시간의 상한선을 설정하는 것이 후보자 자율성과 창의성을 살릴 수 있는 방안이다.
- 내용 규제(상호비방, 인심 공격 대비)
- 탤런트 정치화 제한(예, 축구감독 차범근, 다저스 야구선수 박찬호 중립선언)
- 후보자가 난립할 경우 정치광고에 비해 많은 시간(10~20배)을 할애하는 방송연설 활성화.
- 정치광고는 정당선호도에 기초한 선택적 노출 극복할 수 있는 완벽한 매체다.
- 정치광고는 부동표의 후보자 선택에 영향력을 행사할 수 있다.
- 정당선호도가 희박하고, 선거에 무관심한 유권자들은 선거 막바지에 텔레비전을 통해 선거에 관한 정보를 취득하므로 유권자 관심유도 등으로 TV정치광고는 중요한 정보원으로 작용한다.
- 신문은 유권자의 선택적 노출을 극복할 수 없다. 라디오와 신문은 TV에 비해 상당히

열등한 도달률을 지닌 매체이다.
- 선거캠페인의 과정에서 후보자와 많은 수의 유권자가 접촉할 수 있는 수단은 텔레비전이 유일한 것이다.

(7) 지역선거에서의 정치광고 활성화

- 지역감정 해소
- 매체의 영향으로 유권자가 많은 정보를 획득, 정치광고를 통한 참여 유도 장치 발전에 기여
- 정치광고는 후보자 중심의 선거에서 각 후보자의 차별화에서 긍정적 작용할 수 있음
- 정치광고는 선거캠페인의 주요 역할을 담당할 수 있음
- 유권자의 정치적 냉소주의와 정치 무관심 증가
- 대부분의 유권자가 기초단체장이나 기초의원에 대한 무관심으로 투표율 저조
- 한국정치의 후진성을 극복하고 세대교체를 통한 선거혁명을 이루기 위해 지역선거에서 정치광고 활성화
- 정치광고가 후보자 인지도를 향상시킬 수 있는 수단
- 지자체 선거법상 매체제한과 횟수 제한 규정 완화
- 정치광고 상업광고의 저질성과 퇴폐성이라는 문제점
- 유권자 권익보호와 선거제도 활성화
- 정치광고는 지지하던 후보에 대한 공고하게 만들어 준 보강효과, 신인후보자에 대한 정보를 제공해주는 인지효과에 기여(Kaid, 1981)
- 정치광고는 부동층 흡수와 신인 정치인, 지역선거-국회의원 선거에서 필요성이 있다.
- 정치광고의 부정적인 측면도 인식해야 한다.
- 수많은 후보자가 난립하는 지역선거에서 TV토론이나 방송연설은 성사여부가 상당히 부정적이다. 미디어정치의 취지를 살리기 위해서는 정치광고 활성화 방안이 대안이다.
- 정치광고는 후보자 스스로 정한 아젠다를 표현 양식에 구애받지 않고 유권자들에게 전달할 수 있는 유일한 형태의 정치커뮤니케이션으로 유권자 계층을 타깃으로 하는 다양한 메시지를 전달할 수 있다.
- 정치광고는 20초짜리 상업광고에 익숙하며 정치광고에 노출된 경험이 많지 않은 유권자에게 새롭게 다가갈 수 있다. 많은 분량의 정보와 주장이 게재될 수 있는 것이다(한정호, 1997).

※ 미국은 대통령 선거의 경우 총 정치광고 비용이 3분의 2 정도가 TV에 지출되며, 상원의원 선거는 42%, 하원선거는 3분 1 정도가 지출된다(김영선, 1997).
- 정치광고의 부당성 주장 내용들
  ① 광고를 통한 이미지 부각방법에만 의존해서 투표하도록 유권자들을 현혹시키는 것은 바람직하지 못하다.
  ② 경제적 능력이 있는 후보자, 후원받는 후보자만이 값비싼 광고로 형평성 원칙에 위배된다.
- TV정치광고는 비용은 상당하지만 전통적 선거운동방식에 비하여 저렴한 비용이다.
- 공영방송 활용과 선거공영제 채택이 바람직하다.
- TV토론과 정치광고가 병행되어 상호보완적으로 유권자의 합리적 후보자 선택에 도움
  -TV토론의 대면효과, 정치광고의 유권자에게 많은 정보 제공
- 지역선거에서 정치광고 활성화, 선거공영제 실현
- 정치광고 무료 추진
  ※ 미국에서는 디지털 채널 방송사에 한 채널 주는 대신에 정치광고를 무료로 방송하여 문자 그대로 선거공영제 추진(이귀옥, 1997)
- 15대 대선에서 선거공영제의 실현 움직임이 보였다. 일체의 대중동원 선거운동, 사조직 선거운동을 불법화하고, 정치광고나 후보 연설에 드는 비용을 국가가 보조해 주는 방향으로 이루어졌다.

2) TV매체의 영향력을 이용한 정치광고에 대한 시각

선거에서 TV토론의 영향 또는 효과라는 것은 어떤 유권자에 대한 변화 결과물을 지칭하는 것이기도 하나, 비록 투표행위에서 선택 대상의 변화를 가져오지 않았다 하더라도 영향이 미치지 않았다고 단정할 수 없다. 그러므로 "과연 TV토론의 영향력은 과연 어느 정도이며, 그 크기는 어떠한가?"라는 근본적인 문제제기에 대해 그간의 선행연구들은 크게 상반된 주장으로 엇갈리고 있다. 여기서는 TV토론의 영향력이 적다고 주장하는 '제한 효과적 관점'과 TV토론의 영향력이 지대하다고 주장하고 있는 강력 효과적 관점'의 두 가지 유형으로 구분하여 관련 이론들을 살펴볼 것이다.

(1) 제한효과적 연구

선거에서 TV토론을 비롯한 매스미디어의 영향 또는 효과에 대해 제한 효과적 관점에서 접근해 보면, 이는 유권자들에게 다양한 정보를 제공하는 데 기여하지만 유권자의 마음을 바꾸는 데에는 큰 영향력이 없다는 입장을 알 수 있다. 이러한 관점은 개인을 원자화된 존재로 보는 '대중사회이론'을 바탕으로, 매스미디어는 고립된 개인에게 탄환이 박히듯이 강력하게 영향을 미친다는 '탄환이론'에 대한 반발로 제기되었다. 제한효과모형은 탄환이론과는 다르게 매스미디어가 수용자에게 제한된 효과만 미친다고 보는 이론이다. 이 모형은 매스미디어가 수용자에게 절대적 효과를 가져오기보다는 선별적이고 한정적인 영향력만 행사한다는 것이다. 매스미디어의 제한효과에 관한 연구는 1940년 미국 대통령 선거 시 오하이오주 이리의 유권자들은 대상으로 라자스펠드, 베럴슨, 고뎃이 진행한 연구에서 본격화 되었다. 이들은 이 연구에서 수용자들은 매스미디어에 노출되어 일방적으로 영향을 받는 것이 아니라 대인 커뮤니케이션과 미디어 노출도가 비교적 큰 여론주도층에 의해 더 큰 영향을 받고 있다고 결론지었다. 선거운동에서 매스미디어의 직접적인 영향을 받아 투표선택을 결정한 수용자들이 거의 없다는 연구결과를 제시한 것이다. 이들은 이 연구를 통해 매스미디어로부터의 정보나 영향이 일단 여론주도층을 거쳐 궁극적으로 수용자들에게 전달 내지는 유통된다는 '2단계 흐름 이론(the two-step flow theory of communication)'을 제시했다. 1960년대 초 클래퍼는 자극과 반응 사이의 중개변인을 발견하여 매스미디어의 효과가 무제한적인 것이 아니라는 점을 강조하였다. 즉 그에 따르면 매스미디어는 항상 수용자에게 미치는 효과의 필요 충분조건으로서 작용하는 것이 아니고 중개변인의 영향과의 유대 관계를 통해 이루어지는 기능적인 면이 강하기 때문에 이러한 중개변인들은 현 상태를 강화하는 과정에서 유일한 원인이라기보다는 매스미디어를 하나의 보조기관으로 만드는 것으로 보고 있다. 여기서 지적되는 중개변인은 첫째, 선택적 노출과 선별적 지각, 선별적 기억 등 매스미디어와 그 메시지에 대한 수용자들의 선별적 과정 내지 현상을 포함하고 있고, 둘째, 수용자들이 소속되어 있는 집단의 규범, 셋째, 그 집단 내에서의 의견 지도자의 영향 등을 가리키고 있다. 결국 제한효과이론의 기본 시각은, 매스미디어는 대중 사회의 성원들에게 메시지를 제공하지만 그 메시지는 구성원들에 의해서 선별적으로 받아들여지는 걸로 해석되며, 이러한 선별성은 그들과 중요한 유대를 갖고 있는 다른 사람들에 대한 인간들의 독특한 패턴의 사회적 영향에 중대한 바탕으로 두는데, 특히 여론선도자들의 영향을 많이 받는다는 것으로 요약할 수 있다. 이 제한효과의 대표적인 이론으로는 '인지균형이론', '정보유통이론' 등이 있다.

(2) 강력효과적 연구

강력 효과적 관점에서 TV토론은 TV라는 매체가 지니고 있는 특성을 선거운동과 결합
시킴으로써 유권자들의 선택 행위에 강력한 영향을 미친다는 입장에 서 있다. 맥루한도
바로 이러한 논지를 펴고 있다. 맥루한은 1960년 미국 대통령 선거에서 케네디와 닉슨의
TV토론을 통한 선거 결과를 들어 강력효과 이론을 내세우고 있다. 즉 그에 따르면 당시
미국 대통령 선거에서 케네디가 승리한 것은 전적으로 TV의 덕택이라는 것이다. 또한 강
력 효과 이론의 대표적 이론으로서 노이먼의 '침묵의 나선이론(the theory of spiral si-
lence)'을 들 수 있다. 독일의 노이먼은 매스미디어가 여론 형성에 강력한 영향력을 행사
한다고 주장했는데, 매스미디어가 수용자의 의견이나 태도의 형성, 그리고 행동에 미치는
영향력이 매우 강력하다고 제기했다. 결국 텔레비전을 통한 선거방송은 유권자들의 마음
을 흔들었던 것이 아니라 일부 무결정적 유권자들에게 영향을 주었던 것이다. 따라서 미
국 선거에서 나타났던 TV토론의 영향에 대한 연구분석은 완전히 무영향적이라기보다는
소영향적이라는 측면보다 우세하다(정한나, 2004).

다음은 세계 각국 TV정치광고 시행, 스폿(spots) 광고주, 소유형태에 따른 언론의 특
징, 정치광고 허용범위와 배분방식, 정치광고 규제, 방송물의 내용과 소구를 살펴본다.

〈표 10-9〉 세계 각국 텔레비전 정치광고 시행 현황

국 가	TV정치 광고	무료 선거 방송	선거비용 한계 (정당)	선거비용 한계 (후보자)	선거비용 모금 (정당)	TV 본격적 이용 시기	TV 보급률 (1960)	TV 보급률 (1990)
미국	무제한 사용	없음	없음	없음	후보자에 한함	1948	88%	98%
영국	금지	제공	없음	엄격함	금지	1959	60	98
프랑스	금지	제공	없음	있음	금지	1962	15	98
독일	부분적 허용	제공	없음	없음	허용	1965	35	94
이탈리아	허용	제공	없음	없음	허용	1963	20	96
덴마크	부분적 허용	제공	없음	없음	허용	1960	34	96
핀란드	허용	제한적 제공	없음	없음	허용	1966	52	98
노르웨이	부분적 허용	제한적 제공	없음	없음	허용	1965	5	90

국 가	TV정치 광고	무료 선거 방송	선거비용 한계 (정당)	선거비용 한계 (후보자)	선거비용 모금 (정당)	TV 본격적 이용 시기	TV 보급률 (1960)	TV 보급률 (1990)
스웨덴	허용	제공	없음	없음	허용	1960	42	90
호주	허용	제공	없음	업음	금지	1963	64	98
뉴질랜드	허용	제공	없음	무시됨	금지	1963	50	96
인도	금지	제공	없음	무시됨	금지	1989	-	80
일본	정당에 한함	후보자에 한함	무시됨	무시됨	허용	1960	33	99
브라질	금지	제공	무시됨	무시됨	허용	1974	5	90
콜롬비아	허용	제공	없음	없음	허용	1986	5	85
베네수엘라	허용	제공	없음	없음	허용	1960	5	90

출처 : Bulter, D.& Ranney, A.(1992), Electioneering : A comparative study of continuity and change, Clarendon Press, p.287, 탁진영(2003),『정치광고의 이해와 활용』, 커뮤니케이션스북스, p.173.

〈표 10-10〉 소유형태에 따른 언론의 특징: 각국의 스폿(spots)광고가 방송되는 미디어체계

국가명	언론의 소유형태
미국	민영방송
덴마크	공영방송
핀란드	민영방송
프랑스	공영방송
독일	공영방송+민영방송
이탈리아	민영방송(1994년까지)
네덜란드	공영방송+민영방송*
영국	공영방송+민영방송
이스라엘	공영방송

* 상업 프로그램은 국가를 벗어난 지역으로부터 방송된다.
출처 : 김정현(1998),『서구민주주위와 정치광고』, 커뮤니케이션북스, p.45.

〈표 10-11〉 국가별 텔레비전 정치광고 방송의 허용범위(각국의 정치방송의 배분 방식)

국가명	텔레비전 정치광고 할당유형
미국	자유구매
덴마크	모든 정당에 동등한 시간 부여
핀란드	자유구매
프랑스	득표 비율에 따른 시간 부여
독일	득표 비율에 따른 시간 부여
이탈리아	자유구매(1994년 까지)
네덜란드	모든 정당에 동등한 시간 부여
영국	보수당 노동당 양대정당에 동등한 시간부여 소수정당은 특정 기준에 의해 부여
이스라엘	득표비율에 따른 시간 부여 신생정당에 최하 10분 부여

출처 : 김정현(1998), 『서구민주주의와 정치광고』, 커뮤니케이션북스, p.46.

〈표 10-12〉 세계 각국의 정치방송의 배분 방식

국가명	횟 수	길 이
미국	무제한	모든 길이 가능 ; 30/60초가 가장 흔함
덴마크	제한	10분
핀란드	무제한	10~25초가 가장 흔함(1992년은 16초)
프랑스	제한	1993년 ; 4분까지 1988년 ; 5~15분이 가장 흔함
독일	제한	2분 30초
이탈리아	무제한(1992년까지)	30/60초가 가장 흔함
네덜란드	연간 25분 + 선거기간에 20분 추가	공영 ; 3분
영국	주요 정당에 5회	정당별 5~10분
이스라엘	제한	2~3분이 가장 흔함

* 각국의 가장 흔한 포맷에 근거한다.
  출처 : 김정현(1998), 『서구민주주의와 정치광고』, 커뮤니케이션북스, p.47.

〈표 10-13〉 세계 각국 정치광고 방송의 내용에 대한 규제(텔레비전 정치광고 길이에 대한 규제 현황)

국가명	규제현황
미국	없음
덴마크	없음
핀란드	개인에 대한 공격 금지 / 정치광고에서 제품광고 금지
프랑스	제작방법과 내용에 대한 세부 규제 적용
독일	없음
이탈리아	없음
네덜란드	없음
영국	없음
이스라엘	방송 이전 선거위원회 승인 필요

출처 : 김정현(1998), 『서구민주주의와 정치광고』, 커뮤니케이션북스, p.48.

〈표 10-14〉 세계 각국의 정치광고 방송물의 내용과 소구

내 용	미국	프랑스	독일	이탈리아	영국	이스라엘
광고의 강조점						
쟁점	61	100	26	71	88	50
이미지	39	0	57	29	12	50
혼합	0	0	16	0	0	0
광고의 초점						
긍정적	63	75	68	85	75	58
부정적	37	25	32	15	25	42
지배적 소구 유형						
이성적	33	80	16	15	50	25
감정적	36	10	53	54	38	40
정보원 신뢰도	31	10	24	31	12	35
혼합	0	0	8	0	0	0
광고에서 정당이 강조된 비율	9	5	13	7	38	7

출처 : 김정현(1998), 『서구민주주의와 정치광고』, 커뮤니케이션북스, p.347.

3) TV매체가 유권자에게 미치는 효과

(1) 태도형성

TV토론이 유권자들에게 후보자에 대한 태도를 형성하게 만드는 한 요인이 된다. TV토론을 통해 유권자들은 새로운 인물들에 대해 호의적인 태도를 형성한다고 한다. 텔레비전을 본 뒤 유권자들은 기존 인물보다는 새 인물에 대해 호감을 갖고 높은 지지율을 보내는 경향이 있다. 이준웅에 따르면 이를 가리켜 유권자로 하여금 상대적으로 낯선 후보에 대해 새롭게 태도를 형성한다는 것이 TV토론이 선거에 미치는 중요한 영향이라고 설명한다. 미국에서 TV토론이 처음 도입된 1960년 닉슨과 케네디의 대토론에서 유권자들이 케네디에 많은 호감을 보인 것은 케네디가 정치적 지명도가 낮았기 때문이라고 분석하고 있다. 게다가 이런 TV토론이 지금까지 한번도 없었다는 특수한 상황 때문에 유권자들은 TV토론에 더욱 많은 영향을 받았다고 생각하고 있다는 것이다. 예를 들어 1976년 지미 카터와 1980년 조지 부시, 1984년 게리 하트, 1988년 마이클 듀카키스 등은 모드 TV토론을 통해 유권자들에게 이미지가 널리 알려진 사례들이다. 유권자들은 예비선거 초기에는 정치적 지명도가 낮은 이들에 대해 별다른 지식을 갖고 있지 않아 상대적으로 지지율이나 호감도가 낮을 수밖에 없었다. 그러나 TV토론을 통해 유권자들은 이들의 정책과 비전을 파악하는 학습을 하게 되었고 결국 예비후보에 대한 태도를 형성한다는 것이다.

다음은 후보 결정 시 주요 영향원은 〈표 10-15〉, 〈표 10-16〉과 같다.

〈표 10-15〉 후보 결정 시 주요 영향원(제14대 선거)

영향매체	비율(%)
소개 팸플릿, 벽보	28
신문, 방송보도	15.2
유세장	15.1
주위사람	11.3
선거공보	9.3
집안 사람의 말	5.8
선거운동원	2.2

*자료: 조선일보사, 1992.

〈표 10-16〉 투표 후보 결정 시 주요 영향원

주요 영향원	비율(%)
TV토론	51.6
TV연설	16.8
신문/방송보도	10.5
신문/방송광고	6.9
주위사람/가족/친척	4.5
선거유세	3.3
벽보/팸플릿	1.6

출처 : 정상대(2000), "한국 대통령 선거의 정치커뮤니케이션 연구", 단국대학교 대학원 정치외교학과, p.158.

(2) 학습효과

TV토론은 학습의 장을 제공한다는 주장으로 차피, 자하온, 레스호너(chafee, zhaon & leshners)는 TV토론의 경우 무엇보다도 유권자들이 각 중요안건과 정책적 대안에 각 후보자가 어떤 입장을 취하는지 알 수 있는 학습의 장이라고 보고 있다. 차페(Chaffee)와 그의 동료들은 과거에는 주로 오락매체로만 인식돼 있던 텔레비전이 정치캠페인 과정에서 중요한 학습의 매체로서 등장했다고 설명하고 있다. 따라서 TV토론의 진정한 효과는 유권자들이 후보자와 그의 정책에 대해 학습하고 후보자에 대한 태도를 형성하며 새롭게 정치적으로 식견을 넓혀 나가는 데 있다.

2012년 7월 23일 SBS TV 예능 토크쇼 '힐링캠프. 기쁘지 아니한가'에 출연한 안철수 서울대 융합과학기술대학원장. 새누리당 박근혜 의원. 민주통합당 문재인 의원도 올 1월 같은 방송에 잇따라 출연했다(왼쪽부터   시계방향으로). SBS화면 캡처.

(3) 이미지 창조

TV토론은 유권자들을 사로잡을 수 있도록 하는 후보들의 독특한 이미지 창출을 가능케 한다. 대통령 선거와 기타 선거에서 유권자들은 후보자들의 공약·정책·소속정당·도덕성 등 여러 가지 사실들을 명확하게 판단하기보다는 특정 후보자들에게 느끼는 총체적인 이미지를 통해 투표하려는 경향이 있다. 이러한 경향으로 인해 오늘날 TV토론은 더욱 중요한 역할을 하게 되었다. TV토론을 통해 한 번 심어진 이미지가 지지율에도 영향을 미칠 수가 있고 투표에도 그대로 연결될 수 있기 때문이다. 이와 관련해 유권자들은 자신이 좋아하는 후보자에게 자신의 정책 선호도를 맞추려는 인식적 일치성을 가지려는 영향이 있는데 이것은 TV토론회에서 유발된 후보자와 친화효과 때문이며, 이는 곧 지지후보 결정에서 아주 중요한 역할을 한다(정한나, 2004).

3. TV토론회의 양해각서(MOU)

공화당 부시후보 VS. 미주당 듀카키스 후보(1984)

1) 토론 횟수

2) 토론의 날짜, 장소, 시간

3) 주최자(처음 두 번은 위원회, 세 번째는 여성유권자연맹)

4) 사회자와 패널리스트의 선정과 역할

5) 구체적인 질문유형과 종결(closing) 멘트 사용

6) 시간제한

7) 후보자 발언 형식

8) 원고(note)의 사용

9) 무대장치(카메라 위치)

10) 마이크

11) 연단의 높이

12) 카메라 샷의 제한

13) 탤리 라이트(tally light)의 사용과 배경색

14) 녹황적 신호등 사용

15) 청중통제

16) 입장권 배포와 좌석 할당

17) 분장(makeup) 전문가의 활용

18) 후보자에 대한 기술적 설명 기회

19) 드레싱룸(dressing room, 경의실)과 홀딩룸(holding room, 대기실)의 이용

20) 보조원과 안전요원의 활용

출처 : 이동신 외(2004), 『정치커뮤니케이션이해』, 커뮤니케이션즈북스 p.392.

4. TV토론 시 의상과 이미지

1) 의상과 이미지의 기호적 개념

오늘날 기호학이 유행하듯이 사회학자들 역시 우리들에게 의상은 하나의 기호 언어이며 무언의 통화체계라는 사실을 말해준다. 예를 들면, 프랑스의 건축가 롤랑 바르트(Roland Barthes)는 「의상의 병(The Disease of Costume)」에서 글과 같은 기능을 가지는 극적인 의상을 언급했는데 그 기본적 요소는 기호이다. 의상 언어도 말과 같이 각각 자기 특유의 어휘와 음색과 의미를 다양하게 지니고 있다(유태순, 1986, pp.1~2). 의상은 이미지를 판 가름하는 지각대상의 중요한 부분으로 미(美)를 가꾸는 데 필수적인 요건이다. 또한 신체 조건에 알맞은 의상색의 선택은 매우 중요하다. 아무리 값비싼 것이라 할지라도 어울리지 않는 옷은 때로는 훌륭한 인격체마저 품위가 없는 사람으로 보이게 한다. 비록 내면적 인 격은 볼품없을지라도 일단 고상하고 조화된 의상을 착용했을 때는 품위 있게 보이는 것이 일반적이다. 더구나 텔레비전 카메라를 통해 영상화될 때 의상과 색상은 여러 면에서 변 화의 가능성을 갖는다. 때로는 역기능의 피해를 입는 경우 또한 없지 않다. 통상 육안으로 보고 느끼는 의상, 색상과는 달리 텔레비전 메커니즘에 의한 영상미의 창조는 섬세하고 전문적인 테크닉과 지식을 수반한다. 출연자의 의상은 우선 스튜디오의 배경이나 그밖의 실내의 환경에 따라 결정되어야 할 과제이므로 세밀한 검토가 있어야 한다. 그러나 막상 의상을 선택하는 것은 결코 용이한 일이 아니다. 일반적으로 소비자가 실제로 분간할 수 있는 색은 1백가지 미만인 데 비해 한 해 동안에 생산되는 색상이 무려 8천여 종에 이르 며, 여성복은 5천여 종이나 되기 때문이다. 다양한 색상만큼이나 선택의 폭은 넓어서 의 상을 고르기가 까다로울 수밖에 없다. 의상의 성립조건을 보면 실용성, 상징성, 성적(性 的) 표현성, 미적 장식성 등 네 가지로 요약할 수 있다.

  (1) 실용성 : 자신의 경제성과 사회성을 비롯한 생활 여건에 알맞은 의복의 조건을 말 한다.
  (2) 상징성 : 의상은 자신의 직업과 신분, 그밖의 사회적 상징으로서의 조건을 의미한 다. 의사와 약사, 첨단연구직에 종사하는 사람을 비롯하여 은행원, 청소부, 운전사 의 제복이 이에 해당한다고 볼 수 있다.
  (3) 성적 표현성 : 성별에 따라 의상을 입는 조건을 말한다.

(4) 미적 장식성 : 사람은 누구나 멋과 매력을 추구하는 욕망을 가지고 있고, 이를 위해 의상을 선택함을 뜻한다. 이상과 같은 의상이 성립되는 조건을 바탕으로 출연자는 최고 최선의 미와 멋과 매력을 풍길 수 있는 의상을 선택해야 하고, 이는 이미지 창조와 직결된다. 또 출연자는 좋은 인상을 풍기는 의상의 평가 기준은 무엇인가를 이해하지 않으면 안 된다.

2) 출연자의 개성과 의상조화

(1) 출연자와 의상의 균형 및 조화를 어떻게 유지하느냐에 따라 멋의 창출과 좋은 이미지를 만드는 과제가 관계지어진다.

(2) 출연자의 목적과 의상의 조화를 어떻게 하느냐 하는 문제이다. 출연자는 의도하는 일의 목적과 활동내용, 상황이나 분위기에 알맞은 의상을 착용해야 한다. 새벽시장 또는 농산물 유통센터를 시찰하는 대통령이나 고위관리가 정장 차림을 했을 때와 점퍼 등 가벼운 평상복 차림을 했을 경우 어떤 옷차림이 걸맞고 효과적인 의상이겠는가, 의상의 선택은 상식적이면 무난하다.

(3) 연령과 의상의 조화 역시 어울리지 않으면 안 된다. 대학생과 같이 젊은 층은 값비싼 고급 의상보다는 값싸고 활동적인 캐주얼(casual) 복장이라야 한다. 중년층일 경우 정장에 가까운 의상이 알맞다.

(4) 직업, 직분과 의상의 조화 역시 중요하다. 때로는 의상의 디자인이나 색상이 직업과 직분을 상징하는 경우가 있다. 단적인 예로 제복(uniform)이 이에 해당한다고 볼 수 있다. 비록 제복으로 직업을 상징하지 않더라도 정장과 평상복 정도로 대략 직업의 계층을 짐작할 수 있지 않는가? 지식산업에 종사하는 교수나 학자의 의상은 일반적으로 정장이 당사자의 이미지에 부합된다.

이상에 언급한 바와 같이 최소한 의상의 선택은 이미지에 부합해야 한다. 즉 의상의 성립 조건과 의상의 평가 기준에 충족할 수 있어야 한다. 나아가 기존 이미지의 부합 조건을 뛰어넘어 텔레비전 매커니즘이 요구하는 고도의 분장 테크닉에 의한 이미지 창조가 더욱 중요하다(김진석, 1994, pp.99~102). 이와 함께 텔레비전 영상컬러에서 반드시 고려해야 할 세 가지 기본은 주색(主色)인 얼굴과 주변색(周邊色)인 의상, 그리고 외주색(外主色)인 배경으로, 이들의 총체적 조화를 도출하는 기술도 함께 동원되어야 한다. 따라서 텔레비전 이미지 창조는 체형, 얼굴, 의상 등 모든 분야에 걸쳐 분장기술의 조화와 균형이 이루어져야 가능할 것이다.

3) 의상의 색상과 조화

의식적이건 무의식적이건 옷은 하나의 메시지이며 다른 사람들도 본능적으로 이해한다. 사람들은 그들의 나이에 걸맞은 옷차림을 하도록 요구되며 대부분의 사회에서는 그들 세대의 의상이 아닌 의상을 착용하는 것에 부담을 가진다. 대개는 나이보다 젊은 옷을 추구하지만 나이보다 너무 젊은 옷차림은 오히려 우스운 꼴이 될 수 있다. 특히 대중을 상대하는 텔레비전에 출연하는 경우 과연 어떠한 의상으로 차림을 해야 할지 생각을 많이 하게 된다. 어떤 종류의 색상이 가장 멋있고 좋다고 단편적으로 손꼽을 수는 없으나 보편적인 색상이라면 일단 무난하다(김지석, 1994)고 보고 있다.

(1) 자기의 성격과 취향에 알맞은 색상의 의상

(2) 계절과 환경에 적합한 색상의 의상

(3) 고상하고 중후한 색상의 의상

(4) 선택이 까다로울 때는 감청색, 남색, 파란색, 짙은 회색, 다크 블루(dark blue) 계통의 의상이 무난하다.

(5) 조명에 반사되지 않는 옷감으로 만든 의상

(6) 체형에 적합한 의상을 선택하자.

　① 키가 큰 몸집 : 무겁고 진한 색 계통

　② 키가 작은 몸집 : 엷은 색 또는 중간색이 무난하다(베이지색, 쥐색).

　③ 체구가 비대한 몸집 : 짙은 색 계통이 어울린다(감색, 짙은 회색, 밤색 등).

　④ 야위고 갸름한 몸집 : 밝고 따뜻한 색 계통이 무난하다.

(7) 감색 의상은 가장 무난하고 자연스러우며 차분하고 안정감을 주기 때문에 누구에게나 어울린다.

(8) 체크무늬의 양복은 시청자로 하여금 산만한 감정을 일으키기 쉬우므로 정치인의 의상으로는 적합하지 않다.

(9) 양복은 일반적으로 색상이나 무늬가 차분하고 품격이 있어야 하며 자연스러워야 한다.

(10) 폭이 좁고 서로 대비되는 색 무늬의 의상과 타이는 색 진동(color vibration)을 일으켜 구름무늬 또는 무아레(moire)현상을 유발할 가능성이 있으므로 유의해야 한다.

(11) 의상의 색상은 와이셔츠, 넥타이의 색과 조화를 고려해야 한다.

(12) 여러 사람과 공동 출연할 때는 의상의 색상이 서로 달라야 돋보이므로 사전에 점검한 후에 선택해야 한다.

(13) 조명의 열을 고려해서 덥지 않게 가벼운 의상 차림에 유의해야 한다.

(14) 만약의 상황 변화에 대처할 수 있도록 양복, 와이셔츠, 타이는 별도로 준비하는 것이 바람직하다.

4) 와이셔츠 및 타이의 선택

(1) 와이셔츠의 선택과 유의사항

① 양복 색상과 조화될 수 있도록 흰색, 아이보리색이 무난하다. 아주 짙은 흰색은 조명의 반사 우려가 있으니 피하는 것이 좋다.

② 번쩍거리는 합섬 등 화학섬유나 실크 계통의 와이셔츠는 조명으로 인한 반사로 역효과를 가져오므로 피하는 것이 좋다(케네디와 닉슨이 텔레비전 토론을 앞두고 케네디가 카메라 앞에 앉았을 때 그의 와이셔츠가 조명에 반사된다는 PD의 지적에 따라 호텔까지 운송 작전을 펴서 다른 와이셔츠로 바꿔 입어야 했던 번거로운 사례는 좋은 교훈이 된다).

③ 평소 취향에 맞거나 잘 소화할 수 있다면 아주 연한 하늘색이나, 연한 세로 줄무늬의 와이셔츠도 무방하다.

④ 색상이 있는 와이셔츠를 선호할 때는 색이 있는 듯 없는 듯 아주 연한 색상의 것으로 선택해야 한다. 이때 세련되지 못하거나 잘 소화하지 못하면 역효과의 우려가 있으므로 신중을 가하지 않으면 안된다.

(2) 타이의 선택과 조화

① 넥타이는 평소 취향에 따라 선호하는 색상으로 얼굴 피부색, 의상의 색상과 조화를 맞춰 선택하는 것이 무난하다.

② 타이는 단색이나 아니면 3색을 벗어나지 않는 것으로 고른다.

③ 현란한 여러 가지 색상과 색채의 타이는 조화도 어려울 뿐 아니라 주의를 산만하게 하기 쉬우므로 피하는 것이 좋다.

④ 싱글 양복에는 일반적으로 단색으로 된 자주색, 청색 계통이거나 자주색＋회색, 청

색+회색이 사선형(斜線形)으로 섞인 타이가 무방하다. 또 자주색이나 청색 바탕 위에 동일계통의 연한 무늬의 타이도 고상한 맛을 풍긴다.

⑤ 양복 색과 같은 계통의 짙은 색이나 약간 연한 색상의 타이도 무난하며, 양복 색과 다른 단색의 타이도 무방하다.

⑥ 의상의 종합적인 멋과 미의 창출은 양복과 와이셔츠 그리고 타이를 어떻게 결합하느냐에 따라 좌우된다고 할 수 있다.

⑦ 몇 가지 모델을 소개하면서 편의상 와이셔츠는 흰색, 미색, 아이보리색 가운데 알맞은 것으로 받쳐 입는 것을 전제로 설명한다.

- 단색 양복 와이셔츠+단색 타이
- 감색, 감청색, 청색 양복+와이셔츠+자주색 타이(단색, 물방울 또는 다이아몬드 무늬, 연한 체크 무늬, 청색, 쥐색 사선무늬) 이밖에 연청색 타이
- 회색 또는 진한 회색 양복+와이셔츠+감청색, 자주색 또는 자주색 바탕에 청색 사선무늬의 타이
- 약간 연한 검정 계통의 양복+와이셔츠+자주색 계통의 타이
- 밤색 양복+와이셔츠+감색 계통의 타이
- 줄무늬가 연한 양복+와이셔츠+연한 줄무늬, 자주 또는 감색계통의 타이로 콤비네이션을 이루는 것이 무리가 없다. 타이를 고를 때 망설여지거나 까다롭다고 느껴지면 자주색 계통을 결정하는 것이 현명한 방법이다.

5) 의상과 배경색과의 조화

스튜디오 안에서 행해지는 토론에 참석하거나 연설을 위해 출연하는 출연자의 의상색과 배경색이 대비·대조 상황에서 대단히 중요한 관계에 있음을 충분히 이해하지 않으면 안 된다. 상황에 따라 주의를 소홀히 할 경우 출연자의 전경(剪景)이 배경색(背景色) 때문에 소멸하거나 구분과 윤곽이 뚜렷하지 못한 실수를 낳는 사례가 있으므로 필요한 상식을 갖추는 것이 바람직하다(김진석, 1994). 그 이유는 다음과 같다.

(1) 의상의 색상이 배경색과 동일하거나 비슷할 경우 의상이 배경색에 묻힐 우려가 있다.

(2) 의상 색과 배경색의 명도 차이는 적어도 3 이상을 유지해야 한다. 이 원칙에서 벗어나면 화면에서 의상 색과 배경색이 잘 구분이 되지 않는다.

(3) 출연 전에 PD와 정보를 교환, 배경 세트의 색상을 점검해서 대비하여야 한다.

(4) 배경이 크로마 키(chroma key)일 경우 청색, 초록색, 보라색 계통의 의상은 입지 않아야 한다.

(5) 일반적으로 의상색은 배경색보다 짙은 편이 좋다.

6) 얼굴의 분장

얼굴은 상대방에게 이미지를 전달하는 가장 핵심적인 부분이다. 따라서 얼굴을 다듬고 가꾸는 작업은 텔레비전 출연 시 중요한 과제일 수밖에 없다. 물론 얼굴색은 인간의 가장 기본적이고 상징적인 부분이므로 그릇되거나 왜곡되게 나타나지 않도록 해야 한다. 즉 얼굴 분장은 배역과 어떤 목적의 임무를 충실히 수행할 수 있도록 건강한 피부색과 모습의 재현을 효과적으로 돕는 것이다.

얼굴 분장의 목적은 다음과 같다.

(1) 얼굴 모습을 멋있고 매력적으로 재현하는 것이다.

(2) 얼굴에 흉터가 있거나 기미, 반점 등 그밖의 결함을 분장으로 위장 보충함으로써 아름다움을 창출하는 것이다.

(3) 출연자의 특정 배역이나 임무에 맞도록 그 역할을 효과적으로 발휘하는 데 있다.

(4) 흰 얼굴은 연약하거나 환자처럼 보일 수 있으므로 분장을 해야 한다.

(5) 얼굴 분장은 시간을 갖고 전문가에게 받도록 하는 것이 현명하다.

일반적으로 여자가 화장을 했을 때와 화장을 지운 후의 얼굴을 비교해 보면 놀라울 정도로 명확해 보이고 딴판인 모습을 볼 수 있다. 얼굴 분장은 그만큼 건강과 미를 가꾸는 데 필수적이다.

텔레비전 화면에서 보여준 처음 단 몇 초의 순간에 출연자의 인상은 수천 마디의 말이나 제스처보다 시청자의 감정을 독점하기에 충분하다는 것이다. 텔레비전 토론이나 연설이 끝난 후에도 언어의 향연은 잠시이고 영원히 기억에 잠재되고 가슴에 오래 새겨지는 것은 영상으로 나타난 첫 이미지일 뿐이다. 그러나 텔레비전에 의한 이미지 정치는 그 자체가 많은 허구성을 내포하고 있다는 점에서 문제가 제기되고 있다. 이미지 그 자체가 지도자나 정치인의 경륜과 철학 그리고 정책을 의미하거나 내포하는 것이 아니기 때문이다. 따라서 텔레비전은 대통령 선거에 관한 한 후보자들이 이미지 메이크업에만 신경을 쓴 나머지 실질적 핵심인 정견과 정책 개진, 공약 등 정치적 이슈는 뒷전이라는 비난을 면치 못하는 일면도 있다(김진석, 1994).

7) 액세서리의 이용과 조화

액세서리는 분장 가운데 또 하나의 요소로 이미지를 부각시키는 보충적 또는 종속 의미로 이해할 수 있다. 액세서리의 이용은 그 기능과 역할에 따라 주의를 끌고 집중시켜 매력을 풍기도록 해야 한다.

(1) 얼굴이 갸름하거나 길쭉한 사람은 테가 굵은 안경을 낀다든지 여자의 경우 귀걸이를 착용하면 얼굴의 결함을 보충할 수 있다.

(2) 나이 많은 여자의 경우 의상색뿐만 아니라 밝고 따뜻한 색깔의 귀걸이를 착용해서 젊고 아름답게 꾸미는 효과를 내기도 한다.

(3) 조명에 반사될 염려가 있는 안경테와 타이 핀, 커프스 단추의 착용은 피하는 것이 좋다.

케네디와 닉슨 세기의 TV토론 : TV시대에 맞는 케네디 이미지!

1960년 9월 26일 시카고 시간으로 오후 8시, 전 프로그램의 잔상이 스크린에서 사라진 몇 초 후 무거운 목소리의 변명하는 어투로 "앤디 그리피스 쇼를 보기 위해 채널을 돌리신 분에게는 대단히 죄송합니다만, 오늘 저녁에게 쇼가 방송되지 않습니다."라고 어나운스되었다. 그리고 미국 대통령 선거전의 승패를 결정 지우려고 하는 세 남자가 스크린에 갑자기 떠올랐다. 이 혁명적 선거토론회는 다름 아닌 J. F. 케네디, 리처드 M. 닉슨 그리고 사회자 하워드 스미스(원래 ABC방송 해설자) 세 사람에 이루어진 것이다. 당시 미국의 TV 수상기 보급률을 88%로서 총 보급대수는 4,400만대였다. 토론 시 닉슨은 부통령으로 재직하고 있었고 케네디는 미 상원의원이었다. 이 당시 아이젠하워 대통령은 닉슨이 토론회에 나가는 것을 반대했다. 하지만 닉슨은 토론회 개최에 응했다. 토론일정과 주관 방송국은 (1) 제1회 9월 26일 CBS 시카고 제작, (2) 제2회 10월 7일 NBC 워싱턴 제작, (3) 제3회 10월 13일 ABC뉴욕, 로스앤젤레스 제작, (4) 제4회 10월 21일 ABC뉴욕 제작으로 양측이 합의했다. TV토론 주제는 (1) 제1차 주제: 국내문제(후보의 연령의 중요성, 대통령이 업무수행 과정에서 내려야 할 결정의 설정, 농촌문제, 세금문제, 의회문제, 학교, 반단체 활동, 학원문제), (2) 제2차 주제: 외교문제(쿠바 및 카스트로 문제, U₂사건과 첩보활동, 미국의 국위실추, 자유중국 금문·마조도의 방위문제), (3) 제3차 주제: 경제문제(노동조합, 금화유통, 신념의 고루성 등), (4) 제4차

주제 : 1,2,3차의 종합토론이었다. 토론시간은 1시간, 개막연설 8분, 폐막연설 3분, 질문답변 제한 시간 2분 30초, 재반박 시간은 1분 30초로 허용되었다. 진행자는 각 방송사 앵커였다. 두 후보는 첫 방송 전날 시카고에 도착했다. 케네디는 개인적인 보좌관 소장과 법률가 테드 솔렌센 등 세 사람의 스태프와 함께 호텔에 도착하자 시험 전날 밤 대학생처럼 둘러앉아 15페이지로 타이프된 노트를 검토하여 문제점을 12~13가지로 요약 정리하였다. 닉슨과 기자들이 하게 될 예상질의문과 그에 대한 모범답안이었다. 제1회의 토론의 테마인 국내 정치문제에 대해 단지 숫자, 최근 실업문제, 철강 생산량 등을 정확하게 기억하는 데 중점을 두었다. 케네디는 그 뒤 어느 집회에서 연설을 행하고 하버드 대학 동창생들과 커피 파티에 참석하여 즐거운 시간을 보낸 뒤 호텔로 돌아와 낮잠을 즐겼다. 완전히 기력을 회복하여 저녁 식사를 하고 결전장인 TV방송국으로 향하였다. 한편 닉슨은 이 하루를 호텔 방에서 거의 혼자 보냈다. 그는 병을 앓고 난 뒤 선거캠페인에서 무리를 거듭해 피로에 지쳐 있었다. 외출을 한 번 했는데 방송 당일 아침 케네디가 오후에 참석하기로 돼 있는 그 집회에서 연설하기 위해서였다. 그러나 불행하게도 그 집회는 공화당에게는 상당히 적대적인 그룹 집회였다. 닉슨은 자신감을 잃고 무거운 기분으로 호텔에 돌아왔다. 닉슨 진영의 TV컨설턴트에게는 스튜디오로 향하는 동안 단지 10분간의 동승이 허용되었다. 그는 이 토론이 중요하므로 케네디에게 최초의 일격을 가할 것을 주장했지만 이 의미의 충고를 닉슨은 신중하게 받아들이지 않았다. 또한 닉슨은 현관에서 차를 내리다가 승용차 문에 무릎을 부딪쳐버렸다. 그곳은 옛날 상처를 한번 입었던 곳으로 닉슨에게는 모두 불운한 조짐들이었다. 두 후보는 TV출연을 앞두고 신경을 썼다. 스튜디오에 들어가기 전에 케네디는 도랑 화장으로 분장하여 건강한 모습을 보이기도 했다. 닉슨은 분화장을 함으로써 지성적인 인상을 풍기도록 작전을 짰다. 운명의 시간 8시가 되자 사회자가 프로그램 개시를 알렸다. "여러분 안녕하십니까? 전 미국의 TV와 라디오가 대통령에 출마한 두 후보자를 모시고 현재 진행중인 정치캠페인의 여러 문제에 대해 토론할 기회를 갖게 된 것을 감사하게 생각합니다. 두 사람의 후보자를 지금 다시 소개할 필요는 없겠지요… 두 사람의 모습이 이제 잠시 후 7천만 미국인들 앞에 나타납니다…." 이 세기적인 대결로 일컬어지는 케네디 대 닉슨의 토론에 대한 T.H. 화이트의 관찰이다. (1) 케네디는 시청자에게 이야기를 걸었으며, 질문에 대해서는 그것을 근거로 하여 시청자의 마음과 상상력에 설득력 있게 호소했다. (2) 닉슨은 심판관이 채점을 하고 있는 것 같은 상황을 설정하고는 케네디 한 사람을 향하여 이야기하는 분위기를 만들었다. 4회 평균 시청자 수는 6,300여만 명이었다. 첫 번째 토론은 전국 방방곡곡 2천 7백만 가정에서 시청했다. 토론을 한 번이라도 시청한 사람 중에서 약 4분의 1은 3회를 보았다. 9회말 "역전홈런"인 CBS TV토론을 정리 요약하면 다음과 같다. 케네디 측의 이미지는 감색 정장 메이크업, 자신감, 정열적 모습이었다. 토론내용은 누구나가 알기 쉽게 문제점을 제시·설명하였다. 인상은 공격적 인상이었다. 케네디 왈 "국민에 던져진 의문은 명백합니다. 우리들은 지금 최선을 다하고 있습니까? 나는 만족하고 있지 않습니다." 반면 닉슨 측의 이미지는 뒷 배경과 섞이는 밝은 빛 정장에 노 메이크업으로 지치고 창백한 모습이었다. 토론내용을 세세하게 데이터를 제시하며 반론하였다. 인상은 방어적인 인상이었다. 민주당 케네디의 승리 요인 중 가장 큰 요인은 TV토론에서의 성공이었다. 즉 이미지 전략이 초반에는 열세했으나, TV토론 이후 반전되었다. 반면 닉슨의 패배요인이 승리요인으로 작용되었다. 닉슨의 방어가 적었다는 게 유리하게 작용되었다. 케네디는 다양한 이미지 광고를 통해 유권자에게 쉽게 다가갔다. 닉슨의 패배 요인은 TV토론에서의 이미지 관리에 실패였다. 상대진영의 공격에 대한 방어가 부족했다. 즉 0.2% 차이는 방어만 충분히 했더라면 극복 가능했을 것이다. 또한 미래의 구체적 계획을 제시하지 못했다. 국외문제를 중시하다 국내문제를 등한시 한점이다. 그리고 미디어효과를 이용하지 못했다. 광고의 단조로움이었다. 광고의 배경이 모두 집무실-갇혀있는 듯한 느낌이었다. 국민과의 거리감이 조성되었다

(박종렬, 1987).

그럼에도 불구하고 0.2%라는 근소한 차이밖에 나지 않는 것은 외교력(국제적 능력)을 강조한 것이 닉슨에게(미소간 냉전시대, 예 "부엌논쟁") 플러스 작용을 했기 때문이다.

닉슨을 위한 가상 성공전략은"바로 그대를 위한 전략이오!", "이렇게만 했더라면 좀 더 일찍 대통령이 되어서 워터게이트 사건도 일으키지 않았을 텐데." 토론에서의 철저한 이미지 관리! 상대가 젊음으로 승부한다면, 외교적 능력을 좀더 강하게 부각!, 국내문제에 약하다면 시대상황을 이용하는 것도 좋은 방법이다. 그리고 소수인종집단에 대한 포용!, 상대의 공격에 대한 적절한 방어!, 신선한 TV광고제작! 등이다.

민주당(케네디 후보) vs. 공화당(닉슨 후보) 선거캠페인 전략 비교: 시대적 상황파악, 미소대립 상황(자유주의 vs. 공산주의) 예, 닉슨과 후루시초프의 "부엌논쟁", 미국내 사회갈등 탄생-매카시즘, 1950년 중반 흑인민권운동-소수인종 관심이었다. 양측 TV광고를 살펴보면(비노이트 정치광고분석법), 민주당 케네디 진영은 메시지의〈기능 면에서〉주장과 공격을 했다. 〈주제 면에서〉이미지 중심였다. 반면, 공화당 닉슨 진영은 메시지의 〈기능 면에서〉주장 중심, 〈주제 면에서〉정책과 이미지였다. 기능세분화 분석의 주장형태는 공화당은 객관성에 치중했다면, 민주당은 다양한 공격형태를 펼쳤다. "흑색선전, 'Nixon's Experience?' ". 민주당의 방어형태는 '상상초월전략' 사용이었다. 예, 광고 Kennedy 'religion' 광고메시지 기능분석에서 민주당은 주장과 공격을 골고루 사용했으며, 주장도 적절히 밝히면서 상대측에 공격도 가했다. 즉 도전자로서 적절한 전략을 구사했다. 반면 공화당은 주장 쪽에 집중했으며, 긍정적 언급에 무게를 두었다. 즉 민주당에 비해 공격과 방어가 없었다는 것이 주목된다. 왜 닉슨 측은 방어 및 공격을 하지 않았는가? 이는 후에 TV토론에 귀감이 되었다. 광고 메시지 주제 분석에서 민주당은 인간적 특성 등 이미지에 중심을 두었다. 즉 전체 7개 중 6개 이미지 광고에 비중을 둔 전략이었다. 반면에 공화당은 정책에 더 무게를 두었다. 여기서 공화당의 정책은 리더십을 받쳐주기 위한 수단으로 사용(리더십이 강점이라 판단해서)했다. 또한 현 정권이기 때문에 정책에 강조했다(이 부분은 현직자의 정책제안 장점이기도 한다). 정책과 이미지 분석에서 정책 내용 측면에서 볼 때, 공화당은 정책내용에 주목했다. 미래의 계획이 존재하지 않았다. 즉 구체적인 미래정책에 대한 '미래 청사진'을 제시 못했다. 정책 중심의 전략이었으나 스스로 약점을 드러냈다. 반면 민주당은 인간적 특성을 내세웠다. 즉 이미지에 올인했다. 6개 광고가 인간적 특성이었다. 리더의 자질과 인간적 자질을 특히 강조했다. 배우나 real peo-

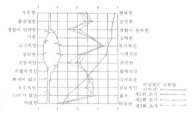

ple을 등장시켰다. 예컨대 헤리 벨라폰테, 실즈 가족 등이었다. 이런 양당의 광고전략은 결국 TV토론에서 9회 말 "역전홈런" CBS TV토론에서 승부가 났다. 0.2%의 차이로 진정으로 승리한 "케네디 스코어"로 끝난 선거였다('케네디 스코어'란 말은 야구 경기에서 8대 7의 스코어를 뜻한다. 즉 마지막 순간까지 승부를 예측할 수 없다는 뜻으로 민주당 대통령후보 경선 TV정책 토론회에서 존 F. 케네디가 한 말에서 유래되었다). 1960년 케네디 대 닉슨의 토론을 전후하여 시청자 반응과 변화를 조사한 결과는 케네디의 승리를 예고했다. 미국 위스콘신대학 매스커뮤니케이션 연구소 P.H. Tanebaum, P.R Silverman 그리고 스탠퍼드대학 커뮤니케이션 연구소 F.S Greenberg의 조사결과를 요약소개한다. 시청자 반응과 변화조사를 이미지로 조사되었다. 이상적인 대통령으로서 후보 이미지 12개 항목을 3회 조사하였다. 우둔한-현명한, 불공정한-공정한, 경험이 빈약한-경험이 풍부한, 약한-강력한, 소극적인-적극적인, 경박함-사려깊음, 선동적인-온건한, 비활력적인-활력적인, 특색이 없는-다채로운, 보수적인-진보적인, 나이가 많은-젊은, 야멸찬-따뜻한 등이다. 조사 결과 케네디는 이미지 척도 12개 항목 중 10개가 이상적인 대통령상에 가깝게 있었음에 비해 닉슨은 고작 6개에 그쳤다. 선거운동이 끝나감에 따라 두 후보 다 이상적인 대통령상에서 멀어져가고 있었지만 케네디 보다는 닉슨의 이미지의 거리가 컸다. 한편 TV출연자로서 이미지 측정은 3회만 걸쳐 조사되었다. 총 18개 항목이었다. 흥미를 끈다-시시하다, 날카롭다-둔감하다, 적극적이다-소극적이다, 젊다-나이가 많다, 확실하다-어물쩡하다, 강하다-약하다, 다채롭다-특색이 없다, 멋지다-멋없다, 공정하다-불공정하다, 현명하다-어리석다, 경험이 많다-경험이 빈곤하다, 활력이 넘친다-활력이 없다, 진보적이다-보수적이다, 신중하다-경박하다, 온전하다-선정적이다. 따뜻하다-야멸차다, 안도감을 준다-긴장감을 준다, 간결하다-장황하다 등이다. 결과적으로 대통령으로서의 이미지와 TV를 통해 본 이미지는 제1회 토론 이후 이질적인 것이 되었으며 선거운동을 통해 두 후보 차는 조사의 수가 거듭됨에 따라 그 차이가 크게 벌어졌다. 결국 TV가 흡수한 부동표의 향방은 '친 케네디 경향'으로 갔다. 미국 유권자에게 케네디가 매력있고 자격있는 후보로 인식되었다. 즉 대통령에 요구되는 행정적, 정책결정 측면에서 경험이 부족한 것처럼 보이는 의구심을 TV토론을 통해 순화시키는 데 성공한 것이다. 즉 대통령직을 맡기에는 너무 어리다는 우려를 버리게 했으며 진지성과 지혜와 광범위한 정보의 소유자라는 인식이 민주당원들을 집결시켰다. 그리고 그에 관해 거의 모르고 있던 많은 유권자들에게 그가 대통령 자질을 갖고 있다는 안심을 갖도록 했던 것이다. 선거결과 케네디와 닉슨의 득점차는 11만 2천표(0.2%)였다. 화이트는 "대통령 선거 다음날 1월 12일, 케네디가 이렇게 말한 것은 극히 당연하다."라고 했다. 케네디는 무슨 말을 하였을까? "시대의 흐름을 바꾼 것은 무엇보다 TV였다". 결국 케네디는 약 44세에 1961년 제35대 미국대통령으로 당선되었다. 미국 정치인의 정신적 지주(支柱), 미국정계 명문가(家)인 케네디가는 대통령인 존(잭) 에프 케네디(그림 우측)가 1963년 자동차 퍼레이드 중 미국 댈러스에서 오스월드의 저격으로 암살되고, 미국 법무부장관과 대선 출마 중 동생 로버트(바비) 케네디(그림 중앙)도 암살되었다. 남편인 존 에프 대통령이 자기 곁에서 저격 당하자 "Oh!, No, No!"를 외치던 대통령 영부인 케네디-오나시스 재클린(그림 우측), 미국정치의 진보성향의 개척자인에드워드(테드)케네디 상원의원(그림 좌측의 우측)이 2009년 8월 25일 뇌종양 타계로 명문가가 막을 내렸다. 한편 1960년 대선 출마했으나 케네디에게 패배 이후 1968년에 대통령으로 당선된 닉슨은 1968년 '닉슨독

ELECTION RESULTS

Candidates | Popular Vote | States | Electoral Vote
Richard Nixon (R) | 34,107,646 (49.5%) | 26 | 219
John F. Kennedy (D) | 34,227,096 (49.7%) | 24 | 303

트린'을 발표하고 미국의 대 중국과 외교 즉 핑퐁외교를 폈쳤다(닉슨 행정부의 국무장관이었던 헨리 키신저는 1971년 7월 9일. 수십 년 동안 높게 둘러쳐 있던 죽(竹)의 장막을 열고 수십 차례 중국을 오가며 마오쩌둥, 저우언라이, 덩샤오핑, 장쩌민 등 중국 현대사를 이끈 지도자들과 직접 만나 대화하고 교류했다 한다). 닉슨은 1972년에 재선에 성공했으나 1974년에 워터게이트 도청사건으로 사임하였다. 닉슨은 정계 은퇴 후 국가를 위한 조언(러시아, 중국문제 등)을 아끼지 않았다. 시골 출신 닉슨 대통령은 1994년 4월 22일 뇌졸중으로 타계했다.

politics

Advertising

제 11 장

뉴미디어와 정치광고홍보

1. 모바일 정치광고의 메시지 유형에 따른 영향

2007년 2월 정보통신부 발표 자료에 의하면 대한민국 이동통신 가입자 중 휴대폰 가입자 수가 4천만 명을 넘어섰다고 한다. 대한민국 인구수 대비 80% 이상이 휴대폰을 사용한다는 유추를 할 수 있을 것 같다. 이처럼 휴대폰이 이동통신기기의 대표적인 자리를 차지하며 모바일 미디어의 첨병 역할을 하는 차원에서 휴대폰의 역할을 전통적인 전화 이상의 의미를 갖게 되면서 개인의 필수적인 도구로 자리 잡아 가고 있으며 특히 젊은이들 사이에서는 새로운 트렌드로 여겨지고 있다. 모바일 광고의 도달률은 현재 90%에 달하고 있으며 SMS 메시지를 받고 웹 페이지를 방문하는 비율 또한 평균 3~5% 수준으로 인터넷 광고 클릭률 0.2~0.3%에 비해 10배 이상 효과가 있는 것으로 나타났으며(이경렬 & 박현길, 2005에서 재인용), 또한 모바일 광고는 연령, 성별, 직업 등 사용자 개개인의 정보를 송신자가 파악하여 사용자 한 사람에게만 전달해 주거나 주어진 정보 분류에 의해 형성된 타깃 층에게만 전달 가능한 새로운 쌍방향성 광고 형태가 특징이다(박동애, 2003). 앞서 언급한 모바일 광고의 쌍방향 특성을 기초로 하여 휴대폰, PDA폰, 노트PC, 무선인터넷 등의 이동통신기기를 선거에 적극적으로 활용하는 것을 모바일 선거라고 말할 수 있다. 우리나라의 경우에는 2002년 16대 대통령 선거에서부터 다양한 콘텐츠 서비스와 기능이 강화된 휴대전화를 매개로 하는 선거운동의 양상이 나타나기 시작했다. 최근 각광받고 있는 휴대전화 서비스로는 같은 휴대전화 서비스라도 기존의 SMS와는 달리 사진과 메시지, 음향, 동영상 등의 많은 정보를 동시에 신속하게 전송해주는 MMS는 1인 미디어이다. 이는 가장 접근성이 높은 효과적인 매체로서 이동성과 장소의 제한 없이 활용 가능하다는 특징으로 인해 새로운 정치광고 매체로서 주목 받을 수 있을 것이다. 본 장의 가장 핵심적인 내용은 모바일 광고라는 것을 매개로 하여 정치광고로의 접근을 통해 모바일 광고의 형식을 단순히 상품 정보만을 광고하는 매개물이 아닌 유권자에게 후보자에 대한 태도나 이미지 등의 실질적인 정보를 파악케 하여 올바르고 건전한 국민적 함의를 얻어낼 수 있도록 하는 것이다.

다음은 인터넷 광고와 전통적 매체 광고와의 비용-대비 효율성 비교(〈표 11-1〉)와 인터넷 정치광고의 효율성과 문제점(〈표 11-2〉)를 살펴 보고자 한다.

〈표 11-1〉 인터넷 광고와 전통적 매체 광고와의 비용대비 효율성 비교

구 분	도달범위	선택성	피드백	정보보유 능력	비 용
신문광고	높다	중간	낮다	중간	높다
TV광고	매우 높다	매우 낮다	매우 낮다	낮다	중간
인터넷 광고	매우 높다	높다	매우 낮다	매우 높다	매우 낮다

〈표 11-2〉 인터넷 정치광고의 효용과 문제점

구분	효 용	문제점
내용	① 쌍방향 커뮤니케이션 미디어라는 장점 ② 타깃광고, 맞춤광고 통한 직접 마케팅 가능 ③ 전 국민을 대상으로 가능 ④ 정보제공의 무제한성 ⑤ 선거운동 기간 동안 24시간 제약이 없음 ⑥ 멀티미디어적 요소 사용으로 보다 효과적인 전달 가능	① 허용되는 정치광고와 규제되는 내용에 관한 세부 규정이 필요 ② 허위·비방·과대광고 시 파급력에서 오는 부작용이 큼 ③ 정치광고 유치를 위한 인터넷 언론사의 개인 정보 제공 가능성 ④ 정확한 도달률과 효과 검증이 아직 미흡 ⑤ 광고의 강제성으로 인한 이용자들의 불편 ⑥ 바로가기 생성이나 해킹 툴 설치 등 인터넷 공해 문제 ⑦ 콘텐츠의 강화와 접근성 확보가 이루어지지 않을 때 이미지 선거로만 흐를 가능성

2. 사이버 정치

1) 사이버 정치의 긍정적 측면

사이버 정치의 등장은 현행 지배적인 정치 체제인 대의민주주의를 크게 변화시킬 것으로 예상된다. 대의민주주의는 사회 규모가 확대되고, 일반 시민들이 시공간의 제약으로 인해 정치에 직접 참여할 수 없는 데서 오는 불가피한 선택이었다. 어쩔 수 없이 선택하였다고는 하나 대의민주주의가 그 한계에 도달했다는 평가를 받고 있다. 무엇보다도 국민들의 정치로부터의 소외로 인한 대표성의 문제가 가장 큰 문제이다. 일찍이 토플러(Toffler), 나이스비트(Naisbitt), 마스다(Masuda) 등의 정보사회론자들은 산업사회의 대의민주주의가 정보사회에서는 새로운 형태의 참여민주주의로 변화할 것이라는 낙관적인 전망을 하였다. 이들은 대표성의 문제를 둘러싼 대의민주주의의 한계가 정보통신 기술 혁

명을 통해 해소됨으로써 직접민주주의의 이상이 실현될 수 있는 가능성이 열리게 될 것이라고 주장하였다. 그럼 사이버 정치가 가져올 긍정적인 변화에 대해 살펴본다. ① 공중 참여의 증가, ② 자유로운 의사표시, ③ 사이버 투표, ④ 고비용 저효율 정치의 대안, ⑤ 선거캠페인의 변화, ⑥ 미디어의 조작이 불가능, ⑦ 정치 문화의 변화 등이다.

2) 사이버 정치의 부정적 측면

분명 사이버 정치는 여러 긍정적인 측면을 지니고 있다. 그러나 사이버 정치는 동시에 어두운 측면도 갖고 있다. 따라서 사이버 정치의 미래가 반드시 낙관적이지만은 않은 것 또한 사실이다. 결국 사이버 정치가 나아가야 할 바람직한 방향을 알기 위해서는 문제점과 한계를 살펴보아야만 한다.

첫째, 정치 참여의 확대가 어렵다. 둘째, 디지털 디바이드, 셋째, 인터넷의 안전 문제, 넷째, 사이버 테러, 다섯째, 사이버 투표의 안전성, 여섯째, 다수의 횡포와 부익부빈익빈, 일곱째, 여론 조작과 분열, 여덟째, 과다민주주의에 대한 우려, 아홉째, 투표 교환 문제 등이 유발된다.

3) 사이버 정치의 선거 방향

앞으로 사이버 정치는 지금까지 살펴본 긍정적인 측면을 최대화시키고 부정적인 측면들을 최소화시키는 방향으로 나아가야 한다. 그러기 위해서는 지금보다 월등한 정보통신기술의 개발이 요구된다. 그러나 다행히 머지않아 사이버 정치의 문제점들을 극복할 수 있는 고도의 기술 개발이 가능할 것으로 점쳐진다. 고도의 기술 개발만 가지고는 사이버 정치의 앞날이 보장되지 않는다. 민주주의가 제대로 기능하기 위해서는 충분하고도 정확한 정보제공 환경이 마련되어야 한다. 그러나 무엇보다도 중요한 것은 시민들이 정치에 얼마나 적극적으로 참여하느냐다. 사이버 정치는 저비용 정치만을 보장해주지 결코 고효율 정치를 담보하지는 않는다. 어디까지나 고효율 문제는 시민들의 몫으로 남게 된다(권혁남, 2000). 사이버 선거의 하이라이트는 역시 온라인 투표다. 대부분의 사람들이 온라인 투표의 효율성과 필요성을 인정하지만 선거 과정과 선거 후에 있을 안정성과 비밀성 때문에 논쟁이 되고 있다. 그러나 많은 기술적이고 법적인 문제들이 해결되고 있기 때문에 이제 온라인 투표는 방법의 문제가 아니라 시간의 문제다. 세계 각국에서 온라인 투표가 어떻게 준비되고 있는지를 알아본다. 2001년 6월 영국 총선의 투표율이 1차 대전 이후 최악의 기록인 60%에 불과하자, 투표율 제고를 위한 고육책으로 이 같은 방안이 마련되고 있다. 영국 선거관리위원회는 한 보고서를 통해 "지난 총선에서 제기된 가장 중요한 문제는 저조한 투표율을 올려야 한다는 것"이라며 "투표방법의 전면적인 재검토가 핵심적인 방안 중 하나"라고 밝혔다. 이에 따라 영국 선거관리위원회가 투표율을 제고하기 위해 전화나 인터넷을 통한 투표제를 조만간 도입하는 방안을 검토 중이라고 밝혔다(한겨레신문, 2001년 7월 25일). 한편 지난 2000년 미국 대통령 선거 당시 애리조나 주는 예비 선거에서 온라인 투표를 실시한 바 있다. 개별 코드를 받아 인터넷망을 이용, 지지 후보를 표시하면 된다. 미국에서 가장 많은 유권자가 거주하는 캘리포니아 주를 비롯해 플로리다 주, 아이오와 주, 워싱턴 주 등이 전자투표를 추진 중이다. 전자투표가 실시되면 정치판이 많이 뒤바뀔 것으로 예상된다. 텔레비전이 등장했을 때 뛰어난 언변과 잘생긴 외모가 유권자에 영향을 미쳤듯이 전자투표 시행 시에는 네티즌에게 호감 가는 인물이 많은 점수를 딸 것이다. 실제로 공화당 예비후보로 나섰던 흑인 라디오 토크쇼 사회자 출신의 앨런 키즈는 일반 여론조사보다 인터넷 조사에서 지지도가 더 높았다(세계일보, 2000.1.5). 2004년 스위스에서 세계 최초로 인터넷을 통한 전국 단위의 투표가 실시됐다. 9월 26일 스위스 국민투표에서 이뤄진 전자투표는 법적 구속력을 가진 세계 최초라는 의의가 있으며 개표에 걸린 시간은 불과 13분 5초였다고 한다. 투표는 전자투표 희망자들이 16자리의 ID와 4자리의 암호를 부여받은 다음 제네바 칸톤 당국이 특별히 마련한 웹사이트에 접속해 온라인 투표용지를 받아 암호와 출생일, 그리고 법안에 대한 찬반여부를 입력하는 방식으로 진행되었다(연합뉴스, 2004.9.27). 뉴질랜드에서는 2007년에 실시된 총선에서 온라인 투표를 실시하였다. 이런 맥락에서 한국의 사이버 정치는 빠르게 진행되고 있다. 즉 2012년 1월 13일 중앙선거관리위원회에서 인터넷 SNS선거운동을 전면 허용하였다.

3. SNS가 대통령을 만드는 시대

1948년 라자스펠드(Larzasfeld)는 대통령 선거를 배경으로 '국민의 선택(the people's choice)' 연구를 통해 매스미디어로부터 정보나 영향력이 일단 오피니언 리더를 거쳐 사회집단 내에서 수용자들에게로 전달된다는 효과이론을 제시했다. 그것이 바로 그 유명한

2단계 유통이론(the two-step flow communication theory)이다. 라자스펠드는 사람들의 정치적 태도를 변화시키는 데 매스미디어보다 대인 접촉이 더욱 효과적임을 밝혔고 개인을 다른 사람들과 커뮤니케이션하고 있는 사회적 존재로 보았다. 웹 2.0의 발전으로 대학생, 직장인, 전문가, NGO, 정치인 등 모든 유권자들이 블로그, 소셜 네트워킹 사이트, 마이크로 블로그 등 다양한 소셜미디어를 통해 정책에 대해 이야기를 하고, 자신들의 의견을 적극적으로 공유할 수 있는 커뮤니케이션 이야기를 하고, 자신들의 의견을 적극적으로 공유할 수 있는 커뮤니케이션 환경이 구축되었다. 특히 대통령 선거가 군중을 끌어모으는 대중연설에서 미디어 선거시대로 전환되면서 TV를 통한 이미지는 매우 중요해졌다. 그러나 TV 캠페인 자체가 유권자를 투표장으로 움직이도록 하는 역할까지 하지는 않는다. 대중연설과 매스미디어 캠페인 모두 일방적인 메시지 전달이라는 한계를 갖고 있기 때문이다. 미국인들은 오바마 대통령을 '세계 최초의 소셜미디어 대통령'이라고 부르고 있다. 페이스북의 창설자 크리스 휴지스가 오바마 캠페인의 핵심 멤버로 활동하면서 '대화 커뮤니케이션'이 중요해졌다. 오바마는 정치와 선거에 관심이 낮은 젊은 유권자들과의 관계 구축을 위한 커뮤니케이션 활동 방안을 전개했다. 젊은 유권자들은 항상 온라인상에서 대화를 나누는 현상에 주목하고, 그들과의 관계 구축과 지속적인 커뮤니케이션을 진행했다. 오바마의 공식 사이트인 마이버락오바마닷컴을 온라인 정책 캠페인을 위한 하나의 허브 사이트로 구축하고, 트위터, 플리커, 페이스북, 이메일, 유튜브, 모바일, 블로그, 위젯, 18개의 게임광고 등의 소셜미디어 활용을 통해서 대선 성공을 이끌어 냈다. 2008년 미국 대선에서 소셜미디어에 익숙한 젊은 지지자들은 페이스북과 유튜브 등 온라인을 무대로 오바마를 지지하는 동영상을 올리고, 페이스북, 마이스페이스, 트위터 등의 네트워킹 서비스를 활용해 오바마 후보를 알렸으며, 아이폰용 애플리케이션까지 제작하는 등 적극적인 온라인 유세 활동을 벌였다. 결과는 어떻게 나타났을까? 공식 사이트에는 200만 건의 프로필이 만들어졌고, 20만 개의 이벤트가 계획되었으며, 40만 개의 블로그 포스트가 올려졌고, 3만 5000개의 지지자 그룹이 만들어졌다. 결국, 오바마는 소셜미디어를 통한 커뮤니케이션에서 경쟁 후보인 맥케인을 월등히 압도했다. 검색을 통한 웹트래픽은 2배, 유튜브 동영상 이용자는 4배, 페이스북 친구들은 5배, 온라인 커뮤니케이션 전문가는 10배에 달했다. 이 결과로 오바마 후보에게 후원금을 기부한 사람은 공식적인 숫자만 400만 명이 넘었으며, 자발적으로 이웃집의 대문을 두드려 지지를 호소하는 전화로 투표를 독려하는 등의 유권자 등록 운동에 참여한 모든 오바마 지지자들은 후원금 기부자의 2~3배에 달했다. 2009년 칸 국제광고제에서 오바마 대선 캠페인은 IMC 부문 대상을 차지했다. 대통령 취임 후에도 지지자들의 목소리를 경청하기 위해 도청의 위험에도 불구하고 블랙베리폰을 백악관으로 들고 갔고, 라디오 주례 연설을 유튜브 연설로 진화시켰다. 대선 후보 지지자들이 인터넷을 중심으로 소셜미디어를 활용한 것은 오바마가 아니라 2002년 16대 대통령 후보였던 노무현 전 대통령이 먼저였다. 노무현 후보 자신이 웹서핑을 즐겼다. 인터넷 공간에서 노사모들은 적극적인 활동을 펼쳐 젊은 유권자들을 선거에 참여하도록 만들었다. 이러한 미디어 캠페인 전략의 흐름은 17대에 와서도 이어졌다. 중앙선관위가 집계한 17대 대선 광고비 자료에 의하면 인터넷 광고비가 TV 광고비를 넘어섰다. 이명박 후보는 후보들 중 가장 많은 비용을 인터넷에 썼는데 31개 인터넷 사이트에 32억 원 가까운 비용을 지출했다. 그중 포털의 비중은 83%나 된다. 인터넷의 소셜 네트워크와 이를 통해 이뤄지는 정보 교류 및 여론 형성은 이제 무시할 수 없는 사회현상으로 자리 잡았다. 2009년 중국 위구르우루무치 사태를 가장 먼저 세계에 알린 것은 트위터였고, 2003년 이라크 전쟁의 폭격상황을 가장 생생하고 발 빠르게 전달한 것은 CNN도, 알 자지라도 아닌 "살람팍스"라는 필명의 이라크인 블로거였다. 2008년 인터넷을 통한 사회참여 조사에 의하면 20대 이상의 연령층에서 약 50% 정도가 직·간접적으로 사회에 참여하는 것으로 나타났다. 소셜미디어는 단순히 커뮤니케이션의 방식뿐 아니라 정치를 비롯한 사회 전반에 걸쳐 큰 영향력을 발휘하고 있다(양윤직, 2010).

한편 2012년 11월 19일은 한국의 대통령을 선출한다. 여기 각 당의 대선 주자들이 트위터·페이스북·유튜브·카카오톡 등을 동원해 '뉴미디어 대전(大戰)'으로 진화하는 선거캠페인을 전개하고 있다(중앙SUSNDAY, 2012.8.18~19). SNS 1인 미디어 시대에서 각당 캠프마다 대선 주자들은 수십 명 규모로 뉴미디어 선거 전략을 치르고 있다. 예를 들어 새누리당 박근혜 대선 경선 후보의 지지자들이 올해 만든 인터넷 사이트 '박근혜 미디어(www.ghpark.com)'에 올라와 있는 글이다. SNS(소셜 네트워크 서비스)에서 후보 지지 글과 영상을 공유하는 것이 후보에게 도움이 된다며 그런 활동을 '미디어 기부'로 표현했다. "한 번의 클릭, 한 줄의 댓글이 세상을 바꾼다."가 모토다. 이런 독려 덕분인지 박 후보의 2012년 8월 3일 충청권 합동연설회 영상은 보름 만에 41만3801명의 트위터러에게 노출됐다. 민주통합당 문재인 대선 경선 후보 측은 주요 SNS 계정만 9개다. 그중엔 핀터레스트(Pinterest)·플리커(Flickr)·인스타그램(Instagram)·비메오(Vimeo) 등 일반인들에겐 생소한 SNS도 포함돼 있다. 문용식 캠프 디지털캠페인 본부장은 "다양한 유저(user)에게 발 빠르게 다가가기 위해 글로벌한 플랫폼을 모두 시도 중"이라고 설명했다. 2012년 8월 18일 문 후보의 핀터레스트엔 젊은 시절 아내와 찍은 사진이, 비메오엔 춤추는 동영상이 등록돼 있다. 대선 주자들 스마트폰 앱·인터넷 방송 운영으로 2012년 12·19 대선은 'SNS·뉴미디어 대전(大戰)'이라고 할 수 있다. 캠프마다 많게는 수십 명으로 구성된 SNS 전담팀이 있다. 외곽 지지 조직도 SNS로 뭉친다. 대선 경선을 오픈프라이머리(완전 국민 참여 경선)로 치르는 민주통합당에서 뉴미디어 캠페인이 좀 더 뜨겁다(표 참조). 일반 여론 지지율이 경선에 큰 영향을 미치는 데다 '안철수 바람'을 극복하고 지지자를 확보해야 하기 때문이다. 이들에게 트위터·페이스북·유튜브·카카오톡 사용은 '필수'다. '나꼼수(나는 꼼수다)' 영향 탓인지 '팟캐스트'(인터넷 방송)도 빠지지 않는다. '문재인TV'·'손학규TV'·'김두관 TV-오빠만 보면 두관두관'·'정세균의 옥상 토크' 등이다. 스마트폰 앱(애플리케이션)에도 열성이다. 문재인 캠프는 지지자들이 모바일 커뮤니티에서 소통할 수 있는 앱 '문톡'을, 김두관 캠프는 앱 '시대교체 김두관'을 만들었다. 손학규 캠프는 인터넷과 스마트폰 앱으로 접근할 수 있는 '위키폴리시'를 운영 중이다. 위키피디아(Wikipedia)와 정책(Policy)의 합성어로 누구든 정책을 제안할 수 있게 했다. 벨소리·컬러링 서비스도 한다. 민중가요 1세대인 박치음 씨가 '저녁이 있는 삶'이란 노래를 만들자 손학규 캠프는 원곡·발라드·랩버전을 스마트폰별 앱으로 내려받게 했다. 새로운 방식의 캠페인엔 인적 자원이 총동원된다. 손학규 캠프는 20~30대로 구성된 청년멘토단 '내일을 여는 친구들(내여친)'로부터 아이디어를 얻는다. 김경록 캠프 특보는 "젊은이들이 '저녁이 있는 삶 갖기 운동'을 벌이거나 호프집 미팅 아이디어를 제안하는데 후보의 딱딱한 이미지를 쇄신하고 지지자를 모으는 데 효과가 크다."라고 전했다. 문재인 캠프는 2002년 대선 때 인터넷에서 노무현 바람을 일으킨 노사모 회원의 다수가 우군이다. 또 2012년 8월 19일 국회에서 '대국민 협업 프로젝트 시민 블로거 회견'을 연다. SNS·홈페이지 등을 운영하면 누구나 참여할 수 있다는 콘셉트로 SNS의 영향력을 높이기 위한 행사다. 전통적으로 뉴미디어에 약한 보수 진영도 올해 대선에선 대반격을

〈표 11-3〉 대선 후보자들의 SNS 현황

박근혜	싸이월드·트위터·페이스북(친근혜) 유튜브·카카오스토리(ghstory) 박근혜 미디어·유스트림·플리커
문재인	트위터·페이스북·페이스북2(재외국민 선거운동본부용)·미투데이·유튜브·핀터레스트·비메오·플리커·인스타그램·문재인TV·아이폰용 앱(문톡)
손학규	트위터·페이스북·카카오톡·위기폴리시·손학교 TV·컬러링
김두관	싸이월드·트위터·페이스북·스마트폰 앱(시대교체 김두관) 김두관TV(오빠만 보면 두관두관)
정세균	트위터·페이스북·미투데이 유튜브·비메오(옥상토크)
박준영	싸이월드·트위터·페이스북

*안철수 서울대 교수 측은 공식 선거운동 개시 안 함 (2012.8.21현재)
출처 : 중앙SUNDAY, 2012.8.18~19, News 5)

노린다. 박근혜 후보는 싸이월드·트위터·페이스북(친근혜)·유튜브·카카오스토리(ghstory)

외에 '박근혜 미디어'와 박근혜 공식 라이브 채널을 표방하는 '유스트림', 사진 공유 프로그램 '플리커' 등을 사용하고 있다. 변추석 캠프 미디어홍보본부장은 "뉴미디어는 젊은 세대에게 접근할 수 있는 중요한 수단"이라며 "경선이 끝나는 대로 감성·재미를 담은 내용을 선보일 것"이라고 말했다. 110여 개가 넘는 박근혜 후보 측 풀뿌리 지지 조직들도 2007년부터 SNS 영향력을 확장하기 위해 힘써왔다. 인터넷 회원이 6만여 명인 '박사모'는 2012년 8월 15일 전국 정기모임을 열어 선거전략을 논의했다. 정광용 박사모 회장은 "이젠 오프라인 운동보다 SNS가 선거운동의 가장 큰 도구"라며 "SNS팀을 만들기 위해 수차례 전국을 다녀 좌파보다 훨씬 강력한 무기를 갖게 됐다."라고 주장했다. 보수와 진보를 막론하고 캠프마다 뉴 캠페인에 적극적인 것은 선거판에서 SNS와 뉴미디어의 위력이 커졌기 때문이다. SNS는 2010년 지방선거와 올해 총선에서 2040세대의 투표율을 올리고 이슈를 빠르게 확산시켰다. 4·11 총선 때 서울 지역의 20대 투표율은 64.1%에 달했다. 예년 총선이나 전국 평균보다 훨씬 높은 수치인데, "서울에 SNS 이용자가 많기 때문"으로 분석됐다. 게다가 대선에선 모든 국민이 공유하는 큰 이슈가 쟁점이 된다. 지역별 이슈로 싸우는 총선이나 지방선거보다 SNS의 역할 공간은 더 커진다. 스마트폰이 널리 보급된 것도 새로운 선거캠페인이 확산되는 계기가 됐다. 스마트폰에 힘입어 SNS는 2040세대뿐 아니라 5060세대로 확산된다. 법적 장벽도 사라졌다. 2011년 12월 헌법재판소는 "SNS선거운동 금지는 위헌"이라고 결정했다. SNS 이용자의 연령·정치 편향은 한계이다. 하지만 뉴미디어로 몰려가는 선거캠페인의 변화엔 우려의 목소리도 있다. 선거판이 파격과 유머 경쟁으로 밀려갈 수 있다는 점에서다. 서울대 사회학과 장덕진 교수는 "오프라인 정치가 SNS의 정치적 에너지를 흡수할 필요는 있지만 어차피 SNS 이용자 집단이 연령과 정치 편향을 갖고 있음을 잊어선 안 된다."라고 지적했다. 단순한 홍보보다 "SNS 사용자 집단이 공감할 수 있는 정책과 비전을 갖고 소통하는 게 효과가 크다."라고도 했다. SNS의 정보 유통 속도가 빠른 만큼 선거전이 본격화되면 근거 없는 정보나 흑색선전이 난무할 수 있다는 우려도 나온다. 출마 선언을 하지도 않은 안철수 서울대 교수 측은 안 교수의 측근인 금태섭 변호사가 2012년 8월 14일 자신의 페이스북에 네거티브 대응용으로 '진실의 친구들'이란 페이지를 만들었다. 소셜미디어 전략연구소 배운철 대표는 "SNS상에서 실수하거나 거짓 정보를 전달하다 들통나면 오히려 부정적인 영향력이 걷잡을 수 없이 확대돼 부메랑이 될 수 있다"며 "SNS상에선 진정성 있는 커뮤니케이션이 중요하다"고 강조했다(중앙 SUNDAY, 2012. 8.18~19).

〈그림 11-1〉 대선 수보자들의 뉴미디어 홍보 장면

박근혜 중계 채널 '유스트림'에 올라온 박 후보의 첫 국회 본회의장 연설 모습.

동영상 사이트 '비메오'에는 문재인 후보가 명동에서 춤추는 영상이 있다.

손학규 TV에서 손 후보가 '저녁이 있는 삶' 노래를 부르고 있다.

김두관 TV에는 김 후보가 번지 점프하는 모습이 담겨있다.

출처 : 중앙SUNDAY, 2012.8.18~19, News 5

politics

Advertising

제 12 장

외국 정치광고홍보

1. 외국의 정치광고홍보 발달사

미국의 경우 정치광고홍보를 위한 방송시간과 신문지면의 구매에 대해 어떠한 제한도 없으며, 다만 이를 구매할 수 있는 재정적 능력에 의해서만 제한받는다. 따라서 정치광고를 제품광고와 마찬가지로 아주 당연한 현상으로 간주한다. 그러나 미국 이외의 다른 국가의 정치광고에 매스미디어를 사용하는 것은 미국의 상업적 원리가 지배하고 있지만 대부분의 국가에서는 미디어체계 외 정치체제의 상호작용 효과에 의해 제한받는다.

2. 미국의 정치광고홍보 발달사

정치의 원조는 그리스나 영국이지만 정치가 상업적으로 관련된 정치는 미국에서 시작되고 그 발달이 미국이 중심이 되었다고 할 수 있다. 이 점에서 정치광고의 역사를 미국적 관점에서 살펴 볼 수 있다. 예컨대 유권자 접대, 캠페인송, 횃불행진 등이다(Jamieson, 1988). 미국의 역사상 최초 경쟁적인 선거는 1796년 상대후보를 무력화시킨 신문을 통한 논쟁(polemics)이었다. 1828년 선거부터는 미국전역에 걸친 유권자 성향분석이 분석되었고, 이중 신문매체가 특정후보와 특정 성향의 유권자를 연결시켜주는 가장 중요한 매체가 되었다(Jamieson, 1988). 또한 1840년까지 미국전역에 걸쳐 정당조직이 구성되었고, 유권자의 관심과 참여 증가가 극적으로 증가되어 정치광고 출현의 풍부한 토양을 제공하였다(Chambers, 1963). 대통령 후보였던 윌리엄 해리슨(William H. Harrison)의 선거 캠페인은 정치광고 역사상 처음으로 체계적이고 다양한 이미지광고를 통한 시리즈광고를 사용하였다(탁진영, 1999). 1928년에는 라디오가 본격적인 정치광고 매체로 이용되었다. 그리고 1948년에 드디어 텔레비전 정치광고가 최초로 이용되면서 본격적인 정치광고가 활발하게 전개되었다. 미국에서 텔레비전 정치광고가 최초로 이용된 것은 1948년 대통령 선거캠페인이다. 하지만, 당시는 초창기의 라디오처럼 텔레비전의 전국적 네트워크가 형성되지 않아서 전국의 유권자를 대상으로 할 수 없었기 때문에 효과면에서 그리 대단하지 않았다. 하지만 우리가 '정치커뮤니케이션' 시간에 시청할 수 있었던 1952년 아이젠하워 대통령 선거부터 텔레비전이 본격적으로 대통령 선거캠페인의 중요한 도구가 되었다. 그

후 점차 텔레비전 정치광고가 선거캠페인에서 차지하는 비중이 증가하여서, 최근엔 대부분의 후보들이 캠페인 예산의 65% 이상을 텔레비전 정치광고에 투자하고 있다고 한다. 19세기 미국 선거는 정당 주도로 치러졌고, 신문 매체 활용이 주도적이었다. 정당에 대한 충성심이 높았으며 투표율도 상당한 수준이었다. 1948년까지도 미국 몇몇 신문들은 지지하지 않는 후보의 정치광고 게재를 거부하였다(Redding, 1958). 1850년 미국의 통계를 보면 5%의 신문만이 정치적으로 중립적이고 독립적이었다(Mott, 1962). 중립적인 위치에서 객관적인 보도를 하는 신문이 없어 특정신문을 구독하는 유권자는 다른 후보자의 이슈나 정책을 평가하기가 어려웠다. 그리고 정치가나 후보자는 신문지면을 사서 정치광고를 행하였다. 미국의 투표권은 성별, 인종, 재산, 종교 등의 엄격한 기준이 적용됨으로써 소수의 제한된 전체 인구의 6%에 불과한 사람만이 투표권을 행사할 수 있었다. 심지어 19세기 중반까지 대통령 후보자마저도 공개적 장소에서 쟁점사항을 논의하는 것이 금기되었다. 19세기 말 대통령 선거의 투표율이 75~85%에 이르러 최근의 투표율인 50% 안팎과는 상당한 차이를 보였다(Burnham, 1982). 따라서 소수의 유권자를 대상으로 삼는 밴드, 깃발, 현수막, 배지, 옥외연설 등의 캠페인 수단에서 투표권을 가진 유권자를 대상으로 하는 정치광고의 필요성이 대두되었다. 이때 라디오가 최초의 정치적인 선거캠페인을 위해 이용된 것은 1924년 대통령 선거에서부터이다. 1928년에는 전국 네트워크가 형성되어 대통령 선거에서부터 본격적으로 정치광고의 매체가 등장하였다. 즉 유권자들은 공회당으로 불러모아 정치연설을 행하는 것에서 탈피하여 수백만의 유권자들을 편안하게 거실에서 청취할 수 있는 라디오 보급이 선거캠페인의 전기를 마련하였다. 이는 유권자들과 정치지도자들 간에 시공간을 초월한 역할을 수행하였다. 이는 오늘날 SNS 정도의 파격적인 효과였다. 루즈벨트(F.D. Roosevelt)는 당시로는 새로운 매체인 라디오를 정치적 목적으로 가장 효과적으로 이용하였다. 1896년 대통령 선거캠페인에서 바렌(W.J. Bryan)은 100일 동안 500만의 유권자들을 접촉하기 위해 18,000마일을 이동하여 27개 주에서 600회 이상의 정치연설을 행하였지만, 루즈벨트는 자기 서재에서 라디오를 활용하여 6,000명의 사람과 접촉하게 되었다. 1930년대 경제공황에서부터 미국 국민에게 희망과 용기를 불어넣어준 것이 그의 노변담화(fireside chat)[11]라는 정기적 라디오 프로그램이었다. 이런 라디오의 역할과 병행하여 1927년 '영화관 상영뉴스(Newsreels)'도 상당한 발전을 이룩하였다. 전성기는 일주일에 4,000만 극장에서 상영하기도 하였다. 선거의 규모가 클수

---

11) 노변담화(爐邊談話, fireside chat): 화롯가에 둘러앉아 서로 부드럽게 주고받는 세상(世上) 이야기를 하는 식의 담화이다.

록 텔레비전 의존도는 높다. 1948년 미국 대통령 선거캠페인에서 최초로 텔레비전 정치
광고를 활용한 사람은 해리 트루먼(Harry Truman)이다. 이때 TV 보급률은 3%에 불과하
였다. 1952년 아이젠하워(Eisenhower)가 텔레비전 정치광고를 시도할 때는 미국의 TV
보급률이 45%로 대단한 시청률을 높일 수 있는 기회였다. 최근 후보자 3분의 2는 텔레비
전에 의한 광고활용을 한다. 1992년 부시는 전체 자금 4분 3인 4,900만 달러를 사용하였
다. 대부분 정치광고에 투자를 많이 하는 후보가 당선되었다. 제17대 대선에서는 선관위
가 인터넷 공식 채널로 인정한 인터넷 광고 현황에서 살펴볼 수 있다. 이명박 후보는 32개
매체에 31억 8,010만 원을 광고비로 지출했다. 정동영 후보는 33개 매체에 30억 원을, 권
영길 후보는 5개 매체 1억 8,100만 원을 광고비로 지출했다. 또한 인터넷 광고에는 횟수
의 제한을 없게 하였다(이명신, 2008). 미국의 50~60년대 텔레비전광고는 시청자에게 직
접 이야기하는 후보자 등장광고(talking head) 등 다양한 형태의 광고유형이 등장하였다.
광고의 길이는 80년대는 30초짜리가 주종을 이루었다. 그러나 30분 분량의 연설문 전기
형(傳記形, biographical ads) 광고와 30분 1시간 분량의 선거 전야 정치광고와 특집 프
로그램에서 2~5분 분량 광고도 있었다. 효율성 측면에서 30초 스폿이 주종을 이루었다.
예를 들어 1980년 레이건의 스폿광고 30초 광고는 55%에 불과하였지만, 1992년 클린턴
의 스폿광고는 97%가 30초 길이였다. 페로는 60초 스폿광고를 시행했다. 오늘날 미국은
30초짜리 TV 스폿광고가 대분이다. 1964년까지 정치광고 전담자는 단순 기술자에 불과
했다. 1968년부터 전체캠페인을 주도하는 전문가와 전문회사 등장했다.

1) 미국 대통령 텔레비전 정치광고(1952~1988)

최근의 유권자들은 정치를 직접 접하는 것이 아니라 매스미디어를 통해서 경험하게 된
다. 매스미디어로부터 우리들은 정치적 심벌을 접하고, 이것을 해석하고 타인과의 상호교
류를 통해 의미를 재생산하고 변화시킨다. 따라서 경쟁력 있는 후보자가 되기 위해서는
각 후보들이 자기의 메시지를 매스미디어를 통하여 일반 대중에게 전달해야 하는 것이다.
정당들이 더 이상 선거에서 결정적인 역할을 수행하지 못하기 때문에 각 후보의 호의적인
이미지가 유권자의 투표결정 과정에서 상당히 중요한 임무를 수행한다는 것이다. 심지어
는 우리가 정치라고 알고 있는 대부분이 매스미디어를 통해 매개되어서 미디어가 정치적
환상을 창조해 내고 그것을 진짜인 것처럼 전달하여 사람들이 진짜처럼 인식하게끔 만들
어 준다는 것이다. 1952년 아이젠하워 대통령 때의 첫 정치광고는 "IKE"라는 아이젠하워

의 애칭을 부르며 시작되는 애니메이션 형식의 광고였는데, 당시에도 선거노래와 친근감에 중점을 두고 있었다는 인상을 받을 수 있었다. 선거노래는 현재 우리나라 총선에도 공모전까지 개최될 정도로 많은 영향을 끼치는 광고 도구로 인식되고 있음을 우리는 익히 알고 있다. 그리고 또 하나의 특징으로 슬로건을 주로 사용하고, 후보자들이 친근한 표정과 말투로 연설하는 화면을 많이 담아낸 것을 들 수 있겠다. 정치광고를 보면서 한편으로 씁쓸했던 것은 초기의 정치광고에서부터 상호비방을 중점으로 하는 내용이 비디오가 끝나는 무렵까지 계속되었던 것이다. 전 대통령의 공약 내지는 정책이 지켜지지 않고, 실패하였음을 내세우며 상호비방 광고는 시작하였다. 이러한 텔레비전 정치광고의 양상은 1988년 때까지 크게 바뀌지 않고 대동소이하였다. 주로 선거가 이뤄질 무렵의 이슈(달 착륙 등)나 국제 정세 등을 이용하는 것도 마찬가지였다. 이러한 정치광고의 문제점으로 많은 사람들이 정치광고가 개인적 매력을 지닌 영화배우 같은 후보자들의 성공을 가져왔다고 걱정을 하였다. 레이건이 대통령으로 당선됨으로써 이러한 견해가 뒷받침되는가 싶었지만, 정치광고는 개인적인 성향이나 이미지만을 강조하는 것은 아니다. 정치광고는 개인적 성향에 기초를 둔 후보자 인식을 유발할 뿐만 아니라, 후보자들이 관심을 가지고 있는 공공의 문제들을 강조하기도 한다고 한다. 선거에서 주로 승리를 가져다주는 것은 후보자의 확고한 정책보다는 유권자에게 전달되는 후보자의 이미지나 미래에 대한 청사진이라고 한다. 정치광고는 그 중요성이 점점 더해져가고 그 영향력도 압도적으로 커지고 있다. 오늘날 선거에 있어 미디어를 이용한 선전이나 광고를 동원하지 않고는 결코 선거에서 이길 수 없을 것이다. 정치광고의 양상은 텔레비전을 넘어서 인터넷 등의 미래형 정보전달 체계를 통해 그 범위가 더욱 광범위해지고 있기도 하다. 문제는 그 광고의 내용일 것이다. 공약(公約)이 아닌 공약(空約)을 앞세우며 과대광고를 하거나 근거 없는 루머로 상대방을 비방하는 광고 풍속은 지양되어야 할 것이다.

2) 1992년과 1996년 미국 대통령 선거

1992년 선거 당시 미국은 걸프전의 승리로 공화당에 매우 유리한 상황이었음에도 무역적자가 계속되고 세금을 올리지 않겠다던 부시의 약속이 깨지면서 '전쟁에 승리해도 경제가 나빠지면 무슨 소용 있냐'라는 틈새 공략으로 맞섰던 클린턴이 백악관의 주인이 되었다. 1996년 재선의 희망이 어두웠던 클린턴은 정치광고 참모를 기용하여 젊고 진보적인 이미지였던 자신을 중도적 이미지로 탈바꿈하고자 하였다. 정치광고의 주요 메시지는 공화당이 집권하면 극우 보수파가 득세하여 노인들과 병약자의 방치, 아이들 교육의 피폐화가 일어날 것이라는 부정적인 것들이었다. 결국 클린턴은 재선에 성공하였다.

▶ **미국 정치기부금 제도**

현재 미국의 정치관련 사이트 대부분은 웹 사이트의 'contribute, get involved'를 통해 인터넷 기부금을 받고 있다. 미국 정치에도 이익단체에 의한 로비자금, 이른바 소프트 머니(soft money)의 문제가 적지 않으며 한국도 정치자금에 관한 수많은 의혹이 있었던 것에 비추어볼 때 기술적인 문제가 해결될 경우 e-fundraising은 정치의 정당성 문제를 해결하는 데 도움이 될 것으로 예상된다. 정치자금 모금의 투명화와 깨끗한 정치 실현에 도움을 줄 수 있는 하나의 방편으로 적극 도입할 필요가 있다. 국내에서는 맹형규 의원이 최초로 인터넷 사이트를 이용한 정치기부금 모금을 진행하고 있는데 인터넷 모금과 ARS전화모금을 병행하여 실시하고 있다. 이후 깨끗한 정치를 실천하고자 하는 일부 정치인들이 e-fundraising을 사용하고 있다.

한편 미국의 각 주별 전자투표방식 〈표 12-1〉과 미국의 정치 광고비 지출은 〈표 12-2〉와 같다.

〈표 12-1〉 미국의 각 주별 전자투표 방식

국가·도시별	투표 방식	개표 방식
워싱턴 DC, 캘리포니아주 일부	〈펀치카드 방식〉 •투표용지를 펀치카드 식 투표기에 삽입한 후 원하는 후보에 펀치(구멍 뚫음) •기표소에 연습용 기계를 설치, 모의투표 용지로 사전 연습할 수 있도록 하고 있음	•카드 리더기에 의하여 펀치 및 투표지 판독 및 집계
펜실베이니아주 필라델피아시	〈전자식·기계식〉 •대부분 전자식(DRE)을 사용함 투표기에 투표용지를 끼워 넣고, 기표란 위쪽에 설치된 숫자버튼을 눌러 기표 기표와 동시에 집계·저장되고 기표된 투표지는 접어 투표함에 투입 •필라델피아는 기계식(레버 머신), 기계식은 숫자 버튼 대신 레버를 돌려 천공	•전자식의 경우 투표와 동시에 기계 내부에서 자동 집계 •기계식(레버 머신)의 경우 자동집계 기계가 투표기와 연결되어 자동집계되고 있음
버지니아주 페어팩스 카운티 뉴욕주 뉴욕시	〈손가락 터치 방식〉 •선출대상 후보가 모두 기재된 커다란 투표용지를 전자기창에 붙여놓고 원하는 후보란을 손가락으로 터치하면 자동으로 기록 저장됨 * 투·개표가 전자식으로 완전 자동화	•투표가 종료된 후 집계버튼을 누르면 종이테이프에 후보자별 득표수가 자동으로 출력되고 투표상황을 자기디스크에 이중 기록하여 별도 보관하고 있음

〈표 12-2〉 미국의 정치광고비 지출(2004년 3분기 현황)

	Spot TV	Network TV	지역 라디오	신 문	인터넷	합 계
대통령 선거	546.6	24.5	25.5	0.2	4.2	41.5
연방의회 선거	379.4	0	10.5	1.0	1.0	27.1
주지사 선거	350.3	0	53	49.7	2	31.4
합계	1276.3	24.5	89.9	51.0	7.1	100

단위 : 백만달러
출처 : TNS Media Intelligence/CMR 재인용

* 1992년 미국 대통령 선거의 경우, 클린턴이 사용한 30편의 광고 중에서 63%가 공격광고였으며, 부시의 경우는 제작된 24편의 광고 중에서 56%가 공격광고였다. 이렇게 "양 후보가 긍정적 광고보다 부정적 광고를 많이 제작하게 된 것과, 특히 대통령 후보가 긍정 및 부정광고를 50/50 비율로 방영토록 하는 것은 대통령 선거캠페인 시에 부정적 광고가 강조되고 있다는 것에 대한 높은 수위표(watermark)"라고 Devlin은 지적하고 있다(Devlin, 1993).
출처 : Devlin, L. P.(1993) "Contrasts in presidential campaign commercials of 1992", American Behavioral Scientist, 37, pp.272-290.

3. 세계 각국 정치광고홍보 발달사

세계 각국은 선진 미국의 정치 선거캠페인의 미국화 경향(Americanization)을 받고 있다. 세계 각국은 미국의 정치 기술적 영향을 많이 받고 있다. 기술의 발전은 미디어의 전문가가 증가함으로써 선거기능을 변화시키고 있다. 즉 여론조사 기술, 광고기법, 전문인력, PR전략에 기초한 캠페인 전략이 구성된다. 미국 캠페인의 스타일인 공격적, 세련됨, 이미지 강조, 광고 의존 및 광고대행사 활용, 마케팅 기술 활용, 비용 증가 등이 유럽국가에 전파되고 있다. 특히 TV매체 등장과 활용은 이를 더욱 활성화시키고 있다. 유료 텔레비전 광고 금지에서 무료 광고가 허용되는 추세에 있다. 영국과 호주는 정치방송의 위력이 약화되고 있지만, 프랑스, 독일, 스웨덴, 노르웨이 등은 강력한 행사로 활용되고 있다. 일본이나 북유럽은 미약한 영향력으로 행사로 활용되고 있다. 정치광고의 문제점은 대통령제와 의원내각제, 대통령과 수상제도에 따라 다르다. 미디어 시스템의 근본적인 차이점이 존재한다. 미국의 미디어체계는 자유시장경제의 원칙대로 운영되고 있다. 전파미디어가 국가 소유로 TV광고는 영향을 미치고 있다.

1) 러시아

〈그림 12-1〉 러시아 푸틴의 정치광고

러시아 푸틴의 정치광고로 당시 러시아 정치 상황을 암시한 비교광고로 해석하고 있다.

1995년 12월 의회선거에 공산당이 참패하였고 그 후 대통령 선거전에서 공산당의 주가노프가 선두를 달리고 옐친의 지지율은 단지 6%에 지나지 않았다. 결국 미국에 도움을 청했고, 공산당의 부활을 원치 않았던 미국에서도 적극적인 도움을 제공하였다. TV 광고를 통해서 공산당을 막을 유일한 대안은 옐친이며, 그는 미국의 클린턴 대통령과 동등한 지위임을 보여주었다. 주가노프와의 TV토론 제안을 거부하고 정치광고로 승부를 건 옐친은 결국 승리하였다. 러시아 정치광고는 2008년 10월 8일 라트비아 리가라트비아 모 정당의 정치광고 현수막이다. 부시를 히틀러로 표현하였다. 〈그림 12-1〉은 미국대통령 부시가 러시아 방문 시 러시아 푸틴의 정치광고이다. 부시 옆에 있는 인물은 푸틴 러시아 전 대통령(총리)이며 광고의 배경은 (러시아의 완승으로 끝나긴 했지만) 러시아와 그루지아 공화국 간의 전쟁을 상징하고 있다.

2) 서유럽

(1) 프랑스

프랑스의 정치체제는 대통령과 수상제도를 채택하고 있다. 대부분의 서유럽 국가들은 많은 정당들이 난립되어있다. 독일과 프랑스는 방송국 사유화가 추진되고 있다. 유럽은 텔레비전 정치광고가 활성화되지 않았기 때문에 신문광고, 벽보, 포스터, 안내책자 등 인쇄매체가 정치광고를 성행되고 있다. 위성과 유선방송 등은 정당에게 무료방송 할당과 후보자의 토론개최에 큰 영향력을 미치고 있다. 무료 정치방송은 유럽에 큰 비중을 차지하고 있다. 영국, 프랑스, 독일은 중앙집중적이고 통일된 캠페인 전략을 구사하고, 정당귀속의식이 희박하다. 선거전략 역할이 선거캠페인을 주도하고 있다. 프랑스의 대통령은 직접선거로 수상은 국회 구성비 결과로 결정된다. 대통령 선거는 7년마다 행해지며, 두 번의 선거를 치른다. 프랑스 방송에 대한 규제는 방송 공공 서비스와 문화적 측면에 역점을 둔다. 1980년대 들어 방송은 경제적 혹은 시장 모델로 변화되었다. 1981년 이래 프랑스 대통령 선거 이래 후보자 추첨에 따라 방송물에 대한 동등한 접근을 보장했다. 1981년 이전

국영 채널에서 후보자 방송시간은 대통령 선거에서 후보자나 정당이 얻은 투표수에 비례
한다. 1988년 미테랑 후보는 다양한 이미지로 구성된 90초짜리 'clips(삽입자료)'를 사용
하여 공식적 무료방송(미국 spots 유사)을 실시했다. 즉, 방송물에 삽입자료 이용, 4초에
서 3분, 후보자의 과거를 빠르게 시각적으로 재현하고 논평을 달았다. 1988년 선거방송은
법에 의해 규정된 5분 또는 15분물이다. 방송물과 삽입자료는 엄격한 규정을 적용하였다.
이는 또한 화자의 얼굴이 등장하거나 후보자의 인터뷰 포맷 프로그램 제작을 유도한다.
프랑스는 포스터상과 후보자의 모습과 슬로건을 혼합하여 캠페인 포맷 이미지 구성을 통
해 사용된다. 쟁점에 대한 후보자의 이미지 기본 틀을 제공하는데, 즉 이야기 및 시퀀스를
설정한다. 프랑스 선거에서 라디오는 텔레비전 정치방송의 소리만을 제공하는 역할을 수
행한다. 모든 유료광고는 공식적인 선거운동 기간 이전에 인쇄광고에 한하여 허용된다.
무료 정치방송은 후보자 토론회만 가능하다. 후보자의 다양한 크기와 색깔 포스터와 선전
벽보는 1차 투표 3주전까지 가능하다(Haiman, 1988).

사례 12-2   미테랑이 대통령으로 선출된 후 파리에 붙은 누드광고 포스터[12]

다음 〈그림 12-2〉는 미테랑이 대통령으로 선출된 후 파리에 붙은 포스터. 9월 2일 윗부분을 벗겠
습니다(좌측 상단). 9월 4일 아랫 부분을 벗겠습니다(중앙). 약속을 지켰으나 뒤로 돌아선 모델
(좌측 하단). 프랑스에서는 사회당을 공격하는 정치광고에 여성 누드가 등장, 관심을 끈 일이 있
다. 1984년 7월 프랑스의 미테랑 대통령은 우파인 파비우스 산업장관을 새 수상에 임명하자 사회
당, 공산당 좌파 연립 정부가 붕괴되는 새로운 국면을 맞게 되었다. 이로써 1981년 5월 발족한 사
회·공산 연립 관계는 청산되었다. 사회당과 공산당의 결별은 미테랑이 우경화 노선으로 경제난
을 극복하고 실추된 유권자의 지지를 회복, 2년 후의 총선에 임하려는 포석으로 분석되었다. 그러
나 미테랑 대통령은 당선 직후부터 이러한 정치적 부담을 안고 출발했다. 그가 1981년 5월 대통
령 선거에서 사회당 후보로 출발해 현직 대통령인 지스카르 데스탱 후보를 누르고 승리한 뒤 얼마
후 파리시에는 괴상한 시리즈 포스터가 나붙어 파리 시민들의 비상한 관심을 끌었다. 첫 번째 포
스터는 "9월 2일 나는 윗부분을 벗겠습니다."라는 굵은 헤드라인과 함께 비키니를 입은 묘령의 아
가씨가 환하게 웃고 있는 모습이 담겨져 있다. 파리 시민들은 흥분 속에서 그 날을 기다렸다. 9월
2일, 새로운 포스터가 나왔는데 정말로 브래지어를 벗어 버리고는 "9월 4일에는 아래 부분도 벗
겠습니다."라는 기막힌 약속을 제시하는 것이었다. 한 차례 약속을 지켰기 때문에 파리 시민들은
그 여자가 정말로 이 약속을 지킬 것인가 모두들 더욱 궁금해 하고 수군거렸다. 결국 그 여자는 약
속을 지켰다. 비록 뒤돌아선 나체의 모습이었지만…. 이 누드 포스터는 시민의 관심을 들끓게 한
것만으로도 충분히 성공한 광고였고, 광고 측면에서 본다면 포스터가 광고에서 아직도 효과적인
매체라는 사실을 입증했다. 그렇다면 도대체 이 광고는 무엇 때문에 행해졌는가? 그 이면에는 프

---

12) Ogilvy, *Ogilvy on Advertising*, 박종세·김명화 공역(서울: 평음사, 1984) 참조

〈그림 12-2〉 프랑스의 사회당을 공격하는 여성의 누드 포스터 정치광고

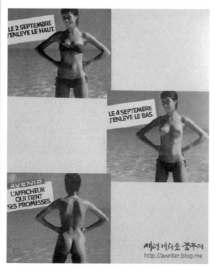

랑스의 정치적 갈등이 내포(connotation)되어 있다. 일단 선거에 승리한 미테랑이 자신이 공약했던 정책들을 현실 정치 속에서 구체적으로 실천하는 데는 숱한 어려움이 뒤따랐다. 야당 시절에 구상한 정책이 권력 쟁취에는 효과적이었으나 직접 실시하기에는 적합지 않음이 드러나기 시작했다. 다시 말하면 사회주의의 계승자 또는 '좌파의 인민' 중에서 뽑힌 사람들이 동시에 현실적인 경제입안자가 될 수 없다는 딜레마였다. 특히 1981년 이전까지 사회당에 매력을 크게 느꼈던 사람들도 막상 미테랑이 집권자가 되어 대권을 장악한 후 현실적인 노선을 따르지 않을 수 없게 되자 실망하고 등을 돌리기 시작한 것이다. 앞서의 묘령의 아가씨가 등장한 포스터 광고는 결국 이 같은 미테랑 사회당 정권을 은유적(metaphor)으로 풍자했다는 것이 세평이었다. 미테랑 사회당 정권이 장미꽃으로 장식된 사회당의 심볼 마크를 내세우며 화려한 약속을 했지만 그도 집권하고 나니 지스카르 데스텡이나 별로 다를 것이 없다는 숨은 뜻이 담겨진 암시적 비교 정치광이다. 또한 제작아이디어(production)의 부정적 공격(negative type ads) 정치광고였던 것이다. 또 미테랑 정권이 국유화 등 거센 반발을 무릅쓰고, 공약했던 정책을 야심적으로 추진했지만 '아래 부분도 벗겠다'라고 약속하고선 뒤로 돌아서 버린, 즉 벗긴 벗었지만 기대했던 약속을 제대로 지키지 않은 아가씨처럼 국민의 기대를 배신했다는 뜻이 담긴 해학 어린 정치광고였다. 이제 정치광고는 선거전략의 일환으로서뿐만 아니라 기존 정치체제를 비판하는 수단으로까지 발전한 것이다. 한편 만년 야당으로 집권 가능성이 거의 확실하던 미테랑이 선거에서 승리하기까지의 과정은 실로 드라마틱한 명승부전을 관전하는 만큼이나 숨막히는 순간을 연출했다. 장미꽃을 로고한 프랑스 사회당의 거의 완벽에 가까운 선거캠페인 전략이 주효한 것이다(박종렬, 청림출판, 1987, pp.328~333).

(2) 영국

영국선거는 선거일 이전의 공식적인 4주간의 캠페인 기간이 아닌 4년에 걸쳐 결정된다. 영국에서도 정당과 공영방송사의 협의에 의거해 무료 정치방송 시간이 주어진다. 영국의 무료 정치방송은 3개의 전국 텔레비전 채널에 동시 방영된다. 이는 모든 유권자를 접촉할 수 있는 유일한 기회이다.

정당 선거방송의 평균 시청률은 주요 저녁시간대 보다 높다. 정당 선거방송은 정당이 전파 독점적인 통제권을 가진다. 정치광고는 신문을 통한 정당정치광고이다. 영국의 보수당과 노동당 모두 선거 막바지에 주로 게재하는 주요 일간지의 전면광고비가 전체 절반이다. 개인의 선거운동비용에 대한 규제는 19세기부터 시행되었다. 광고대행사와 미디어 전

문가를 지정하여, 정치광고와 정치방송 제작에 관여한다. 영국의 보수당의 정치광고는 미국의 정치광고와 흡사하다. 영국은 독일, 프랑스 3개국 중에서 DM에 가장 많은 비용을 지출한다. 영국이 가장 많은 비율의 후보자 포스터를 사용하는 반면 프랑스는 정당포스터를 많이 사용한다. 1992년 4월 총선에서 정치마케팅과 결합한 전문적인 선거캠페인을 전개하는데, 영국은 텔레비전 유료 정치광고를 실행하지 않았다. 방송물 길이와 방영횟수를 별도로 정당 방송의 규제원칙은 없다. 1992년 광고물에서 '뉴스가치'라는 유용성 전략을 추구했다. 영국의 노동당 당수로 총리에 출마한 토니 블레어는 노동당이 가진 급진적 혹은 진보적 색채를 지우고 보수당의 정책을 수용하면서 젊은 이미지를 극대화하는 광고와 함께 클린턴과 실용주의 지도력, 젊은 이미지가 닮았음을 강조하였다. 대처 수상의 강한 이미지에서 헤어나지 못하던 메이저 총리와의 대결에서 토니 블레어의 승리는 이미 예견되어 있었다.

(3) 독일

독일은 신문이나 텔레비전의 영향이 미약하다. 하지만 70년대 이후 군소 정당들이 독일의 ARD 텔레비전 체제 2개의 큰 정당에게 편파적으로 유리하기 때문에 새로운 민간 텔레비전 네트워크를 신설해야 한다고 주장해왔다(Kaese, 1992). 결과적으로 텔레비전의 이중구조가 80년 중반부터 시행되었다. 최근 공영방송을 통한 무료 정치방송이 저녁뉴스가 끝난 직후 편성되었다. 독일은 일정 규제 내에서 정당이 원하는 시간과 장소에서 정치광고가 가능했다. 1990년 총선에서 정당인 CDU와 SPD는 각기 53개 텔레비전 광고를 RTLplus와 SAT1민간방송에 실시했다. 독일에서는 텔레비전 정당 스팟광고가 중요한 캠페인 수단이었다. 정당귀속이 희박한 무소속 유권자, 투표에서 지정 정당 분할하여 투표하는 유권자(Ticket Splitters), 투표당일 결정하는 유권자가 점차 증가한다. 독일에서 선거는 '수정된 비례대표제'로 개별 유권자는 두 개의 투표권 가지고 있다. 첫 번째 투표는 지역구의 정당 후보자를 선출하는 것이고, 두 번째 투표는 유권자의 정당선호를 알아보는 것이다. 큰 정당 후보자는 지역구 선출의 가능성이 큰 두 번째 투표가 중요하다. 모든 정당들은 두 번째 투표의 의미를 강조한다. 대중매체를 통한 정치광고는 거의 정당정치광고일 수밖에 없기 때문에 개별 후보자는 다른 수단의 캠페인 수단을 이용한다. 미국, 프랑스, 영국, 독일을 종합적으로 분석하여 볼 때, 미국과 프랑스는 정치광고에 이슈를 강조한다. 독일은 이미지를 강조한다. 독일과 프랑스는 상대후보 공격보다 자신이나 자기 정당의 후보자 광고에 중점을 둔다. 미국과 독일은 감성적 소구를 추구하고, 프랑스는 이성적 소구를 추구한다. 대다수 광고가 후보자 또는 정당의 이미지보다 쟁점에 주력한다. 광고의 초점은 긍정적 광고 실행이 공통점이다. 정당이 강조하는 내용의 광고는 비율이 낮다. 상당히 낮으며 유일하게 영국이 40% 가까운 비율을 보여주었다. 이러한 경향은 민주주의 체제에서 정당에 대한 강조가 줄어들고 그에 따라 더욱 개인화된 캠페인 체제도 변화하는 것에 정치광고가 기여하고 있음을 보여준 셈이다(탁진영, 1999). 프랑스, 독일은 영국 후보자에 비해 선거방송에서 지배적인 화자로 등장한다. 방송배경과 제작기법에서 프랑스는 공식적인 배경과 정면제시 기법을 많이 사용한다. 프랑스는 선거방송 내용을 엄격하게 통제한다. 제작기법과 관련하여 선거방송에서 특수효과와 다른 비디오 기법이 증가한다. 즉 컴퓨터 그래픽, 이미지 혼합 및 슬로/스톱 모션, 몽타주, 화면합성 기법이 자주 사용된다. 프랑스 정치광고의 삽입자료는 선거방송이라기보다는 미국의 MTV(음악채널) 제작물과 흡사하다. 독일은 텔레비전 정치광고를 정당이 직접 제작하고 그 내용에 책임을 진다. 또한 선거에 등록한 모든 정당은 텔레비전 정치광고 실시에 있어 동등한 기회를 갖는다. 그러나 방송사는 광고에 선거관련 내용이 없거나 형법을 위반할 경우에 한해서 광고를 거부할 수 있다. 독일의 경우 공영방송에서의 정당방송 시간은 무료이지만 민영방송은 방송사의 기본 비용을 상환하는 조건으로 방송시간을 이용할 수 있어 언론의 소유형태에 따라 차이를 보인다. 홀츠-바차와 케이드(Holtz-Bacha & Kaid)는 독일의 유권자는 정치광고를 아주 중요한 선거캠페인 정보원으로 인식하고 있으며, 이러한 효과는 성별과 후보자에 따라 다르다는 연구결과를 제시하였다.

(4) 이탈리아

이탈리아의 경우 텔레비전 정치광고는 공영방송에서는 금지되어 있으나 상업 방송사를 통한 정치광고는 1979년 이후부터 점차 활성화되기 시작하였다. 이러한 선거캠페인 커뮤니케이션의 환경 변화는 1980년대의 상업방송의 성장에서 1992년 총선까지는 어떠한 규제도 받지 않았다. 따라서 정당과 후보자는 재정적 능력이 허용하는 한 많은 방송시간을 구매하여 유권자로부터 지지를 획득하는 효율적인 수단으로 적극 활용하였다. 전통적으로 이탈리아의 미디어 체제는 정치적 기구에 종속되어 왔으며 성당의 정치적 힘은 모든 방송채널에 영향력을 행사하였다. 이는 정당과 후보자의 활발한 방송광고 이용으로 인한 "정당 커뮤니케이션의 미디어화 과정"으로 요약될 수 있다. 마젤레니와 로퍼(Mazzoleni & Roper, 1995)는 이탈리아 정치광고의 소구내용과 유형은 지지후보 유형(현직·도전자)

과 정당(집권당야당)에 따라 차이를 보인다는 연구결과를 제시하였다. 그러나 1992년 총선거 이후에는 텔레비전 유료 정치광고를 완전히 금지시킬 수 있는 정책을 논의중에 있어 다른 서구 민주주의 경향과는 반대의 양상을 띠고 있다.

3) 북유럽

북유럽은 국가마다 독특한 정치와 문화전통을 이어오고 있다. 유럽은 공영텔레비전의 채널도 정당의 광고 구매를 허용하고 있지 않다. 그러나 정치참여의 욕구는 높다. 일반적으로 정치광고는 신문광고가 지배적이다(Moring, 1997). 선거자금에 대한 규제는 엄격하지 않다. 신문에 대한 의존도가 높은 편이다. 정당광고는 주로 신문과 잡지에 한정되고 있다. 그러나 전문 광고에 의뢰한 추세이다. 선거자금의 사용한도에는 규정이 없다. 유료정치광고가 활성화되지 않았다.

(1) 핀란드

핀란드에서는 유선방송 및 라디오를 통한 정치광고를 실시하고 있다. 핀란드는 북유럽 국가 중 최초로 1990년에 라디오 정치광고를 전국의 지상파 텔레비전으로 확대 허용하였다. 상업텔레비전은 오랜 전통을 가지고 있다. 1990년 초 핀란드는 텔레비전 정치광고 시작과 관련 선거방송의 모든 영역 포하고 있다. 이러한 변화는 미국화의 경향으로 요약될 수 있다. 일반적으로 정치광고는 신문광고가 지배적이다(Moring, 1997). 미국화의 경향이 있다.

(2) 덴마크

덴마크는 지역 라디오가 정치광고를 시행하고 있다. 각 정당에 15분씩 무료 방송을 할애하고 있다. 제작비용은 방송사가 부담하고 있다. 국회에 진출하지 못한 군소정당에게도 할애하고 있다. 그럼에도 토론 자체가 큰 역할을 하지 못하고 있다. 모든 사람에게 출판의 권리가 보장되고 있다. 단 방송에는 적용되지 않고 있다. 10개 이상이 복수 정당체 국가이다. 지역 간 사회적·경제적·정치적 차이가 없다. 미디어는 전국채널보다 지역적인 쟁점에 중요역할을 수행하고 있다. 소규모 텔레비전 방송들은 전국채널처럼 규제를 받지 않는다. 북유럽의 어떤 공영 텔레비전 채널도 정당의 광고 구매는 허용하고 있지 않다. 정당, 개별 정치인들이 방송시간을 구매하는 것을 허락하고 있다. 정당들이 무료 혹은 유료 지역 시청자들에게 자신의 정치적 메시지를 방송하기 위해 접근할 수 있는 것이다. 개인보다는 정당이며, 공영방송을 통한 무료 정치방송(특집 프로그램)이 우세하다. 새로운 정당에게도 동등한 접근을 보장하고 있다.

(3) 스웨덴

스웨덴은 광역 유선방송을 통한 정치광고를 시행하고 있다. 한 시간 인터뷰, 한두 개의 이슈에 대한 토론, 투표일 수일 전에 정당지도자 간의 토론을 시행한다. 스웨덴과 노르웨이는 가장 우세한 두 정당 간 토론을 한 번 더 시행한다. 북유럽 국가들은 안정적인 신문 독자를 지지한 유권자로 확보하고 있다.

(4) 네덜란드

네덜란드 정치광고에 대한 브란트스(Brants, 1995)의 연구에 의하면, 네덜란드의 미디어체제는 전통적인 정당과의 정치적 연결 및 공공 서비스 목적을 동시에 추구하는 혼합적 특징의 미디어 체제를 지니며, 정치광고를 위하여 상업방송 채널의 정규방송 시간을 구매하는 것은 불가능하다. 따라서 정치광고 스폰서가 텔레비전 정치광고를 통하여 얻고자 하는 결과를 얻을 수 없는 시장의 한계성을 지니므로 정당의 선거캠페인 예산의 약 절반 정도가 신문과 잡지지면 구매에 사용된다는 연구결과를 제시하였다. 또한 핀란드는 북유럽 국가에서 유일하게 텔레비전 정치광고의 자유로운 구매를 허용하고 있다. 그러나 비례대표제라는 선거제도를 채택하고 있는 정치적 특성으로 인해 선거구에 출마한 후보자 개인의 특성이 강조되며, 대부분의 신문광고는 개별후보에 초점을 비추는 것으로 나타났다. 다만 정당의 이미지를 제고하기 위한 정당광고에 있어서는 텔레비전 정치광고가 신문 정치광고 못지않게 중요한 수단으로 인식되었다. 이는 선거캠페인 과정중 사용된 정치광고에서 이슈를 강조하는가 혹은 이미지를 강조하는가 하는 소구내용이 정치적 특성과도 무관하지 않다는 것을 의미한다.

4) 아시아

(1) 일본

일본은 선거캠페인을 과도하게 규제한다. 공식적인 선거운동 기간, 출판물의 양과 종류 선거비용 규제 엄격, 개인 활동 등을 규제한다. 정당의 선거운동을 보장한다. 정당은 대중매체를 무제한 활용(텔레비전, 라디오, 신문, 잡지 등)한다. 정당은 선거기간 중 정부 보조로 4회씩 신문광고를 할 수 있다. 하지만 개인의 이름은 언급할 수 없다. 정당광고는 정당 지도자나 주요 당직자 그들의 역할에 의거해 광고에 등장할 뿐이다. 개인적인 호소를 게재하는 것은 선거법 저촉이다. 후보자 개인들은 유료광고를 할 수 없다. 대신에 정부는 개인 후보자에게 지정된 규격의 신문광고 5회와 5분짜리의 텔레비전 4회와 30초짜리 라디오 2회를 통한 후보자 연설을 할 수 있는 금액을 보조한다. 방송연설은 공식적인 선거기간 동안 이른 아침과 늦은 저녁에 공동으로 방송된다. 후보자 방송연설에는 여타의 화면이나 찬조연설자의 등장을 허용하지 않는다. 일본의 선거법은 부정적 캠페인을 금지한다. 즉, 후보자에게 상대후보자, 정당, 단체 명예를 훼손하는 것에 대한 과도한 책임을 부과함으로써 부정적 소구를 사전에 차단하고 있다(Curtis, 1992). 후보자를 광고할 수 없다는 규정으로 인하여 대중매체를 캠페인 수단으로 적절히 활용하는 것이 제한 받고 있다. 지역성과 사조직에 의존하는 일본의 선거는 후보자의 과중한 재정적 부담을 안기고 있어 정경유착의 부조리를 잉태하고 있다(Stockwin, 1988). 개별 후보자나 정당의 선거자금 규모를 알지 못한다. 일본의 경우에도 법적 규제의 대상이 되고 있다. 1954년 12월에 개정 공포된 일본의 공직선거법에는 경선 유형에 따른 선거광고 이용범위가 중의원과 참의원, 지방구의원 후보자는 각 1~2회씩, 참의원·전국구의원 후보자는 2~3회씩, 도도부현지사 기타 공직자 선거의 경우에는 1회씩으로 명시되어있다 오늘날 일본의 정치광고에 대한 규제는 이보다는 많이 완화되었지만 신문 정치광고의 유형과 텔레비전 정치광고의 내용 그리고 자금원에 대해서는 여전히 규제적이다. 1994년에 개정된 공직선거법은 공직후보자 신고일로부터 해당 선거 전일까지 선거운동을 허락하고 있다. 신문 정치광고는 후보자 개인광고와 정당광고의 두 가지 유형으로 나뉘어져 있는데, 이들 정치광고에 따른 비용은 공비로 집행할 수 있다. 이에 비해 텔레비전 정치광고는 사전 선거운동의 성격을 띠지 않는 한 자유롭게 실시할 수 있도록 규정하고 있다. 한국과 일본은 선거운동 기간과 비 선거운동 기간으로 구분하여 정치광고를 이용한 선거운동을 엄격히 규제하고 있다. 한국 및 일본의 경우와 같은 규제적 상황은 상업성의 원리가 지배하는 미국과 대조적이다. 미국의 경우 1934년에 제정된 연방커뮤니케이션법은 공직 선거에 출마한 후보자들에게 동등한 시간을 판매하도록 규정하고 있어 재정적 능력이 허락하는 한 정치광고를 위한 방송시간과 신문지면을 마음대로 구매할 수 있다. 이처럼 정치광고를 둘러싼 환경은 국가에 따라 차이를 보이고 있음을 알 수 있다.

(2) 인도, 태국

인도의 정치광고는 영국제도를 많이 모방하고 있다. 공식적인 선거운동 기간은 3주로 정해져 있지만 실제적인 기간은 오랜 기간 동안 지속된다. 텔레비전과 라디오는 정부가 독점, 선거에 미치는 영향이 미진하다. 텔레비전의 낮은 보급률과 난시청이 많아 선거에 큰 영향을 주지 못한다. 언론 매체나 통계치는 정부가 너무 편파적이어서 많은 국민들로부터 외면당하고 있다. 신문에 대한 의존도가 상당히 높다. 정론지적인 상업신문을 유권자들은 공정한 것으로 인식하고 있다. 유권자 중 약 3분의 2 가량이 문맹자이며, 늦은 도시화 진척으로 시골보급률은 미비하다. 후보자는 대중집회를 통한 유권자의 직접적인 접촉을 가장 효과적인 캠페인 수단으로 생각하고 있다(100인치 대형 이동 TV수상기 동원 등). 선거자금 한도가 유명무실하다. 집권 여당의 프리미엄는 상상초월이다. 1984년 이래 신문 정치광고 의존도가 증가추세이다. 국영 텔레비전인 도어다스한(Doordarshan)은 성격상 유료 정치광고 허용할 수 없고 정당에 대한 무료 정치방송을 시행하고 있다. 텔레비전이 정치목적으로 본격적으로 사용된 1990년부터 정당 지도자간의 TV토론이 가능해졌다. 인도는 선진국들에 비해 많은 정당이 난립하고 있으며, 전국적인 4개의 정당 이외에 약 8천 개의 지역정당들이 활동하고 있다. 또한 투표가 의무적이지 않기 때문에 투표율은 상당히 저조한 편이다. 〈그림 12-3〉처럼 태국의 정치광고는 태국의 상업광고와 마찬가지로 현실에 안주하는 편을 선호하는 태국의 문화가 광고에도 그대로 반영된다. 태국의 광고 대부분이 유머광고다. 태국은 전파광고가 대부분인데, 한 편의 코미디처럼 유쾌한 광고가 재미있다. 많은 전파광고가 태국어를 모르는 사람까지도 웃음 짓게 만든다. 광고의 대부분은 스토리가 간결하고 뇌리에 오래 남으며, 수십 번을 봐도 지루하지 않다. 태국에는 시리즈광고가 많은데, 텔레비전에 방영될 때는 우리나라와 마찬가지로 15초 단위로 편집한다. 태국의 정치광고도 유머스럽다. 태국은 갈등의 정도가 크지 않아서 TV광고에 각 지역에 대한 이미지를 노골적으로 이용해도 별다른 비판을 받지 않는다. 더 나아가 특정 상품의 판매나 할인 행사 등을 일부 지역에 한정해 실시하는 경우도 있다. 태국 광고시장의 규모와 발전 정도는 경제 규모와 일치한다. 광고를 송출하는 데서 최고가를 자랑하는 태국 채널7 방송사의

〈그림 12-3〉 태국 정치광고

프라임타임 광고료는 우리나라 MBC 월화드라마 광고료의 3분의 1 정도다. 태국은 디지털 매체 사용률이 증가 추세이다. 태국은 아시아에서 인터넷 사용률이 10위권 내에 들고 있다. 방콕의 경우, 방콕 시민의 64%인 약 1315만 명이 인터넷을 사용하고 있다. 태국의 정치광고도 이런 미디어 환경에서 상업광고와 같은 맥락에서 제작되고 있다.

5) 오세아니아

(1) 호주와 뉴질랜드

호주와 뉴질랜드가 다른 나라에 비해 색다른 점은 유권자에게 의무적으로 투표에 참가하도록 한다는 것이다. 호주는 투표가 의무적이다. 뉴질랜드는 투표등록은 의무적이지만 두 나라 비슷한 투표율을 보이고 있다. 선거는 전파매체에 의해 주도되고 선거전략들의 역할이 증가하고 있다. 미국식 형태의 선거캠페인을 수용하고 있다. 텔레비전 정치광고 선거가 차지하는 비율이 높다. 텔레비전 보급률이 높다. 두 나라 모두 텔레비전 정치방송을 허용하고 있다. 1972년 이후 양국 선거캠페인은 중앙에 의해 통제되고 전문성을 강조하고 있다. 보다 구체적으로 설명하면 선거기간이 길고, 선거비용이 증대되고 있으며, 여론조사 확대실시 등 정치광고의 시행이 증가하고 있다. 뉴질랜드는 전파매체에 대한 규제 시행으로 캠페인 예산 10%만이 텔레비전 광고에 투자되고 절반은 신문광고에 쓰여지며, 호주는 예산의 반반이 텔레비전과 신문광고에 쓰인다. 선거자금에 대한 정부규제나 제한은 거의 없다. 뉴질랜드에서 후보자에게만 선거비용의 한도를 규정하고 있지만, 별로 엄격하게 시행되지 않고 있다(탁진영, 1999).

(2) 호주

호주에서는 보수당이 1920ㄴ년대 선거에서 벌써 영화가 정치적 선전을 위한 목적으로 사용되었다(탁진영, 1999). 60년 초반부터 텔레비전 정치광고가 이루어졌다. 1966년 후보자를 직접적인 홍보대상으로 삼은 광고가 출현하였다. 1972년 본격적인 정치광고 실현 - 'It's Time'이미지 광고가 탄생했다. 1975년 체계적인 부정광고가 출현하였다. 1977년에 전략적 수단으로 등장하였다. 의원내각제를 채택한 호주는 정당의 채널을 통하여 모든 집행이 이루어진다. 1972년 정당지도자를 강조한 선거유형이 변모하였다. 1984년 이후 정치자금의 모금이 합법화됨으로 재력이 약한 후보자도 공정한 선거를 치르게 되었다. 1980년대 들어와서 호주는 동원 가능한 모든 캠페인 수단을 이용하고 있다. 그중에도 텔레비전에 대한 의존도는 급격한 증가를 이루고 있다. 호주에서는 '선거의 공평성'(미국은 '표현의 자유') 차원에서의 규제 시도, 1980년 'Wealth Tax'라는 부정적 광고의 영향으로 법정까지 가게 되었다. 1983년 최초로 정치광고 내용이 거짓이거나 유권자가 잘못된 방향으로 현혹할 소지가 있을 경우 제재를 가할 수 있는 조항을 선거법에 삽입, 정치광고의 내용에 법적 규제를 실시하려고 했으나 거짓유무를 정확히 판단할 근거가 희박하다는 비판이 대두되면서 제안을 폐기하기에 이르렀다. 의회도 규제 대신에 무료방송을 확대하여 선거 공평성을 만족시키려는 움직임을 보여 주고 있다. 다른 나라와 구별되는 독특한 현상으로 "선거방송금지(Election Blackout)" 조항을 생각할 수 있다. 투표일 2일간 모든 선거보도, 선거방송, 정치광고 등을 규제하는 것이다. 이것은 선거 막바지에 특정후보자가 시간 제약으로 상대방 공격이나 주장에 대해 반박할 기회가 없어서 선거에서 불이익을 당할 소지를 사전에 차단하려는 것이다. 호주는 정당에게 무료 정치방송을 위한 방송시간을 할애하는데, 국영방송 ABC는 각 정당에게 선거전에서 획득한 지지율에 따라 비례적으로 방송시간을 할당한다. 예, 1980년 두 주요 정당 노동당과 자유당이 135분씩 방송시간을 배정받았다. 정당지도자들은 정당의 '정책연설(policy speeches)'을 ABC나 상업 방송을 통해서 할 수 있다. 최근에는 정당에 대한 무료 정치방송 시간에 정치광고를 모아 방영하는 추세이며, 정책연설 시간에도 과거와 달리 무미건조한 연설이 아니라 대중연설 장면이나 인위적으로 제작된 장면들을 편집해서 방영한다.

6) 라틴 아메리카

남미는 미국화 경향이 더욱 심하다. 선거핵심은 텔레비전이 담당하고 미국에서 개발된 많은 근대적 선거 기법을 적용하고 있다. 남미 선거는 후보자의 개인적 성향이나 성품을 강조한다. 미국적인 텔레비전 광고가 성행하고 있다. 선거에 대한 참여도가 높다. 즉, 브라질이나 베네수엘라는 선거가 하나의 축제 분위기에서 치러진다(Angell et al., 1992).

대부분의 라틴아메리카 국가는 대통령제를 채택하고 있다. 장기간 군부독재에서 80년대에 들어서 민주주의를 회복하기에 이르렀으나 정치적 불안정 여전히 계속되고 있다. 민주주의 재건과 선거에 대한 관심과 열기가 대단하고, 선거가 중요한 국가의 행사로 부각하고 있다. 그리고 미국의 선거 전문가들이 이들국가의 선거에서 활발하고 결정적인 역할을 수행하고 있으며, 미국적인 선거 캠페인 전략과 전술이 아무런 검증없이 그대로 시행되고 있다. 선거기간이 상당히 길다. 텔레비전 보급률이 저조하기 때문에 정치 목적으로 이용되는 것도 최근의 일이다. 선거참여를 의무적으로 규정하기 때문에 투표율이 높다.

(1) 브라질

브라질 선거 특성은 정당에 대한 인식이 희박한 관심을 유발하기 위해 음악경연 같은 선거캠페인 송을 사용한다. 선거운동은 후보자를 지명하는 순간부터 시작된다. 정당후보는 적어도 6개월 전에 지명한다. 정당은 투표일 두 달 전까지 무료 라디오와 텔레비전 방송을 이용한다. 프라임타임 중의 두 시간을 정당들이 사용할 수 있는데, 시간은 국회에서의 의석수에 비례하여 배분된다. 정치방송은 채널이 동시에 방영된다. 텔레비전은 군사통치 하에서도(1974년 선거) 중요한 정치정보 수단이었다. 초창기 텔레비전의 정치방송은 정치인들이 자신을 선전하는 장문의 글을 그냥 읽어 내려가는 것이었지만, 점차 효과적인 표현 수단을 동원하여 이루어진다(McDonald et al, 1989). 특히 야당인 MDB가 방송사와 협약하여 20여분 간의 방송시간을 20개의 30초짜리 클립으로 대체함으로써 큰 효과를 보았다. 1974년 이래 정당들은 텔레비전이 유권자의 지지를 얻기 위한 가장 효과적인 수단이라고 여겼다. 또한 4개의 주요 일간지 보급률은 전체 유권자의 10%에도 미치지 못하고 있다. 텔레비전은 약 90%의 도시 거주자와 약 70%의 농촌 거주자가 시청권에 있다. 브라질은 연속극에 절대적 인기를 얻고 있어 1982년 선거부터 각 정당들이 연속극이 주인공과 인기가수들을 동원하여 지지를 호소하기 시작했다. 캠페인 전문화와 상대편 공격도 한다. 투표행위가 의무적이기 때문에 저소득층의 선거 참여율이 점차 향상되고 있다. '사회개혁'과 '부패추방'의 정책이슈들을 강조하고 있다(Kinzo, 1988). 국회나 지방의회 선거에서는 너무 많은 후보자가 난립하기 때문에 텔레비전을 통한 선거는 대단위 선거에서만 이루어지고 있다.

(2) 칠레

브라질과는 달리 칠레는 오랜 역사의 정당제도가 정착되어 건전하고 경쟁적인 선거가 보장되어 정부의 대표성이 아주 높다. 국가정권 하에서는 대통령 선거를 실시하지 않았다. 텔레비전은 60년대 들어 정치적으로 이용되었고, 70년대에 결정적인 역할을 수행하였다. 독재정권을 몰아내고 민주주의를 회복한 1989년 선거에서 텔레비전은 결정적인 공헌을 하였다(Angell et al., 1990). 투표일 3주 전부터 매일 저녁 15분씩 정치방송은 3명의 후보자에게 공평하게 배분되었으며, 낮에는 의원선거를 위한 정당방송이 15분씩 배분되었다. 15년간 장기 군사통치하에서, 야당의 승리에 결정적인 역할에 기여했다. 물론 군사정권 기간도 미국과 영국의 선거전문가를 고용하였지만 국민의 마음을 돌리기에는 역부족이었다.

(3) 아르헨티나

2006년 칸광고제 은상 수상작이면서 동시에 아르헨티나의 한 후보의 선거 유세 동영상이다. 카피의 반전의 묘미를 정말 잘 드러낸 동영상으로 위에서 읽는 것, 아래에서부터 거꾸로 읽는 것의 묘미가 새로운 광고이다. 이 카피를 위에 서 읽는 것이 이 후보의 의도가 아니라 아래에서부터 거꾸로 읽는 것이 이 후보의 진짜 의도이다. 카피의 내용은 다음과 같다.

사례 12-3 **아르헨티나 정치광고**

카피를 위에서 아래로 보았을 때

this is the truth
이것은 진실입니다.

if we turn things upside down
우리가 현실을 뒤집는다면

we can't be the best country in the world
우리는 세계 최고의 나라가 될 수 없습니다

I would be lying to you if I said that
이런 말을 한다면 거짓이겠죠
Argentina has a great future ahead
아르헨티나의 미래는 찬란하고

that we will be a safe country
우리는 안전한 나라가 될 것이며

that our economy will be strong
우리 경제는 부강해지고

that our children will be healthy,
get an education and have jobs
우리 아이들은 건강하게 자라 교육을 받고 직업을 얻을 것이라고 말한다면

before anything you must know
무엇보다 여러분이 알아야만 하는 것은

our country does not deserve such things
우리나라는 그런 것을 누릴 자격이 없다는 것입니다.

and I am convinced of this because

I know the Argentine people
제가 그렇게 확신하는 것은 우리 아르헨티나 국민들에겐

corruption and hypocrisy are in our nature
선천적으로 부패와 위선이 심어져 있기 때문입니다

I refuse to believe under any circumstances that
저는 어떠한 상황에서도

we could be a great country in the coming years
몇 년 안에 우리가 위대한 나라가 되리라고는 믿을 수 없습니다

thanks to the people's votes
국민들이 던진 표 덕분에
this country is sinking to new depths but
이 나라는 또 다른 나락으로 떨어지고 있지만

there are even more surprises to come
앞으로도 놀랄 일이 더 남아 있습니다

Argentina has only one destiny
아르헨티나에게 남은 운명은 하나뿐입니다

and whether we like it or not
그리고 좋든 싫든

this is what is real
그것이 사실입니다

-LOPEZ MURPHY FOR PRESIDENT
-로페즈 머피를 대통령으로

*카피를 아래에서 위로 보았을 때,

this is what is real
사실은 이렇습니다

and whether we like it or not
그리고 좋든 싫든

Argentina has only one destiny
아르헨티나에게 남은 운명은 하나뿐입니다

there are even more surprises to come
앞으로도 놀랄 일은 많이 있습니다

this country is sinking to new depths but
이 나라는 또 다른 나락으로 떨어지고 있지만

thanks to the people's votes
국민들이 던진 표 덕분에

we could be a great country in the coming years
몇 년 안에 우리는 위대한 나라가 될 수 있습니다

I refuse to believe under any circumstances that
저는 어떠한 상황에서도

corruption and hypocrisy are in our nature
부패와 위선이 우리의 본성이라는 것을 믿지 않습니다

and I am convinced of this because
I know the Argentine people
제가 그렇게 확신하는 것은 아르헨티나 국민들을 알기 때문입니다

our country does not deserve such things
우리나라는 그런 부패와 위선과 맞지 않습니다

before any thing you must know
무엇보다 여러분이 알아야만 하는 것은

that our children will be healthy,
get an education and have jobs
우리 아이들은 건강하게 자라 교육을 받고 직업을 얻을 것이며

that our economy will be strong
우리 경제는 부강해질 것이고

that we will be a safe country
우리는 안전한 나라가 될 것이라는 것입니다

Argentina has a great future ahead
아르헨티나의 미래는 찬란합니다

I would be lying to you if I said that
we can't be the best country in the world
만약 여러분들에게 우리나라가 세계 최고의 나라가 될 수 없다고 말한다면
그것은 거짓말일 것입니다

if we turn things up side down
우리가 현실을 뒤집는다면

this is the truth
이것은 진실입니다.

(4) 베네수엘라

베네수엘라는 1958년에 독재 정권이 붕괴된 이후 매우 안정적인 정치체계를 보여주고 있다. 투표는 의무적인 성격을 지니며 만 18세부터 투표권이 주어진다. 1978년 이전에는 후보자의 선택은 정당의 몫이어서 내부적으로 결정되었다. 하지만 1978년 실시된 선거를 기점으로는 정당 후보자 선택을 이끌어내기 위한 공공캠페인이 전개되었다(Angell et al., 1992). 이러한 공공캠페인은 상당히 긴 캠페인 기간을 가져서, 심지어 1983년 이전에는 18개월이나 지속되었다. 최근 베네수엘라에서는 캠페인 기간을 6개월로 단축하였지만, 여전히 다른 나라에 비해 상당히 길다. 1960년부터 텔레비전은 정치적 목적을 위해 이용었고, 1973년 선거 이후로는 근대적인 선거법이 대규모적으로 동원되기 시작하였다(McDonald et al., 1989). 정당들은 전문가를 외국에서 초빙하여 선거를 진행하며, 후보자는 가능한 한 텔레비전을 많이 이용하려고 노력한다. 상업방송을 통한 유료광고가 성행하며, 각 후보자에게 공평한 무료 정치방송도 가능하다. 신문은 텔레비전에 비해 상대적으로 정당에 밀착되어 특정의 후보자와 특정 신문이 유착관계의 성격을 지니기도 한다. 선거비용에 대한 규제는 상당히 느슨한 편이고 선거자금의 모금에도 매우 관대한 편이다. 따라서, 매체에 대한 높은 의존도 때문에 전체적인 선거비용의 폭발적인 증가를 수반했다.

7) 이스라엘

이스라엘은 선거캠페인 기간이 서구유럽(약 30일)에 비해 150일로 상당히 길기 때문에 캠페인 분위기는 매우 과열되고 격렬하다. 또한, 특별히 할당된 시간 이외에는 선거일 이전의 30일 동안, 극장이나 텔레비전에서의 어떠한 캠페인도 금지하고 있지만, 라디오는만 예외적으로 허용된다. 따라서 선거 후보자의 텔레비전 정규방송 출연금지와 선거비용을 엄격하게 제한하는 등 규제 또한 다양하다. 예를 들어, 인쇄매체의 경우 이스라엘의 신문은 정당에 의해 발행되고 있지만 선거비용 지출과 관련하여 엄격한 규제를 적용받고 있다. 코헨과 웰프스필드(Cohen & wolfsfeld)는 이스라엘의 복수정당체제가 유권자들의 정치적 배경에 대한 영향요인으로 작용한다고 보고 있기 때문에 일반 유권자는 정치광고를 그다지 심각하게 받아들이지 않는다는 연구결과를 제시하였다.

지금까지 살펴본 바와 같이 정치체제와 미디어제도 그리고 법적 규제를 이론적 배경으로 한 선행연구들은 특정국가만을 연구대상으로 하였기 때문에 특정 국가들만의 정치광고 메시지 내용과 기능만을 진달할 뿐이다. 그렇기 때문에 이들이 이론적 배경으로 제시한 정치광고에 영향을 미치는 요인들이 국가간 정치광고에 어떠한 방식으로 반영되는지를 비교·고찰할 수 없다는 한계를 지닌다. 이러한 한계점을 극복하고자 케이드와 홀츠-박차(Kaid & Holtz-Bacha)는 정치체제와 미디어 체제가 상이한 서구 민주주의 국가 5개국(독일, 미국, 영국, 이탈리아, 프랑스)과 이스라엘을 대상으로 하여 텔레비전 정치광고의 메시지 내용과 효과를 비교분석 하였다. 내용분석 연구방법과 실험실 연구방법을 통해 메시지 내용과 효과를 측정한 결과 분석대상국가들은 정치체제와 미디어 체제가 서로 달랐지만 통제된 방송 메시지 형식과 효과는 많은 유사점을 지니고 있다는 연구결과를 제시하였다.

세계 각국 정당체제의 선거제도와 영향관계 〈표 12-3〉와 스폿(spot) 광고주 〈표 12-4〉 실태이다.

〈표 12-3〉세계 각국 정당체제의 선거제도와 영향관계

국가명	선거체제
미국	다수대표제
이스라엘	비례대표제
덴마크	비례대표제
핀란드	비례대표제
프랑스	다수대표제
이탈리아	혼합형태
네덜란드	비례대표제
영국	다수대표제
독일	비례대표제

출처 : 김정현(1998), 『서구민주주의와 정치광고』, 김정현, 커뮤니케이션북스, p.42.

〈표 12-4〉 세계 각국의 스폿(spots)광고주

국 가	광고주
미국	후보
덴마크	정당
핀란드	정당
프랑스	정당
독일	정당
이탈리아	정당
네덜란드	정당
영국	정당 + 정부
이스라엘	정당

출처 : 김정현(1998), 『서구민주주의와 정치광고』, 커뮤니케이션북스, p.41.

politics

Advertising

제 13 장

정치광고홍보문화와 기호학

1. 문화와 정치광고의 언어적·비언어적 역할과 기능

1) 정치광고의 비언어적 문화적 가치

문화란 집단 구성원들간의 '공유된 지식의 체계'라고 일컬어진다. 한국사람의 커뮤니케이션에 대한 인식은 불교적 전통에 그 뿌리를 두고 있다. '말'을 초월한 '마음'속의 과정을 중시한다(Yum, 1987). 반면 미국인들은 커뮤니케이션을 갈등해소를 위한 수단으로 여긴다고 주장한다. 커뮤니케이션은 문제를 해결하는 데 있어서 제한적인 효과만을 가진다는 것이다. 따라서 한국사람은 언어적이나 비언어적 커뮤니케이션과 표현의 방식에 있어서 미국사람보다 소극적이라는 것이다(Kim, 1992). 쉐프렌(Scheflen, 1979, p.2)은 비언어적 커뮤니케이션(Non-verbal communication)은 "비언어적 행위는 광범위하고, 개념이 불명확하고, 체계가 없는 거의 모든 행위들의 집합"이라고 주장한다. 즉, 비언어적 커뮤니케이션은 말로써 표기된 것을 제외한 거의 모든 커뮤니케이션을 지칭한 것이라고 한다(Eisenberg & Smith, 1971). 비언어적 커뮤니케이션은 음향이나 언어적 요소 등 모든 텍스트들이 포함된다. 물론 후보자의 미소나 의복(dress)과 같은 비언어적인 표현은 문화적인 가치들의 상징적 표현도 포함된다. 인팡테와 그의 동료들(Infante etal., 1990, pp.237~244)은 다음과 같이 비언어적 커뮤니케이션의 중요한 여섯 가지 기능을 얘기한다. 첫째, 불편한 메시지를 보내는 기능, 둘째, 커뮤니케이션을 이끌어 가는 분위기를 만들어주는 기능, 셋째, 관계를 명확하게 해주는 기능, 넷째, 상호작용을 조절하는 기능, 다섯째, 사람들에게 영향을 주는 기능, 여섯째, 언어적 커뮤니케이션을 보강해 주거나 수정해 주는 기능이다. 또한 언어적 행위가 전체적인 문화적 환경에 의해 조건화되는 것처럼, 비언어적 행위들도 사회화의 과정을 통하여 습득된 많은 문화적 형태를 반영한다고 한다(Gudykunst & Kim, 1992). 홀(Hall, 1996)은 비언어적 메시지는 커뮤니케이션의 상황에 간직되어 있기 때문에 비언적 행위의 무의식적인 현상을 '문화의 숨겨진 차원(Hidden Dimension of Culture)'이라고 언급한다. 많은 비언어적이고 시각적인 요소는 정치가들이 자기 유권자에게 보여주는 방식에서 많은 영향을 미친다고 한다(Kaid & Davidson, 1986). 사진은 얼굴표정이나 몸 동작과 같은 행동들에 대한 정지된 동작의 묘사를 통해서 후보자에 대한 정보를 제공하며, 후보자들의 행동들은 특별한 상황에서 발생하므로 상황적인 단서는 후보자에 대한 평가를 위한 정보를 제공한다(Moriarty & Garramone,

1986). 후보자의 의복과 같은 상황적인 단서는 그의 역할을 강조한다. 그래서 '정장'은 '캐주얼'보다 후보자의 공식적이고 중요하다는 역할을 강조할 것이고, 공식적인 상황도 비공식적인 상황보다 후보자의 역할을 강조하는 기능을 수행한다. 미소는 에크만과 프리센(Ekman & Friesen)이 주장한 바에 따르면, 미소가 나타내주는 '행복'이라는 감정은 가장 보편적으로 문화적인 차이에 관계없이 쉽게 이해되어지는 것이다. 하지만 문화, 상황, 그리고 개인적인 차이는 그것의 의미와 사용빈도에 영향을 미칠 것이다(Kim, 1992). 마츠모토(Matsumoto, 1991)라는 이론적인 감정의 표현과 '개인주의-집단주의' 차원을 연결했다. "개인주의적인 문화에 속한 사람들은 집단주의 문화보다 다양한 감정 표현을 보이며, 집단주의 문화는 다양한 개인적 차이에 대한 허용의 정도가 낮다."라고 주장했다. 즉, 동양권에 사는 사람들은 감정을 적극적으로 표현하지 않기 때문에, 동양권 아이들은 얼굴에 감정이 나타나지 않도록 훈련을 받는다(Samova & Porter). 전통적으로 한국인은 감정표시를 자제하도록 교육을 받아왔다. 이러한 것들이 한국인들이 언어적·비언어적 커뮤니케이션에 있어서 미국인들보다 소극적이고 절제된 표현을 하는데 주요한 역할을 했다. 낯선 사람들 사이에서 감정표현을 자제하는 것이 한국 문화이다. 만약 성인 남자가 미소를 자주 보이면 이는 연약한 것이라고 여기는 것이 한국의 문화적 특성이다.

　몸동작 또한 정확한 감정의 상태를 보여주는 지표역할을 수행한다. 커뮤니케이션할 때 몸을 많이 자주 사용하는 사람이 있는 반면에 미세한 움직임만 보이거나, 아무런 동작도 사용하지 않는 사람도 있다(Eisenberg & Smith, 1971). 미국의 경우 사람에 따라 타인과 접촉 시 움직임 정도에 심각한 차이를 보인다. 일반적으로 여성들이 여러 가지 상황에서 남성보다 몸동작이 작다고 한다(Samovar & Porter). 왝서(Waxer, 1985)는 미국 여성들이 캐나다 여성보다 손을 더 많이 사용하는 것을 발견했다. 동양적인 견해에서, 밖으로 드러나는 몸동작(hand and arm gestures)의 절제가 당연시되기 때문에, 얘기할 때 몸동작을 많이 사용하는 성인들은 유치하다고 여긴다(Ramsey, 1984). 서양의 문화에서는 메시지를 정확하게 전달하기 위해서 많은 몸동작을 사용한다.

　일반적으로 개인의 커뮤니케이션 능력은 언어적 및 비언어적인 표현기술에 의존하고, 이러한 개인적인 커뮤니케이션 능력 차이는 인쇄매체 광고의 사진이나 그림에 사용된 비언어적 표현의 차이에 그대로 담겨져 있다는 것이다(Kim, 1992). '눈은 마음의 창'이라는 말은 눈이 얼마나 중요하게 감정을 표현해 주는가를 보여준다(Watson, 1970). 눈맞춤(Eye contact)은 커뮤니케이션할 때 상대방을 응시하느냐 혹은 외면하느냐의 차원이다. 눈 위치나 눈 동작은 사회적인 규범에 따라 변하기도 한다. 서구사회의 구성원들은 자기들이 대화하고 있는 사람이 자기의 눈을 쳐다보기를 기대한다(Samovar & Porter, 1991). 동양권에서는 구성원들에게 지속적이고 직접적인 눈맞춤을 피하도록 가르친다. 일본의 경우를 보면 아이들은 상급자나 연장자의 목이나 넥타이 매듭에 시선을 고정하도록 훈련된다고 한다(Samovar & Porter, 1991). 한국의 경우, 지위가 다른 사람들 사이에 직접적인 눈맞춤은 경쟁을 뜻하며, 부적절한 행위로 간주된다. 한편 미국인들은 대화할 때 상대방의 눈을 직접적으로 쳐다보는 것이 생활화 되어 있다. 대부분의 미국인들은 직접적인 눈맞춤을 피하는 사람은 부끄럼이 많고 주의가 산만한 사람이거나 진실되지 않은 사람이라고 여긴다(Kim, 1992). 왓슨(Watson, 1970)은 아랍인, 라틴 아메리카인, 남부유럽인들은 대화 상대방의 눈을 직접적으로 쳐다보는 반면, 아시아인 인도인, 북유럽인들은 간접적으로 눈맞춤을 보인다는 것을 발견했다. 미국에 체류한 시간과 눈맞춤은 상호연관성이 없었다는 것도 발견했다. 즉, 눈맞춤에 관련된 행위들은 환경의 영향보다 개인이 속한 문화의 산물이라는 것을 말해 준다. 문화적 규범과 가치들은 의복의 형태에서도 표출된다(Kim, 1992). 또한, 의복은 개인의 개성과 타인에게 전달코자 하는 개인의 이미지를 보여 준다. 의복은 메시지를 전달해주는 중요한 비언어적인 변인역할을 수행한다. 의복은 또한 개별문화의 커뮤니케이션 체계의 일부이다. 즉, 의복은 개별문화 메시지나 가치 체계를 이해하는 데 도움을 주기도 한다. 한국의 경우 유니폼은 서양에 비해 매우 흔한 복장의 하나이다. 군인, 경찰, 학생, 근로자, 회사원들은 집단에 대한 소속감을 표시해 주는 유니폼을 착용한다. 즉, 집단의 일부로 개인이 존재하는 문화권에 속하나 한국인들은 의복착용에 있어서 개성보다는 집단적인 통일성을 강조한다. 또한 상대방이나 타인을 지나치게 의식하고 예절을 강조하는 한국사회는 공식적이고 형식적인 의복이 형태를 발전시켜 왔다. 그들의 사회적 역할을 개인의 독특한 개성보다 더 중요하게 여겨왔다(Pares, 1985). '비언어적 커뮤니케이션'이라는 차원은 양극적인 개념이 아니라는 점이다. 즉, 모든 문화는 비언어적 커뮤니케이션에 있어서, 적극적인 요소와 소극적인 요소를 모두 가지고 있지만, 개별 문화에 따라 두 가지 중에서 하나가 더욱 지배적인 성향을 나타낸다는 것이다(탁진영, 1999).

다음은 한국-미국 대통령 후보자들의 비언어적 웃음, 팔동작, 의상, 세팅 등 사용 형태를 표로 정리하였다.

〈표 13-1〉 한국-미국 대통령 입후보자들의 웃음(facial expression) 사용빈도

한 국	미 국
웃음 사용 105(38.9)	144(75.0)
웃음을 사용 안 함 165(61.1)	48(25.0)
합계 270	192

x^2=58.89(df=1), p〈.01의 '유의수준'에서 유의적이다.
출처 :탁진영(1999), 『정치광고의 이해와 활용』, 커뮤니케이션북스, p.128~146.

〈표 13-2〉 한국-미국 대통령 입후보자들의 팔동작(hand and arm gestures) 사용 빈도

한 국	미 국
비사용 68(38.0)	31(22.1)
약간 사용 55(30.7)	93(66.4)
광범위한 사용 56(31.3)	16(11.4)
합계 179	140

x^2= 41.66(df=2), p〈.01의 '유의수준'에서 유의적이다.
출처 : 탁진영(1999), 『정치광고의 이해와 활용』, 커뮤니케이션북스, pp.128~146.

〈표 13-3〉 한국-미국 대통령 입후보자들의 의상(dress) 착용형태

한 국	미 국
공식적 의상 238(87.8)	146(78.5)
비공식적 의상 33(12.2)	40(21.5)
합계 271	186

x^2=6.85(df=1), p〈.01의 '유의수준'에서 유의적이다.
출처 :탁진영(1999), 『정치광고의 이해와 활용』, 커뮤니케이션북스, pp.128~146.

〈표 13-4〉 한국-미국 대통령 입후보자들의 세팅(setting) 사용형태

한 국	미 국
공식적 상황 113(65.7)	76(50.3)
비공식적 상황 59(34.3)	75(49.7)
합계 172	151

x^2 = 7.82(df=1), p〈.01의 '유의수준'에서 유의적이다.
출처 : 탁진영(1999), 『정치광고의 이해와 활용』, 커뮤니케이션북스, pp.128~146.

〈표 13-5〉 한국-미국 대통령 입후보자들의 눈맞춤(eye contact) 사용형태

한 국	미 국
직접적 눈맞춤 96(35.7)	113(58.5)
간접적 눈맞춤 173(64.3)	80(41.5)
합계 269	193

x^2=23.71(df=1), p<.01의 '유의수준'에서 유의적이다.
출처 : 탁진영(1999), 『정치광고의 이해와 활용』, 커뮤니케이션북스, pp.128~146.

2) 광고의 영상이미지와 언어적 요소의 관계

광고에 등장하는 이미지 기호의 특징을 언어기호의 특징에 유추하여 체계화하려는 노력과 함께 광고에 등장하는 시각적 이미지와 언어적 요소의 관계에 대해 주목하고 이를 규명하려는 시도 역시 기호학적 틀 내에서 수행되어 왔다. 이때 특히 중요하게 부각되는 문제는 텍스트의 의미를 결정하는 데 있어서 언어적 요소와 이미지 요소 사이의 힘의 역학관계의 문제이다. 시각이미지는 대부분 언어적 텍스트와 동시에 전달되며 그 상호연관성에 의해 의미가 변화한다. 기호로서의 영상이미지는 강력한 현실재현성, 보편성, 직접성으로 문자기표를 압도한다. 그러나 영상이미지의 한계는 부정형으로 쓰일 수 없다는 데 있다. 즉 영상이미지는 문자적, 즉 디에게시스적[13] 읽기와 해석을 기다릴 수밖에 없다는 것이다. 이 점에 주목하여 바르트(Barthes)는 이미지와 언어 사이에 누가 더 중요한 역할을 하느냐에 따라 이미지가 언어보다 중요하고 언어가 '부유하는' 이미지의 의미를 '고정'시키는 역할을 하는 '닻 내리기(anchorage) 기능'을 한다고 본 반면 문자나 언어 텍스트가 이미지보다 더 중요하거나 상호 보완적일 때는 '중계(relay)기능'을 수행하는 것으로 파악했다. 반면 중계기능에서 언어기호는 연속된 영상에서 영상과 영상 사이의 의미가 서로 연결될 수 있도록 돕는 기능을 한다. 이 점에서 대부분의 시각이미지는 언어적 텍스트가 제공하는 지배적 의미와 해석에 용해된다. 즉 이미지에 겹쳐지는 언어적 텍스트(보이스-오버)에 의해 수용자의 해석적 작업이 억압되고 갇혀진다는 것이다. 이 같은 구분에 입각하여 시각적 요소와 언어적 요소와의 직접적인 연관성 문제를 단순화시키면 다음과 같은 구분이 가능하다. (1) 직접적 연관(direct matching), (2) 간접적 연관(indirect reference), (3) 무관(irrelevant) 등이다.

---

13) 어떤 스토리와 그 스토리에 관련된 실제의 말하기를 구분하기 위해 서사이론에서 사용하는 용어이다(참고문헌 참조).

2. 텔레비전 정치광고의 비디오 스타일

텔레비전 정치광고의 내용과 스타일은 1952년 미국대선에서 아이젠하워(Eisenhower)
가 처음으로 사용한 이래 크게 변했다. 다른 캠페인 매체와 마찬가지로 정치광고에서 유
권자에게 제시하는 메시지나 시각적 이미지는 유권자의 상호작용 과정을 통하여 유권자
의 정치적 실체를 구성한다(Swanson, 1991). 텔레비전은 효과성과 후보자의 통제성이
뛰어나다. 텔레비전은 본원적으로 극적이고 시각적 이미지에 의존하는 매체이므로 TV정
치광고가 이슈나 논리보다 이미지나 감성에 초점을 맞추게 한다. 많은 후보자가 텔레비전
에 적응하기 위해 외모, 연설, 몸동작 등을 훈련 받는다(Marek, 1995). 비디오 스타일은
"후보자가 자신을 텔레비전을 통해 유권자에게 전달하는 방식을 의미하는데, 후보자가 보
여주는 기술, 전략, 메시지, 그리고 정치적 상징을 포함하고 있다(Kaid & Johnston,
2001, p.26)". 케이드(Kaid)와 데이비선(Davidson, 1986)은 후보자의 비디오스타일을
결정하는 주요 요소를 언어적 내용, 비언어적 내용, 영상제작 기법〈표 13-6〉의 세 가지
요소로 파악했다. 정치광고의 언어적 속성은 후보자가 전달하는 메시지에 초점을 맞춘다.
언어적 내용은 정치광고의 강조점(이슈와 이미지), 정치광고의 유형(긍정광고와 부정광
고), 메시지 전략과 전술(예, 정치적 입장과 관련된 전략과 전술), 그리고 특정한 심벌의
사용 등으로 구성된다. 즉, 이미지 형성과 이미지 속성, 긍정적 혹은 부정적 초점 여부, 사
용된 주된 소구방법, 메시지에서 주는 사회적·문화적 가치, 주장 근거 제시, 극적인 방식
으로 의미를 전달하는 특정한 단어의 선택여부 확인이다.

〈표 13-6〉 제작기법 요소

카메라 기법	카메라 높이와 앵글, 움직임, 쇼트의 구성
전통적 편집기법	화면분할, 이중노출, 빠른 화면, 느린 화면, 정지화면
내러티브 전달양식	시네마베리테, 슬라이드, 특수제작양식 등
특수효과	CG, 애니메이션, 모핑(morphing) 등
음 향	말하기 속도, 억양, 배경음악, 대사처리

출처 : 권소현(2008), '뉴미디어 시대의 정치광고 매체특성과 표현분석에 관한 연구', 숙명여자대학교대학원, 석사학위
　　　논문, p.49.

3. 정치광고의 기호학과 텍스트

광고는 기본적으로 복합기호체이다. 언어, 영상, 사운드 등 광고가 이용할 수 있는 모든 기호적 실체가 뒤섞여 복잡한 방식으로 수사에 가담한다. 기호는 기표와 기의의 합성체이다. 세상의 모든 것이 기호이다. 퍼스의 말처럼, 우주 삼라만상이 기호라고 할 수 없지만 우주에 기호가 가득 차 있음은 틀림없다. TV에서 보여주는 모든 것, TV프로그램, 영화, 시, 책의 모든 글자와 그림이 기호이고, 옷차림, 화장한 얼굴, 시가지의 모든 것, 몸치장, 식사, 일터에서 노동 등 우리 생활의 삶 자체가 기호적이고, 세상의 모든 것이 기호이다. 기호는 텍스트로 이루어진 커뮤니케이션 산물이다. 이것은 문필적 텍스트에 국한된 개념이 아니고, 커뮤니케이션의 모든 산물, 즉 기호의 광의적인 측면에서 텍스트로, 글로 씌어진 것, 말로 된 것, 그림으로 그려진 것 등을 통틀어 지칭하는 말이기도 하고, 이런 것들 하나하나를 일컫는 일반적 용어이기도 한다. 포스트모더니스트들은 이 세상의 모든 것을 텍스트로 본다. 텍스트는 담론과 대비되는 개념으로 이해된다. 텍스트는 기호들이 어떤 코드에 입각해서 통일성을 이룬 구체적인 기호학적 체계를 가리킨다. 텍스트가 구조적임에 비해 담론은 과정적이다. 담론은 텍스트를 배태한 채 수행되는 기호학적 과정이다. 텍스트는 기호작용(semiosis)에 이루어진다. 기호가 인간 심리에 일으키는 〈작용〉을 가리킨다. 퍼스에 의하면 기호가 일으키는 작용은 인식작용이다. 모리스는 어떤 것이 인간의 마음에 기호로 성립되는 과정을 일컫는 말로 사용한다. 기호작용은 기호와 인간 심리의 직접적 상호관계를 나타내지만 인간의 수동성을 숨기고 있다. 인간의 능동성을 강조한 〈기호화(semiotization)〉라는 말은 이 말의 변용이다. 기호란 고대 희랍에서는, 철학, 논리학의 범주에 속하는 용어이다. 19세기 말엽, 미국의 철학자 퍼스가 과학을 기호학(Semiotics, semiology)이라 명명한 데서 출발한다. 스위스의 언어학자 페르디낭 소쉬르는 '사회적 삶의 한복판에서 기호들의 삶을 연구하는 학문'을 기호론이라고 정의하면서 오늘날과 같은 의미로 사용되기 시작했다. 이런 소쉬르의 기호 개념은 청각 - 영상(기표)와 개념(기의)로 본다(Asa Berger Ather, 1996). 기호학의 학문적 접근은 기호학, 언어학, 문화연구, 민속문화, 철학적 바탕에서 근간을 이루고 있다. 따라서 이에 해당된 범주의 학자들은 바르트, 홀, 장 보드리야르, 야콥스, 르브르, 데리다, 프롬프, 레비 스트로스, 부르디외, 푸코, 앙리 르페브르 등을 들 수 있다. 테렌스 혹스(Terence Hawkes)는 인간은 신(神)의 영역을 제외하고는 스스로의 지각하는 바를 어떠한 형태로든 나타내려 하며 대부분은 그렇게 되고 있다고 하였다. "인간은 신화나 사회제도 혹은 사실상 전체 세계를 지각하는 그대로 만들어 내고 있다. 그리고 그렇게 함으로써 인간은 제 자신을 만들고 있는 것이다. 그 만드는 과정은 인지 가능한, 그리고 되풀이되는 형태를 계속적으로 창조한다는 것을 수반하는데 이러한 창조과정이 바로 오늘의 용어로 말해서 구조화(structuring)의 과정이라고 할 수 있다." 구조주의는 숨어있는 요소들을 가정하고, 전체 속에서 그 요소들을 논리와 원리에 따라 분해하고 그 결과에 따라서 형성의 법칙을 설명하는 연구이다. 커뮤니케이션의 측면에서는 커뮤니케이션 현상으로서 매스미디어 구조와 메시지 속에 내재된 이데올로기성을 드러내고자 하는 연구들이 그 방법론상의 기초를 이 구조주의에서 찾고자 하는 경향을 보인다. 이러한 커뮤니케이션의 이데올로기 생산에 초점을 맞추는 계열에 속하는 많은 연구들의 근원도 구조주의적 관점을 수용한다. 이처럼 구조주의는 광범위하고 혼란스러운 구조주의적 관점에서 이른바 '구조주의 기호학'이 생성된다. 그 구조주의가 내외적으로 포함하는 '어떠한 상징', 즉 특정의 기호(sign)에 초점을 맞춤으로써 보다 명확한 의미체계를 밝히고자 하는 것이다. 이제 구조주의는 커뮤니케이션 현상을 분석하는 중요한 방법론 중의 하나로 자리 잡게 된다. 표상(representation)은 대상체(referent)를 어떤 기호에 의해 대치시킴으로써 기호로 하여금 대상체가 모더니즘에 의하면, 표상은 인간의 인식이 세계와 삼라만상을 이해하는 기본적 메커니즘이자 인식의 전부이다. 모더니즘은 인간이 저 밖의 현실을, 특히 언어를 통하여 표상으로서의 세계와 사물로서만 이해해 왔음을 역설한다.

언어학자인 소쉬르(saussure, Ferdinamlde, 1957~1799)는 "기호의 개념을 기표와 기의로 이뤄진다"고 했다. 여기서 기표는 청각과 영상이다. 기의는 개념이다. 소쉬르의 기호 개념은 기표를 청각과 영상으로, 그리고 기의는 하나의 개념으로 정리했다(Asa Berger Ather, 대중매체 비평의 기초, 이론과 실천). 〈그림 13-1, 좌측〉처럼 소쉬르(1966)는 기호(sign-image)의 체계를 의미(이미지)의 운반체인 기표(signifier)와 추상적인 관념인 기의(signified)의 합성체라고 한다. 소쉬르는 〈그림 13-2〉처럼 언어 기호에 내재하는 기표의 개관적 의미와 기의 자의적(arbitrariness, 恣意性)인 주관적 해석임을 밝히자 표상으로 이해된 세계는 사실적이기보다는 허구적이라고 보는 새로운 시각이 포스트모더니즘(postmodernism)[14] 관점으로 설명하고 제기한다.

---

14) 포스트모더니즘(postmodernism)은 언어에 의해 현실이 대체될 수 있는 가능성(즉 재현, 진리의 상대성)을 부인하고 기호와 언어에 의해 재현된 세계의 진리와 허구성을 폭로하는 최근의 사회·문화적·철학적 흐름이다. 포스트모더니즘에는 구조적 포스트모더니즘과 해체적 포스트모더니즘의 두 지류가 있다. 구조적 포스트모더니즘은 모더니즘과의 타협을 통하여 새로운 시각을 창출하려 함에 비해서, 해체적 포스트모더니즘은 모더니즘과 결별할 뿐만 아니라 모더

포스모더니스트들은 이야기체(metanarrative)에 입각해서 논리적으로 설명한 허구임을 주장한다. 소쉬르는 기표와 기의 사이에 필연적이고 자연적인 관계는 존재하지 않는다는 기호의 자의성(恣意性)을 주장하였다. 기표와 기의의 관계가 자의성으로 맺어져 있는 예를 우리는 얼마든지 들 수 있다. 우리들이 각자 지니고 있는 이름이 그러하며, 세종로, 을지로, 퇴계로 등 거리 이름이 그러하다. 예컨대 세종로라는 거리와 세종대왕과는 그렇게 맺어질 아무런 필연성을 지니고 있지 않다(유평근·진형준, 2001).

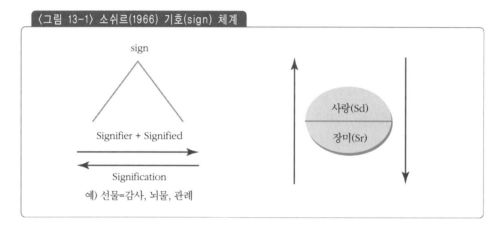

〈그림 13-1〉 소쉬르(1966) 기호(sign) 체계

*바르트(Barthes, 1985)는 "인간이 기호의 이미지 저장소"라고 했다.

이처럼 하나의 기호를 만들기 위해서, 기표와 기의를 결합시키는 작용을 의미작용(signification) 또는 의미화라고 부른다. 의미작용은 다음의 두 가지 기호학적 조작을 뜻한다. 기표에 기의를 연결하여 기호를 만듦으로써 기호로 하여금 기의의 가치를 표현하게 하는 것이 하나이고, 다른 하나는 기호에 담아놓은 기의 가치를 추출해내는 작용이다. 가령 〈그림 13-1, 좌측〉처럼 보낸 뜻이 분명치 않은 선물(기호)을 받았을 때 그것이 진정으로 뜻하는 이미지가 '감사'의 뜻인지 '뇌물'의 뜻인지 아니면 '관례'가 그런 것인지 가려내는 것이 의미작용(singification)이다. 그런 선물을 한 사람도 어떤 뜻(기의)을 선물에 심어놓았음이 틀림없다. 즉 의미작용을 선물에 가한 것이다. 의미작용은 기호를 만들어낼

___

니즘의 가장 깊은 근본 가정을 뒤엎어서 세계를 다시 보는 새로운 시작을 찾으려 한다(김경용, 1994: 326). 전자는 장 보드리야르의 기호론(외파, 내파)이고, 후자는 쟈크 데리다의 해체주의이다. 프레드렉 제임슨(F. Jameson)은 포스트모더니즘 이론을 설명하는 과정에서 후기산업사회(postindustrial socirty), 소비사회(consumer society), 미디어사회(media society), 정보사회(information society), 전자화사회(electronic society) 또는 고도기술사회(high tech society) 등으로 통칭되는 새로운 유형의 사회가 도래했다는 것을 주장하였다(Jameson, 1984: 196).

때와 기호를 풀이할 때 일어난다. 가령 〈그림 13-1, 우측〉처럼 애인으로부터 장미꽃을 받았을 때, 장미꽃 실체는 기표(Sr)이고, 나를 좋아한다는 '사랑'의 의미가 바로 기의(Sd)이다. 그리고 기호(장미꽃)를 매개로 '그가 날 좋아하는구나'하는 생각에 이르는 의미작용은 두 남녀 사이의 커뮤니케이션(소통)이 일어나는 것이다. 그리고 기호의 이미지(기표)로서 '장미'라고 소리 내어 읽고 귀로 들을 때는 음성이미지이고, 장미꽃 자체로서 우리 눈으로 볼 수 있고, 또 손으로 만질 수 있을 때는 시각이미지이다. 소쉬르의 기호는 〈그림 13-2〉처럼, 세 가지의 다른 요소들로 이루어져 있다. 하나는 외부세계가 공급하는 기표이다. 이를 기호의 1차적 작용이라 한다. 둘째는 마음이라고 하는 내부세계가 공급하는 기의이다. 이를 기호의 2차적 작용이라 한다. 셋째는 이 두 가지가 합성되어 표상의 세계에 편입되는 기호이다. 위 〈그림 13-2〉는 이 세 가지 관계를 종합해서 나타낸 것이다. 또한 〈그림 13-3〉처럼 기호의 표상성을 잘 나타낸 것이 미국 기호학의 창시자인 퍼스(Peirce, 1931-1958)의 모형이다. 〈그림 13-3〉에서 왼쪽 기호는 자기 자신 이외의 어떤 것, 즉 물체를 대표한다. 예를 들어 그림 오른쪽 꼭대기에 있는 하트 모양은 기호로서, 심장(염통)을 표상한다. 그림 왼쪽에 있는 해석체는 해설자나 기호의 사용자가 아니고, 기호에 의해서 일어난 어떤 정신적 개념이다. 이런 해석체는 물론 기호 사용자의 과거 경험으로부터 떠오

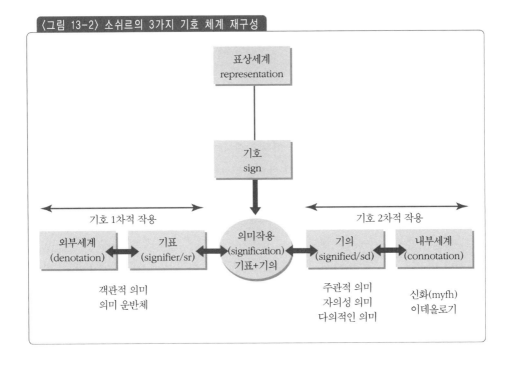

〈그림 13-2〉 소쉬르의 3가지 기호 체계 재구성

표상세계
representation

기호
sign

기호 1차적 작용

기호 2차적 작용

외부세계
(denotation)

기표
(signifier/sr)

의미작용
(signification)
기표+기의

기의
(signified/sd)

내부세계
(connotation)

객관적 의미
의미 운반체

주관적 의미
자의성 의미
다의적인 의미

신화(myfh)
이데올로기

르기도 한다. 하트 모양의 기호가 유발시키는 정신적 개념은 '사랑'이다(김경용, 1991).프랑스 비평가 바르트(Barthes, Roland, 1915~1980)는 인간이 모든 기호를 재생산한다는 의미에서 인간을 이미지 저장소라고 지칭하였다.

그들은 기호를 가지고 현실을 표상과정에 의해 재현(re-present)하는 과정에 어떤 이데올로기의 개입이 일어남을 밝히려 한다. 정치적 상황에서 표상성은 대표성으로 해석되는데, 가령 민주주의는 대표성의 정치이다. 새로운 언어인 미디어 테크놀로지가 광범위하게 사용되는 포스트모던시대에 와서 어떤 정치체제의 대표성, 즉 민주성이 논란의 대상이 되고 있다. 예컨대 TV를 통한 민주주의는 이념 정치가 아니라 이미지 정치라는 설이 있다. 다시 말해 기표(signifier/sr)는 기호의 두 요소(기표/기의) 중 하나를 가리키는 말이다. 소쉬르는 이것을 음성 이미지를 가리키는 말로 한정해서 사용했지만, 후에 많은 기호학자들이 그 뜻을 넓혀 사용해서 매우 광범위한 의미를 갖게 되었다. 이 말의 기본적인 뜻은 〈그림 13-2〉처럼 '의미운반체'라는 것이다. 소쉬르에 의하면 기의와 기표는 항상 기호안에 함께 들어있으며 결코 독립해서 존재하지 않는다. 다만 개념적으로만 분리가 가능할 뿐이다. 그러나 바르트는 이런 불가분리성에 동의하지 않는 것 같다. 예를 들어 신(the God)은 기표를 가질 수 없고 기의로만 존재한다. 이런 논리에서 볼 때, 기의로만 존재하는 것은, 황금산, 불로초, 하나님, 용왕, 용 등이다. 그런데 기호는 기표와 기의가 만나서 이루어진다. 이를 의미작용(signification)이라 한다. 의미작용은 다음의 두 가지 기호학적 조작을 뜻한다. 기표에 기의 가치를 표현하게 하는 것이 하나이고, 다른 하나는 기호에 담아놓은 기의의 가치를 추출해 내는 작용이다. 이 두 가지는 서로 반대의 과정이다. 앞에서 설명한 바와 같이 누가 보냈는지 정체성이 분명치 않은 사람으로부터 받은 선물(기호)을 받았을 때 그것이 진정 〈감사〉의 뜻인지 〈뇌물〉의 뜻인지 아니면 〈관례〉가 그런 것인지 가려내는 것이 의미작용이다. 이 의미작용을 어떻게 해석하느냐에 따라 객관적이고 주관적으로 재의미를 생산하는 재현이다. 즉, 그런 선물을 한 사람도 어떤 뜻(기의)을 선물에 내포적 의미를 심어 놓았음에 틀림없다. 이것이 바로 선물에 의미작용을 가한 것이다. 의미작용은 한편으로 '의미의 발산'이고 '예술적 담론이 도모하는 것'을 수행한다. 다른 한편으로 의미의 발산은 탈 커뮤니케이션 행위다.

기호(sign-image)에 관하여 퍼스(Peirce, 1931-1958)의 삼부모형을 설명할 수 있다. 첫째, 기호의 표상성(또는 대표성, 재현, representation)은 '어떤 다른 것을 의미 있게 대신할 수 있는 것이면 무엇이든 기호가 될 수 있다.'는 말은 기호의 표상성을 나타낸다. 한 기표가 다른 어떤 것을 표상함으로써 기호가 될 수 있다는 기호의 존재양식이 흥미롭다.

이러한 기호의 표상성을 잘 나타낸 것이 미국 기호학자의 창시자인 퍼스의 다음〈그림 13-3〉과 같은 모형이다.

그림에서 왼쪽 기호는 자기 자신 이외의 어떤 것, 즉 물체를 대표한다. 예를 들어 그림 오른쪽 꼭대기이 있는 ♡(하트모양)은 기호로서, 심장(염통)을 표상한다. 그림 왼쪽에 있는 해석체는 해석자나 기호의 사용자가 아니고, 기호에 의해서 일어나는 어떤 정신적 개념이다. 이런 해석체는 물론 기호의 사용자의 과거 경험으로부터 떠오르기도 한다(김경용, 1994). 하트 모양의 기호가 유발시키는 정신적 개념은 추상적인 부가의미로 '사랑'이다.

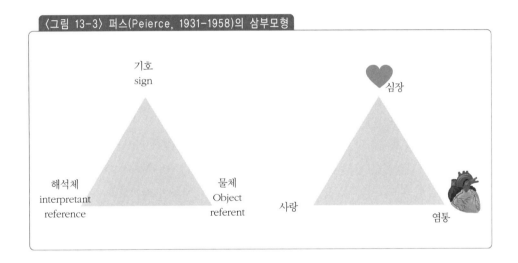

〈그림 13-3〉 퍼스(Peierce, 1931-1958)의 삼부모형

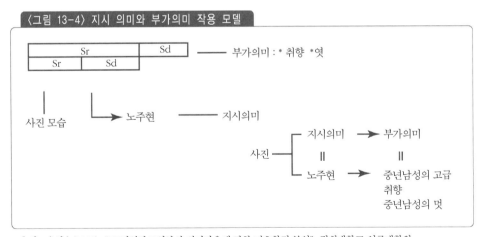

〈그림 13-4〉 지시 의미와 부가의미 작용 모델

출처 : 윤성수(2005). "TV정치광고영상의 의미작용에 관한 기호학적 분석", 경희대학교 언론대학원

〈그림 13-4〉와 같이 기호는 의미의 운반체인 기표(signifier)와 추상적인 관념인 기의 (signified)로 구성된다. 기호가 의미를 가진 것은 기호의 표현과 기호내용이 연결되는데 서 시작된다. 이런 기호의 작용을 1단계적 기호의 의미작용(signification)이라고 한다. 여 기서 기표에 연결된 기의의 지시적 의미는 직접적·객관적 사실에 기초한 외연적 의미 (manifest meaning, denotation)라고 한다. 이를 다른 표현으로 외시(外示)의미, 외부세 계라고도 한다. 이와는 달리 기호의 2단계 의미작용은 부가의미(附加意味, connotatio n)[15]라고 한다. 이를 함축의미, 내포적 의미, 심층의미, 내부세계라고도 한다. 기호의 부 가의미는 정신적인 추상개념으로 주관적이고 자의적이기 때문에 다양한 의미를 지닌다. 실제와 같은 유상(icon)기호의 결정요소는 '실제'가 아니라 그렇게 보이도록 만드는 관습 적 규칙에 따라 구성되고 만들어진다(윤성수, 2005). 예를 들어 '취향'과 '엿'이란 부가의 미는 받아들이는 해석자에 따라 다양하게 의미가 부여된다. 배우 노주현의 한 장의 사진 은 어떤 측면에서 실제 노주현과 비슷하다. 그러나 배우 노주현은 사진이나 시각적 이미 지는 '실제' 노주현이 아니라 기호표현으로 사용되기 위해 만들어진 일종의 시뮬라크르 (simulacra)[16]에 불과하다. 기호 표현 노주현은 커피광고를 하기 위해 만들어진 것 일수 도 있고, 또는 화장품을 팔기 위해 만들어진 것일 수도 있다. 커피를 광고하기 위해 만들 어진 기표 표현의 노주현은 그것의 대상체(referent)인 지시의미(외연의미)가 동일하겠지 만 그것의 부가의미는 다를 수 있다(윤성수, 2005). 광고 속에서 노주현은 중년남성의 고 급취향을 갖는 배우이며, 중년남성의 멋을 상징하는 의미로 수용자(시청자)들은 읽는다 (reading)[17]. '집(house)'이란 외시적 의미는 '사는 곳(home)'이다. 하지만 '집'의 의미는

---

15) 지시의미(denotation)는 부가의미(connotation)와 대립적 관계에 있다. 언어의 두 가지 측면에서 볼 때 지시의미는 랑그(langu : language), 수평적 관계(horizontal), 통시성(diachrony), 인접성(contiguity), 결합(combination) 과 환유(metonymy)로 연쇄체적(syntagmatic)관계이다. 이에 비해 부가의미는 빠롤(parole : speech)로 수직적 관계(vertical), 공시성(synchrony), 유사성(similarity), 선택(selection)과 은유(metaphor)로 통합체적 관계 (paradigmatic)이다(김만기, 2008).

16) 시뮬라크르(simulacra)의 표현은 학자에 따라 상이하게 표현하고 있다. 장 보드리야르(Jean Baudrillard)는 제 1 질서를 이미지, 모방, 위조물, 생산물라고 보고 시뮬라크르를 제 3의 질서로 본다. 장 보드리야르의 주장은 플라톤 이 말한 제 2질서(생산적인 모방)와 제3질서(원본이 존재하지 않는 복사본 즉 이데아계의 예술적 모방)는 구분이 소멸되고 제3의 질서로 시뮬라크르만 존재한다고 한다. 즉 장 보드리야르는 시뮬라크르를 원본(orginality)이 없거 나 원본보다 더 원본 같은(more real than real) 모방·흉내(imitation), 가장·위장(counterfeit), 미메스(mimesis), 유사성(similarity), 모델(model), 내파(implosion), 그리고 과실재(hyperreality)를 포함한다. 한편 쟈크 데리다 (J. Derrida)는 시뮬라크르를 현존(現存)하는 환상(illusion)이나 주술(pneumatology)로 본다. 들뢰즈(G. Deleuze)는 시뮬라크르를 재현이 가능한 하나의 사건으로 본다. 데카르트(R. Descartes)는 신, 영혼, 물질로 취급 한 것에 해당된다. 불교에서는 제행무상(諸 行無常)에 해당된다. 장 보드리야르는 시뮬라크르를 구조주의 틀에 서 의미와 연계 시켜 사건(기호, 영상, 컴퓨터스크린, 광고, 사진, 그림 등)으로 다룬다(김만기, 2008).

17) 읽기(reading)는 기호학에서 모든 해석행위(hermeneutic act)를 망라해서 지칭하는 일반적 용어이다. 예를 들어 TV를 시청하는 것, 광고를 보고 느끼고 해석하는 것은 모두 읽기의 범주이다.

사람이 집에서 느끼고 경험하는 것에 따라 다른 함축 의미를 갖는다. 가령 가정이 아무런 문제가 없고 행복한 사람에게의 '집'은 가족이 사는 집(home)으로 '낙원'이고 '해 뜨는 집' 이지만, 가정이 복잡하고 불화가 많은 사람에겐 '집'은 단지 주택(house)개념인 '지옥'이라는 함축적 의미를 가진다. 동물인 '말(馬)'은 영어로 horse, mare, colt, foal, gelding, stallion, steed, nag, pony가 있다. 여기서 지시의미는 동물이고 부가 의미는 단어의 사용에 따라 각각 다른 종류의 의미를 부여한다. 즉 경주용 말과 종마(種馬), 제주도의 조랑말, 그리고 몽고의 말은 각각 다른 종(種)의 말(馬)이다.

이와 같이 한 기표에 의미(기의들)가 많은 이유는 커뮤니케이션 목적에 따라 선택된 기호 표현(형식, form)[18]의 차이 때문인 것이다. 이와 같이 한 기표에 주어진 주관적 의미를 부여하고 의미작용 할 수 있는 것은 기호 사용자들이 공유하는 문화를 통해서 '상호-주관성(inter-subjectivity)[19]'을 가짐으로써 가능하게 된다. 기호 사용자가 갖는 주관적 느낌이나 정서는 그가 속해 있는 집단이나 사회 또는 문화의 구성원들이 서로 공유하는 상호-주관적 '관습'과 '경험'을 갖고 있다. 즉 기호의 부가의미는 기호 사용자들이 자의적(arbitrariness)으로 갖는 문화적 경험이자 가치에 의존한다. 주관적 부가의미는 다의성(polysemy)[20]이고 유동적인 의미이기는 하지만 한 개인의 문화적 경험이 아니라 우리 문화 내에서 공통적 가치를 기준으로 한다. 이 단계에서 사용자의 감정과 문화의 가치가 만날 때 그 상호과정에 의해 의미가 창출되는데 바르트는 이 단계를 신화(myth)가 만들어지고 소비된다고 본다. 그리고 유포되면서 지배 이데올로기(ideology)[21]가 발생된다. 따라서 한 개인이 분석하는 과정에서 우리사회의 문화적 경험이나 가치를 잘 못 판단하여 오류를 범할 가능성을 배제할 수 없다(윤성수, 2005). 이미지(image), 범주(category), 은유(metaphor), 환유(metonym)는 우리가 세계를 이해하고 그 안에서 적절히 기능하는 기본 수단이 되어왔다. 이미지는 현실의 표피를, 범주는 현실체 간의 유사성을, 은유는 문

18) 기호 표현(형식, form)은 예름스레부의 '질료'에 대립되는 말이다. 예름스레브는 한 계열체 안에서 기호들이 취할 수 있는 가능성들을 형(形)이라고 부른다. 보다 구체적으로 형은 기호의 표현 가능성 하나하나를 이르는 말이 된다. 이것은 소쉬르의 기표와 한 맥락이다(김경용, 1994)

19) 상호-주관성(inter-subjectivity)은 부가의미들이 개인 사이의 커뮤니케이션에 의하여 타자들과 서로 공유되고 규범화되면서 외시 의미의 차원이 내려올 때 소위 상호주관성이 성취된다.

20) 다의적 의미(polysemy)는 어원상 poly는 '여럿'이란 뜻으로, semy는 seme에서 온 말로 '의미'를 뜻한다. 즉 한 기호가 여러 개의 의미를 갖는 상태를 나타낸다. 예를 들어 '여인의 눈물'은 다중의미체이다. 이에 비해 '신호등의 빨간색은 '멈춤'이라는 단 하나의 기의만을 가진 단일 의미(monosemy)이다(김경용, 1994)

21) 이데올로기(ideology)는 현존하는 사회조직과 질서를 적법화하는 한 묶음의 관념들을 이데올로기라고 한다. 이것들은 강자들에 의한 지배, 억압, 착취, 사회적 불평등 따위의 필요성이나 정당성을 대중매체를 통해서 대중에게 선전한다. 이런 것들이 대중들에게 '의례 그런 것'으로 기정사실처럼 널리 받아들일 때 이데올로기 헤게모니가 된다(김경용, 1994).

화적 체험의 유사성을, 환유는 현실과 접촉점을 표상한다. 특히 영상이미지에서 영상이미지의 텍스트 의미는 작가가 부여한 의미 안에 고정되어 있지 않고 텍스트가 놓이는 상황에 따라, 그리고 시간에 따라 변화한다. 예를 들어 한 그림이 도서관에 걸려 있을 때와 미술관에서 전시되었을 때와는 시각적 이미지, 언어적 이미지, 언어적 지시내용 그리고 내연적(connotative meaning) 이미지가 다를 수 있다. 이미지에 대한 견해 차이, 다중의미성을 지니는 것은 이데올로기 조작에서 온다. 이미지의 기본 기제는 변별의 원칙(the principle of discrimination)에서 발생된다. 즉, 이미지가 마음속에 떠오르기 위해서는 필요한 경계를 분별해 내는 것이다. 다시 말해 우리들의 마음속에 던져지거나 떠오르는 이미지들은 모두 기표(signifier)이고 '비슷함'은 이들이 갖는 기의(signified)이며, 심적 논리와 비슷하게 긍정함으로서 이미지가 성립된다. 그렇지 못한 것은 혼돈이다. 이미지의 모호성은 또 다른 기의나 이미지에 끌려간다. 예를 들어 이미지 변신, 숲 속의 승냥이 같은 개, 또 벽에 누가 서 있는 것처럼 보인다. 벽에 물이 스미듯 이미지는 모호성에서 마음을 붙잡고 연쇄적이다. 철학적으로 논리중심적 담론(logo-centric discourse)의 총체가 이미지를 능가하는 법은 없다. 이미지는 동형이질성(isomprphism)이 확인되는 순간 힘을 잃는다. 소쉬르는 언어체계를 랑그(langue)와 파롤(parole)로 구별하였다. langue는 수직적이고 계열체에 속한다. 이는 기표이고 객관적 표현이다. 따라서 언어의 두 관점에서 논의할 때, 기표는 연쇄체적(syntagmatic) 관계이다. 따라서 기표는 수평적(horizontal)이고 통시성(diachrony)이다. 그리고 인접성(contiguity)이고 결합(combination)이다. 나아가 환유적(metonymy)이다. 그래서 이는 파롤(parole)에 해당된 1차적 의미를 지닌다. 이에 비해 기의는 통합체적(Paradigmatic)으로 2차적 의미를 지닌다. 기의(signified/ sd)는 기호의 두 요소(기표/기의) 중 하나를 가리키는 말로 소쉬르의 용어이다. 기의는 기호속에 담겨 있는 추상적 개념을 가리킨다. 예를 들면 어떤 책의 제목이 '기호의 우리, 우리의 기호'에 쓰인 '우리'라는 기호는 두 가지 기의를 가지고 있다. 앞의 우리는 〈가두어 두는 곳〉이라는 뜻이고, 뒤의 우리는 인칭대명사, 우리(인간)이다. 기의는 '의미(mean)', '뜻' 등으로 이해된다. 또 기의는 기호의 추상적 내용에 해당된다. 예를 들면 '황금산', '아담' 등이다. 기의는 다의적 의미(polysemy)를 지니고 있다. 그리고 자의적 해석(arbitrariness)이 많다. 또한 주관적 의미를 지닌다. 기호(sign)는 기표와 기의로 구성된다. 이런 기호는 개념과 청각 및 영상의 분리될 수 없는 결합이다. 기표(signifiant)는 특정의 개념을 표시하는 형태로서의 문자, 도형, 음성(소리), 영상 등 구체적인 모습이다. 또한 기의(signifie)는 그 구체적인 것이 담고 있는 개념이다. 기호의 텍스트(text)는 여러 가지 개념을 지시하는 언어들이 모여 하나의 개념덩어리를 구성하는 전체, 인과적 관계에 의한 분석이나 시간적 순서에 따른 분석 모두 가능하다. 이런 구성은 랑그(langue)와 파롤(parole), 공시태, 통시태, 은유와 환유, 이항대립 등이다. 랑그(langue)는 잠재적이고 사회적 언어이다. 또한 고정적이고 서서히 움직이며 심리적인 언어이다. 이는 우리 머릿속에 공통적으로 들어 있는 언어이다. 이에 비해 파롤(parole)은 실현적이고 개인적 언어이다. 자유롭고 일시적이며 심리적이다. 그리고 물리적인 언어이다. 실제로 말해진 언어이다. 예를 들어 노무현 전 대통령의 "맞습니다. 맞고요"는 랑그이다. 그러나 노무현 전 대통령이 직접 말한 그 억양과 의미는 파롤에 해당된다. 랑그는 언어의 형식적 체제를 가리킨다. 소쉬르의 용어로 파롤(parole)과 대립되는 개념이다. 랑그와 파롤은 언어의 두 가지 다른 면이다. 파롤은 언술처럼 랑그를 실생활에 이용하는 언어행위이며 과정이다. 이에 비해 랑그는 파롤이 점차 규범화되어 이루어지는 언어의 추상적 체제이다. 따라서 랑그는 계열체이고 파롤은 통상적이다. 파롤은 개인들이 처한 상황에서 언어를 실생활에 사용하는 구체적 과정의 산물을 가리킨다. TV뉴스에서 들은 것이나 본 것에 대해 다른 사람에게 말로 설명하는 것이나 손짓·발짓으로 표현하는 것은 파롤이다. 파롤은 이처럼 다른 사람들과의 상호작용에 쓰이기 때문에 사회적이다. 이에 비해 랑그는 순전히 추상적 체계이다. 어린이가 태어나면 배우는 것이 아니라 파롤을 배운다. 언어활동(language)에서 언어(言語, langue)는 언어공동체 랑그가(communaute linguistique)에 특유한 성음기호(聲音記號)의 체계(systeme de signesvocaux) 또는 규칙의 체계(systemede regles)이다. 반면 언사(言辭, parole)는 언어활동(능력)의 구사와 관련된 현상의 총체 또는 화자(話者)가 언어의 규칙을 구사하는 양식이다. 공시태는 언어요소들이 어떻게 구성되어 있는가 하는 것이다. 이에 비해 통시태는 언어가 어떠한 시간적 의미로서 역사성을 갖는가의 문제에 논한다. 즉, 텍스트에 대한 공시적 분석은 텍스트 속에 묻혀 있는 각각의 다른 대립하는 항목(이항대립)을 보는 반면, 통시적 분석은 텍스트를 구성하는 사건들의 연쇄(통합구조)에 초점을 맞춘다. 따라서 텍스트의 통합체 분석은 러시아의 민속학자이자 형태주의자로 분류되는 블라디미르 프로프의 민담구조를 분석하는 과정에서 매우 유용한 근거를 제시하고 있다. 그는 많은 종류의 민담들이 있으나 '그것들을 자세히 분석해 보면 특정의 형식으로 나누어지는 것'으로 보며 그 기본적인 이야기 단위(narrative unit)를 기능(function)이라 했는데, 다음과 같이 정리할 수 있다. ① 인물들의 기능은 누구에 의해서 어떻게 수행되는, 독립적으로 이야기의 불변요소가 된다. 기능은 이야기의 기본요소이다. ② 민담에서 기능의 수는 한정되어 있다. ③ 기능들의 시퀀스는 언제나 동일하다. ④ 모든 민담은 그 구조에 관한 한 같은 유형에 속한다. 텍스트의 계열체 분석은 텍스트 속에 숨겨진 각각의 대립항들의 유형을 밝힘으로써 의미 생산양식과 내포된 이데올로기를 밝히는 레비 스트로스의 분석 체계에서도 채택, 그는 텍스트의 통합체 분석은 텍스트의 명시적 의미(manifest meaning)로서 계열체 분석과 함축적 의미(latene meaning)를 보여준다. 명시적 구조는 무엇이 발행하는가와 연결되고, 함축적 구조는 텍스트가 무엇에 관한 것인가와 연결된다. 그러므로 계열체 분석에서는 등장인물들이 무엇을 하는가에 대해서보다는 무엇을 의미하는가에 더 큰 관심을 갖는다."라고 강조한다. 또 하나의 언어 두 요소인 기호학적 분석에 있어서 또 하나의 개념은 의미를 전달하는 방식에서 나타나는 은유(metaphor) 또는 환유(meronymy), 그리고 약호(code)를 살피는 일이다. 은유(metaphor)는 어떤 낯선 것을 다른 낯익은 것이 지니는 공통점에 의하여 표현한 것이다. 예를 들면 아주 못된 사람을 '그 놈은 개야'라고 표현하는 것이다. 또 어떤 것의 성질을 과장하기 위해 다른 것의 독특한 성질로 표현한 것이다. 예를 들면, '아기는 천사야'라는 표현이다. 이런 표현은 기호 해독자에게 초현실적(hyperreality)효과를 일으킨다. 이처럼 은유는 어휘들의 의미를 수식하는 비유들 중의 하나로서 의미론적등가율(semantic equivalence)을 기본으로 하여 하나의 사물이나 요소를 문맥 속에서 형성된 다른 것으로 탈바꿈해서 나타나는 것이다. 가장 보편적인 형태는 '~처럼', '~같은'이라고 표시하며 그 지시대상이 표시되는 경우가 있다. 이에 비해 환유(metonym)는 어떤 것을 다른 것으로 대치해서 어떤 것의 전체인 것처럼 표현한 기호체이다. 예를 들면 '워싱턴(미국의 지명)'은 이라크의 쿠웨이트에 대한 만행을 좌시하지 않을 것이다〉라는 표현에서 '워

〈표 13-7〉 은유와 환유

은유(Metaphor)	환유(meronymy)
유추에 기반한 유사성	연상에 기반한 유사성
Meta-변형, 넘어섬	Meta-변형
Phor-품다	Onoma-이름
채플린이 신발끈을 스파게티처럼 먹다.	로버가 제2번의 명령에 따라 마을사람 하나를 죽이다.
직유-'처럼', '같이'를 사용하여 비교하는 중요한 하위범주	제유(synecdoche)-부분으로 전체, 혹은 전체로 부분을 나타내는 중요한 하위범주
사람은 섬이 아니다	붉은색은 정열을 나타낸다.
(만화영화) '왕거미'의 복장	'엉클 샘'은 미국을 '대표'한다.
길고 가는 물건들은 남성 성기처럼 보일 수 있다.	'중산모(bowler)'은 영국인을 암시함 : 카우보이 모자는 미국 서부인 을 암시함.

싱턴'은 미국 행정부의 환유이다. '서울'은 한국의 행정부의 환유이다. '김치와 한복, 그리고 아리랑'은 한국을 지칭한 환유이다. 정치에서 '동교동'은 김영삼(YS)계를 지칭한 환유이고, '서교동'은 김대중(DJ)계를 지칭한 환유이다. 미군부대에서 '김치 GI'는 한국계 미군을 지칭한 환유이다. 기본적으로 환유는 사람들의 마음속에 형성되어 있는 것으로 어떤 사물이나 요소를 떠올리면 곧바로 그와 연결된 '연상작용'이 일어나게 하는 것으로 일부를 제시함으로써 전체를 연상케 하는 경우도 해당된다.

은유와 환유는 우리의 일상생활 속에서 끊임없이 접하게 되고 그러한 접촉에는 이미 하나의 사회적 의미가 암묵적으로 강제되어 있는 약호(Code)와 연관되어 사물이나 현상에 대한 사회적 의미를 이해하는 데 결정적인 역할을 한다. 이런 약호(Code)는 우리들의 생활 속에서 이미 보편적으로 개념정리가 되어 있고, 개인은 그 의미에 학습 또는 강제된다. 예를 들면, 교통표지판의 경우 일방통행 표시의 약호는 극단적 위험을 무릅쓰지 않고는 위반할 수 없게 되어 있다. 어린이들은 성장하는 가운데 이미 언어적으로 두 가지 유형의 약호를 학습하고 있으며, 이러한 약호학습이 어린이들의 장래의 발달과 성인생활에 중요한 역할을 한다고 결론지은 영국의 사회학자 바실(Basil Bernstein)의 유형이다.

언어의 두 축에서 볼 때 기의는 계열체관계(paradigmatic)이다. 따라서 기의는 수직적(vertical)이고 유사성(synchrony)이며, 유사성(similarity)으로 선택적(selection)이고 은유법(metaphor)에 해당된다. 랑그(langue)에 해당된 2차적 의미를 지닌다. 푸코의 관점에서 유사성은 계열체이고, 상사성은 통합체이다(전경갑, 1999).

그런데 이런 기표에 기의를 연결함으로써 의미를 지닌 것은 바로 기호의 의미작용(signification)에 의해 생성되고 유포된다. 그리고 나아가 외시적/외부세계(denotation)를 지닌다. 나아가 기의는 내포적/부가적/함축적/내부세계(connotation)를 지닌다. 그리고 나아가 신화(myth)와 이데올로기(ideology)로 발전된다. 외연적 의미(denotation)는 기호 의미 작용 중 1차적 의미작용이다. 이는 소재, 자질, 외견적 특성, 사용가치를 표현한다. 이에 반해 내연적 의미(connotation)는 기호 의미작용의 2차적 작용이다. 이는 외연적 의미가 유권자에게 암시하는 의미를 풍부하게 한다. 예를 들면, '40대의 기수', '노동자의 대변인', '시민이 시장입니다(박원순 서울시장 후보)' 등의 구호이다. 마케팅에서 상품속성파악과 그것에 새로운 의미를 창출하는 것, 즉 상품과 소지자와 새로운 내용이 일치하는 것이다.

텔레비전의 시각적 이미지와 청각적 이미지는 모두 똑같이 적용될 수 있다. 시각적 이미지가 지시의미와 부가의미를 전달하듯이 청각적 이미지 역시 그러하다. 또한 우리가 시각적 이미지에 유상, 지표, 상징의 개념을 적용할 수 있듯이 청각적 이미지에도 역시 이들 개념을 똑같이 적용할 수 있다. 또한 시각적 이미지가 은유적·환유적 부가의미 작용을 할 수 있듯이 청각적 이미지가 또 그렇다. 또한 코드(code)/코드화(codification)에서 코드는 기호를 조직하는 원리이다. 코드화는 어떤 코드에 기호를 조직하는 과정을 일컫는다. 이항대립(birary oppositions)은 서로 상쇄될 수 없는 역관계(때로는 모순관계)에 있는 배타적 개념들의 쌍이다. 예를 들면 〈음/양〉, 〈큼/작음〉, 〈진실/허위〉, 〈자유/억압〉 등 텍스트에서 이러한 이원항들을 찾아내는 수속을 〈계열체 분석〉이라고 한다. 이항대립과 규범화에서 이항대립은 차이의 복잡성을 단순화시켜 권력, 우월성, 값어치 등의 개념과 특정 가치관으로 부호화된다. 이항대립에서 기준이 되는 규범과 그것과의 반대, 즉 묵시적인 규범(unmarked norm)과 명시적인 타자(marked other)를 만들어낸다. 예를 들어, 백인은 1차적이고 묵시적인 범주로 이해되는 반면, 흑인이나 갈색 피부 등은 '백인이 아닌' 범주로 이해된다. 지배나 우월성의 개념으로 차이를 동일화하는 것이다. 담론(discourse)은 어떤 의미나 관념을 언술로 바꾸는 행위를 말한다. 담론은 겹겹이 포개진 긴 문장들로 되어있다. 그러나 실제로 담론은 매우 복잡한 개념이다. 담론이란 말하는 사람과 듣는 사람을 가정하고 이루어진 기호학적 틀이자 메커니즘이다. 말하는 사람들과 듣는 사람이 가정되었기 때문에 담론은 사회기호학적이다. 담론은 구조적 측면과 과정적 측면이 있다. 구조적 측면은 포개진 긴 문장들로 되어 있다. 구조적 측면은 담론에 이야기체, 신화, 텍스트 같은 것들이 배태되어 있음을 가리킨다. 과정적 측면은 말하는 사람의 담론이 이야기들, 신화들, 텍스트들을 자세히 설명하는 데서 나타난다. 푸코는 담론이 이야기체나 텍스트를 상세히 설명하는 데 그치는 것이 아니라 어떤 힘의 행사를 은연중에 수행하는 이데올로기적 과정이라고 한다. 이에 비해, 메타언어(meta-language)는 〈언어를 위한 언어〉, 즉 언어를 의미 있게 체계적으로 사용하기 위해 필요한 언어를 메타언어라고 한다. 이것은 실제 담론에서 사용된 언어보다 한 차원 높은 평면에 존재한다. 예를 들면, 교수가 강단에 서서 "내 말 잘 들으십시오."라고 주의를 환기시키는 것은 메타언어의 차원에서 한 것이다. 교수의 실제 강의는 담론에 속한다. 메타언어가 제 구실을 한다면 강의는 제대로 진행될 수 없다. 또한 메타언어는 이론을 세우는 언어이고, 분석을 하는 언어이며, 비판을 위한 언어이다. 신화(myth)는 통상적으로 믿을 수 없는 이야기를 가리키는 말이나 또는 잘못된 관념이나 사상이 담긴 담론을 비꼬는 말로도 쓰인다. 그러나 기호학에서는 그와는 정반대의 뜻으로 신화라는 말을 사용한다. 많은 신화학자들은 사람들이 눈으로 직접 볼 수도 없고 말로 잘 표현할 수도 없는 어떤 불가해한 것이나 현상을 어떻게

든 설명하려고 만든 이야기를 신화라고 불러왔다. 신화학자들은 이러한 신화를 억지 설명 이라고 이해하는 게 아니라 세계를 이해하는 기본 틀로 이해한다. 바르트는 '특수한 언술' 이라고 정의한다. 신화에 대한 좀더 구체적인 정의는 〈기의들의〉이다. 이 정의에 근거해 볼 때 신화들은 우리 주변에서 무수히 만들어지고 있다. 채프만(S. Chapman)과 에게(G. Egger)는 신화를 문화적 생각들을 구체화하거나 공통적인 감정에 대한 표현을 통해 집단 의 의식에 호소하는 주제나 문자들의 유형들로 정의하였다. 바르트는 기호가 수용자의 감 정과 문화의 가치와 만날 때 그 상호과정에 의해 의미가 창출되는데 이것이 내포적 의미 이며 신화(myth)가 된다고 보았다. 여기서 신화란 감추어진 규칙, 부호, 관행을 통해 특 정한 사회집단이 창출한 의미체계를 말한다. 이러한 신화는 사회 전체에 자연스럽게 받아 들여지는 이데올로기로 전환된다. 신화의 의미작용, 즉 바르트의 신화 분석에서 신화는 사회적 통념이나 가치 또는 이데올로기 등과 같이 한 문화가 그것이 갖는 사회적 현실을 이해하고 설명하는 방식을 말한다. 바르트는 신화를 상호연결된 부가의미적 개념의 연쇄 로 생각한다. 바르트는 기호가 수용자의 감정과 문화의 가치를 만날 때 그 상호과정에 의 해 의미가 창출되는데 이것이 내포적 의미(connotation)이며, 신화(myth)와 이데올로기 가 된다고 보았다[22]. 여기서 신화란 감추어진 규칙, 부호, 관행을 통해 특정한 사회진단이 창출한 의미체계를 말한다. 이러한 신화는 사회전체에 자연스럽게 받아들여지는 이데올 로기로 전환된다. 또한 그에게서 신화는 1단계 의미작용 체계가 촉발시키는 상호연관되 는 연쇄적 부가의미(개념의 연쇄)를 통해 그 모습을 드러낸다. 예를 들어 우리가 보통 생 각하는 남성과 여성에 대한 사회적 통념은 남성은 강하고 적극적 · 이성적 · 논리적인 반면, 여성은 약하고 · 소극적 · 감정적 · 비논리적이다. 따라서 영화나 드라마에서 전형적 묘사는 위기 상황의 경우 남성은 여성을 구출하고 보호한 자로 나타나며, 갈등상황의 경우 남성 은 이성적으로 행동하고 여성은 감성적으로 행동한다. 특정 장면의 부가의미는 그 장면이 만들어지기 전에 사회적 통념이나 사회적 가치로 이미 문화속에 내재되어 있는 것이며, 영화나 드라마의 필름이 보여주는 이미지들은 신화(통념이나 가치)를 구성하는 연쇄적 개 념들을 촉발시키는 재료(기호 표현)일 따름이다. 즉 신화의 1단계 의미작용 체계인 기본

---

22) 여기서 말하는 신화(myth)는 통상적으로 믿을 수 없는 이야기를 가리키는 말이나 또는 잘못된 관념이나 억지 설명 이라고 이해하는 게 아니라 세계를 이해하는 기본 틀로 이해한다. 기호학에서 보는 신화란 우리들의 주변에서 일어 나는 일상적인 담론들이다. 즉 신화란 문화적 이야기, 문화적 사고방식, 혹은 문화적 설명방법을 뜻한다. 바르트 (R. Barthes)는 신화를 담론에 채용되는 '특수한 언술'이라고 정의한다. 신화에 대한 좀 더 구체적인 정의는 '기의들 의 고리'이다(김경용, 1995: 321). 이 정의에 근거해 볼 때 신화들은 신화의 제작의 한 가지 기본 틀을 적용함으로 써 훌륭한 신화를 만들 수 있다.

재료들(언어, 사진, 그림 포스터, 의례제전, 물건들 등)은 신화를 전달하기 위한 순수한 형식이 된다. 따라서 바르트는 신화의 2단계 의미작용 체계를 1단계 의미작용 체계와 구분하여 기호표현을 형식(form), 기호 내용을 개념(concept), 기호를 의미작용(signfication)으로 부른다. 그에 의하면 신화는 부가의미와 같은 방식으로 생성되는 것이지만 특별한 종류의 부가의미 체계이다. 이데올로기(ideology)란 말이 처음으로 쓰기 시작한 것은 18세기 프랑스에서였다. 그 말은 〈관념학 the science of ideas〉이란 뜻으로 쓰였다. 그러던 것이 나폴레옹, 마르크스, 바흐친(Bakhtin) 같은 학자들과 많은 관련이 있다. 현존하는 사회조직과 질서를 적법화하는 만 묶음의 관념들을 이데올로기라고 한다. 이것은 강자들, 지배자들, 엘리트들이 상황(status quo)을 호도하거나 모호하게 하려는 의미론적 게임(game)이다. 이들은 강자에 의한 지배, 억압, 착취, 사회적 불평등 따위의 필요성이나 정당성을 대중에게 선전한다. 이런 것들이 대중들에게 으레 그런 것으로 기정사실처럼 널리 받아들여질 때 이데올로기는 헤게모니가 된다.

4. 정치광고의 언어적 텍스트와 심층의미

언어적 텍스트의 표면적 기능과 실제적 기능은 표면적 기능과 실제적 기능이 있다. 르블(O. Reboul)은 이 두 기능의 심층적 의미의 차이를 파악하기 위해 언어의 이데올로기성에 대해 연구하였다. 르블은 야콥슨(R. Jakobson)이 지시한 언어의 여섯 가지 기능- 지시적, 표편적, 선동적, 시적, 친교적, 메타언어적[23]을 바탕으로 발화자의 목적과 그가 구상하는 언어형식 사이에, 즉 메시지의 실제적 기능과 표면적 기능 사이에 틈이 존재할 수

---

23) - 지시적 기능 : 언어의 가장 표면인 기능으로 정보전달과 설명을 의미한다. 전제, 거짓 인과관계, 완곡어법 등이 있다.
- 표현적 기능 : 발화내용에 대한 화자의 태도를 직접적으로 표현하려는 목적을 가진다. 감탄사 등이 그 예이다. 단합, 당연화, 권위적 논거 등이 있다.
- 선동적 기능 : 호격과 명령법을 통해 수신자를 지향한다. 참과 거짓의 구분이 불가능하다. 수행문, 권력탈취, 정당화 등이 있다.
- 시적 기능 : 메시지의 목적이 그 의미와 무관한 물리적 실체로서의 메시지 자체가 되는 경우이다. 비유, 각운과 논리, 과장, 대립법·교차배어법, 어휘 등이 있다.
- 친교적 기능 : 스스로 입을 다물거나 대화 상대자에게 침묵을 강요함으로써 대화를 거부하는 것이다. 서두, 부인 등이 있다.
- 메타언어적 기능 : 발신자 혹은 수신자가 상대방과 일치하는 코드를 사용하고 있는지를 확인한다. 지시, 의미교체 등이 있다.

있다는 사실에 주목하여 이데올로기성을 파악하고자 은폐와 언어의 어떤 기능을 다른 기능으로 위장하는 것을 의미한다(올리비에 르블, 『언어와 이데올로기』, 홍재성 역, 역사비평사, 2003). 신태섭(1993)은 광고가 가지는 사회적 의미를 두 가지 차원에서 규정한다. 첫째, 광고가 자본주의 사회에서 특수한 유형의 상품, 곧 정보 상품으로서 생산·소비된다는 의미의 '정보 상품성'이다. 둘째, 광고가 현실에서 지배적 지위에 있는 사회적 의식들을 생산·유포한다는 의미의 '지배 이데올로기성'이다(신태섭, 1993). 광고의 지배 이데올로기성은 일반적으로 메시지의 이데올로기성에 기초한다. 여기서 메시지는 공유된 기호를 매개로 의식들이 객관화된 것이라고 할 수 있다. 대부분의 메시지들은 사회적 담론들이며, 의식들 역시 체계화되고 정식화된 사회적 의식들, 즉 이데올로기들이다. 모든 커뮤니케이션은 일정 수준의 이데올로기를 생산하고 유포하며, 그럼으로써 현실에 대한 단순한 관념적 표상을 넘어 현실에 실질적인 작용을 가하는 또 다른 현실로 작동한다. 언어메시지의 여섯 가지 기능에 따른 실제적 기능과 표면적 기능의 표현 양식은 〈표 13-12〉과 같다.

〈표 13-12〉 정치광고 언어적 메시지 텍스트의 심층의미
• 언어의 실제적 기능과 표면적 기능

		표면적 기능					
		지시적	표현적	선동적	시적	친교적	메타언어적
실제적 기능	지시적	단언	융합	거짓 수행문	범주의 오류	완곡어법	객관화시키는 호칭
	표현적	순화	발화행위	권위적 논의	암호	자격박탈	고유어
	선동적	환치	충경어 금기어	수행문	주문	의례적 표현	비의주의
	시적	부언	전용	수사적 선동	순수시	수사적이 서두	어휘화
	친교적	부인	대변	서두	반복, 단절, 교차배어법	망의 장악	수용성 언어적 금기
	메타언어적	의미적 변환	약호에 의한 통합	약호의 상기	긴장 : 은유, 반어, 과장	상대에 대한 반론	호칭과 정의

• 로만 야콥슨(R. Jackobson)은 모든 의사소통 행위가 여섯 가지 구성요소를 가지고 있다한다.

　　① 발화자 : 말을 하거나 쓰는 사람
　　② 수신자

③ 지시물 : 사람들이 그것에 대해 말하는 것이다.

④ 약호·규칙의 체계 : 발화자와 수신자에게 공통되며 이것 없이는 전언이 이해되지 않는다.

⑤ 접촉 : 의사소통을 물리적·심리적으로 유지시켜 주는 것이다.

⑥ 전언 자체 : 의사소통의 물리적 실현·달리 말하면 발화된 것이나 씌어진 것이다.

5. 정치광고의 이미지와 시뮬라크르·하이퍼리얼리티

장 보드리야르(Jean Baudrillard)가 본 시뮬라크르(simulacra)[24]의 핵심은 전통적인 재현체계 속의 이미지가 아니라 흉내 낼 대상이 없는 이미지이며, 이 원본이 없는 이미지가 그 자체로서 현실을 대체하고, 현실은 이 이미지에 의해서 지배받게 되므로 오히려 현실보다 더 현실적인 것이다. 즉 이미지가 원실체를 가정하지 않고, 스스로 이미지 혹은 모델을 만드는 것이다. 우리가 지금까지 실재라고 생각하였던 것들이 이 비현실이라고 하였던 시뮬라크르로부터 나온다. 상황이 완전히 전도되었다. 흉내 내거나 시뮬라크르할 때는 이미지란 실재 대상을 복사하는 것이었지만, 여기서는 오히려 실재 대상이 가장된 이미지를 따라야 한다. 즉 이미지를 지시대상보다 더 중요하게 여긴다. 이것을 장 보드리야르는 시뮬라크르(simulacra)라 한다. 이미지 세계를 장 보드리야르의 하이퍼리얼리티(과실재성, hyperreality)[25] 측면에서 관찰할 때, 이미지는 내파[26]로 재현된 현실과 이미지가 서로

---

24) 장 보드리야르의 시뮬라크르는 르네상스 이후 가치의 법칙에 의하여 세 가지 차원으로 변형되어 왔다. ① 1차적 시뮬라크르는 '위조물(counterfeit)'이다. 이 형태는 르네상스에서 산업혁명에 이르기까지 고전시대(classical)의 지배적 형태였다. 자연에 대한 '위조'가 재현의 활용양태가 되는 것으로, 모방과 이미지가 창조된다. ② 2차적 시뮬라크르는 '생산(production)'이다. 이는 산업화 시대의 지배적 형태이다. 기계적 모방물인 시리즈물(series) 등이다. ③ 3차적 시뮬라크르는 '시뮬라크르(Simulacra)'이다. 이 시뮬라크르는 코드(code)가 지배하는 현 상황의 지배적 형태이다. 오리지널과 위조물 간의 유사물(analogy) 혹은 반영(reflection)의 관계가 아닌 등가물(equivalence)의 관계로 된다. 여기 1차적 시뮬라크르물은 가치의 자연법칙에, 2차적 시뮬라크르물은 가치의 상품법칙에, 3차적 시뮬라크르물은 가치의 구조적 법칙에 의해서 좌우되는 것이다. 장 보드리야르가 본 제1 혹은 제2차에 속하는 시뮬라크르는 이미지를 반영하거나 감추는 전통적인 재현의 체계이고, 3차적 시뮬라크르는 '원본도 사실성도 없는 실재'이다. 이는 흉내 낼 대상이 없는 이미지이며, 이 원본이 없는 이미지가 그 자체로서 현실을 대체하고, 현실은 이 이미지에 의해서 지배받게 되므로 오히려 현실보다 더 현실적인 것이다. 즉 이미지는 사실성과 무관한 이미지 자신이 시뮬라크르가 되는 단계이다. 이는 곧 플라톤의 예술적 재현(모방)의 세계이다. 이 모방은 유사성을 지닌 이미지이며 시뮬라크르는 유사성을 지니지 못한 이미지이다(Deleuze, 1969, 이정우 옮김, 2000: 297). 그러므로 모방과 시뮬라크르 사이엔 '본질' 사이의 차이가 존재하며, 동일자(이데아)와 시뮬라크르 사이엔 '무한하게 느슨한 유사성(같은 곳)'만이 존재한다.

하나가 되기 때문에 이미지가 곧 현실이라는 장 보드리야르의 주장을 뒷받침하고 있는 그의 하이퍼리얼리티에 대하여 또 다른 의문이 제기된다. 장 보드리야르는 매체가 이미지와 기호, 그리고 현실 간에 내파를 일으키게 함으로써, 즉 미디어가 자연 속에 있는 현실체들을 내파시킨 후, 이들이 인공적으로 부활됨으로써 이미지는 실재성보다도 더 진짜로 보이는 과실재성들이 된다고 주장한다. 이처럼 실재가 아닌 실재는 흉내 낼 대상이 없는 이미지이며, 원본이 없는 이미지가 그 자체로서 현실을 대체하고, 그 현실은 이 이미지에 의해서 지배받게 되므로 오히려 현실보다 더 현실적인 것이다. 이런 일련의 전환적인 과정들이 시뮬라시옹(simulation)이고 모든 실재의 인위적인 대체물이 바로 시뮬라크르(simulacra)이다. 이 시뮬라크르는 그동안 모더니티의 리얼리티 토대 위에서 외파적으로 세분화되고 기계화 기술발달이, 이제는 내부적으로 확장되는 내파에 의해서 일어난다. 후기산업사회에서 모더니티라는 것이 베버(M. Weber)에 대한 하버마스(J. Habermas)의 해석이 보여주는 대로, 생활영역의 다양한 분화 과정과 그에 따른 사회적 분화 및 분리로서 규정된다면, 이제 포스트모더니티는 료타르(J. F. Lyotard)와 프레드렉 제임슨(F. Jameson), 그리고 장 보드리야르에 있어서 현실과 재현가능성 여부, 즉 이미지와 현실 간의 관계에 관한 문제에 초점을 두었다. 료타르의 경우는 총체적 현실을 재현할 수는 없고, 그 관계가 반영이든 왜곡이든, 이미지와 실재 간의 모종의 관계를 상정하는 입장을 취한다. 프레드릭 제임슨(1984)은 모더니즘 문화의 자율성 공간이 붕괴되면서 팽창된 자본의 위력이 기호영역과 재현체계 그리고 생활세계의 모든 문화영역에 전면적으로 확산 침투된다고 하였다. 그래서 후기자본주의 시대에 있어 문화적 형식의 생산과 교환 그리고 소비 그 자체가 경제적 실천의 핵심으로 포섭되기에 이르렀다. 그 결과 포스트모더니즘적 소비자본주의 사회는 물상화의 극치를 이루게 되었고, 문화영역과 경제적 영역의 분화(differentiation)는 와해 혹은 내파된 것이다. 이런 시대적 환경의 변화에 따라, 오늘날 우리 생활의 많은 영역은 테

---

25) 'reality'/ 'hyperreality'는 '실재(제)', '현실성/ '초극사실성'이나 '과생실재', '과실재성' 등으로 번역될 수 있을 것이다. 본 연구에서는 '리얼리티'는 현실 또는 실재(제)로, '하이퍼리얼리티'는 과실재성 등의 표현으로 혼용해 쓰겠다. 특히 장 보드리야르의 '과실재성(hyperreality)'은 유도 개념으로 과공간, 과정보 같은 것들이 있다. 그리고 과찬, 과욕, 과소비 같은 예도 들 수 있다.

26) 내파의 개념은 원래 마샬 맥루한(M. McLuhan)의 『미디어의 이해』의 첫 구절에서 따온 것이다. 세분화와 기계화의 기술로 인하여 3천 년에 걸쳐 '외파(explosion)' 해온 서구세계가 이제 '내파(implosion)'하게 되었다."(McLuhan, 박정규 옮김, 1990: 295). 내파(implosion)는 외파(explosion)와 방향이 반대인 같은 힘이다. 외파는 팽창, 진보, 식민지화를 가치로 여겼던 모더니즘을 대변하는 것이 에너지 폭발이었다면, 내파는 그와는 반대로 포스트모더니즘 특징으로 나타난 현상으로 그동안 외파로 갈라지고 쪼개졌던 것들이 다시 분할 이전의 상태로 응축되어 가는 현상이다. 학자에 따라 'implosion'을 내파 또는 함열이라고도 번역하며, 'implosion'은 외파 또는 폭발로 번역된다.

크놀로지의 발달에 힘입어 미디어 속으로 내파된 후 과실재성으로 나타난다. 즉, 일상생활의 심미화, 시공간의 압축에 따른 사회적인 것의 신축성 증대, 그리고 하이퍼리얼리티의 새로운 영역의 확대이다. 2002년 아프간 전쟁, 이라크 전쟁 자체가 TV에 내파(implosion)됨으로써 TV 스크린이 전쟁터가 되었다. 예컨대 TV 화면에 비친 레이더 교량 폭파 장면은 국가 정보당국에 검열된 세척된 이미지로 이루어진 '깨끗한 전쟁의 영상'으로 과실재적(hyperreality) 전쟁이었다. 즉, 실제 전쟁이 TV에 내파되어 TV 스크린 자체가 전쟁터가 되고, 오늘날 PC 속의 가상세계가 내파되어 실제 현실로 나타나고 있다[27]. 그리고 주변이 중심에 내파되어 동질적인, 똑같은 하나의 공간이 인간들과 사물들을 묶는 조작적 공간으로 변화시키고 있다. 이 변화가 기 드보르(Guy Debord)가 말한 바와 같이, 오늘날 인간의 삶을 '스펙터클의 사회(Society of The Spectacle)'라고 진단하면서, 이 사회에서 인간의 관계는 미디어와 이미지가 매개되어 현실을 왜곡시키고 소외된 사회적 관계로 만든다. 이런 외견상의 현상들은 물질적 산물이라기보다는 이미지라고 한다(S. Conner, 1989: 51). 이는 결국 소비의 영역들이 문화적 수준의 영역으로 창출된다는 것을 의미한다. 이런 맥락에서 장 보드리야르의 내파이론은 재현과 리얼리티, 즉 현실과 기호의 경계를 허무는 사회적 엔트로피(entropy)의 진행과정을 서술하고 있다. 이것은 미디어에서 의미가 내파되고, 대중에게서 미디어와 사회적인 것이 내파되는 것을 포함한다(Baudrillard, 1983b). 이처럼 미디어와 우리 생활이 엔트로피가 되는 것은 초현실 안으로 현실이 내파되기 때문이다. 즉 상징적 기호로 이미지와 현실이 내파되어, 이미지와 그의 지시대상인 현실과는 어떤 관계도 없는 과실재성만이 남게 됨으로써(이정호, 1998), '이미지가 그 자체로 실체'라는 주장이다. 이로써 이미지와 현실은 곡선과 원, 즉 비유클리드 기하학(non-Euclidean geometry)[28] 위치에서 하나로 통합된(a single concept)존재

---

27) 내파로 과실재성 현상은 우리 주변에 많이 발생하고 있다. 예를 들어, 페르시아만 전쟁은 수많은 스펙터클이 화면에 포장된 전쟁의 영상들이 방영되었다. 딕 체니(당시 미국 국방장관)가 말했듯이 이 전쟁은 '가짜 진짜 전쟁'이었다. 그럼에도 TV 시청자들이 보는 전쟁, 볼거리(스펙터클)를 제공한 '깨끗한 전쟁'이어야만 했다. 실로 TV 전쟁은 '하이퍼리얼(hyperreal)'이었다. 여기서 가짜가 진짜가 되고 허구와 실제가 혼합된 전쟁이었다. 초정밀 폭격이나 소위 '전쟁'으로 시청자에게 투영되는 것은 일차적으로 미국국무성 검열제도에 의한 것이다. 전쟁 지지자들의 외침과 반전 시위자들의 외침이 공정한 동률의 반영시간을 분배받고 TV 위에서 역시 깨끗하게 한 의식(儀式)처럼 방영되었다. 살상된 시민들의 피비린내도, 군인들의 땀 냄새도, 시위자들의 뛰는 가슴도, 사우디아라비아 사막의 황량함도 모두 말끔하게 제거된 오직 깨끗한 영상들만이 TV 위에서 어른거렸다. 또한 PC의 가상세계를 현실세계로 정신분열증을 일으킨 청소년의 모방적 살인 행위 등이 그 좋은 예이다(김경용, 1993; 윤영민, 2000).

28) 비유클리드 기하학(non-Euclidean geometry)은 독일 수학학자 나이만(bernhard riemann, 1826-1866)이 제시한 타원형적인 기하학으로서 선분에 존재한 두 지점은 서로 만난다는 논리인데, 장 보드리야르는 이 논리를 자기의 내파이론에 도입한다. 그래서 곡선의 세계에서는 재현된 이미지와 실체가 서로 만나서 하나가 되기 때문에 이미지는 곧 실체가 된다.

로 간주된다. 그러나 장 보드리야르는 과실재성 개념을 설명하는 그의 텍스트에서 다음과 같은 논리상의 오류를 드러내고 있다. 그는 "리얼리티(현실, reality)가 내파되어 소멸된 포스트모던 시대에서는 리얼보다 더 리얼한(more real than real) 하이퍼리얼리티로 자리 매김한다."라고 보았다. 다시 말해 '하이퍼리얼리티(hyperreality)가 바로 오늘날의 리얼리티(Baudrillard, 1983)'라는 것이 장 보드리야르의 주장이다. 여기서 '더 리얼하다(하이퍼리얼리티)'는 것은 '리얼한' 것의 존재가 엄연히 전제된다(Norris, 1987). 이러한 장 보드리야르의 설명에 따르면 '현실(리얼리티)보다 더 현실적인 이미지(하이퍼리얼리티)'가 '오늘날의 현실'이라는 것이다. 그러나 '더 현실적일 수 있다'라는 것은 이미 이미지와는 차이를 갖고 있는 '이미지보다 덜 현실적인' 객관적 현실을 전제하는 것이 된다. 그러므로 '현실보다 더 현실적인' 이미지와 객관적인 현실은 같은 존재론적 지위를 가질 수 없게 된다. 이와 같이 내파현상으로 생성된 과실재성(하이퍼리얼리티)이라는 개념을 통한 장 보드리야르의 주장에서도 이미지는 현실과의 차이에 의해 존재하고 있다는 것이 발견된다. 따라서 하이퍼리얼리티는 리얼리티의 연장이 아니라 그 너머에 있는 것으로 이해하는 장 보드리야르의 내파이론이 가지는 모호성을 밝힐 필요가 있다. 이러한 의문은 후기구조주의와 쟈크 데리다(J. Derrida)의 해체주의(deconstructionism)[29] 관점을 환기시킨다. 쟈크 데리다에 의하면 모든 본래의(primal) 것과 토대(grounding), 근본(fundameretal)의 중심은 애당초 존재하지 않는다. 그래서 쟈크 데리다의 언어의 세계관은 현실과 이미지 간에 차이와 대립 그리고 상관적 관계에서 구성되기 때문에 완결적인 의미구성은 불가능하다는 입장을 보인 반면, 장 보드리야르의 내파의 언어세계관은 고정된

〈그림 13-5〉

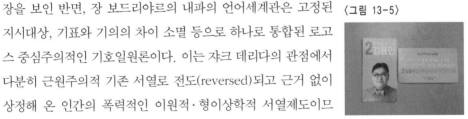

지시대상, 기표와 기의의 차이 소멸 등으로 하나로 통합된 로고스 중심주의적인 기호일원론이다. 이는 쟈크 데리다의 관점에서 다분히 근원주의적 기존 서열로 전도(reversed)되고 근거 없이 상정해 온 인간의 폭력적인 이원적·형이상학적 서열제도이므로 해체되어, 재배치(displacement)되어야 한다. 특히 초기 주류 미디어 연구에서 미디어에 대한 새로운 인식의 필요성을 제기하며 이후 미디어와 현실의 관계에 통찰력을 제시한 학자로 마샬 맥루한을 언급하지 않을 수 없다. 이는 장 보드리야르의 이미지에 대한 하이퍼리얼리티 이론과 그 이론의 시원적 흔적을

여성용 명함

남성용 명함

---

29) 쟈크 데리다(J. Derrida)의 해체(deconstruction) 또는 해체주의(deconstructionism)를 중심으로 한 후기구조주의(post-structuralism)는 텍스트로서의 세계와 그것의 현상들을 '읽는' 새로운 시각이다.

찾을 수 있는 마샬 맥루한의 미디어 이론에서 찾아볼 수 있다[30]. 이런 맥락에서 이미지와 시뮬라크르, 하이퍼리얼리티가 정치영역에서 어떻게 작용하는가를 살펴 볼 필요가 있다. 정치인들이 만들어낸 메시지의 심층적 의미는 실제적 기능과 표면적 기능이 가져온 하이퍼리얼리티(hyperreality), 시뮬라시옹(simulation)으로 의미를 재생산하고 유포(social circulation)되고 있다. 예를 들어 국회의원 후보 때의 많은 담론은 의미를 재생산하고 있었지만, 국회의원에 낙선된 후의 시뮬라시옹은 많은 이미지를 재생산하지 못해 그의 이미지는 차이가 있다. 〈그림 13-5〉는 2012년 4·11 제19대 국회의원 선거 시 김용민 국회의원 후보가 보여준 언어적 실제 기능과 표면적 기능에서 보여준 하이퍼리얼리티과 시뮬라크르이다.

6. 정치광고의 시각적 이미지와 심층의미

광고의 시각이미지를 살펴본다는 것은 광고를 구성하는 기호들을 체계적으로 분석함을 의미한다. 이는 광고의 의미구성에 대한 기호학적 접근 방법을 필요로 한다. 바르트(R. Barthes)는 의미작용의 단계별 분석을 통하여 광고의 심층적 의미를 밝혀냈다.

다음 〈표 13-13〉은 바르트의 의미작용 단계를 보여준다.

〈표 13-13〉 바르트의 의미작용 단계

일차적 의미작용 외연적 의미(객관적 의미) 이차적 의미작용 단계 내표적 의미(주관적/다중의미) 예) 신화, 이데올로기 등	1. 기표(signifier)	2. 기의(signified)
	3. 기호(sign) I. 기표	III. 기의(signified)
	III. 기호(sign)	

* 바르트의 의미작용 단계(재구성)

---

30) 마샬 맥루한은 누구보다 먼저 미디어의 이미지와 현실의 차이를 암시했다. 그가 주류 미디어 연구에서 주목을 받게 된 것은 다음의 유명한 명제에서 시작되었으며 이 명제는 미디어와 이미지, 그리고 현실의 관계에 대한 그의 주장을 함축하고 있다. "The Medium is The Message: 미디어는 메시지이다."(McLuhan, 1964). 그는 위 명제에 다음과 같은 설명을 부연한다. 이는 모든 미디어가 우리 자신의 확장이며 이 미디어의 개인적 및 사회적 영향은 우리 하나하나의 확장, 바꾸어 말한다면 새로운 테크놀로지 하나하나가 우리에게 도입되는 새로운 척도로서 측정되어야 한다는 것이다(McLuhan, 1964).

일차적 의미작용에서 만들어진 기호는 이차적 의미작용에서 다시 기표가 된다. 의미작용의 첫 단계는 외연의 단계로 기호 내에서 기표와 기의 관계를 말한다. 학자에 따라 이 외연적 의미(denotation)를 객관적 의미, 외부의미 등으로 표현한다. 따라서 일차적 의미작용에서 만들어진 외연적 의미는 기호의 상식적이고 명백한 의미가 창조되어 그 의미가 객관적으로 표현되고 쉽게 인식되어지거나 확인되어진다. 이는 또한 기표로 의미를 나르는 운반체이다. 의미작용의 이차적 단계는 내포적 의미(connotation) 단계로 심층적 의미다. 이는 주관인인 의미를 지니기 때문에 다의성 기능을 갖는다. 의미의 이차적 단계는 내포적 단계로 기호가 사용자의 감정과 문화의 가치와 만날 때 그 상호과정에 의해 의미가 창출된다. 바르트는 이 단계에서 신화(myth)가 만들어지고 소비된다고 본다(J. 스토리, 1994). 이 과정 중에 은유와 환유, 하이퍼리얼리티, 랑그와 파롤, 계열체와 통합체 등 언어 양식들에 의해 생산되고 유포된다.

7. 정치인쇄광고의 텍스트

1) 노무현 대통령 후보의 정치광고 언어적 분석

"링컨은 남북통일로 미국을 바꾸었습니다"(12월 13일)라는 광고는 변증법적 동일시를 통한 정체성 확립으로 링컨과 노무현의 공통점을 제시해 두 인물을 동일시하게끔 만든다. 이와 같은 후보의 동일시는 2012년 4월 11일 제19대 국회의원 선거 시에도 나타나고 있다. 언어적 텍스트는 표면적으로는 지시적 기능을 하고 있다. '링컨은 남북통일로 미국을 바꾸었습니다'는 실제적으로도 지시적 기능을 하고 있다. '노무현은 국민화합으로 새로운 대한민국을 만들겠습니다'와 '미국에 링컨이 있다면 한국에 노무현이 있습니다.'는 실제적으로 선동적으로 기능한다. 국민화합을 통하여 새로운 대한민국을 만들기 위해서는 노무현을 지지해야 한다는 선동을 하고 있다. 남북통일을 통하여 미국을 바꾼 링컨 대통령이 있듯이 국민화합으로 미국과 같은 선진국을 만들 수 있는 사람은 노무현이라는 선동을 하고 있다. 링컨의 사진 이미지는 미국의 통일을 이룬 대통령의 내포적 의미를 지니고 있으며 국가통일, 민족화합, 진보주의와 같은 이데올로기를 생산한다. 웃고 있는 노무현 후보의 사진 이미지는 국민화합을 이룰 대통령으로서 진보주의 이데올로기를 내포하고 있다.

시각이미지들은 언어적 텍스트에 대해 반복적 양상으로 관계를 맺는다.

〈그림 13-6〉 2002년 노무현 후보의 정치광고

〈표 13-14〉 정치광고 언어적 메시지 분석

언어적 메시지	표면적 기능	실제적 기능
1. 링컨은 남북통일로 미국을 바꾸었습니다.	1. 지시적	1. 지시적
2. 노무현은 국민화합으로 새로운 대한민국을 만들겠습니다.	2. 지시적	2. 선동적
3. 미국에 링컨이 있다면 한국에 노무현이 있습니다.	3. 지시적	3. 지시적, 선동적

〈표 13-15〉 정치광고 시각적 이미지 분석

	1차적 의미작용		2차적 의미작용	
주요 시각 기호	기표 signifier	외연적 의미 denotation	내포적 의미 connotation	신화/이데올로기 Myth/ideology
	링컨 대통령	미국 대통령	미국의 통일을 이룬 대통령	국가통일 민족화합 진보주의
	노무현 대통령 후보	한국 대통령 후보	한국의 국민 화합을 이룰 인물	진보주의 민족화합

• 노무현 대통령 후보의 정치광고의 언어적 분석

국민검증을 두 번이나 거친 것을 강조하며 정몽준 후보와의 단일화를 광고소재로 쓰고 있다. 그 증거로 정몽준 후보와의 단일화 때 포장마차에서 소주잔을 기울이는 사진 이미지를 광고에 활용하고 있는 긍정적 전략 광고이다. 언어적 텍스트는 표면적으로는 모두 지시적 기능을 하고 있다. 그러나 실제적으로는 상대후보를 기득권에 얽매여 있는 인물로 설정하고 국민에게 감동을 줄 수 없는 인물임을 은근히 내포하고 있는 공격적 측면이 있

다. 이때 시각이미지에 나타난 노무현 후보와 정몽준 후보는 양보와 희생의 합의 정신이
라는 내포적 의미를 지니면서 국민통합이라는 이데올로기를 생산한다. 또한 포장마차와
소주잔은 서민적 공간과 생활이라는 내포적 의미를 지니면서 탈권위주의 이데올로기를
생산한다. 시각적 이미지는 정치가 국민에게 감동을 준 결과로서 제시되며, 노무현 후보
는 낡은 정치를 끝내고 새로운 대한민국을 만드는 주어로 언어메시지와 관계한다.

〈그림 13-7〉 2002년 노무현 대통령 후보의 정치광고(신문광고)

〈표 13-16〉 정치광고 언어적 메시지 분석

언어적 메시지	표면적 기능	실제적 기능
1. 정치도 국민에게 감동을 줄 때가 있습니다.	1. 지시적	1. 선동적
2. 국민 검증을 두 번째 거친 국민후보 노무현	2. 지시적	2. 지시적
3. 낡은 정치를 끝내고 새로운 대한민국을 만들겠습니다.	3. 지시적	3. 선동적

〈표 13-17〉 정치광고 시각적 이미지 분석

	1차적 의미작용		2차적 의미작용	
주요 시각 기호	기표 signifier	외연적 의미 denotation	내포적 의미 connotation	신화/이데올로기 Myth/ideology
	노무현 후보, 정몽준	두 후보가 잔을 마주치는 장면	양보와 희생의 합의 정신	국민통합
	이회창 대통령 후보	포장마차라는 공간과 소주잔	서민적 공간과 생활의 상징	탈권위주의

정치광고는 기본적으로 복합체이다. 언어, 영상, 사운드 등 광고가 이용할 수 있는 모든
기호적 실체가 뒤섞여 복잡한 방식으로 수사에 가담한다. 이러한 광고 텍스트의 의미를

파악하기 위해서는 복잡한 기호들의 실체를 파악하여, 의미와 가치, 관계와 차이를 규명하는 것이 중요하다.

결과적으로 언어메시지는 정보제공과 설득의 과정에서 표면적으로는 지시적으로 제시되면서 실제적으로는 선동적 기능을 수행하고 있다. 은폐된 심층의미를 통하여 유권자의 행동변화를 요구하는 이데올로기적 담화로서의 특성을 드러낸다. 시각적 이미지의 기호들은 의미작용의 단계에서 진보와 보수, 안정과 개혁, 권위주의 등의 이데올로기적 거대 담론을 생산하였다. 이러한 언어적 텍스트와 시각이미지는 반복양상과 부가양상의 형식으로 직접적 관계를 형성하면서 표현되었다. 이와 같이 정치광고의 심층의미를 파악해 봄으로써 내재된 이데올로기적 기능과 내용을 밝혀 볼 필요가 있다(권영운, 2002). 정치광고의 사회심리학적 측면에 대한 이론이다. 아래 〈그림 13-8〉과 같이 10·26일 서울특별시 보궐선거의 선거공고물에서 한나라당 나경원 후보가 웃고 있는 모습과 무소속 박원순 후보가 한복을 입은 노인과 대화하는 모습의 외견적 특성의 외연적 의미(denotation)를 지니고 있다. 이 소재들과 함께 "가족이 행복한 생활특별시"와 "시민 편에 서는 첫 시장이 되겠습니다!" 등의 캐치프레이즈는 유권자에게 다양한 의미를 암시한 내연적 의미(connotation)를 지니고 있다.

〈그림 13-8〉 10·26일 서울특별시장 후보 나경원 후보와 박원순 후보 선거공고물

위 〈그림 13-8〉의 선거공보물과 언어적 메시지에 대하여 르블(O. Reboul)과 야콥슨(R. Jackobson)의 의사소통 행위 구성요소를 분석하여 본다.

〈표 13-18〉 정치광고 언어적 메시지 분석

언어적 메시지	표면적 기능	실제적 기능
① 가족이 행복한 생활특별시 　(나경원 후보) ② 시민 편에 서는 첫 시장이 되겠습니다 　(박원순 후보) ③ 내 삶을 바꾸는 첫 번째 시장 　(박원순 후보)	① (지시적 : 단언, 순화) ② (지시적 : 단언) 　(표현적 : 부언) ③ (지시적 : 단언, 환치)	① (표현적 : 순화) ② (지시적 : 단언) 　(시적 : 부언) ③ (지시적 : 단언) 　(선동적 : 환치)

〈표 13-19〉 정치광고 시각적 이미지의 기호분석

1차적 의미작용		2차적 의미작용	
① (기표)	② (외연적 의미)	③ (내연적 의미)	④ (신화/이데올로기)
나경원과 어린이	나경원 웃는 모습과 어린이가 안긴 뒷 모습	가족이 행복한 생활	가족 행복과 안정감
캐주얼한 의복 차림의 박원순과 한복을 입은 할아버지	캐주얼한 의복 차림의 박원순과 한복을 입은 할아버지와의 대화	시민의 공간에서 어르신과 소탈한 소통의 대화	소통의 정치 탈권위주의
서울의 시각적 글씨와 웃고 있는 박원순	서울과 캐치프레이즈를 배경으로 웃고 있는 박원순	서울의 시각적 표현은 서울을 둘러싸고 있는 산과 한강을 의미하고 있다. 그 안의 서울시청에서 환하게 시정을 챙기는 의미부여	서울시정에 대한 책임과 화합 소탈한 시민과 소통

8. 텔레비전 정치영상메시지의 기호학

　텔레비전(Television)은 영상과 소리를 전파를 통하여 받아서 재현하는 장치다. 또는 그 수상기〈약칭으로 티브이(TV)〉이다. 기본적으로 영상물이다. 영상이란? 송신자의 감정, 사고 기호체계의 수송자이다. TV매체가 여느 매체보다 효과적인 이유는 사물의 자연적인 외형이 표현의 기본단위이고 누구나 상관없이 이해될 수 있는 우주의 언어적 성격을 지니기 때문이다. 영상기호의 의미상에 논의가 전개되는 이유는 첫째는 영상기호가 현실을 나타내고 있는 것처럼 보이지만 사실은 인공적으로 구성된 것이라는 것, 둘째로 대상이 갖는 현실성은 사실 그대로 경험되는 것이 아니라, 항상 언어를 통해서 매개된 것이라는 것, 셋째는 언어에 의한 매개는 현실성이 형성되는 하나의 능동적인 사회의 과정이라는 것, 넷째는 "본질적으로는 기표(signifiant)가 자의적인 것과 같이 기의(signify)"라는 근거에서 시작된다. 다섯째, 저널리스트들은 단순히 정치와 경제적 지배그룹을 위한 지배이데올로기 체계에 의하여 그려진다. 그래서 독립적이고 객관적인 현실에 대한 편향되고 왜곡된 것으로 설명을 한다. 따라서 TV 저널리즘은 사회구성체의 모든 분야에 걸쳐 증폭된다. 일반화된 지배적 이데올로기에 의하여 일종의 메가폰으로 작용한다라는 논리에서 그 근거가 찾아진다. 이런 텔레비전 영상의 구성과 기능은 세 가지 기능적 특성으로 분류된다. 첫째 정적 영상은 정지된 상태의 사진, 만화, 그림, 도표 등과 같은 영상이다. 반면 동적 영상은 영화, 텔레비전같이 형성된 영상에 움직임이 가해지는 영상이다. 둘째 저 정세도로 정세도가 낮음으로 영상이 전하는 메시지의 강도가 또한 낮다. 이에 비해 고 정세도는 메시지 강도가 높다. 셋째 합리화된 영상으로 단의적인 메시지와 복수적인 해독이다. 즉, 수용자의 문화적·개인적 경험·감수성 등이 최대한 배격, 수사적 기호와 같이 객관적으로 엄격히 체계화된 것이다. 표현적 영상은 송신자가 지시하는 대상에 대해 갖고 있는 태도의 표현이다. 이는 송신 시 감정표시로서 수신자의 심미적·시적 감수성 투영 등 의미를 부여 받는 시적 기능 및 송신자와 발신자 사이의 접촉이 가능하다. 수신자의 능동적 참여유도, 친교적 능동적 기능을 포함한 매개이다. 영상은 그자체로서의 대상의 표현과 그 영상이 중첩된 것이다. 그 영상에 중첩·투영되어 나타나는 현상이 사회문화적으로 부가된 것이다. 이차적 의미를 표현한 것은 '장식 의미'로서 상징적 의미를 표현한 것이다. 예를 들어 농촌 드라마 〈전원일기〉에서의 인물상, 가옥구조는 농촌을 상징적으로 나타낸다. 스테레오타입화(음향장치)의 영상이다. 영상의 기호학적 측면에서 구체적 대상들로서 재생산되는 시각적 절차들은 모두 유상기호(Icon)로 표현된 것이다. 이 유상 기호들에는 그림·도표 등이 포함되며, 도표는 추상적 대상을 재생산한다. 그림은 구체적 대상을 재생산하는 데 제시된다. 유상기호(Icon)들은 텔레비전에서도 영상으로 처리된다. 영상은 형상과 색상으로 나누어진다. 이 형상과 색상의 처리는 전자기술적 원리와 텔레비전 카메라의 조작이란 물리적 행위를 통하여 구성된다. 각각의 요소들은 그 자체로서 의미생산의 역할을 한다. 따라서 이들 각자의 요소들은 그 자체가 하나의 단위코드로서 분석된다. 텔레비전의 구성 요소는 색채 코드(color code) 〈표 13-20〉으로서 정보적(사건의 본질을 설명) 요소, 표현적(극적 흥분효과와 함께 무드를 조성) 요소, 구도적(일정한 화면 영역을 한정, 강화) 요소로 세분화된다.

〈표 13-20〉 색채 코드(color code)기호분석

기표(signifiant)	기의(signified meaning)
흰색	계몽, 순결, 믿음, 영광, 구원
검정	죽음, 악, 슬픔
빨강	사랑, 정열, 불, 피, 공산주의
파랑	충성, 동정, 진실, 자유, 민주주의
녹색	희망, 생명
노랑	평화

〈그림 13-9〉 각 정당의 로고와 색채 상징

새누리당(옛 한나라당)이 2012년 2월 7일 새 당명에 맞는 심벌과 로고, 상징색을 확정했다. 새누리당의 로고는 흰색 바탕 위에 '새누리당'이라는 회색 글씨와 미소짓는 입 모양의 빨간색 상징이 겹쳐진 모양이다. 특히 새누리당은 당의 기존 상징색인 파란색을 버리고 빨간색과 흰색을 채택했다. 조동원 홍보기획본부장은 브리핑에서 "상징색은 기본적으로 태극기를 모티브로 했다. 흰색을 바탕으로 태극기의 문양 중 빨간색과 파란색을 기본으로 한 것"이라며 "흰색은 백의민족을, 빨간색은 열정을 각각 상징한다."라고 설명했다. 이어 조 본부장은 "흰색 바탕에 심벌이 빨간색이든지, 아니면 빨간색 바탕에 흰색의 심벌로 가는 두 가지를 적용하겠다. 두 가지 중 하나를 선택하거나 혼용할 생각"이라고 덧붙였다. 조 본부장은 또 새 심벌에 대해 "국민이 하나가 된다는, (한곳에) 담는다는 그릇의 모양을 갖고 있다."라며 "미소를 상징하는 입술의 모양이며 세로로 하면 귀 모양이 되는데 이는 국민의 소리를 듣겠다는 뜻"이라고 설명했고, 서체에 대해서는 "포인트는 열쇠로, 새 세상을 열겠다는 의미"라면서 "'리'자에는 창의 느낌이 들어가 있다."라고 말했다(come2ms@inews24.com). 상징 색깔도 함께 바꿨는데, 31년간 써 온 파란색을 과감히 버리고 빨간색과 하얀색을 쓰기로 했다. 새누리당의 상징 색깔이 빨간색과 하얀색으로 정해지면서 우리나라 최대 보수 정당의 상징이던 파란 색깔은 31년 만에 역사의 뒤안길로 사라지게 됐다. 파격적인 당 색깔 바꾸기다. 한편, 새누리당이 새 로고의 검은 글씨를 파란색으로 바꿔, 2012년 2월 13일 전국위원회에서 당명과 로고를 확정한다. 새누리당 조동원 홍보기획본부장은 "당초 혁신을 강조하기 위해 기존 한나라당의 상징색이었던 파란색을 생략했으나, 파란색을 포함시키는 것이 로고의 모티브가 된 태극기를 더 잘 연상시킨다는 의견이 있어 이를 수렴했다."라고 설명했다. 조 본부장은 새 당명에 대해 "새누리는 '새로운 세상'이라는 순우리말로, 이는 새누리당과 함께 열어가는 새 세상을 상징한다."라며 "10대는 상상만 해도 즐거운 학교인 '상상누리', 20대는 학교나 스펙 따지지 않는 '청년누리'를 열어가겠다."라고 말했다. 또 "30대는 행복할 권리를 갖고 태어난 아이들을 위한 '행복누리', 40대의 희망을 만드는 세상을 뜻하는 '희망누리', 50~60대에게는 편안하고 건강한 삶을 누리는 '평화누리'를 열겠다는 포부를 담았다."라고 전했다. 조 본부장은 "새 당명과 로고는 익숙함과 진부함에서 벗어나 새로운 세상을 향한 변화의 의지를 뜻한다."라며 "빨간 그릇 모양은 크게 품겠다는 대의성과 미래지향성, 새누리당이라는 푸른 글씨의 모양은 네모의 틀을 탈피해 리듬감과 창의성을 부여한 모양"이라고 밝혔다. 우리나라 주요 정당들은 소위 레드 콤플렉스 때문인지 빨간색을 상징 색깔로 쓰기를 꺼려하는 경향이 있다. 현재 민주통합당은 연두색, 자유선진당은 파란색, 통합진보당은 보라색을 상징 색깔로 사용하고 있다. 진보신당이 빨간색을 쓰긴 하지만 국회의원이 없는 원외 정당이다. 과거 사례를 살펴보면, 1987년 당시 야당 지도자들이던

김영삼, 김대중 전 대통령이 함께 창당했던 통일민주주의 선명·야당의 상징으로 빨간색을 쓴 적이 있지만 3당 합당으로 당이 사라지면서 3년밖에 가지 못했다. 보수 정당이 빨간색 계통을 상징색으로 삼는 것은 미국을 제외하면 세계적으로도 상당히 드문 일이다. 미국의 민주당과 공화당은 원래 정해진 상징 색깔이 없다. 하지만 2000년 대통령 선거부터 공화당은 빨간색, 민주당은 파란색을 쓰기 시작했고, 이 관례가 확립돼 재작년부터는 양대 정당이 이를 반영한 공식 로고를 사용하고 있다. 유럽에서는 파란색이나 검은색을 보수 정당들이 쓰고, 빨간색이나 초록색을 진보정당들이 선호하는 경향이 뚜렷하다. 다만 독일 기독민주연합은 전통적 보수의 상징인 검은색을 지금도 즐겨 쓰지만 단독으로 쓸 때는 주황색을 사용하고 있다. 대한민국의 주류 보수 정당을 상징해 온 파란색 대신 파격적으로 빨간색과 하얀색을 택한 새누리당. 새누리당이 과연 어떤 색깔의 정체성을 찾아 갈지, 국민들은 주목하고 있다(뉴스와이 임화섭).

지난달 새롭게 출범한 민주통합당이 새로운 당 로고를 확정해 발표했다. 민주통합당은 새로운 당로고는 뫼비우스의 띠를 본따 정당과 시민, 노동자가 하나돼 지역·계층간 장벽을 허문다는 의미를 갖고 있다고 설명했다. 또 민주당의 전통을 계승한다는 차원에서 녹색과 노란색을 조합했다고 밝혔다. 민주통합당은 지난달 19일부터 공모를 통해 40여 개의 당 로고 응모작품을 받았으며 두 차례에 걸친 당내 선호도 조사를 거쳐 로고를 확정했다고 덧붙였다(http://cafe.daum.net)

조명코드(light code) 〈표 13-21〉은 빛의 조절을 통하여 궁극적으로 영상에서 색상을 나타내는 2차적 의미를 표현한다.

〈표 13-21〉 조명코드(light code) 기호분석

기표(signifier)	기의(signified : meaning)
높은 키	밝음, 맑음, 낮, 행복
낮은 키	어둠, 우울, 밤, 신비
딱딱한 키	자극, 초조, 불안, 강박관념
부드러운 키	순종, 평화, 아름다움, 인정
중간 키	보편, 상식, 일반적
파편 키	파괴, 분열

카메라 작동기교 〈표 13-22〉는 영상 구성의 필수적이다. 실제 대상을 여러 차원에서 생성·소멸·확대·축소·생략할 수 있는 절대성과 연관된다. 텔레비전 영상구성에서의 카메라 운용은 색채나 조명에서의 자의성보다 훨씬 더 크게 작용될 여지가 있는 요소이다.

〈표 13-22〉 카메라 작동 기교 표현적 의미(버거)

기표(signifier)	정 의	기의(signified : meaning)
클로즈 업(close-up)	얼굴만	친근감
미디엄 샷(medium shot)	신체 전반	개인적 관계
풀 샷(full shot)	신체 전체	사회적 관계
롱 샷(long shot)	배경, 인물들	전후관계, 범위, 공적 거리
팬 다운(pan down)	카메라가 아래로 향함	권력, 힘
팬 업(pan up)	카메라가 위를 향함	왜소, 약함
줌 인(zoom in)	카메라가 다가감	관찰, 주목
페이드 인(fade in)	영상이 점차 등장	시작
페이드 아웃(fade out)	영상이 점차 사라짐	끝
컷(cut)	하나의 영상에서 다른 영상으로 전환	동시성, 흥미
와이프(wipe)	이미지가 화면에서 씻겨 나감	결론(강요된)

　　카메라 작동기교를 크리스티앙 메츠(Christian metz)는 "영상이란 언어가 없는 언어활동이다."라 규정한다. 즉, 영상과 언어의 분리성이 더한 텔레비전의 경우 적용될 수 있음을 의미한다. 이는 영상 자체가 하나의 담화적 성격을 갖는다고 보고 가능단위를 제시하고 있는 것이다. 장면(scene)은 한 단위의 시간과 장소에서의 몇 화면(shot)이다. 시퀀스(sequence)는 여러 컷의 여러 장면인데 한 행동의 단위를 갖는다. 세 가지 변이체를 가지고 교착시키는 몽타주이다. 교체 몽타주는 똑같은 시간적 지속 속에서 왕래한다. 예를 들어, 테니스 선수 두 사람의 경기 광경을 전경과 정반대의 배면으로부터 촬영한다. 교차 몽타주는 한 영상에서 다른 영상으로 왔다갔다하며 시간을 개입시킨다. 예를 들면, 추격자와 도망자이다. 병렬 몽타주로서 이때 두 영상의 접근은 상징적이다. 예를 들어, 부자와 빈자, 근면한 자와 태만한 자, 이 유형의 몽타주는 대조법이나 대위법을 이용한다. 세 가지 변이체를 가지고 반복촬영법을 갖는다. 계기적인 것보다 하나의 상태를 표현하는 추가적 반복촬영이다. 예를 들어, 화면을 여러 번 급속 회전시키면서 인기가수의 공연을 몇 군데에서 차례차례 촬영한다. 시간의 흐름 속에 계속적으로 영상을 삽입하는 전개적 반복촬영이다. 예를 들어, 한 사람의 생애 또는 한 사람의 생애 중의 몇 해 동안의 일을 요약한다. 포괄적 반복촬영은 비슷한 여러 사건에다 귀결시키는 짤막짤막한 암시를 뜻한다. 예를 들어, 파업장면이다. 이들 장면은 시간적 계기보다는 공간에 역점을 둔 묘사법으로 은유는

이때 영상의 2차적 표의 작용을 지향한다. 중사는 보다 희미하고 환상적인 영상이 보다 분명하고 뚜렷한 영상 밑에 은근하게 깔리는 것이다. 플래시백은 여러 영상이 아득한 미래를 보여주기 위하여 곧장 계속된다. 그것 하나로서 하나의 서단에 해당되는 자율적인 화면은 두 가지 변이체를 갖는다. 시간과 장소와 촬영각도라는 세 가지 단위를 포괄하고 있는 장면이다. 예를 들어, 이별의 장면을 그리기 위한 같은 장소에서의 같은 화면이다. 시간과 장소와 서단의 단위를 포괄하고 있으나 행동의 줄거리에 관련시켜 볼 때 보충적인 위치에 자리하게 되는 삽입 컷이다. 예를 들어, 전경에 비친 두 군인을 위한 배경에 집어 넣은 그 가족의 생활에 관한 화면이다. 영상의미의 형태로서 텔레비전 뉴스(텔레비전 저널리즘)은 처음부터 개념화되어 있는 정치 사회적 상황에 권위를 부여하기보다는 오히려 그러한 개념 자체를 그 나름대로의 독특한 방식에 따라 조합된 언어와 영상으로 창조한다. 뉴스필름은 활자매체에 비하여 더 쉽게 대중의 환상적 사실감을 유발한다. 글은 지성의 도움을 받아 의지가 작용하는 의식적 행위에 의하여 읽히고 동화되어야 하지만 뉴스필름의 경우는 스스로의 의식을 환상의 세계 속으로 몰입시킨다. 텔레비전 뉴스의 영상은 언어와 같이 구성되어 있고 그 언어와 영상기호의 규범적 선택은 훨씬 더 다양하고 강화된 함축적 의미와 신화를 내포한다. 언어적 기표만으로 제시되는 것이 아니라 시각적 영상이 더 크기 때문에 실제와 같이 느끼는 정도가 더한 것이다.

텍스트 분석을 통하여 TV공익광고의 영상이미지의 구성, 스토리 라인과의 관계, 시각적 요소와 언어적 요소의 상호작용 등에 대하여 시대별 변화 추이를 살펴보면 우리나라의 공익광고의 특성을 발견할 수 있다(김태섭, 2002). 결론적으로 TV공익광고의 시각적 요소와 언어적 요소가 메시지를 구성하는 데 서로 어떤 상호작용을 하는지 분석해보는 과정을 통하여 우리나라 공익광고의 특성을 알아보고자 하였다. 내용분석을 통한 TV 공익광고 텍스트의 분석결과 다음과 같은 결론을 얻을 수 있었다. 첫째, 우리나라 '환경보전' 공익광고의 영상이미지 연계유형에 있어서 시각적 이미지의 구성은 시대의 변천에 따라 '일반화'와 '인과'의 구문에서 '유추'의 구문으로 변화하고 있는 추세를 보이고 있다. 즉 이러한 전략의 변화는 초기 공익광고가 수용자에게 주제를 교육시키듯이 반복해서 보여주고 마지막으로 해결 방법까지 제시함으로써 수용자의 의지가 개입할 수 있는 여지를 주지 않은 반면, 최근에 이르러서는 의미의 전이가 발생하는 은유적 기법을 사용한 설득전략을 통해 수용자가 스스로 판단하고 개입함으로써 공익캠페인의 효과를 극대화하는 방법을 활용하고 있다. 둘째, 우리나라 TV공익광고의 시각이미지와 스토리라인의 관계는 '비서사'에서 '서사 내적'으로 변화하는 추세를 보이고 있다. 이러한 변화의 추이는 수용자가 동일시할 수 있는 주인공과 스토리가 있고 클라이맥스를 정점으로 극적인 흥미를 제고시키는 패턴을 취하는 '서사 내적'인 형태가 '비서사'나 '서사 외적' 형태에 비해 광고의 효과를 극대화할 수 있는 구성방식이기 때문이다. 이러한 서사 내적 형태는 수용자들이 메시지를 체계적으로 이해하기 쉽게 할 뿐 아니라 공익광고에서 전달하고자 하는 주장 역시 시각적 방법을 통해 이야기 형식으로 제시함으로써 수용자의 관심과 이해도를 제고시키고 있다. 셋째, 우리나라 TV공익광고에 있어서 이미지와 언어의 관계에 대하여 살펴보면, '직접 연관'에서 '간접 연관'과 '무관'으로 변화하는 경향을 알 수 있다. 이러한 결과는 '환경보전' 공익광고의 설득 전략의 변화로 볼 수 있다. 이것은 언어적 요소가 중심이 되고 영상이미지는 그에 대한 구체적·추상적 대응물로 작용하던 경향으로부터, 영상이미지가 중심이 되고 언어는 이미지의 기의를 정착시키는 기능을 하는 경향으로의 변화를 의미한다. 이 과정을 통하여 공익광고 수용자인 국민을 대상으로 주입식으로 교육·계몽하려는 전략에서 탈피하여 수용자 개인의 판단과 개입을 활성화하여 광고에 대한 주목효과를 높이고 있다. 일반 공중이나 사회 전체의 이익을 목표로 하는 공익광고의 텍스트를 분석하여 그 안에 내재되어 있는 영상이미지와 언어적 요소들에 관하여 알아보고자 하였으나 제한점을 가지고 있었다(김태섭, 2002).

9. 정치광고의 언어 통어론적 현상(2000, 김병훈)

1) 정치광고와 언어

정치광고란 정당이나 후보자들이 신문 지면이나 텔레비전의 시간을 사서 유권자들에게 정치적인 메시지를 전달하는 것을 말하는 것이다. 정치광고는 원래 부동층으로 있는 유권자들에게 필요한 정보를 제공하여 표를 얻기 위하여 제작되는 것이다. 즉, 그 공약이 실천 가능한가, 그 공약 실천에 필요한 예산은 확보할 수 있는가, 그 공약은 과연 후보자가 내세울 만큼 중요하고 필요한 공약인가와 같은 정보를 주기 위해, 후보자가 대중매체를 이용하여 유권자에게 제공하는 것이다. 지금까지 치러진 우리나라 대통령 선거에서 주요 3당 후보들이 주장한 공약 문안을 중심으로 통어적인 특성을 살펴보고, 그것을 언어학적으로 해석해 보았다(김병훈, 2000).

2) 말할이와 들을이의 관계

(1) 의향법

의향법이란 월을 끝맺으면서, 말할이가 이에 대해 가지는 의향을 나타내는 문법 범주이다. 정치광고에서 주로 쓰이는 월의 형태는 서술월, 물음월, 꾀임월인데, 여당은 주로 서술월 형태를 쓰고, 야당은 물음월과 꾀임월 형태를 많이 쓰는 편이다. 서술월은 듣는 이에게 요구가 없는 것이다. 따라서 대체로 안정과 힘을 가진 여당의 광고 전략에 잘 맞다. 물음월이나 꾀임월은 말할이가 듣는 이에게 어떤 요구를 하는 월의 형태이다. 꾀임월을 쓰는 광고 문안에서는 야당이 그들이 요구하는 행동을 국민들이 함께 해 달라는 것으로 보아야 한다. 그런데 물음월은 선거 광고에 그렇게 많이 등장하는 것 같지 않다. 실제로 물음월은 형태만 물음월이지 내용상으로는 대개 서술월로 보아야 한다. 우리나라 대통령 선거에서 처음으로 광고 문안이 등장한 것은, "못살겠다 갈아보자"(신익희)와 "갈아봤자 더 못산다"(이승만)이다. 또 이때 부통령 후보들의 문안은 "새사람 뽑아 새살림하자"(장면)와 "진실·충직·정의·정치인"(이기붕)이었다. 이것은 우리나라 정치광고 문안의 전형적인 보기가 된 듯하다. 의향법은 말할이가 들을이에 대해 가지는 의향을 나타내는 문법 범주이므로, 정치광고를 만드는 여러 곳에서 나타난다.

① 깨끗한 정치, 튼튼한 경제(기호1 이회창)

② 든든해요. 경제를 살립시다(기호2 김대중)

③ 젊은 한국, 강한 나라(기호3 이인제)

④ 일어나라, 코리아!
　　일하는 사람들이 신명나야 주저앉은 이 나라가 일어납니다(기호4 권영길)

⑤ 핵주권과 경제 기적으로 강력한 한국건설-
　　국민은 정직하고 젊고 강한 지도자를 원하며 역사는 다시 공화당을 부릅니다(기호5 허경영)

⑥ 정신혁명만이 경제를 살리고 나라를 살릴 수 있다(기호6 김한식)

⑦ 한얼정신 신정일(기호7 신정일)

①∼⑦은 각 후보들의 선거 벽보에 나타난 언어현상이다. 여기서 나타나는 의향법 형태는 이름씨꼴, 꾀임꼴, 풀이씨 서술꼴로 끝내는 세 갈래이다. 주요 3당의 언어현상을 보면, 여당은 이름씨꼴, 야당은 꾀임꼴을 쓰고 있다. 예를 들어, 87년 대통령 선거 이전에는 주

로 여야 두 사람의 선거 대결이 주로 이루어졌다. 그래서 ⑧에서처럼 언어현상도 뚜렷이
구분이 되었다.

〈그림 13-10〉 대통령 후보들의 선거 슬로건/캐치프레이스

⑧ ㄱ. 못살겠다 갈아보자(신익희)-가러봤자 더못산다!(이승만)

ㄴ. 죽나사나 결판내자(조병옥)-트집마라 건설이다!(이승만)

ㄷ. 새일꾼에 한표주어 황소같이 부려보자!(박정희)-五번이 이겨야 산다(윤보선)

ㄹ. 10년세도 썩은 정치 못참겠다 갈아치자!(김대중)
   安定이냐? 混亂이냐? 어느 것을 擇하겠습니까?(박정희)

⑨에서 보는 것처럼 주로 우리나라 대통령 선거에서는 여당은 서술꼴로, 야당은 꾀임꼴
로 문안을 만들었다. 그런데 87년 대통령 선거 이후에는 유권자에게 보다 잘 알려져 있는
후보자가 주로 이름씨꼴을 사용한다.

⑨ ㄱ. 이제는 안정입니다(노태우)

　　ㄴ. 군정종식(김영삼)

　　ㄷ. 평민은 평민당 대중은 김대중(김대중)

⑩ ㄱ. 新한국창조(김영삼)

　　ㄴ. 이번에는 바꿉시다(김대중)

　　ㄷ. 경제대통령 통일대통령(정주영)

(⑨ㄱ)은 당시 여당 후보의 광고 문안이고, (ㄴ~ㄷ)은 야당 후보의 광고 문안이다. 87
년 대통령 선거 당시의 유권자들에게 알려진 지명도
를 보면, 야당 후보들이 훨씬 더 강하게 인식되어 있
었다. 그러므로 야당 후보들이 이름씨꼴을 사용하여
광고 문안을 만들었던 것이다. 그러나 92년 대통령
선거 광고 문안인 ⑩은 사정이 다르다. 곧, (⑩ㄱ)과
(⑩ㄴ)처럼 다시 여당과 야당의 전형적인 광고 문안
인 이름꼴과 꾀임꼴로 바뀌었다. (⑩ㄷ)은 야당 후보
의 광고 문안인데, 이는 선거를 앞두고 갑자기 등장
한 정당의 후보들은 앞서 말한 것처럼 유권자에게 자
신의 능력을 충분히 자립적인 힘이 있다는 것을 알리
기 위해 사용한 언어현상이다. 그밖에 소수 정당의
후보들이 사용한 언어현상은 ⑦을 제외하고는 풀이
씨 서술형을 사용한다(김병훈, 2000).

〈그림 13-11〉 김대중 대통령 후보 선거
슬로건/캐치프레이스

(2) 높임법

높임법은 월 안에서는 주체와 객체를, 월 밖에서는 들을이를, 말할이와 관계에 따라 언
어 형태로 표현하는 문법 범주이다. 따라서 높임법은 정치광고에서 유권자를 어느 정도의
인물로 대접하는가를 보여 주는 중요한 문법 정보를 포함하는 내용이다. 불행하게도 우리
나라 유권자들은 적어도 대통령 선거에서 87년 대통령 선거 이전에는 유권자로서 후보자
들에게 큰 대접을 받지 못한 것으로 드러났다. 이는 (11)에서처럼 87년 대통령 선거 이전
의 광고 문안에서는 높임법은 거의 사용되지 않았다는 것이 이러한 해석을 가능하게 한다.

⑪ ㄱ. 못살겠다 갈아보자(신익희)

　ㄴ. 가려봤자 더못산다(이승만)

　ㄷ. 죽나사나 결판내자(조병옥)

　ㄹ. 트집마라 건설이다!(이승만)

　ㅁ. 새일꾼에 한표주어 황소같이 부려보자!(박정희)

　ㅂ. 손가락 다섯모아 五번찍어 五복받세!!(윤보선)

　ㅅ. 10년세도 썩은정치 못참겠다 갈아치자!(김대중)

　ㅇ. 기권하면 도둑맞습니다(김대중)

　ㅈ. 安定이냐? 混亂이냐? 어느 것을 擇하겠습니까?(박정희)

〈그림 13-12〉대통령 선거 후보 슬로건/캐치프레이스

그러나 71년 선거에서부터 부분적으로 등장한 높임법은 87년 이후 선거에서는 보편적인 것으로 나타난다. 높임법을 광고 문안에 사용하면 후보자는 유권자에게 진지하게 다가설 수 있는 장점이 있다.

⑫ ㄱ. 청렴과 소신의 상징, 이회창이 깨끗한 정치를 해냅니다.

　ㄴ. 아무리 따져봐도 김대중뿐입니다. 알면 알수록 믿음직해요.

　ㄷ. 이인제가 뜁니다. 한국이 달라집니다.

　ㄹ. 보수3당에 던진 한 표, 해고장이 되어 날아옵니다.

⑫는 97년 대통령 선거에서 나타난 높임법 언어현상이다.

⑬ ㄱ. 든든해요. 경제를 살립시다(벽보)

　ㄴ. 든든해요 김대중(책자)

　ㄷ. 알면 알수록 믿음직해요(책자)

　ㄹ. 살림 사는 주부, 사업해본 김대중, 서로 통하는 게 있네요!(김대중)

ㅁ. 우린 든든한 지도자를 원해요!(책자)

ㅂ. 우리 가정 편하게 하는 게 제일이죠!(책자)

ㅅ. 마음 든든한 분들이 다 모였네요. 정말 든든해요(책자)

(⑬ㄱ~ㄷ)에서처럼 김대중 후보는 자신을 알리는 광고 문안에서 비격식체 '해요'를 사용하여 유권자와의 거리를 좁히려는 노력을 하고 있다. 또 (⑬ㄹ)은 중간자적인 입장의 시작에서 바라본 것인데, 이것은 유권자와 후보자 사이의 친밀한 관계를 설정해주는 효과를 노릴 수 있다(김병훈, 2000).

3) 통어적 관계

(1) 월선분의 짜임

광고 문안을 만들 때는 간결하고 요령이 있는 문구, 가벼운 유머를 섞은 문구, 기발하여 탄성을 자아내는 문구, 리듬이 느껴지고 세련된 문구, 인상적인 표현의 문구로 만드는 것이 많다. 이를 위해 월 성분은 생략되기도 하고 반복되기도 한다. 정치광고 문안을 월로 만들 때는 유권자와 후보자를 가리키는 월 성분은 주로 생략하는 경우가 많다. 그것은 광고 문안이라는 특성 때문일 것이다.

⑭ ㄱ. 깨끗한 정치, 튼튼한 경제

　　ㄴ. 든든해요. 경제를 살립시다.

　　ㄷ. 젊은 한국, 강한 나라

위 (14)에서 보면 ㄱ은 '후보자는 깨끗한 정치를 실현하고, 후보자는 튼튼한 경제를 만든다'로 예측 가능한 광고 문안이다. 그러므로 여기서는 임자말, 풀이말이 생략되었다. 이것은 우리말 월짜임으로 보면 반드시 있어야하는 두 성분인데, 정치광고에서는 필수 성분조차도 유권자와 후보자 사이에서 이해될 수만 있다면, 생략될 수 있다.

87년 선거 이후부터는 선거가 다자구도가 되어 각 후보는 서로 자신들의 주장을 내세우는 언어 형태로 광고 문안을 바꾸게 된다. 따라서 월의 형태로 유지되던 광고 문안도 낱말이나 이은말의 형태로 변해 가는 모습을 띠게 된다.

⑮ ㄱ. 이제는 안정입니다(노태우)-군정종식(김영삼)-평민은 평민당 대중은 김대중(김

대중)

　ㄴ. 新한국창조(김영삼)-이번에는 바꿉시다(김대중)-경제대통령 통일대통령(정주영)

　ㄷ. 깨끗한 정치, 튼튼한 경제(이회창)-든든해요, 경제를 살립시다.(김대중)-젊은 한
　　 국, 강한 나라(이인제)

월성분의 배치는 언어의 의사전달 기능을 수행하는 데 중요한 역할을 하게 된다. 그러
므로 월성분을 어떻게 배치하는가에 따라 후보자가 유권자에게 자신의 생각을 잘 전달할
수 있는가를 결정하게 된다.

⑯ ㄱ. 이회창은 깨끗한 정치를 할 것입니다.

　ㄴ. 대통령은 이회창입니다.

　ㄷ. 아무리 따져봐도 김대중뿐입니다.

　ㄹ. 김대중에게 힘을 모아줍시다.

　ㅁ. 이인제가 뜁니다.

　ㅂ. 이인제는 당신처럼 아픔의 시대, 고난의 삶을 살아온 한국의 아들입니다.

(⑯ㄴ)은 월 성분이 두 개만 사용되어 너무나 단정적인 내용이어서 유권자에게 부담을
주는 언어현상이다. 그에 반하여 김대중 후보는 풀이말과 위치말에 이름을 사용하였다.
이름을 풀이말로 사용한 (⑯ㄷ)은 유권자에게 자신의 이름을 통하여 자신이 지향하는 정
책이 어떤 것임을 알리기에 가장 좋은 언어현상이다.

⑰ ㄱ. 大衆時代의 문을 열자

　ㄴ. 대중은 김대중, 평민은 평민당

(⑰ㄱ)은 후보자의 이름과 같은 낱말을 사용하여 광고 문안을 만든 예인데, 김대중 후
보는 이와 같은 방법을 87년 선거에서도 (⑰ㄴ)처럼 사용한다. 이것은 월 성분에 자신의
이름을 넣어 배치함으로써 유권자에게 자신의 이미지를 무의식적으로 인지하도록 한 것
이다. 특히 이것은 광고에서 상품 이름을 반복하여 사용함으로써 얻는 효과를 그대로 얻
을 수 있다(김병훈, 2000).

(2) 월의 짜임

정치광고 언어현상에서 사용되는 월은 홑월과 겹월이 다 쓰인다. 벽보에는 주로 홑월을 사용하고, 소형 인쇄물이나, 책자에서는 겹월을 주로 사용한다. 그것은 벽보는 유권자의 주의를 끌기 위한 문안이 주로 자리 잡게 되므로, 간단한 형식을 취해야 하기 때문이다. 하지만 소형 인쇄물이나 책자는 자신의 공약을 제시하고 설명하는 것이므로 한 문장에서 많은 내용을 담아내야 한다.

⑱ ㄱ. [[[청렴과 소신의 상징, 이회창]이 [깨끗한 정치]를 해냅니다.]]](이회창)

　　ㄴ. [[이날은 [우리의 경제주권을 내준] 치욕의 날입니다.]](김대중)

　　ㄷ. [[이번에도 지도자를 잘못 뽑으면], [우리나라는 100년이 뒤처집니다.]](이인제)

⑱은 모두 소형 인쇄물에 있는 광고 언어현상인데, 모두 자신의 공약이나 신념을 표현한 겹월의 형태로 나타난 것이다. 정치광고 언어현상에서 주로 사용하는 문장부호는 92년 대통령 선거 이전의 정치광고 문안에는 느낌표(!, !!)가 대부분이었으며, 때로 물음표(?)가 쓰였다. 97년 대통령 선거에서는 마침표(.)나 쉼표(,), 겹따옴표(" "), 그밖에 다른 기호(「」, …, ─)를 많이 사용하고 있다.

⑲ ㄱ. 이회창은 「깨끗한 정치」를 할 것입니다

　　ㄴ. 이회창과 함께 깨끗한 정치, 튼튼한 경제, 힘있는 나라를!

　　ㄷ. 거짓말, 속임수, 경선불복…믿지못할 사람에게 나라의 미래를 맡기시겠습니까?

　　ㄹ. 부패와 비기가 판을 치는 썩은 정치─국민 여러분이 매섭게 다스려야 합니다.

⑳ ㄱ. "우린 든든한 지도자를 원해요!"

　　ㄴ. 김대중에게 힘을 모아줍시다!

㉑ ㄱ. 도대체 누가 이렇게까지 만들었습니까?

　　ㄴ. 지금의 우리 한국!

한글맞춤법 부록 편에는 대화, 인용, 특별 따위를 나타낼 때, 가로쓰기에는 큰따옴표나 작은따옴표를 쓰고, 「깨끗한 정치」는 가로쓰기인 상태이므로 큰따옴표나 작은따옴표를 써야 옳다. 또한 큰따옴표를 쓸 경우에는 그것이 일반 유권자의 눈에는 강조도 되지만, 후보자가 유권자에게 말하는 효과를 누리기 때문에 훨씬 더 친근감을 주는 문장부호이다.

정치광고 언어현상은 그 매체 특성상 가장 쉬운 문자를 사용하여야 한다. 곧, 한글만으로 하는 것이 가장 좋다. 그것은 선거가 가지는 특성인 평등권 때문인데, 그런 면에서 문자도 가장 평등한 문자인 한글을 사용하는 것이 옳다.

㉒ ㄱ. 손가락 다섯모아 五번찍어 五복받세!! 五번이 이겨야 산다(윤보선)

   ㄴ. 할아버지도 할머니도 아빠도 언니도 누나도 第三共和國의 大統領은 기호3. 有權者 여러분! 李舜臣을 擇할것인가? 元均을 擇할것인가? 홍부를 擇할것인가? 놀부를 擇할것인가? 쫄夫의 心術을 解剖한다!(박정희)

㉓ ㄱ. 10년세도 썩은 정치 못참겠다 갈아치자!(벽보)

   10年勢道 썩은 政治못참겠다 갈아치자!(신문)

    大衆時代의 문을 열자(김대중)

   ㄴ. 安定이냐? 混亂이냐? 어느 것을 擇하겠습니까?(박정희)

㉒와 ㉓의 신문 광고에서는 언어현상이 한자로 나타난 것은 그것을 실은 매체의 특성 때문이라고 생각한다. 그 당시 신문에서 한자를 섞어 썼기 때문에 광고도 매체의 특성에 맞추어 광고 문안을 한자로 바꾸었을 것이다. 그런데 이런 매체 특성에 맞추어 광고 문안을 한자로 표기한 것은 신문을 읽는 사람은 그 정도 문자 독해력은 있어서 크게 문제가 되지 않을 수도 있다. 하지만 이런 방법은 긍정적인 효과는 별로 없다. 그것은 후보자는 한 표라도 더 얻기 위해 최대한의 정보를 제공해야 하는데, 한자로 광고 문안을 만들어 보여주면 그만큼 대상이 제한되기 때문이다.

㉔ ㄱ. 벌써 은퇴시켜야 했을 흑백TV처럼 장식품이 아니라면 21세기까지 쓸 수 없습니다.

   ㄴ. IMF와 추가협상을 통해 이익을 지킬 사람은 김대중뿐입니다.

   ㄷ. 거지 한국! IMF 경제 식민지!

㉔는 우리나라 정치광고에서 처음으로 로마자가 나타난 언어현상이다. 이것은 ㉒나 ㉓은 매체 특성 때문에 한자를 드러내어 광고를 한 것이지만, ㉔는 매체 특성과는 무관하며, 후보자 측에서 직접 제작한 것이므로, 이는 유권자의 후보자에 관한 정보를 알 평등권을 제한한 것이다(김병훈, 2000).

4) 정치광고의 언어현상 해석과 방향

정치광고 언어현상의 해석은 효과와 방향 두 면에서 이루어져야 한다. 효과는 실질적으로 정치광고 언어현상이 표로 연결되었는지 아닌지를 알기는 매우 어렵다. 그것은 똑같은 후보자들이 광고 언어현상만 바꾸어 두 번의 선거를 치러 볼 수 없기 때문이다. 하지만, 우리는 정치광고 언어현상의 해석을 하는 데 주저하지 않아야 한다. 그것이 앞으로 언어현상을 만들 때 하나의 기준이 될 수 있기 때문이다. 해석에서는 인지언어학의 전형의 개념을 도입하여 이를 중심으로 정치광고 언어현상의 효과와 방향에 대하여 살펴보자. 정치광고에서 주로 쓰이는 월의 형태는 서술월, 물음월, 꾀임월인데, 잘 알려진 후보를 가진 정당은 주로 서술월 형태를 쓰고, 그렇지 않은 정당은 꾀임월 형태를 많이 쓰는 것이 전형이다. 서술월은 주로 여당의 광고 문안에 많이 쓰인다. 서술월은 들을이에게 요구가 없어서 안정을 바탕으로 힘을 가진 여당의 광고 전략에 맞기 때문이다. 꾀임월은 말하는이가 듣는 이에게 함께 해 주기를 바라는 희망을 담고 있기 때문에 전통적으로 권력의 싸움에서 밀리는 야당으로서는 그 힘의 보충을 국민에게 호소하여 얻을 수밖에 없다. 정치광고 언어현상에서 나타나는 의향법 형태는 이름씨꼴, 꾀임꼴, 서술꼴로 끝내는 세 갈래가 있는데, 여당은 이름씨꼴, 야당은 꾀임꼴을 쓰는 것이 전형이다. 이것은 이름씨꼴이 형태적으로 보면, 안정적이고 강한 자립적인 힘을 느낄 수 있으며, 꾀임꼴은 힘을 국민에게 호소하여 얻을 수 있는 효과가 있다. 우리나라에서는 대통령 선거를 앞두고 급조되는 정당이 자주 나타난다. 이러한 정당은 유권자들에게 자신들의 존재를 빨리 알려야 하므로 힘이 있다는 것을 보일 필요가 있다. 그러므로 힘있는 정당인 여당처럼 정치광고의 언어현상을 사용함으로써 유권자에게 자신들을 알리려면, 야당이라도 이름씨꼴을 사용하는것이 좋다. 71년 선거에서부터 부분적으로 등장한 높임법은 87년 이후 선거에서는 보편적인 것으로 나타난다. 높임법을 광고 문안에 사용하면 후보자는 유권자에게 진지하게 다가설 수 있는 장점이 있다. 높임법은 여당이나 야당, 진보정당이라고 해도 가장 높은 등급의 높임법 맺음씨끝을 사용하고, 아주높임 '하십시오체'가 전형이고, '비격식 두루높임', '해요체'는 친밀한 관계임을 표현하기 위해 사용한다. 정치광고 문안을 월로 만들 때는 유권자와 후보자를 가리키는 월 성분은 주로 생략하는 경우가 전형이고, 특히 벽보의 경우는 대부분 가장 핵심적으로 강조할 정보를 중심으로 언어현상을 만들어야 한다. 월 성분의 배치는 후보자의 이름을 풀이말의 위치에 놓는 것이 가장 효과가 크다. 정치광고 언어현상을 벽보에는 주로 홑월을, 소형 인쇄물이나, 책자에서는 겹월을 주로 사용하는 것이 전형이다. 그것은 벽보는 유권자의 주의를 끌기 위한 문안이 주로 자리 잡게 되므로, 간단한 형식을 취해야 하기 때문이다. 하지만 소형 인쇄물이나 책자는 자신의 공약을 제시하고 설명하는 것이므로 한 문장에 많은 내용을 담아내야 한다. 정치광고에서 문장부호를 사용하는 것은 시각적인 효과를 거둘 수 있다. 유권자가 잘 아는 문장부호를 사용하는 것이 전형이다. 정치광고 언어현상은 그 매체 특성상 가장 쉬운 문자를 사용하는 것이 전형이다. 곧, 한글만으로 하는 것이 가장 좋다. 그것은 선거가 가지는 특성인 평등권 때문인데, 그런 면에서 문자도 가장 평등한 문자인 한글을 사용하는 것이 좋다. 그밖에 때매김법의 해석도 필요하다. 때매김에서 과거형을 사용하여 미리 승리하였음을 국민에게 전달하여 투표를 자기들 쪽으로 해주기를 바라는 것으로 볼 수 있다. 또한 정치광고 언어현상에서 언어 정보의 분량의 문제도 살펴 볼 수 있다. 일반적으로 잘 알려지지 않은 후보자의 경우는 정치광고 매체에서 언어 정보의 분량이 많다(본 자료는 2000년, 한글학회에서 김병훈의 발표논문을 요약 정리한 것임).

10. 정치광고 몸짓언어의 이미지

  인간의 소통에는 두 가지방법인 있다. 하나는 언어적 소통(Verbal communication)이고 다른 하나는 비언어적 소통(Nonverbal communication)이다. 이중 웃음이나 손짓 등 제스처는 이해가 빠른 소통방법이다. 학자들은 언어적 소통방법보다 웃음이나 손짓 등 제스처가 상호 이해가 쉽고 빠르며 그 방법도 언어적 소통보다 훨씬 많다고 한다. 브린스 노달스(UC 리버사이드대 심리학 박사)의 오랜 연구에 따르면 사람들이 하는 의사소통의 93%는 비언어적이고 오직 7%많이 언어적인 것이라고 한다. 그는 비언어적인 것이 스스로 더 매력적이고 카리스마가 있고 사랑스럽게 만들 수 있다고 한다. 비언어적 표현을 분석해온 하워드 프리드먼(UC 리버사이드대 심리학과 교수)은 말할 때 팔을 좌우로 흔들면 신뢰가 가지 않고 카리스마가 부재로 보인다고 한다. 그는 또 카리스마가 있는 사람들은 다소 외향적인 제스처, 즉 손과 팔을 몸의 바깥으로 향하며 '이것… 저것…' 등으로 제스처를 하지만 반대로 카리스마가 부족한 사람들은 몸의 안쪽으로 제스처를 취하거나 자신의 몸을 만진다고 한다. 전문가들은 미국 역사상 가장 인기 있는 존 F. 케네디 대통령은 "외향적인 제스처를 사용하여 박력 있고 용감한 대통으로 자리매김했다"고 한다(〈그림

〈그림 13-13〉 존 F. 케네디 외향적 제스처

13-13〉). 미국의 심리학자 윌리암 제임스는 "잠재의식은 세계를 움직이는 힘을 가지고 있다"라고 했다. 이는 바로 비언어적 표현인 제스처 등이다. 존 F. 케네디는 "순간순간을 자기를 창조해 갔다고 했다"고 한다(윤두식, 1993).

존 F. 케네디는 미국을 그런대로 행복하게 했다. 60년대에 달나라에 도착하겠다는 약속을 지켰는가 하면 젊고 미남이며, 남성적 매력과 용기가 넘쳐서 국민의 존경을 한 몸에 모았다. 따라서 당시 우주 비행사들의 매력과 그의 매력의 이미지는 합동됐다. 그들은 전진하는 미국의 상징이었으며, 미국이 무엇인가를 보여주었다. 그리고 케네디는 정치가가 가지는 극적인 면을 익히 알고 있었다. 따라서 광고매체에 나가는 회수까지도 면밀히 조사하여 국민에게 지대한 영향을 미쳤던 루즈벨트의 '노변담화'는 일 년에 두 번 있었음을 알고 거기에 준하여 조절하였을 뿐 아니라, 대통령의 행동은 정치적인 실록영화가 된다는 것을 알았다. 루즈벨트를 제외하면 근대 대통령 가운데 대통령제도에 가장 많은 변혁을 가져온 그였다(윤두식, 1993). 집권 이후 케네디는 기자회견을 통해 자기의 생각하는 바를 분명하게 밝히면서 자신을 창조해 나갔다. 대통령이란 정치지도자일 뿐 아니라 스타인 것이다. 사람의 마음을 휘어잡는 매력이 넘쳐야 한다. 친구들도, 처자도 다 그렇다. 캐롤라인과 존 등은 백악관의 왕자며, 공주였다. 대통령은 행적책임도 처리하면서 여론조작이나 작위도 시도하는데 케네디는 자기 의지를 신속하고 직접적으로 대중에게 호소할 능력을 갖게 되었다. 그럼으로 사태를 예측하고 억제하는 힘을 겸비하게 된다(더 자세한 사례는 케네디 대통령 vs. 닉슨 세기의 TV대결, pp. 390-394 참조).

〈그림 13-14〉 빌 클린턴의 외향적 제스처와 버락 오바마의 제스처와 미소

빌 클린턴 대통력 역시 외향적인 손동작을 사용하면서부터 그의 지지율이 올랐다고 한다.

연설의 전도사 바락 오바마 대통령 역시 연설시 손동작이 바깥으로 향해있다고 한다. 그리고 버락 오바마는 사람을 한순간에 자로 잡은 또 다른 몸의 표현이 있다. 바로 "미소" 라고 분석한다(〈그림 13-14〉).

〈그림13-15〉 'L'자를 그려보며 승리를 답례하는 필리핀 코라손 대통령(Maria Corazon C. Aquino)

〈그림 13-16〉 2012년 미국 대통령 선거를 앞두고 후보자들의 부인들의 제스처와 의상 이미지 대결

윤두수(1993)는 대통령선거 후보자들의 포스터와 매스컴에 나타난 제스처와 정치인의 얼굴을 지우고 그 윤곽 실루엣 도출하여. 이를 Slide Film으로 촬영하고 각기 식별할 수 있는 알파벳 부호를 부착하였다. 185명의 이들 유권자에게 무작의 이미지 느낌을 인상 그대로 분류하여 기록하였다.

양호일(1991)은 1988년도 시행된 국회의원 선거의 수도권지역 후보자의 정치행동을 대략 10가지 유형으로 분류하고 이들의 유형별 제스처를 한 화면에 종합시켜 연속동작으로 제작하였다. 인물을 지워버린 실루엣으로서의 행동 제스처를 유권자 층의 특정 숫자에 투영시켜 유권자의 순간적인 느낌을 설문 받아 분류된 유형 제스처는 다음과 같다.

1) 자신형, 2) 결단형, 3) 설득형, 4) 제일주의형, 5) 의지형, 6) 선동형, 7) 사색형, 8) 신중형, 9) 박력형, 10) 답례형 김영삼 후보의 선거몸짓 이미지는 피 설문자들의 시각에서 자신감 있고 잠재적인 호소력이 있는 이미지로 부각되고 다른 경우 정치적 설득력과 과장된 결의가 엿보이는 일방적 답례 형식이 제스처를 지각케 한다. 김영삼 후보의 1969년 40대 기수론 시절의 제스처의 경우는 젊고 강인한 투쟁을 의미하고 하고 있다.

〈그림 13-17〉 정치인의 유형제스처 10가지

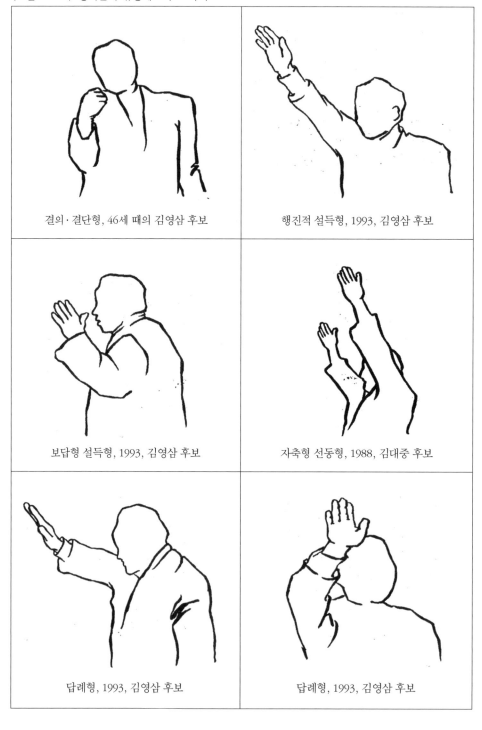

결의·결단형, 46세 때의 김영삼 후보	행진적 설득형, 1993, 김영삼 후보
보답형 설득형, 1993, 김영삼 후보	자축형 선동형, 1988, 김대중 후보
답례형, 1993, 김영삼 후보	답례형, 1993, 김영삼 후보

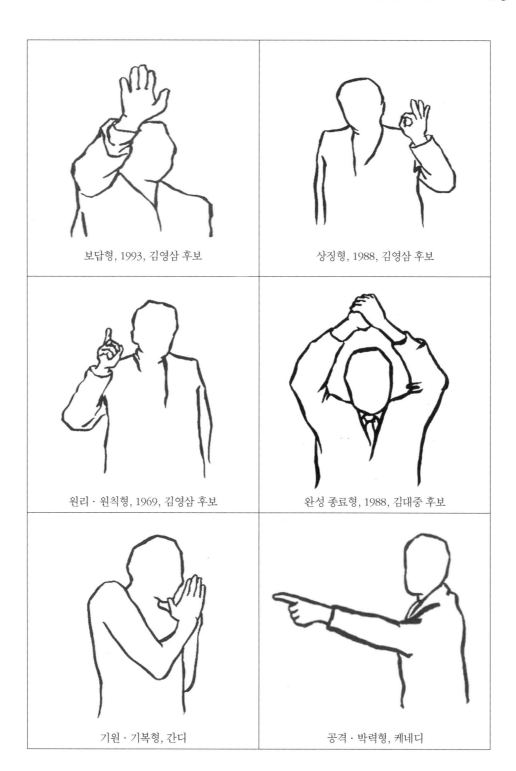

보답형, 1993, 김영삼 후보

상징형, 1988, 김영삼 후보

원리 · 원칙형, 1969, 김영삼 후보

완성 종료형, 1988, 김대중 후보

기원 · 기복형, 간디

공격 · 박력형, 케네디

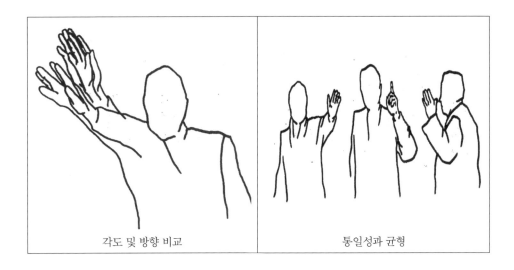

| 각도 및 방향 비교 | 통일성과 균형 |

힌두교인으로서 인도 서부에서 태어난 간디가 아프리카에서 1906년 트란스발 정부의 '아시아인 등록법'에 항거하면서 싸울 때 비폭력 무저항 운동에 알맞은 말을 형상 모집하였는데, 사타그라하(참됨에 의한 싸움)가 간디의 조카가 응모하여 입선되었었다. 그리하여 인도인들은 이 세상에서 지금까지 한 번도 써보지 않는 사타그라하라는 무언의 기도를 무기로 사용하여 싸움을 벌여 마침내 이겼다. 트란스발 정부는 '인도의 구제법'으로 인도를 구원하자 본국의 고갈레가 보낸 인도의 독립을 인도에서 싸우자는 편지를 받고 돌아온 간디는 24세 때 남아프리카로 가서 45세가 될 때까지의 길고 긴 싸움이 끝났다. 드디어 간디는 무기 없이 싸워서 이기는 방법을 온 세계 사람들에게 가르쳐 주었다. 1919년 4월 6일 기도의 날에는 영국인이 만든 로올라트법을 타파하기 위하여 전국적으로 은행, 공장, 학교, 철도, 광산 등 모든 곳에서 모두 일손을 멈추고 집에서 인도의 독립을 위하여 금식 기도를 했다. 4월 13일 엄리처 공원에서 사타그라하 운동을 벌였을 때 영국인들의 총에 사망 380명, 부상 1200명이 되자 인도인들의 분노가 하늘을 찔렀다. 이에 간디는 국민의회 총회에서 "첫째, 영국으로부터 받은 칭호와 명예를 반환할 것, 둘째, 영국 재판소를 이용하지 말 것, 셋째 정부에서 세운 초등학교에 자녀들을 보내지 말 것, 넷째 공무원은 사임할 것, 다섯째 모임에 나가지 말 것, 여섯째, 군인에 지원하지 말 것, 일곱째 영국 상품을 사지 말 것,…" 등을 결의 스스로 칭호와 훈장을 버리고 사타그라하 운동의 비폭력의 본래의 뜻을 잃게 되자, 잠시 멈추었지만 1929년 소금을 영국 정부가 못 만들게 하자 살 때에는 세금을 비싸게 받자, "여러분! 우리들도 소금을 만듭시다. 소금을 만들어 단디의

바닷가로 갑시다." 외치면서 1930년 3월 12일 61세의 간디는 360킬로미터 행진 끝에 단디의 바닷가에 도착하였다. 바닷물에 몸을 깨끗이 씻고 소금을 만든 사타그라하 운동을 계속하니 드디어 1947년 8월 15일 목마르게 기다리던 독립의 날을 맞게 되었다. 간디의 종교 통합적 기도, 기복형은 5억의 인도 민중의 마음을 control한 정치 제스처의 싸인인 몸짓언어의 위력으로 너무나 큰 힘이 되었다는 것을 알 수 있다(〈그림 13-17〉)(윤두수, 1993).

김영삼 후보의 1969년 40대 기수론 시절의 제스처 (〈그림 13-17〉, 원리 · 원칙형, 1969년 김영삼 후보) 경우, 젊고 강인한 투쟁본능과 단호한 원칙 결의의 수호를 보여주는 신선한 설득형으로 부각되며 이러한 젊음의 형상이 (〈그림 13-17〉, 결의 · 결단형, 46세 시의 김영삼 후부)의 경우처럼 유신말기의 국회의원직을 박탈당하는 비운을 맞는 국회투쟁 당시의 제스처가 결의 형태의 강한 이미지를 부각시킨 것을 알 수 있었다(윤두수, 1993).

1988년의 경우 김대중 후보와의 경쟁에서는 03이라는 손 Sign을 Character로 사용하여 이미지 고취를 강조하였는데, 1993년 김영삼 후보의 총체적 몸짓언어는 노장다운 설득과 자신감과 승리와 보답의 과장되지 않은 제스처를 사용한 것이 특징으로 나타났다(윤두수, 1993).

1988년 김대중 후보의 몸짓언어는 (〈그림 13-17〉, 자축형 · 선동형, 1988년 김대중 후보)과 (〈그림 13-17〉, 완성형 · 종료형, 1888년 김대중 후보) 강성에 대한 평화주의자의 이미지 고취를 원칙으로 하였으나 흡인력 있고 호소력 있는 확신과 신뢰가 당선된 듯한 느낌과 보스의 기질이 엿보이기 때문에 Over action의 신뢰감 상실이 패한 요인이 된 것으로 나타났다.

보조 자료로서의 간디형은 연약한 기원형(〈그림 13-17〉, 기원 기복형, 간디)과 젊은 패기의 공격 박력형(〈그림 13-17〉, 공격 · 박력형, 케네디)으로서의 케네디 대통령 후보 이미지가 대조적이었다(윤두수, 1993).

이로써 정치광고에 있어서 몸짓언어는 평상용어 즉, 시장언어 이상의 그 실효성을 절감케 하였다. 예를 들면, 다 같은 손짓이라도 그 강도 그 경사 등등에서 찬 · 반의 반응을 보여 조그마한 몸짓언어의 행동반경에서 엄청난 결과를 가져오는 사실이 발견될 수 있다(윤두수, 1993).

언어적 표현으로 초대 이승만 대통령의 외시적 의미(denotation)인 하야의 눈물이라든가. 하와이에서 서거 직전 쇠약한 모습 등은 우리에게 독재자의 최후 이미지 아니면 초대 대통령으로서 건국 아버지 등 각각 다른 함축적 의미(connotation)를 내포하고 있다. 정

〈그림 13-18〉 2013년 제18대 대통령 후보자들의 제스처

치광고의 표현에서 노무현 대통령 후보의 '눈물 광고'나 이명박 대통령 후보의 배고픈 표정으로 게걸스럽게 밥 먹는 '욕쟁이 할머니 밥 광고'등은 바로 감정을 불러일으킨 제스처 광고이다(〈그림 3-9〉와 〈그림 4-4〉, 참조). 2013년 한국 제 18대 대통령에 출마한 새누리당 박근혜 대통령 후보가 공식 출마를 선언한 제스처 장면〈그림 13-18, 좌측〉과 민주통합당 문재인 후보가 당 경선에서 승리하고 답례하는 제스처 장면〈그림 13-18, 중앙〉. 그리고 무소속으로 출마를 선언하는 안철수 대통령 후보의 제스처 장면〈그림 13-18, 우측〉이다.

이처럼 비언어적 행동양식(Nonverbal behavior patterns)인 제스처는 문화권 마다 혹은 사람마다 차이가 있을 수 있다. 문화권 마다 머리로 표시하는 'yes'와 'no'표시가 다를 뿐만 아니라 머리 이외 다른 동작으로 'shake'와 'nod'를 표시하는 문화권도 있다는 사실을 문화인류학들은 발견하였다. 예를 들어 불가리아 사람들은 머리를 뒤로 적혀 멀어지는 자세를 취함으로써 부정적(negative)인 의사 표시를 표현하고 러시아 사람들은 머리를 앞으로 숙임으로써 긍정적(affirmative)인 표시를 나타낸다. 불가리아 사람들이 'no'는 머리를 뒤로 젖혔다가 반듯한 위치로, 러시아 사람들의 'yes'는 머리를 앞으로 숙였다가 제 위치로 가져온다. 'yes'와 'no'를 강력히 피력하고자 할 때, 자연히 이 동작이 반복되는데, 이럴 경우 'yes'와 'no'의 표시를 구분하기가 어려워진다. 그래서 1877-1878년 러시아와 터키가 싸울 때 불가리아 러시아 주둔했던 러시아 병사들이 불가리아 사람들의 'yes'와 'no'를 정반대로 받아들여 서로가 상당한 곤욕을 치렀다고 한다(Jakobson, 1972). 불가리아 사람들은 긍정을 표시 할 때는 머리를 좌우로 흔든다. 물론 다른 문화권에서는 이것이 머

〈그림 13-19〉 기타 언론보도에 비쳐진 각국 정상들 및 정치인들의 제스처

리를 'shake'하는 것으로 'no'의 뜻이된다. 머리를 앞으로 기울이면 'yes', 뒤로 젖히면 'no'
의 뜻으로는 러시아와 불가리아 이외도 지중해 지역 여러 고장에서 쓰인다. 이외도 아프
리카 있는 오빔분두(Ovimbundu)인종은 둘째손가락을 편 채로 면전에서 흔들어 'no'의
표시를 나타내고, 말레이군도의 소흑인종인 니그리이토우(Malayan Negritos)는 눈을 밑
으로 떨구어서 'no'의 표시를 나타내기도 한다. 이처럼 인간 신체 일부로소 전체를 나타내
는 표현법, 즉, '시넥터키(synecdoche)'는 앞으로 계속 재미있는 연구 과제가 될 것이다
(박명석, 1979).

11. 대통령 수사학

1) 대통령 연설 담론과 공신력

대통령학의 권위자인 프레드 그린슈타인은 위대한 대통령이 갖춰야 할 리더십의 핵심 자질로 의사소통 능력, 조직능력, 정치력, 통치력, 인식능력, 감정지능 등 6가지 요소를 꼽았다(Fred l. Greenstein, 2000). 그린슈타인은 대통령 리더십의 6가지 요인 중에서 의사소통 능력을 첫 번째 요인으로 지적했다는 점이 눈에 띈다. 그린슈타인에 따르면 대통령의 의사소통 능력은 대통령의 정치적 수완을 드러내고 대중의 지지를 획득함으로써 다른 정책결정자들의 지지를 이끌어 낼 수 있는 기반이 된다. 이런 점에서 대통령의 의사소통 능력은 다른 어떤 요인보다 중요한 것으로 간주되고 있다. 오늘날 매스미디어를 통해 국민에게 직접 호소하는 활동은 대통령의 중요한 정치전략으로 자리 잡았다(이귀혜, 2007). 대통령의 대중매체를 통한 의사소통 능력이 중요하게 여겨지게 된 것은 대통령의 힘을 평가하는 요소의 복잡성과도 무관치 않다. 대통령은 행정부를 거느리고 군 통수권을 행사하는 등 헌법상의 권한만으로는 제 구실을 할 수 없다. 부하직원이 그의 명령을 일사불란하게 따르게 할 만한 설득력을 발휘해야 하고 폭넓은 대중적 지지와 명성, 남들이 인정하는 직무수행 능력 등을 갖춰야 한다(전남식, 2006). 이에 각국의 대통령실은 국민에게 긍정적 이미지를 심어주고 지지도를 높이기 위한 방안의 하나로 스핀닥터라는 홍보전담자까지 두고 있다. 툴리스(Tulis, 1982)는 자신의 저서를 통해 수사적 대통령(Rhetorical Presidency)이라는 개념을 제시했다. 그에 따르면 대통령의 대국민 커뮤니케이션은 대통령의 다른 많은 업무 중의 하나가 아니라 대통령직의 핵심업무가 되었다고 지적했다. 대통령의 연설은 청중인 국민이 화자인 대통령에 대해 마음속에 상정하고 있는 이미지와 화자인 대통령이 자기 자신과 청중에 대해 설정하고 있는 이미지가 만나는 접점이자 마당이다(김은정, 2005). 청중이 화자인 커뮤니케이터에 대해 가지고 있는 이미지를 스피치 커뮤니케이션 분야에서는 오래 전부터 공신력(credibility)이라는 개념으로 연구해왔다. 커뮤니케이터가 텍스트에서 상정한 청중에 대한 자신의 이미지 메이킹 전략을 하트(Hart, 1997)는 역할(role)이라고 부른다.

수사적 상황과 맞물려 노무현대통령의 수사학과 이명박 대통령 수사학을 검토해 본 볼 때, 국민으로부터 충분히 신뢰를 획득하기에는 부족한 면이 많았던 것으로 판단된다. 그 이유는 고위공직자 부정 무마, 촛불집회, 부자감세, 미네르바 구속, 노무현 대통령 서거, 미디어법 강행처리, 세종시 수정 등 수사와 수사적 상황이 일관성 있게 맞물려있지 않은 사안들이 지속적으로 발생하였기 때문이다. 초기 대통령 연설문의 수사전략은 '권력' 측면이 강조되었다. 이명박 대통령의 연설문에서 나타난 수사전략은 국정의 방향과 목표가 무엇인지 제시하고, 이를 달성하기 위한 국민의 지지를 호소하는 형태가 기본적인 접근방식이었다. 그러나 집권 초기 고위공직자 임명과정에서 도덕성 논란, 미국산 쇠고기 수입의 일방적 결정으로 촛불집회가 불거지자 대통령 연설문 수사전략은 '권력' 차원에서 '선의' 차원으로 바뀌었다. 일방적으로 국민을 설득하는 태도에서 국민의 이해와 동의를 구하는 태도로 수사전략이 변화된 것이다. 그러나 리먼브러더스 파산으로 금융위기가 닥치자 대통령 연설문 수사전략은 다시 '권력'을 강조하는 방향으로 전환하였다. 미네르바 사건과 같이 금융위기 극복에 도움이 되지 않는다고 판단되는 이슈에 대해서는 무리한 수사라는 비난에도 불구하고 실질적인 영향력을 행사하기도 했다. 한편 2009년 후반부터는 보수정권의 성격이 강한 정부임에도 불구하고 친서민정책을 표방하면서 '친근함'을 부각시키는 수사전략으로 선회하였다. 이처럼 이명박 대통령 연설문에서 나타난 수사전략의 두드러진 특징은, 연설문이 이뤄지던 당시의 수사적 상황에 따라 무게중심이 계속 변화되어 왔다는 점이다. 이러한 수사전략 변화는 국민에게 공신력을 높이기 위해 활용되는 수사전략이 오히려 믿음을 떨어뜨리는 결과를 초래한 것으로 판단된다(한국PR학회 봄철학술대회, 2012. 4. 27).

2) 미국 백악관과 대통령 연설물의 기호 수사학적 분석

언어의 기호학적(semioticc, semiology)분석에서 은유(metaphor)와 환유(metonym)가 있다. 여기서 환유는 어떤 것을 다른 것으로 대치해서 어떤 것의 전체인 것처럼 표현하는 기호체이다. 예를 들어 워싱턴은 미국 행정부의 아이콘(icon)으로 환유이다. 또한 백악관은 미국 정치와 세계 정치의 환유이다. 이런 백악관의 외시 의미(denotation)인 객관적 의미의 기표(signifier)와 내포 의미(connotation)인 주관적 의미의 기의(signified)로 분석하고자 한다. 여기서 백악관 기표는 외형적이 공간 구성을 살펴보고, 백악관 기의는 백악관 주인인 미국 역대 대통령의 연설문에 대하여 수사학적 측면에서 분석하고자 한다. 이런 백악관은 단순히 대통령과 그 가족들이 머무르는 거처가 아닌 미국 대통령과 행정부, 나아가서는 미국의 상징이 된 백악관은 200년 이상의 역사를 지니고 있다. 1790년

〈그림 13-20〉 백악관

12월에 제 1대 조지워싱턴 (George Washington)대통령이 국회제정법안에 서명 한 후, 새 주거공간을 계획했다. 아일랜드 출신 건축가 제임스 호번의 실용적이고 멋진 디자인이 채택되어 1792년에 시작한 공사는 1800년까지 계속됐고, 미국 제 2대 존 아담스(John Adams) 대통령과 영부인 아비가일이 최초의 백악관 거주자가 되었다. 백악관(그림 13-20)은 President's Palace, President's House, 그리고 Executive Mansion으로 불리다가 1910년에 제26대 시어도어 루스벨트(Theodore Roosevelt) 대통령이 지금과 동일한 명칭인 'The White House'를 공식화했다. 백악관의 규모는 현재 백악관은 6층 건물에 132개의 방, 35개의 욕실, 28개의 벽난로, 그리고 8개의 계단과 3개의 엘리베이터를 갖추고 있다. 5명의 요리사가 있는 백안관의 식당에서는 140명 규모의 외부 손님에게 식사를 대접할 수 있다. 또한 테니스장, 수영장, 조깅 트랙, 볼링장, 영화관과 같은 다양한 편의시설도 완비되어 있다. 연설은 수사법(修辭法 rhetoric : 언어표현 기술)이라는 관점에서 고대 그리스 철학자 아리스토텔레스가 의식연설(epideictic)이라고 부른 장르에 포함된다. 식전(式典)행사 연설에서는 일반적으로 칭찬과 비난의 표현이 언급된다. 다음은 미국 역대 대통령 취임사, 선거유세, 연설과 맥아더와 킹 목사의 주요 연설을 살펴본다. 특히 대통령의 취임사와 연설은 대통령으로서 첫인상을 어떻게 보여주느냐 와 임기가 끝나더라도 임기 중에 국정을 잘 이끌어 왔든, 그렇지 않았던 역사 속에서 계속 회자되기 때문에 처음 임기를 시작하는 대통령으로서는 취임사에 극도로 심혈을 기울여야 한다는 부담을 안고 있다. 실제로 미국 제 35대 존 F. 케네디(John F. Kennedy) 대통령도 연설 작성자(speech writer)에게 '문장에서의 I(나는)를 빼라, 스타일과 유창함을 더 해라, 하지만 간결하게 써라.'라고 주문했다. 또한 미국 제44대 버락 오바마(Barack Obama) 대통령은 연설시간의 원고를 15~20분을 넘기지 말라고 그의 전문 연설문 담당자(director of speechwriting)에게 주문했다. 그러면 미국 역대 대통령들의 주요 연설문을 살펴보면, 1801년 미국 제3대 토머스 제퍼슨(Thomas Jefferson) 대통령의 연설이다. "We are all Republicans; We are all Federalists."(우리 모두 공화주의자이며, 우리 모두 연방주의자들입니다). 1865년 남북 전쟁 승리 직후 행해진 제16대 에이브러햄 링컨(Abraham Lincoln)대통령의 2기 취임사이다. 그는 미연방의 통합을 강조한 '초당적 노력'을 강조했다. "With malice toward none; with charity for

all ; with firmness in the
right, as God give s us to
see the right, let us strive
on to finish the work we
are in; to bind up the na-
tion's wounds; to care for
him who shall have borne
the battle, and for his wid-

〈그림 13-21〉 존 F. 케네디의 취임 장면

ow and his orphan - to do all which may achieve and cherish a just, and a lasting
peace, among ourselves, and with all nations."(누구에게나 적의를 가지지 말고, 모든
사람에게 동포애를 가지십시오. 하느님께서 보여주시는 정의의 편에 굳게 서서 지금 하고
있는 일을 마무리 짓고 이 나라의 상처를 싸매기 위해 노력합시다. 전쟁 중에 고통을 겪은
사람들, 미망인들, 그리고 고아들을 돌보기 위해 노력합시다. 우리끼리, 그리고 모든 나라
들과 정의와 지속적인 평화를 이루고 소중히 돌보기 위해 노력합시다). 미 최연소 42세 대
통령으로 취임을 기록을 가지고 있는 제26대 대통령인 시어도어 루스벨트(Theodore
Roosevelt)는 미국 최초로 '환경 보호주의'를 주창한 대통령이다. 다음은 1905년 그의 취
임사 중 명문장이다. "We wish peace, but we wish the peace of justice, the peace of
righteousness. We wish it because we think it is right and not because we are
afraid."(우리는 평화를 원합니다. 그러나 우리가 원하는 것은 정의로운 평화요, 공정한
평화입니다. 우리가 이런 평화를 바라는 이유는 우리가 이런 평화가 옳다고 생각하기 때
문이지 우리가 두려워하기 때문이 아닙니다). 대공황이 절정에 달했던 1933년에 취임한
제32대 대통령 프랭클린 D. 루스벨트(Franklin D. Roosevelt)는 "The only thing we
have to fear is fear itself."(우리가 두려워해야 하는 유일한 것은 두려움 그 자체입니다).
이 연설은 좌절과 실의에 빠진 국민에게 경제부흥의 의욕을 고취시켰다(미국 민주당 대통
령 후보인 버락 오바마의 수락연설, 2012년 9월 7일). 그리고 제35대 존 F. 케네디(John
F. Kennedy)대통령도 43세 때인 1961년 세계가 동서 냉정으로 꽁꽁 얼어붙었을 당시 취
임사이다(그림 13-21). "My fellow Americans : ask not what your country can do for
you-ask what you can do for your country… Let us never negotiate out of fear, but
let us never fear tp negotiate." (국민 여러분 ! 조국이 여러분을 위해 무엇을 할 수 있는
가를 묻지 말고, 여러분이 조국을 위해 무엇을 할 수 있는지를 자문해 봅시다.… 절대로

두려움으로 인해 협상을 해서는 안 되지만 협상하기를 두려워하지 맙시다). 케네디의 취임사는 버락 오바마도 많이 활용하였다(미국 민주당 대통령 후보인 버락 오바마의 수락연설, 2012년 9월 7일). 즉 낙담한 사람에게 '영감'을 불어넣어주는 측면에선 'New frontier (케네디 정치 슬로건으로 '개척자 정신'을 의미)'를 외쳤던 케네디 취임사가 가장 높이 평가를 받았다. 1974년 8월 9일 워터게이트 사건으로 사임한 제 37대 리처드 닉슨(Richard Nixon)의 대통령직을 승계하며 행한 제 38대 대통령 제널드 R. 포드(Gerald R. Ford)의 연설이다. "My fellow Americans, our long national nightmare is over."(친애하는 국민 여러분, 우리의 오랜 국가적 악몽은 끝났습니다). 이 연설은 미국인들을 분노케 한 웨터게이트사건의 종료를 알리는 연설을 하며 국민적 단합을 호소했다. '강한 미국'을 주장한 미국 40대 대통령 로널드 레이건(Ronald Reagan)의 1981년 취임사는 당시의 미국 경제가 겪고있는 1970년대 두 차례의 석유파동으로 스테그플레이션(경기침체 속 물가 상승)이 엄습한 상황이었다. "In this present crisis, government is not the solution to our problem ; government is the problem."(현재의 위기에서, 정부는 우리가 안고 있는 문제의 해결책이 아닙니다. 정부가 바로 그 문제입니다). 이와 같이 '작은 정부'를 지향의지를 설파했다. 아칸소 주지사 출신인 제 42대 대통령인 빌 클린턴(Bill Clinton)의 취임사는 유려한 화법을 담은 '명연설'로 청중을 압도하는 카리스마를 갖추고 있다. 취임사 중 "There is nothing wrong with America that cannot be cured by what is right with America."(미국의 선에 의해 치유될 수 없는 악은 없습니다). 버락 오바마 직전 대통령직을 수행한 제 43대 조지 W. 부시(George W. Bush)대통령도 취임 연설을 통해 미국이 직면하고 있는 과제를 압축하고 더 나은 사회로 나아갈 방향 제시를 하기 위해 취임식 직전까지 21번이나 연설 문안을 고쳤다고 한다. 우리나라 김대중 대통령도의 연설문도 전문 연설문담당자(director of speechwriting)가 작성하기도 하지만 대통령 자신이 직접 연설문을 쓰기도하며, 연설직전 수차례 연설문을 고치고 수정 보완했다 한다. "So it is the policy of the united states to seek and support the growth of democratic movements and institutions in every nation and culture, with the ultimate goal of ending tyranny in our word."(미국의 정책은 모든 나라와 문화 속에서의 민주화 운동과 제도의 발전을 모색하고 지원하는 것이며, 그 궁극적인 목적은 전 세계의 폭정에 종지부를 찍는 것입니다).

버락 오바마(Barack Obama)는 "We do big things"(우리는 대단한 일을 해냅니다). "The idea of American endures, Our destiny remains our choice."(미국이라는 '이념

(이념)'은 지속됩니다. 우리의 운명에는 선택의 여지가 있습니다). 이처럼 국가 최고 지도
자인 대통령의 연설은 결국 국민을 감동시키고, 국민들에게 희망과 용기를 강력하게 불어
넣으며, 흩어진 민심을 하나로 모을 수 있는 역량을 충분히 담고 있어야 한다. 또 그것이
명연설로 역사에 기록될 수 있을 것이다.

다음은 1951년 4월 19일, 미국 맥아더 장군이 퇴역하면 미의회에서 한 명연설이다
(General MacArthur's Address to Congress). "Mr. President, Mr. Speaker and
Distinguished Members of the Congress !…, Old soldier never die, They fade
away."(상원의장, 하원의장, 그리고 훌륭하신 의원여러분 !…노병은 죽지 않는다. 다만
사라질 뿐이다). 이 의회명연설은 미국 전역에 대대적으로 방송되었으며, 2천명 만 명 이상
의 미국인들이 숨죽여 지켜보았다. 연설은 박수 때문에 28번이나 중단되었다(그림 13-22).

연설 전도사 버락 오바마의 주요 연설을 수사법에 의해 분석하여 보면 다음 네 가지 특
징을 갖는다. 첫째, 국민의 단결을 호소한
다. 오래전 선거를 통해 갈려진 국내 여론
이 하나로 뭉치도록 국민들의 단결을 호소
한다. 여기서 말한 국민들이란, 합중국 헌
법에 규정된 "We the People"가리킨다.
신에 의해 선택된 미국국민을, 대통령 취
임 식전에 입회해 승인하는 증인으로 재구
성함으로써 전 국민의 일체화를 노린 것이
다. 버락 오바마는 취임식에서 자신과 같
은 일리노이 주 상원의원 출신으로 남북전
쟁이 분단의 위기를 이겨낸 링컨 전 대통
령이 1981년 취임식에 썼던 성경책을 사용
했다. 버락 오바마의 취임연설은 사람들의
연대가 개개인의 힘 이상의 것을 만들어
낸다고 지적하고 있다. 이는 선전방식의
PR 기법 7가지 중 널리 인정받고 있는 권
위나 명성을 빌려 오는 연상기법·전이기법
(transfer device)과 유명한 인물을 등장시
켜 좋다거나 나쁘다는 증언을 하게 하는

〈그림 13-22〉 맥아더 장군의 미 의회 퇴역 고별

〈그림 13-23〉 클린턴 전 대통령이 오바마의 지
지 연설을 하기 위해 무대에 오른 장면

출처: 『조선일보』 2012년 9월 7일자.

〈그림 13-24〉 민주당 전당대회를 알리는 포스터

증언기법(testimonial device)을 이용하고 있다. 예를 들어 퇴임 후에도 미 국민으로부터 높은 인기를 누리고 있는 빌 클린턴 전 대통령이 민주당 전당대회 2012년 9월 7일 사흘째를 맞아 버락 오바마 대통령을 대선 후보로 지명하기 위해 연설대에 올랐다(그림 13-23). "We are here to nominate a president, and I've got one in mind."(우리는 대통령을 지명하기 위해 여기 모였습니다. 제 마음속에 한 명이 있습니다). 그러면서 미국 경제를 회복시키려면 오바마 대통령이 재선돼야 한다고 강조했다. "no president not me not any of predecessors, no one could have fully repaired all damage that he found in just four years."(저를 포함해 어느 대통령도, 전임 대통령 누구도 버락 오바마처럼 손상된 경제를 단 4년 만에 회복시킨 사람은 없었습니다). 그는 또 현실 정치에서 '협력(cooperation)'만이 효과를 발휘한다면서 버락 오바마 대통령의 협력의 정치를 높이 평가했다. 클린턴이 연설하는 동안 딸 첼시와 대통령 부인 미셸 오바마가 이를 지켜봤으며 연설이 끝난 직후 버락 오바마 대통령이 깜짝 등장해 클린턴 전 대통령과 함께 지지자들의 환호에 손을 흔들어 답했다. 버락 오바마 대통령은 한국 시각으로 2012년 9월 7일 오전 후보 수락 연설을 할 예정이다. 미전역에서 전당대회에 모인 민주당 지지자들은 대의원 5천명을 포함해 7만여 여명이다. 버락 오바마 대통령이 4년 더 미국을 이끌어 나갈 것으로 기대하는 분위기가 고조되었다. 그리고 축제행렬의 앞에 서는 연주마차를 따라 모든 사람이 같이 동승하여 받아들이는 생각이나 행동을 같이 해야만 이익이 온다는 대세에 호소하여 판세를 유리하게 만드는 일종의 군중심리를 잘 활용한 대세 편승인 부화뇌동기법(bandwagon device) 등 선전기법을 잘 활용하고 있다. 버락 오바마는 2012년 9월 7일, 전당대회 마지막 날 야외 연설로 4년 전 감동을 재현하고자 한다(조선일보, 2012.9.4). 버락 오바마의 연설을 위해 7만 5000여 명을 수용할 수 있는 인근 뱅크오브아메리카 야외경기장으로 무대를 옮긴다. 민주당이 이처럼 야외무대를 옮기는 이유는 '타고 난 연설자'인 버락 오바마의 장점을 극대화하기 위해서이다. 그래서 폭풍우 예보에도 야 외를 고집한다(하지만 실내 전당대회로 옮겨 거행 하였지만, 정녕 그날의 날씨는 좋았다). 전략가는 "버락 오바마가 열정적인 연설로 7만 명이 넘는 관중을 휘어잡은 생생한 현장모 습을 TV로 접한 미국국민은 자연스럽게 미트롬니 공화당 후보의 연설과 비교를 하게 될 것"이라고 했다(그림 13-24). 다음은 버락 오바마가 2012년 9월 7일 민주당 대통령 수락 연설의 일부이다. "I'm asking you to rally around a set of goals for country goals in manufacturing, energy, education, national security, and the deficit."(제조업과 에너 지, 교육, 국가안보, 적자와 관련한 국가 목표를 함께 세울 것을 요청합니다). "A new tower rises above the New York skyline, al Qaeda is on the path to defeat, and Osama bin Laden is dead."(뉴욕 스카이라인에 새로운 타워가 세워지고 있고 알카에다 는 패퇴하고 있으며 오사마 빈 라덴은 숨졌습니다). "There is only one choice. That choice is the only to move forward. Boldly forward and finish the job and re-elect President Obama."(선택은 하나, 전진하는 것입니다. 과감히 전진해 임무를 마치고 오바 마 대통령을 재선시킵시다—조 바이든, 미국 부통령-민주당. 지금 까지 버락 오바마의 특 유의 수사적 연설법을 종합하여 보면, 쉬운 말의 One Message 슬로건으로 끊임없이 Yes, We can의 세 단어를 반복한다. 또한 미국의 미래 부강을 위해 같이 동참하자는 메 시지로 주어-주체-미국 'We(cooperation=the United States of America)'말 반복한다. 그리고 유명인의 대유법을 인용하였다. 예를 들어 에이브러햄 링컨의 "of the people, by the people, for the people." 2012년 9월 7일 민주당 대통령 수락연설시, 과거 4년 '변화 선택(change)'에서 '미래선택(forward)'슬로건으로 시민정신(citizenship)의 존 F. 케네 디의 연설문 일부인 "ask not what your country can do for you—ask what you can do for your country"인용하고 있다. 또한 "프랭클린 D. 루즈벨트의 대공황 때의 과감하 고 끊임없는 실험 추진"을 주장했다. 이처럼 버락 오바마의 수사적 연설기법은 마틴루터 킹의 연설과 매우 흡사하다. 바로 그 유명한 킹 목사 "I have a dream." 연설은 버락 오 바마의 슬로건인 "Change"와 그의 캐치프레이즈인 "Yes, We can believe in"와도 흡사 한 아주 간결하면서도 강력한 하나의 메시지 One Message를 끊임없이 반복하여 청중들 의 머릿속에 쉽게 기억되고, 잊히지 않도록 한 수사기법전략이다. 그리고 클린턴 전 정치 인등 지지연설로 증언기법이나 대승편성기법을 활용하였다. 둘째, 국가의 과거와 미래의 융합이다. 이는 과거에서 현재에 이르기까지 이어져 내려온 국민공통의 가치관을 상기시킨다. 취임식에서 대통령은 전통 가치관이 끊어지지 않고 자신에게 계승되고 있다는 점을 국민에게 나타낼 것을 요구 받는다. 특히 취임연설은 '영구적인 현재(eternal present)'로 국가의 과거와 미래융합이 이뤄지는 곳인 것이다. 셋째, 정책 방향의 명시이다, 이는 새로운 정권이 앞으로 행할 정책의 방향을 나타낸다. 대부분 대통령은 그들이 재임 주에 행할 정책 방향을 분명히 하고 있다. 버락 오바마 연설의 주요 테마는 '미국의 재건(remaking America)', '새로운 평화시대(a new era of peace)'라는 말을 사용하여 이스람 국가, 개발도상국, 거기에다 미국 국민에게의 호소를 통화여, 부시정권시대의 '단독행동주의(unilateralism)'에서 '국제협조주의(internationalism)'로의 정책 전환을 나타낸다. 새로운 시대(price)', 즉 "this is the price and the promise of citizenship. (이런 것이 시민권의 값이며 약속입니다)"라고 하였다. 모든 국민이 노력하면 대가(price)를 지불하고 '아메리칸 드림(American dream)'으로 대표되는 '약속(promise)'을 이루는 것으로 위대한 미국 복권은 가능하다고 의지를 전달한 것이다. 그리고 'price(약속)'과 'promise(약속)'의 두운법(alliteration)을 씀으로써 깊은 인상을 주는 문구가 많다. 또한 위 목적을 달성하기 위해 '가능 하는 정부'라는 '수단'이 제시되었다. "—whether it helps families find jobs at a decent wage, care they can afford, a retirement that is dignified"(즉 정부가 가족들로부터 하여금 적절한 임금을 주는 일자리를 구하고 의료비를 지불할 여유를 갖게 되고 은퇴 후에도 품위 있게 살 수 있도록 도와주느냐 하는 것입니다. "So it has been, So it must be with this generation of Americans."(지금껏 그래왔듯이 현 세대의 미국에서도 그래야 합니다). 넷째, 대통령직에 대한 정확한 인식이다. 대통령직의 무게감에 정확한 인식과 경의를 말 할 수 있다. 대통령 스스로가 확실한 지도자라는 것을 과시하는 한편, 합중국 헌법에 정해진 권한을 주의 깊게 인식하고 겸허함을 나타내는 것으로 요구 받는다. "In reaffirming the greatness of our nation, we understand that greatness is never a given. it must be earned."(우리나라의 위대함을 재확인하는 가운데 위대함은 결코 거저 얻어지는 게 아님을 알고 있습니다. 그것은 노력해서 얻는 것입니다).

설득기교로서의 수사기법은 취임에서 시대와 공조하고 국민들과 대통령이 하나도 통합하는 연설의 논조가 자주 나타난다. 다음은 버락 오바마가 2004년 민주당 전당대회의 기조연설이다. "Now, even as we speak, there are those who are preparing to divide us: the spin masters, the negative ad peddlers, who embrace the politics of anything goes. Well, I say to them tonight, there is not a liberal America and a conservative America — there is the United States of America. There is not a black

America and a white America and Latino America and Asian America — there's the United States of America."(지금 이렇게 말하고 있는 순간에도 우리를 분열시킬 준비를 하는 사람들이 있습니다. 여론을 호도하고자 하는 사람들, 흑색선전을 퍼뜨리는 사람들, 이들은 막나가는 정치를 구사합니다. 이들에 게 제가 오늘밤 한마디 하겠습니다. 진보적인 미국과 보수적인 미국이 따로 있는 것이 아니라 미합중국이 있을 뿐입니다. 흑인들의 미국과 백인들의 미국과 라틴계의 미국과 아시아계 미국이 따로 있는 것이 아니라 여러 개 주가 한데 모인 미합중국이 있을 뿐입니다). 이 연설은 '미국의 연합국가(the United States of America)'로 각 국가에서 자유와 평화, 삶의 행복을 추구하기 위해 미국으로 왔지만 이제 인종을 초월하여 "하나의 단합된 미국을 건설하자"고 강조한다. 이에 대해 이유진 교수(외대 영문과)는 "당시 오바마는 사람들을 갈라놓는 관습 대신 공통의 가치 및 공통의 역사를 활용하여 통합을 강조했다. 흑인 아버지와 백인 어머니를 둔 오바마가 미국인들이 이상적으로 그리는 공통의 가치와 꿈, 경험을 이야기하면서 비전을 제시하자 전례 없이 많은 사람들로부터 공감을 얻었다. 이 연설이 끝나자 수많은 청중은 오바마를 '우리'로 인식하기 시작했다"고 설명했다. 또한 냉전시대 취임한 케네디는 정반대의 생각을 대조시키는 기교인 '대조법(anti-thesis)'를 사용해서 이렇게 말하고 있다. "My fellow citizens of the world: ask not what america will do for you, but what together we can do for the freedom of man."(세계 시민여러분, 미국이 여러분에게 무엇을 할 것인가 묻지 말고, 우리가 함께 인간의 자유를 위해 무엇을 할 수 있는지를 자문해 봅시다). 또 그는 같은 표현을 몇 번이나 다른 문장에서 반복하는 재현(再現, repetition)이라는 수법을 효과적으로 사용하고 있다. "…To those new states whom we welcome to the ranks of the free, …we offer a special pledge. …we renew our pledge of support. …finally, to those nations who would make themselves our adversary, we offer not a pledge but a request." (우리와 같은 자유 국가의 대열에 새로이 합류하게 된 나라들에게 약속합니다. …한 가지 특별한 약속을 드립니다.…대한 지지를 다시 한 번 새로이 약속합니다.…마지막으로, 우리를 적대하려는 국가들에게, 우리는 다음과 같은 맹세가 아닌 요청을 하려합니다). 또한 버락 오바마는 인종이나 종교를 초월한 사람들의 단결이라는 이념을 호소한 링컨 대통령이 케티스버그의 연설을 활용 하나의 문장 안에서 반복해서 사용하는 '대구법(parallelism)'을 잘 활용하고 있다. "that government of the people, by the people, for the people."(국민의, 국민에 의한, 국민을 위한 정치)와 같은 대구법을 사용되고 있다. 이 처럼 대중이나 유권자를 설득하기 위해서는 '무엇을 말할까(what to say)'

와 마찬가지로 '어떻게 말할까(how to say)'라는 것이 중요하다. 오바마는 '말하는 것은 통치하는 것'이라는 수사법적 대통령제(rhetorical presidency)의 미국 전통에 근거한 스피치를 한 것을 알 수 있다(신명섭, 2009). 다음은 오바마가 수많은 사람을 열광시키고 공감을 자아내고 눈물을 흘리게 하며, 웃음을 짓게 하는 버락 오바마만의 설득화법 여섯 가지를 제시했다. 첫째, 대중에게 친근한 소개한다. 어려웠던 어린 시절 이야기, 아메리칸 드림을 쫓아 온 이민자들의 전체의 경험을 진술하게 이야기 한다. "I have to say that this something that Michelle and I have struggled with in our own family."(Remarks at Workplace Flexibility Forum, March 31, 2010). 둘째, 쉬운 어휘와 말로 공동의 비전을 펼쳐 대중을 사로잡는다. 즉 중학교의 수준의 교육을 받는 사람이라면 누구나 모르는 단어가 없을 정도의 쉬운 어휘를 구사한다. 이는 청중들인 어린 학생들과 공감대를 형성하고자 노력한다. 또한 일상적으로 사용하는 언어로 학생들의 마음에 와 닿도록 연설 내용이 정확히 전달되고 있다. "This wasn't something I really understood when I was back your age. my father, some of you know, left my family when I was two years old. I was raised by a single mom and my grandparents, and sometimes I had a tendency to goof off."(Remarks at Kalamazoo Central High School Commencement, June 8, 2010). 셋째, 쉬운 말고 함께 신뢰감 있는 바리톤 음성으로 모든 청중을 아우르는 듣는 이의 공감을 얻는 연설을 한다. 오늘의 오바마 대통령을 있게 한 명연설의 시작은 2004년 민주당 전당대회에서의 기조연설이다. 2300단어가 안되는 20분짜리 이 연설은 미국의 다양한 사회구성원을 한데 끌어모으고 전 세계로부터 찬사를 받았다. "There is not a black America and a white America and Latino America and Asian America — there's the United States of America." "American family." 이 연설이 끝나자 수많은 청중은 오바마를 "우리'로 인식하기 시작했"고 설명했다. 2008년 대통령 후보 수락 연설에서는 전 세계인을 향해 미국의 역할에 대해 "I will end this war in Iraq responsibly and finish the fight against Al Qaida and the Taliban in Afghanistan. I will build new partnerships to defeat the threats of the 21st century:terrorism and nuclear proliferation, poverty and genocide, climate change and disease. And I will restore our moral standing so that America is once again that last, best hope for all who are called to the cause of freedom, who long for lives of peace, and who yearn for a better future(저는 책임지고 이라크 전쟁을 종결시킬 것이고 아프가니스탄의 알 카에다와 탈레반의 싸움을 끝낼 것입니다. 저는 테러리

즘, 핵 확산, 빈곤과 인종학살, 기후변화와 질병 등 21세기의 위협들을 이길 수 있는 새로운 동반자 관계를 구축할 것입니다. 그리고 저는 미국의 도덕적 위상을 회복하여 자유라는 대의를 위해 나선 사람들, 평화로운 삶을 갈망하는 사람들, 더 나은 미래를 열망하는 모든 사람들에게 다시 한번 미국이 최후의, 최고의 희망이 되도록 하겠습니다)"라고 말했다.

"오바마 대통령은 신뢰를 주는 바리톤 목소리로 세계인이 공통적으로 미국이 하기를 원하는 역할을 언급함으로써 청중의 머리와 가슴을 사로잡았다. 위기 상황마다 미국이 가치를 지키기 위해 용기를 냈던 사람들을 "ordinary men and women students and soldiers, farmers and teachers, nurses and janitors found the courage to keep it alive."(Acceptance Speech, August 28, 2008). 특히 모든 사람들을 "ordinary and women."라고 부르며 가능한 이 연설의 청중을 넓게 포함하고자 한다. 이는 바로 "여러분들 모두에게 하는 애기입니다."라는 메시지를 주며 모든 청중들과 일대일의 관계를 시도하는 것이다. 넷째, 희망과 긍정의 언어를 사용한다. 버락 오바마는 희망을 말한다. 비전, 변화, 꿈, 위대함 등이 희망을 주는 전도사이다. 그의 연설에 가만히 귀 기울여 보면 듣는 것만으로도 기분이 좋아지고, 미래의 희망과 꿈이 용솟음치는 느낌을 받게 된다. 이는 박식하고, 똑 부러지는 말만 하여 대중들의 묘한 반감을 샀던 힐러리와는 대조적인 모습이다. "you can still rise to become whatever you want; still go on to achieve great things ; still pursue that happiness you hope for."(University of Massachusetts at Boston Commencement, Jun2, 2006). 버락 오바마의 연설은 다소 추상적이지만 청중들로 하여금 희망을 품도록 하는 단어들로 구성되어있다. 희망과 긍정의 언어로 가득찬 그의 연설을 들을 때마다 '나는 할 수 있다'라는 자신감이 생기며, 미국인으로서의 자긍심이 고취되는 것이다. 다섯째, 기억하기 쉬운 슬로건과 후렴구를 반복 사용한다. 버락 오바마는 연설의 절정에서 이러한 슬로건을 잘 활용한다. 연설의 마지막에 감동을 함축하며, 짧은 슬로건만으로도 그날 버락 오바마가 전달한 메시지의 감동이 되살아나게 되는 것이다. 이는 청중의 마음속에 강렬한 인상을 주기 위해 누구나 쉽게 기억할 수 있는 슬로건과 후렴구를 만들어 활용했다. 그의 트레이드 마크가 된 Yes, We can을 활용하여 대다수 미국인들에게 깊은 인상을 남기기도 했다. "Yes We can !… Yes We can ."(Our moments is Now-Des Moines, December 27, 2007). 위 연설문은 버락 오바마의 명연설문 혹은 화법에 대해 애기할 때 빠지지 않고 등장한다. 마치 미국의 역사에 대한 한 편의 서사시와 같다. "Yes We can!"의 슬로건 반복 사용은 강렬한 메시지를 전달하고 있다. 여섯째, 비슷한 문장구조, 단어의 반복한다. 버락 오바마의 연설문의 언어적인 특징은 동일한

〈그림 13-25〉 마틴 루터 킹 목사가 인종차별 종식과 화해를 외친 연설 장면

문구를 절묘하게 반복하여 리듬을 만들어 내고, 이를 통해 청중들에게 전달하고자 하는 의미를 중폭시키고 강조하고 있다. 여기에 버락 오바마의 비언어적인 능력 즉, 자신감 넘치는 첫인상, 연설 중간 중간 적절히 사용하는 바디 랭귀지, 호소력 있는 목소리의 음색, 심지어는 카리스마 넘치는 침묵까지 그의 연설이 주는 효과의 강렬함을 더한다. "America, now is the time to for small plans, now is the time to…" And now is the time to…"(Acceptance Speech, August28, 2008). " now is the time to~"를 반복하여 구체적인 공약을 나열하고 있다. " 지금은 ~할 때입니다."라는 문구의 반복은 마치 전장의 북소리처럼 긴장감을 유발하고, 듣는 이들 모두를 감싸고 조금씩 그 포위망을 좁혀 오며 마침내 옳은 선택을 하도록 촉구하고 있다(민선식, 2012). 대통령 당선 후에는 감정적 호소보다는 사실에 기반한 정책연설이 주를 이뤘다"고 '영어로 읽는 오바마 명연설문(길벗이지톡)'의 저자 이지윤씨는 설명했다. 버락 오바마 대통령은 대선 당시 크고 작은 논란에 부딪혔다. 그때마다 그는 탁월한 연설기법으로 이러한 폭풍우를 헤치면서 자신의 명성을 지키고 군건한 이미지를 구축해 나갔다. 오바마 대통령의 노벨평화수상 소식으로 미국사회가 분열양상을 보일 때도, 연설의 달인 오바마 대통령은 좋은 언행으로 이 논란을 잠재울 수 있었다. 2012년 9월 7일 정치전당대회(political convention)의 민주당 대통령 수락연설에서 밝힌 "앞으로 4년 더 달라고"호소가 2012년 11월 대선을 위해 미국 콜로라도주(州) 덴버를 시작으로 4차에 걸친 TV토론 등에서 그의 정책대결을 전 세계가 관심을 갖고 지켜보고 있다.

다음은 미국 비폭력 저항 운동의 기수로 나선 마틴 루터 킹 주니어(Martin Luther King, Jr.), 증오와 모멸과 가득찬 인종차별 종식과 화해를 외친 그의 연설은 20세기 양심을 뒤 흔든 역사적 연설로 꼽힌다(그림 13-25). 1963년 뜨거운 여름 햇살이 가득한 워싱턴 D. C. 링컨 기념관, '노예해방선언'의 주역 링컨 기념상 앞 계단에서 서른넷의 젊은 흑인 목사가 포효했다. "I have a dream today. I have a dream that one day every valley shall be exalted, every hill and mountain shall be made low, the rough place will be made plains, and the crooked places will be made straight…"(나에겐 꿈이 있습니다. 나에겐 꿈이 있습니다. 어느 날엔가 조지아의 붉은 언덕에 노예와 노예주인 자손들이 형제애의 테이블에 함께 앉는 그런 꿈이. 나에겐 꿈이 있습니다, 어느 날엔가 모든 골짜기가 메워지고 모든 언덕과 산이 낮아지고 모든 거친 들이 평지가 되고 모든 굽은 곳이 펴지는 그런 꿈이…). 킹목사는 유색 인종의 인권 회복을 위해 비폭력 저항운동을 "정의가 강물처럼 흐를 때까지"계속하겠다고 선언했다. "I have a dream. 나에게 꿈이 있습니다"의 연설은 인종주의 장벽을 허물었다, 그것은 1965년 유색인종 이민을 사실상 금하던 법률이 철폐되고, 공민법이 제정되면서 아시아계에 대해서도 이민 문호가 열렸기 때문이다. 이 킹목사의 연설문 정치인은 물론이고 많은 사람들, 조직 등에서 활용하고 있다.

12. 정치PI전략의 기호속성

1) PI의 개념

PI는 기업의 CEO, 대통령, 정치지도자와 같은 명사의 정체성 및 이미지를 뜻한다. PI는 원래 정치권에서 도입된 개념으로서 일본의 사카모토 주토쿠에 의해 처음 거론되었다(서재경, 1992). PI는 기업의 CEO이미지를 기업 이미지와 동일하게 간주하는 데 자주 이용되기도 한다(서재경, 1992). 정치 영역에서는 국가 최고지도자의 정체성을 PI라 부르며 지도자를 중심으로 전개하는 체계적이고 조직적인 PR전략들을 PI프로그램이라고 한다(신호창 & 김찬아, 1999). 개인의 이미지는 크게 정신적 이미지(mind image), 시각적 이미지(visual image), 그리고 행동적 이미지(behavioral image)로 요약되는데(최양호, 2006) 지도자의 정체성과 이미지 또한 그와 같은 세 가지 차원을 중심으로 형성되어진다. 이를 토대로 볼 때 PI관리는 조직의 대표나 지도자에 대한 공중의 우호적인 태도를 형성하기 위해 지도자의 신념을 담은 언행, 시각적인 모습, 행동 등 종합적인 차원에서 그 이미지를 형성·변화·발전시켜 나가는 전략적인 PR커뮤니케이션 활동으로 정의할 수 있다. 신호창과 김찬아(1999)는 통합 커뮤니케이션 팀의 구성 및 운영을 통해 PI기획과 집행을 용이하게 하고, 지도자의 수사적 메시지 전략을 수립하고 집행해야 하며, 직면할 수 있는 위기상황 및 쟁점에 대해 사전에 위기 및 쟁점 관리체제를 확립해 두어야 효과적인 PI관리가 가능하다고 주장하였다. 정치인의 PI와 관련하여 정치커뮤니케이션, 정치광고 등의 영역에서 널리 다루어진 정치인의 이미지와 관련하여 살펴본다.

2) 정치지도자의 이미지

정치인 이미지는 다양한 커뮤니케이션 채널을 통해 습득한 정보를 바탕으로 정치인에 대해 형성하는 포괄적 인식이라고 설명할 수 있다(McCrosky, Hamilton, & Weiner, 1974). 이와 유사하게 김현주(1999)는 정치인 후보자 이미지를 "유권자가 다양한 캠페인 커뮤니케이션 채널을 통하여 습득하게 되는 정보를 토대로 후보에 대해 가지게 되는 종합적인 인식(p.48)"으로 정의하였다. 정치인 이미지와 관련한 측정의 척도들은 다수의 학자들에 의해 연구돼 왔다. 먼저 케이드 외(Kaid, Singleton, & Davis, 1977)는 정치인 후보자의 이미지를 12개의 항목(자격 있는, 세련된, 정직한, 믿을 만한, 성공적인, 매력적인, 친절한, 진심 어린, 차분한, 공격적인, 강한, 활동적인)으로 구분하였다. 이와 같은 이미지 측정 항목들은 국내외 다수의 연구자들에 의해 차용 및 적절히 변용되었다(이경렬 외, 2008; 정성호, 2006; 탁진영, 2005, 2006). 또한, 밀러와 동료들(Miller, Wattenberg, & Malanchuck, 1984, 1986)은 미국 선거 연구의 자료들에 대한 분석을 바탕으로 정치인 후보자의 이미지를 크게 다섯 개의 차원으로 나누었다. 능력, 진정성, 믿음직함, 카리스마, 그리고 개인적 특성이다. 이강형(2004)은 이러한 이미지 차원을 참고하여 '권위 있다', '지적이다', '정직하다', '신뢰가 간다', '경력이 좋다', '참신하다', '친근하다', '정감이 간다', '부드럽다', '결단력 있다', '포용력 있다', '민주적이다', '지도력이 있다'의 문항들을 중심으로 2002년 대통령 선거에서 TV토론이 후보 이미지에 미치는 영향력을 연구한 바 있다. 앞서 설명한 두 이미지 척도들과 비교하면서 안차수(2011)는 우리나라 대학생들의 응답을 바탕으로 정치인 후보자의 이미지 측정도구를 제시하였다. 그 문항들은 정치인들의 서민에 대한 이해도, 신뢰도, 책임감, 희망적 이미지, 민주적 이미지, 친근함, 정교함, 세련됨, 현명함, 겸손함, 권위 있음 등의 문항들로 구성되었는데 기존의 척도들과 비교해 볼 때 그 설명력이 양호하였다. 안차수(2011)의 연구 결과에 따르면 우리나라 대학생들은 정치인들에 대해 서민을 잘 이해한다고 생각할수록, 신뢰가 가고 믿을 만하다고 생각할수록, 정치인 후보자들에 대해 공통적으로 높은 지지를 보인다는 것을 알 수 있었다. 정치인의 이미지 구성요소를 분류한 또 다른 국내 연구로서 최영재와 박동진(2006)은 이미지를 리더십, 비호감, 호감, 신뢰라는 요인으로 구분하였다. 박근혜, 고건, 정동영 등 대선 후보군을 대상으로 한 그 연구는 정치인 이미지가 그들에 대한 지지도에도 유의미한 영향을 미친다는 것을 확인했다. 정치인 이미지의 차원들을 다룬 많은 연구들이 양적 조사방법을 활용한 반면, 주관성의 영역임을 인지하고 Q방법론을 이용한 연구도 관찰된다. 예를 들어, 김혜성(2010)은 대학생들의 이명박 대통령의 이미지에 대한 인식의 유형을 분석하였다. 연구 결과, 대통령의 이미지는 권위적이면서도 가정적인 '근엄한 아버지'의 이미지, 리더십과 능력을 함께 갖춘 '치밀한 경영자'의 이미지, 추진력과 달리 포근함이 부족한 '독선적 불도저'의 이미지로 요약되었고 이를 바탕으로 그는 대통령 이미지 제고를 위한 유용한 전략들을 제시하였다. 위와 같이 정치인 이미지 척도나 유형들을 제시한 것뿐 만 아니라 기존 연구들은 또한 이러한 이미지에 영향을 미치는 변인들이 무엇인지 그 영향력들을 살펴보는 데 많은 노력을 경주하였다. 세부적으로 커뮤니케이션 학자들은 매체 이용이 정치인 이미지에 미치는 영향을 살펴보았다. 주요 연구결과로는 캠페인이나 TV토론회가 선거기간 중 후보자의 이미지 형성에 영향을 미치며 그 이미지가 투표 의사결정에 영향을 미치는 것으로 나타났다(김현주, 1999; 이준웅, 1999, 2003; 이강형, 2003, 2004). 또한, 이효성과 이상도(2003)는 대학생들의 공중파 TV 시사토론 프로그램의 주의 깊은 시청 및 정치적 뉴스 웹의 적극적인 이용이 노무현 대통령에 대한 이미지 형성에 유의미한 영향을 미쳤다고 밝혔다. 정치인 이미지에 대한 비언어적인 요인들의 영향력도 주요 연구주제로 관찰되는데 이는 정치인을 비롯한 개인의 이미지를 구성하는 차원들에 시각적 이미지(visual image)와 행동적 이미지(behavioral image)가 포함되는 것을 생각해 볼 때 자연스런 연구의 흐름이라 볼 수 있다. 로젠버그 외(Rosenberg et al., 1986)는 호감형의 외모를 가진 정치인이 성실도, 유능함, 지도력 등에서 유권자들에게 긍정적 이미지를 형성하고 나아가 당선가능성 또한 높다고 주장하였다. 유숙희와 류지원(2008)은 외모 특성 즉, 메이크업의 유무, 헤어 스타일, 헤어 컬러가 남성 정치인의 이미지 형성에 미치는 영향을 연구하였는데 메이크업을 했을 때, 보통머리일 때, 헤어 컬러가 반회색이었을 때가 메이크업 하지 않을 때, 대머리일 때, 검은 갈색의 헤어컬러일 때보다 정치인 이미지 요인들에 있어서 부분적으로 높은 평가를 받는다는 결과를 보여주었다. 이는, 호감형의 외모가 긍정적인 이미지를 형성한다는 로젠버그 외의 연구결과와도 상당히 유사성이 있다고 볼 수 있다. 비언어적 요인의 이미지에 대한 직접적인 영향력을 살펴 본 연구는 아니지만 정치인의 이미지를 색채와 결합시켜 해석한 흥미로운 조사도 수행되었다. 박수홍과 구자명(2006)은 수도권 시민들의 응답을 바탕으로 각각 고건, 이명박, 정동영, 손학규, 이해찬 등의 2007년 대선 후보군과 연상되는 색채를 요약하였다. 예를 들어, 이명박 후보에 대해 응답자들은 연상되는 색채로 빨강과 파랑을 답하였으며, 빨간색이 강하고 활동적이며, 파란색은 딱딱한 이미지의 색채임을 생각해 볼 때, 강하고 활동적이며 딱딱한 이미지로 평가 받던 이명박 후보의 이미지와 대체로 일치함을 알 수 있다. 다른 비언어적인 요인들을 주목한 연구들 중에 시엔키(Cienki, 2004)는 비유적 표현과 유행어와 함께 제스처를 적극적으로 사용하는 것이 편안한 이미지를 형성한다고 주장하였다. 정치인의 눈물과 이미지의 관계를 조사한 최영재(2005)는 정치적 상승세일 때 정치인의 눈물이 호감도를 제고하지만 하향세일 때는 호감도를 반감시킨다는 결과를 발견하였다. 또한, 김명주와 나은영(2005)은 목소리, 응시, 손동작 등의 요소들이 호감도 및 신뢰도에 유의미한 영향을 미친다고 주장하였다. 정치지도자의 이미지를 구성하는 중요한 개념으로는 리더십이 있다. 대표자의 정체성을 중심으로 조직의 이미지를 향상시키는 것이 PI활동의 본질이며 대표자의 정체성을 연구해온 다수의 리더십 연구들이 PI연구의 축적된 근간이다(박종민, 2008).

politics

Advertising

미디어 트레이닝과 스피치 클리닉

1. 미디어 트레이닝

▶ **미디어와 인터뷰 시 12가지 치명적인 실수**

- 허튼 대답, 주제에서 벗어난 대답, 스핀하는 실수
- 즉흥적인 대답을 하는 실수
- 회사에 대해 감추고 싶은 내용을 기자가 끝까지 모를 것이라고 착각하는 실수
- 사실들을 무조건 나열해서 대답하는 실수
- "잘 모르겠습니다"라고 대답하는 것을 두려워하는 실수
- 여론은 등을 졌지만 소송에서는 이긴 것이 승리라고 착각하는 실수
- 회사 이름을 언급하지 않는 실수
- 가져간 전화에 신속히 응답전화를 하지 않는 실수
- 기자들을 친구라고 믿는 실수
- 모든 것은 누설된다는 사실을 잊는 실수
- 통제력을 잃는 실수
- "노코멘트"라고 대답하기

▶ **미디어 트레이닝 핵심 포인트**

- 기자와 인터뷰 할 때 가장 치명적으로 저지르는 실수는 "노 코멘트"라고 대답하는 것
- 진실을 왜곡할 생각은 하지 말라. 사실에 근거한 대답을 할 것
- 무슨 말을 하면서 '오프 더 레코드'라는 단서를 달았다 해서 언론에 나오지 않으리라는 보장은 없다.

▶ **취재 응대 행동**

- 숨을 깊게 쉬어라
- 핵심 메시지 포인트를 머릿속에 그려라.
- 상황이 좋다면 자신을 하거나, 출마의사를 설명한다.
- 취재 후 긍정 기사가 나오지 않더라도 기자와 호감관계(긍정적 평판, 인물 소개)를 맺은 데 의의를 둔다.
- 악수를 청하고 환영하라.
- 인터뷰를 원하는 사람을 확인한다(기자, 홍보담당자, 자선단체 책임자 등)

- 기자와 담소 인터뷰 대상자를 모으고 준비한다.
- 기자가 취재하는 동안 편의사항을 제공하고 지원담당자를 선정한다.
- 필요시 선을 그어라.
- 초대손님 중 유명인사 인터뷰를 원할 때는 당사자의 의향을 물어본다.
- 초대손님이 인터뷰를 사양할 경우, 코멘트나 기자회견 등 대안을 제시한다.

▶ 라디오 전화인터뷰

라디오 인터뷰 속성-신속, 공격적
조직의 이익 여부에 대해 신속히 판단하라.

〈인터뷰 수락 시〉
- 최근 토크쇼는 초대 손님 중심이 아닌 진행자 중심이다(진행자 부각).
- 진행자와 견해가 같다면 인터뷰는 짧고 우호적이며, 발언에 힘을 실어준다.
- 진행자와 견해가 다르다면 논쟁과 방어적인 태도를 지양하고, 유머감각을 발휘한다.

〈인터뷰 거절 시〉
- 언론에 노출될 기회가 온다고 해서 모두 응할 필요는 없다.
- 다시 연락 준다고 하고, 전화를 해서 인터뷰가 불가능함을 전한다.
- 인터뷰에 응하지 않더라도 조직에 대한 내용이 프로그램에 나올 수 있다.

▶ 마감 시간에 쫓기는 기자와 전화

특정 뉴스에 대해 전국에 있는 사람들이 어떻게 반응하는지를 다룬 종합적인 기사, 해당 주제에 대해 언급할 수 있는 사람에게 닥치는 대로 전화한다.

〈인터뷰 수락 시〉
- 핵심 메시지 포인트를 검토한다.
- 응한다고 해서 언급내용이 최종 기사에 반드시 실리는 법은 아님을 유념한다.
- 마감 시간에 쫓기는 기자를 도움으로 해서 기자와의 유대관계를 형성한 데 의의를 둔다.

〈인터뷰 거절 시〉
- 인터뷰를 사양할 때 연락하여 조직과 연관성이 없음을 설명한다.
- 사양할 때 기자에게 도움이 될 다른 사람에게 소개해 준다.

▶ 만나기 힘든 정보원을 인터뷰하기 위한 매복

매복인터뷰는 대체로 부정적인 일이다.

〈매복 인터뷰의 기본 속성〉

- 카메라를 피하거나, 고함을 치는 등의 모습은 반드시 보도된다.
- 매복 인터뷰 대상은 항상 죄가 있는 것처럼 보인다.
- 인터뷰 시도 전 전화, 팩스, 메일 등에 대한 답변이 없었다고 말한다.

〈대응요령〉

- 말을 하지 않는 것이 말을 하는 것보다 나쁘게 인식된다.
- 발언은 반드시 많은 내용을 담고 있어야 하는 것은 아니다.
- 손으로 얼굴을 가리거나 카메라를 가려서는 안 된다.
- 행동을 잠시 멈추고, 인터뷰가 불가함을 짧게 언급하고 다시 진행한다.
- 책임자 취재 시도 시 대변인이 인터뷰가 불가한 상황을 설명한다.

▶ 매복 인터뷰에서 언급할 때 목표를 가져라

- 당분간 어떤 말도 더 이상 하지 않을 것이라는 것을 기자들에게 알도록 하라.
  * 중요사안을 놓칠 수 있다는 걱정 해소, 미행 중지
- 조직이 평소처럼 문제 없이 일을 하고 있다는 것을 유권자(대중)들이 알도록 하라.
- 조직이 단순 기계적 조직이 아닌 인간적 구성임을 유권자(대중)가 알도록 하라.
  * 부정한 사건과 무관하게 조직 운영에 최선을 다할 것을 강조한다.
- 취재 당사자는 분별 있는 사람이며, 상황에 위축되지 않음을 알려라.

▶ 프레스킷은 단순하고 정보가 풍부해야 한다.

〈프레스킷 구성 규칙〉

- 단순하고 약간 모자란 게 좋다.
- 기자들이 요청해 오도록 하라.
- 배울 것이 있도록 해라(후보자 개요, 이력서, 클립, 최근의 보도자료, 브로슈어 또는 카탈로그, 사진, 차트 또는 리스트 등
- 주의 깊게 조합하라.

- 허락을 얻어라(저작권, 매체접촉, 각각 기사 클럽 하단에 '허가에 의해 리프린트 되었음.'이라고 명기하라.
- 주의 깊게 프리비(freebie)들을 골라라.
- 하이테크로 가라(전자 형식, 웹사이트, 스마트폰, PDF 포맷, CD 등)

▶ 프레스키트 핵심 포인트

- 프레스키트에 대해 기자들은 허풍스럽지 않은 충분한 정보를 제공하기를 원한다.
- 프레스키트는 날씬하고, 단순하게, 간결하게 만들어라.
- 프레스키트 안에 저작권이 있는 자료들은 어떤 것이든 포함하기 전에 허락을 얻어라.
- 프레스키트를 신뢰가 가고 정보가 풍부하도록 하되, 이해가 쉽도록 하며 과도하게 전문적이지 않게 하라.
- 프리비를 정할 때는 심사숙고하라.
- 프레스키트가 공포의 회람 파일을 피해갈 수 있게 하라.

〈미디어 트레이닝 핵심포인트〉
- 기술적 용어와 업계의 전문용어는 꼭 정의해 주어라.
- 인터뷰 할 때는 후보자 이름을 사용하라.
- 기자와 대중들을 위해 결론을 이끌어 내라.
- 법적인 것과 매체 전략을 조정하라.
- 먼저 상대방의 논점을 인정하고, 그 다음에 왜 그것이 틀렸는지 설명하라.
- 모든 기자의 전화에 즉시 회답하라.
- 기자들을 존중하고 직업적인 친근성을 갖고 대하라.
- 급하게 "노 코멘트"라고 말하지 않도록 해라.
- 먼저 중요한 요점을 언급하고 나서 사실과 증거로 보완하라.

▶ 인터뷰 시 의상과 자기표현

비언어적 커뮤니케이션＝의상과 바디 랭귀지는 커뮤니케이션의 또 다른 전략!
- 인터뷰 시 기본 공식은 적어도 당신을 인터뷰하는 사람의 의상 수준에 맞춰라
- 때와 장소, 상대방을 정확히 알고 있는 자가 커뮤니케이션의 전문가로 보일 수 있다!

〈의상 전략 - 첫 번째〉

- 인터뷰 상황에 맞는 의상을 입어라!
- 록 뮤지션이라면 다 닳은 청바지
- 농장을 안내하는 상황이라면…카키색 바지
- 그러나 캐주얼과 세차장 의상과는 다르다는 것을 인지할 것!
- 비상시를 대비해 사무실에 정장을 비치해둘 것!
- 의상보다 당신의 말이 돋보이도록 수수한 의상을 입어라!
- 튀는 의상은 당신의 행동을 각인시킬 우려가 있다!

〈의상 전략 - 두 번째〉

- 유행을 타지 않는 클래식한 의상을 입어라.
- 재킷 옷의 폭, 셔츠 색, 넥타이의 선택에 주의!
- 유행을 따르지 않으면서 고상한 느낌을 주도록!
- TV카메라와 스튜디오의 밝은 조명에 주의하여 선택!
- 밝은 흰색 셔츠는 피해라!
- 빨간색과 체크무늬는 카메라가 소화하기 힘들다!
- TV는 청색 정장이 잘 어울린다!

〈의상 전략 - 세 번째〉

- 당신의 외관을 보완해 줄 수 있는 액세서리를 선택하라.
- 당신의 핵심 메시지를 방해하지 않도록 주의!
- 심하게 흔들리는 액세서리를 삼가라.
- 화려한 문신과 피어싱을 피하라.
- 야외 인터뷰 시 모자 착용
- 화려한 액세서리(컬러핀, 바지 멜빵, 나비넥타이) 등
- 당신보다 크게 부각되는 액세서리는 시청자에게 메시지 전달에 방해될 수 있다!

〈의상 전략 - 네 번째〉

- 인터뷰 전에 입을 옷을 준비하라.
- 인터뷰 전 효과적인 의상 선택을 위해 시간 투자하기!
- 미리 입어보고 찍어보는 사전 모니터링 작업을 하라!

- 불편하게 보이는 의상은 지양하고 우아하고 편안함을 주는 의상을 선택하라!
- 화려하고 짧고 눈에 띄는 의상은 자제하라!
- 어두운 스타킹은 신지 말라!
- 덜 치장하는 것이 효과적이다!

〈의상 전략 – 다섯 번째〉
- 야외 인터뷰를 위한 옷차림 준비
- 자외선 차단은 중요하지 않다!
- 진실의 눈을 보여라!
- 선글라스는 쓰지 말고 모자로 가려라!
- 선글라스를 써야 한다면 옅은 렌즈를 선택하라!
- 눈을 노출하는 것에 신경 써라!

〈의상 전략 – 여섯 번째〉
- 외관을 깔끔하게 보이도록 한다!
- 남자도 때론 화장이 필요하다!
- 남성에게도 옅은 화장은 깔끔함을 준다!
- 손톱, 눈썹, 턱수염 등이 지저분한지 체크하라!
- 매일 입는 유니폼도 수시로 체크하라!
- 자신 없다면, 스타일리스트를 활용하라!

〈바디랭귀지〉
- 제스처와 자세가 중요한 영향력을 행사한다.
- 당신의 행동이 메시지 전달에 영향을 미치고 있다.
- 똑바로 앉는 자세는 자신감을 의미한다!
- 너무 자주 몸을 움직이거나 어색한 손의 제스처는 메시지 전달에 방해를 준다!
- 자세를 자주 바꾸면 상대방도 혼란스럽다!
- 의자에 몸을 뒤로 쑥 빼고 앉는 자세는 방어적이거나 거만해 보일 수 있다!
- 입술을 깨물거나 아래턱을 꾹 다물고 있으면 무언가를 숨기는 것처럼 보인다.

〈속어 사용〉
- 당신의 특정 말투 즉, 습관에 주의하라!

- 말의 습관이 신뢰도에 영향을 미친다!
- 유행어나 반복적인 특정 말투는 당신의 신뢰도를 떨어뜨릴 수 있다!

〈Tip〉

- 사무실에 인터뷰를 위한 의상을 상시 준비하라!
- 불필요한 움직임을 줄이기 위해 5분 동안 움직이지 않고 앉아 있는 연습을 하라.

▶ **정리하면**

〈해야 할 것〉

- 유행타지 않는 색(청색, 회색, 베이지)
- 광택이 나는 구두
- 여유 있는 얼굴
- 모자(날씨와 상황에 따라)
- 무광테 안경(안경을 쓰는 사람이라면)
- 남자의 인터뷰라면 넥타이
- 절도 있는 제스처
- 화려하지 않은 클래식 액세서리
- 우아한 스카프
- 커프스 단추(야하지 않은 것)
- 자연스럽게 손질된 손톱
- 정장
- 점잖은 화장

〈하지 말아야 할 것〉

- 체크무늬 및 작은 무늬가 들어있는 옷
- 구겨진 옷
- 얼굴 피어싱 및 어두운 선글라스
- 깨지거나 삐뚤어진 안경테
- 너무 많은 빨간색
- 번쩍거리는 소재의 옷
- 화려한 보석
- 핵심 메시지를 적은 메모를 들고 있는 것
- 수행원을 두 명 이상 거느리는 것
- 번쩍이는 색의 매니큐어
- 셔츠 컬러에 꽂은 핀
- 색깔이 들어간 스타킹, 불투명한 타이즈, 잘 맞지 않는 양말

〈주의할 것(직업과 상황에 따라)〉

흰색, 청바지(직업에 따라), 눈에 띄는 문신, 눈에 띄는 상표, 사자 머리, 주머니와 넥타이, 클립 헤어스프레이, 달랑거리는 귀걸이, 변호사를 대동하는 것(민감할 때만). 특히 여성의 경우, 넥타이, 검정 매니큐어, 가죽재킷, 앞이 깊이 파인 셔츠

▶ **미디어 트레이닝 핵심 포인트**

- 기자는 사회에 봉사할 수 있고, 비리를 폭로할 수 있다고 믿기 때문에 기자라는 직

업을 선택한다.

- 기자들의 업무량과 라이프스타일은 종종 그들의 보도에 영향을 미친다. 그들이 어떻게 일하는지 이해하면 그들을 효과적으로 응대할 수 있다.
- 기자들은 돈으로 움직이지 않는다.
- 유치원 정의(kindergarten justice)는 어떤 것이 공정하고 어떤 것이 그렇지 않은지 결정하기 위해 기자들이 세상을 보는 방식을 간단히 기술한다.
- 기자들은 매일 보는 이야기에서 드라마를 찾는다.
- 기자들은 인터넷과 24시간 방송되고 보도되는 케이블 뉴스 및 인터넷 덕분에 뉴스는 24시간 내내 보도되고, 이에 따라 기자들의 업무량은 기하급수적으로 늘어났지만, 이에 대한 보수는 오르지 않았다. 이에 따른 스트레스 가중은 당신 조직을 취재하는 방식에도 영향을 미치게 된다.
- 영향력이 없는 매체나 전문지 기자를 차별하지 말라. 만약의 경우 그들이 잘못된 기사를 1면에 게재하면 영향력이 있는 매체의 작은 기사보다 임펙트가 크다.
- 기자에게 항시 기사거리를 제공하고 인간관계를 갖도록 하라. 기자도 인간이다.

▶ 성공하는 미디어 대응법(김경해, 2003)

- 언론훈련을 실시하라.
- 방어적인 PR보다는 화제를 개발하라.
- 핵심 메시지를 준비하라.
- 보도자료의 핵심은 머릿글
- 오보발생을 사전에 막아라.
- 부정적인 기사에 효과적으로 대처하라.
- 기자와 사이좋게 지내라.
  - 기자는 모든 것을 안다?
  - 특정매체에 특종을 주지 마라.
  - '높은 사람만 통하면 만사 OK?'라는 사고방식은 버려라.
  - '돈'이 아니라 '정보'를 주라.
  - 좋은 기사를 쓴 기자에게 전화하라.
  - 출입처르 옮긴 기자를 챙겨라.

•인쇄매체를 최대한 활용하라.

•Op-Ed(Opposite-editorial, 독자나 전문가 투고란)는 효과적인 PR도구이다.

•성공적인 PR환경을 만들어라.

▶ 위기 상황시 언론대응 십계명(ten commandments, 김경해, 2003)

① 최대한 많은 정보를 언론에 제공하라.

② 완벽한 보도자료를 작성하기 위해 TV나 일간지 마감시간을 놓치지 말라.

> * 위기 보고 시 5W 1H에 집착하지 말라. 정리된 정보 보고와 라인보고를 요구하
> 지 말라 초기 위기시는 정확성보다 신속성이 보다 중요하다. 최초보고-중간보고
> -최종보고를 단계별로 보고하라.

③ 직접인용(Quotation)을 철저히 관리하라.

④ 오보의 경우 적절한 대응조치를 취하라.

> 담당 취재기자 → 해당 언론사 → 테스크 해당 언론사 정정 요청 → 언론중재위원
> 회 중재요청 법적 소송

⑤ 외신 기자들을 별도 관리하라.

- 영어에 능통한 자 접촉 시도

- 외신기자들과 평소 우호적인 관계(ally-building)

- 위기 시 언론에 신속히 대응

- 사실대로 알리는 것이 필요하다.

- 어떤 정보를 주지 않고 비협조적인 때 결과적으로 조직(회사)만 손해를 본다.

⑥ 전문용어(business jargon)는 가급적 피하라

⑦ 인간미 넘치는 가십거리(gossip)나 기사거리를 제공하라.

> * 유언비어 등은 직간접적으로 기사작성에 활용하게 된다. 영어 표현은 '알려진
> 바에 의하면(reportedly)'과 '주장하는 바에 의하면(allegedly)' 같은 말들을 뉴
> 스원이 정보를 정확히 공개하지 않을 때 기자들이 자주 쓰는 기사작성법이다.

⑧ 특종(scoop)을 쫓는 취재기자들은 항상 신중하게 대하라

> 위기발생 시 어느 특정한 언론사나 기자에게만 보도거리를 제공하거나 이야기한
> 다면 타 언론사나 다른 기자에게 부정적인 감정을 일으켜 PR담당자는 성공적인
> 위기관리에 찬물을 끼얹는 결과를 낳게 된다.

⑨ 영향력 없는 언론매체라고 차별대우하지 말라.

⑩ 제3자 뉴스원을 관리해야 한다.

　　즉 인터뷰 당할 가능성이 있는 사람들을 관리해야 한다.

　　- 취재기자는 마무리 부분에 전문가의 코멘트를 필요로 한다.

　　- 평소 전문가 리스트를 작성관리하고, 제3자의 뉴스원은 평소 회사의 고위층이
　　　인간관계를 맺어 두는 것이 좋다.

　* 위기상황에 대비한 매복인터뷰에 대비하여 준비된 인터뷰를 하라.

　* 위기에 처해있는 회사가 취재에 비협조적일 경우 유언비어 등 정확치 못한 정보
　　가 기사에 영향을 미치느냐는 질문에 90% 이상이 응답자가 그렇다고 대답했다.
　　'비협조적'일 때는 설득, 호소를 통해 취재원에 접근한다. 국내 언론보도의 신뢰
　　성에 대해서는 '그저 그렇다'와 '신뢰하지 않는 편'이라는 응답이 절반 정도였다.

　　- 대형사고 발생 시 언론사들은 라디오를 통해 정보를 얻는다는 사실에 유의하라.

　　- 실제 외신들은 30분 단위로 국내 뉴스를 라디오를 통해 모니터링하고 있다.

▶ 대 언론 커뮤니케이션 전략(언론관계에서 주의해야 할 15가지)

① 언론이 자꾸 문제를 확대시킨다는 생각을 버려라.

② 기사 삭제를 통한 축소의도를 버려라.

③ 리허설이 생명이다.

④ 조직(회사, 선거조직)을 소개하라.

⑤ 회사의 이미지를 제거하라.

⑥ 실제적으로 도움이 되는 기자회견을 하라.

⑦ 전문가를 동행하라.

⑧ 말을 아끼는 속에서 고민하라.

⑨ 모니터링은 필수적이다.

⑩ 인용구 부분을 철저히 관리하라.

⑪ 오보의 경우 적절한 대응조치를 취하라.

⑫ 외신기자들은 별도로 관리하라.

⑬ 전문용어는 가급적 피하라.

⑭ 인간미 넘치는 가십이나 기사거리를 제공하라.

⑮ 영향력이 없는 매체라고 차별대우하지 말라.

▶ 위기관리 매뉴얼과 위기관리시 고려사항

① 보험과 위기관리

② 위기관리와 카타르시스(Catharsis)

③ 본격적인 위기진단(crisis audit)을 실시해야 한다.

  - 사내(社內) 직원을 통한 위기진단

  - 전직(前職) 직원을 통한 위기진단 및 이미지관리

  - 외부 전문가 및 언론인을 통한 위기진단

④ 위기관리 매뉴얼 준비

  - 매뉴얼 구성(예방 4단계, 위기관리 지침 등)

  - 대언론 성명 및 위기관리팀 구성, 대변인 선정

  - 위기 시 최고경영자 행동지침

  - 각 기관의 연락 책임자 지정 및 연락체계 구성

  - 언론매체 전담반 구성

⑤ 광고(해명 및 사과문) 문안을 미리 준비하라.

⑥ 모의훈련(simulation)을 실시하라.

⑦ 극화(劇化)한 프로그램도 효과적이다.

  - 위기유형별 연극이나 비디오 제작 직원들에게 상영-유형별 연극이나 영상물 제작, 케이스별 대처방법 숙지

⑧ 위기관리를 가장 잘 하는 간부를 최우선적으로 승진시키라.

⑨ 언론훈련(media training)을 실시하라

  - 언론접촉 시 'Do's & Don'ts', 언론과 접촉요령

⑩ 수위실, 운전기사, 식당종업원, 하위직원 등을 차별하지 말고 인간적으로 관리하라

  - 수위실에서부터 첫인상을 좋게 하면 그들과 우호적인 분위기를 형성할 수도 있다.

  - 여기서부터 지나친 통제는 고객에게는 '문턱 높다'라는 비판을 받는다. 그러나 안전성 확보 위해 출입자 신분 등은 확인을 하는 것이 좋다.

⑪ 평상시 최고 경영자에 대한 이미지(President Identity)를 관리하라.

▶ 위기 시 준비사항

- 카타르시스(catharsis)만 맛보지 마라.
- 쟁점을 관리하라-위기완화(mitigation)
- 예방접종(inoculation)을 하라.
- 사전대응(proactive)이 최선의 길
- 가상위기에 대비하라.
  * 예측하기 어려운 위기상황(known unknowns)은 위기진단(criss audit)을 통해
    사전탐지와 체계적인 준비가 가능하다.
    전혀 예측이 불가능한 위기상황(unknown unknowns)
- 위기관리 매뉴얼을 준비하고, 계속적인 훈련을 통해 상황에 맞게 보완하라.
  잠재위기 순위(5~10개) 분리 쟁점관리
  대국민성명, 대변인, 위기관리팀, 사과광고 문안, 제3자 뉴스원, 이해공중(stakeholder)
  타기팅 보도자료 및 프레스키트 준비

▶ 대언론관계 커뮤니케이션 가이드라인

〈DO해라〉
- 경청한다.
- 항상 정직하라(모르는 정보가 있다면 알아내도록 노력하고 있다고 말하라)
- 기자의 의도를 파악하라(예상질문)
- 인터뷰 목표를 설정하라.
- 키 메시지를 설정하라.
- 늘 정보제공자로 행동하고 항상 침착한 태도를 유지한다.
- 팀이나 기자와 커뮤니케이션 할 때 개인적 지식 수준이 다른 점을 감안한다.
- 모든 당사자 집단에게 일관성 있는 메시지(키 메시지)를 제공한다.
- 대립구도를 피한다.
- 끊임없이 질문해 본다.
- 법률팀과 협력한다.
- 모든 사건 정황과 의사결정 과정을 기록한다.
- 조직 내 커뮤니케이션을 신속히 한다.

〈Don't(하지 마라)〉

- 사실에 대한 추측, 소문에 대해 말한다.
- 취재 시 당황하는 모습을 보인다.
- 대변인을 중간에 바꾼다.
- 다른 사람에게 대신 이야기하도록 시킨다.
- 대상 그룹에게 각기 다른 메시지를 전한다
- "off-the-record"
- 개인적인 의견을 말한다.
- "No"라고 말할 수 있다고 생각한다.
- 문의하는 것보다 더 속속들이 자세하게 설명해 준다.
- 기술적인 용어, 전문용어, 은어를 많이 사용한다.
- 반박할 때도 부정적이거나 경박한 단어를 사용한다.
- 모든 질문에 답변하려고 한다.
- 특정 매체를 편애한다.
- 혼자 전문가인 척 말한다.

▶ 성공적인 언론관계 접근법

- 뉴스거리를 제공해, 기자들 스스로 뉴스를 찾도록 도와라.
- 이메일과 팩스만으로는 충분치 않다. 전화통화로 확인하라.
- 기자에게 전화할 때는 간단명료하게 곧장 핵심부터 이야기하라.
- 새 소식을 정기적으로 제공하라.
- 기사 마감시간에 쫓겨 바쁠 시간에는 전화하지 말라.
- PR은 단거리 경주가 아니라 마라톤이다.

▶ 위기 커뮤니케이션 원칙

① 최대한 빨리 응답하라 - 신속성

- 신속성과 부정확성
- 위기정보의 순환과 효과
- 침묵은 정보의 부재와 무능을 상징

② 한 목소리로 말하기 – 일관성
- 종업원은 비공식적인 대변인이다.
- 지속적인 트레이닝의 필요성

③ 열려진 커뮤니케이션 체계 – 개방성
- Availability(융통성을 보여라)
- Willingness to disclose information(정보를 공유하라)
- Honesty(정직하라)

④ 유감의 표시를 잊지 말라 – 인지상정
- 위기의 책임과 연관되지 않게끔
- 희생자에 대한 관심은 조직의 신뢰와 연관

⑤ 심각할 때 CEO를 개입시켜라

위기 커뮤니케이션의 기본 원칙을 요약하면 다음과 같다.

① 신속성의 원칙 : 최대한 빨리 대응한다.
② 일관성의 원칙 : 한 목소리로 말한다.
③ 개방성의 원칙 : 열려진 커뮤니케이션 체계를 운영한다.
④ 공감의 원칙 : 해당 이해당사자에 대한 동정과 유감을 적극적으로 표현한다.
⑤ 신뢰성의 원칙 : 조직의 최고 책임자를 개입시킨다.

▶ **위기발생 시 세 가지 금기사항**

첫째, 추측해서 얘기하지 말라.
둘째, 말해야 할 때는 침묵하지 말고 말하라.
셋째, 당황한 표정을 짓지 말고 진지하고 성실하게 얘기하라.

▶ **성공적인 위기커뮤니케이션을 위한 조언**
- 진실을 말하라 - 의도적으로 진실을 왜곡하려 하지 말라.
- 책임을 회피하지 말라 - 그렇다고 방어적이어서도 안 된다.
- 인간적이 되라 - 도우려 하고, 동정을 표현하며, 이해하려 애써라.
- 언제나 접근이 가능토록 하라 - 공중의 요구를 들어주어라.

- 알고 있는 확실한 사실만을 제공하라 - 추측하여 말하지 말라.
- 일관된 내용을 말하라 - 협조하고 조정하라.
- 메시지를 알고 메시지에 근거하며 침착하라.
- 기자들의 요구를 이해하라.
- 업계 전문 용어를 쓰지 말라 - 명확하고 간결하게 말하라.
- <u>모르는 건 모른다고 인정하라</u> - 가능할 때 답변을 하라.
- '오프 더 레코드(off the record)'라는 말을 하지 말라.
- 신뢰감을 주라.
- 정보를 명확하게 제시하고 부정확한 부분은 즉석에서 교정하라.
- 부정적이고 문제성 있는 언급은 반복하지 말라.
- 인터뷰를 할 때는 가능한 한 주도권을 쥐고 적절한 시기에 인터뷰를 종료하라.

▶ 위기 시 매스컴 대응의 마음가짐

- 대변인은 공보관(홍보실장)이 아닌 경영진
  예) 미국의 존슨앤드존슨사 청산가리 흡입사건 발생 시 대변인은 최고경영자였다.
- 기자를 미리 리드해 버리는 애매한 말을 피해야 한다.
  "당사의 입장에서 여러 가지 사정으로…", "그 부분은 이해하신다고 여기고…"라든지 "여러분의 상상에 맡길 부분입니다만…"과 같은 언급은 피해야 한다.
- 매스컴 대응 시 나쁜 사항 세 가지와 노코멘트
  '취재거부', '노코멘트', '허위발언'. 확인이 안 된 사항에 대해 "그런 사실 없다."라고 발언하는 경우. 노코멘트 할 이유가 없는 사항에 대하여 노코멘트해서는 안 된다.
- 스피드한 대응
  "지금 ○○의 확인을 하고 있는 중이므로, ○○때까지는 기자회견을 한다."라는 식으로 진행 경과와 전망을 차례대로 발표하는 것이 좋다.
- 설명이 필요한 사항은 반드시 전화가 아닌 면담으로 발생사건의 상황 정도, 사건이 발생한 배경과 그 업계 혹은 제품의 특색, 과거의 사례 등 배경설명이 필요한 경우가 많다. 따라서 질문이나 메모를 할 때 어조나 표정으로 설명을 호의적으로 이해했는지 아니면 불신감을 갖고 있는지, 그 순간 판단할 수 있어, 그 후의 대응을 취하기 쉬워지는 경우가 많다. 불필요한 회사의 이미지 저하를 막기 위해 반드시 매스컴과 대면한 상태에서 설명해야 한다.

▶ William G. Fuesz의 언론 대응, A에서 Z까지

- Always return a reporter's call
- Before agreeing to an interview, ask questions
- Consider what you want to get across in the interview
- Don't speak for someone else
- Every interview is an opportunity
- Find out what questions will be asked before you agree to the inter-view-need media training
- Get copies of recent articles by the reporter
- Have your key messages ready
- Inquire of the reporter as to whom else he or she has interviewed
- Jot down the questions as they're asked to keep a log of the conversation for future calls
- Keep everything on record
- Limit the length of the interview
- Manage the interview
- Never, ever say 'no comment'
- Offer additional sources, if appropriate
- Practice the interview situations
- Question your answers
- Refuse with cause
- Study the press
- Take each call seriously
- Utilize resource within your organization
- Value the reporter's worth
- 'we' is a fine word to use in a print interview but a terrible word to use in a broadcast interview
- 'x' out a block of time to prepare for an interview
- You are in control of the interview

• Zero in on your key message

▶ 위기 시 언론대응을 위하여 대변인이 될 가능성이 있는 사람들을 미리 충분히 교육한다

〈대변인의 자질로서〉

① Qualified(자격과 능력)

② Position(책임있는 직책)

③ Prepared(준비)

④ Confident(신뢰)

⑤ Trained(훈련)

⑥ Credible(믿음)

⑦ Natural(자유스럽고, 편안한 인간성) 등이 거론된다.

위기진단을 통해 분류된 큰 분류의 위기상황에 따라 대변인이 될 가능성이 있는 사람을 미리 언론훈련을 받게 하여 위기 시 대언론 대응법을 숙지케 해야 한다.

▶ 기업 위기관리와 PR

첫째 : 철벽을 쌓는 일

둘째 : 조직(기업)측에 불리한 사실은 숨긴 채 부분만 정보제공

셋째 : 개방된 커뮤니케이션 정책 택하기

▶ TV 인터뷰 시 유의할 사항

① Half-Hoste → Half-Lie

절반 정도만 정직하게 이야기하고 있다는 느낌을 주게 되면 즉각적으로 절반 정도 거짓말하고 있다는 느낌을 TV 시청자들이 갖게 된다. 따라서 100% 진실과 사실에 입각하여 얘기하고 있다는 확신을 주어야 한다. 특히 어떤 중요한 코멘트를 암기해서 발표하고 있다는 느낌을 주어서는 안 된다. 인터뷰 전 미리 중요한 코멘트는 잘 숙지하여 차분히 설득력 있게 말해야 한다.

② 가장 중요한 메시지(must airs=key messages)는 완전히 소화하여 설득력 있게 이야기해야 한다.

- 회사의 최고 책임자가 TV출연 시나 기자와 인터뷰 시 회사가 꼭 전달할 사항 (must airs=key messages)을 충분히 소화한 후 설득력 있게 차분히 설명할 수 있도록 준비해야 한다.

'must airs'는 1) facts(사실), 2) authorities/experts(전문성),

　　　　　　3) analogies(유추), 4) personal experiences(경험)

　　　　　　5) statistics(통계), 6) research(조사)

③ 즉석 인터뷰는 절대 응하지 말라, 단 1초라도 준비된 인터뷰를 해야 한다.

④ 반짝이는 보석이나 액세서리는 미리 제거하라.

⑤ 흑·백·상·하의는 입지 말라.

⑥ TV 방송 인터뷰의 경우 자기의 자세에 주의해야 한다. 그리고 허리를 펴야 한다.

⑦ 같은 질문을 받더라도 답변을 되풀이하라.

⑧ 침착하라.

⑨ TV에 출연하여 신문기사 내용을 언급하지 말라.

⑩ 평소에 연습하라.

▶ Michael Bland가 위기와 관련, TV인터뷰 때의 체크 리스트에서 밝히는 황금률 (Golden rules)

〈황금률(Golden rules)〉

① Don't let the interviewer but in without a fight. 질문자가 당신이 말하는 동안에 함부로 끼어들지 못하게 한다.

② Refute any incorrect statements. 틀린 발언은 반박한다.

③ stay off the defensive 방어적인 태도를 취하지 않는다.

④ Don't get sidetracked 옆길로 새지 않는다.

⑤ Be positive 긍정적인 태도를 취하라.

〈실버률(Silver rules)〉

① Don't address the interviewer by name - remember it's the viewer you are talking to. 질문자의 이름을 거명하지 말라. 당신이 말하고 있는 상대는 바로 시청자들이라는 사실을 명심하라.

② If the interviewer rephrases your statements, make sure he's get them right.

If not, put them right at once. 질문자가 당신의 발언을 다른 말로 풀어 설명한다면 제대로 정확히 전달되었는가 확인하라. 그렇지 않으면, 즉시 정정하라.

③ Avoid to many "wells" at the beginning of your answers. 답변 시 말을 시작할 때 '어'와 같은 머뭇거리는 말을 많이 쓰지 말라.

④ Don't use jargon. - lay language 전문용어를 쓰지 말고 쉬운 말로 설명하라.

⑤ Don't feel you have to fill embarrassing silences. that's the Interviewer's job. 어색한 침묵을 굳이 당신이 메워야 한다고 생각지 말라. 그것은 질문자의 몫이다.

⑥ Don'ts loss your temper. 어떠한 경우에도 화를 내지 말라.

⑦ Know your facts. 당신이 말하고 있는 내용을 확실히 알고 얘기하라.

▶ 긴급 기자회견 시 설명이 필요한 5가지 포인트

• 사죄 표명

"물의를 일으켜 죄송하다", "관계자와 여러분께 심려를 끼쳐 드렸다."라고 사죄를 표명한다.

• 현장설명

현 단계에서 판명된 사실에 대해 5W를 명확히 설명해야 한다.

• 원인규명

현재 원인을 규명 중이며 언제쯤이면 보다 명확한 정보를 제공할 수 있다고 언급한다.

• 재발방지책 표명

• 조직의 집행체제 개선, 윤리규정

"두 번 다시 이런 일이 일어나지 않도록 전사 차원에서 재발 방지를 위해 노력할 예정입니다."라고 대처방안을 언급한다.

• 책임 표명

"피해 보상에 있어서는 회사로서는 성의를 나타내고 싶다."라는 정도의 코멘트 수준이 좋다.

▶ **긴급 기자회견의 TPO(Time, Place, Occasion)**

- 기자회견 개최시간

  오전 11시, 오후 5시

  ※ 오전 11:30분부터 오후 1:30분이나, 오후 5:30부터 오후 7시 사이는 반드시 피해야 한다.

- 기자회견 개최장소

  본사, 호텔, 전문 기자회견장(프레스센터 등)

- 대변인 선정

  - 복수로 선정(최고책임자를 포함한 업무에 밝은 사람)

  - 조건 및 자격

    ① 감정변화가 크지 않은 사람 : 상대방의 눈을 보면서 설명할 수 있다.

    ② 표정이 온화한 사람: 붉어진 얼굴, 입에 거품을 물고 말하는 사람, 권력지향적인 사람

    ③ 태도나 복장이 단정한 사람 : 손을 계속 움직이거나, 안경을 벗었다, 썼다 하거나, 책상에서 멀리 떨어져 앉는 비스듬한 자세, 무늬형 와이셔츠를 착용, 마이크에 너무 가까이 있거나, 기자 질문을 차단하면서 설명을 하는 행동은 나쁜 인상을 심어 줄 수 있다.

▶ **대변인 전략**

〈대변인과 기자회견〉

1) 기자회견 시 유의사항

   꼭 기자회견을 해야 하는가? 아니면 보도자료로 충분한가?

2) 기자회견에 앞서 확인해야 할 사항

   - 백업데이터 확보와 시기성
   - 발표자와 배석 멤버
   - 장소 선택의 정당성
   - CEO보도자료 파악 유무
   - 자료 사실관계의 확실성

•음료수 등 부대준비

•출석확인 유무

•자료준비의 완벽성

3) 회견 당일의 유의사항

•늦어도 1시간 전에는 도착할 것

•발표시간을 엄수할 것

•지각하는 기자를 위해 입구에 사람 배치

•가장 중요한 사항을 맨처음에 설명

•대중이 이해할 수 있는 말로 공익적 관점과 연결

•기사화를 원치 않는 사항에 대해 언급하지 말고 기자와 논쟁하지 말 것

•설명보다는 질문유도를 통해 충분히 답변할 것

•불쾌한 질문에 감정적으로 대응하지 말고 냉정하고 이성적으로

•마이너스가 되더라도 진실을 이야기 할 것

•충분한 데이터가 있다는 느낌을 줄 것

•보도자료를 그대로 읽지 말 것

4) 기자회견 이후의 대응

•보충문의, 확인 등의 전화에 대비

•당일 참석하지 못한 기자에게는 뉴스 릴리스 송부나 전달

•기사 게재 매체의 기자에게 감사인사 하고 기사 클리핑

•보도 내용의 착오 유무, 의도 반영 등을 확인

•보도 내용에 대한 문의와 다른 각도에서의 취재에 대응 준비

▶ 대변인 인터뷰 시의 요점 Do & Don't 전략

〈Do〉

•사실을 제공하라.

•모든 미디어의 질문에 즉각 응답

•기자가 모르는 부분은 가르치지 말고 친절하게 응대

•공감과 관심을 표명하라.

•열정적으로 보이게 하고 호감을 사라.

- 숫자나 고유명사는 메모하라.
- 유추, 대조, 비교 등을 사용하라.

〈Don't〉
- 희생자 명단은 인척 통지 전 공개 금지
- 희생자의 의학적 상태에 대해 언급 금지
- 손실에 대한 평가 발표 금지
- 주장하는 식으로 모든 질문에 응답 금지
- 가정, 추측 혹은 방심한 상태의 질문
- 응답 주의할 것
- 부정적 논쟁이나 반응에 주의
- 빗나간 초점을 조심
- "No Comment", "Off the Record" 금지

▶ 대변인의 지배적인 전달을 위한 5가지 스타일

① 대변인은 특별한 청중을 지속적으로(적어도 전체 시간의 60% 이상) 바라보는 것
  을 배워야 하고,
② 손동작을 사용하여 요점을 강조하는 방법을 알아야 한다.
③ 단조로움을 피하기 위해 여러 톤의 목소리를 내어야 한다.
④ 무표정한 모습을 피하기 위해 다양한 얼굴 표정을 지을 줄 알아야 한다.
⑥ "어…", "음…"과 같은 말 더듬을 자주 하지 말아야 한다.

▶ 네 가지 전달요소가 나타날 때에는 메시지에 대한 믿음성을 의심한다

① 자신이 없는 시선을 보이거나 사람들을 거의 처다보지 않을 때
② "어…", "음…"과 같은 말 더듬을 자주 할 때
③ 안절부절못함과 관련 있는 부자연스러운 손 또는 팔 동작을 할 때
④ 손 제스처를 사용하는 시간이 너무 길 때
  ※ 노 코멘트는 두 가지 부정적인 반응을 야기한다.
    첫째, 스테이크 홀더들 가운데 65%는 노 코멘트라는 답변이 조직이 유죄임을
    인정하는 메시지라고 받아들이고 있다("In a Crisis", 1993)

둘째, 노 코멘트는 침묵의 한 형태이다. 수동적인 반응이다. 수동적인 조직은 악의적인 정보를 갖고 있는 다른 사람들이 위기에 대한 해석을 하도록 묵인하는 결과를 낳게 된다.

▶ 다섯 가지 전달요소가 나타날 때에는 메시지에 대한 믿음성을 의심한다

① 길고 복잡한 질문의 경우

다시 한 번 질문해 달라고 하거나, 다른 말로 표현해 달라고 하거나, 보충설명을 해 달라고 요청하라. 이러한 전략들은 대변인에게 답변을 구성할 시간적 여유를 주는 반면 기자들에게는 질문을 보다 명확하게 할 수 있는 기회를 준다.

② 한 질문 안에 여러 질문이 있는 경우

첫째, 대변인은 그가 답변하고자 하는 질문 부분만 선택하여 답변할 수 있다.

이때 대변인은 그가 가장 적합한 질문을 선택해야 한다.

둘째, 여러 질문 모두에 답할 때에는 각 질문에 번호를 매기고 각각의 질문에 대해 차례로 답을 하는 방법으로 진행해야 한다. 이러한 방법은 다른 청중이 대변인의 답변을 명확하게 이해하는 데 도움을 준다.

③ 교묘하거나 곤란한 질문의 경우

답변에 대한 재치 있는 전체가 필요하다.

④ 잘못된 정보에 근거한 질문의 경우

그 오류를 수정해 줄 필요가 있다.

⑤ 객관식 질문의 경우

대변인은 답변의 항목이 공정한지를 살펴야 한다. 답변의 항목들이 대답하기에 부적절한지를 설명하고 질문에 적절한 새로운 항목을 개발하여 답변해야 한다.

▶ 효과적인 언론 대응

- 기자회견을 위한 발표 자료를 준비하고 주최측 출석자를 정한다(출석자 수가 많아지는 것은 바람직하지 않다).
- 발표 내용은 반드시 기관장의 재가를 거쳐야 하며, 진실·타당해야 한다(발표는 반드시 문서로 준비하고 문서에 따라 한다).
- 계속적으로 발표할 필요가 있는 경우에는 대책본부(또는 현장) 가까이에 회견장(또

는 기자실)을 설치한다.

- 회견장에는 마이크·칠판(또는 상황판)·의자 등을 준비하며 경우에 따라 조명, 기자용 전화 등도 준비한다.
- 사태 발표의 자세

  사실만을 언급하며 공표할 수 없는 내용은 그 이유를 설명한다.

  원인 설명은 겸허하게 하고 변명이나 애매한 표현은 하지 않는다.

  사태에 대한 책임이 자사(自社)에만 있는 것이 아닌 경우라도 사실을 과장하지 않고 바르게 전한다.

  기자가 두려워 사태를 얼버무리거나 은폐하지 않는다.

  기관장이 기자회견을 피하려 하지 않는다.

  기자의 추궁에 감정적 대응·논쟁은 피한다.

  사실에 대한 통일된 견해를 제시하며 확실하게 입증된바 이외의 모호한 내용은 절대로 발표하지 않는다.

  구급활동·대응조치·조사추구 등에 있어서 조직체가 얼마나 노력했는가를 인정받도록 한다.

  특정인물의 책임추궁을 절대 피한다.

  기사 마감시간도 염두에 둔다.
- 사태 발표의 포인트

  언제·어디에서·어떤 일이·왜 일어났는가.

  지금은 어떻게 되어 있는가 및 그 영향·피해는 어떤가.

  앞으로 어떻게 대처할 것인가.
- 사태 발표의 필수 포함사항

  사죄부터 한다.

  원인구명·경과·대응책 강구 및 보상(또는 회수)·재발방지
- 책임 소재

  질문은 되도록 기자 대표(미리 정해 둔다)를 통해 받는다.

  다른 사업소나 간부로부터 별도로(멋대로) 매스컴에 정보가 흘러나가는 일이 절대로 없게 한다.

  두 번째 발표부터는 사실경과와 현재 상황에 대해서만 발표한다.

  사태 이후에도 매스컴과의 파이프라인을 당분간 유지한다.

긴급사태의 대응이 오히려 매스컴과 가까워지며 기업의 성의 있는 자세를 사회에 알리는 기회가 되게 한다.

언론사의 오보는 즉시 해명자료를 보내고 해당 언론사에 정정보도를 요청한다.

▶ 위기발생 시 대응 5원칙

- 거짓말이나 은폐를 하지 않는다.
- 리스크(risk)의 평가를 정확하게 한다.
- 최악의 사태를 가정하여 복수의 대책을 수립한다.
- 스피드가 생명이다.
- 보도 기간의 단축을 도모한다.

▶ 보도기간 단축의 5원칙

- 솔직한 사죄
- 사실 경과의 상세한 공개
- 구체적인 재발 방지책 제시
- 원인의 초기 규명
- 책임 표명

▶ 사이버 위기

- 안티사이트와 이메일 소문
  - 소비자가 회사에 대한 좋은 이미지는 5~6명에게 전파된다.
  - 좋지 않은 경험을 가지고 있으면 14~16명의 사람들에게 전파된다.
  - 하지만 인터넷을 통해서는 소비자의 불평이 무료로 수천·수만 명의 사람들에게 전달된다.
  - 오하이오 주립대학교의 소비자 의류학과 교수 리차드 위도(Richard Widdows)

▶ 인터넷상 위기관리를 위한 기본 체크리스트

- 조직의 위기관리 매뉴얼에 매스미디어에 대한 대응은 물론 온라인 커뮤니케이션 전략은 포함되어 있는가?

- 인터넷의 본질적 문제, 즉 기계의 오작동, 정전 또는 보안시스템의 문제에 대한 위기관리 대응책을 갖고 있는가?
- 커뮤니케이션을 담당하는 홍보조직원들의 조직의 웹사이트 즉, 사이버 홍보실, 위기관리 사이트 등에 직접 접근하여 정보를 올리고 관리할 수 있는 체제를 갖추고 있는가?
- 적어도 한 명 이상의 사람이 위기상황에 있어 온라인 커뮤니케이션 부분을 전담해서 관리할 수 있는가?
- 신속하게 국내외 온라인 뉴스 사이트에 관련된 정보를 전달할 수 있는 네트워크를 형성하고 있는 가?
- 위기상황 시 임직원, 동종업계 종사자 또는 기타 주요 공중들에게 정보를 제때 전달할 수 있는 대내외 커뮤니케이션 관리가 가능한가?

▶ **위기관리를 위한 사이버 홍보실 또는 사건 · 사고 사이트 내에 포함시켜야 할 항목 리스트**

- 위기진행 과정 중 신속한 관련 정보 및 입장 업데이트
- 오프라인과 온라인상의 연락처와 담당자 표기(전화, 팩스, 이메일, 관련사이트 등)
- 관련 이미지와 사진자료, 도표, 지도, 관계되는 공중, 제품, 사건, 사고에 대한 배경 정보 제공
- 관련 사이트 및 페이지 링크
- 도움이 되는 뉴스 사이트 링크
- 관련 법조항
- 비디오 또는 오디오 자료
- 제3자 또는 기관의 증언 또는 의견 관련 일지 기록
- 보도자료
- 최고 책임자(경영자) 웹사이트 관리

▶ **안티사이트 공격대응 방안**

킴 베인(Kim Bayne)은 안티사이트가 회사의 명성을 손상시키고자 시도한다면 다음과 같은 조치를 취하라고 제안한다.
① 참고용으로 안티사이트를 원본 그대로 복제한다.

② 웹마스터의 성향을 파악하라. 웹마스터가 불만을 품은 소비자, 전 직원, 경쟁업체 혹은 장난꾸러기인가?

③ 모든 비난에 대응하기 위해서 회사 웹사이트에 반박 페이지를 만들어라. 하지만 공중들의 반응을 파악하기 전에는 회사 웹사이트에 반박 페이지를 만들지 않는 것이 좋다. 왜냐하면 반박 페이지 자체가 안티사이트의 관심을 불러일으킬 수도 있기 때문이다.

④ 안티사이트 관련 문제가 발생했을 경우 신속하게 대응할 수 있도록 위기 커뮤니케이션 팀을 위한 안티사이트 대응 지침서를 만들어라.

⑤ 안티사이트 웹마스터에게 전화를 걸어 그릇된 정보에 대해 우려를 표명하라. 질책 또는 화를 내거나 위협적인 태도를 보이지 마라. 웹마스터에게 안티사이트 제거를 요청하라. 안티사이트에 객관적인 관점에서 회사의 입장을 표명할 수 있는 기회를 갖고 싶다고 요청하라. 먼저 원활한 의사소통을 통해 문제 해결을 시도하라.

⑥ 무슨 이유에서든지 웹마스터와 의사소통하기가 힘든 경우에는 상황 설명을 한 서신을 보내 특정 일자에 문제를 해결해 줄 것을 정중하게 부탁한다.

⑦ 여러 모든 방법을 다 사용해도 반응이 없을 경우에는 야구에서의 삼진아웃제를 도입하라. 문제를 해결해 달라는 세 번째의 요청에도 아무 답변을 얻지 못했다면 조직(회사)의 고문 변호사가 관여할 때이다.

▶ **인터넷상에서 발생하는 위기에 대응하기 위한 체크리스트**

- 뉴스 릴리스
- 위기 정점까지 빈번하게 교체되는 설명문
- 오프라인 및 온라인 연락처
- 이미지 및 사진
- 지도, 도표 및 통계자료
- 관련된 사람, 제품 및 사건의 배경정보
- 유용한 사이트 링크
- 유용한 뉴스 사이트 링크
- 과거 뉴스 릴리스의 정보검색
- 비디오 혹은 오디오 자료(가능한 경우)

•법적 서류
•제 3자의 증언 및 인용어구
•사건일지
•기타 이메일 주소 및 휴대폰 전화번호 등

인터넷상의 위기를 다룰 때 아무 잘못이 없다고 하거나 상황을 회피하려는 식의 대응방법은 옳지 못하다. 기업의 이익과 기업 브랜드를 계속 유지하기 위한 최상의 정책은 정확한 정보를 제공해 주는 것이다. 다음은 위기 상황하에서 적극적으로 고객들에게 커뮤니케이션하기 위한 방법을 소개하였다(Middleberg, 2001).

첫째, 인터넷 위기관리팀을 구성하라. 인터넷상의 위기를 관리할 수 있는 팀을 구성하여 위기 시에는 모든 권한을 위임해 주어야 한다. 인터넷 위기관리 팀은 최고 경영진, PR 담당 중역, 웹사이트 전문가 및 법률담당자 등으로 구성되어 뉴스배포 및 정보공개를 담당하게 된다.

둘째, 인터넷 위기관리 팀은 정기적으로 위기 프로토콜을 점검하고 새로운 팀 멤버를 훈련시켜야 한다. 또한 비슷한 사례를 수집하고 분석하여 자사의 위기관리 매뉴얼을 개선하는 연구를 수행한다.

셋째, 위기 뉴스 사이트를 개설하라. 인터넷 위기관리에서 중요한 위기 뉴스 사이트는 사건/사고와 관련된 정보 제공 및 정보 집중을 위해 설계된 집중 사이트이다. 따라서 소비자 사이트나 미디어 사이트와는 다르게 구성하여야 한다. 가장 중요한 것은 방문자들이 쉽게 접근하여 정보를 가져갈 수 있어야 한다.

▶ 신문보도에 대한 비평 주제 유목

편파보도	특정후보, 정당, 계층, 재벌편들기, 형평성부족
예단, 추측보도	넘겨짚기, 점치기식 보도
미확인 보도	사실의 미확인에 의한 보도
중계보도	발표저널리즘, 외신에의 맹종, 탐사보도의 부족
경마식보도	게임식보도, 지역감적조장, 지역판세보도
안보상업주의	보수 이데올로기 강조, 보수주의, 극의주의
선정주의보도	가십, 인신공격, 흥미위주의 보도, 성상품화
한탕주의식보도	터뜨리기식 보도
사후약방문식보도	뒷북치기, 언론의 환경감시 기능부족, 소극적 방임

축소보도	개인문제화, 사건의 비보도
확대보도	부풀리기, 제목과대포장
은폐, 묵살, 침묵보도	중요한 사건의 비보도
양비론	당사자 양쪽을 모두 비방, 고고한 언론
냄비언론	추후보도 없음
떼거리 저널리즘	여론선동, 여론몰이
본질비껴가기와 흐르기	핵심 비껴가기,초점흐리기(다루지 않음),의사 이미지전달
본질, 왜곡, 호도	본질을 다르게 해석, 자의적 해석,이미지 조작
이중적 보도행태	일관성 없는 보도, 방향상실, 입장번복, 널뛰기 보도
엇갈리 보도태도	같은 주제에 대한 상반된 기사(매체간), 용어해석의 차이
자사이기주의	자사 이해관계 따른 보도, 자사중심,재벌 비 재벌 신문논조차이
자가사생색내기	자사칭찬, 자사행사홍보,변명
언론윤리 문제	취재원의 비윤리적 사용, 촌지
언론의 의제설정기능부재	언론의 선도기능 부재
무책임한 보도	표피적 현상나열, 발언의 평면적 전달, 대안없는 당위주장
책임회피성 보도	면피성보도,오보에 대한 합리화
객관성 부족	기사의 취재선택 오류, 독단적 비판, 일면 주장보도
독창성 부족	기사의 취재선택 오류, 독단적 비판, 일면 주장보도
전문성 부족	무식한 언론, 전문기자 부족
정확성 부족	집회참가수 계산 차이, 제목의 부적합, 여론조사 보도의 신뢰성
표절	타사 기사 베끼기
언론의 권력만들기	정치과정에의 적극적 관여, 권력 밑그림 그리기
하이에나식 물어뜯기	약자 물어뜯기, 기회주의적 속성, 미녀사냥, 권력눈치보기

출처 : 양문석(2004), 『뉴스비평』, 전국언론노동조합, p. 23

▶ 보도자료의 작성과 구성요소

(1) 조사 : 자료 fact에 적합한 샘플 기사를 확인하고 최근의 보도 근황을 체크한다.

(2) 헤드라인 작성 : 짧고 분명한 어휘로 기자, 데스크, 프로듀서의 관심을 끌도록 한다. 헤드라인은 온라인 및 이메일상에서 키워드 및 태그로 사용되기 때문에 헤드라인인 어떻게 표현되었는지에 따라 데이터베이스로의 활용도가 달라진다.

(3) 부제목 달기 : 선전용 자료를 넣을 수 있는 부분으로 영향력 있는 비교 fact와 함께 홍보성 문구를 삽입한다.

(4) 단락 로드맵 구성

•첫 번째 단락 : 핵심 뉴스를 이 첫 단락에서 이해할 수 있도록 육하원칙에 맞춰

작성한다.

- 두 번째 단락 : 해당 뉴스의 영향력과 가치에 대해 설명한다.
- 세 번째 단락 : 조직의 최고책임자 혹은 주요 담당자의 말을 인용하여 전략적으로 뉴스의 가치를 높인다.
- 네 번째 단락 : 보도자료에서 발표하는 뉴스와 관련된 최근 조직 동향을 설명한다.
- 다섯 번째 단락 : 필요하면 추가 인용을 한다.
- 여섯 번째 단락 : 보도자료에 포함되어 있는 미래 예측 사항은 경우에 따라 법에 저촉될 수 있으므로 주요 사안은 각주나 보도자료 말미에 주의를 권고하도록 한다.

▶ 보도자료 작성 시 유의사항

- 강한 동사와 능동태 단어를 이용한다.
- 뉴스를 간단하게 기술한다.
- 제목에 특히 신경을 쓴다.
- 인용문은 절제하여 전략적으로 이용한다.
- 조직의 배경정보를 포함시킨다.
- 연락처를 제공한다.

보 도 자 료 포 맷

회사 로고 마크

NO-OOO

※보도자료 NO.(문의를 해 올 경우 바로 대응할 수 있도록 번호를 붙인다.

OOOO년 O월 OO일

제 목
(부제목)

OOOO주식회사
주소_____

본 문

앞부분 4~5행에서 기자의 관심을 끌 수 있는 내용을 적는다.
본문은 내용의 결론이나 핵심이 앞에 나오도록, '…입니다, …습니다'와 같
이 경어를 사용하여 적는다.
단락별로 1행 정도의 공간을 두어 쉽게 읽히도록 레이아웃 한다.

이 내용에 관한 문의는 아래 연락처로 해 주시기 바랍니다.

OOOO주식화사 홍보실 담당자 / OOO
TEL OO OOO OOO
FAX OO OOO OOO
이메일 주소 _____@_____

○○○기관	제공일자	년 월 일
보 도 자 료	제공부서	
	전화번호	

주소 :   전화 :   팩스 :

제 목 :

내 용 :

2. 스피치 클리닉(이선미 스피치랩, 2012)

▶ 효율적인 스피치

- 전달하고자 하는 메시지가 솔직하고 진지하게 전달되는 스피치이다.
- 화자의 개성이 드러나고 자신의 부정적인 면을 최소화한 스피치이다.
- 평형을 유지하고 감정적 통제력을 지닌 스피치이다.
- 목소리 크기가 적절하고 발음이 명료한 듣기 좋은 상태의 스피치이다.
  - 신체의 각 기관에 대한 통제와, 예민한 청각이 동시에 동원된 목소리다.
- 너무 긴장하거나 이완되어 무기력하지 않은 자세, 친근감을 주는 자세를 동반한 스피치이다.
- 눈, 손, 머리, 얼굴, 팔 등 신체적인 제스처를 동반한 스피치이다.
- 소리의 피치, 강도, 속도, 포즈(끊기) 등에 다양한 변화를 준 스피치이다.

▶ 목소리가 가늘게 나오는 이유

- 얕고 약한 호흡
- 너무 높은 음조
- 발성기관, 특히 공명기의 부적절한 사용
- 극도의 긴장감

▶ 알기 쉬운 말하기 기본

- 말 언어의 특징(내용, 시간 내, 조리 있게)
- 말 언어의 4요소(말 구성, 간결한 대화체, 내용의 구체성, 듣기 편한 음성)
- 말 언어 꾸미는 법(기준을 세워서, 전달순서 생각)
- 간결하게 말하기(긴 문장 피하기, 숨쉬기 편한 문장, 한 문장에 5~6초, 글자 수 30~36자 길이 접속사 문장 앞에 오는 문장 익숙, 앞뒤가 하나의 화제로, 30초 길이의 구문을 한 단위로 말한다.)
- 이미지가 떠오르는 말하기(눈과 연결, 애매한 표현, 형용사 불사용, 사례제시, 사실대로)
- 목소리와 말의 명료성(발성, 발음, 억양)

▶ 말 언어의 훈련 방법

- 순차적으로 말한다(설명력 ⇒ 전달력(핵심) ⇒ 총체적(심정까지))
- 내용을 구성하는 방법을 익힌다(설계도, 청취자 수준, 발언내용 : 아이디어, 도입, 종결).

▶ 목소리 특징

- 음조, 음량, 음속, 생동감, 음질, 발음, 억양

▶ 방송 스피치 실기

- 목소리 막힘의 예방법(얼굴, 목 등 근육 마사지 및 입, 혀 운동, 기지개 및 하품, 심호흡)
- 좋은 스피치를 위한 실기 훈련(신체, 발성, 호흡, 공명 등)
  - 호흡 연습(아랫배 들이마신 후 남자는 30까지, 여자는 25 정도까지 센다.)
  - 숨을 내뿜는다.
    복부의 공기를 내뿜을 때는 'ㅅ' 소리를 내고
    흉부의 공기를 내뿜을 때는 'ㅈ' 소리를 낸다.
  - 강한 호흡 연습을 위한 단어들
    거센소리(ㅋ, ㅌ, ㅊ, ㅍ)와 예사소리(ㅎ)의 단어를 활용해 연습
    탓탓,팥팥팥,콱콱콱,폭폭폭,칙칙폭폭 등 연습한다.
  - 공명연습
    중심을 잡고 선다.
    코로 숨을 깊게 호흡한다.
    몸의 긴장을 풀고 공기를 충분히 들이마신다.
    공기를 내뿜으며 머리가 울리도록 높은 소리로 허밍한다.
    손바닥을 머리 정수리에 갖다 댄다.
    머리가 울리는가 느껴본다.
    머리에서 진동을 느끼면 입을 열고 '~아' 소리를 낸다.

▶ 브리핑

〈브리핑 원고 점검〉

• 긴 문장을 피한다.

• 전문용어나 외국어 사용 등에 주의하여 쉽게 쓴다.

• 구어체로 쓴다.

• 자신만의 말 패턴을 바꾼다.

• 내용을 서론, 본론, 결론 부분으로 잘 조직한다.

〈언어적 영역 점검〉

• 목소리 영역점검

  - 피치, 속도, 포즈, 음량, 발음 등을 점검한다.

  - 장단음, 고저장단, 사투리 등 평소 어법과 어투에서의 문제점을 점검한다.

  - 메시지 전달 영역 점검

  - 브리핑 앞에 사전 리딩 훈련을 통해 문제점을 개선한다.

  - 대화체로 말하듯이 원고를 소화한다.

〈비언어적 영역 점검〉

• 얼굴 표정 : 부드럽고 편안하게 한다.

• 눈 : 시선의 안정감을 잃지 않도록 주의한다.

• 제스처 : 움직임을 적게, 자주 하지 않는다.

• 몸짓 : 자세는 반듯하되 경직된 태도는 금한다.

〈이미지 영역 점검〉

• 피부톤이나 브리핑 상황에 맞는 색상의 양복과 넥타이를 선택한다.

• 지나친 줄무늬, 체크무늬 와이셔츠는 좋지 않다.

• 가급적 너무 크거나 강한 무늬가 있는 넥타이는 피한다.

▶ 브리핑 기법

〈브리핑 태도〉

• 예절을 지킨다("안녕하십니까? 반갑습니다."와 같은 몸인사로 우호적인 분위기 조성)

• 바른 자세로 밝고 생기있는 목소리로 말한다.

- 밝은 목소리와 바른 자세는 말하는 사람에게 호감과 믿음을 갖게 한다. 입 속에서 중얼거리지 말고 끝까지 확실하게 말한다.
- 자신감을 갖고 적극적으로 한다.
- 듣는 사람의 반응을 관찰하여 속도와 어조를 조절한다.
- 듣는 사람들을 바라보되, 한 방향만 보지 말고 여러 방향을 적절하게 배분해서 본다.
- 몸의 움직임은 확실하게 하되, 너무 부산해서 청중의 시선이 분산되는 일이 없도록 해야 한다. 특히 손이 너무 많이 움직이면 좋지 않다.
- 브리핑 단에 기대거나 팔을 얹는 행위, 뒷짐을 지거나 한쪽 다리에 체중을 실어 몸의 균형이 흐트러지는 자세 등은 좋지 않다.
- 카메라에 잡히는 모든 상황은 방송자료임을 명심한다.

▶ 브리핑과 방송언어

- 방송화법을 지킨다(표준어 구사 등).
- 어려운 말은 가급적 피한다.
- 시청자 중심의 경어를 사용해야 한다.
- 품위있는 말을 사용해야 한다(욕설, 은어, 신체적인 결함을 나타내는 말 사용 주의).
- 자연스런 입말체를 써야 한다.
  - 방송에서는 자연스런 말씨를 쓰는 것이 중요하다.
  - ~하여, ~되어 등은 '해/돼'와 같이 준말로 한다.

▶ 브리핑 원고 읽기

- 가장 중요한 정보, 의미를 파악한다.
  - 핵심정보나 의미가 있는 문장이나 어구, 어휘를 가려낸다.
  - 음성표현을 위한 강조방법을 생각한다.
  - 전체 의미를 완전히 이해하여 자신의 것으로 만든다.
- 내용이 장문일 경우 단락을 구분해서 읽기 편안하게 짧게 말한다.
  - 장문은 단락을 나눈다. 각 단락의 핵심 어휘나 어구를 찾아낸다.
- 음성표현 방법을 생각한다.
  - 첫 원고의 피치를 강하게 시작한다.

- 포즈를 통해 문장과 절, 문장과 성분을 구분해 준다.
- 포즈 앞뒤의 어휘, 어구가 담고 있는 의미를 강조한다.
- 포즈를 통해 억양의 경계를 만든다.
- 강조할 어구나 어휘, 단어 앞에 포즈를 표시해 둔다.
  * 이중모음에 주의하라(예, 이회창 vs 이해찬, 위기관리 등).
• 적절한 속도를 조절한다.
- 말이 빨라지면 듣는 사람이 생각할 겨를이 없게 된다.
- 반대로 느려지면 듣는 사람이 엉뚱한 생각을 할 수 있다.
- 말의 빠르기는 감정과 태도를 반영한다. 말이 빠르다는 것은 흥분, 긴장, 불안정을 상징한다. 반대로 느린 것은 사려깊고 진지하게 들릴 수 있는 장점도 있으나 단조로운 느낌을 줄 주 있다.
- 말의 속도를 조절하기 위해서는 핵심 내용이나 핵심 단어는 천천히 또박또박 강하게 읽는다.
- 핵심내용을 수식해주는 수식어구는 속도감 있게, 부드럽게 읽는다.
• 적절한 액센트(accent)를 사용한다.
- 강조할 단어를 세게, 높게, 길게, 의도적으로 강조한다.
- 액센트는 너무 자주 사용하면 흐름을 그르칠 수 있다.
- 조사나 어미에 액센트를 주면 책 읽는 흐름이 될 수 있다. 가능한 펴주도록 한다.

▶ 마이크 사용상의 주의점

• 말의 시작과 끝을 분명히 한다.
• 말하는 사람은 시선을 마이크에 두지 말고 청중 한 사람, 한 사람을 향해 이야기해야 한다.
• 마이크를 자꾸 이리저리 옮기지 말아야 한다.
• 숨을 들이쉬는 소리나 내쉬는 소리가 들어가지 않도록 입과 마이크의 거리를 적당히 두고 말을 해야 한다.
• 목소리를 강하게 낼 때는 마이크를 입에서 10cm 또는 15cm 정도 떼거나, 정면에서 30도 정도 어긋나게 두고 발성해야 한다, 입과 마이크가 지나치게 가까우면 소리가 갈라질 수 있다.

▶ 브리핑의 자세와 전략

브리핑의 자세	브리핑 전략
철저한 준비	간결하게 짧게 말하자(단문, 자신이 한 호흡 양으로).
솔직한 자세	쉬운 구어체로 말하자.
자연스러움	너무 딱딱하게 말하지 말자(경직).
신뢰감(적당한 권위, 카리스마도 필요)	여유를 지닌 스피치를 하자.
여유로움(유머, 농담)	카리스마는 가지되 너무 카메라를 의식하지 않도록 자연스러움 연출
적절한 제스처	자세는 반듯하게 하되, 경직된 태도는 금물
자신 있는 태도(책임과 실력)	움직임은 적게, 자주 하지 않도록
책 읽는 듯한 자세, 비꼬는 말투, 어투 자제	얼굴표정은 부드럽게, 편안하게
좋은 핵심사례(키 메시지)만 제공	코디 : 지나친 줄무늬, 체크무늬 와이셔츠는 안 좋다. 파스텔 톤의 무난한 색, 단색이 좋다. 넥타이도 단색이 무난하다.
부드러움은 어떤 강한 카리스마보다 강함	머리는 단정하고 깔끔하게 정리한다.

▶ 좋은 즉흥 스피치를 위한 기법

- 당신의 스피치를 간결하게 하라(short).
- 당신의 핵심을 지켜라(point).
- 당신의 스피치를 조직화 하라(organize).
- 당신의 스피치를 화려하게 하라(colorful).
- 냉정을 유지하라(cool) - 침착, 차분히, 서문과 핵심, 결론 사이 충분한 포즈
- 이완 동작으로 냉정함과 차분함을 유지하기
- 긴장의 이완은 여유가 핵심이다.
  - 손가락을 마주 깍지 끼고 서로 맞잡아 쥐어라. 그리고 서로 밀고 당겨라.
  - 주먹을 쥐고 할 수 있는 한 꽉 잡고 그리고 다시 풀어줘라.
  - 의자에 앉아서 양발을 마루에 놓아라. 그리고 발을 마루 표면에서 당겨보고 긴장을 풀어라.
  - 딱딱한 의자에 앉아서 양손을 떨어뜨리고 의자 좌석을 끌어안아라. 당겨 올리고 풀고, 밀어 내리며 푼다.
  - 책상에 앉는다면, 양팔을 책상 아래 손바닥이 닿게 놓아라. 그다음 책상바닥의 아

래쪽을 위아래 놓고 들어올리고 밀어내리며 이완시켜라. 이제 손을 책상에 놓고 밀어 내리고 그러고 나서 풀어라.

- 숨을 깊이 들이마신다.
  - 심호흡은 감정적·육체적 스트레스를 푸는 데 도움이 된다.
  - 의자에 바른 자세로 앉아서 바닥에 양다리를 놓고 눈을 감고 천천히 깊은 숨을 쉰다.

▶ 프레젠테이션을 위한 비주얼(PPT) 제작

- 시각적 요소 : 화면(비주얼), 문서(기획서), 동영상, 발표자의 비언어적 요소(제스처 등)
  언어적 요소 : 발표자의 언어(설명), 음악
- 색(color) : 채도, 명도, 유채색, 무채색, 색의 충돌, 강조(주목성), 조화 등
  고급스러운 홈페이지 및 인쇄물 등의 색감을 참조
- 슬라이드 마스터 & 글자색
  가급적 슬라이드 마스터는 어둡게, 글자색은 밝고 일관성 있는 톤을 유지
- TEXT 편집
  폰트별 특성-고딕체 계열, 바탕체 계열
  페이지 타이틀, 대제목(40point 이상), 소제목(28point 이상), 본문(20point 이내), 도형 밖의 글자 & 도형안 글자, 여백 고려, 크기 조정
- 도해(다이어그램)
- 도형 아이템, 소스 이미지, 배경이미지 등
- 실제 우수 사례 제시

▶ 프레젠테이션 발표 및 진행 방법

- 자신감 있고 신뢰감 있는 표정과 목소리
- 호감을 줄 수 있는 용모 및 의상
- 청중을 존중하고 경청을 감사하는 겸손한 자세
- 기획안에 대한 충실한 설명
- 청중 흡입력
- 한 조직을 대표해서 발표를 한다는 책임감

- 10개를 전달하기 위해서 100개를 알아야 함(기획안의 깊은 이해)
- 문장 내용을 10초, 20초, 60초… 등 시간 개념에 맞추어 자유롭게 압축 및 확장하여 표현할 수 있는 능력(핵심을 꿰뚫는 능력)
- 목적 달성에 대한 강한 의지
- 경쟁자를 인식한 전략적 사고
- 청중의 이익을 부각시키는 능력('그렇게 되면 참 좋겠다.'라는 생각이 들도록 하는 능력·리스크 관리 능력(부정적 견해, 반대 견해, 공격성 질문 응답 등)
- 끊임없이 노력하는 자세(일상생활 속에서의 지속적인 학습 및 연습)

▶ 프레젠테이션 발표 Skill

언어 (말하기)	• 말하기 text와 같이 크기, 색깔, 고저, 리듬, 운율, 장단, 속도 등 다양한 변화가 가능하며, 상황에 맞게 최적화시켜야 함 • 발성연습, 발음연습
비언어 (행동)	• standing 자세 • 손동작 등 제스처 • 시선 및 표정 • 의미 없고 불안해 보이는 행동 절대 삼가
시간배분	• 주어진 전체시간을 고려하여 각 슬라이드별로 시간을 배분 • 중요한 것과 중요하지 않은 것을 고려하여 시간 배분 • winning point 및 losing point를 고려하여 시간 배분 • 시간 엄수=신뢰도 상승 (프레젠테이션도 비즈니스의 일부)
시나리오 (설명전개)	• 기획서 작성 단계에서부터 고려하여야 할 요소 • 좋지 않은 시나리오 전개 사례 　"다음은 ㅇㅇㅇ에 대한 설명입니다."… 　"다음은 ㅇㅇㅇ에 대한 내용입니다."… • 효과적인 시나리오 전개 사례 　"먼저 이렇게 생각해보았습니다."… 　"그래서 다음과 같이 제안합니다."… 　"그렇다면 이유는 뭘까요?"… • 결론을 우선적으로 언급 (단, 맨 앞이 될 필요는 없음) : 결론⇒ 부연 설명⇒ 결론

스크립트	• 인사말, 개요, 맺음말, 약속 등 매우 중요한 어필 사항 • 반드시 설명 및 언급해야 할 Key Word 등 • 연습 시간이 충분하다면 스크립트를 들고 설명하지 않는 것이 이상적임 • 하지만, 현실적으로 연습 시간이 길지 않을 경우 적절한 스크립트를 준비하는 것이 효율적임 • 스크립트는 비주얼 출력물에 메모 및 밑줄 표시 등을 해도 좋고, 특정 문장으로 정리해서 준비해도 좋음 • A4장당 2~3개의 슬라이드가 출력되도록 하는 것이 유리
관련자료	• 오프닝 음악 : 프레젠테이션 시작 시 청중의 주의를 집중시킴 • 엔딩 음악 : 프레젠테이션이 끝났음을 알리고, 좋은 이미지를 남김 • 참고 동영상 : 유사 사례, 콘셉트, 메시지, 의사 결정 자료 등 • 제작물 샘플 : 선택 유도 • 신제품 샘플(ex : Apple 스티브 잡스)
애니메이션 효과	• 발표자의 설명에 맞추어 효과적인 비주얼을 제공하기 위해 애니메이션 효과를 이용

▶ 프레젠테이션 준비 순서

① 기획안을 보고, 프레젠테이션에 사용할 비주얼을 편집

② 비주얼이 작성되면, 각 슬라이드별로 시간을 배정

③ 각 슬라이드별로 배정된 시간 내에 어떻게 설명할 것인가에 대한 시나리오와 스크립트 구성

④ 음악 및 동영상 등 자료를 준비하고, 제시되는(play) 시점과 위치를 결정

⑤ PPT애니메이션 효과 작업

⑥ 발표자 홀로 Dry Rehearsal 진행(발표자의 멘트 위주 연습)

⑦ 발표자의 멘트, 각종 자료제시, PPT애니메이션 효과 타이밍 등을 모두 함께 연습

⑧ 실제와 같은 상황을 구성하고, 관계자들이 모인 가운데, 총 리허설 진행(시간체크)

⑨ 리허설에 대한 피드백을 구하고, 수정 및 보완 작업 진행

⑩ 수정 및 보완 사항을 반영하여 최종 리허설 진행

▶ 실제 프레젠테이션 진행

• 실제 프레젠테이션에 사용된 비주얼을 활용한 프레젠테이션 시범

• 프레젠테이션 실습 및 클리닉

▶ 인터뷰의 종류

- •뉴스 인터뷰, 탐방인터뷰, 전화인터뷰, 기자회견 등이 있다.

▶ 인터뷰 사전 준비

1. 사전 확인 항목 점검
2. 언어적 영역 점검
3. 비언어적 영역 점검
4. 이미지 영역 점검

▶ 사전 확인 항목 점검

- •인터뷰에 초대된 이유를 확인하다.
- •인터뷰의 주제에 대해 완전히 숙지한다.
- •인터뷰(Interviewer)어의 소속사와 부서, 이름 등을 확인한다.
- •인터뷰 제작방식이 스튜디오 인터뷰인지, 현장 인터뷰인지 확인해야 한다.
- •추가 정보 제공이 필요한지 확인한다.

▶ 언어적 영역 점검

- •준비된 자료는 암기가 아닌 소화가 돼야 한다.
  - 핵심 포인트를 외우기보다는 자기 것으로 만들어야 한다.
  - 메모지는 시청자에게 자신감 없는 모습으로 비춰질 수 있다.
    * 하지만, 인터뷰이가 소속된 곳이 국가기관 장, 정치인, 통치자 등일 경우 그들의 말 한마디가 국가정책에 큰 영향을 미치므로 중대한 사안 등을 메모하여 인터뷰 하는 것도 시청자로부터 신뢰성을 얻을 수 있다. 또한 인터뷰어가 메모를 보는 것은 조직에서 결정되고 발표해야할 중대한 사안이 조직을 대표한다는 신뢰감을 줄 수 있다.
- •침착함을 유지하며 질문에 끝까지 성실히 응대한다.
  - 당황스런 질문에 방어적 태도를 보이거나 화를 내면 죄를 지은 사람처럼 화면에 비춰질 수 있다.
- •자기 비판은 좋지 않다.

- 핵심 메시지를 말하면서 스스로의 평가를 동시에 하려고 하면 자신감이 없어 보인다
- 적극적인 경청자의 모습을 보여줘야 한다.
  - 상대방의 질문을 자신의 언어로 바꾸어 다시 질문한다.

    바꾸어 말하기 : 그러니까 질문의 요지가……이죠 ?
  - 상대방의 질문에 머리를 흔들어 공감하거나 피드백한다.

    피드백 : "좋은 질문을 주셨습니다."
- 변명조의 답변을 지속하면 인터뷰의 주도권을 잃는다.
- 답변이 장황하면 실수를 할 수 있다.
  - 답변이 '-하고', '-하며'의 연결어미로 계속 이어지면 지루하다.
  - 장황하게 연결된 답변은 의미가 왜곡돼 전달될 수도 있다.

▶ 비언어적 영역 점검

- 카메라 보는 법, 시선처리와 더불어 손동작에 대한 사전연출, 예행연습을 한다.
- 좋은 앉은 자세 유지
  - 좋지 않은 자세로 계속 앉으면 몸에서 힘이 빠져 나간다.
  - 똑바로 앉은 자세는 자신감을 나타내 준다.
- 자주 몸을 움직이는 것은 신뢰감을 떨어뜨리는 요인이다.
  - 자주 몸을 움직이는 것은 긴장감에서 비롯된다.
  - 자주 몸을 움직이는 것은 핵심메시지 전달에 방해가 된다.
- 손으로 어색한 제스처를 해서는 안 된다.
  - 손은 제 3의 언어이다.
  - TV에서는 손의 움직임이 실제 이상으로 크게 보인다.
- 다리를 꼬는 동작은 긴장감만 높인다.
  - 다리를 꼬는 것은 인터뷰에 대한 스트레스 때문이다.
  - 다리를 꼬면 보는 사람들의 주의를 흐트러뜨릴 수 있다.
- 의자에 앉은 자세로 심리를 파악할 수 있다.
  - 의자에 몸을 뒤로 빼고 앉은 자세는 방어적으로 보인다.
  - 손가락을 뾰족하게 한 채 몸을 뒤로 빼고 앉아 있으면 거만해 보일 수 있다.

- 입 모양도 심리상태를 나타낸다.
- 상대방의 말을 들을 때 입술을 깨물거나 아래턱을 다물고 있으면 질문을 두려워하고 무엇가를 숨기려는 것처럼 보일 수 있다.

▶ 이미지 영역 점검

- 의상 및 메이크업, 헤어는 너무 불편하거나 화려하지 않은 편안한 것을 선택한다.

▶ 인터뷰 기법

- 이야기 전개 과정을 염두에 둔다.
  - 무엇을 말할 것인지 생각한다.
    주의와 흥미를 끄는 말하기의 재료를 찾는다.
    대화주제를 좁힌다.
  - 어떻게 말할 것인지 생각한다.
    사실과 자료를 인용해 증명하고 설명한다.
  - 본제로 들어간다.
    종결부로 본론을 요약·정리한다.
- 주의와 관심의 법칙을 사용한다.
  - 구체적·감명적·유머 있는 자료들이 주의를 끈다.
  - 사례, 예증, 통계, 전문적 의견 등을 사용하여 아이디어를 뒷받침 한다.
  - 생명, 감정, 가족, 자존심에 호소하면 설득력을 높일 수 있다.
- 당황 시에도 흥분하지 않고 자연스러운 태도를 유지하도록 마음을 다진다.
  - 시종일관 성실하게 답변하고 경청한다.

▶ 인터뷰어(interviewer)의 자질

- 성공적인 인터뷰를 위해 인터뷰어는 다음과 같은 점을 고려해야 한다.
  ① 상대방을 왜 만나는지, 상대는 누구인지를 확실히 인지하고 준비를 철저히 해야 한다. 완벽한 준비는 상대방에 대한 좋은 인터뷰의 기본이다.
  ② 서로가 친해진 상태에서 방송에 들어가도록 방송에 들어가기 전에 사담을 나누며 편안한 상황을 만든다.

③ 질문을 간결하게, 답변은 길게 하도록 유도할 수 있도록 준비한다. 인터뷰 상대로부터 '예', '아니오' 등 단답형의 답변이 나오지 않도록 해야 한다. 답변이 너무나도 자명한 내용은 질문하지 않는다.

④ 글을 쓸 때 기승전결이 있듯이 인터뷰 흐름은 가볍게 시작해서 무거운 질문으로 진행하고 다시 마무리는 가볍게 해준다. 즉 변화 있는 인터뷰가 되어야 지루하지 않다.

⑤ 첫 질문으로는 날씨나 근황 등 부드러운 주제가 분위기를 가볍게 풀어주는 데 도움이 된다.

⑥ 상대방이 원하지 않거나 꺼리는 사안은 피하거나 간접적인 방법으로 질문하여 편안히 답변할 수 있도록 유도한다.

⑦ 상대방의 입장이나 상황을 이해하도록 노력하며, 상대방의 이야기를 집중해서 듣는다.

⑧ 상대방의 이야기가 불필요하게 너무 길어지면 적절한 순간에 끊어준다.

▶ 인터뷰이(interviewee)의 자질

① 방송 직전 경직된 상황을 극복하기 위해 인터뷰어와 가벼운 이야기를 나눈다. 당황하거나 경직될 경우 생각이 잘 정리되지 않기 때문이다.

② 왜 이 자리에 나왔는지 섭외 목적을 잘 파악해 철저한 준비를 한다. 충분한 준비는 성공적인 인터뷰를 만든다.

③ 질문을 잘 듣고 핵심 내용을 가급적 간결하고 쉽게 말한다.
한 질문에 대한 답변은 1분 이상 넘어가지 않도록 한다.
그리고 한 문장은 5~6초 이상이 되지 않도록 단문으로 말한다.

④ 질문의 핵심 포인트가 앞에 나오도록 답한다. 그 다음에 그와 관련된 내용을 설명한다. 사람들은 답답함을 참지 못한다. 빠른 정보·답변을 원한다.

⑤ 변화를 잘 주는 답변으로 지루한 인터뷰이가 되지 않도록 한다.
속도, 강약, 어조, 포즈의 변화를 적절하게 줌으로써 활기찬 인터뷰가 되도록 한다.

⑥ 항상 겸손하고 예의 바른, 유머를 잃지 않는 인터뷰이가 되도록 노력한다.

⑦ 자신 없는 답변을 하지 않는다.

⑧ 너무 말의 속도가 빠르지 않도록 주의하며 여유 있는 답변을 하도록 한다.

⑨ 표정은 밝게 여유 있게, 질문자의 눈을 보면서 말한다.

⑩ 최선을 다하는 답변, 진지한 말투가 사람들을 감동시킨다.

▶ 이미지

〈피부색별 컬러 컨설팅〉

자신의 피부색을 진단할 수 있는 방법은 다음과 같다.

- 1단계 - 자신의 옷장 문을 열고 즐겨 입는 옷과 좋아하는 컬러의 옷을 분류한다.
- 2단계 - 단색 의상을 얼굴에 가까이 했을 때 어울린다는 생각이 드는 것과 그렇지 않
  은 색상을 분류한다. 이 구분은 얼굴색의 변화를 통해 본래의 피부색보다 환하고
  얼굴형이 작게 보이거나 자신의 단점이 들어나지 않는 색상의 옷을 분류하는 데 도
  움이 된다. 무늬가 있는 색은 바탕색의 옷을 분류하는 데 도움이 된다. 무늬가 있는
  색은 바탕색 중 주조색을 보고 테스트한다.
- 3단계 - 어울리는 색상 위주로 분류해 놓은 옷의 컬러들이 어떤 톤인지 체크한다. 노
  란빛과 푸른빛이 어울리면 차가운 색이 어울리는 사람이다.
- 4단계 - 잘 어울리는 색의 의상에 맞게 메이크업 컬러를 선정한다.

이런 단계를 거치면 자신의 피부색이 크게 봄, 여름, 가을, 겨울의 네 가지 톤 중 어
떤 쪽인지 구별할 수 있다.

- 봄 : 선명하며 밝은 색이다.
- 여름 : 밝고 부드러우며 파우더 색이고 바탕색은 청색이다.
- 가을 : 어둡고 눌린 색이며 자연에서 땀 색과 비교될 수 있다.
- 겨울 : 깨끗하고 원색류이며 강하고 진한 색이다.

▶ 화장

- 얼굴이 번질번질하지 않도록 파우더를 자주 사용해야 한다.
- 광대뼈나 볼의 그림자에 신경을 써야 한다.
- 화장은 자연스러워야 한다. 조그만 점 또는 흠집을 없애거나 약화시킬 수는 있어도
  전체적으로 자기 피부색이 아닌 짙은 화장을 하는 것은 부자연스럽다. 카메라의 성
  능이 발전하여 부자연스러운 화장은 클로즈업 때 그대로 노출된다는 사실을 염두

해 두어야 한다.

- 만약에 얼굴이 지나치게 창백하다든가 하여 얼굴 전체를 짙게 화장하는 경우에는 목이나 귀밑 등을 포함하여 전반적으로 분칠을 하여 경계선이 생기지 않도록 해야 한다.
- 수염이 많은 남자의 면도한 흔적은 어색한 그림자가 될 수 있어 화장할 때 유념해야 한다.

▶ 의상

의상에 관해서도 치밀한 사전 계획이 필요하다.

- 소리 나는 천이나 장신구를 조심해야 한다.
- 잔 체크 무늬, 가는 줄무늬, 반짝이는 천 등은 피한다.
  카메라는 이런 것들을 잘 소화하지 못하여 어른거리는 효과를 나타나게 만든다 (moire effect).
- 검정색이나 흰색도 피한다. 조명과 배경이 잘 어울리는 특수한 환경에서는 카메라가 흑백을 잘 소화할 수 있기는 하나 기술자들의 노고를 요한다. 보통 때는 피해야 한다.
- 피부색이 검은 사람은 흰 사람이 입는 옷보다 어두운 색의 옷이 잘 어울린다. 피부색과 옷색이 지나치게 대조적이면 효과면에서 좋지 않다.
- 자기의 피부색과 같은 색의 옷을 입는 것도 좋지 않다.
- 스타킹은 구두색이나 치마색, 바지 색과 조화시켜야 한다.
- 핸드백은 구두색과 같거나 약간 환한 색을 택한다.
- 보석과 금속 장신구는 되도록 피하는 것이 좋다. 왜냐하면 보석이나 금속에서 반사된 광선이 카메라 렌즈를 직접 비치게 되면 일시적으로 화면이 하얗게 변하기 때문이다(flaring).
- 안경을 끼는 사람은 콘택트렌즈를 사용하는 것이 좋겠으나 그렇지 않을 경우에는 반사광 방지를 위한 코팅을 한 안경알을 사용하는 것이 좋다. 안경테도 금속 등 반사하는 물체보다는 플라스틱 같은 반사하지 않는 소재로 만든 것이 좋다.

▶ 비디오 이미지 컨설팅

가장 중요한 것은 자신의 이미지를 빨리 파악하는 것이다. 다음은 좋은 이미지를 만들기 위한 몇 가지 방법이다.

① 이상적인 얼굴형에 최대한 가깝게 연출하라.

- 화면에서 이상적인 얼굴 비율은 가로 : 세로의 비율이 1 : 1.4이다.
  이 비례를 넘어서면 화면에서 얼굴이 동그랗게 나오는 느낌이다.
- 헤어나 의상 연출을 통해 이상적인 얼굴형에 최대한 가깝게 보이도록 세로의 비율을 늘리는 방법을 찾아야 한다.
  - V자형 네크라인의 의상 선택
  - 머리 윗부분을 띄우고 옆머리의 볼륨을 최대한 줄인 헤어스타일
  - 일반적인 커트보다 긴 길이의 헤어스타일

② 얼굴형과 T-라인의 조합이 핵심이다.

- T-라인이란 눈 부분의 가로선과 코의 세로선을 합쳐서 만들어지는 얼굴의 라인이다.
- 얼굴의 T-라인이 정삼각형에 가까울수록 얼굴의 모습은 도시적이고 약한 이미지를 줄 것이고 반대의 모양이 될수록 강하고 동양적인 느낌을 줄 것이다.
- T-라인이 정삼각형을 이루고 있지 않은 경우 분장을 통해 어느 정도 만들 수 있다.
  - 코의 길이가 짧다면 코의 하이라이트 분장을 위쪽으로 높게 잡으면 되고, 눈썹의 위치를 바꾸어서 분장을 하면 확연하게 다르게 보일 수 있다.

③ 얼굴의 이미지는 표정으로부터 출발한다.

- 표정은 그 사람의 일생의 모습이다. 표정은 마음으로부터 나오고 또 마음의 상태를 표현해준다.
- 방송에서는 많은 사람들에게 편안함과 좋은 느낌을 줄 수 있는 출연자가 각광을 받는다. 따라서 자신이 얼마나 밝고 편안한 표정으로 카메라를 바라보는지 생각해야 한다.
  - 자신의 표정을 만들어라. 주변 사람들이 가장 밝은 표정이라고 인정하는 표정을 확인한 후 그것을 자신의 표정으로 만들도록 노력한다.
  - 스스로를 행복하게 만들고 행복하게 살아야 한다. 늘 긍정적이고 낙천적인 사람은 조금 슬프다고, 조금 힘들다고 해서 금방금방 표정이 변하지 않는다. 따

라서 긍정적인 모습으로 살아가는 것이 필요하다.

④ 오디오와 비디오의 매칭

- 비디오와 약간 반대적인 오디오의 경향이 있으면 있을수록 그 사람에게서 묘한 매력을 느낄 수 있다. 이것이 바로 오디오와 비디오의 매칭이다.
- 비디오와 오디오의 매칭은 다른 사람에게 자신의 비디오와 오디오에 대한 평가를 듣고, 오디오와 비주얼을 조합한 후, 자신이 지향할 이미지를 설정하는 것이 좋다.
  - 예를 들어 자신이 '강하게 생겼다.'는 평가를 듣는다면 부드럽게 말하는 습관을 들이자. 반대로 외모가 너무 부드러워 약한 이미지를 준다면 굵고 강한 오디오를 만들어 보자.

⑤ 카메라를 가장 잘 받는 위치와 각도를 파악하고 있어야 한다.

- 대부분의 사람은 좌우 얼굴의 이미지가 다르다. 따라서 자신이 원하는 이미지를 가장 잘 보여줄 수 있는 위치와 각도가 무엇인지 파악하는 것이 필요하다.

politics

Advertising

부록 2
정치광고 기호학 분석

선거광고홍보물 분석

내용 분석	후보자 이름 반복 횟수	0회( ), 1회( ), 2회( ), 3회( ) 4회( ), 5회( ), 6회( ), 7회( ) 8회( ), 9회( ), 10회( )
	후보자가 강조된 인물특성	경험( ), 정치적 역량( ), 경영력( ) 지역사람( ), 비난 일색( ), 젊음( ) 새로운 인물( ), 기타( )
	주민 등장 여부	등장( ), 등장하지 않음( ) 등장했다면 어떤 부류 사람인가
	유명인사의 등장	등장( ), 등장하지 않음( ) 등장했다면 누구인가(정치인, 전문가, 노동자, 연예인, 가수, 학생, 외국인, 남자, 여자, 노인 등)
	약속한 공약수 표시 슬로건의 서술방식	0개, 1개, 2개, 3개, 4개, 5개, 6개, 7개, 8개, 9개, 10개, 11개….
	공약의 내용 및 범주	교통, 환경, 주택, 관공, 복지, 정치, 건설, 경제, 교육, 상가 등
	본문의 서술방식	1인칭, 3인칭, 1·3인칭 혼용, 구분 불가 *사례와 횟수
	상대후보(당)에 대한 비난 여부	비난, 비난하지 않음 비난했다면 무엇인가?

선거광고의 소구 요인 분석

소구내용	이슈광고	구체적으로 예) 사회복지
	이미지광고	
소구방향	긍정광고	
	부정광고	직접광고 : 직접비교 : 암시적 비교 :
소구기법	논리적 소구	
	감정적 소구	
	윤리적 소구	

선거광고홍보물 분석

기호 분석 (semiotics)	기표(signifier/sr)	예) 노무현
	기의/지시 의미 (sd/denotation)	예) 한국대통령 후보
	부가 의미 (connotation)	예) 한국의 국민통합을 이룬 인물
	신화/이데올로기 (myth/ideology)	예) 의, 탈권위주의, 민족화합
	의사소통 행위 (언어메시지 : 6가지)	구체적으로 실제적 기능 : 표현적 기능 : 예) "부패정권의 계승자 누구입니까?" 　　- 표현적 기능 : 지시적, 표현적 　　- 실제적 기능 : 지시적, 선동적
	이항대립(이분법)	예) 자유/억압, 진실/허위

선거광고홍보물 분석

캐치프레이즈 (슬로건)–헤드라인	정책 분야	경제, 안보, 사회, 문화, 교육, 정치 등
	글자 수	
	글씨체	* 타이포그래피(typograpty)란에서 구체적으로
	광고 유형	긍적적(예,) 부정적(예, 직접공격, 직접비교, 암시적 비교)
	위치	위치(상단 우측, 상단 좌측, 중앙, 중앙 우측, 중앙 좌측, 하단 우측, 하단 좌측)
	기타 인상적인 것	
이미지(visual) 형태	사진, 그림 형태와 크기, 위치	반신( ), 전신( ) 크기(가로 cm) (세로 cm) 위치(상단 우측, 상단 좌측, 중앙, 중앙 우측, 중앙 좌측, 하단 우측, 하단 좌측)
	표현(분위기)	서민적

선거광고홍보물 분석

비언어적 측면 (non-verbal comm.) 몸짓언어 (제스처)	후보자 표정 의상 및 헤어스타일 형태	공식적 의상( ), 비공식적 의상( ) 양복: 넥타이(색깔), 의복(색깔), 청바지, 와이셔츠, 점퍼 등 헤어스타일 등
	후보자 표정 손과 팔 동작	약간 사용( ), 광범위한 사용( ) 유형제스처(10가지 중) 기타 브이자(V)형 예) 김영삼 대통령 후보, 결의·결단형
	이미지 배경	예) 장소와 배경 색깔
	후보자 표정 웃음 사용	사용함( ), 사용 안 함( ) 무표정( ), 미소( ), 활짝( ) 기타( )
	후보자 표정 시선처리	예) 정면 응시, 옆면 응시, 기타
	액세서리	목걸이(종류, 색깔), 귀고리(종류, 색깔), 모자(종류, 색깔), 팔찌(종류, 색깔)

선거광고홍보물 분석

광고 표현 기법		
선전 전략 기법(7가지)		
타이포그래피 (typography) 및 텍스트 서체유형	손글씨	
	필기체	
	대문자	
	볼드체	
	그래픽체	
	명조체	
	타이포그래피	
	이탤릭체	
	밑줄	
	괄호처리	
	동그라미	
	특수 기호	
	기타	

광고 홍보물 특이사항

1. 문장메시지(텍스트)가 시각적(비주얼, 이미지)으로 일치하지 않은가?(있다면 어떤 것)

2. 광고표현 전체가 잘 조화되고 있는가?

3. 색채는 잘 배합되고 있는가?

4. 메인 슬로건이 하부 정책 공략을 잘 설명하고 있는가?

5. 광고 표현상 특이한 기법을 사용하고 있는가?

6. 분석한 후보자가 당선이 되었는가?

7. 본 후보자는 몇 선인가(그 동안 몇 번 당선이 되었는가)? 현역인가, 도전자인가?

8. 해당 후보에 대한 평가(인터넷, 신문 등)는 어떠한가(긍정적, 부정적 등)?

9. 해당 후보자가 남긴 업적 및 경력, 사회에서 좋은 평가 받을 만한 사항은?

10. 본 광고전단지 이외 선거기간 동안 어떠한 선거전략, 즉 홍보, PR, 선거유세, 명함, 선거 벽보, TV인터뷰, 포스터 캐릭터, 팸플릿, 리플릿, 현수막, 신문광고, 방송광고, 만화, 웹 정치사이트 개설, 홈페이지, 북카페, SNS, 비공식 홍보물(예, 노무현 후보의 '희망돼지' 등)이 있는가?

11. 기타 특이한 사항으로 어떤 것이 있는가?

부록 3
한국-미국 역대 대통령
업적과 슬로건

Ⅰ. 대한민국 역대통령

1. 제1~3대 이승만 대통령
- 재임 : 1948.07 ~ 1960.04
- 업적 : 독립운동에 기여함
- 슬로건 : 갈아봐야 별 수 없다
- 기타 : 4·19혁명 이후 하와이로 망명

2. 제4대 윤보선 대통령
- 재임 : 1960.08 ~ 1962.03
- 업적 : 제4대 서울시장 제2대 대한적십자사총재 신한당 창당
  민주당 창단 민정당 창단 신한당 민주당 통합
- 슬로건 : 빈익빈이 근대화냐 썩은 정치 뿌리 뽑자

3. 제5~9대 박정희 대통령
- 재임 : 1963.12 ~ 1979.10
- 업적 : 경부고속도로, 포항제철 등 국가 발전에 기여함
- 슬로건 : 조국근대화(1971년도 대선), 안정속의성장
- 기타 : 자신의 부하 김재규에게 암살 당함

4. 제10대 최규하 대통령
- 재임 : 1979.12 ~ 1980.08
- 업적 : 대통령 사임 후 제22차 유엔총회 수석대표, 30여 회의 국제회의 참석, 1970년 한국 외국어 대학으로부터 명예문학 박사학위를 받았다. 그밖에 서훈(敍勳)으로는 1970년 일등수교훈장, 1971년 수교훈장 광화대장, 1979년 무궁화대훈장, 1980년 건국훈장, 대한민국장 등 국내훈장과 타이 정부로부터 받은 백상최고훈장 기사대장 등 10여 종의 외국훈장을 받았다.
- 슬로건 :
- 기타 : 역대 최단기 대통령

5. 제11~12대 전두환 대통령
- 재임 : 1980.09 ~ 1988.02
- 업적 : 제1차 남북경제회담 시작
- 슬로건 : 정의사회 구현, 복지사회 건설
- 기타 : 한국프로야구 출범

6. 제13대 노태우 대통령
- 재임 : 1988.02 ~ 1993.02
- 업적 : 6·29선언
- 슬로건 : 보통사람의 시대
- 기타 : 재임기간 중에 비자금 모금한 것이 문제가 되어 검찰에 구속

7. 제14대 김영삼 대통령
- 재임 : 1993.02 ~ 1998.02
- 업적 : 금융실명제, 군부독재 청산, 문민정부 등장
- 슬로건 : 신한국창조
- 기타 : IMF초래

8. 제15대 김대중 대통령
- 재임 : 1998.02 ~ 2003.02
- 업적 : 민주화의 완성과 평화적인 정권교체 그리고 남북화해, 외환위기
  극복과 구조조정, IT 지식정보화 강국육성과 과학기술혁신
- 슬로건 : 준비된 대통령, 대중의 시대 문을 열자
- 기타 : 한국인 최초 노벨평화상 수상

9. 제16대 노무현 대통령
- 재임 : 2003.02 ~ 2008.02
- 업적 : 한미 FTA 체결, 주택법·사학법 개정, 남북 평화 정착, 언론개혁법 마련
- 슬로건 : 낡은정치 청산
- 기타 : 탄핵될 뻔함, 자살

10. 제17대 이명박 대통령
- 재임 : 2008.02 ~ 현재
- 업적 : 청계천 복원, 대중교통 체계 개편
- 슬로건 : 작고 일하는 정부
- 기타 : 4대강 사업 실행. 성공여부는 아직 알 수 없음

2. 미국 역대 대통령

제1대 조지 워싱턴 대통령
- 재임 : 1789 ~ 1797년
- 업적 : 대통령직 구체화
- 슬로건 : 새로운 민주정부체제
- 기타 : 미국의 초대 대통령

제2대 존 애덤슨 대통령
- 재임 : 1797 ~ 1801년
- 업적 : 17년간을 하원의원으로 활약하며
  노예제 및 멕시코전쟁을 반대
- 슬로건 :
- 기타 : 미국 독립을 영국으로부터 승인받음

제3대 토머스 제퍼슨 대통령
- 재임 : 1801 ~ 1809년
- 업적 : 1803년 루이지애나 매입
- 슬로건 :
- 기타 : 미국 독립선언의 기초자,
  버지니아 대학의 아버지

제4대 제임스 메디슨 대통령
- 재임 : 1809 ~ 1817년
- 업적 : 영국과의 전쟁에서 승리
- 슬로건 :
- 기타 : 미국헌법의 아버지

제5대 제임스 먼로 대통령
- 재임 : 1817 ~ 1825년
- 업적 : 폴로리다를 매수하여 미주리협정을 맺음,
  먼로주의 선포
- 슬로건 :
- 기 타 : 두 차례 대통령 역임

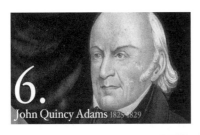

제6대 존 퀸시 애덤스 대통령
- •재임 : 1825 ~ 1829년
- •업적 : 에스파냐로부터 플로리다와 북서태평양
  비장의 영토매입
- •슬로건 :
- •기타 : 2대 존 애덤스의 아들

제7대 앤드류 잭슨 대통령
- •재임 : 1829 ~ 1837년
- •업적 : 잭슨민주주의
- •슬로건 :
- •기타 : 전쟁영웅 대중 중심의 정치를 추진
  인디언 보호구역 만듦

제8대 마틴 밴 뷰런 대통령
- •재임 : 1837 ~ 1841년
- •업적 : 양당제도 확립, 계파정치 도입
- •슬로건 :
- •기타 : 직업정치인

제9대 윌리엄 헨리 해리슨 대통령
- •재임 : 1841 ~ 1841년
- •업적 : 사망으로 인해 한 달 만에 임기가 끝나 업적이
  없음
- •슬로건 : 통나무집과 거친 사과술
- •기타 : 급성폐렴으로 재임 한 달 만에 사망,
  로고송 도입

제10대 존 타일러 대통령
- •재임 : 1841 ~ 1845년
- •업적 : 캐나다와의 국경을 확정
- •슬로건 :
- •기타 : 9대 해리슨 대통령에게 대통령직을
  이어받은 최초의 부통령

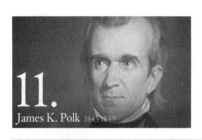

제11대 제임스 포크 대통령
- 재임 : 1845 ~ 1849
- 업적 : 텍사스의 병합, 오리건 문제의 해결
- 슬로건 : 54-40이 아니면 투쟁을
- 기타 : 변호사, 주의회의원, 하원의원, 하원의장 등의 다양한 경력

제12대 재커리 테일러 대통령
- 재임 : 1849 ~ 1850
- 업적 : 멕시코전쟁의 영웅
- 슬로건 :
- 기타 : 평생군인 출신, 노예제 반대론자 취임한 지 16개월 만에 위경련으로 사망

제13대 밀러드 필모어 대통령
- 재임 : 1850 ~ 1853
- 업적 : 도망노예법을 세움
- 슬로건 :
- 기타 : 재커리 테일러의 사망으로 대통령이 됨 양복재단사에서 독학으로 변호사가 됨

제14대 프랭클린 피어스 대통령
- 재임 : 1853 ~ 1857
- 업적 : 멕시코로부터 개즈던 매입
- 슬로건 :
- 기타 : 미국역대 사상 최악의 대통령 중 한 명

제15대 제임스 뷰캐넌 대통령
- 재임 : 1857 ~ 1861
- 업적 : 적극적인 외교정책 추진
- 슬로건 :
- 기타 : 유일한 독신 대통령

제16대 에이브러햄 링컨 대통령
- 재임 : 1861 ~ 1865
- 업적 : 노예해방선언
- 슬로건 : 국민의, 국민에 의한, 국민을 위한 정부
- 기타 : 암살당함, 남북전쟁 종지부

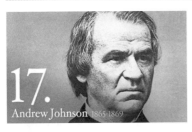

제17대 앤드류 존슨 대통령
- 재임 : 1865 ~ 1869
- 업적 : 러시아로부터 알래스카 구입
- 슬로건 :
- 기타 : 링컨 대통령의 암살로 인하여 대통령이 됨

제18대 율리시스 그랜트 대통령
- 재임 : 1869 ~ 1877
- 업적 : 남북전쟁 승리
- 슬로건 :
- 기타 : 후두암으로 사망하기 전 자서전 완성, 전쟁영웅

제19대 러더포드 헤이스 대통령
- 재임 : 1877 ~ 1881
- 업적 : 관리임용제도 개혁
- 슬로건 :
- 기타 : 매일매일 일기를 씀

제20대 제임스 가필드 대통령
- 재임 : 1881 ~ 1881
- 업적 : 남북전쟁 중 북군장교로 의용군 이끎
- 슬로건 :
- 기타 : 찰스 기토의 총에 맞아 암살 당함

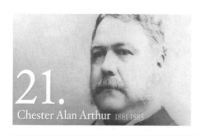

제21대 체스터 아서 대통령
- 재임 : 1881 ~ 1885
- 업적 : 부패관리 쫓아냄
- 슬로건 :
- 기타 : 부통령으로 대통령직 승계

제22대 스티븐 클리블랜드 대통령
- 재임 : 1885 ~ 1889
- 업적 : 베네수엘라 국경문제를 해결
- 슬로건 :
- 기타 : 가장 격렬했던 노동운동시대의 지도자

제23대 벤자민 해리슨 대통령
- 재임 : 1889 ~ 1893
- 업적 : 고율관세, 산업장려 등 공화당의 전통적
  정책추진
- 슬로건 :
- 기타 : 9대 대통령 해리슨의 손자

제24대 스티븐 클리블랜드 대통령
- 재임 : 1893 ~ 1897
- 업적 : 베네수엘라 국경문제를 해결
- 슬로건 :
- 기타 : 임기를 건너뛰어 당선된 최초의 대통령

제25대 윌리엄 매킨리 대통령
- 재임 : 1897 ~ 1901
- 업적 : 금본위제도 유지
- 슬로건 :
- 기타 : 역대 선거에서 가장 많은 돈을 선거운동에
  투자함, 암살당함

제26대 시어도어 루스벨트 대통령
- 재임 : 1901 ~ 1909
- 업적 : 혁신주의를 내걸고 트러스트 규제,
  철도통제, 노동자 보호 입법, 자원보존
  등에 공헌
- 슬로건 : 공평정책
- 기타 : 노벨평화상 수상, 최연소 대통령

제27대 윌리엄 태프트 대통령
- 재임 : 1909 ~ 1913
- 업적 : 트러스트 규제
- 슬로건 :
- 기타 : 루스벨트 대통령의 후계자이자 친구

제28대 우드로 윌슨 대통령
- 재임 : 1913 ~ 1921
- 업적 : 언더우드관세법안, 연방준비법안,
  클레이턴반 트러스트법안
- 슬로건 : 신자유주의
- 기타 : 노벨평화상 수상, 국제연맹 창설

제29대 워런 하딩 대통령
- 재임 : 1921 ~ 1923
- 업적 : 워싱턴회의를 개최, 태평양에서 미국세력
  확대 유지 기여
- 슬로건 : 다시 정상으로
- 기타 : 임기 중 사망

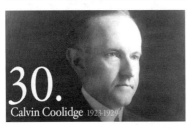

제30대 캘린 쿨리지 대통령
- 재임 : 1923 ~ 1929
- 업적 : 미국 역사상 처음인 1920년대의 번영을
  가져오는 한 요인이 되었다
- 슬로건 : 버텨라
- 기타 : 경제대공황의 원인

제31대 허버트 후버 대통령
- 재임 : 1929 ~ 1933
- 업적 : 선린외교구축
- 슬로건 : 모든 냄비에 닭을, 모든 차고에 차를
- 기타 : 백만장자

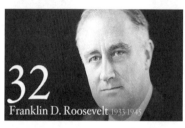

제32대 프랭클린 루스벨트 대통령
- 재임 : 1933 ~ 1945
- 업적 : 뉴딜정책 추진, 외교면에서는
  호혜통상법, 선린외교정책
- 슬로건 : 3R 정책 즉 Relief(구제), Recovery(부흥),
  Reform(개혁)
- 기타 : 임기 중 뇌출혈로 사망, 하반신 불수 장애

제33대 해리 트루먼 대통령
- 재임 : 1945 ~ 1953
- 업적 : 반소·반공을 내세운 정치
- 슬로건 : 위대한 사회
- 기타 : 6·25전쟁 시 한국에 파병을 선택,
  일본 히로시마에 원자폭탄 투하

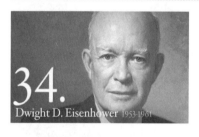

제34대 드와이트 아이젠하워 대통령
- 재임 : 1953 ~ 1961
- 업적 : 뉴룩전략, 롤백정책, 아이젠하워독트린,
  인도차이나전쟁 휴전, 수에즈운화 문제의
  수습, 균형재정의 견지
- 슬로건 : 아이크를 사랑해요
- 기타 : 흑백평등 문제

제35대 존 F.케네디 대통령
- 재임 : 1961 ~ 1963
- 업적 : 평화봉사단 창설, 소련과 핵실험 금지
  조약 체결
- 슬로건 : 뉴 프런티어
- 기타 : 암살자에게 저격당함, 퓰리처상 수상,
  선거로 당선된 최연소 대통령

제36대 린든 존슨 대통령
- 재임 : 1963 ~ 1969
- 업적 : 복지정책을 적극적으로 추진
- 슬로건 : 위대한 사회
- 기타 : 베트남전쟁 시작

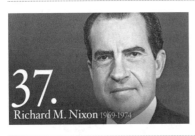

제37대 리처드 닉슨 대통령
- 재임 : 1969 ~ 1974
- 업적 : 중국과의 외교적 성과를 올렸음
- 슬로건 : 닉슨이 적임자입니다
- 기타 : 워터게이트 사건으로 사임

제38대 제럴드 포드 대통령
- 재임 : 1974 ~ 1977
- 업적 : 흑백정책을 추진
- 슬로건 : 공개와 솔직
- 기타 : 한국을 방문함

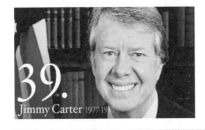

제39대 지미 카터 대통령
- 재임 : 1977 ~ 1981
- 업적 : 소련과 2차 전략무기제한협정 성공
- 슬로건 : 변화를 위한 지도자
- 기타 : 노벨평화상 수상

제40대 로널드 레이건 대통령
- 재임 : 1981 ~ 1989
- 업적 : 레바논 파병
- 슬로건 : 강하고 풍족한 미국
      미국에 다시 찾아온 아침
      4년 전보다 더 잘 살고 있습니까?
- 기타 : 알츠하이머병, 전직 영화배우

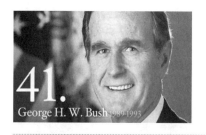

제41대 조지 허버트 워커 부시 대통령
- 재임 : 1989 ~ 1993
- 업적 : 걸프전 승리
- 슬로건 : 더 친절하고 따뜻한 나라
- 기타 : 귀족 가문 출신

제42대 빌 클린턴 대통령
- 재임 : 1993 ~ 2001년
- 업적 : 자유시장경제
- 슬로건 : 바보야, 문제는 경제야
          21세기로 가는 교량 건설
- 기타 : 섹스 스캔들, 부인 힐러리 클린턴

제43대 조지 워커 부시 대통령
- 재임 : 2001 ~ 2009년
- 업적 : 테러와의 전쟁
- 슬로건 : 변화기의 안정적 지도자
- 기타 : 41대 대통령 조지 허버트 워커 부시의 아들

제44대 버락 오바마 대통령
- 재임 : 2009년 ~ 현재
- 업적 : 420만 개의 일자리 창출,
          이라크전쟁 종식
- 슬로건 : 당신이 믿을 수 있는 변화
- 기타 : 미국 최초의 흑인 대통령

출처: http://blog.daum.net

참고문헌

강경조(2003). "비교정치광고의 메시지소구방법에 따른 커뮤니케이션효과". 중앙대학교 신문방송대학원 석사학위논문, pp.8-31.

강미은(2008). 『커뮤니케이션 불변의 법칙』. 원앤북스, p.79.

강승주(2002). "미디어를 활용한 정치광고 표현전략에 관한 연구". 조선대학교 대학원 석사학위논문, pp.7-8.

강원택(2002). "유권자의 정치이념과 16대 총선". 진영재(편), 한국사회과학데이터센터.

고선규(2006). "일본의 선거방송과 정치광고". 『일본학보』, 제68집.

고영직(1993). "우리나라의 정치마케팅전략에 관한 실증적 연구". 고려대학교 경영대학원 석사학위논문, pp.88-89.

고지훈(2007), "정치광고와 이미지조작". 『내일을 여는 역사』, 제30호.

구광모(1984). 『대통령』. 고려원.

구본경(2002). "한미 대통령 선거에서의 정치광고활용에 대한 비교문화적 분석". 국민대학교 정치대학원 석사학위논문.

권소현(2008). "뉴미디어 시대의 정치광고 매체특성과 표현분석에 관한 연구". 숙명여자대학교 대학원 석사학위논문, pp.1-95.

권영운(2002). "정치광고 텍스트의 심층의미 연구". 영산대학교 다자인학부, pp.1-24.

권통일(2004). "유권자의 정당선택요인과 정치마케팅 전략연구". 성균관대학교 국가전략대학원 석사학위논문, pp.1-31.

권혁남(2004). "정치커뮤니케이션 연구의 현황과 과제". 『정치커뮤니케이션의 이해』. 커뮤니케이션북스.

_____(2006). 『미디어선거의 이론과 실제』. 커뮤니케이션북스.

김경해(2002). 『Let's PR』. 매일경제신문사, 2002.

김광수(1995). "서울시장후보의 정치광고 내용분석". 『광고연구』, 1995년 가을호, pp.65-91.

김기도(1987). 『정치커뮤니케이션 실제』. 나남.

김도훈(2011). 『이야기 한국사』. 아이템북스.

김만기(2008). 『디지털시대 뉴미디어 홍보광고문화 방송인터넷 전략과 사례』. 리시움.

_____(2010). 『정치광고/정치커뮤니케이션』. 남서울대학교 복사실.

김무곤(2003). "공격적 정치광고가 후보자 이미지에 미치는 영향". 『광고연구』, 제58호.

김무곤 · 조재수(2002). "정치광고의 기억효과와 그 규정요인에 관한 연구: 부정긍정소구
　　와 수용자의 선유경향을 중심으로". 『광고학연구』, 제13권 3호.

김미애(2001). "지방자치단체 및 국회의원 선거에 사용된 정치광고의 특성". 고신대학교,
　　pp.1-65.

김병헌(2001). "한국선거와 정치마케팅". 전남대학교 행정대학원 석사학위논문,
　　pp.5-65.

김병훈(2000). "정치광고 언어현상의 통어론적 해석". 『부산한글』, 제19집, pp.9-19.

김은경(2007). "신문정치광고가 지지도 변화에 미치는 영향". 건국대학교 대학원 석사학
　　위논문, pp.6-10.

김은희 · 김지현 옮김(2011), 『소셜 미디어 시대의 PR전략』(러셀 로슨, *The PR Buzz
　　Factor*), 북코리아, p.134.

김정현(1998). 『서구민주주위와 정치광고』. 커뮤니케이션북스.

_____(2006). 『정치광고의 이해』. 한국학술정보(주).

김중태(2010), 『소셜미디어가 만드는 비즈니스 미래지도』. 한스미디어, pp.62-63.

김진석(1964). 『TV시대의 정치』. 도서출판 아침.

김진아(1996). "TV광고텍스트에 표현된 세계화의 심층의미". 이화여자대학교 대학원 석
　　사학위논문.

김창범 옮김(1984). "정치광고의 역할과 한계". 『광고정보』, 제37호, pp.39~40.

김춘식(1998). "정치광고에 영향을 미치는 요인에 관한 비교문화연구". 한국외국어대학
　　교 대학원 석사학위논문.

_____(2003). "민주화 추세 따라 긍정적 이슈광고 증가". 『대선광고사례분석』
　　KINX20033005269.

_____(2003). "부정적 캠페인보다 이미지 홍보다 공감 얻어". 『신문과 방송』.

김태섭(2002). "공격적 정치광고의 메시지 양이 수용자에 미치는 효과에 관한 연구". 동국
　　대학교 대학원 석사학위논문, pp.6-8 .

김현주(2005). "메시지의 강도와 유형에 따른 부정적 정치광고의 효과". 부산대학교 대학원
　　석사학위논문.

김호진(1997). 『한국정치체제론』. 박영사.

남재섭(1992). "한국정치광고의 효율화에 관한 연구". 연세대학교 석사학위논문.

노현숙(1997). "유권자의 후보자에 대한 지식정도와 정치광고에 따른 정보처리 유형 및 후보자 평가에 관한 연구". 서강대학교 석사학위논문.

디자인포장론(1992). 『일러스트레이션』, 통권 72호, 디자인 포장센터, p.60.

문경희(1994). "정치광고의 이미지 메이킹 전략에 관한 연구". 홍익대학교 산업미술대학원 석사학위논문.

박경훈(1993). "제14대 대선자료".

_____(1993). 『대통령 만들기』. 을지서적.

박기태(1999). 『현대정치와 커뮤니케이션』. 커뮤니케이션북스.

박명석(1979). 『東과 西』. 탐구당.

박병준 편(1991). 『정치마케팅』. 나남출판사.

박상호(2004). "미디어 신뢰도와 정치형태에 관한 연구: 대학생들의 정치참여 행위를 중심으로". 중앙대학교 신문방송대학원 석사학위논문, pp.1-20.

박윤석(2004), "이미지 광고의 대결, 네거티브 표현은 아쉬움 남겨". AD FOCUS 1.

박재진·윤소향(2007). "이념성향에 따른 정치광고의 메시지 프레이밍 효과". 『광고연구』, 통권.

박종렬(1987). 『정치광고와 선거 전략』. 청림.

박종우(1991). "정치마케팅: 대통령도 팝니다". 신용삼(편), 『대통령도 팝니다』, 두리.

박현길(2007). "모바일 정치광고의 광고메시지 유형에 따른 영향 연구". 홍익대학교 대학원 석사학위논문, pp.6-27.

박효식(2000). "TV선거 기법에 관한 연구. 전남대학교, pp.6-108.

백선기(1998). 『한국선거보도의 기호학』. 커뮤니케이션북스.

백승주(2005). "정치광고 홍보물에 관한 디자인 및 트렌드 분석". 국민대학교 행정대학원 석사학위논문, pp.18-60.

브루스 뉴맨, 김충현·이수범 역(2000). 『대통령선거 마케팅』. 나남, p.32.

서울신문사(1989). 『서양언론에 비친 한말 사진전』. 서울신문사.

소광희(2002). "여성의 정치참여에 관한 고찰". 국민대학교 정치대학원 석사학위논문.

손병홍(1999). "역대 대선 광고홍보물의 표현에 관한 연구". 동서대학교 산업대학원 석사학위논문, pp.1-92.

송광(2007). "정치광고에 대한 수용자 반응연구". 중앙대학교 대학원 석사학위논문.

송명학(2003). "정치마케팅 PR의 효율성에 관한 연구". 대전대학교 대학원 석사학위논문,

pp.33-51.

신강균(2010). 『현대정치와미디어선거』. comon.

신인식(2002). "TV 공익광고에 나타난 영상이미지와 언어에 관한연구". 동명대학교.

신인섭·이명천·김찬석(2010). 『한국 PR의 역사, 1392~2010』. 커뮤니케이션북스.

이호성(편)(1993). 『현대사회의 대중매체』. 한나래, p.326.

안경관(2007). "지방의원선거 후보자의 정치마케팅 활용에 관한 연구". 경성대학교 경영대학원 석사학위논문.

양문석(2004). 『뉴스비평』. 전국언론노동조합, p.23.

양윤직(2010). 『디지털시대의 광고 미디어 전략』. 커뮤니케이션북스, pp.445-448.

양정애(2002). "인터넷 매개 정치커뮤니케이션과 개인의 정치 사회화에 관한 연구". 서울대학교 석사학위논문.

양호일(1989). 『환경디자인 행태학』. 유림문화사, p.17

_____(1991). 『정치행동학』. 유림문화사.

원혜영 옮김(2002). 『대통령 만들기』(Kathleen Hall Jamieson, *Packaging the Presidency*). 백산서당.

월간조선 편(1993). 『한국현대사 119 대사건』. 월간조선.

위키백과(2011). "대한민국 제5회 지방선거".

유세경(1996). 『매스미디어와 현대정치』. 나남.

유혜영(1999). "선거 후보자 이미지 메이킹과 정치광고 디자인에 관한연구". 명지대학교 석사학위눈문, p.63.

윤두식(1993). "정치광고와 몸짓언어에 관한 연구". 한양대학교 대학원 석사학위논문, pp.72-161.

윤상철 역(1984). 『언론파워』, 토담, pp.197~218.

윤성수(2005). "TV정치광고영상의 의미작용에 관한 기호학적 분석". 경희대학교 언론정보대학원 석사학위논문, pp.1-77.

윤소현(2008). "뉴미디어 시대의 정치광고 매체특성과 표현분석에 관한연구". 숙명여자대학교 대학원 석사학위논문, pp.1-97.

윤숙현(2003). "한국유권자가 인식하는 국내외 정치지도자의 리더십". 한국외국어대학교 대학원 석사학위논문, pp.17-65.

이건혁(2001). "미디어 프레임이 수용자의 정치불신, 정치 효능성 및 정치 참여에 미치는 영향". 서울대학교 박사학위논문.

이경탁(2008). "정치광고에 대한 인지적 반응과 정서적 반응: 광고태도의 매개효과를 중심으로". 『광고학연구』, 제19권 제5호.

이광호(1995). 『선거・홍보전』. 프로젝트409.

이귀옥(1997). "한국정치의 새로운 가능성, 선거마케팅". 『광고정보』. 제198집, pp.45~49

이극찬(1987). 『정치학』. 법문사.

이기복(1996), "정치광고에서의 니치마케팅전략 활용에 관한 연구: 15대 총선을 중심으로". 『디자인학연구』, 통권 18호, pp.37-48.

이기호(1987). 『선거와 정치광고: 한국의 정치광고 어디까지 왔나』. 나남.

이동신・박기순(2004). 『정치커뮤니케이션 원론』. 법문사.

이동신 외(1996). 『TV와 정치』. 영품문고, 1992.

_____(2004). 『정치커뮤니케이션 이해』. 커뮤니케이션북스.

이명천(2000). "유권자의 관여도에 따른 부정적 정치광고의 효과". 『광고홍보학연구』, 제8권, pp.1-50.

이상돈(2003). "정치광고가 유권자에게 미치는 영향". 영남대학교 행정대학원 석사학위논문, pp.8-11.

_____(2004). "미국의 대통령 선거와 TV정치광고". 『국제지역정보』, 한국외국어대학교.

이상희(1983). 『TV방송과 대중문화』. 전예원.

이선지(2004). "제16대 대통령 선거의 정치광고 및 홍보물디자인에 관한 연구". 성균관대학교 디자인대학원 석사학위논문, pp.18-75.

이성옥・장미화・김나희・류지원(2002). 『이미지 메이킹』. 수문사.

이시훈 외(2012). "유머 및 공포소구와 레이아웃에 따른 소비자들의 시선이동: 아이트래킹을 중심으로". 『2012년 한국커뮤케이션학회 춘계학술대회 발표논문집』, p.129.

이연희・이문영(2002). 『현대인의 이미지 메이킹』. 청구문화사.

이우용・정구현(1995). 『마케팅원론』. 형설출판사, p.435.

이인구(2006). 『카피한 줄의 힘!』. 컴온 북스.

이주연(2004). "한국텔레비전 정치광고의 메시지 특성에 관한 연구". 한국외국어대학교 대학원 석사학위논문, pp.1-39.

이준구(2010). 『대통령을 만드는 사람들, 선거의 귀재, 정치컨설턴트』. 청아출판사.

이준일(1992). "정치광고에 대한 평가와 제언: 잔잔한 느낌으로 전해지는 한편의 정치광고가 아쉽다". 『저널리즘비평』, 제8권.

_____(1993). "정치커뮤니케이션에서 접근한 역대 대통령선거 정치광고 분석", 『광고연

구』. 여름호, pp. 309~327.

이지훈(1992). "한국정치문화 기본요인," 『한국정치학회보』. 16.

이형재 · 최미정(2003). "TV정치광고 유형에 따른 감정적 반응에 관한 연구". 『광고연구 』, 제61호.

이호영 · 이호은 · 윤성옥(2008). 『현대정치와미디어선거』. 시간의물레.

이호은(2009). "대통령후보 TV토론 영상구성의 커뮤니케이션 기능에 관한 비교문화연구: 야콥스의 구조기능주의 모델을 중심으로". 한국외국어대학교 대학원 석사학위논문, pp.8-72.

이효성(1999). 『커뮤니케이션과 정치』. 성균관대학교 출판부.

이희욱 · 박종무 · 이경탁(2000). "부정적 정치광고가 후보자에 대한 유권자의 평가, 태도 및 투표의도에 미치는 영향," 『경영연구』, 제13권 제3호, pp.160-161.

임수경(2008). "한국 정치광고에서 선거공보물의 시각표현에 관한 연구". 성균관대학교 대학원 석사학위논문, pp.19-95.

임혁백(2001). 『차기대통령의 바람직한 리더십』. 새시대전략연구소.

장을병(1978). 『정치적 커뮤니케이션』. 태양문화사.

전북중앙선거관리위원회(2011). "우리나라의 선거제도". 전북중앙선거관리위원회.

전희락(1993). "정치캠페인 과정에서 매스커뮤니케이션과 대인커뮤니케이션의 상호작용 에 관한 연구". 중앙대학교 대학원 석사학위논문, pp.1-77.

정상대(2002). 『한국대통령 선거와 커뮤니케이션』. 커뮤니케이션북스.

정성호(2003). 『선거캠페인과 미디어전략』. 도서출판 차송.

_____(2003). 『정치커뮤니케이션과 TV토론』. 도서출판 차송.

정세균(2003). "브랜드 이미지가 상품선택에 미치는 영향에 관한 연구". 경희대학교 대학 원 석사학위논문, pp.11-88.

정유리(2007). "정치관여도와 메시지 내용이 부정적 정치광고의 효과에 미치는 영향". 연 세대학교 대학원 석사학위논문, pp.1-62.

정윤무(1995). 『미디어청치론』. 정우당.

정한나(2004). "한국 대통령 선거의 이미지 메이킹연구". 한남대학교 사회문화과학대학 원 석사학위논문, p.37.

정황욱(2004). "부정적 정치광고가 유권자의 투표의사결정에 미치는 영향". 중앙대학교 대학원 석사학위논문.

정희경(2003). "정치광고에 나타난 이데올로기와 그 구성방식". 성균관대학교 신문방송대학원 석사학위논문, pp.110-127.

조경섭(1997). "TV정치광고의 소구내용이 투표의도에 미치는 영향". 경원대학교 대학원 석사학위논문.

_____(1998). 『광고학 연구』. 한국광고학회.

_____(2006). 『TV정치광고의 소구내용이 투표의도에 미치는 영향』. 한국학술정보(주).

조병량(1993). "한국정치광고의 전략과 특성". 한양대학교.

조현미(1999). "선거홍보물의 디자인인 유권자의 의사결정에 미치는 영향". 성신여자대학교 조형대학원 석사학위논문, pp.69-117.

중앙선거관리위원회(2004). 『선거홍보의 발자취』. 중앙선거관리위원회.

_____(2011). "선거운동방법". 중앙선거관리위원회.

채서일(1997). 『마케팅』. 학현사.

최문휴(1997). 『TV세대의 선거전략』. 모스트커뮤니케이션.

_____(2004). 『e시대선거전략』. 예응출판사.

최영오(1997). "유권자의 정치지도자 선택행동에 관한 연구". 연세대학교 경영대학원 석사학위논문, pp.4-15.

최용주(2005). "정치마케팅 관점에서의 정치광고에 관한 연구". 『한국광고홍보학회』. pp.233.

최윤규(2005). "정치광고가 후보 이미지와 지지도 변화에 미치는 영향에 관한연구", 전북대학교 대학원 석사학위논문, pp.10-30.

최윤선(2000). "15대 대통령 선거에서 드러난 공격적 정치광고의 특징 분석: 신문정치광고를 중심으로". 영산대학교 국제학부, pp.37-44.

최한수(1996), 『한국선거정치론』. 대왕사.

탁재택(2003). "미국대통령 선거 후보PR전략 고찰: 2000년 부시 VS. 고어 후보 중심으로". 『홍보학연구』, 2003년 제7-1호, pp.2-20.

탁진영(1999). 『정치광고의 이해와 활용』. 커뮤니케이션북스.

_____(2000). "한국 정치광고의 미국화 경향에 관한 연구: 미국적 정치광고 스타일과 유사성을 중심으로". 『광고연구』, 제48호.

_____(2006). "텔레비전 정치광고가 후보자 이미지 구성요소에 미치는 영향". 『한국언론학보』, 제50권 5호, 10월호.

탁진영·김상욱(2000). "메시지 유형과 수용자 특성이 정치광고 효과에 미치는 영양에 관한 연구". 『사회과학논총』, 제19권 2호.

한국언론연구원(1994). 『수용자 의식조사: 제7회 미디어 영향과 신뢰도조사』. 한국언론
　　연구원.

＿＿＿＿(1995). 『선거와 미디어』. 한국언론연구원.

＿＿＿＿(1996). 『수용자 의식조사: 제8회 미디어 영향과 신뢰도조사』. 한국언론연구원.

＿＿＿＿(1997). 『선거TV토론과 시민저널리즘』. 한국언론연구원.

＿＿＿＿(1998). 『미디어 정치 시대 선거보도』. 한국언론연구원.

＿＿＿＿(1998). 『선거와 언론』. 한국언론연구원.

한국프레스센터 · 동아일보사(1995). 『한국100년 신문100년』. 한국프레스센터 · 동아일
　　보사.

＿＿＿＿(1996). 『서재필과 독립신문』. 한국프레스센터 · 동아일보사.

＿＿＿＿(1987). 『한말언론사전, 대한매일신보와 배설』. 한국프레스센터 · 동아일보사.

한국PR학회(2012). 『봄철학술대회발표논문집』. 한국PR학회

한선민(1994). 『현대광고론』. 형설출판사, p.50.

한은정(1995). 『광고연구』. 한국광고학회, p.100.

홍윤기(2004). "부정적 정치광고가 후보자에 미치는 영향". 중앙대학교 대학원 석사학위
　　논문, p.13.

홍지아(2007). "TV정치광고의 역할과 효과에 대한 제작자의식과 제작관행 연구". 한국여
　　성커뮤니케이션학회, 『미디어 · 젠더 & 문화』, pp.195-218.

『경향신문』 2012년 4월 16일자, 종합 1면.

『경향신문』 2012년 5월 8일자, 종합 1면.

『동아일보』 2012년 5월 8일자, 종합 1면.

『한국경제』 2012년 4월 7일자, 국제 9면.

『한국경제』 2012년 4월 7일자, 정치 5면.

『헤럴드경제』 2012년 5월 8일자, 종합 1면.

A. A. Mitchell, and J. C. Olson(1981). "Are Product Attribute Beliefs the Only
　　Mediator of Advertising Effects on Brand Attitude?" *Journal of Marketing
　　Research*, Vol.18(Aug.), pp.318-331.

A. Campbell, Converse, P. E., Miller W., & Stokes, D. E.(1960). *The American voter*.
　　New York: Wiley.

A. Downs(1957). *An economic theory of democracy*. New York: Harper & Row.

A. R. Rao, and K. B. Monrose(1988). "The Moderation Effect of Prior Knowledge on Utilization on Preduct Evaluations," *Journal of Consumer Research*, Vol.15, pp.253-264.

Auer, J. J.(1962). The Counterfeit Debates, In S. Kraus(Ed.), *The Great Debates: Kennedy vs. Nixon*, 1960, Indiana Univ. press.

Asa Berger Ather(1996). 『대중매체비평의 기초』, 이론과 실천, p.19.

B. Berelson(1966). Democratic theory and public opinion, B. Berelson and M. Janowitz (Eds.). *Reader in public opinion and communication*. New York: Free press.

B. I Newman and J. N Sheth(1985). "A Model of primary Voter Behavior." *Jounal of Consumer Research*. Vol.12.pp.178-187.

Bernays, L.(1923). *Crystallizing Public Opinion*. New York: Boni and Liveright.

Blake, Reed H. & Edwin O Haroldsen(1975). *A Taxonomy of Concepts in Communication*. NY: Hasting House, p.3.

Bourdieu, P.(1996). *Distinction: A Social Critique of the Judgment of Taste*, Cambridge: Harvard University Press, 1984. 『구별 짓기: 문화와 취향의 사회학』, 최종철 옮김, 새물결, 1996.

Brian McNair(1999). *An Introduction to Political Communication*, 김무곤·안민호·양승찬 옮김(2001), 『정치커뮤니케이션의 이해』, 한올아카데미.

C. Brownstein(1971). "Communication Strategies and The Electoral Decision Making Process: Some Results from Experimentation", *Experimental Study of Politics* (July), pp.37-50.

C. P. Puto, and W. Wells(1984), "Information and Transformational Advertising: The Differential Effects of Time," In T. C. Kinnear(ed.), *Advances in Comsumer Research*, Vol.11, pp.638-643. Provo, UT: Association for Consumer Research.

C. W. Park, and V. P. Lessing(1981). "Familiarity and Its Impaction Consumer Decision Biases and Heuristics," *Journal of Consumer Research*, Vol.8, (Sep.), pp.223-230.

Chaffee, S. H(1974). *National Election Campaigns as a Vehicle for Testing Major Hypotheses about Communications*. Mass Communication Research Center,

University of Wisconsin(Madison).

Conway, Margaret & M. Feigert.(1972). *Political Analysis: An Introduction*. Allyn and Bacon Inc.

D. B. Lucas(1960). "The ABCs of Advertising Research Foundation's Printed Advertising Rating Methods," *Journal of Marketing*, Vol.25.(July), pp.9-20.

D. Carley(1989). "Elections and Dilennas of American Democratic Government: Reflections", *Political Science Quarterly*, Vol.104, pp.19-40.

D. D. Nimmo(1976). *Political Image Makers and The Mass Media*, Annals of the American Academy of Political and Social Science, pp.33-44.

D. J. Maclinnis. and J. Jaworsky(1989), "Information Processing From Advertisement: Toward an Integrative Framework", *Journal of Marketing*, Vol.53(Oct.) pp.1-23.

Dennis W. Johnson(2001). *No Place for Amateurs*, Routledge, 강홍수 옮김(2008), 『선거캠페인의 CEO, 정치 컨설턴트』, 커뮤니케이션북스.

Denton R. E., & Woodward, G.C.(1990). *Political Communication in America*, New York: Praeger. 59)이선지 p.23에서 재인용.

Desmond Morris(1977). "Manwatching", Elservir International, Ltd., pp.12~13.

Devlin, L. Patrick.(1989). *Contrasts in Presidential Campaign Commercials of 1988*. American Behavioral Scientist.

DeVries, W., & Tarrance, L. (1972). *The ticket-splitter*. Grand Rapids, MI: Erdmans Pub.

E. Dimond, and S. Bates(1988). *The Spot: The Rise of Political Advertising on Television*, 2nd ed., Cambridege, Mass: MIT Press, pp.302-345.

Ellsworth, 1965; Bltzer & Rueter, 1980; Bryski; 1978, Rowland 1986; Levasseur & Dean 1996.

Finland, In L. L. Kaid & C. Holtz-Bach(Eds.), *Political advertising in Western Democracies: Parties and Candidates on television*, Sage pub, pp. 161-185.

G. E. Marcus(1988). The structure of emotional response: 1984 presidential candidates. "*American Political Science Review*".

G. J. Gorn(1982), "the Effects of Music in Advertising on Choice Behavior: A Classical Conditioning Approach," Journal of Marketing, Vol.46., pp.94-101.

Gerald Gardner(1986). "All the President", N.Y: Lawrence Ratlike.

H. Assael(1984). *Consumer Behavior and Marketing Action*, 2nd. ed. Boston: Kent Publishing o., pp.61-65.

Hayes-Roth, Barbara(1977), "Evaluation of Cognitive Structures and Process," *Psychological Review*, Vol.84, (May), pp.260-278.

J. 스토리(1994). 『문화연구와 문화이론』, 박모 옮김, 현실문화와 연구, p.119.

J. A. Edell, and M. Burke(1984), "The Power of Feelings in Understanding Effect," *Journal of Consumer Research*, Vol.14, pp.421-433.

J. A. Howard, and J. N. Sheth(1969). *The Theory of Buyer Behavior*, New York: John Wiley..

J. N. Conover(1982). "Familiarity and The Structure of Product Knowlege, "in Advances in *Consumer Research*, Vol. 9,(ed). pp.494-498. Andrew A. Michell, and Arbor, MI: Association for Consumer Research.

J. N. Sheth(1974). "A Field Study of Attitude Structure and The Attitude-Behavior Relationship," in *Models of Buyer: Conceptual, Quantitative and Empirical*, New York, Harper and Row, pp.242-268.

J. R. Anderson, and G. H. Bower(1974), "Recognition and Retrieval Process in Free Recall," *Psychological Review*, Vol.79.(Mar.), pp.97-123.

J. R. Bettman(1979). *An Information Processing Theory of Consumer Choice*, Reading, MA: Addison-Wesley.

J. W. Alba, and J, W. Hutchinson(1987). "Dimensions of Consumer Expertise," *Journal of Consumer Research*, Vol. pp.411-454.

Jakobson, Roman(1972). "Nonverbal Signs for 'Yes' and 'No' " Language in society, Vol 1, pp. 91-96, New York : Cambridge University Press.

Jamieson, K. & Birdsell, D.(1988). *Presidential Debates*, Oxford University Press.

K. A. Machleit, and R. D. Wilson(1988), "Emotional Feelings and Attitude toward the Advertisement: The Roles of Brand Familiarity and Repetion," *Journal of Advertising*, Vol.17(3), pp.27-35.

K. Maheswaran, and B. Sternthal(1990). "The Effects of Knowledge, Motivation and Type of Message on Ad. Processing and Product Judgments, "*Journal of Consumer Research*, Vol.17, pp.66-73.

Kotler, Philip & Sidney J. Levy.(1969). "Broadening the Concept of Marketing". *Journal of Marketing*, Jun.

Kotler, Philip.(1982). "A Generic Concept of Marketing". *Journal of Marketing*.

L. J. Marks, and J. C. Olson(1981). "Towards a Cognitive Structure Conceptualization of Porduct Familiarity." in *Advances in Consumer Research*, Vol.8, (eds.), Kent, B. Monroe, Ann Arbor, MI: Association for Consumer Research, pp.145-150.

L.C. Shyles(1988). "Profilling Candiate Images in Telecised Political spot Advertisements for 1984: Roles and Realities of Presidential Jousters and the Height of the Reagan Era", *Political Communication and Persuasion*, Vol.5, pp.15-31.

Lazarsfeld, P., Berelson, B., & Gaudet, H.(1948). *The people's choice*. New York: Columbia Univ. Press.

Lee, M.(1990). *The odyssey of Korean Democracy*, New York, NY: Praeger.

LG에드(1991). "정치커뮤니케이션". 사보LG에드 4월호 .

Lynda Lee Kaid & Christina Holtz-Bacha, Political Advertising in Western Democracies-Parties & Candidateson Television, 김정현 역(1997), 『서구민주주의와 정치광고』, 커뮤니케이션북스.

Lynda Lee Kaid(2004), *Handbook of Political Communication*, 송종길 · 이호영(2007), 『현대 정치커뮤니케이션』, 커뮤니케이션북스.

Moring, T.(1997). The North european exception: *Political advertising on Television in Finland, In L. L. Kaid & C. Holtz-Bach(Eds.), Political advertising in Western Democracies: Parties and Candidates on television*(pp. 161-185). Sage pub.

M. B. Holbrooke, and R. Batra(1987). "Assessing the Role of Emotions as Mediators of Consumer Response to Advertising", *Journal of Consumer Research*, vol. 14. pp.404-420.

M. C. Burke, and J. A. Edell(1989). "The Impact of Feelings on Ad-based Affect and Cognition," *Journal of Marketing Research*, Vol.26. pp.69-83.

M. Fishbein, and I. Ajzen(1975), Belief, Attitude, Intention and Behavior: *An Introduction to Theory and Research*, Reading, Massachusetts: Addison-Wesiey.

M. Hastak, and J. C. Olson(1989). "Assessing the Role of Brand-Related Cognitive Responses as Mediators of Communication Effects in Cognitive Structure," *Journal of Consumer Research*, Vol.15. pp.444-456.

M. L. Ray, and R. Batra(1983), "Emotion and Persuasion in Advertising: What We Do and Don't Know About Affect." In R. P. Bagozzi & A. M. Tybout(eds.), *Advances in Consumer Research*, Vol.10, pp.543-5438. Ann Arvor, MI: Association for Consumer Research.

M. L. Rosenberg, and C. I. Hovland(1960). "Cognitive, Affective and Behavioral Components of Attitudes", in *Attitude Organization and Change*, Westport, CT: Greenwood Press.

M. Mcluhan(1964). *Understanding: The Extension of Man*, The MIT Press, 박정규 옮김, 『미디어의 이해: 인간의 확장』, 커뮤니케이션북스.

M. P. Fiorina(1981). *Retrospective voting in American national elections*. New Hevan, CT: Yale Univ. Press.

M. P. Gardner(1985). "Does Attitude Toward the Ad Affect Brand Attitude Under a Brand Evaluation Set?" *Journal of Marketing Research*, Vol.22,(May), pp.192-198.

M. P. Zanna, J. C. Olson, and R. H. Fazio(1980), "Attitude-Behavior Consistency: An Individual Difference Perspective," *Journal of Personality and Social Psychology*, Vol.38, pp.432-440.

M. Sujan(1985), "Consumer Knowledge: Effects on Evaluation Strategies Mediating Consumer Judgements", *Journal of Consumer Research*, Vol.12, pp.31-46.

McQuail, Denis(1983). *Mass Communication Theory: An Introduction*, London; Sage. pp.94-96.

Newman, Brace I. & Jagdish N. Sheth.(1985). *Political Marketing: Readings and Annotated Bibliography*, Chicago, Illinois: American Marketing Assocation.

News and Political Advertising: The Impact on Voter Beliefs, *Communication Research*, Vol 1. pp.3-31.

Nimmo, Dan D. & Keith R. Sanders & Sanders(1981). *Handbook of Political Communication*, Beverly Hills, California: Sage, pp.16-27.

P. Chao(1989). "The Impact of Country Affiliation on the Credibility of Product

Attitude Claims," *Journal of Advertising Research*(April/May). pp.35-41.

P. Kotler(1980). *Principles of Marketing*. Englewood, New Jersy: Prentice Hall, p.257.

P. R. Warshaw(1980), "Predicting Purchase and Other Behaviors from General and Contexturally Specipic Intentions," *Journal of Marketing*, Vol.17.(Feb.) pp.26-33.

Pool, Ithiel de Sola(1968). Communication Political Introduction in David L. Sills(ed). *International Encyclopedia of the Social Science*, the McMillan & the Free Press, 68.

R. A. Joslyn(1980). "The Content of Political Spot Ads," *Journalism Quarterly*, Vol. 57, pp.92-98.

R. Anderson, and G. H. Bower(1972). "A Propositional Theory of Recognition Memory," *Memory and Cognition*, Vol.2., pp.406-412.

R. B. Zajonc(1980). "Felling and Thinking: Preference Need No Inference," *American Psychologist*, Vol.35., pp.151-175.

R. Batra, and M. L. Ray(1986), "Affective Responses Mediating Acceptance of Advertising," *Journal of Consumer Research*, Vol.13.p.237.

R. E. Petty, and T. Cacioppo(1986a), "The Elaboration Likelihood Model of Persuation," in L. Berkowitz(ed.), *Advances in Experimental Social Psychology*, Vol.19, New York Academic Press, pp.123-205.

R. E. Smith, and W. R. Swinyard(1982), "Information Response Models: An Integrated Apprach," *Journal of Marketing*, Vol.46, pp.81-93.

R. G. Humke, R. L. Schmitt and S. E. Grupp(1975). "Candidates, Issues and Party in Newspaper Political Advertisements," *Journalism Quarterly*, Vol.52. pp.499-504.

R. J. Lutz, S. B. MacKcnzie, and G. E. Belch (1983), "Attitude toward the Ad as a Mcdiator of Advertising Effectiveness: Determinants and Consequences," in *Advances in Consumer Research*, Vol. 10, pp 532-539. and R. P. Bagozzi and A. M. Tybout(eds.), San Francisco: Association for Research, pp.523-529.

Ranney, Austin(1971). *The Governig of Men*, 3rd New York, Holt, Rinehart and Winston.

Roland Barthes(1984), *Writing Degree Zero & Element of Semiology*, translated by Annette Lavers and Colin Smith, London: Jonathan Cape Ltd., p.115.

S. B. MacKenzie, R. J. Luts, and G. E. Belch(1986). "The Role of Attitude toward the Ad. as a Mediator of Advertising Effectiveness: A Test of Competing Explanations," *Journal of Marketing Research*, Vol.23, pp.130-143.

S. E. Moriarty, and G. M. Garratmone(1986), "A Study of Newsmazine Photographs of the 1984 Presidential Campign", *Journalism quarterly*, Vol.63,4(winter). pp.728-734.

S. W. Dunn(1986). *Public Relations: A Contemporary Homewood*. ILL: Irwin, p.163.

S. Wiseman, and E. E. Tulving(1976). "Encoding Specificity: Relation Between Recall Superiority and Recognition Failure," *Journal of Experimental Psychology*: Human Learning and Memory, Vol.2., pp.349-361.

Smith. P.(1963). *John Adams II: 1874-1829*, Westport: Greenwood Press.

Stewart, Connie Peckmann, Srinivasan Ratneshwar, Jon Stroud, and Beverly Bryant(1985), "Methodological and Theoretical Foundations of Advertising Copytesting: A Review," *Current Issues and Research in Advertising*, Vol.2., pp.1-74.

T. A. Bowers(1972). "Issue and Personality Information in Newspaper Political Advertising," *Journalism Quarterly*, Vol.49, pp.446-452.

T. A. Shimp(1981). "Attitude toward the Ad as a Mediator of Consumer Brand Choice." *Journal of Advertising*, Vol.10(2), pp.9-15.

T. H. Madden, C. T. Allen,and J.L. Twible(1988), "Attitude Toward the Ad,: An Assessment of Diverse Measurement Indices under Different Processing Set," *Journal of Marketing Research*, Vol.25.

T. R. Donohue(1973). "Viewer Perceptions of Color and Black-and-White Paid Political Advertising," *Journalism Quarterly*, Vol.50, pp.660-665.

Thorstein Veblen(1899). *The Theory of Leisure Class*, 『유한계급론』, 김성균 옮김, 우물이 이 있는집, 2005.

Trent, Judish S. & Robert V. Friedenberg.(1983). Political Campaign Communication: Principles and Practices, Praeger.

V. O. Jr. Key(1966). *The responsible electorate*. Cambridge, NA: Harvard Univ.

Press.

W. D. Wells(1964), "Recognition, Recall and Ration Scales," *Journal of Advertising Research*, Vol.3.(Sep.), pp.2-8.

W. R. Newman(1986). *The Paradox of Mass Politics: Knowledge and Opinion in the American Electorate*, Cagridge, MA: Harvard Univ. Press.

Williams, R.(1976). *Communications*. NY: Penguin Books.

Yi. Youaje(1990), "Cognitive and Affective Priming Effect of the Context for Print Advertisement," *Journal of Advertising*, Vol.19., pp.40-48.

http://www.blog.daum.net

http://www.ko.wikipedia.org

http://www.jbelection.go.kr

http://www.law.nec.go.kr

http://www.news.chosun.com

저자 **김만기**

현재 남서울대학교 광고홍보학과 교수이다.

한국외국어학교 영어과 졸업 후 한국외국어대학교 대학원에서 신문방송학을 전공(홍보학 전공)하고 정치학 석 · 박사학위를 받았다.

한세대, 서강대, 한국외대, 건국대, 한양대, 충청북도교육원에서 언론 · 신문 · 방송홍보 · 위기관리 관련분야 강의를 했다. 미8군, 미해군보안대(USN-847), 국방부, 서울시와 서울시농수물공사 홍보실장, 한국방송통신학회 부회장, 한국미디어콘텐츠학술연합 사무총장, 한국커뮤니케이션학회 부회장, 한국디지털정책학회 부회장, 스마트융합학술전국연합 공동의장, 미래정책비전포럼 의장, 미래IT강국전국연합운동본부 공동대표, 바른사회밝은정치시민연합 공동대표, 세계커뮤니케이션학회 정회원, 아시아태평양커뮤니케이션학회(PACA) 정회원, 한국보훈정책학회 부회장, 서울특별시 공공커뮤니케이션 자문위원, 질병관리본부 자문위원장, 에너지미래교수포럼 감사, 한국PR(홍보)학회 회장 등을 역임했다. 기타 방송통신위원회, 한국방송통신전파진흥원, 한국인터넷진흥원, 국가브랜드위원회, 문화체육관광부, 제주특별자치도의회, 농어촌공사, 보건복지부, 조달청, 한국감정원 등에서 방송 · 홍보 · 문화 정책 분야 심사위원장 및 평가위원과 자문위원으로 활동하였다.

저서로『이미지 문화커뮤니케이션 현실의 체계』등 14편이 있으며, 연구논문은 "한국적 집단공동체 문화간 커뮤니케이션 연구" 등 50여 편이 있다.

상훈은 미 공로 표창 및 훈장, 내무부장관 표창, 부총리 표창, 우수논문상, 한국PR논문 대상을 수상했다.

E-Mail: kapr@hanmail.net